BÜRGERTUM
Beiträge zur europäischen Gesellschaf
Band 18

BÜRGERTUM

Beiträge zur europäischen Gesellschaftsgeschichte

Herausgegeben von
Neithard Bulst, Wolfgang Mager,
Peter Lundgreen und Hans-Ulrich Wehler
Redaktion: Paul Nolte

Band 18

Vandenhoeck & Ruprecht
in Göttingen

Sozial- und Kulturgeschichte des Bürgertums

Eine Bilanz des Bielefelder
Sonderforschungsbereichs (1986–1997)

Herausgegeben von

Peter Lundgreen

Vandenhoeck & Ruprecht
in Göttingen

Die Deutsche Bibliothek – CIP-Einheitsaufnahme

Sozial- und Kulturgeschichte des Bürgertums :
eine Bilanz des Bielefelder Sonderforschungsbereichs (1986–1997) /
hrsg. von Peter Lundgreen. –
Göttingen : Vandenhoeck und Ruprecht, 2000
(Bürgertum ; Bd. 18)
3-525-35683-8

Diese Arbeit ist im Sonderforschungsbereich 177
»Sozialgeschichte des neuzeitlichen Bürgertums« an der Universität Bielefeld
entstanden und wurde auf seine Veranlassung unter Verwendung der ihm von der
Deutschen Forschungsgemeinschaft zur Verfügung gestellten Mittel gedruckt.

Dem Andenken an
Claudia Huerkamp
(1952–1999)
gewidmet

Inhalt

Vorwort

Zwölf Jahre lang, von 1986 bis 1997, hat die Deutsche Forschungsgemeinschaft den Bielefelder Sonderforschungsbereich »Sozialgeschichte des neuzeitlichen Bürgertums: Deutschland im internationalen Vergleich« gefördert. Aus diesem wissenschaftlichen Großunternehmen sind rund 500 Veröffentlichungen hervorgegangen: die Ergebnisse der Bielefelder Bürgertumsforschung auf der Mikroebene einzelner Projekte. Im Unterschied dazu verfolgt der hiermit vorgelegte Band das Ziel, eine retrospektive Bilanz auf projektübergreifender Ebene zu ziehen. Ein solches »Abschlußbuch« (im Sinne der SFB-Richtlinien der DFG) hätte die Möglichkeiten eines einzelnen Autors überschritten. Die entstandene Sammlung von Beiträgen verschiedener Projektleiter und Mitarbeiter ist indessen nicht nur eine arbeitspragmatische Alternative, sondern dürfte – weil konzeptionell so geplant und verabredet – eine adäquate Bilanzierung darstellen. Leitende Gesichtspunkte waren: die Bielefelder Bürgertumsforschung in den Vordergrund zu stellen, dies aber einzubetten in den Kontext der allgemeinen einschlägigen Forschung; die einzelnen Aufsätze eher als Essays anzulegen und jedenfalls zu entlasten von vielen Einzelheiten, die in der Spezialliteratur nachzulesen sind. In der Summe ist ein Sammelband entstanden, der die wichtigsten Themen der 12jährigen Forschungsgeschichte aufgreift, ohne daß die empirische Abgrenzung zwischen einzelnen Aufsätzen immer trennscharf hätte sein können oder müssen. Der Sammelband soll zugleich so etwas wie der »Schlüssel« sein, der dem interessierten Leser, der Leserin den Zugang zu den zahlreichen (in der SFB-Bibliographie nachgewiesenen) Publikationen der Bielefelder Bürgertumsforschung eröffnet.

Bielefeld, 15. Februar 2000   Peter Lundgreen

I.

Fragestellungen und Forschungsgeschichte
des Bielefelder Sonderforschungsbereichs
zur Geschichte des Bürgertums

Einführung

Fragestellungen und Forschungsgeschichte eines abgeschlossenen Sonderforschungsbereichs lassen sich mühelos rekonstruieren, weil die Finanzie-
rungsmodalitäten der Deutschen Forschungsgemeinschaft im Rhythmus
von drei Jahren ausführliche Antrags- und Ergebnisbände verlangen, um die
Begutachtung zu ermöglichen. So auch in diesem Fall, dem Bielefelder SFB
zur »Sozialgeschichte des neuzeitlichen Bürgertums: Deutschland im internationalen Vergleich«. Die entsprechenden »roten Bände«, von denen wir
intern immer gesprochen haben, gehören – weil nicht veröffentlicht – zur
sogenannten »grauen Literatur« des Wissenschaftsbetriebes; aus ihnen soll
extensiv zitiert werden, weil damit am besten ein Stück Forschungsgeschichte dokumentiert werden kann. Die Texte sind seinerzeit in kollektiver
Arbeit unter der Federführung der einzelnen Sprecher des SFB entstanden
und spiegeln Lernprozesse wider, die durch geplante Forschung erzielt werden können.

1. Das ursprüngliche Forschungsprogramm (1985)

Der Erstantrag unterscheidet drei Erkenntnisziele:
(1) das Verhältnis von deutschen Besonderheiten und gesamteuropäischen
Entwicklungen im Bereich der Bürgertumsgeschichte näher zu erforschen;
(2) die innere Einheit und äußere Abgrenzung des Bürgertums über längere
Zeiträume hinweg zu klären und die Zusammenhänge besser zu verstehen,
in denen »Bürger« und »Bürgerlichkeit« seit dem 18. Jahrhundert zu Ge-
genständen emphatischer Zustimmung und fundamentaler Kritik werden
konnten;
(3) am Thema »Bürgertum« Methoden und Theorien des sozialgeschichtlichen Vergleichs zu prüfen und zu entwickeln.
   Die Begründung dieser Erkenntnisziele soll ausführlich zitiert werden,
weil sie Forschungsstand und Fragehorizont der frühen 1980er Jahre in Erinnerung ruft:

a) Der »deutsche Sonderweg« auf dem Prüfstand

Unter dem nicht sehr glücklichen Stichwort »deutscher Sonderweg« sind in
der letzten Zeit zentrale Annahmen kontrovers diskutiert worden, die seit
dem Zweiten Weltkrieg bei einer wachsenden Zahl von Historikern und

darüber hinaus in Teilen der interessierten Öffentlichkeit das Bild von der jüngeren deutschen Geschichte seit dem 18. Jahrhundert geprägt haben. In dieser Sicht der jüngeren deutschen Geschichte sind grundsätzliche Entwicklungsunterschiede zwischen Westeuropa und Deutschland betont worden, Eigenarten der deutschen Geschichte, die miterklären, daß sich in der allgemeinen Krise der Zwischenkriegszeit der Faschismus in Deutschland, nicht aber in den industriell ähnlich hochentwickelten westlichen Demokratien durchsetzte.

Stichworte sind: die »verspätete« Nationalstaatsbildung, die illiberale »deutsche Ideologie«, die Zählebigkeit vorindustrieller, feudal-ständischer und obrigkeitsstaatlich-bürokratischer Strukturen, Traditionen und Eliten. Im Kern des deutschen »Sonderwegs« standen – gemäß dieser in sich im übrigen durchaus heterogenen Sichtweise – eine besondere Schwäche des deutschen Bürgertums, ein »Defizit an Bürgerlichkeit«, das die deutsche Gesellschaft daran hinderte, zu einer wahrhaft bürgerlichen Gesellschaft zu werden.

Viel spricht für diese Sichtweise, die oft nur bruchstückweise und überdies in vielen Varianten auftritt (von der Empörung über den »Verrat des Bürgertums« bis hin zur These von der »partiellen Modernisierung«) und die den »deutschen Weg« auch als eine spezifische Ausformung generell unterschiedlicher Modernisierungswege in Europa begreifen kann. Aber es gab und gibt auch Zweifel und Gegenargumente, vor allem diese: Vertretern dieser Sichtweise wurde vorgehalten, sie interpretierten die deutsche Geschichte aus dem Vergleich mit »dem Westen«, ohne jedoch diese Interpretation hinreichend auf wirklich vergleichende Studien stützen zu können. War denn das französische, das englische Bürgertum wirklich so viel stärker, »bürgerlicher«, weniger »feudalisiert«, prägender als das deutsche? War nicht manches an der deutschen Erfahrung vielleicht ein allgemein-europäisches Phänomen, etwa die Fortdauer von starken Elementen des Ancien Régime, die Prägung des Großbürgertums durch adelige Vorbilder, die Fortdauer älterer Traditionen und Normen in der Alltagswelt der kleinen Leute, die kapitalistische Wirtschaftsentwicklung im Rahmen stark vorbürgerlich geprägter Verfassungssysteme?

In der Tat fehlt es weitgehend an systematisch vergleichenden Studien. Ohne sie bleibt viel in der oben skizzierten Interpretation deutscher Geschichte (und in der Kritik an ihr) bloß hypothetisch. Um Gemeinsamkeiten und Unterschiede der deutschen und der westeuropäischen Entwicklungen herauszuarbeiten und auf sie bezogene generalisierende Hypothesen konkret überprüfen, bestätigen, modifizieren oder verwerfen zu können, bedarf es der Vergleiche. Sie sind dringend nötig, und sie müssen sich primär auf die Geschichte des Bürgertums beziehen, denn Vorstellungen über dessen Eigenarten in Deutschland stehen im Zentrum der »Sonderweg«-These und der Kritik an ihr. Vergleichende Studien dieser Art versprechen deshalb bedeutende Erträge und Ergebnisse, die relativ schnell zentrale und kontroverse Angelpunkte unseres Bildes von der neueren deutschen Geschichte bestätigen, entkräften oder modifizieren mögen.

Fragestellungen dieser Art, die von Beobachtungen zur deutschen Geschichte des 19. und 20. Jahrhunderts ausgehen, verweisen indessen gleichzeitig auf die Geschichte der Frühen Neuzeit und des späten Mittelalters. Denn soweit deutsche Besonderheiten in der Moderne bestanden und nachgewiesen werden können, dürften ihre Wurzeln in der vormodernen Welt Alteuropas zu suchen sein. Mit Bezug auf die Thematik des SFB folgt daraus die Absicht, an ausgewählten Themen bürgerlichen Traditionen seit dem späten Mittelalter nachzuspüren. Gab es spezifische ständische Traditionen im spätmittelalterlich-frühneuzeitlichen Stadtbürgertum, die auf die spätere Bürgergeschichte einwirkten? Gab es so etwas wie einen »Verlust an Bürgerlichkeit« im Laufe des 17. und 18. Jahrhunderts? In welchen Hinsichten, seit wann und aufgrund welcher Konstellationen entwickelte sich das Bürgertum vom 14. bis zum 18. Jahrhundert in Deutschland anders als in Westeuropa oder in Osteuropa?

b) »Bürgerlichkeit« als Gegenstand von Zustimmung und Kritik

Der SFB soll die Geschichte des Bürgertums auch von einem zweiten Bündel von Fragestellungen her bearbeiten. Ausgangspunkt dafür ist die folgende Beobachtung: Seitdem die Begriffe »Bürger«, »bürgerlich« und »bürgerliche Gesellschaft« ihre moderne Bedeutung erhielten, sind sie mit den grundsätzlichsten politisch-weltanschaulichen Kontroversen verflochten gewesen, bis in die jüngste Vergangenheit. »Bürger« und »bürgerlich« – als Kampfbegriffe des späten 18. Jahrhunderts enthielten sie Kritik an ständischer Ungleichheit, absolutistischer Enge und klerikaler Gängelung; sie assoziierten Fortschrittlichkeit und Vernunft, Moral und Mündigkeit. »Bürgerliche Gesellschaft« – das enthielt als Entwurf des sich zum allgemeinen Stand aufschwingenden bürgerlichen Dritten Standes Utopien des chancengleichen, freien und vernünftigen gesellschaftlichen Zusammenlebens. Diese emphatische Überwölbung der Begriffe bröckelte in der Folgezeit ab, aber bis heute werden sie auch positiv verwendet, im Kontext der Forderungen nach dem freien und mündigen Bürger, bei der Verteidigung »bürgerlicher« Gesellschafts- und Politikprinzipien gegen totalitäre Herausforderungen verschiedenster Art, als Chiffre für historische Fortschrittlichkeit westlicher Prägung, die es zu verteidigen und vielleicht auch erst voll zu verwirklichen gilt.

Umgekehrt existiert eine lange Tradition vehementer Kritik am Bürger und an der bürgerlichen Gesellschaft: zunächst defensiv von seiten des Adels, dann getragen von der – gleichwohl eher kapitalismuskritischen als antibürgerlichen – Arbeiterbewegung, die im Bürger vor allem den Bourgeois angriff, aber durchaus einräumen konnte, daß jener in diesem nicht aufging. Anders akzentuiert waren die Angriffe der Jugendbewegung seit der Jahrhundertwende auf alles Bürgerliche als Inbegriff der überlebten Starrheit, des abstoßenden Materialismus und des behäbigen Sich-Bescheidens. Die nationalsozialistische Propaganda verachtete den bürgerlichen Individualismus, den bürgerlichen Parteienstaat, die bürgerliche Gesellschaft, den Bürger. In ganz anderer Weise verstand sich die Studentenbewegung der späten 60er und frühen 70er Jahre als anti-bürgerliche Protestbewegung und bezeichnete – mit gutem geschichtsphilosophischen Gewissen und entsprechender Sicherheit – alles, was sie bekämpfte, als »bürgerlich«: Wissenschaft, Staat, Gesellschaft, Literatur etc. Diese Rhetorik ist jetzt mit dem damaligen Fortschrittsbewußtsein fast ganz verschwunden, trotzdem mag es sein, daß sich in vielen Alternativ-, Protest- oder Verweigerungspotentialen heute mehr an Anti-Bürgerlichkeit entwickelt als damals.

Vehemenz und Gegensätzlichkeit dieser Einlassungen mit dem bürgerlichen Phänomen resultieren vordergründig aus der Mehrdeutigkeit der Begriffe im Verlauf der Zeit, so sehr dies seinerseits als Symptom für die Mehrdimensionalität des Phänomens verstanden werden kann. Die Kontroversen um »Bürger« und »Bürgerlichkeit« verweisen indessen vor allem auf eine zentrale Dimension der europäischen Modernisierungsgeschichte, die Max Weber als Entfaltung des okzidentalen Rationalismus und Norbert Elias als Zivilisationsprozeß zu fassen suchten. Als dessen Produkt und Motor zugleich kann man den Bürger (jedenfalls hypothetisch) begreifen. Mit einer Bürgertumsgeschichte in der Langzeitperspektive kann man daher hoffen, an sehr grundsätzliche Fragen nach den Besonderheiten der europäischen Entwicklung im universalgeschichtlichen Vergleich heranzukommen – an Fragen, die zusätzliches Interesse am Thema begründen, ohne daß sie im Rahmen des SFB hinreichend ausgelotet werden können. Jedenfalls steht zu vermuten, daß jene alten und neuen Kontroversen um »Bürger« und »bürgerlich« auch auf dies verweisen: auf Unsicherheiten und gegensätzliche Urteile über Chancen und »Kosten« der westlichen Modernisierung, auf Spannungen zwischen Fortschrittshoffnung und Fortschrittsangst, auf das schon mehrfach und wieder verbreitete Gefühl, am Ende einer »bürgerlichen« Epoche zu stehen, ohne doch schon ein klares Bild der zukünftigen »nachbürgerlichen« Gesellschaft zu besitzen. Zur Klärung dieser sehr prinzipiellen Fragen kann ein Projekt über die Geschichte des Bürgertums vielleicht ein wenig beitragen, und umgekehrt: vom Interesse an jenen Fragen angetrieben werden.

c) Methodische und theoretische Interessen

Das Thema besitzt Trennschärfe, Ausschließungs- und Strukturierungskraft, aber es ist breit und flexibel genug, um sehr verschiedene Teilthemen zur Sprache kommen zu lassen: sozialgeschichtliche im engeren Sinn ebenso wie politik-, wirtschafts- und kulturgeschichtliche, religions-, rechts- oder mentalitätsgeschichtliche Themen – und zwar in ihrem Zusammenhang. Das Thema erlaubt eng begrenzte Teilstudien und ehrgeizige Synthesen. Die Frage nach einem bestimmten Bürgertum führt fast mit Notwendigkeit zu Fragen nach dem jeweiligen gesellschaftlichen Gesamtzusammenhang, zu dem es, mehr oder weniger maßgeblich, gehörte.

Das Thema erlaubt die Verknüpfung struktur- und prozeßgeschichtlicher Zugriffe mit den neuerdings so viel Interesse findenden erfahrungsgeschichtlichen. Es erscheint lohnend, das, was als »Alltagsgeschichte« derzeit unscharf gefordert und vielfältig ausprobiert wird, »oberhalb« des Unterschichten-Bereichs zu erproben (in Verknüpfung mit struktur- und prozeßgeschichtlichen Zugriffen).

Das Thema eignet sich sehr gut zur theoretisch angereicherten Analyse im Sinne »historischer Sozialwissenschaft«. Zahlreiche sozialwissenschaftliche Modelle und Theoreme (z.B. aus der Soziologie der Schichtung und Klassen, der Familiensoziologie oder Interessengruppenanalyse) lassen sich vermutlich mit Nutzen innerhalb des Bürgertum-Themas »verwenden«, ebenso Ansätze aus der Kulturanthropologie und Kultursoziologie – man denke an symbolisches Verhalten und schichtenspezifische Stilisierung als Mittel der bürgerlichen Gruppenbildung und Abgrenzung. Auch manche geschichtstheoretischen Arbeiten (z.B. im Umkreis der »Sattelzeit«-Hypothese oder der Historismus-Auseinandersetzung) lassen sich im Kontext der Frage nach der Entwicklung von Bürgertum und bürgerlicher Gesellschaft betreiben.

Entscheidendes Charakteristikum des hier vorgeschlagenen Forschungsunternehmens soll neben dem sozialhistorischen Zugriff der Vergleich sein. Der historische Vergleich weist neben seiner zentralen Funktion der Überprüfung allgemeiner Annahmen noch bedeutsame weitere methodische und theoretische Chancen und Möglichkeiten auf: Er verlangt große Disziplin in Fragestellung und Argumentation, bei der Auswahl des Wesentlichen auf der Suche nach den »angemessenen« Vergleichseinheiten; er kann methodische und theoretische Implikationen bewußt machen und zu expliziter Begrifflichkeit und Kategorienbildung zwingen; er kann bei der Überprüfung von Periodisierungskriterien helfen und zur Präzisierung offener Fragen und der Richtung weiterer Forschungsstrategien beitragen. Der Vergleich soll ein zentrales Element der Strukturierung des SFB sein. Er kann dabei je nach Erkenntnisinteresse unterschiedliche Formen annehmen: als Vergleich zwischen Ländern, Regionen, Städten, Sektoren, »Fällen«, Gleichzeitigem oder Ungleichzeitigem, als Vergleich über die Zeit oder auch als »vergleichende Perspektive« oder Orientierung zunächst vielleicht nur monographischer Analysen.

Obwohl das Thema primär ein geschichtswissenschaftliches Thema ist, hat es fachübergreifende Komponenten und fordert zur Zusammenarbeit mit Wissenschaftlern aus den Nachbardisziplinen auf. Innerhalb der Möglichkeiten, die die Universität Bielefeld bietet, soll der SFB die Kooperation der Historiker mit Literaturwissenschaftlern, Soziologen, Pädagogen und Rechtswissenschaftlern ermöglichen.

Erkenntnisziele der vorstehenden Art, so gut sie begründet sein mögen, sind nur einlösbar, wenn mit einer Forschungspragmatik verbunden, die in der Lage ist, eine Vielzahl von Einzelprojekten zu generieren, Projekte, die einerseits von Doktoranden oder Habilitanden in 3–5 Jahren bewältigt werden können, andererseits unter einem gemeinsamen argumentativen Dach stehen. Diesem Zwecke dienen bestimmte Leitfragen sowie die Schneidung des SFB, die Bündelung der Projekte, nach Projektbereichen. Der Erstantrag unterscheidet zwei Typen von Leitfragen:

a) Konstituierung und Abgrenzung des Bürgertums im Wandel

Wer gehörte in der jeweiligen Epoche oder Gesellschaft, Region oder Stadt zum »Bürgertum«, was hielt die derart mit gleichem Etikett versehenen Gruppen realhistorisch zusammen, und wodurch grenzten sie sich von anderen Gruppen ab? Mindestens fünf Bedeutungen des Bürgerbegriffs wird man unterscheiden müssen, die einerseits historisch aufeinander folgten, aber andererseits als Bedeutungsschichten des Begriffs koexistiert haben. Die sich verschiebenden Bedeutungen werden genauer zu klären, und es wird zu fragen sein, mit welchem Recht – aufgrund welcher sich durchhaltender Identitäten – realhistorisch auf den ersten Blick so verschiedenartige Phänomene mit ein und demselben Begriff bezeichnet wurden.

1. Für Aristoteles war »Bürger« im eigentlichen Sinn derjenige, der aktiv am politischen Leben einer Polis teilhatte. Spätmittelalterliche Aristoteliker folgten dieser Definition, wenn auch meist mit rang- oder standbezogenen Relativierungen, die regional variierten. 2. Vorherrschend wurde in der Frühen Neuzeit »Bürger« im Sinne von Stadtbürgertum, definiert durch Stadtzugehörigkeit und rechtlich-politischen Status, ständische Qualitäten und – jedenfalls schwerpunktmäßig – mit Funktionen in Gewerbe und Handel. 3. »Bürgerlich« im Sinne des Dritten Standes des 18. Jahrhunderts meinte etwas anderes: eine nicht-adelige, nicht-bäuerliche, nicht-geistliche Gruppierung, zu der jenes Stadtbürgertum wohl gehörte, zugleich aber »Bürgerliche« ohne Stadtbürgerrecht: Beamte und Gebildete ohne Beamtenstatus, auch Handels-, Verlags- und Manufakturunternehmer mit dem Privileg, die stadtbürgerlich-zünftige Ordnung zu umgehen. 4. An aristotelische Begriffstraditionen wurde angeknüpft, wenn sich seit dem 18. Jahrhundert »Bürger« im Sinne von Staatsbürger (citizen, citoyen) durchsetzte, als Begriff für den sich zum mündigen Subjekt transformierenden Untertanen, ungeachtet seiner sozialen und ökonomischen Besonderheiten (aber realiter lange auf besitzende und gebildete Männer beschränkt). 5. Wieder etwas anderes meinte der Begriff in bezug auf das hinreichend weder als Stand noch als Klasse zu beschreibende Bürgertum des 19. und frühen 20. Jahrhunderts,

jene von Adel, Bauern, Klerus, aber auch von den Unterschichten aller Art
abgehobene Gruppierung also, die auf englisch als »middle class bezeichnet
wird und zu der man zumeist das Wirtschaftsbürgertum (Kapitalbesitzer,
Unternehmer, leitende Angestellte – Bourgeosie im engeren Sinne) einerseits und andererseits das Bildungsbürgertum (einschließlich vieler Beamter) rechnet, im Vormärz wohl auch noch die Handwerker und kleineren
Kaufleute, die später als »Kleinbürgertum« oder als »Mittelstand« an die
Peripherie des Bedeutungsfeldes von »Bürgertum« rückten und schließlich
daraus ausschieden.

Der zu präzisierende und im internationalen Vergleich zu ergänzende
begriffshistorische Befund fordert die realhistorische Forschung heraus:
Wodurch und wie konstituierte sich das Bürgertum? Wurzelt es in Eigenarten der politischen Struktur, Besonderheiten der europäischen Stadt, staatlichen Setzungen, Besitz und Bildung, Opposition gegen andere Schichten
und Klassen, einer bestimmten Kultur ...? Die riesigen Definitionsschwie-
rigkeiten mit diesem Begriff sind bekannt; Ziel wird es sein, sie zu reduzieren und sie zu erklären. Dazu gehören Fragen nach Binnenverflechtungen
und Binnendifferenzierungen des Bürgertums, nach spezifisch bürgerlichen
Interessen und Erfahrungen, Verhaltensweisen und Habitus, nach den Beziehungen zu anderen sozialen Schichten und Klassen und natürlich zum
Staat. Wie wandelt sich all das und warum?

b) Wirkung des Bürgertums in der jeweiligen Gesellschaft

Nur analytisch läßt sich die Frage nach der Bedeutung und Wirkung des
Bürgertums von derjenigen nach seiner Konstitution und Abgrenzung trennen. Empirisch sind beide Fragen komplementär und im jeweiligen Wirk-
lichkeitsbereich zu studieren. Üblich ist die Unterscheidung zwischen vier
solchen Bereichen (Wirtschaft, Politik, Gesellschaft und Kultur). Folgt man
dieser Gliederung, lassen sich folgende Leitfragen formulieren:
– Läßt sich spezifisch bürgerliches *Wirtschaftsverhalten* inhaltlich bestimmen?
Zweifellos ist dabei sehr stark nach Zeit und Zusammenhang zu differenzieren – etwa zwischen dem Idealtypus eines handwerklich-zünftig-stadtbürger-
lichen Wirtschaftsverhaltens in der Frühen Neuzeit, dem wirtschaftsbürgerlichen Markt-, Konkurrenz- und Investitionsverhalten im kapitalistischen
Wirtschaftssystem des 19. Jahrhunderts und seiner Modifizierung angesichts
der an leitende Angestellte und Manager gestellten Anforderungen in großen
Organisationen vor allem im 20. Jahrhundert. Wie stark wurde bürgerliches
Wirtschaftsverhalten zur allgemeinen Norm? Unter welchen strukturellen
Bedingungen und Hindernissen? Mit welchen Folgen für das Wirtschaftssy-
stem insgesamt, für Gesellschaft, Kultur und Politik?
– Wie gestaltete sich das Verhältnis des Bürgertums bzw. einzelner seiner
Teile zu anderen *sozialen* Gruppen und Klassen, insbesondere zu »vorbürger-
lichen« (Adel, Patrizier) oder »nachbürgerlichen« Machtträgern (Funktionä-

ren), zu abgesunkenen Bürgern und Kleinbürgern wie zu unterbürgerlichen
Schichten, z.B. angesichts der sich herausbildenden Arbeiterklasse? Zu untersuchen sind gegenseitige Einwirkungen und Abgrenzungen, Kooperationen und Konflikte zwischen Bürgertum und nicht-bürgerlichen Sozialgruppen, und das Maß des bürgerlichen Einflusses auf diese kann als ein
Indikator für das Maß der Bürgerlichkeit der jeweiligen Gesellschaft dienen.
– Lassen sich – ebenfalls zeitspezifisch variierend – bürgerliche Einstellungen zur *Politik*, bürgerliche politische Verhaltensweisen und Elemente bürgerlicher Herrschaft bestimmen? Wann und unter welchen Bedingungen
wurden bürgerliche Prinzipien zum Motor der Modifikation, Reform oder
gar Sprengung bestehender nicht-bürgerlicher Herrschaftssysteme? Welche
Rolle haben spezifische Ausprägungen von Bürgertum bzw. dessen Fraktionen gespielt in gesamtgesellschaftlichen Modernisierungsprozessen? Wann
und wo hat es überhaupt einen »bürgerlichen«, das heißt vom Bürgertum
beherrschten und geprägten Staat gegeben? Wo endeten institutionelle
»vorbürgerliche Überhänge«, wo begann das Überwiegen des Einflusses von
nicht mehr bürgerlichen, zumindest nicht mehr im älteren Sinn bürgerlichen Funktionären von Großorganisationen und -bürokratien? Ist der ver-
waltete Wohlfahrts- und Versorgungsstaat des 20. Jahrhunderts noch »bürgerlicher« Staat? Welches waren die ökonomischen, sozialen, kulturellen
und institutionellen Ressourcen bürgerlicher politischer Macht? Unter welchen Bedingungen strebten welche bürgerlichen Gruppen überhaupt zur
Übernahme politischer Herrschaft? Wiederum kann das Ausmaß bürgerlichen Einflusses auf die politischen Institutionen und Entscheidungsprozesse
(auch das Ausmaß bürgerlicher Präsenz im politischen Führungspersonal)
als ein Indikator für das Ausmaß der Bürgerlichkeit des jeweiligen Gesamt-
systems verwendet werden.
– Läßt sich – mit den Zeitperioden variierend – so etwas wie *bürgerliche Kultur* bestimmen und gegenüber der Kultur der Geistlichkeit, des Adels, der
Unterschichten oder anderer nicht-bürgerlicher Trägergruppen abgrenzen?
Insbesondere das Verhältnis von Bürgertum und Kirche interessiert in diesem Zusammenhang. In bezug auf Bildung und Konsum, Lebensführung
und Selbstdarstellung, Ehrbegriffe und Weltverständnis, Kunst und Wissenschaft: Wie weit wurde bürgerliche Kultur zur allgemein dominierenden
Kultur, gegen welche Widerstände, aufgrund welcher Ressourcen, durch
welche Mechanismen oder Strategien? Welche spezifische Bedeutung gewinnen Bildung und Wissenschaft für das Bildungsbürgertum, in welchem
Verhältnis stehen Prozesse der Professionalisierung, Akademisierung und
Verwissenschaftlichung? Welche Tragweite kommt dem Gegensatz von
zwei Kulturen (Humanismus und Realismus) zu, welche Beziehungen herrschen zwischen Leistungsgesellschaft und »kulturellem Kapital«?

Die mit diesen Leitfragen betretene mittlere Ebene von Konkretion eines
über viele Jahre konzipierten kooperativen Forschungsunternehmens hat

die – zunächst für sechs Jahre gültige – Gliederung des SFB nach Projektbereichen inspiriert:

A. Begriffsgeschichte und Langzeit-Perspektive
B. Bürgertum und Wirtschaftsverhalten
C. Bürgertum, Verwaltung und Politik
D. Bürgertum, Mentalität und Kultur

In der retrospektiven Selbstdarstellung des SFB, anläßlich von Ergebnisbe-
richten und Fortsetzungsanträgen, ist es zu einer Art Verschmelzung der allgemeinen Erkenntnisziele mit den konkreteren Leitfragen gekommen, For-
mulierungen, die über lange Zeit die Sprechweise der SFB-Mitarbeiter nach
innen und außen beherrscht haben. Eine knappe Fassung dieser Selbstverständigung findet sich im ersten Ergebnisbericht (1988):

Grundlegend für die im Erstantrag von 1985 entwickelten forschungsleitenden Thesen zur deutschen Bürgertumsproblematik im internationalen Vergleich und das daraus abgeleitete Arbeitsprogramm war die Annahme, daß
die mittel- und westeuropäische Geschichte zwischen den Revolutionen des
späten 18. Jahrhunderts (und der vorausgegangenen »Glorious Revolution«)
bis hin zum Ersten Weltkrieg, der Oktoberrevolution und dem Aufkommen
des Faschismus als ein Zeitalter begriffen werden kann, in dem »Bürgerlichkeit«, verstanden als »bürgerliche Welt- und Lebensanschauung« (B. Groet-
huysen), bestimmend wurde; in dem, zweitens bürgerliche Gruppen und
Klassen in Wirtschaft und Gesellschaft, Politik und Kultur die Führung beanspruchten und z. T. erlangten, wobei sie in mehr oder weniger weitem
Maße sich zum »Bürgertum« vergesellschafteten; in dem, drittens, das Konzept der »bürgerlichen Gesellschaft« (»société civile«, »civil society«) die
angestammte aristotelische Bedeutung einer herrschaftsständischen Gesellschaft einbüßte und die moderne Bedeutung annahm, die von der Naturrechtslehre, der französischen Aufklärung und der schottischen Moralphilo-
sophie entwickelt und von Hegel in Gestalt der Trias Familie – bürgerliche
Gesellschaft – Staat in ein neues Wissenschaftssystem integriert worden
ist.
    Die in diesem Sinne zu verstehende »bürgerliche« Signatur des »langen
19. Jahrhunderts« stellt sich in den verschiedenen europäischen Ländern in
unterschiedlichen Varianten dar. Der Forschungsentwurf des SFB ging von
der Annahme aus, daß die deutsche Entwicklung im Vergleich mit der
»westlichen« Ausprägung von Bürgerlichkeit, Bürgertum und bürgerlicher
Gesellschaft (nicht dagegen im Vergleich mit Osteuropa) möglicherweise als
defizient zu beurteilen ist und daß hierin einer der Gründe für den zum
Nationalsozialismus führenden sog. »deutschen Sonderweg« liegen kann.
Eine angemessene Würdigung der spezifisch deutschen Ausformung von
Bürgerlichkeit, Bürgertum und bürgerlicher Gesellschaft und eine metho-

disch haltbare Erörterung der Sonderwegsthese erfordern zwingend den internationalen Vergleich, und zwar nicht nur mit dem Blick nach Westen, sondern nicht minder nach Osten.

»Bürgertum« (als Sozialformation), »Bürgerlichkeit« (als Habitus) und »bürgerliche Gesellschaft« (als Zielutopie) – diese Trias stiftet bis heute die Kurzformel zur Charakterisierung der Bielefelder Bürgertumsforschung. Eine griffige Zusammenfassung des damit gemeinten Forschungsprogramms, der forschungsleitenden Interessen, sei abschließend aus dem zweiten Ergebnisbericht (1991) zitiert:

1. Die zentralen, erklärungsbedürftigen Phänomene sind Ausbildung, Aufstieg und Wirkung bürgerlicher Sozialformationen in der vor- und frühmodernen Welt, insbesondere und vor allem im 18. und 19. Jahrhundert. Das traditionale Stadtbürgertum verkörpert die Kontinuität der bürgerlichen Entwicklung seit dem 12. Jahrhundert, die bürgerlichen Führungsschichten spätmittelalterlicher und frühneuzeitlicher Städte erweisen sich als Faktoren der Innovation und Beharrungskraft. Das neue Bildungsbürgertum einerseits und das neue Wirtschaftsbürgertum, die freie, auf unbehinderte Markt- und Verkehrswirtschaft ausgerichtete Unternehmer-Bourgeoisie andererseits verkörpern die aufstrebenden bürgerlichen Berufs- und Erwerbsklassen der modernen Welt.

2. Die Generalisierung, Ausbreitung und Durchsetzung bürgerlicher Weltdeutung und Lebensanschauung, bürgerlicher Normen und Werte, bürgerlicher Kultur- und Rechtsformen, kurz: von »Bürgerlichkeit« gelingt während des Zeitraumes zwischen der politischen und industriellen »Doppelrevolution« – in England seit dem 17. und 18. Jahrhundert, auf dem Kontinent ein Jahrhundert später – und der neuen Zäsur, welche durch die bolschewistische Revolution und die faschistischen »Machtergreifungen« geschaffen wird.

3. Die aristotelische Theorie von der herrschaftsständischen Gesellschaftsordnung der abkömmlichen Vollbürger wird seit dem 18. Jahrhundert durch die sozialphilosophische Utopie einer neuen »bürgerlichen Gesellschaft« umdefiniert. Diese »bürgerliche Gesellschaft« der politisch mündigen, durch Besitz und Bildung qualifizierten Bürger bewegt sich in einem durch Marktbeziehungen und Vertragsverhältnisse gesteuerten, den Normen des Privatrechts unterliegenden Aktionsraum, der durch eine Konstitution gegen staatliche Übergriffe geschützt wird. Der überkommene absolute Fürstenstaat, dessen Machtapparat keiner wirksamen Kontrolle unterworfen ist, soll – das ist die Zielvision – durch eine konstitutionelle Monarchie gebändigt oder von einer Republik abgelöst werden. An Gesetzgebung, Verabschiedung des Staatshaushalts und Kontrolle, wenn nicht gar Ernennung und Abberufung der Regierung sollen Vertretungskörperschaften (Parlamente), in denen die »bürgerliche Gesellschaft« ihren politischen Ausdruck findet, mitwirken oder entscheidenden Anteil haben. Diese Utopie ist von der ge-

meineuropäischen Naturrechtslehre, der französischen Aufklärung und den schottischen Moralphilosophen Schritt für Schritt entwickelt, dann auch von deutschen Philosophen, Sozialtheoretikern und Publizisten zur Evolutionsnorm erhoben worden. Der Weg, auf dem diese Utopie partiell oder – trotz unübersehbarer Grenzen und Defizite – weithin verwirklicht worden ist, verweist zum einen auf die Geschichte des modernen Verfassungsstaats und der ihn tragenden Staatsbürgergesellschaft, zum anderen auf die Geschichte der bürgerlichen Gesellschaft, für welche die Verwertung von Leistungsqualifikationen und Gütern auf Märkten sowie die privatrechtlichen Vertragsverhältnisse konstitutiv sind; sie hat seit dem 19. Jahrhundert die unterschiedlichen, durch Besitz und Bildung qualifizierten Gruppen integriert.

4. Vor dem Hintergrund dieses gemeineuropäischen Modernisierungsweges vom Fürstenstaat und der Ständegesellschaft zum Verfassungsstaat und der bürgerlichen Gesellschaft fragte der SFB nach den Bedingungen und Ausprägungen eines deutschen »Sonderwegs«, den gravierende Abweichungen von der politischen Entwicklung der westeuropäischen Staatenwelt kennzeichnen und der auch zu einem spezifischen, den weiteren Geschichtsgang bestimmenden »Defizit an Bürgerlichkeit« geführt hat, das »1933« und die Folgen genauer erklären hilft. Die Überprüfung dieser einflußreichen, in der Geschichtswissenschaft der vergangenen Jahrzehnte kontrovers diskutierten Interpretation in einer methodisch gesicherten Form hängt vom Ergebnis vergleichender Analysen ab. Die allgemeinen Vorzüge der komparativen Perspektive mußten deshalb genutzt werden: erstens die trennscharfe Unterscheidung individueller und genereller Phänomene; zweitens die Anregung zu neuen Fragen, die sich in einem nationalhistorischen Kontext bewährt haben, und drittens ihre Übertragung auf ein anderes Land als heuristische Vermutung oder Hypothese. Wegen der unzweifelhaften Bedeutung des Vergleichs sind für alle SFB-Projekte komparatistische Gesichtspunkte leitend gewesen, auch wenn sie in der Durchführung nicht immer voll eingehalten werden konnten.

2. Zwölf Jahre Forschungsgeschichte: Selbstbewertungen, Revisionen, neue Leitfragen

2.1 Die Jahre 1986–1991

Nach sechs Jahren Förderung des SFB ist die erste und vielleicht wichtigste Zwischenbilanz gezogen worden. Sie unterscheidet drei Fragenbündel:

a) Wie haben sich die allgemeinen Leitperspektiven und die von ihnen angeregten spezifischen Fragestellungen bewährt?

Die von den leitenden Fragestellungen angeregten Forschungen haben eine Vielzahl neuer Ergebnisse zutage gefördert, umstrittene hypothetische Vermutungen und interpretatorische Annahmen sind in weitem Umfang empirisch bestätigt worden:

– Der Übergang vom traditionalen, ständisch geprägten Stadtbürgertum einer Minderheit von politisch und sozial bevorrechteten Bürgern der städtischen Gemeinde zu dem erweiterten neuen Bürgertum, in dem die besitz- und bildungsbürgerlichen Berufs- und Erwerbskenntnisse eine zentrale Rolle übernehmen, ist klarer geworden. Zugleich haben die Studien zum hoch- und spätmittelalterlichen Stadtbürgertum über politisch-soziale Denk- und Verhaltensweisen aufgeklärt, die – ausgebildet, gepflegt und verbreitet in den Stadtrepubliken Oberitaliens – auf das Bürgertum deutscher Reichsstädte und bedeutender landesherrlicher Städte richtungweisend und normprägend eingewirkt haben. Im Zusammenhang damit werden Antworten auf die Frage gesucht, weshalb die Bildungs- und Wirtschaftsbürger des 19. Jahrhunderts sich immer noch durch den Rückgriff auf ihre Herkunft und Geschichte definierten. Die bürgerliche Stadtherrschaft bildete ein verpflichtendes Vorbild, wenn es darum ging, in der Vergangenheit traditionsbildende Lebens- und Verfassungsformen auszumachen, um aktuelle politische Ziele und Forderungen zu legitimieren, das bürgerliche Selbstbewußtsein zu stärken und den Anspruch des Bürgertums auf bestimmenden Einfluß in Stadt und Staat zu untermauern.

– Das Sozialprofil, die Mentalität und Politik sowie die handlungssteuernden »Weltbilder« und Interessenlagen der alten und neuen bürgerlichen Sozialformationen sind deutlicher herausgearbeitet worden.

– Die Entstehung des modernen Wirtschaftsbürgertums, das heißt der Unternehmer-Bourgeoisie als einer typischen »marktbedingten« Erwerbsklasse, hat ungleich schärfere Konturen gewonnen.

– Die Genese, Entwicklung und Integration verschiedenartiger bürgerlicher Formationen zu einer tendenziell bürgerlichen Gesellschaft sind präziser erkennbar.

– Die begriffsgeschichtlichen Studien haben die ursprünglich extreme Heterogenität dieser Formationen ebenso bestätigt wie das allmähliche Zusammenwachsen dieser »Bürgertümer« zu einem nationalen Bürgertum. Insofern hat sich die politische Semantik als Seismograph und Stimulator des realhistorischen Wandels von neuem bewährt.

– Die Bedeutung ideeller »Weltbilder« und Interessen sowohl für die Herausbildung von bürgerlichen Erwerbsklassen als auch für die überwölbende Integration heterogener bürgerlicher Soziallagen ist deutlicher als zuvor hervorgetreten.

– Erneut ist die eminente Bedeutung des konfessionellen Dualismus im klassischen Land der Konfessionsspaltung eindringlich herausgearbeitet worden.

– Regionale Schwerpunkte und ihre Eigenarten bürgerlicher Entwicklung sind genauer als zuvor bestimmt worden.

– Auf dem Imperativ der komparativen Analyse zu bestehen, hat sich bewährt. Individuelle und generelle Phänomene sind erwartungsgemäß schärfer präzisiert worden; neue Fragen haben auf den Forschungsprozeß anregend eingewirkt.

– Der Vergleich hat in mancher Hinsicht die Sonderbedingungen der deutschen Entwicklung bestätigt. Andererseits hat er aber auch zu einer deutlichen Korrektur mancher Interpretationsansätze geführt. Als Ergebnis dieses Revisionsprozesses ist die Aufgabe einer strengeren Präzisierung dieser Sonderbedingungen des deutschen Modernisierungsweges zu erkennen.

b) Wie steht es um die These vom »deutschen Sonderweg«?

Dem SFB geht es wesentlich um den »Stellenwert« des deutschen Bürgertums und seiner wichtigsten Formationen in der Gesamtgesellschaft (erst der Einzelstaaten, dann des Nationalstaats innerhalb Europas). Das war eine Ursache der Frage nach einem deutschen »Sonderweg«. Außerdem ist diese Frage im Hinblick auf die historische »Ermöglichung« der NS-Diktatur sowohl national- als auch universalgeschichtlich unverändert legitimierbar; im Sinne eines aufgeklärten Historismus als Erforschung von Besonderheiten der deutschen Bürgertumsgeschichte im Vergleich mit Westeuropa/Nordamerika und Osteuropa ebenso legitim und unverändert wichtig. Dieser »Sonderweg« erscheint inzwischen in der deutschen Bürgertumsgeschichte
– im Sinne spezifischer Sonderbedingungen der deutschen Entwicklung als zum Teil berechtigte und bestätigte Interpretation. Öfters gehören diese Sonderbedingungen aber nicht oder doch nur mittelbar zur Vorgeschichte des »Dritten Reiches«;
– zum Teil aber auch als sehr problematisch, ja in manchen Realitätsbereichen als eine empirisch nicht zu bestätigende Behauptung, die daher revidiert werden muß.

Das historische Urteil hängt, wie immer, vom gewählten Standort und der Vergleichsgröße ab:
– Werden Westeuropa und Nordamerika als Vergleichsmaßstab gewählt – selbstredend ohne jede Idealisierung als vermeintliche »normative Normalität« –, werden zwar unstreitig einige deutsche Sonderbedingungen erkennbar. Aber auch wenn man sie zusammenbündelt, ist der Kontrast nicht so stark, daß die Rede von einem eigenen deutschen »Sonderweg« gerechtfertigt erscheint. In wichtigen Grundzügen entspricht der deutschen Entwicklungsweg dem westlichen, dem »okzidentalen« Modernisierungsweg, allerdings bleibt der Einfluß von Sonderbedingungen unbestreitbar.
– Wird Osteuropa als Vergleichsmaßstab gewählt, ergibt sich ein anderes Bild. Allgemein ist Osteuropa bei komparativen Untersuchungen zur deutschen Geschichte sträflich vernachlässigt worden; zahlreiche osteuropäische Historiker, die Gäste des SFB waren, haben jedoch die osteuropäische Staatenwelt immer wieder als gleichberechtigte Referenzgröße zur Geltung gebracht. Auch durch ihre eigene Arbeit wurden die Projektleiter und -mitar-

beiter auf diese unumgängliche Korrektur der bisher privilegierten Vergleichsperspektive hingewiesen. Deutlich ist: Von Warschau oder Moskau, von der Slowakei oder Ungarn aus gesehen, wirken die deutschen Gesellschaften bis hin zur reichsdeutschen Nationalgesellschaft als außerordentlich erfolgreiche bürgerliche Gesellschaften.

c) Wie steht es um die These vom deutschen »Defizit an Bürgerlichkeit«?

Die eigentümliche Signatur des bürgerlichen Zeitalters in den deutschen Gesellschaften und Staaten – die auffällige Ambivalenz von bürgerlichem Erfolg und bürgerlichem Mißerfolg – läßt die Formel von einem allgemeinen »Defizit an Bürgerlichkeit« so nicht mehr zu: Sie ist inzwischen überzeugend empirisch dementiert worden. Diese kritischen Überlegungen müssen unter einigen Sachgesichtspunkten argumentativ erläutert werden.
    1. Das deutsche Bildungsbürgertum ist – gerade im interkulturellen und transnationalen Vergleich – ein einmaliges Ensemble bürgerlicher Funktionseliten und Berufsklassen. Unter verschiedenen Gesichtspunkten ist es eine außerordentlich erfolgreiche bürgerliche Sozialformation. Die Ergebnisse der Teilprojekte unterstreichen dieses Urteil mit Nachdruck.
    Da das Bildungsbürgertum als verstaatlichte Intelligenz die höheren Ränge der Verwaltung weithin dominierte, ist sein politischer Einfluß seit den Tagen des Aufgeklärten Absolutismus, der Reformbürokratie und des modernen bürokratisierten Anstaltsstaats unzweideutig groß gewesen. Der »Preis« war eine folgenreiche Staatsnähe, die eine etatistische Sozialmentalität geprägt hat.
    Im Bildungs-, Wissenschafts- und Rechtssystem hat das Bildungsbürgertum eine unbestrittene Vorherrschaft ausgeübt. Der Aufstieg der reformierten deutschen Universität zum Spitzenrang im »wissenschaftlichen Weltsystem« (Ben-David) ist ohne den eminenten Einfluß der neuhumanistischen Bildungsidee und das soziale Reservoir des Bildungsbürgertums schlechthin nicht vorstellbar.
    Im Professionalisierungsprozeß der Freien Berufe hat sich in allen deutschen Staaten eine typische Kooperation mit der Staatsverwaltung herausgebildet. Sie hat sich im globalen Vergleich ungleich stärker als Modell der Kooperation durchgesetzt als der inzwischen als Ausnahme angesehene Sonderfall der autonomen Professionen in England und Nordamerika. Auch auf diesem Wege haben bildungsbürgerliche Berufsklassen nachhaltigen Einfluß auf die Rechts-, die Medizinal-, die Baupolitik usw. gewonnen.
    Der Etatismus dieser im Staatsdienst stehenden oder freiberuflichen akademischen Intelligenz ist ebenso unübersehbar wie der sozioökonomische Zerfall des Bildungsbürgertums im 20. Jahrhundert. Beide Prozesse haben sich in den 1920/30er Jahren besonders folgenreich, ja zum Teil fatal ausgewirkt. Das bedarf noch der genaueren Analyse, ebenso das Fortleben bildungsbürgerlicher Traditionsbestände nach 1945.

2. Das deutsche Stadtbürgertum – sowohl die alte Vollbürgergemeinde als auch die neue Bürgerschaft in der Einwohnergemeinde als öffentlicher Gebietskörperschaft mit beliebiger Zuzugsfreiheit – hat die Städte, trotz aller Unterschiede zwischen Süddeutschland, Ostelbien und den Hansestädten, in einem Maße beherrscht, das in Westeuropa weithin, in Osteuropa ganz unbekannt ist. Diese Kontinuität bürgerlichen Einflusses unter den verschiedenartigen politischen Regimen ist sehr klar herausgearbeitet worden.

3. Vorwiegend bürgerliche Parteien sind stabiler und auch auf lange Sicht stärker gewesen, als lange angenommen worden ist. Dieter Langewiesche hat das Urteil über die Bedeutung des organisierten politischen Liberalismus im Kaiserreich bereits revidiert. Die Studien im Rahmen des SFB, welche die Linksliberalen im Vergleich mit dem Schweizer Freisinn sowie die Nationalliberalen im Vergleich mit den belgischen Liberalen verfolgen, haben diesen längst überfälligen Revisionsprozeß inzwischen weitergetrieben.

4. Das moderne Wirtschaftsbürgertum der freien Unternehmer-Bourgeoisie ist unter verschiedenen Kriterien durchaus mit dem westeuropäischen Unternehmertum vergleichbar. Scharf ausgeprägte Sonderbedingungen sind entweder nicht zu erkennen oder treten hinter den vorherrschenden Gemeinsamkeiten zurück. Unbestreitbar haben in den deutschen Staaten bürgerliche Unternehmer eine außerordentlich erfolgreiche Industrialisierung in vergleichsweise kurzer Zeit vorangetrieben. Nicht zu vergessen ist, daß sich das rein bürgerliche Kleingewerbe und Handwerk fast ebenso erfolgreich entwickelt hat – darüber sollte die ritualisierte Klage über die permanente »Krise des Handwerks« nicht hinwegtäuschen.

5. Auf welche Weise bürgerliche Anschauungen und Aspirationen bestimmend wurden: wie sie die Welt der Normen und Werte, des Rechts und der Kunst, der Bildung und Wissenschaft beherrschten, ist durch die Forschungsarbeit des SFB bestätigt worden. Diese bürgerliche Normen, Rechts- und Bildungsvorstellungen, deren Wurzeln zum Teil weit in die Vormoderne zurückreichen, haben ein hohes Maß von gesamtgesellschaftlicher Verbindlichkeit gewonnen und behauptet. Das tritt im Vergleich mit Osteuropa, aber auch mit England klar hervor. Überdies gab es auch hier einen »Sickereffekt«, der für die Verbreitung in nicht-bürgerlichen Schichten und Klassen sorgte. Erneut haben Teilprojekte bekräftigt, in welchem Maße »Weltbilder« und ideelle Interessen (Bildung, Kultur, Liberalismus, Nationalismus usw.) im 19. Jahrhundert sozialintegrativ gewirkt und gemeinbürgerliche Einheit gestiftet haben.

6. Wie tief die Konfessionsspaltung durch das Bürgertum hindurchlief, ist mehrfach bestätigt worden. Die erdrückende Mehrheit der Bildungsbürger, ein Großteil der Unternehmer, fast vollständig die Liberalen bekannten sich zum Protestantismus. Die konfessionellen Gegensätze haben das Bürgertum in seiner politischen und sozialen Durchsetzungsfähigkeit fraglos geschwächt.

7. Auch die Gegenutopien gegen die »bürgerliche Gesellschaft« wie etwa die sozialdemokratische Utopie von der »Gesellschaft der Freien im Volks-

staat« verraten die Herkunft aus dem Arsenal der naturrechtlichen Theorien über die Freiheit und Gleichheit in der »wahren« bürgerlichen Gesellschaft. An typischen Defizitstellen werden sie zugunsten der Benachteiligten durch sozialstaatliche und politische Rechte ergänzt. Aber die Faszination der bürgerlichen Zielvision, wie sie seit dem 18. Jahrhundert ausgearbeitet worden ist, bleibt weiterhin erhalten.

8. In sozialstruktureller Hinsicht sind die deutschen Gesellschaften einschließlich derjenigen des Kaiserreichs von 1871 tief zerklüftet gewesen, lange Zeit auch das Bürgertum. Zu der sozialen Distanz zwischen Stadt-, Bildungs- und Wirtschaftsbürgern kam der Gegensatz zwischen den Konfessionen, zwischen Bürgertum und Adel, Gebildeten und Ungebildeten, Bürgern und Unterschichten usw. hinzu. Dennoch: Die bürgerlichen Gemeinsamkeiten überwiegen, je länger, desto deutlicher, die Unterschiede im Bürgertum. Auch deshalb ist sozialhistorisch ein »bürgerlicher Sonderweg« fragwürdig. Die einzige durchschlagende Sonderentwicklung durchlief das Bildungsbürgertum. Gewiß, der soziale Habitus deutscher Bürger ist in mancher Hinsicht polyvalent. Das spiegelt die Herterogenität der bürgerlichen Sozialformationen wider, rechtfertigt aber noch nicht die Rede von einem Sonderweg, gemessen an den analogen Erscheinungen aller benachbarten Gesellschaften.

9. Die begriffsgeschichtliche Analyse hat zu den SFB-Forschungen einen wichtigen Beitrag geleistet. Aus einer Vielfalt von Befunden wird z.B. deutlich, wie im Deutschen Bund allmählich der Singular »Bürgertum« auftaucht, insbesondere seit den 1850er/60er Jahren, um den realhistorischen Prozeß der zusammenwachsenden bürgerlichen Formation zu erfassen. Davon ist der ältere Sprachgebrauch, der sich auf den sozialtheoretischen Entwurf der »bürgerlichen Gesellschaft« bezog, scharf zu trennen. Seitdem die Sprache den bürgerlichen Integrationsprozeß ausdrückt, erhöht sich tatsächlich die Binnenhomogenität, verschärfen sich die Außengrenzen und Distanzierungspraktiken. Der begriffsgeschichtliche Befund entspricht den Ergebnissen derjenigen Teilprojekte, welche am Bürgertum in den Städten, Vereinen und Parteien, an der Entstehung und Verdichtung seiner lokalen und regionalen Kommunikationsnetze diesen allmählich verlaufenden Fusionsprozeß verfolgen.

10. Bei zahlreichen Teilprojekten haben sich Max Webers Formalkategorien der »sozialen Öffnung« und »Schließung« empirisch und interpretatorisch erneut bewährt. Bürgerliche Exklusion und Inklusion charakterisieren jedoch ebenfalls gemeineuropäische Vorgänge. Überall, auch in den deutschen Gesellschaften, schließen sich die bürgerlichen Formationen von den Unterschichten ab, schaffen sich relativ exklusive Verkehrs- und Heiratskreise, betonen soziale Distanz, verteidigen Wahlrechtsqualifikationen, den Zugang zu bürgerlichen Berufen usw. Kurzum: Es gibt im Bürgertum die vertraute Palette von Schließungsmechanismen, die auch mit den vom Adel her vertrauten schärfsten Kontrollmöglichkeiten: derjenigen der angemessenen familiären Herkunft und Abstammung, vergleichbar sind.

Auf der anderen Seite wäre es durchaus irreführend, nur auf die Schlie-
ßungsstrategien abzuheben. Sie stehen vielmehr in einem eigentümlichen
Spannungs- und Mischungsverhältnis zu den Prozessen der sozialen Öffnung. Das Gymnasium ist z.B. keineswegs nur die Bildungsstätte einer bildungsbürgerlichen »Geistesaristokratie«. Frühzeitig stammen zwanzig bis
vierzig Prozent der Schüler, öfters schon die Mehrheit, aus dem Kleinbürgertum. Das Gymnasium ist für solche Schüler nachgerade zu einer Auf-
stiegsschleuse geworden. Das gilt auch für die reformierte Universität. Gewiß, sie bleibt ein Ort der Selbstrekrutierung des Bildungsbürgertums. Aber
sie ist auch eine gewissermaßen nach unten geöffnete Förderanlage, die sehr
bald für zwanzig, vierzig und mehr Prozent der Studenten eine Aufstiegslei-
ter aus dem Kleinbürgertum und der ländlichen Gesellschaft bereitstellt.
Nie verschärft sich die soziale Schließung zu einer Abschottung. Ständig
sorgt die Öffnung für neuen Zustrom.

Bei dem vieldiskutierten Phänomen der »Feudalisierung des Bürgertums«
im Sinne einer Anpassung an das sozialnormative Vorbild des Adels handelt
es sich um eine gemeineuropäische Erscheinung, die auch im Hinblick auf
England und Frankreich von Historikern scharf herausgearbeitet worden ist.
Man bewegt sich bei dieser Adaption adeliger Verhaltensweisen und Werte,
eines adeligen Lebensstils und Exklusivitätsdrangs durch Teile des arrivierten deutschen Bürgertums in einer hochinteressanten Grenzzone, deren
Binnenprozesse noch längst nicht hinreichend bekannt sind. Jedenfalls hat
die Forschungsarbeit des SFB von verschiedenen Seiten her neues Licht auf
die erfolgreiche und gescheiterte Schließung, die erfolgreiche und verhinderte Öffnung geworfen.

2.2 Die Jahre 1992–1997

Eine Zwischenbilanz, die – Ergebnisse vieler Einzelprojekte zusammenfassend – nach sechs Jahren einen Teil des Erkenntnisgewinns darin sieht, Aus-
gangshypothesen zu modifizieren oder gar zu revidieren, ist gehalten, für die
Fortführung der Forschungsarbeit neue Fragestellungen zu entwickeln,
neue Gegenstandsbereiche zu erschließen. Dieses haben der zweite und
dritte Forschungsantrag (1992–1994, 1995–1997) getan. Hier sollen insbesondere drei neue Schwerpunkte erwähnt werden.

a) Bürgertum im 20. Jahrhundert

Die Aufgabe, die Sonderbedingungen der deutschen Bürgertumsentwick-
lung weiter zu präzisieren, verlangt jetzt vor allem eine Erweiterung des Ar-
beitsprogramms in das 20. Jahrhundert. Hierzu erscheint es erforderlich, die
bisher erkenntnisleitenden Fragestellungen zu akzentuieren und neue mit
einzubeziehen, um die Problematik der deutschen Bürgertumsgeschichte
im 20. Jahrhundert genauer zu erfassen. Pointierte Zerfallsthesen erscheinen

dabei als fragwürdig oder doch als voreilig. Am Anfang muß vielmehr die Frage stehen, ob es in den westlichen Industriegesellschaften eine unter typisierenden Gesichtspunkten verallgemeinerbare, insofern »normale« Formveränderung des Bürgertums im 20. Jahrhundert gegeben hat, von der sich die deutsche Entwicklung als Abweichung bis hin zur Katastrophe unterscheiden läßt: die zweifache militärische Niederlage auch als Niederlage des Bürgertums, die Depossedierung und soziale Strukturveränderung durch zwei Inflationen, die Weltwirtschaftskrise, der Nationalsozialismus und die partielle Desavouierung von Bürgerlichkeit. Die vergleichende Perspektive bleibt mithin konstitutiv. Sie gewinnt sogar für das 20. Jahrhundert eine neue Brisanz. Das gilt um so mehr, als die bislang sehr verschiedenen Modernisierungswege des Bürgertums von Nationalstaaten in der jüngsten Entwicklung Europas bemerkenswert konvergieren. Sieht man von dem Sonderfall der DDR ab, präsentiert sich die deutsche Bürgertumsgeschichte, so gesehen, nach 1945 als eine Art Aufholjagd hin zu der »westlichen« Form. Von derartigen hypothetischen Grundannahmen lassen sich zunächst nur allgemeine Fragen ableiten. Es scheint aber wichtig zu sein, eine mögliche »Normalität« mitzudenken, um vor diesem Hintergrund neuere deutsche Besonderheiten in der Bürgertumsgeschichte besser zu verstehen.

b) Bürgertum und Adel

Eine besonders problematische Nahtstelle zwischen politischer und gesellschaftlicher Verfassung liegt im Verhältnis von Bürgertum und Adel. Die aufsteigenden bürgerlichen Sozialformationen trafen auf die angestammten Herrschaftspositionen, den sozialnormativ wirkenden adeligen Lebensstil, das Selbstbewußtsein und die Verteidigungsbereitschaft einer rund tausendjährigen adligen Machtelite – in all ihren differenzierten Ausformungen von der Hocharistokratie bis zum kleinen »Krautjunkertum«. Mehrere Teilprojekte habe die begründete Vermutung genährt, daß im Verlaufe des 18. und 19. Jahrhunderts auf diesem gewissermaßen klassischen Konfliktfeld der spannungsgeladenen Beziehungen zwischen Adel und Bürgertum entscheidende Weichenstellungen erfolgt sind. Mit diesem zu analysierenden Beziehungsgeflecht zwischen den einfluß- und machtbegehrenden »Bürgerlichen« und den herrschaftsgewohnten Adelseliten ist zugleich das Verhältnis von bürgerlicher Stadt und ländlicher Gesellschaft, mit anderen Worten: die Frage nach der »Verbürgerlichung« des »platten Landes«, aufs engste verknüpft. Hier folgen einige Hinweise auf die Bedeutung der Thematik für den SFB.
– Wie auch immer der Adel in West- und Süddeutschland politisch gezähmt worden sein mag, in Preußen, das immerhin mehr als zwei Drittel des Kaiserreichs umfaßte, konnte der Adel zahlreiche Machtpositionen und einen erheblichen Einfluß auf den Herrschaftsapparat verteidigen – bis hin zum Januar 1933.

– Weithin hat der deutsche Adel den Konstitutionalismus nicht mitgetragen, vielmehr auf dem Weg zum ausgebauten Verfassungsstaat ständig mehr oder minder harten Widerstand geleistet. Liberale »Adelswhigs« verkörpern seltene Ausnahmen.

– Die These von der »Feudalisierung des deutschen Bürgertums« ist zu recht umstritten. Aber zum einen ist sie nicht schon deshalb falsch, weil »Feudalismus« ein amorpher Begriff ist; zum zweiten ist sie auch deshalb noch nicht falsch, weil es hinreichend Beispiele bürgerlichen Selbstbewußtseins, bürgerlichen Erfolgs, bürgerlichen Widerstrebens gegen diese »Feudalisierung« gibt. Richtig scheint vielmehr, daß die Anpassung vermögend und einflußreich gewordener Bürger an den Adel als ein gemeineuropäisches Phänomen zu betrachten ist. In England und Frankreich ist der historische Befund ganz evident und gerade in jüngster Zeit von Historikern scharf herausgearbeitet worden. »Aristokratisierung« arrivierter Bürger im Sinne einer Anpassung an den adeligen Lebensstil, an adelige Verhaltensweisen, die adelige Familienpolitik, die adeligen Ehr- und Wertbegriffe ist daher unstreitig ein erklärungsbedürftiges Phänomen des modernen deutschen Bürgertums (von den bekannten Adaptionsversuchen des mittelalterlichen-frühneuzeitlichen bürgerlichen Stadtadels ganz zu schweigen). Unverändert scheint es eine lohnende Aufgabe, das Ausmaß der Assimilierung, ihre Grenzen und Folgen differenziert zu überprüfen.

– Schließlich: Wie hat man sich die behauptete »Verbürgerlichung« des Dorfes, der ländlichen Gesellschaft überhaupt konkret vorzustellen? Bisher herrschen plakative Formeln vor. Eine exakte Forschung ist erst unlängst in Gang gekommen. Auch hier sind die Durchsetzungsfähigkeit der bürgerlichen Wirtschafts- und Rechtsprinzipien, andererseits die Resistenzkraft adelig-bäuerlicher Wirtschafts- und Lebensformen zu überprüfen.

c) Frauen- und Geschlechtergeschichte des Bürgertums

In den ersten beiden Phasen des Sonderforschungsbereichs standen männliche (Wirtschafts- und Bildungs-, Groß- und Klein-, Stadt- und Staats-)Bürger im Zentrum der Bürgertumsgeschichte. Diese Konzentration auf eine geschlechtsspezifische Hälfte des Bürgertums entspricht einer Wirklichkeit, in der – sowohl in den zeitgenössischen Quellen als auch in der heutigen Forschung – »Bürgertum«, »bürgerliche Gesellschaft« und »Bürgerlichkeit« gewöhnlich anhand von Kriterien beschrieben und bestimmt werden, die nur für Männer Gültigkeit hatten: z.B. das Bildungsbürgertum anhand der akademischen Bildung, die für Frauen bis ins frühe 20. Jahrhundert nicht zugänglich warn; das Wirtschaftsbürgertum anhand von Aktivitäten, die Männern vorbehalten blieben; die städtischen Vollbürger und die Staatsbürger anhand von Rechten, die Frauen abgesprochen wurden. Aber im gleichen Maß, wie Frauen die Hälfte der Bevölkerung ausmachen, stellen sie auch die Hälfte jeder ihrer einzelnen Sozialformationen. Es ist deshalb eine grundlegende, gleichwohl genauer zu prüfende Hypothese des SFB, daß die Geschichte des Bürgertums nur dann adäquat behandelt werden kann, wenn auch die Situationen und Aktivitäten derjenigen Frauen untersucht werden, die diese soziale Formation mitkonstituiert und ihren Konstituierungsprozeß möglicherweise entscheidend mitgeprägt haben.

Das methodische Postulat, daß die Geschichte von Frauen nicht ohne die Geschichte von Männern behandelt werden kann und sollte (wie auch umgekehrt), bedeutet, daß sich der neugeschaffene Projektbereich E (Frauen- und Geschlechtergeschichte) zwar vorwiegend der Geschichte bürgerlicher Frauen zuwendet, dabei aber grundsätzlich die Geschichte beider Geschlechter, das heißt die Ausweitung der Frauengeschichte zu einer Geschlechtergeschichte, anvisiert.

Zu diesen Problemen gehört unter anderem die begriffsgeschichtlich-definitorische Zurechnung von Frauen zum Bürgertum, die entscheidend ist für die Frage nach den Geschlechtern innerhalb des SFB und für den Beitrag, den diese Frage leisten kann. Die Zugehörigkeit von Frauen zum Bürgertum bzw. im allgemeinen zu einer sozialen Klasse wird gewöhnlich, in den Quellen wie in der Forschung, nicht nach denselben Kriterien wie für Männer bestimmt – z.B. durch den Beruf oder die akademische Bildung –, sondern durch den Verweis auf ihre familiären Bindungen, das heißt auf ihre Väter oder Ehemänner bzw. ihre Situation als Töchter oder Gattinnen. Hieraus ergeben sich grundsätzliche Probleme, die alle Projekte dieses Bereichs durchziehen: Was bedeuten familiäre Herkunft (vom Vater) bzw. Zugehörigkeit (zum Gatten) für die Zurechnung von Frauen zum Bürgertum, da sie doch keine schichtenspezifischen Charakteristika sind? Werden Frauen stärker durch ihre ständische bzw. Schicht-Zugehörigkeit oder stärker durch ihr Geschlecht definiert, mit anderen Worten: Sind sie »Bürgerinnen« oder »Bürgerfrauen«? Gelten die Schwierigkeiten, auf welche die an Männern orientierten Versuche, das Bürgertum schlüssig zu definieren, gestoßen sind, auch für das weibliche Bürgertum? Läßt sich die Zugehörigkeit von Frauen zum Bürgertum nicht nur anhand ihrer Familienbeziehungen, sondern auch anhand ihrer eigenständigen und teilweise außerhäuslichen Aktivitäten begründen?

Die mit diesen Leitfragen inaugurierte neuere Bielefelder Bürgertumsforschung der 1990er Jahre kann man in ihren Ergebnissen am besten in dem vorliegenden Sammelband zur »Sozial- und Kulturgeschichte des Bürgertums« verfolgen. Das gilt im Prinzip natürlich auch für die ältere Forschung der 1880er Jahre. Einige jüngste Arbeiten liegen bisher nur als Manuskript vor oder stehen gar noch vor dem Abschluß. Verwiesen sei auch auf die umfängliche SFB-Bibliographie im Anhang zu dem genannten Sammelband. Um die hier dokumentierte Forschungsgeschichte des SFB abzuschließen, sollen aus den »roten Bänden« noch zwei Passagen zitiert werden; sie sind auf ihre Weise geeignet, eine – projektübergreifende – Zusammenfassung und interpretatorische Einordnung von Fragestellungen, Ergebnissen und Ausblick zur Darstellung zu bringen – im Duktus der Verständigung der Bielefelder SFB über sich selbst (1995).

a) Untersuchungen zur älteren Bürgertumsgeschichte (bis zum Ende des 19. Jahrhunderts)

Zu den wesentlichen Ergebnissen hat die allseits geteilte, in der weiteren Forschungsarbeit zu vertiefende Überzeugung gehört, daß der Bürgerbegriff in der Vormoderne keine eindeutig umrissene soziale Gruppe erfaßt: in der spätmittelalterlichen Stadt kommt allein dem Rechtsbegriff »Bürger« eine klar abgrenzende Funktion zu. Eine soziale Abgrenzung wird nach unten im 18. Jahrhundert deutlicher; nach oben, hin zum Adel, sind die Grenzen offenbar lange Zeit fließender geblieben, als in der bisherigen Forschung unterstellt wurde. Die innere Legitimierung der bürgerlichen Partizipationsforderungen ist dann im frühen 19. Jahrhundert emphatisch an die mittelalterliche Stadt gebunden worden.

– Die spätmittelalterlichen und frühneuzeitlichen Projekte behandeln in sozialgeschichtlicher Hinsicht vor allem die in je spezifischer Weise aufgetretenen Tendenzen, die zur Annäherung zwischen ständisch geschiedenen gesellschaftlichen Führungsgruppen führten. In einem Projekt über »Bürger und Gottesstadt« stehen die Formen sozialer, politischer und religiöser Teilhabe in der spätmittelalterlichen deutschen und italienischen Stadtgesellschaft im Mittelpunkt. Wer den vormodernen Bürger allein in durch Herrschaft konstituierten Beziehungen definiert, hat sich ein angemessenes Verständnis des öffentlichen Lebens in den Kommunen dieser Zeit bereits verstellt.

– Neben der Unterscheidung »aktive und passive Teilhabe« wird »Teilhabe durch Vertretung« und »Repräsentation« stärker ins Zentrum der Analyse treten. Es geht um die Rekonstruktion vormoderner »Öffentlichkeit«, die das Publikum auf neue Weise einbezieht und versucht, den Raum der Stadt nach öffentlichen und nichtöffentlichen Bereichen, nach deren Dialektik und Veränderung zu bestimmen. Das heißt für die Städte, daß mehr als bisher auf das Zusammenspiel von gesamtstädtischen und nach Stadtteilen zu verortenden öffentlichen Ritualen geachtet werden muß und daß die im Spätmittelalter allenthalben feststellbare Ausweitung öffentlicher Feierlichkeiten mit der Straffung politischer Entscheidungsstrukturen und mit der Verlagerung von ehemals öffentlichen Prozessen der Konsensstiftung in die Rathäuser in Beziehung zu setzen ist. Am Ende der Untersuchung sollte ein Bild des Bürgers als »homo politicus« stehen, das sich von einem allzu einseitigen Herrschaftsbegriff gelöst hat und »politisch« wieder in einem ursprünglichen Sinne faßt: als die Möglichkeit, die das Gemeinwesen betreffenden Dinge (politische, religiöse oder kulturelle) mitzugestalten, und sei es nur, indem man bei Prozessionen zu Ehren des Stadtpatrons seine vorge-

gebene Rolle spielt oder auf Schwörtagen durch Zurufen sein Einverständnis
zu neuen Maßnahmen des Rates erklärt.
– Bürgerliche und adlige Rittergutsbesitzer, lokale Amtsträger sowie staatliche und städtische Amtsträger tendierten zu neuen Formen der Elitebil-
dung, für die seit der Mitte des 18. Jahrhunderts die Sozialfigur des Bürgers
im universalistischen Sinne zum durchschlagenden und sozialgeschichtlich
folgenreichen Leitbild wurde. Damit entstand ein Kanon von politischen,
rechtlichen und sozialen Forderungen, die für die weitere Entwicklung im
19. Jahrhundert prägend geworden sind. Außerdem bildeten sich in der
Lebensweise, im Bildungswesen, im Denken und Verhalten dieser Eliten
Grundformen und -beziehungen derjenigen »Bürgerlichkeit« aus, die später-
hin die relative Geschlossenheit der Sozialformation »Bürgertum« in hohem
Maße ausgemacht hat.

b) Neue Forschungen über Bürgertum im 20. Jahrhundert

Daß in der bürgertumsgeschichtlichen Literatur, von wenigen Ausnahmen
abgesehen, in der Regel ohne nähere empirische Grundlegung Thesen vom
Auslaufen, Ende oder Zerfall des Bürgertums formuliert werden, hängt nicht
zuletzt mit der sehr zögernden Hinwendung der modernen Sozialgeschichte
zum 20. Jahrhundert zusammen. Der Forschungsstand zur Sozialgeschichte
des 20. Jahrhunderts ist nur in begrenzten Teilbereichen (Erster Weltkrieg
und Inflationszeit, zum Teil die Weltwirtschaftskrise, Nationalsozialismus
und Frühgeschichte der Bundesrepublik Deutschland) als befriedigend oder
gut zu bezeichnen: diese Teilbereiche werden aber oftmals unverbunden erforscht, so daß langlebige Prozesse des sozialen Wandels selten, am ehesten
noch seitens der Wirtschaftshistoriker, in den Blick kommen. Noch immer
erweist sich die moderne Sozialgeschichte vom »langen« 19. Jahrhundert
fasziniert, während im 20. Jahrhundert die tiefgreifenden politischen Zäsuren, die je für sich von der Historiographie als Herausforderungen begriffen
worden sind, offenbar auch in der Wahrnehmung der Sozialhistoriker
schwer zu überbrücken sind. Wenn aber die längerlebige Kontinuität und
Formveränderung einer sozialen Formation in der Gesellschaft erforscht
werden sollen, bedarf es einer die tiefen Zäsuren von 1914, 1918, 1933 und
1945 übergreifenden Haupt-Fragestellung. Die Annahme scheint begründet, daß eine solche Fragerichtung seit der deutschen Vereinigung 1989/90
erleichtert wird. Auch scheint die Annahme begründet, daß, insgesamt gesehen, keine andere als die deutsche Gesellschaft im 20. Jahrhundert von
vergleichbar tiefgreifenden sozialen und politischen Brüchen heimgesucht
worden ist. Auch unter dieser vergleichenden Hypothese sollten mithin län-
gerfristig angelegte sozialgeschichtliche Untersuchungen erarbeitet werden.

1. Ende oder Formwandel des Bürgertums? Insgesamt soll die Frage erkenntnis-
leitend sein, ob die »klassische« Formation des Bürgertums, wie sie sich im

19. Jahrhundert entfaltet hat, im 20. Jahrhundert – zu welchem genauer zu
bestimmenden Zeitpunkt auch immer – ein krisenhaftes Ende gefunden hat
oder ob Kernstrukturen des Bürgertums, der bürgerlichen Gesellschaft und
der Bürgerlichkeit unter mehr oder weniger tiefgreifendem Formwandel bis
in die Gegenwart fortbestehen, ja, seit den 1950er Jahren sogar revitalisiert
worden sind.

Unter den bisherigen Annahmen über das Ende oder den Zerfall des Bürgertums erscheint die These von der Verkrustung der stadtbürgerlichen Formation schon seit den 1850er Jahren im Hinblick auf die zugrunde liegende
Annahme von der »klassischen Bürgergesellschaft« in zahlreichen Mittel-
städten des deutschen Vormärz formuliert (L. Gall). Andere Annahmen über
spätere Zeitspannen erscheinen empirisch besser begründbar, so zumal die
meist nur unterstellte Tendenz zur Gleichstellung und Inkorporation eines
bis 1918 rechtlich privilegierten Stadtbürgertums, das seine traditionellen
Herrschaftsformen (Honoratiorentum) aber schon seit dem letzten Drittel
des 19. Jahrhunderts unter dem Druck der Urbanisierung modifizieren
mußte.

Allein dem Wirtschaftsbürgertum hat man bisher, soweit erkennbar, keine
Verfallserscheinungen beigemessen. Aber die Frage nach der Kontinuität
wirtschaftsbürgerlicher Erwerbsformen und Positionen und insbesondere
nach dem sozialen Profil und der Berufsvererbung bei Unternehmen im
20. Jahrhundert ist bisher nicht untersucht worden. Viele Annahmen über
das Ende, das Auslaufen oder den Verfall des Bürgertums erscheinen vom
Bildungsbürgertum her gedacht: Die vielfach konstatierte »Krise« des bildungsbürgerlichen Denkens seit der Jahrhundertwende und besonders in
der Zwischenkriegszeit wird offenbar gern auf das gesamte Bürgertum übertragen, ohne daß die Forschung sich Rechenschaft über die Kontinuität und
Stabilität realer bildungsbürgerlicher Positionen in der Gesellschaft gegeben
hätte. Soweit in der Forschung bei allen Vorbehalten gegenüber einem zu
homogenen Bürgertumsbegriff von einer berufsübergreifenden Vergesellschaftung des Bürgertums im 19. Jahrhundert gesprochen wird, hält man die
Vergesellschaftungsprozesse durch Weltkrieg und Inflation, Weltwirtschaftskrise und NS-Herrschaft für unterbrochen oder gestört, so daß auch in
diesen Deutungen die Bürgertumsgeschichte nach der Jahrhundertwende,
spätestens aber 1933, endet. Einige Autoren neigen zu einer kulturmorpho-
logischen Sicht über den Aufstieg, die klassische Herrschafts- und Einfluß-
phase sowie über den Niedergang des Bürgertums.

In der Tat ist angesichts der einander in ihrer gesellschaftsformenden
Wirkung überlappenden politischen, wirtschaftlichen und sozialstrukturellen Krisen des 20. Jahrhunderts zu fragen, ob ein Bürgertumsbegriff, der
vornehmlich mit Hilfe der Kriterien Besitz, Bildung und Selbständigkeit definiert wird, in der Forschung über die Entwicklung der Mittelschichten im
20. Jahrhundert und über Vergesellschaftungsprozesse in den Mittelschichten tragfähig bleibt. Orientiert man sich am Akademikerprivileg und an den

hierdurch beschriebenen bürgerlichen Berufen, steht die starke Expansion gerade in den klassischen Positionen während des 20. Jahrhunderts außer Zweifel. Auch durch neue, akademisch definierte Positionen gewann insofern das Bürgertum durchgehend an gesellschaftlichen Einfluß. Die Proliferation des Besitzes ist durch zwei Inflationen und erhebliche Schädigungen während des Zweiten Weltkrieges stark eingeschränkt worden, aber sie ist inzwischen in Westdeutschland durch Erbgänge über mindestens zwei Generationen wieder in Gang gekommen. Weitet man den Begriff der Selbständigkeit zu dem der »Autonomie«, lassen sich auch angestellte Leitungspositionen in Wirtschaft und Gesellschaft problemlos darunter erfassen. Eine Reihe von bürgerlichen, akademischen Berufen wurde im 20. Jahrhundert (lange vor der Bildungsexpansion der 1960er Jahre) auch Frauen zugänglich. Es gibt deshalb gute Gründe, in sozialstruktureller Hinsicht nicht von einem »Verfall« des Bürgertums, sondern vielmehr von einer Expansion bürgerlicher Positionen in der Gesellschaft auszugehen. Jede einzelne dieser Positionen, jeder einzelne bürgerliche Beruf war darin einem erheblichen Formwandel ausgesetzt. Neue bürgerliche Berufe kamen mit der Entwicklung zur Dienstleistungsgesellschaft hinzu.

Problematischer erscheint eine Bewertung der Entwicklung jenes Gefüges von Lebensformen, Verhaltensweisen und Werten, das unter dem Begriff der »Bürgerlichkeit« in der Regel mit dem Bürgertum als einer sozialen Formation assoziiert wird. Viele Argumente sprechen für die These, daß die viel beschworene Krise des Bürgertums im 20. Jahrhundert im wesentlichen eine mentalitätsgeschichtliche Erscheinung gewesen ist, die durch die erwähnten politischen, ökonomischen und sozialstrukturellen Krisenlagen und insbesondere durch die jahrzehntelang bedrohliche Herausforderung durch die Arbeiterbewegung beflügelt worden ist. Bis zum Ausbruch des Ersten Weltkrieges erscheinen die Lebensweisen, Konsumstile und Verhaltensmuster in der Gesellschaft in hohem Maße durch Klassenprägung geordnet. Die langlebige Fortentwicklung zum Wohlfahrtsstaat, die Urbanisierung nicht nur der großen Städte, sondern in vielerlei Hinsicht der gesamten Gesellschaft, schließlich die Fortentwicklung der Kommunikationstechnik haben in einem mehrere Jahrzehnte währenden, trotz der politischen Zäsuren fortgesetzten Prozeß insofern ehedem bürgerlich begrenzte Verhaltensformen und Denkweisen allgemein verfügbar gemacht. Bürgerlichkeit als Habitus verlor an status- und klassenbezogener Spezifität; man kann von einer Verallgemeinerung von Bürgerlichkeit sprechen.

Versteht man ferner unter »Bürgerlicher Gesellschaft«, wie das in der pragmatisch orientierten amerikanischen Forschung üblich wird, in erster Linie das Gefüge und die Prozesse bürgerlicher Selbstorganisation und die auf diese Weise begründete Partizipation an der politischen Herrschaft, kommen für die deutschen Bundesstaaten und das Kaiserreich die sozialen und machtpolitischen, konstitutionellen Verhältnisse mit ihren zugleich privilegierenden und machtbegrenzenden Wirkungen für das Bürgertum in den Blick, während im 20. Jahrhundert gerade auf dieser Ebene für die Zeit der Weimarer Republik von mangelnder Identifikation des Bürgertums mit der bürgerlichen Gesellschaft und für die Zeit des Nationalsozialismus vom Zusammenbruch der bürgerlichen Partizipationsansprüche gesprochen werden kann. Im ganzen gesehen, hat der Organisationsentwurf der bürgerlichen Gesellschaft, wie er seit dem Ende des. 18. Jahrhunderts (mit zum Teil wichtigen, älteren Wurzeln) in einer unendlich scheinenden Vielfalt von informellen Gruppenbildungen, Vereinen, Verbänden, Kongreßbewegungen, Korporationen, Parteien, Wirtschaftsgesellschaften, Freizeit- und Kulturvereinen realisiert worden ist, bis in die Gegenwart eine geradezu erstaunliche Kontinuität aufgewiesen. Überall wurde die bürgerliche Organisierung der Gesellschaft durch das Bürgertum in Gang gesetzt, aber sie wurde rasch in anderen Schichten adaptiert und, beispielsweise unter dem Einfluß der Arbeiterbewegung, ergänzt und erweitert. Selbst Gleichschaltung und Führerprinzip scheinen in wichtigen Bereichen der bürgerlichen Selbstorganisation wenig gegriffen zu haben, und der Wiederaufbau einer neuen bürgerlichen Gesellschaft in Westdeutschland nach 1945 hat in den meisten Bereichen – man denke an Handelskammern, professionelle Organisationen, Parteien und Wirtschaftsverbände – an die älteren, längst schon traditionsreichen Formen angeknüpft. Das Prinzip der repräsentativen Demokratie erscheint gerade hierin sozialgeschichtlich tief verwurzelt. Es ist faktisch sogar von der Arbeiterbewegung frühzeitig adaptiert worden. Genauer besehen, weist mithin die Geschichte der bürgerlichen Gesellschaft auch in Deutschland eine starke Kontinuität auf. Das kann freilich anders gesehen werden, wenn man mit dem Begriff in erster Linie den im 18. und an der Wende zum 19. Jahrhundert formulierten Entwurf einer auf einem bestimmten Menschenbild aufgebauten Gesellschaft verbindet.

Die stärkste Krise haben Bürgertum, Bürgerlichkeit und bürgerliche Gesellschaft in der deutschen Geschichte zweifellos erst nach 1945 mit der Entwicklung der DDR-Gesellschaft im kommunistischen Einflußbereich erfahren. Trotz unbezweifelter Relikte an Bürgerlichkeit, die teilweise im SFB bereits erforscht worden sind, kann die »unbürgerliche« Gesellschaft der DDR in vielfacher Hinsicht als eine Folie die Re-Etablierung und Re-Vitalisierung bürgerlicher Berufe und Positionen, die Verallgemeinerung der Bürgerlichkeit als eine Lebensform und Wertorientierung sowie die Kontinuität und Neubelebung der bürgerlichen Gesellschaft in Westdeutschland verdeutlichen. Dabei wird für die Bundesrepublik mit guten Gründen inzwischen von der neueren sozialgeschichtlichen Forschung eine wesentlich in der Ablösung von Generationen, aber auch unmittelbar demographisch und teilweise wirtschaftsstrukturell begründete Zäsur in den 1960er Jahren vermutet. Es scheint, daß in vielen Berufen und bürgerlichen Einflußfeldern eine Kontinuität aufgespürt werden kann, die Lebenszyklen vom späten Kaiserreich bis in die 1950er Jahre umspannt. Die wenigen neuen Projekte, mit denen der SFB »Bürgertum« die hier vergröbernd skizzierte Problematik erforschen will, beschränken sich deshalb auf den Zeitraum bis in die 1960er Jahre. Das ist nicht zuletzt in der Verfügbarkeit von Quellen begründet. Diese Begrenzung wird gestützt durch das Aufkommen neuer Leitbilder, etwa der Vorstellung von der »nivellierten Mittelstandsgesellschaft«, der »Massen-«, »Konsum-« und »Freizeitgesellschaft«, der »Sozialstaats-« oder »postindustriellen Gesellschaft« seit den 1950er Jahren. Gerade diese Begriffe bedürfen unter der hier formulierten Vermutung einer Kontinuität der bürgerlichen Formation der kritischen Überprüfung.

2. *Fragen und Thesen zum Bürgertum im 20. Jahrhundert.* Die Thesen, unter denen die Bürgertumsforschung über das 20. Jahrhundert im Rahmen des SFB betrieben werden soll, lassen sich, für den Zweck einer knappen Übersicht verkürzt, unter den folgenden Fragen zusammenfassen:
– In welchen Bereichen der sozialen Formationen des Bürgertums und der bürgerlichen Gesellschaft läßt sich zwischen dem Kaiserreich und der frühen Bundesrepublik sozialstrukturelle, personelle und institutionelle Kontinuität nachweisen?
– Welchem Formwandel waren die bürgerlichen Berufe im 20. Jahrhundert unter dem Eindruck des fortschreitenden wirtschaftlichen und sozialen Wandels, der Verschiebungen im Erwerbsgefüge und der Urbanisierung unterworfen? In welchem Umfang und in welchen Formen gelang Frauen der Zugang zu der Welt der bürgerlichen Berufe?
– Welche Entwicklung nahm die überfamiliale Vergesellschaftung bürgerlicher Berufe zu einem umfassenderen, auch in seinen statusbezogenen, wirtschaftlichen und politischen Interessen homogenisierten Bürgertum im 20. Jahrhundert? Lassen sich die ökonomischen, politischen, sozialstrukturellen und mentalitätsgeschichtlichen Krisen des 20. Jahrhunderts als tiefgreifende Störungen dieser Vergesellschaftung interpretieren? Sind nach 1945 in der westdeutschen Mittelschicht neue Vergesellschaftungen in Gang gekommen? Kann und soll man weiterhin von der »Bürgerlichen Gesellschaft« sprechen?
– Wird die Entwicklung der Bürgerlichkeit als eines Habitus unter dem Begriff der Verallgemeinerung angemessen erfaßt? Welchen Einfluß hatten der Abbau der Klassenspannungen und die Ersetzung der groben durch die »feinen Unterschiede« auf die Sonderung der schichtenspezifischen Lebensweisen?
– Wie grenzte sich die Mittelschicht im langfristigen Überblick nach unten ab? Blieb die überkommene Formation des Kleinbürgertums als eines in Statusdenken und Lebensweise am Bürgertum orientierten Gefüges kleiner, selbständiger oder in sicheren Positionen abhängig beschäftigter Berufe erhalten? Wie entwickelten sich die Abgrenzungen zwischen den sozialen »Lagern« unter dem Einfluß des sozialstrukturellen Wandels? Wie nahmen Personen in bürgerlichen Positionen ihre Rollen und Funktionen in der Gesellschaft wahr und wie wurden diese Rollen und Funktionen von anderen

wahrgenommen, das heißt, wie veränderten sich die Selbst- und Fremdbilder auch in ihrem Bezug aufeinander im Zeitablauf?

– In welchem Umfang konnte das Bürgertum seinen Anspruch auf eine mindestens mitentscheidende Rolle in der politischen Herrschaft verteidigen, anpassen und ausbauen? In welchem Umfang blieb das Bürgertum auch nach 1945 an den Prozessen der Elitenbildung in der Gesellschaft beteiligt? War der Nationalsozialismus ein »unbürgerliches« Regime oder wirkte er als solches? Welche Folgen hatte er für das Selbstbild des Bürgertums nach 1945?

– Wie entwickelte sich die Beziehung des Bürgertums zum Staat im allgemeinen und zum Sozialstaat im besonderen? Hat sie sich nach 1945, auch unter dem Einfluß besonders der amerikanischen Besatzungsmacht, hin zu einer »westlichen Form« normalisiert, kann man daher von einem Auslaufen eines »deutschen Sonderwegs« auf diesem Gebiet sprechen?

II.

Bürgertum in der Langzeitperspektive

ULRICH MEIER UND KLAUS SCHREINER

Bürger- und Gottesstadt im späten Mittelalter

»Ach!«, raisonnierte Heinrich Heine, »wenn ich die ganze deutsche Geschichte durchgehe, bemerke ich, daß die Deutschen für bürgerliche Freiheit wenig Talente besitzen, hingegen die Knechtschaft, sowohl theoretisch als praktisch immer leicht erlernten«.[1] Erfahrungen mit einem Obrigkeitsstaat, der Bürger daran hindert, von ihren natürlichen Freiheitsrechten öffentlichen Gebrauch zu machen, prägten des Dichters Sicht auf die Vergangenheit. Freisinnige Politiker, Publizisten und Geschichtsschreiber des 19. Jahrhunderts sahen das anders. Weil sie dem liberalen Rechts- und Verfassungsstaat einen Rückhalt in der Geschichte geben wollten, blickten sie voll Bewunderung auf die »Befreiungsthaten« mittelalterlicher Stadtbürger. Im »Begriff der mittelalterlichen Stadtbürgerschaft« wurzelte ihrer Auffassung nach das »heutige Staatsbürgerthum«.[2] Im Verfassungsleben mittelalterlicher Stadtkommunen fanden sie Anfänge einer Freiheitsgeschichte, die zu vollenden sie als ihren Beruf und ihre Pflicht erachteten.[3]

Max Weber (1864–1920) rechnete die mittelalterliche Stadt »zu den wichtigsten der historischen Vorbedingungen«,[4] aus denen die moderne

---

1 *H. Heine,* Ludwig Börne. Eine Denkschrift, in: *ders.,* Sämtliche Werke, Bd. 4, München 1972, S. 64.

2 So der liberale Jurist *Johann Caspar Bluntschli* (1808–1881), Deutsches Staatswörterbuch, Bd. 2, 1857, S. 302.

3 Vgl. dazu *K. Schreiner,* ›Kommunebewegung‹ und ›Zunftrevolution‹. Zur Gegenwart der mittelalterlichen Stadt im historisch-politischen Denken des 19. Jahrhunderts, in: *F. Quarthal u. W. Setzler* (Hg.), Stadtverfassung, Verfassungsstaat, Pressepolitik. Festschrift für Eberhard Naujoks zum 65. Geburtstag, Sigmaringen 1980, S. 139–168; *ders.,* Die Stadt des Mittelalters als Faktor bürgerlicher Identitätsbildung. Zur Gegenwärtigkeit des mittelalterlichen Stadtbürgertums im historisch-politischen Bewußtsein des 18., 19. und beginnenden 20. Jahrhunderts, in: *C. Meckseper* (Hg.), Stadt im Wandel, Kunst und Kultur des Bürgertums in Norddeutschland 1150–1650, Ausstellungskatalog Bd. 4, Stuttgart-Bad Cannstatt 1985, S. 517–541; *R. Koselleck u. K. Schreiner,* Von der alteuropäischen zur neuzeitlichen Bürgerschaft. Ihr politisch-sozialer Wandel im Medium von Begriffs-, Wirkungs- und Rezeptionsgeschichte, in: *dies.* (Hg.), Bürgerschaft. Rezeption und Innovation der Begrifflichkeit vom Hohen Mittelalter bis ins 19. Jahrhundert, Stuttgart 1994, S. 11–39.

4 *Max Weber,* Die protestantische Ethik, Bd. 2, Kritiken und Antikritiken, Hamburg 1972, S. 323. Vgl. dazu *K. Schreiner,* Die mittelalterliche Stadt in Webers Analyse und Deutung des okzidentalen Rationalismus. Typus, Legitimität, Kulturbedeutung, in: *J. Kocka* (Hg.), Max Weber, der Historiker, Göttingen 1986, S. 119–150; *ders.,* Legitimität, Autonomie, Rationalisierung. Drei Kategorien Max Webers zur Analyse mittelalterlicher Stadtgesellschaften –

Welt – Fachbeamtentum und Anstaltsstaat, kapitalistische Formen des Wirtschaftens, politische Selbstbestimmung und persönliche Freiheit – hervorging. Die mittelalterliche Stadtverfassung, die Rechtsgleichheit und politische Mitsprache verbürgte, sei zum Nährboden für den modernen Begriff des Staatsbürgers geworden. Politische Autonomie habe die mittelalterliche Stadtgemeinde befähigt, Rechtsnormen zu verbriefen, die wirtschaftliches Handeln sicher und berechenbar machten. Schriftliche Buchführung habe den spätmittelalterlichen Stadtkaufmann in die Lage versetzt, nach zweckrationalen Rentabilitätsgesichtspunkten seine Geschäfte zu führen.

Wer sich jedoch mit den politischen und sozialen Verhältnissen mittelalterlicher Städte eingehender beschäftigt, weiß auch, daß sich in Stadtkommunen des Mittelalters politische und soziale Tatsachen dingfest machen lassen, die mit idealtypisch definierter Bürgerlichkeit nicht zu vereinbaren sind. Verliert der Begriff Bürger nicht jegliche soziale Trennschärfe, wenn sich an Hand der überlieferten Quellen zeigen läßt, daß Mitglieder bürgerlicher und patrizischer Ratsfamilien adlige Denk- und Lebensformen kultivierten, mit Heißhunger höfische Literatur verschlangen, ihre Kinder mit Söhnen und Töchtern adliger Geschlechter verheirateten oder innerhalb des städtischen Mauerrings Turniere veranstalteten? Sind die von städtischen Magistraten erlassenen Kleider- und Aufwandsordnungen, welche die Selbstdarstellung und Lebensführung von Bürgern schichtspezifischen Normen unterwerfen, nicht Beweise für die ungebrochene Macht des Ständischen? Sind Toten- und Wappenschilde des städtischen Patriziats, die heute noch zum Zierat spätmittelalterlicher Stadtkirchen zählen, oder Geschlechtertürme, die bei weitem die Häuser gewerbetreibender und kaufmännisch tätiger Bürger überragen, nicht unzweideutige Zeichen und Denkmale dafür, daß auch in der Stadt des Mittelalters das soziale und politische Privileg gesellschaftsstrukturierend wirkte? Sind Städte, die außerhalb ihrer Mauern über Grundhörige und Leibeigene Herrschaft ausübten, nicht Träger und Repräsentanten einer feudalen Herrschaftswelt?

Solche Affinitäten zur Welt des Adels lassen aber nicht den Schluß zu, daß sich mittelalterliche Städte als Sozialgebilde formierten, in denen »bürgerliche« und »feudale« Elemente eine unheilige Allianz eingingen. Aus der Durchlässigkeit sozialer Systemgrenzen bedingen sich zwangsläufig Anpassungen an anders strukturierte Umwelten. Die Tatsache, daß die Lebenswelten mittelalterlicher Stadtgesellschaften feudale Prägungen aufweisen, beeinträchtigt keinesfalls die grundsätzliche Andersartigkeit stadtbürgerlicher Wertvorstellungen, die in typisch stadtbürgerlichen Formen der Vergesell-

wissenschaftsgeschichtlicher Ballast oder unabgegoltene Herausforderung?, in: *C. Meier* (Hg.), Die okzidentale Stadt nach Max Weber. Zum Problem der Zugehörigkeit in Antike und Mittelalter, München 1994, S. 161–211.

schaftung ihre geschichtsbildende und gesellschaftsstrukturierende Kraft bewiesen. Mittelalterliche Bürger empfanden und erfuhren ihre Stadt als einen von der Herrschaftswelt des Landes abgesonderten Sozial- und Rechtsverband, der persönliche und korporative Freiheitsrechte garantierte. Mit *vriheit* verbanden *vri burger* des späten Mittelalters die Vorstellung von politischer Teilhabe, von korporativer Autonomie und geschütztem Recht. Die »Rechte und Freiheiten« (*iura et libertates*), in deren Besitz sich Bürger mittelalterlicher Städte wußten, bezogen sich weder auf vorstaatliche Grundrechte noch auf Rechte unmittelbarer oder repräsentativer Demokratie. Nur über ihre Zunft oder ihre Gaffel war es mittelalterlichen Stadtbürgern möglich, auf die Zusammensetzung des Rates und dessen Politik Einfluß zu nehmen – eine Tatsache, die Max Weber auf den Gedanken brachte, die in Städten des Mittelalters üblichen Formen bürgerschaftlicher Mitsprache als »Verbandsdemokratie« zu bezeichnen.

Die in mittelalterlichen Städten geltenden »Rechte und Freiheiten« sind als Gewährschaften zu verstehen, die dem bürgerlichen Individuum den freien Gebrauch seiner Arbeitskraft und die freie Verfügungsgewalt über eigenes Hab und Gut verbürgen, insbesondere aber ein von Willkür und Gewalt entlastetes Leben in einem gesicherten Rechtskreis ermöglichen.[5] Ein Recht auf Fehde hätte der Monopolisierung legitimer Gewaltanwendung durch den bürgerschaftlichen politischen Verband widersprochen. Der städtische Friede duldete keine private Selbstjustiz, keine persönlichen Rache- und Vergeltungsbedürfnisse, die im Namen adliger Ehr- und Rechtsvorstellungen befriedigt wurden. In der Stadt des Mittelalters, so Ernst Troeltsch (1865–1923), »war der Boden geschaffen, auf dem die großen Vorzüge der mittelalterlichen Gesellschaft von den Rohheiten und Gewalttätigkeiten des Feudalismus gereinigt werden konnten. Die Lebensbedingung der Stadt als wesentlich gewerblicher Vereinigung ist der Friede, die Freiheit und die Beteiligung des Eigeninteresses aller Bürger am städtischen Leben, die ungestörte Arbeit und die Begründung des Besitzes auf persönliche Arbeit und Leistung«. Insofern könne »die mit dem zwölften Jahrhundert einsetzende Periode städtischer Kultur auch als Vorbereitung und Grundlegung der modernen Welt« betrachtet werden.[6]

Im Hinblick auf die Rolle, die das Recht bei der Konstitution der neuartigen Sozialform Stadt spielte, ist jüngst zu Recht gesagt worden: »Die Lebenswelt des entstehenden Bürgertums schafft sich eine neuartige Verfassung in einer gegen die feudalen Herrschaftsgewalten durchaus widerständigen Form. Sie wahrt noch für einige Jahrhunderte gegenüber dem Staat –

---

5 Vgl. dazu *K. Schreiner,* Iura et libertates. Wahrnehmungsformen und Ausprägungen ›bürgerlicher Freyheiten‹ in Städten des Hohen und Späten Mittelalters, in: *H.-J. Puhle* (Hg.), Bürger in der Gesellschaft der Neuzeit, Göttingen 1991, S. 59–106.

6 *E. Troeltsch*, Die Sozaillehren der christlichen Kirchen und Gruppen, ND Aalen 1965, S. 250.

wie auch der Kirche – Eigenständigkeit, Autonomie und auch größere Modernität«.[7] Die Rechtswelt des germanischen frühmittelalterlichen Europa
habe verbindliche Rechtsnormen »nur in ganz rudimentärer Form gekannt
und deshalb zu gerichtlichem Zweikampf, Gottesurteilen oder eben offener
Fehde im Austrag von Konflikten greifen müssen«.[8] Anders in mittelalterlichen Stadtkommunen: In diesen kommt es »aufgrund der Gleichheit vor
Gericht, dem Friedegebot und der Selbstunterwerfung unter Stadtgericht
und Stadtrecht durch den eigenen körperlichen Eid« zu einer »explosionsar-
tigen Aufzeichnung von prozessualem und materiellem Recht in normativer
Form«. Deshalb könne man »fast sagen, daß die Normativität von Recht hier
in den Städten, parallel zur Renaissance des römischen Rechts im 12. Jahrhundert, entdeckt oder wiederentdeckt worden ist«.[9]
    In den mit der mittelalterlichen Stadt befaßten Projekten des Sonderfor-
schungsbereiches zur Bürgertumsgeschichte ging es nicht um Grundfragen
des mittelalterlichen Stadtrechts, das sich als Triebkraft moderner Staatlichkeit bewährte. Zur Debatte stand auch nicht die Stadt als jenes Sozialgebilde,
in dem der epochale »Durchbruch aus einem archaischen Traditionsrecht
zu einem auf Zweckrationalität gegründeten, veränderbaren, mobilen
Recht« stattfand.[10] Forschungsbestimmend war die Frage nach Bürger- und
Stadtkonzepten, die von zeitgenössischen Juristen, Philosophen und Theologen entworfen wurden, um auf den Begriff zu bringen, was die Eigenart
der Stadt und was die Besonderheit des Bürgerstatus ihrer Bewohner ausmacht. Es ging einerseits um theoretische Grundlegungen bürgerlicher
Identität; es sollten andererseits Kenntnisse und Einsichten erarbeitet werden, die Aufschluß darüber geben, wie sich politische Theorie und politische
Praxis miteinander verschränkten. Was hat, so lautete die projektbestim-
mende Leitfrage, Bürgersein in Prozessen politischer Entscheidungsfindung
konkret bedeutet und bewirkt? In welcher Weise prägte und beeinflußte
die Rezeption der aristotelischen ›Politik‹ die Selbstreflexion und Selbstbeschreibung des spätmittelalterlichen Stadtbürgertums? Untersucht wurde
deshalb nicht allein die Frage, wie mittelalterliche Sozialtheoretiker den aristotelischen Bürgerbegriff, der Teilhabe an Gericht und Regierung zum
maßgeblichen Bestimmungsgrund bürgerlicher Lebensführung machte, aufgenommen und auf Sozialverhältnisse angewandt haben, die von der antiken
Polis weit entfernt waren. Das den Gang der Untersuchung leitende Erkenntnisinteresse richtete sich insbesondere auf die von Bürgern tatsächlich
geübte *participatio*, auf aktive und passive Möglichkeiten bürgerlicher Teil-

---

7 *G. Dilcher*, Warum mittelalterliche Rechtsgeschichte heute?, in: Zeitschrift der Savigny-Stiftung für Rechtsgeschichte, Bd. 116, 1999, S. 16.
    8 Ebd., S. 18.
    9 Ebd.
    10 *Ders.*, Die mittelalterliche deutsche Stadt in ihrer Heraushebung aus der grundherr-
schaftlich-agrarischen Welt des Hochmittelalters, in: *ders. u. N. Horn* (Hg.), Sozialwissen-
schaften im Studium des Rechts, Bd. 4, München 1978, S. 102.

habe am politischen, sozialen und kulturellen Leben des städtischen Gemeinwesens.

Was bei diesen Rekonstruktionsversuchen herauskam, führte zum einen auf einen erweiterten Begriff von politischer Teilhabe, zum anderen auf ein Verständnis von bürgerlicher Herrschaft, das es nahelegte, Ratsherrschaft und Stadtregiment als »konsensgestützte Herrschaft« zu definieren.[11] Als Ausdrucksformen politischer Teilhabe wurden auch die vielfältigen, kollektiv geübten Rituale begriffen, deren sich mittelalterliche Stadtgesellschaften bedienten, um mit Gottes und der Heiligen Hilfe das allgemeine Beste her- und sicherzustellen.

Um sozialintegrative und herrschaftsstützende Funktionen von Religion in den Blick zu bringen, gewannen im Fortgang der Projektarbeit Themen und Grundsatzfragen bürgerlicher Religiosität zunehmend an Gewicht. Die Arbeit und Themenstellung im Projekt suchten dem Rechnung zu tragen, insbesondere in dessen zweiter Phase. Studien zur politischen Funktion und rechtlichen Organisation der Ratskapelle sollten die politische Religiosität der Amtsträger erschließen. Städtische, vom Rat angeordnete Prozessionen waren Gegenstand der Untersuchung, um deutlich und anschaulich zu machen, wie im Medium eines religiösen Rituals schichtspezifische und gesamtgesellschaftliche Interessen zum Ausdruck gebracht wurden. Am Patronat der Gottesmutter Maria über die Stadt Siena konnte gezeigt werden, daß der Glaube an Marias Schutzherrschaft nicht nur der Sicherheit und dem Wohlergehen der ganzen Stadt zugute kam, sondern auch für Zwecke innerstädtischer Krisenbewältigung instrumentalisiert wurde. Dem Gesichtspunkt der Langfristigkeit, der den Blick schärft für die Gegenwärtigkeit der mittelalterlichen Stadt im historisch-politischen Denken des 19. Jahrhunderts, wollten Untersuchungen Rechnung tragen, die zeigen, wie liberale und konservative Bürger die mittelalterliche Stadt zum Legitimationsgrund ihrer unterschiedlichen Interessen machten.

Uns lag sehr daran, das gemeinsam erarbeitete Konzept forschungspraktisch so umzusetzen, daß erkennbar wurde, wie vormoderne Bürger in verschiedenartige soziale Beziehungsfelder und gesellschaftliche Teilsysteme eingebunden waren. Die enge Verklammerung von Ideen-, Begriffs- und Stadtgeschichte, von politiktheoretischen, mentalitätsgeschichtlichen, historisch-anthropologischen und religionssoziologischen Zugriffen erschloß Möglichkeiten, die Komplexität und Differenziertheit der vormodernen stadtbürgerlichen Lebenswelt genauer zu erfassen, ihre verschiedenen

---

11 Vgl. dazu *U. Meier*, Mensch und Bürger. Die Stadt im Denken spätmittelalterlicher Theologen, Philosophen und Juristen, München 1994, S. 116ff.; *U. Meier u. K. Schreiner*, *Regimen civitatis*. Zum Spannungsverhältnis von Freiheit und Ordnung in alteuropäischen Stadtgesellschaften, in: *K. Schreiner u. U. Meier* (Hg.), Stadtregiment und Bürgerfreiheit. Handlungsspielräume in deutschen und italienischen Städten des Späten Mittelalters und der Frühen Neuzeit, Göttingen 1994, S. 11–31.

Handlungsfelder und Funktionsbereiche zu einem sozialen Ganzen zu verbinden und schließlich ihre epochenübergreifenden, traditionsbildenden Wirkungen kenntlich zu machen. Davon ist zu berichten, darüber ist Rechenschaft zu geben.

1. Gottes- und Bürgerstadt in den gelehrten Diskursen des Spätmittelalters

Die Kommunebewegung des Hochmittelalters stieß bei den zeitgenössischen Gelehrten und Theologen zunächst auf harsche und unversöhnliche Kritik. *Communio* war für sie ein »neues und sehr schlechtes Wort« *(nomen novum ac pessimum)*,[12] im quirligen und sündhaften Leben der Städter sahen sie das biblische Vorbild der ›Hure‹ Babylon wirksam, und sie erinnerten in diesem Zusammenhang an die Folgen des Turmbaus zu Babel oder an den Brudermord Kains, der letztlich Ursache für die Errichtung von Städten gewesen sei.[13] Das abschätzige Urteil theologisch geschulter Männer verwundert nicht, denn das Phänomen war völlig neu, weltgeschichtlich ohne Parallele und daher schwer einzuordnen: In einer von Königtum und Adelsherrschaft geprägten Welt war die Bürgerkommune *(communia, communio, commune)* ein politischer Verband, der Land- und Herrenrecht durchbrach. Ihre Mitglieder genossen die Freiheit der Person und des Eigentums. Aufgaben der Friedenssicherung nahmen die Bürger selbst in die Hand, indem sie Rechtsordnung und Konfliktregelung auf eigene Satzungen gründeten, »Selbstgewalt« unter Strafe stellten und sich gegenseitig verpflichteten, allen Streit nur vor dem Stadtgericht auszutragen. Geltungsgrundlage dieser »gewillkürten« Friedensordnung war der Bürgereid bzw. der Konsens der *universitas civium*.[14] Gerade gelehrten Klerikern stand für die adäquate Beurteilung dieser Phänomene zunächst keine eigene »Sprache« zur Verfügung.

---

12 Zit. nach *K. Schreiner*, »Kommunebewegung«, S. 139 f.

13 *H.-J. Schmidt*, Societas christiana in civitate. Städtekritik und Städtelob im 12. und 13. Jahrhundert, in: HZ, Bd. 257, 1993, S. 297–354, hier S. 302 f. Zu Stadtkritik und Stadtlob vgl. weiter *O. Borst*, Babel oder Jerusalem? Prolegomena zu einer Geistesgeschichte der Stadt, in: *ders.*, Babel oder Jerusalem? Sechs Kapitel Stadtgeschichte, hg.v. *E. Jäckel* u. *R. Jooß*, Stuttgart 1984, S. 15–123, S. 433–454. *H. Kugler*, Die Vorstellung der Stadt in der Literatur des deutschen Mittelalters, München 1986, S. 49–141; *Meier*, Mensch und Bürger, S. 24 ff.; *P. Schuster*, Dschungel aus Stein? Der mittelalterliche Diskurs über die Stadt zwischen Ideal und Wirklichkeit, in: Kea, Jg. 8, 1995, S. 191–208.

14 Ein Resümee auf dem neuesten Forschungsstand und mit eigenen Akzenten: *G. Dilcher*, Die Rechtsgeschichte der Stadt, in: *K.S. Bader* u. *G. Dilcher*, Deutsche Rechtsgeschichte. Land und Stadt – Bürger und Bauer im Alten Europa, Berlin 1999, S. 249–827, hier S. 366–89. Zur Kommunebewegung vgl. bes. *K. Schulz*, »Denn sie liebten die Freiheit so sehr ...«. Kommunale Aufstände und Entstehung des europäischen Bürgertums im Hochmittelalter, Darmstadt 1992. Zur Friedensordnung: *J. Fried* (Hg.), Träger und Instrumentarien des Friedens im hohen und späten Mittelalter, Sigmaringen 1996.

Es dauerte länger als ein Jahrhundert, es bedurfte exegetischer Arbeit, der Unterstützung durch die Lektüre antiker politischer Theorie und juristischer Gelehrsamkeit, bis sich eine positive Bewertung der Kommune im theologischen Diskurs durchsetzte. Immer häufiger erschien die Stadt nun als Vorbild eines vollkommenen Lebens, ja schließlich gar als Vorschein jenes Himmlischen Jerusalem der Offenbarung des Johannes, das am Ende der Zeiten auf die Erde herabkommt und alles neu macht. Höhepunkte einer so gefaßten »Theologie der Stadt« waren Schriften und Predigten von Wilhelm von Auvergne († 1249), Albertus Magnus (1200–1280) und Giordano da Pisa (1260–1311).[15] Für sie ist die Stadt Sinnbild und Metapher der vollkommenen Gemeinschaft heiligmäßiger Menschen. Sie zeigt sich in ihren Werken als Ensemble von großer Schönheit und Stärke, als befestigter Ort in feindlicher Landschaft. Genannt wird sie »herrliche Stadt« (*civitas praeclara*), »Stadt Gottes« oder »Stadt des ewigen Lebens« (*città di vita eterna*), und Vergleiche werden gezogen mit der Urgemeinde, aber vor allem und immer wieder mit dem Himmlischen Jerusalem. Betont Wilhelm besonders ihre städtische Lebensform, ihre *urbanitas civilis*, und unterscheidet sie vielfältig kontrastierend von den *mores agrestes* des umliegenden Landes, so schildert Albertus Magnus den Zuhörern seiner Augsburger Predigten aus den Jahren 1257 oder 1263 die Stadtmauer ausführlich als Wahrzeichen der Trennung beider Sphären, des Irdischen und des Vollkommenen.[16]

Zentrum der Imaginationen ist allen drei Autoren und Predigern die Ordnung des Ganzen. Freiheit, Friede und Eintracht, Gleichheit, Brüderlichkeit, Freundschaft und gegenseitige Hilfe (*mutuum adiutorium*) sind Merkmale des himmlischen Gemeinwesens, zugleich aber auch Grundwerte der irdischen Städte jener Zeit. Arbeit, Handwerk und Handel finden unsere Gewährsmänner nicht nur auf Erden, sondern auch in den von ihnen geschilderten himmlischen Idealstädten. Giordano da Pisa bemüht das Gleichnis von den anvertrauten Pfunden (Lc 19, 11–27; Mt 25, 14–30), um seinen Zuhörern vorbildhaftes Verhalten zu veranschaulichen. In diesem Gleichnis vertraut ein Herr, bevor er fortzieht, seinen Knechten eine bestimmte Summe von Talenten bzw. Pfunden an. Er fordert sie dann auf, damit Handel zu treiben, bis er wiederkehrt: *Negotiamini dum venio*, dieser Rat ist für Giordano der Schlüssel zum Paradies, die Eintrittskarte in die Himmelsstadt. Eindringlich ermahnt er die 1304 auf der Piazza vor dem Bischofspalast versammelten Bürgerinnen und Bürger der Stadt Florenz: »Wenn Gott den straft, der nicht mit seiner Habe Gewinn macht und müßig bleibt, wieviel mehr wird er jene strafen, die ihm nicht nur das Kapital (*capitale*) nicht zurückgeben, sondern

---

15 Die folgenden Abschnitte fassen das 1. Kap. von *Meier*, Mensch und Bürger, S. 28–54, zusammen, ergänzt um *ders.*, Gemeinnutz und Vaterlandsliebe. Kontroversen über die normativen Grundlagen des Bürgerbegriffs im späten Mittelalter, in: *R.C. Schwinges* (Hg.), Neubürger im Mittelalter, erscheint Berlin 2000.

16 *Meier*, Mensch und Bürger, S. 32 f., 37 f.

es noch verlieren«. »Der heilige Mensch«, so lautet für ihn die Quintessenz des Gleichnisses von den anvertrauten Pfunden, »treibt Gewinn mit dem, was Gott ihm gegeben hat, seien es irdische Reichtümer oder Schönheit des Körpers oder Gesundheit oder Weisheit und Verstand und andere Dinge«. Ein Beispiel ist schnell zur Hand. »Seht, Abraham war unendlich reich, hatte ein Weib und war ein weltlicher Mensch wie ihr; er wußte Gewinn zu machen und ist heute einer der höchsten Heiligen in jenem seligen Leben«.[17]

Die Prediger redeten die Sprache der Bürger. Arbeit, Handwerk und Handel werden in ihrer Theologie der Stadt zu positiv belegten Begriffen und streifen den ontologisch niederen Status, der ihnen in der antiken Philosophie zukam, langfristig ab. In Wilhelms Schrift, in den Predigten des Albertus Magnus in Augsburg und in der Predigt seines dominikanischen Ordensbruders Giordano da Pisa in Florenz wird ein Merkmal der Himmelsstadt besonders hervorgehoben: Sie ist gleichermaßen gekennzeichnet durch Herrschaft, d.h. durch Ober- und Unterordnung, und durch brüderliche Gemeinschaft; durch angemessene Verteilung der Würden und durch freien Austausch unter Gleichen. Möglicher Zwietracht werde, so Giordano, am besten vorgebeugt, wenn sich beides verschränkt, wenn »die Angelegenheiten geregelt werden von allen Bürgern«. Soweit geht Albertus Magnus allerdings nicht.[18]

Max Weber hat auf die strukturelle Ähnlichkeit zwischen dem Eintritt in die christliche Abendmahlsgemeinschaft und dem Eintritt ins Bürgerrecht hingewiesen. Der Bürger »trat als Einzelner in die Bürgerschaft ein, als Einzelner schwur er den Bürgereid. Die persönliche Zugehörigkeit zum örtlichen Verband der Stadt, und nicht die Sippe oder der Stamm, garantierte ihm seine persönliche Rechtsstellung als Bürger«.[19] Interessant ist nun, daß auch Wilhelm von Auvergne, Albertus Magnus und Giordano da Pisa dem frei- und eigenwilligen Eintritt des Einzelnen in die Himmelsstadt die größte Bedeutung beimessen. Alle drei schildern den Eintritt in das Gemeinwesen der Vollkommenen ausführlich als Bürgerrechtserwerb. Besonders klar wird das bei Wilhelm. Der potentielle Neubürger wird ihm zufolge gefragt: »Willst du Christ werden, willst du das Gesetz befolgen und halten und die Sitten dieser Stadt wahren?« Nach der Bejahung der Frage geht der Neue mit der Stadt einen förmlichen Vertrag (*pactum*) ein; er bekräftigt seine Freundschaft, indem er sich vom Satan, dem Feind der »herrlichen Stadt« (civitas praeclara), lossagt. Am Ende steht das Gelübde, die Gesetze und Sitten der Stadt zu halten. Eingeschärft wird schließlich noch, daß nur die zu Bürgern gemacht werden dürften, die das auch tatsächlich selber

17 Zit. nach *Meier*, Mensch und Bürger, S. 53 f. Auch Albertus Magnus zit. dasselbe Gleichnis, ebd., S. 42 f.

18 *Meier*, Mensch und Bürger, S. 40 ff., S. 51 (Zitat).

19 *M. Weber*, Wirtschaft und Gesellschaft. Grundriss der verstehenden Soziologie, hg. v. J. Winckelmann, Tübingen 1976⁶, S. 747.

wollten, *qui cives effici vellent*.[20] Das Verfahren entspricht exakt der zu jener Zeit praktizierten Aufnahme ins Bürgerrecht. Der Bürgereid als Grundlage der gewillkürten Ordnung der Stadt und die Freiwilligkeit des Eintritts (und der Aufnahme) ins Bürgerrecht unterscheiden das mittelalterliche und antike Konzept des Bürgers kategorial. Beide Kennzeichen wurden von Theologen seit dem 13. Jahrhundert auch auf die Himmelsstadt übertragen.

In den vorgetragenen Vergleichen wird die Nähe der irdischen Kommunen zu den vorgestellten überirdischen Gemeinwesen der Prediger evident. Und so ist es kein Wunder, daß die Stadtbürger auf diese Metaphorik zurückgriffen, um aus der behaupteten Ähnlichkeit Kapital zu schlagen. In städtischen Münzen und Siegeln begegnet die Silhouette von Jerusalem, die Zahl der Ratsherren betrug oft zwölf oder ein Mehrfaches davon, um auf die Zahl der Apostel und damit zugleich auf die Grundsteine der neuen, zukünftigen Himmelsstadt hinzuweisen. Der neue Rat einer Stadt wurde häufig mit einer Heiliggeistmesse eingesetzt; eine Abbildung aus Toulouse (1447) zeigt die Ausgießung des Heiligen Geistes bei einer Ratssitzung.[21] In Basler Testamenten aus dem Ende des 15. Jahrhunderts findet man Belege dafür, daß Bürgerinnen und Bürger sich schon auf Erden um das Bürgerrecht in der Himmelsstadt kümmerten. Aufgrund ihrer testamentarisch verfügten guten Werke waren Morand von Brunn und Maria Zschackerbürli sicher, nach ihrem Tode dereinst *in ewig froid vnnd gemeinschafft der allerheiligsten jungfrow Marien vnnd aller vsserwelten himelischen burgeren* zu sein. Ein solch fester Glaube konnte im Alltag ihrer Stadt eine Stütze finden. In der Fröwelerkapelle des Basler Münsters befindet sich seit der Mitte des 14. Jahrhunderts ein Altar, der »allen himmlischen Bürgern« (*omnium supernorum civium*) geweiht ist.[22]

Die Himmelsstadt der Theologen war Herrschaftsordnung und zugleich brüderliche Vergemeinschaftung von Gleichen. Das gilt auch für die Stadtkonzepte der Philosophen und Juristen. Und noch eine Gemeinsamkeit eignet allen drei Diskursen: die Selbstverständlichkeit, mit der die Existenz von Herrschaft und Herrschenden vorausgesetzt wird. So überträgt der Thomasschüler Petrus von Alvernia († 1304) das Bürgerkonzept des Aristoteles, das

---

20 Zitate: *Meier*, Mensch und Bürger, S. 33 f.

21 Dazu vgl. jetzt *D.W. Poeck*, Zahl, Tag und Stuhl. Zur Semiotik der Ratswahl, in: Frühmittelalterliche Studien, Jg. 33, 1999, S. 396–427, Tafeln XXXV-XLII, bes. S. 413 f. u. Abb. 104: Ratssiegel von Montpellier mit Jerusalem; Abb. 102: Ausgießung des Hl. Geistes. Vgl. auch *A. Haverkamp*, »Heilige Städte« im hohen Mittelalter, in: *F. Graus* (Hg.), Mentalitäten im Mittelalter. Methodische und inhaltliche Probleme, Sigmaringen 1987, S. 119–156. *W. Ehbrecht*, Die Stadt und ihre Heiligen. Aspekte und Probleme nach Beispielen west- und norddeutscher Städte, in: *E. Widder, M. Mersiowsky* u. *P. Johanek* (Hg.), Vestigia Monasteriensia. Westfalen-Rheinland-Niederlande, Bielefeld 1995, S. 197–261, bes. S. 215, 223, 233 f.

22 *G. Signori*, Vorsorgen, Erben und Erinnern. Letztwillige Verfügungen kinder- und familienloser Erblasser in einer spätmittelalterlichen Stadtgesellschaft. Basel: 1450 bis 1500, Habil.-Schrift Bielefeld 1998, S. 337 (dort auch die beiden Testamente). Weitere Belege für Parallelen, die Bürger zwischen irdischer und himmlischer Stadt zogen, bei *Meier*, Mensch und Bürger, S. 45, Anm. 60, S. 58, Anm. 91, S. 61.

die Herrschaftsausübung aller Bürger im Wechsel fordert, in seinem Kommentar zur ›Politik‹ des Stagiriten in folgenreicher Weise auf die Verhältnisse seiner Zeit. Er sagt: »Man muss wissen, daß ›Befaßtsein mit Herrschaft‹ (*attingere ad principatum*) vielerlei bedeuten kann. Einmal, daß jemand herrscht (*quod principetur*); in diesem Sinn geht es nicht alle Bürger an. Zum anderen meint ›Befaßtsein mit Herrschaft‹: Befaßtsein mit Gericht oder daß man den Herrschenden (*principantem)* wählt oder eine Stimme hat bei der Wahl desjenigen, der wählt. Und jener erste ist der Bürger schlechthin. Der Begriff aber und die genaue Bestimmung, die allen, die Bürger genannt werden, zukommt, ist vor allem dies zweite«. In seinen Quaestionen zur ›Politik‹ wählt Petrus einen ähnlichen Zugriff, setzt aber die Grenzziehung etwas anders: Der Bürger schlechthin (*civis simpliciter*) könne demnach selbst zu einem Rats- oder Richteramt gewählt werden. Er partizipiere aktiv (*active*), der Bürger mit gewisser Einschränkung (*civis secundum quid*) dagegen nur »passiv (*passive*), insoweit er dem Richter gehorcht, indem er wählt oder doch wenigstens der Wahl zustimmt«.[23] Aus dem einheitlichen Bürgerkonzept des Aristoteles ist unter der Hand eine duale Ordnung geworden.

Die Unterscheidung eines Bürgers schlechthin von einem Bürger mit gewisser Einschränkung hat in der politischen Theorie Schule gemacht. Folgende Konturen bildeten sich seit dem 13. Jahrhundert heraus: Allein der Bürger schlechthin (*civis simpliciter*) durfte im Wechsel herrschen, also konkret gesprochen im Rat sitzen. Die Mitbestimmungsmöglichkeiten des Bürgers mit gewisser Einschränkung (*civis secundum quid*) hingegen wurden begrenzt auf die Teilnahme an Volksversammlungen oder die Wahrnehmung von Wahl-, Akklamations- und Kontrollrechten. Die Tätigkeit des ersteren wurde bisweilen mit *principari* auf den Begriff gebracht, die des letzteren abgehoben davon mit *participare* wiedergegeben. Alle Bürger allerdings waren Mitglied der Bürgerschaft. Nicht dazu gehörten Bauern, Hirten, Umlandbewohner und in der Stadt lebende Einwohner ohne Bürgerrecht. Umstritten blieb die Frage, ob Handwerker zu den Bürgern gezählt werden dürften. Viele Autoren verneinten zunächst, plädierten im Falle eines langsamen sozialen Aufstiegs, bei vorliegender Abkömmlichkeit oder aus politisch-pragmatischen Gründen am Ende dann aber doch für eine vorsichtige Integration dieser Gruppe in die *communitas civium.*[24] Die soziale Abgrenzung der Bürgerschaft nach oben, zum Adel, war in der schulmäßig betriebenen politischen Philosophie des Spätmittelalters demgegenüber kein begriffsrelevantes Thema.

---

23 Zitate nach *Meier*, Mensch und Bürger, S. 88f; zum Bürgerkonzept des Petrus von Alvernia vgl. auch *ders., Burgerlich vereynung*, S. 46–61. Vgl. auch: *A. Löther*, Bürger-, Stadt- und Verfassungsbegriff in frühneuzeitlichen Kommentaren der Aristotelischen *Politik*, in: *Koselleck u. Schreiner* (Hg.), Bürgerschaft, S. 90–128; *dies.*, Unpolitische Bürger. Frauen und Partizipation in der vormodernen praktischen Philosophie, in: ebd., S. 239–273.

24 Vgl. *Meier*, Mensch und Bürger, S. 103, 106, 109f., 218f.; *Meier*, Gemeinnutz und Vaterlandsliebe.

Die Unterscheidung von zweierlei Bürgern und die terminologische Trennung von Teilhabe und Herrschaft im Gefolge der Rezeption der Aristotelischen ›Politik‹ seit den 1260er Jahren erschloss die komplexe und vielgestaltige Welt der mittelalterlichen Stadtgesellschaften. Mit solchen Konzepten waren zunftverfaßte Städte ebenso beschreibbar wie patrizisch regierte. Die politische Theorie arbeitete darüber hinaus noch spezifische Merkmale städtischer Gemeinwesen heraus. Am weitesten ging dabei Ptolomaeus von Lucca (1236–1326). In seiner Fortsetzung des Fürstenspiegels seines Lehrers Thomas von Aquin reduzierte er die aristotelische Verfassungslehre auf die Gegenüberstellung von zwei Typen, auf die Entgegensetzung von fürstlicher und politischer Herrschaft (*regimen regale vel despoticum* und *regimen politicum*). Politische Herrschaft ist danach eine »Herrschaft der Vielen«, sie zeichnet sich aus durch die Wahl der *rectores*, durch die zeitliche Befristung der Amtsdauer und die Bindung der Herrschenden an die Statuten des Gemeinwesens. Diese Art der Herrschaft sieht Ptolomaeus vor allem in den italienischen Kommunen seiner Zeit verwirklicht, aber auch in den Städten Galliens und Germaniens. Die Herrschenden in diesen Gemeinwesen regierten *quadam civilitate*, ihre durch Statuten und Wahl gezügelte Herrschaft sei daher ein angenehmes und mildes Regiment, ein *regimen suave*.[25]

Die Praxisorientierung rechtsgelehrten Wissens führte dazu, daß Juristen die aus der Antike überkommenen Vorgaben am intensivsten transformierten und zu Hilfsmitteln der Beschreibung und Gestaltung ihrer eigenen Gegenwart umschmiedeten. Im Italien des 14. Jahrhunderts entwickelten sie die Lehre von der unabhängigen Stadt (*civitas superiorem non recognoscens*). Die unabhängige Stadt besitzt Gerichtsbarkeit (*merum et mixtum imperium*), Gesetzgebungsgewalt (*potestas legem condendi*) und Fehderecht. Der *populus civitatis* bzw. die *universitas civium* wurde eingefügt in die mittelalterliche Korporationstheorie: Danach war jede dieser Städte ein *corpus mysticum*, ein Körper, der nicht starb. Umsturzversuche gegen den *status populi* erachtete man als Majestätsverbrechen. Im Innern der Bürgerschaft finden wir strukturell die gleiche Aufteilung, wie sie die Philosophen vorgenommen hatten. Der gemeine Bürger besitzt Bürgerrecht, partizipiert an Volksversammlung oder am Großem Rat. Die Volksversammlung bzw. der Große Rat hat das Recht, bei Angelegenheiten, die alle angehen, gehört zu werden und mitzuentscheiden: bei der Einsetzung ins Bürgerrecht, der Veräußerung städtischen Besitzes, dem Beginn eines Krieges, bei der Einführung neuer Steuern und der Änderung der Statuten. Von diesem Feld der Partizipation ist abgehoben die Sphäre der Herrschaft. Hier ist das Reich des eigentlichen Bürgers, des Vollbürgers, des *civis optimo iure*. Er allein ist wählbar zu den höchsten Ämtern und sitzt im kleinen Rat, im *concilium*. Dieser Rat repäsentiert das Volk: *concilium repraesentat mentem populi* (Bartolus von Saxoferrato). Auch weniger

---

25 Vgl. *Meier*, Mensch und Bürger, S. 118f.; *ders., Burgerlich vereynung*, S. 68–77: vgl. dort auch die Behandlung des Stadtspiegels des Johann von Soest (1448–1506).

unabhängige Städte konnten nach der Lehre der Juristen alle diese Rechte
von ihrem Stadtherrn verliehen bekommen.[26]

Auf die Satzungshoheit der Städte als Grundlage ihrer Autonomie wurde
schon hingewiesen. In der Gesetzgebungsgewalt sahen denn die Juristen des
Spätmittelalters auch mehr und mehr das Signum der Unabhängigkeit. Die
Geltungskraft der Statuten und damit die Ordnung des Ganzen ruhte ihrer
Meinung nach auf nichts Geringerem als dem Konsens des Volkes, dem
consensus populi.[27] In der Theoriebildung der Juristen korrespondierte der
scharfsichtigen Ableitung des Willkürrechts aus dem Konsensprinzip allerdings ein erstaunlicher blinder Fleck: Sie haben die konstitutive Bedeutung
des Eides für die bürgerliche Vergemeinschaftung und die Grundlegung der
städtischen Friedensordnung schlicht übersehen. Ob die negativen Konno-
tationen, die der Begriff *conjuratio* ausserhalb der städtischen Gesellschaft
evozierte, dafür verantwortlich waren oder ob einfach die Tatsache prägend
wirkte, daß römisches Recht und antike Staatslehre, die Referenztexte jeder juristischen Argumentation, über dieses Phänomen schweigen, bleibt
eine spannende Frage.[28]

In den Diskursen der mittelalterlichen Theologen, Philosophen und Juristen wurden die antiken Stadt- und Bürgerbegriffe rezipiert, verwandelt und
mit neuen Bedeutungen versehen. Die Existenz von Herrschaft bzw. die
Tatsache, daß nur bestimmte Bürger (die *cives simpliciter* bzw. *cives optimo iure*)
das Regiment ausübten, wurde fraglos zugestanden und vorausgesetzt. Aber
gerade vor diesem Hintergrund hebt sich das eigentliche Verdienst der mittelalterlichen Theorie besonders scharf ab: Das kritische Interesse und das
Engagement der Theologen, Philosophen und Juristen galt immer wieder
jener anderen Ordnung der Gleichen, jenen gemeinen Bürgern, die Akkla-
mations-, Mitbestimmungs- und Konsensrechte besaßen, die wählen durften, im Besitz des Bürgerrechts und voll geschäftsfähig waren. Der Nachdruck, mit dem Partizipation und Konsensrecht des gemeinen Bürgers
analysiert und hartnäckig eingefordert worden ist, gehört, wenn auch kaum
beachtet, unstreitig zur Vorgeschichte des modernen Parlamentarismus.

---

26 Zusammenfassung von *Meier*, Mensch und Bürger, S. 148–176, S. 169–206, bes.
S. 194 ff. Vgl. auch *E. Isenmann*, Reichsrecht und Reichsverfassung in Konsilien reichsstädti-
scher Juristen (15.–17. Jahrhundert), in: *R. Schnur* (Hg.), Die Rolle der Juristen bei der Entstehung des modernen Staates, Berlin 1986, S. 545–628. *G. Dilcher*, Kommune und Bürgerschaft als politische Idee der mittelalterlichen Stadt, in: *I. Fetscher u. H. Münkler* (Hg.), Pipers
Handbuch der politischen Ideen, Bd. 2, Mittelalter: Von den Anfängen des Islams bis zur
Reformation, München 1993, S. 311–350; *P. Riesenberg*, Citizenship in the Western Tradition: Plato to Rousseau, Chapel Hill 1992; *G. Chittolini u. D. Willoweit* (Hg.), Statuten, Städte
und Territorien zwischen Mittelalter und Neuzeit in Italien und Deutschland, Berlin 1992;
I. Baumgärtner (Hg.), Consilia im späten Mittelalter. Zum historischen Aussagewert einer
Quellengattung, Sigmaringen 1995.

27 *Meier*, Mensch und Bürger, S. 156f.

28 Dazu *Dilcher*, Rechtsgeschichte der Stadt, S. 380–389, 541.

Autonomie und Autokephalie kennzeichneten die Stadt in allen vorgestellten Diskussionszusammenhängen. Das selbstgesetzte kommunale Recht,
die darin begründete Macht, Menschen zu Bürgern zu machen, und die
Notwendigkeit, als Einzelner aus freiem Willensentschluß in das Gemeinwesen einzutreten, sind die vielleicht modernsten Aspekte der hier erörter-
ten Texte. In der Theologie der Stadt und im juristischen Schrifttum war
dieser voluntaristische Grundzug besonders ausgeprägt. Die Theorie des
Bürgers und der Stadt bekam in dieser Zeit darüber hinaus einen markant
utopischen Überschuß. Bei den Philosophen wurde der Mensch als *animal
civile* manchmal schlicht zum *animal civitatis*, zum stadtsässigen Lebewesen,
der Stadtbürger damit zum Prototypen des Menschen.[29] Und in zahlreichen Predigten und theologischen Traktaten avancierte die irdische Kommune zum Abbild des Himmlischen Jerusalem. Der Himmelsbürger in
einem als ummauerte Stadt vorgestellten Gemeinwesen, in dem alle alles beraten, brüderlich miteinander umgehen und Gleichheit die Tauschbezie-
hungen von Handwerk und Handel prägt: das war die Verallgemeinerung
stadtbürgerlicher Lebensweise zu einer für alle Menschen gültigen Norm.
In den vorgestellten Schriften und Predigten der Theologen, Philosophen
und Juristen gewann der mittelalterliche Bürgerbegriff eine theorie- und
wirkungsgeschichtliche Relevanz, die in kontrastreicher Spannung zur realgeschichtlichen Bedeutung der Stadt im europäischen Feudalismus stand.
Die Betonung des Individuums, die kategoriale Trennung von Herrschaft
und Teilhabe und der utopische Überschuß in der mittelalterlichen politischen Theorie und Theologie des Bürgers und der Stadt sind der Forschung
bisher weitgehend entgangen. Die um den Bürgerbegriff geführten mittelalterlichen Diskussionen ähneln in dieser Sicht der Dinge schließlich durchaus Vorstellungen, die im 19. Jahrhundert mit den Konzepten des bürgerlichen Individuums und der bürgerlichen Gesellschaft verbunden worden
sind.

2. Konsensgestützte Herrschaft in vormodernen Städten

Die im letzten Abschnitt geschilderte Dialektik von Herrschaft und Teilhabe prägte die meisten Stadtverfassungen des Alten Reiches und Norditra-
liens. Das Diktum des Petrus von Alvernia, daß Herrschaft nicht alle Bürger
angeht, kommt der mittelalterlichen Realität und dem Selbstverständnis der

---

29 Bei Thomas von Aquin, Johannes Versor u.a. wurde das aristotelische *zoon politikon*
zum *animal civile* und dieses schlicht zum *animal civitatis*. Ganz in diesem Sinne ruft der Do-
minikanerprediger Remigius von Florenz (1235–1319) seine Florentiner Bürger mehrfach
auf, die Stadt nicht durch Bürgerzwist zu zerstören, beraubten sie sich doch damit ihres
Menschseins: *Et si non est civis non est homo, quia ›homo est naturaliter animal civile‹;* Nachweise
bei *Meier*, Mensch und Bürger, S. 71–75.

städtischen Führungsgruppen sehr nahe. Die bisherigen Ausführungen lassen
es angeraten erscheinen, Herrschaft in der Stadt nicht unter aristotelische
Begriffe wie Demokratie, Oligarchie oder Aristokratie zu subsumieren.[30]
Obwohl Theologen, Philosophen und Juristen diese Termini manchmal
selbst benutzten, orientierten sich ihre Vorstellungen vom guten Regiment
doch weit häufiger am Leitmotiv einer vom Konsens der Bürger getragenen
und am Gemeinwohl orientierten Ordnung. Dieses Verfassungsverständnis
hat Marsilius von Padua († 1342/43) wie kein anderer auf den Begriff gebracht: Neben der Ausrichtung auf das Gemeinwohl ist es ihm zufolge vor
allem der Konsens (*consensus et voluntas*) der gemeinen Bürger, der eine gute
Herrschaftsform von einer schlechten grundsätzlich unterscheidet.[31] Den
Begriff »konsensgestützte Herrschaft«[32] machten wir deshalb zum Leitfaden
unserer Forschungen in den einzelnen Kommunen: in Florenz und Siena, in
Augsburg, Erfurt, Köln und Nürnberg. Vom Konsens adliger und nichtadli-
ger Führungsgruppen getragen war sicher auch das mittelalterliche König-

---

30 Vgl. zu folgendem *Meier u. Schreiner, Regimen civitatis,* S. 11–34, bes. S. 15 ff. Zur Unan-
gemessenheit der aristotelischen Begriffe vgl. auch *H. Keller,* »Kommune«: Städtische Selbstregierung und mittelalterliche »Volksherrschaft« im Spiegel italienischer Wahlverfahren des
12. – 14. Jahrhunderts, in: *G. Althoff* u.a. (Hg.), Person und Gemeinschaft im Mittelalter.
Karl Schmid zum fünfundsechzigsten Geburtstag, Sigmaringen 1988, S. 573–616, hier
S. 605–609. Weiterführend jetzt v.a. *E. Isenmann,* Obrigkeit und Stadtgemeinde in der frühen Neuzeit, in: *H.E. Specker* (Hg.), Einwohner und Bürger auf dem Wege zur Demokratie.
Von den antiken Stadtrepubliken zur modernen Kommunalverfassung, Ulm 1997,
S. 74–126, bes. S. 93 ff. Isenmanns bedenkenswerte Kritik (ebd., S. 93, Anm. 62), wir würden mit der Ablehnung des Oligarchiebegriffs die in anderen Städten konstatierbaren und
insbesondere die späteren Oligarchisierungstendenzen der frühen Neuzeit ausblenden, ist
nicht ganz von der Hand zu weisen. Man kann allerdings weiterhin den Oligarchiebegriff
als problematisch ansehen und zugleich zugeben, daß es Oligarchisierungstendenzen durchaus gibt: Diese begegnen dann allerdings, und das ist unseres Erachtens entscheidend, bei allen Formen städtischer Herrschaft, im patrizischen Nürnberg ebenso wie im zunftverfaßten
Köln, im popolaren Florenz ebenso wie in Hansestädten, die von einer patrizischen Gruppe
aus Fernkaufleuten und Unternehmern regiert werden.
31 Nachweise bei *Meier,* Mensch und Bürger, S. 124.
32 Die »Ratsverfassung« ist – so *Dilcher,* Rechtsgeschichte der Stadt, S. 555, in Anlehnung
an Max Weber – »überwiegend dem Typus der rationalen Herrschaft, begründet auf Amt,
Wahl, Zustimmung der Bürgerschaft, Recht und Rechtsgebot, zuzuordnen. Dem entspricht
auch die Entwicklung eines bürokratischen Verwaltungsstabes«. Diese Begriffsbestimmung
der mittelalterlichen Ratsverfassung, die zudem noch traditionale und charismatische Elemente zuläßt, ist in sich stimmig und überzeugend. Der Nachdruck, den wir auf die Verfahren der Konsensbildung als Grundlage der Legitimität städtischer Ordnung legen, wird
unseres Erachtens aber präziser im Begriff »konsensgestützter Herrschaft« gefaßt. In ihm
sind die beiden Grundelemente eines spezifisch mittelalterlichen Konzeptes des Politischen
gleichgewichtig vertreten: Die Sphäre der Herrschaft einerseits und die Sphäre der Teilhabe
des gemeinen Bürgers andererseits, das *principari* und das *participare.* An unsere Begriffsbildung knüpft jetzt an *W. Mager,* Genossenschaft, Republikanismus und konsensgestütztes
Ratsregiment. Zur Konzeptionalisierung der politischen Ordnung in der mittelalterlichen
und der frühneuzeitlichen deutschen Stadt, in: *L. Schorn-Schütte* (Hg.), Strukturen des politischen Denkens in der frühen Neuzeit, erscheint München 2000.

tum, konsensgestützte Herrschaft aber nahm in der Stadt besondere Züge an. Teilhabeprozeduren wurden hier differenziert, institutionalisiert und auf Dauer gestellt wie nirgends sonst: Regelmäßige Wahlen und Ratswandlungen, Schwörtage und Bursprachen, Zustimmungsverfahren und rituell festgeschriebenes Protestverhalten im Falle des Dissenses zwischen Rat und Bürgerschaft verdichteten sich zu einem Kosmos der Partizipation, der in zeitlich vorgegebener Wiederholung und mit Hilfe eingefahrener Mechanismen das Alltagsleben der Stadt und das Selbstbewußtsein der Bürger nachhaltig prägte. Legitime Herrschaft in der Stadt gründete im Konsens der Bürger.

Einige wenige Ergebnisse unserer Forschungen seien kurz vorgestellt.[33] Im Zentrum der ersten vergleichenden Studien stand der Freiheitsbegriff. Und obwohl nicht »Herrschaft«, sondern »Knechtschaft« im Mittelalter der eigentliche Gegenbegriff zu »Freiheit« war,[34] zeigte sich doch bald, daß auch dieser vielleicht schillerndste Grundwert stadtbürgerlichen Lebens fest eingebunden war in zeitgenössische Herrschafts- und Partizipationsvorstellungen. Die ersten *jura et libertates* waren den Kommunen gemeinhin vom eigenen Stadtherrn verliehen worden.[35] Die Vielzahl dieser Einzelrechte und Freiheiten verdichteten sich im Kampf gegen denselben Stadtherrn dann häufig zur der einen, unschätzbaren Freiheit im Kollektivsingular. So wird in der Kölner Reimchronik des Gottfried von Hagen (ca. 1270) aus den der Stadt verliehenen *jura et libertates* die eine *vriheit*, für die man bereit ist, im Kampf gegen den eigenen Erzbischof zu streiten und zu sterben.[36] Eine ähnlich emphatische Erhöhung des Freiheitsbegriffes ist in den Auseinandersetzungen der italienischen Städte mit dem deutschen Kaiser im 12. Jahrhundert oder einzelner Kommunen mit mächtigen Nachbarn im Spätmit-

---

33 Ausführlicher in *Meier u. Schreiner, Regimen civitatis*, S. 18–31. Unsere Resultate gelten vornehmlich für große Städte (bzw. für weitgehend unabhängige Kommunen, für Reichs-, Frei- und größere Hansestädte), sie sind in vielen Punkten aber durchaus auf kleinere Kommunen übertragbar. Zu allen im folgenden behandelten stadtgeschichtlichen Themen kann man sich grundlegend und schnell informieren bei *L. Martines*, Power and Imagination. City-States in Renaissance Italy, London 1980; *E. Isenmann*, Die deutsche Stadt im Spätmittelalter, 1250–1500. Stadtgestalt, Recht, Stadtregiment, Kirche, Gesellschaft, Wirtschaft, Stuttgart 1988; *E. Engel*, Die deutsche Stadt des Mittelalters, München 1993; *K. Gerteis*, Die deutschen Städte in der frühen Neuzeit. Zur Vorgeschichte der ›bürgerlichen Welt‹, Darmstadt 1986; *H. Schilling*, Die Stadt in der frühen Neuzeit, München 1993; *Dilcher*, Rechtsgeschichte der Stadt.
34 Vgl. *J. Fried*, Über den Universalismus der Freiheit im Mittelalter, in: HZ, Bd. 240, 1985, S. 312–361; *H. Keller*, Die Aufhebung der Hörigkeit und die Idee menschlicher Freiheit in italienischen Kommunen des 13. Jahrhunderts, in: *J. Fried* (Hg.), Die abendländische Freiheit vom 10. zum 14. Jahrhundert. Der Wirkungszusammenhang von Idee und Wirklichkeit im europäischen Vergleich, Sigmaringen 1991, S. 389–407.
35 Vgl. *Schreiner*, Iura et libertates.
36 *G. Schwerhoff*, Die goldene Freiheit der Bürger. Zu den Bedeutungsebenen eines Grundwertes in der stadtkölnischen Geschichte (13.–17. Jahrhundert), in: *Schreiner u. Meier* (Hg.), Stadtregiment und Bürgerfreiheit, S. 84–119, hier S. 99.

telalter feststellbar. Höhepunkt war hier sicher der Kampf der Stadt Florenz
gegen die Mailänder Visconti, der in der Arnostadt um 1400 zum Kampf
zwischen *civitas libera* und Tyrannis, zum Kampf »für die Freiheit selbst«
hochstilisiert worden ist.[37] Freiheit meinte in diesem Kontext das Pochen
auf Selbstregierung und Unabhängigkeit, drückte das Streben nach Autonomie und Autokephalie aus. Trägergruppen eines so akzentuierten Konzeptes
waren vor allem die Magistrate der Städte bzw. die stadtsässigen Führungsgruppen.

Ein völlig anders geartetes Feld der Begriffsverwendung öffnet sich, wenn
man den Wortgebrauch des gemeinen Bürgers einer Analyse unterzieht.
Hier wurde nach Freiheit gerufen, wenn sich Einzelne oder Gruppen der
Bürgerschaft von ihren Führungsgruppen oder ihrer sozialen Elite bedroht
und in der Ausübung ihrer Rechte gefährdet sahen. Seit den 1460er Jahren
beispielsweise wehrten sich die Kölner Gaffeln dagegen, alljährlich immer
nur die vom Rat vorgeschlagenen Kandidaten wählen zu dürfen. Im Jahr
1481 klagte die Gemeinde, daß etliche Gaffeln keine *vrije kueren* bei der
Wahl der Ratsherren hätten, wie ihnen das im Verbundbrief 1396 garantiert
worden sei.[38] Die Zünfte in Augsburg sahen das ähnlich und legten ihrerseits
großen Wert auf *freye wale*.[39] Im spätmittelalterlichen Florenz verbanden die
Bürger den Freiheitsbegriff mit einer Fülle von Forderungen, die insgesamt
darauf abzielten, verbriefte Rechte der Mitbestimmung verfahrenstechnisch
gegen Übergriffe und Manipulationen durch einflußreiche Personen, Familien oder Faktionen zu schützen. Schlagworte waren *libertas contionandi, libertas consulendi* und *libertas sententiarum*. Dabei ging es eindeutig nicht um Meinungsfreiheit in der Signoria, d.h. im obersten Magistrat der Stadt und der
Zentrale der Herrschaft. Vielmehr wurde Rede- und Beratungsfreiheit gefordert für die zwei- bzw. dreihundert Personen umfassenden Großen Räte,
in denen Gesetzesvorlagen durch Zweidrittelmehrheit gebilligt werden
mußten, und für die Pratiche genannten informellen Beratungsgespräche,
zu denen die Signoria regelmäßig Vertreter der Zünfte und Stadtteile ein-
lud.[40] In den genannten Fällen also handelt es sich gerade nicht – wie bisher
gemeinhin behauptet – um den vielbeschworenen republikanischen Freiheitsbegriff, der aktive Herrschaftsausübung der Bürger im Wechsel meinen
soll, sondern präzise um jene Art der Partizipation unterhalb der Ebene der

37 Vgl. *U. Meier*, Der falsche und der richtige Name der Freiheit. Zur Neuinterpretation
eines Grundwertes der Florentiner Stadtgesellschaft (13.–16. Jahrhundert), in: *Schreiner u.
Meier* (Hg.), Stadtregiment und Bürgerfreiheit, S. 37–83, hier S. 46.
38 *Schwerhoff*, Goldene Freiheit, S. 112, und *ders., Apud populum potestas?* Ratsherrschaft
und korporative Partizipation im spätmittelalterlichen und frühneuzeitlichen Köln, in:
Schreiner u. Meier (Hg.), Stadtregiment und Bürgerfreiheit, S. 188–243, hier S. 216 (Zit.).
39 Vgl. *J. Rogge,* Ir freye wale zu haben. Möglichkeiten, Probleme und Grenzen der politischen Partizipation in Augsburg zur Zeit der Zunftverfassung (1368–1548), in: *Schreiner u.
Meier* (Hg.), Stadtregiment und Bürgerfreiheit, S. 244–277.
40 *Meier*, Name der Freiheit, S. 59.

Ratsherrschaft, von der die Juristen und Philosophen des Mittelalters immer wieder sprachen.[41]

In den untersuchten Städten fanden sich zahlreiche Formen politischer Partizipation. Die Herrschaft des Rates war ebenso Gegenstand unserer Forschungen wie die Teilhabe der gemeinen Bürger am politischen Leben ihrer Stadt.[42] Hier einige Hinweise zu Teilhabe im letztgenannten weiteren Sinne. Die beiden wichtigsten Elemente in diesem Zentralbereich konsensgestützter Herrschaft waren Mitbestimmungsverfahren und Wahlprozeduren. Beide Formen politischer Teilhabe kennzeichnete ein hohes Maß an Regelhaftigkeit und ritueller Ausgestaltung. Mitbestimmung konnte ein Akt schlichter Akklamation sein, wenn bei der feierlichen Vorstellung des neugewählten Magistrats oder beim Einsetzen von Sonderausschüssen in Florenz, wenn bei Morgensprachen oder Schwörtagen in deutschen Städten die versammelte Bürgerschaft ihr *fiat, fiat* verlauten ließ bzw. die Akzeptanz neuer Amtsträger und Ordnungen bekräftigen und dadurch legitimieren mußte.[43] Weit davon entfernt, ein ›blosses Ritual‹ zu sein, prägten solche feierlichen Veranstaltungen das Selbstverständnis mittelalterlicher Bürger in erheblichem Maße. In den Großen Räten von Florenz, Augsburg und Nürnberg oder im Ausschuß der »Vierundvierziger« in Köln nahm Mitbestimmung konkretere Gestalt an. Die Führungsgruppen der Stadt verbanden sich in diesen Institutionen mit den aufstrebenden Gruppen der Bürgerschaft.

---

41 Lit. zum republikanischen Freiheitsbegriff (insbesondere von *H. Baron, Q. Skinner, J.G.A. Pocock*) bei *Meier,* Name der Freiheit, S. 40f. u. S. 70, Anm. 3. Zwei weitere Dimensionen des Wortgebrauchs – Freiheit als Schutz des Einzelnen und seines Eigentums vor Übergriffen und die Berufung auf die verlorene und durch Christi Tod wiedereröffnete ursprüngliche Freiheit (*pristina libertas*) aller Menschen – werden in den Beiträgen von *Meier,* Name der Freiheit, und *Schwerhoff,* Goldene Freiheit, behandelt. Besonders die naturrechtlichen Traditionen des Freiheitsbegriffs im Mittelalter und deren Zusammenhang mit der Sündenfallproblematik sind jetzt umfassend dokumentiert in dem faszinierenden Buch von *B. Töpfer,* Urzustand und Sündenfall in der mittelalterlichen Gesellschafts- und Staatstheorie, Stuttgart 1999, bes. Kap. V–VII. Zum spezifisch juristischen Umgang mit dem Thema vgl. *U. Heckert,* »Im Zweifel für die Freiheit«. Ein Mustergutachten Conrad Peutingers zu Bürgerrecht und Bürgeraufnahme im spätmittelalterlichen Augsburg, in: *Schreiner u. Meier* (Hg.), Stadtregiment und Bürgerfreiheit, S. 120–144.

42 Vgl. *Schreiner u. Meier* (Hg.), Stadtregiment und Bürgerfreiheit, Kap. III: »Konsens und Partizipation in der vormodernen Stadt«, S. 147–306, im einzelnen: *U. Meier,* Konsens und Kontrolle. Der Zusammenhang von Bürgerrecht und politischer Partizipation im spätmittelalterlichen Florenz, S. 147–187; *Schwerhoff, Apud populum potestas; Rogge, Ir freye wale zu haben; V. Groebner,* Ratsinteressen, Familieninteressen. Patrizische Konflikte in Nürnberg um 1500, S. 278–306.

43 Vgl. die ebengen. Aufsätze. Auswahl neuerer Arbeiten: *R. Giel,* Politische Öffentlichkeit im spätmittelalterlich-frühneuzeitlichen Köln (1450–1550), Berlin 1998; *R. Jooß,* Schwören und Schwörtage in süddeutschen Reichsstädten. Realien, Bilder, Rituale, in: Anzeiger des Germanischen Nationalmuseums 1993, S. 153–168; *U. Meier,* »Nichts wollten sie tun ohne die Zustimmung ihrer Bürger«. Symbolische und technische Formen politischer Verfahren im spätmittelalterlichen Florenz, in: *B. Stollberg-Rilinger* (Hg.), Vormoderne politische Verfahren zwischen symbolischer und technischer Form, erscheint Berlin 2000.

Hier wurden Rechte wahrgenommen, die Juristen ursprünglich der versammelten Gesamtgemeinde zugesprochen hatten: Mitwirkung beim Wahlgeschehen, vor allem aber Kontroll- und Einspruchsrechte bei städtischen Immobiliengeschäften, bei Bürgerrechtsfragen, Steuern, Statutenänderungen und Krieg.[44]

Auch Konsensstiftung, die von Wahlen ausging, muß hoch veranschlagt werden. Im Akt der Wahl konnte der Bürger das Bewußtsein haben, daß er nicht allein bevorrechtigter Besitzer von Bürgerrecht und Bürgerfreiheit, sondern darüber hinaus Mitgestalter des *regimen civitatis* war. Die Formen dieses auf politische Integration bedachten Systems waren enorm vielfältig, hatten aber auch gemeinsame Grundzüge. In jeder der untersuchten Städte gab es Beschränkungen der Wählbarkeit von Verwandten und das Verbot ununterbrochener Amtsausübung: ein eher unauffälliges Merkmal zwar, aber Kernbestand des mittelalterlichen Wahlverständnisses in der Stadt. Ein Magistrat, der immer wieder das Gemeinwohl zum Ziel seines Handelns erklärte, konnte hier deutlich machen, daß dem ›natürlichen‹ Vorrang von Familieninteresse institutionell begegnet wurde. Die untersuchten Ratswahlen in Florenz, Köln, Augsburg und Erfurt waren geprägt von mehr oder weniger komplexen Verfahren. Eingerahmt wurden sie von öffentlichen Ritualen, Feierlichkeiten und Festmählern.[45] Nur ein Punkt sei hervorgehoben: In Deutschland und Italien gab es z.T. völlig entgegengesetzte Gewichtungen der Bedeutung von Wählern, Wählbaren und Gewählten. In Florenz war das Wahlmännergremium ein exklusiver Zirkel, während die Gruppe der Wählbaren alle Vollbürger, die der Gewählten zumindest einen ansehnlichen Teil derselben ausmachte. Die Wählbarkeit – genauer: die Hoffnung, gewählt zu werden – stiftete hier den Konsens. Anders in den deutschen Städten. Integrationswirkung hatte hier der Akt der Wahl, an dem in Köln und Augsburg jeder Zunftbürger teilhatte, während die Wählbaren und die

---

44 Ergänzend zu *Schreiner u. Meier* (Hg.), Stadtregiment und Bürgerfreiheit, Kap. III, sind für die Geschichte der Großen Räte hinzuzuziehen *E. Isenmann*, Die städtische Gemeinde im oberdeutsch-schweizerischen Raum (1300–1800), in: *P. Blickle* (Hg.), Landgemeinde und Stadtgemeinde in Mitteleuropa. Ein struktureller Vergleich, München 1991, S. 191–261; *J. Rogge*, Für den Gemeinen Nutzen. Politisches Handeln und Politikverständnis von Rat und Bürgerschaft in Augsburg im Spätmittelalter, Tübingen 1996, S. 231–246.

45 Vgl. *Meier*, Konsens und Kontrolle, S. 167–173 (Florenz); *Schwerhoff, Apud populum potestas*, S. 200–206, S. 215–222 (Köln); am ausführlichsten: *Rogge, Ir freye wale zu haben*, passim (Augsburg); *Groebner*, Ratsinteressen, S. 279ff. (Nürnberg); *U. Heckert*, Die Ratskapelle als religiöses, politisches und administratives Zentrum der Ratsherrschaft in deutschen Städten des späten Mittelalters, Diss. Bielefeld 1994, S. 114–127 (Erfurt). Allgemein zu Wahlen: *B. Schlotterose*, Die Ratswahl in den deutschen Städten des Mittelalters, Diss. Münster 1953. Vgl. auch *K. Schulz*, Wahlen und Formen der Mitbestimmung in der mittelalterlichen Stadt des 12./13. Jahrhunderts. Voraussetzungen und Wandlungen, in: *R. Schneider u. H. Zimmermann* (Hg.), Wahlen und Wählen im Mittelalter, Sigmaringen 1990, S. 324–344; *H. Keller*, Wahlformen und Gemeinschaftsverständnis in den italienischen Stadtkommunen (12./14. Jahrhundert), in: ebd., S. 345–374; *Meier*, »Nichts wollten sie tun ohne die Zustimmung ihrer Bürger«.

am Ende wirklich Gewählten der exklusive Zirkel gewesen sind. Konsens-
gestütze Herrschaft konnte sich eben in jeder Kommune und in jeder Stadt-
landschaft zur Erreichung desselben Ziels durchaus unterschiedlicher Rituale, Traditionen und Verfahren bedienen.

Ohne die Mitwirkung der Bürgerschaft auf unterschiedlichen Ebenen des
politischen Systems, ohne rituelle Einbindung auch nicht ratsfähiger Gruppen war konsensgestützte Herrschaft in der Stadt undenkbar.[46] Das politische Handeln der Führungsgruppen hatte diesen institutionellen und mentalen Rahmenbedingungen stets Rechnung zu tragen. Geschah das nicht in
ausreichendem Maße, drohten Protest, Aufruhr und Verfassungsänderung.[47]
Demgegenüber versuchten die regimentsfähigen Bürger und der Rat selbst,
ein anders akzentuiertes Herrschaftsverständnis zu verbreiten und an den
Mann zu bringen. Das setzte weniger auf die Mitwirkung der Bürger, sondern betonte in aller Deutlichkeit, daß der Rat, ähnlich wie benachbarte
Fürsten oder Prälaten, zunächst einmal ordentlicher und legitimer Träger
von Herrschafts- und Gerichtsrechten sei. Medien der Verbreitung dieser
Sicht der Dinge waren Statuten und Erlasse, Gerichte, Stadtknechte und
Amtsdiener, aber auch Reden und Bilder. Im Rahmen unserer Forschungen
wurden auch die beiden letztgenannten Felder beackert.

Die Sprache der Austattung des spätmittelalterlichen Großen Saales im
Erfurter Rathaus kündete vom Herrschaftsverständnis der Ratsherren. Stadt-
wappen, Reichsadler und Kaiserbild stellten Erfurt einer Reichsstadt gleich,
Wappen umliegender Städte und Fürsten standen für politische Bündnisse
und Verbindungen, während Propheten und Evangelisten als Gerechtigkeits-
bilder gedeutet und die Sprüche Freidanks auf Schilden als Tugendlehre ge-

46 Einzubeziehen wären hier noch die Institutionen auf der Stadtteilebene, die Herren-
stuben etc. Sie sind in unseren stadtgeschichtlichen Forschungen allerdings nur am Rande
behandelt worden. Weitere Lit. zu Florenz bei *Meier*, Pax et tranquillitas, S. 516 f.; zu Augsburg *Rogge*, Für den Gemeinen Nutzen, S. 142–156; *ders.*, Viertel, Bauer-, Nachbarschaften.
Bemerkungen zu Gliederung und Funktion des Stadtraumes im 15. Jahrhundert (am Beispiel von Braunschweig, Göttingen, Halberstadt, Halle und Hildesheim), in: *M. Puhle* (Hg.),
Hanse – Städte – Bünde. Die sächsischen Städte zwischen Elbe und Weser, Bd. 1, Magdeburg 1996, S. 231–240. – Daß auch Kleiderordnungen eintrachtstiftend und konsens-
sichernd eingesetzt werden konnten, zeigt im Kontext unserer Forschungen *G. Schwerhoff*,
»Die groisse oeverswenckliche costlicheyt zo messigen«. Bürgerliche Eintracht und ständische Differenzierungen in Kölner Aufwandsordnungen (14. – 17. Jahrhundert), in: Rheinische Vierteljahrsblätter, Jg. 54, 1990, S. 95–122.
47 Zahlreiche Beispiele der Aufkündigung des Konsenses bei *Meier*, Name der Freiheit;
ders., Konsens und Kontrolle; *Schwerhoff*, Goldene Freiheit; *ders.*, Apud populum potestas; *ders.*,
Bürgerlicher Konflikt in Köln 1608–1610. Zur Vorgeschichte des »Summarischen Extraktes«,
in: Jahrbuch des Kölnischen Geschichtsvereins, Bd. 60, 1989, S. 31–75; *Rogge*, Für den Gemeinen Nutzen, passim. – Zur zeitgenössischen Wahrnehmung von bürgerlichem Protest und
Verfassungswandel vgl. *U. Meier*, Molte rivolizioni, molte novità. Gesellschaftlicher Wandel im
Spiegel der politischen Philosophie und im Urteil von städtischen Chronisten des späten Mittelalters, in: *J. Miethke u. K. Schreiner* (Hg.), Sozialer Wandel im Mittelalter. Wahrnehmungsformen, Erklärungsmuster, Regelungsmechanismen, Sigmaringen 1994, S. 119–176.

lesen werden konnten.[48] Das umfangreiche Bildprogramm der Augsburger
Amtsstube des Weberzunfthauses aus den Jahren 1456/57 mit Kaisern und
Kurfürsten, den Neun guten Helden, Evangelisten und Propheten, mit Dar-
stellungen aus der Heilsgeschichte war nicht Ausdruck eines partizipatori-
schen Bürgerideals, sondern klassisches Programm der Visualisierung gerechter Herrschaft. Der Anspruch der Weberzunft, regimentsfähiges Mitglied des
politischen Systems der Stadt zu sein, kommt darin zum Ausdruck.[49] In der
politischen Ikonographie italienischer und deutscher Rathäuser, in Weltge-
richts- und Gerechtigkeitsdarstellungen, in Inschriften und Bildfolgen, die
Ratschläge zur Gestaltung der rechten Ordnung und zur opferbereiten Verteidigung des Gemeinwesens boten, in Zyklen und Szenen zur Heils-, Reichs-
und Stadtgeschichte setzten die Führungsgruppen der Kommunen ihre Vision von Herrschaft in die Sprache der Bilder um. Auf diese Weise entstand
nicht, wie immer wieder zu lesen ist, eine neue, eine republikanische Ikonographie. Vielmehr gelang auf dem Felde der Bildproduktion das, was Theologen, Philosophen und Juristen in ihren Texten bereits geleistet hatten: die
Stadt in die mittelalterliche Theologie und Theorie legitimer und gerechter
Herrschaft einzubeziehen. Die Kommune war damit auch auf dem Felde der
Ikonographie fürstengleich geworden.[50] Die Ausblendung partizipatorischer
Elemente in der politischen Ikonographie entsprach den zeitgemäßen Regeln
der bildlichen Repräsentation von Herrschaft.

48 *U. Heckert*, Die Ausstattung des Großen Saales im alten Erfurter Rathaus. Ein Beitrag
zum politischen Selbstverständnis eines Stadtrates im späten Mittelalter, in: *A. Löther* u.a.
(Hg.), Mundus in imagine. Bildersprache und Lebenswelten im Mittelalter. Festgabe für
Klaus Schreiner. Mit einem Geleitwort von Reinhart Koselleck, München 1996, S. 303–318.
Grundlegend zu Wappen in der politischen Ikonographie jetzt *W. Paravicini*, Gruppe und
Person. Repräsentation durch Wappen im späteren Mittelalter, in: *O.G. Oexle u. A. v. Hül-
sen-Esch* (Hg.), Die Repräsentation der Gruppe. Texte – Bilder – Objekte, Göttingen 1998,
S. 327–389.
49 *J. Rogge*, Die Bildzyklen in der Amtsstube des Weberzunfthauses in Augsburg von
1456/57, in: *Löther* u.a. (Hg.), Mundus in imagine, S. 319–343. Vgl. dazu auch *M. Meine-
Schawe*, Die Augsburger Weberstube im Bayerischen Nationalmuseum, in: Münchner Jahr-
buch der bildenden Kunst, Dritte Folge, Bd. 46, 1995, S. 25–80.
50 *U. Meier*, Vom Mythos der Republik. Formen und Funktionen spätmittelalterlicher
Rathausikonographie in Deutschland und Italien, in: *Löther* u.a. (Hg.), Mundus in imagine,
S. 345–387; *ders.*, Republikanische Ikonographie in oberschwäbischen Reichsstädten, in:
P. Blickle (Hg.), Verborgene republikanische Traditionen in Oberschwaben, Tübingen 1998,
S. 81–99. Zur Ikonographie des Rathauses vgl. etwa: *H. Belting u. D. Blume* (Hg.), Malerei
und Stadtkultur in der Dantezeit. Die Argumentation der Bilder, München 1989; *R. Starn u.
L. Partridge*, Arts of Power. Three Halls of State in Italy, 1300–1600, Berkeley 1992; *D. Gam-
boni u. G. Germann* (Hg.), Zeichen der Freiheit. Das Bild der Republik in der Kunst des 16.
bis 20. Jahrhunderts, Bern 1991; *S. Albrecht*, Das Bremer Rathaus im Zeichen städtischer
Selbstdarstellung vor dem 30-jährigen Krieg, Marburg 1993; *S. Tipton*, Res publica bene or-
dinata. Regentenspiegel und Bilder vom guten Regiment. Rathausdekorationen in der Frühen Neuzeit, Hildesheim 1996; *B. Roeck*, Reichsstädtische Rathäuser der frühen Neuzeit
und ihre Bildprogramme, in: *R.A. Müller* (Hg.), Bilder des Reiches, Sigmaringen 1997,
S. 275–294.

Mitgestalter der Bildprogramme in den Rathäusern und öffentlichen Gebäuden ihrer Stadt waren häufig die Stadtschreiber und Kanzler.[51] Sie und andere hohe Amtsträger prägten das Politikverständnis der Bürger aber noch auf andere Weise. Zu festlichen und feierlichen Anlässen, beim Empfang hoher Gäste und vor den großen Ratsgremien lasen sie Verlautbarungen des Rates oder hielten öffentliche Ansprachen. Sie wurden so zu Mitgestaltern der politischen Kultur ihrer Stadt und sorgten zugleich für die politische Bildung ihrer Zeitgenossen. Florentiner Kanzler wie Coluccio Salutati und Leonardo Bruni oder Augsburger Stadtschreiber wie Conrad Peutinger pflegten diese Kultur der Rede. Letzterer hatte im turbulenten Jahre 1524 vom Kleinen Rat den heiklen Auftrag bekommen, die Gemüter im Großen Rat zu beruhigen und auf die offizielle Ratspolitik einzuschwören. Dazu bemüht er die ganze Welt- und Stadtgeschichte. Peutinger erinnert die etwa 200 Mitglieder des Großen Rats an die in der Vergangenheit mit Blut und Geld vom Heiligen Reich erworbenen *herrlichen freyheit vund priuilegien*. Diese drohten, so argumentiert der Stadtschreiber, verloren- und ihr Gemeinwesen unterzugehen, wenn Rat und Bürgerschaft nicht zusammenhielten, wenn die Bürger dem Rat nicht Folge und Gehorsam leisteten. Um das jedem Zuhörer deutlich vor Augen zu führen, berichtet er bewegt und unter Tränen, *wie den Toianis, Griechen, Carthaginensibus und lestlich den werden Römeren selbs durch ihre große verderbliche Burgerliche Krieg und blut vergießen widerfahren und beschehen were.*[52]

Wenn einmal mosaikartig zusammengetragen sein wird, welche politischen und historischen Inhalte mittelalterlichen Stadtbürgern über die Medien von Bild und Rede vermittelt worden sind, dürfte man der alten Frage nach dem bürgerlichen Selbstverständnis in vormodernen Stadtgesellschaften ein weiteres Stück näher gekommen sein. Das auf diesem Wege ermittelte Modell einer rechten Ordnung der Stadt unterscheidet sich dann sicher erheblich von dem, was das politische Denken und Tun der gemeinen Bürger, was ihren in der Praxis weitgehend akzeptierten Anspruch auf Teilhabe am Gemeinwesen jeweils konkret leitete. Daß beides zusammengehört, daß konsensgestützte Herrschaft von einzelnen Gruppen innerhalb der Bürgerschaft auf verschiedenen Ebenen des Diskurses völlig unterschiedlich definiert worden ist, ist eines der systematisch noch wenig erforschten Spannungsmomente in der Geschichte der alteuropäischen Stadtgesellschaft. Eine Republikanismusdebatte, die das nicht berücksichtigt, die darüber hinaus nicht imstande ist, Herrschaft und Teilhabe kategorial zu trennen, wird

---

51 Vgl. *U. Meier,* Ad incrementum rectae gubernationis. Zur Rolle der Kanzler und Stadtschreiber in der politischen Kultur von Florenz und Augsburg in Spätmittelalter und früher Neuzeit, in: *R.C. Schwinges* (Hg.), Gelehrte im Reich. Zur Sozial- und Wirkungsgeschichte akademischer Eliten des 14. bis 16. Jahrhunderts, Berlin 1996, S. 477–503.
52 Zit. nach *Meier,* Ad incrementum rectae gubernationis, S. 501. Zu dieser Rede und zum politischen Hintergrund vgl. *Rogge,* Für den Gemeinen Nutzen, S. 249–268, bes. S. 264 f.

in jedem Falle auch weiterhin künstliche und einseitige Bilder der Lebenswelt in den mittelalterlichen Kommunen Alteuropas entwerfen.[53] Mit der konsequenten Trennung von Herrschaft und Teilhabe, mit der Betonung des Gewichtes politischer Rituale und der genauen Kontextualisierung stadtbürgerlicher Grundwerte hat unsere Forschung zu den Städten Florenz, Augsburg, Erfurt, Köln und Nürnberg sicher neue Akzente gesetzt. Vor allem allerdings ging es uns darum, mehr oder weniger gängige Fragestellungen zur mittelalterliche Stadtgeschichte unter dem Leitbegriff »konsensgestützte Herrschaft« neu zu bündeln und voranzubringen.

3. Bürgerliche Frömmigkeit als soziale und politische Praxis

Frömmigkeit sollte Eintracht unter Bürgern stiften. Das tat sie auch, weil sich mittelalterliche Bürgerschaften nicht nur als *communitates civium*, sondern auch als *communitates fidelium* konstituierten. Die mittelalterliche Stadt war gleichermaßen Rechtsgemeinschaft und Kultverband, geistliche und weltliche Gründung, deren Bürger durch gemeinschaftlich geübte religiöse Rituale Gottes Segen und der Heiligen Hilfe auf ihre Kommune herabrufen wollten. Vom Rat angeordnete Prozessionen, die politisch-soziale Hierarchien abbildeten, gaben auch unterschiedliche Grade politischer Teilhabe zu erkennen. Der Vorrangstellung im Kult entsprach die Vorrangstellung im Stadtregiment. Religiöse und weltliche Formen der Vergemeinschaftung überlappten sich. Religionssoziologen und Historiker, welche die Funktion von Religion in traditionalen, wenig ausdifferenzierten Gesellschaften zu bestimmen suchen, sagen deshalb zu Recht, Religion sei »eine im wesentlichen soziale Sache«, eine »im wesentlichen kollektive Angelegenheit«, weil sie »von der Idee der Kirche nicht zu trennen ist« (Emile Durkheim). Sie wirke als »ein sozialgeschichtlicher Faktor ersten Ranges« (Otto Brunner) und bilde einen »festen Bestandteil der gesellschaftlichen Wirklichkeit« (Thomas Luckmann).

---

53 Das Herrschaftsverständnis der Rates ist gut dokumentiert, die genossenschaftliche, teilhabekonzentierte Sicht der gemeinen Bürger dagegen nur selten greifbar. Sie muß rekonstruiert werden, vgl. *H. Schilling*, Gab es im späten Mittelalter und zu Beginn der Neuzeit in Deutschland einen städtischen »Republikanismus«? Zur politischen Kultur des alteuropäischen Stadtbürgertums, in: *H. Koenigsberger* (Hg.), Republiken und Republikanismus im Europa der Frühen Neuzeit, München 1988, S. 101–143; *P. Blickle* (Hg.), Theorien kommunaler Ordnung in Europa, München 1996. Einen Republikanismus, der die Idee, jeder Bürger müsse herrschaftsfähig sein, verbindet mit der These, die Herrschaft der Vielen sei eine der Monarchie überlegene Verfassungsform, hat es im Mittelalter nicht gegeben. Zur Kritik des Republikanismusparadigmas vgl. *Meier*, Name der Freiheit, S. 61–66; *ders.*, Konsens und Kontrolle, S. 175 f., *ders.*, Mythos der Republik, S. 347–354, S. 372–382; *ders.*, Republikanische Ikonographie, S. 82 ff., S. 99. Vgl. jetzt v. a. auch *Mager*, Genossenschaft, Republikanismus und konsensgestützte Ratsherrschaft.

Die Religiosität mittelalterlicher Frommer erschöpfte sich nicht im Bemühen um einen gnädigen Gott, der am Jüngsten Tag mit ewigem Leben beglückt. Wer fromm war, dem lag überdies daran, sich des Beistandes himmlischer Mächte zu versichern, die ihm helfen, Wege durch einen von Not und Gebrechen verdüsterten Alltag zu finden. Religion hatte eine lebenspraktische Funktion. Und nicht zuletzt: Religion sollte den Bestand der sozialen und politischen Ordnung gewährleisten, von der Frieden und Eintracht unter den Bürgern abhängen. Als »Band der Gesellschaft« (*vinculum societatis*) und »Fundament des Gemeinwesens« (*fundamentum rei publicae*) erfüllte sie öffentliche Funktionen. Glaube und Politik stützten sich gegenseitig.[54] Das Verbindende und Verbindliche der politischen und sozialen Ordnung wurzelte in Überzeugungen, die Über- und Unterordnung, Recht und Macht auf den Willen Gottes zurückführten. Rechtsbruch galt als ein Verhalten *wider got und recht*. Der Amtseid der Magistrate, der Beitrittseid der Neubürger und der Kollektiveid der bürgerlichen Eidgenossenschaft ließen die kommunale Verfassung als ein »Geflecht von Eiden« erscheinen, für dessen Geltungskraft Stadtbürger ihr diesseitiges wie jenseitiges Heil einsetzten.[55]

Um allgemeines Wohlergehen zu gewährleisten, bedurfte es des Segens Gottes, der Fürsprache und helfenden Intervention heiliger Personen. In Prozessionen erfuhren sich städtische Kommunen als Kult- und Solidargemeinschaften, die Sorge um irdische Wohlfahrt und ewiges Heil bewog, durch Akte kollektiver Frömmigkeit sich die Fürsprache der Heiligen und das Wohlgefallen Gottes zu verdienen. Mit dem ausdrücklichen Hinweis auf *gottes zorn* und *gottes straffe* begründeten im späten 15. Jahrhundert Stadtmagistrate den Erlaß von Polizeiordnungen, die verhindern sollten, daß im Leben der Stadt die *christenliche ordenunge* Schaden nimmt. Der rächende und strafende Gott, ein Leitgedanke alttestamentlicher Vergeltungs- und Verrechnungstheologie, diente als Legitimationsformel für städtische Disziplinierungsmaßnahmen, die Gottes unheilbringenden Zorn abwenden sollten. Der Glaube, daß Gott, wenn er sich durch sündhafte Frevel der Menschen verletzt fühlt, Städte durch Unwetter, Hungersnöte, Seuchen und Gewalttätigkeiten äußerer Feinde heimsucht, war in der Vorstellungswelt spätmittelalterlicher und frühneuzeitlicher Stadtgesellschaften fest veran-

---

54 Vgl. dazu und zum folgenden *K. Schreiner*, Frömmigkeit in politisch-sozialen Wirkungszusammenhängen des Mittelalters. Theorie- und Sachprobleme, Tendenzen und Perspektiven der Forschung, in: *M. Borgolte* (Hg.), Mittelalterforschung nach der Wende 1989, München 1995 (= HZ, Beiheft 20), S. 177–226; *ders.*, Frommsein in Stadtgesellschaften des späten Mittelalters, in: *U.M. Schneede* (Hg.), Goldgrund und Himmelslicht. Die Kunst des Mittelalters in Hamburg, Hamburg 1999, S. 34–45; *ders.* (Hg.), Frömmigkeit im Mittelalter. Politisch-soziale Kontexte, visuelle Praxis, körperliche Ausdrucksformen (im Druck).

55 *Dilcher*, Mittelalterliche Rechtsgeschichte, S. 16. – Der italienische Historiker Paolo Prodi bezeichnete den Eid nachgerade als »Sakrament der Herrschaft«. Vgl. *ders.*, Das Sakrament der Herrschaft. Der politische Eid in der Verfassungsgeschichte des Okzidents, Berlin 1997.

kert.[56] Das gesteigerte »Potential der Verpflichtung und sozialen Disziplinierung«,[57] das die christliche Religion bereitstellte, sicherte die Geltungskraft städtischer Verordnungen, von deren Einhaltung das Wohl der Gesamtbevölkerung abzuhängen schien.

Zur mittelalterlichen Stadtgesellschaft, in der Religion eine alle Lebensbereiche formende und normierende Macht darstellte, gehörte ein Gott mit vielfachen Kompetenzen. Er war gleichermaßen für das Wetter, die Fruchtbarkeit der Felder und den Bestand der politischen Ordnung zuständig. Heilige Stadtpatrone garantierten städtischen Kommunen Autonomie und Unabhängigkeit gegenüber ihren Stadtherren. Ihnen kultische Reverenz zu erweisen, war ein Akt politischer Notwendigkeit. Städtische Magistrate waren sich dessen bewußt, wenn sie Gottesdienste und Prozessionen zum Gegenstand ihrer Statutengebung machten. In Ratskapellen, die mit Bildern der Stadtheiligen geschmückt waren, versicherte sich der Rat ihres Beistandes. Zu Ehren der Stadtpatrone gefeierte Ratsmessen sollten der Eintracht unter den Bürgern zugute kommen. Städtische Symbole – wie Wappen, Siegel und Fahnen – trugen das Bild des jeweiligen Stadtheiligen. Die Darstellung des Jüngsten Gerichts, mit der gemeinhin der Sitzungssaal städtischer Räte ausgestattet war, sollte diese immer wieder daran erinnern, daß sie ihre Urteile dereinst vor Gott zu verantworten haben. Frommsein hatte – bewußt oder unbewußt, gewollt oder ungewollt – eine soziale und politische Dimension.

Religiöse Rituale, fromme Gebräuche und bestimmte Formen sozialer Vergemeinschaftung gaben Gelegenheit, soziale Zugehörigkeiten und Distanzen abzubilden. An der Ordnung und sozialen Zusammensetzung von Prozessionen waren Hierarchien politischer Teilhabe und gesellschaftlichen Ansehens ablesbar. Stifterbilder, die auch deren Auftraggeber und deren Familien ins Bild setzten, gaben religiösen Erwartungen der jeweiligen Stifter und Stiftergruppen eine bildhafte Form. Von Mitgliedern städtischer Führungsgruppen wurden sie als Mittel sozialer Selbstdarstellung benutzt, um sich in der Öffentlichkeit kirchlicher Räume zugleich von städtischen Mittel- und Unterschichten abzugrenzen.[58] Im Gesichtskreis und Erfahrungshorizont von Nachfahren erfüllten sie eine identitätsstiftende »Memorialfunktion«.[59] In bildhafter Form boten sie Erkenntnismöglichkeiten, um sich der Zugehörigkeit zu einer reputablen Familie zu vergewissern.

---

56 Einschlägige Belege für diese Argumentationsfigur bringt G. Schwerhoff, Gott und die Welt herausfordern. Theologische Konstruktion, rechtliche Bekämpfung und soziale Praxis der Blasphemie bis zum Beginn des 17. Jahrhunderts, Habil.-Schrift Bielefeld 1996, S. 190 ff.

57 H. Tyrell, ›Das Religiöse‹ in Max Webers Religionssoziologie, in: Saeculum, Bd. 43, 1992, S. 172–230, hier S. 204.

58 W. Schmid, Stifter und Auftraggeber im spätmittelalterlichen Köln, Köln 1994.

59 O.G. Oexle, Memoria in der Gesellschaft und in der Kultur des Mittelalters, in: J. Heinzle (Hg.), Modernes Mittelalter, Frankfurt 1994, S. 297–323, hier S. 319; ders., Memoria und Memorialbild, in: K. Schmid u. J. Wollasch (Hg.), Memoria. Der geschichtliche Zeugniswert des liturgischen Gedenkens im Mittelalter, München 1984, S. 384–440.

Auch die in spätmittelalterlichen Städten gepflegte Stiftungsfrömmigkeit gibt unterschiedliche soziale Signaturen zu erkennen. Die testamentarischen Vermächtnisse von Patriziern sollten zum einen ein repräsentatives Leichenbegängnis ermöglichen und in der Kirche einer Pfarrei, eines Stifts oder eines Klosters zu einem standesgemäßen Begräbnisplatz verhelfen; zum anderen sollten kostspielige Seelgeräte sowie fürbittende Gebetsleistungen und stellvertretende Wallfahrten anderer, deren Vollzug durch testamentarisch festgeschriebene Geldbeträge zu finanzieren war, die eigene Seele vor ewiger Verdammnis bewahren.[60] Rechenhafte Frömmigkeit brach sich Bahn, wenn in patrizischen Testamenten Mittel für 900, 1000 oder noch mehr Messen bereit gestellt wurden, die nach dem Begräbnis des Verstorbenen für dessen Seelenheil gelesen werden sollten.[61] Kostbare Textilien, silberne und goldene Gefäße, die Patrizier Kirchen und Klöstern zum Geschenk machten, waren vielfach mit deren Wappen versehen. Totenschilde, die an sie erinnerten, hingen an den Chorwänden von Kirchen. Ihre Wappen zierten bisweilen den Taufstein, die Kanzel, Kirchenfenster und Schlußsteine im Gewölbe des Chors.

Testamente, wie sie von Basler Zunftbürgern im späten Mittelalter angefertigt wurden, geben »ein spezifisch zünftiges Frömmigkeitsmodell« zu erkennen.[62] Prägend für die Frömmigkeitspraxis des spätmittelalterlichen Zunftbürgertums war ein starker Gemeinschaftsbezug. In zünftigen Bruderschaften hatten gegenseitige Fürbitte für einen barmherzigen Gott, die Ausrichtung eines ehrenhaften Begräbnisses und ewiges Gedächtnis im Gottesdienst eine institutionalisierte Form gefunden, die zu beobachten und einzuhalten sich die Gemeinschaft der Überlebenden verpflichtet fühlte. Die Mitglieder von Bruderschaften errichteten keine persönlichen, nur ihrem eigenen Seelenheil vorbehaltenen Seelgeräte, sondern unterstützten durch ihre letztwilligen Verfügungen die bruderschaftliche Gemeinschaft, zu der sie gehörten. Bruderschaftliche Begräbnis- und Gedächtnisrituale verbanden nicht nur die Lebenden mit den Toten, sondern wirkten auch als Bindekräfte, die das Gemeinschaftsgefühl der jeweiligen Bruderschaft festig-

---

60 *W. Hartinger,* Patrizische Frömmigkeit – Aufgrund von Testamenten der Reichsstadt Regensburg im 14. Jahrhundert, in: *I. Bauer* (Hg.), Frömmigkeit. Formen, Geschichte, Verhalten, Zeugnisse. Lenz Kriss-Rettenbeck zum 70. Geburtstag, München 1993, S. 45–72.
61 *A. Angenendt, Th. Braucks, R. Busch, Th. Lentes, H. Lutterbach,* Gezählte Frömmigkeit, in: Frühmittelalterliche Studien, Bd. 29, 1995, S. 1-71. – Gegen eine Frömmigkeitspraxis, die sich durch zähl- und meßbare Leistungen heilsrelevante Verdienste zu erwerben suchte, erhoben sich auch Gegenstimmen. Der Wiener Augustiner-Chorherr Stephan von Landskron (1412–1477) vertrat in seiner ›Hymelstraß‹, einem im späten 15. Jahrhundert weit verbreiteten katechetischen Traktat, die Auffassung, daß eine Messe, die ein Christ zu Lebzeiten für sich lesen lasse, *im mer frummet vnnd nuczet ist dann hunderttausend meß nach seinem verscheiden* (Stephan von Landskron, Die Hymelstrasz, hg. Von Gerardus Johannes Jasper, Amsterdam 1979, Blatt CCr.).
62 *Signori,* Vorsorgen, Erben und Erinnern, S. 339.

ten.[63] Generell gilt jedoch: Das Stiften und Vererben folgt einer unverrückbaren »Hierarchie der Werte«.[64] Zuerst werden die Kinder berücksichtigt;
im Falle von Kinderlosigkeit ist es der Ehepartner. Auf die Ehepartner folgen
Verwandte. Den Schluß bilden *piae causae* der Kirche. Vor dem Gedanken an
das ewige Seelenheil kommt die zeitliche Vorsorge.

Im Zentrum unserer Forschungen zur Bürger- und Gottesstadt standen
die Ratskapelle als Schnittstelle religiöser Gesinnungen und politischer Interessen; der Kult heiliger Stadtpatrone, insbesondere das Patronat der Gottesmutter Maria; und die in spätmittelalterlichen Städten abgehaltenen Prozessionen als Ausdrucksformen politischer Teilhabe.

3.1 Städtische Ratskapellen: Entstehungsbedingungen, politische und religiöse Funktionen

Ratsherren und Magistrate bedienten sich mannigfacher Rituale, Symbole
und Institutionen, um der von ihnen ausgeübten Herrschaft ein religiöses Ge-
präge zu geben.[65] Die Ratskapelle war eines dieser Mittel, um ihre Herrschaftspraxis als Handeln erscheinen zu lassen, das mit dem Willen Gottes im
Einklang steht.[66] Die Bedingungen, unter denen Ratskapellen errichtet wurden, verweisen auf geschichtliche Kontexte, in denen sich städtische Führungsgruppen einer verstärkten Begründungspflicht der von ihnen ausgeübten Herrschaft gegenübersahen. Ratskapellen entstanden im Laufe des 14. und
15. Jahrhunderts vornehmlich in solchen Städten, in denen es Zünften gelungen war, ihre Beteiligung am Stadtregiment durchzusetzen. Eine neu sich
etablierende Führungsschicht nutzte die Ratskapelle für unterschiedliche
Zwecke. Sie diente der Integration von Gruppen, die sich zuvor als konkurrierende Interessengruppen gegenüber gestanden hatten. Weil die neue Stadt-
regierung sich nicht mehr auf traditionale Legitimationsgründe – auf Alter
und Prestige, auf Erfahrung und Kompetenz – berufen konnte, fühlte sie sich
außerdem herausgefordert und verpflichtet, ihre Herrschaft gegenüber der
städtischen Bürgerschaft zu rechtfertigen. Dies sollte nicht zuletzt durch den
regelmäßig abgehaltenen Ratsgottesdienst erreicht werden. Hinzu kam, daß
mit der Ratskapelle ein sakraler, vor allem aber ein heimlicher Ort zur Verfügung stand, an dem der neue Rat hinter verschlossenen Türen seine internen

---

63 *K. Rahn*, Religiöse Bruderschaften in der spätmittelalterlichen Stadt Braunschweig,
Braunschweig 1994. Dazu grundsätzlich: *L. Remling*, Sozialgeschichtliche Aspekte des spätmittelalterlichen Bruderschaftswesens, in: *P. Johanek* (Hg.), Einungen und Bruderschaften in
der spätmittelalterlichen Stadt, Köln-Weimar 1993, S. 149–169.
64 *Signori*, Vorsorgen, Erben, Erinnern, S. 47.
65 *Poeck*, Zahl, Tag und Stuhl, hier: S. 407–413 (»Die vollkommene Zahl«); 413–415 (»Rat
und himmlisches Jerusalem«); 415–419 (»Tag«); 420–427 (»Ratsstuhl in Rathaus und Kirche«).
66 *U. Heckert*, Die Ratskapelle als Zentrum bürgerlicher Herrschaft und Frömmigkeit.
Struktur, Ikonographie und Funktion, in: Blätter für deutsche Landesgeschichte, Jg. 129,
1993, S. 139–164; *ders.*, Ratskapelle als Zentrum.- Vgl. auch *D.W. Poeck*, Rat und Memoria,
in: *D. Geuenich* u. *O.G. Oexle*, Memoria in der Gesellschaft des Mittelalters, Göttingen 1994,
S. 286–335.

Kontroversen und Konflikte austragen konnte. Was dann schließlich an die Öffentlichkeit gelangte, war ein einhelliger Beschluß, der die Autorität und Akzeptanz der Ratsherrschaft stärkte. »Politisches Handeln wie Wählen und Beraten fand [in der Ratskapelle] einen nicht nur zweckmäßigerweise heimlichen und abgeschlossenen, sondern darüber hinaus geweihten Rahmen; Entscheidungen und Rechtsakte gewannen an Validität und Legitimität; Widerspruch wurde erschwert«.[67] In der Ratskapelle konnte sich zudem eine »stiftungsfreudige Elite ein Denkmal in einem exklusiven Rahmen setzen, das sie nicht mit der übrigen Bürgerschaft zu teilen brauchte«.[68]

Symptomatisch für die in Ratskapellen gepflegte politische Religiosität sind die Intentionen, die gemeinhin mit den in der Ratskapelle gefeierten Messen verknüpft wurden. Messen wurden gelesen von den eigens hierfür bestallten Ratskaplänen *pro pace et concordia, vor den freden des landes,* zu *heilsamer erlangung eines glückseligen regiments.*[69] Gott möge, so wurde in Ratsmessen eindringlich gebetet, den Bürgern Gnade verleihen, *eyndrechtich to wesende.*[70] Der Bildung geschichtlicher und politischer Kontinuität diente die zur Messe gehörige »Ratsmemorie«, in welcher der verstorbenen oder im Zusammenhang mit städtischen Unruhen ums Leben gekommenen Ratsherren gedacht wurde. Das Gedächtnis kam gleichermaßen dem ewigen Seelenheil der Toten als auch dem Selbstbehauptungswillen der Lebenden zugute. Feierlich abgehaltene Ratsmessen gaben politischen Grundwerten den Charakter religiöser Wertüberzeugungen. Die vor der Wahl eines neuen Rates gehörte Messe sollte den Blick der wahlberechtigten Ratsherren auf den *gemeynen Nutzen* lenken, um, wie es die Erfurter Ratswahlordnung von 1452 gebot, eine einträchtige Entscheidung zu treffen. Religiös verankert und kultisch gefestigt sollten durch Ratsmessen insbesondere »Einigkeit und Gemeinwohlbindung nach innen und Sicherung der Akzeptanz der Ratsherrschaft nach außen« werden.[71] War es doch Sache der Bürgerschaft, als bestellte repräsentative Öffentlichkeit in einem nächsten Schritt den neu Gekorenen vor dem Rathaus zu huldigen.

Neuere Forschungen haben die im Rahmen des SFB erarbeiteten Erkenntnisse bestätigt und erweitert.[72] Die Ratskapelle im Palazzo della Signoria erfüllte Funktionen für die Ausübung und den Erhalt der Macht. In der dem heiligen Bernhard geweihten Kapelle wurden Siegel und Verträge aufbewahrt. Waren politisch brisante Entscheidungen auf der Tagesordnung, mußten in der Ratskapelle die Stimmzettel abgegeben werden. Die Denunziation mächtiger Bürger unterlag einem rechtsförmigen Verfahren, das in der Kapelle abgwickelt wurde. Es verlief folgendermaßen: Zweimal im Jahr wurden aus jedem

---

67 *Heckert,* Ratskapelle als Zentrum, S. 163.
68 Ebd.
69 Ebd., S. 124.
70 Ebd., S. 123.
71 Ebd., S. 124.
72 *R. Czaja,* Korporative Formen der Religiosität des Patriziats in den preußischen Großstädten, in: Quaestiones medii aevi novae, Bd. 2, 1997, S. 107–119, hier S. 109.

der vier Stadtviertel zwanzig Bürger durch Los ausgehoben. Die insgesamt achtzig Personen mußten dann in den Palazzo della Signoria kommen, wo sie die Namen derjenigen Bürger auf einen Zettel zu schreiben hatten, die ihrer Meinung nach dem Gemeinwesen gefährlich werden konnten. Bei dieser Prozedur ging jeder »Denunziant« allein in die Kapelle. Dort leistete er in Anwesenheit eines Zisterziensermönchs einen Eid. Seine Schwurhand legte er dabei auf ein Evangeliar, das auf dem Altar lag. Seine Namensliste mit den seiner Meinung nach »Verdächtigen« legte er in einen Beutel. Wörtlich zu beeiden hatte er, daß seine Liste jeden beim Namen nenne, »der größer und mehr sein wolle als die Kommune« (*qui vellet esse maior aut plus posse quam commune*). Er tue das, mußte er überdies bekennen, ohne Leidenschaft, Vorliebe oder Neid, indem er seinen Geist und Sinn allein auf Gott, auf den Frieden, die Einheit, auf das Recht, auf das gute Regiment und die Regierung der Stadt und die Bewahrung der Freiheit und der ihr gemäßen Verfassungsform richte.[73] Der Eid, der in der Volkssprache geleistet wurde, machte Gott zum Garanten politischer Loyalität. Mit seiner Rache mußten diejenigen rechnen, die sich an den Grundwerten städtischen Gemeinschaftslebens versündigten.

3.2 › Maria Patrona‹: Die Verehrung der Gottesmutter als Mittel der Krisen- und Konfliktbewältigung

Religion sollte politische Ziele, von denen Gedeih und Verderb des Gemeinwesen abhingen, erreichbar machen. An die Wirkmächtigkeit religiösen Handelns glaubten auch Stadtgemeinden, wenn sie sich in Krisensituationen hilfesuchend an ihre Stadtheiligen wandten.[74] Die Marienverehrung spätmittelalterlicher Stadtbürger zeigt dies eindringlich. Bürger und städtische Kommunen, die bei Maria Zuflucht suchten, waren der Überzeugung, daß es zwischen Maria und ihren Gemeinwesen Wahlverwandtschaften gebe, die Nähe, Sympathie und Freundschaft begründen.[75] Mittelalterliche Theo-

---

73 Vgl. dazu *U. Meier*, Pax et tranquillitas. Friedensidee, Friedenswahrung und Staatsbildung im spätmittelalterlichen Florenz, in: *J. Fried* (Hg.), Träger und Instrumentarien des Friedens, S. 489–523, hier S. 521 (Zit.).

74 Zum Zusammenhang von Bedrohung, Heiligenverehrung, Traditionsbildung und Erinnerungskultur am Beispiel der Lüneburger Ursulanacht vgl. jetzt *M. Lentz*, Stadtbürgerliche Gedächtniskultur. Schlachtengedenken in Lüneburg im späten Mittelalter und in der frühen Neuzeit, Staatsexamensarbeit Bielefeld 1994.

75 Vgl. dazu und zum folgenden *K. Schreiner*, Maria. Jungfrau, Mutter, Herrscherin, Münschen 1994, S. 333–366 (»Patronin der Bürger«); *ders.*, Maria Patrona. La Sainte Vierge comme figure symbolique des villes, territoires et nations à la fin du Moyen Age et au début des temps modernes, in: *R. Babel u. J.-M. Moeglin* (Hg.), Identité régionale et conscience nationale en France et en Allemagne du Moyen Age à l'époque moderne, Sigmaringen 1997 (= Beihefte der Francia 39), S. 133–153. Vgl. auch: *G. Signori*, Maria als Bürgerheilige. Das St. Galler »Münster« im Ringen zwischen Abt und Stadt: Münsterbau, Bauverwaltung, Münsterstiftungen und Wallfahrt im ausgehenden 15. Jahrhundert, in: Unsere Kunstdenkmäler, Bd. 43, 1992, S. 33–50.

logen machten Mauern, Vorwerke und Tore zu religiösen Metaphern für Marias sittliche Stärke und religiöse Macht. In Marias Tugendleben fanden sie Entsprechungen für das Ansehen und den Einfluß der Vernunft (*rationis auctoritas*), die in Städten das Zusammenleben der Bürger bestimmte. Gleich Maria, beteuerte der Verfasser der von Johannes Koelhoff 1499 in Köln gedruckten ›Cronica van der hilliger Stat von Coellen‹, besitze auch die Stadt Köln Züge einer mütterlichen Frau und Gebärerin. Maria habe leiblich geboren; Köln, die heilige Stadt, gebäre geistlich. In den über achtzig Kölner Gotteshäusern würden täglich mehr als sechshundert Messen gelesen, weswegen Köln – gleich Maria – als Tempel Gottes bezeichnet werden könne. Als Maria im Kindbett lag, fährt der Chronist fort, sei sie von den Heiligen Drei Königen besucht worden. Der Stadt Köln, in der die Heiligen Drei Könige auf ihrer Heimreise Station gemacht hätten, sei dieselbe Ehre widerfahren. Ein weiteres »Gleichnis« (*gelichnis*) zwischen Maria und der Stadt Köln bestehe darin, daß Maria nach dem Tod ihres Sohnes sich als Lehrerin der Apostel und Evangelisten betätigt habe. Gleich Maria habe sich auch Köln durch seine hohen Schulen und die theologischen Lehrer, die es hervorbrachte, als Hort göttlicher Wissenschaft und Weisheit verdient gemacht.

Den Gang der Geschichte und Politik beeinflußt hat Maria als Patronin städtischer Kommunen. Städtischen Gemeinden, die sie – wie Konstantinopel, Siena und Straßburg – zur Herrin ihres Gemeinwesens erwählt hatten, gewährte sie Schutz gegen feindliche Nachbarn und machthungrige Stadtherren. Bürger, die sich von ihr beschützt fühlten, verehrten sie als Garantin städtischer Freiheit und bürgerlicher Eintracht. Sienas Bürger legten das »Heil ihrer Stadt« (*salus civitatis*) in Marias Hände, ihrer Fürsprecherin und Anwältin (*advocata*) vor Gottes Thron.[76] Auf Marias schützende und rettende Macht richteten sich in inneren und äußeren Krisen ihre Hoffnungen; Maria bestürmten sie mit inständigen Bitten, daß sie die »gute Verfassung« (*bonus status*) der Stadt, ihre Freiheit (*libertas*), ihre Eintracht (*concordia*) und ihren Frieden (*pax*) bewahre.

Seit der Schlacht von Montaperti im Jahre 1260, in der sich die Sienesen – dank Marias Hilfe – gegen die übermächtigen Florentiner siegreich hatten behaupten können, verkörperte Maria die Einheit, Freiheit und Unabhängigkeit der Stadt. Existenzbedrohende Krisen in der Mitte des 15. Jahrhunderts verursachten eine Renaissance des politischen Marienkultes. In der Zeit zwischen 1447 und 1456, in der sich Siena, die *Civitas Virginis*, zunehmend durch die Expansionspolitik von Alfons V., dem König von Neapel, bedroht fühlte, nehmen die vom Rat zu Ehren Marias angeordneten und gemeinschaftlich vollzogenen Rituale den Charakter von »Krisenbewälti-

---

76 *Kerstin Beier*, Maria Patrona. Rituelle Praktiken als Mittel stadtbürgerlicher Krisen- und Konfliktbewältigung. Siena 1447–1456, in: *Schreiner* (Hg.), Frömmigkeit im Mittelalter, S. 51–73. Vgl. auch *dies.*, Haec est civitas mea. Maria in Siena: Religion, Herrschaft und politische Identität im Spätmittelalter, Magisterarbeit Bielefeld 1996.

gungsstrategien« an, die Unabhängigkeit von äußeren Mächten und Eintracht im Innern sicherstellen sollten. Angesichts der für die Stadt gefährlichen Lage entschloß sich der Rat, die alte Madonnentafel im Dom von neuem als öffentliches Kultbild zu inszenieren. Die Reinszenierung der Madonnentafel folgte gleichermaßen religiösen und politischen Interessen. »Das Bild war das mächtigste Symbol der Stadt, mit dessen Hilfe die Sienesen den Schutz und die Fürsprache Marias anrufen konnten«.[77] Das Vertrauen in die Macht der alten, im Dom befindlichen Madonnentafel war groß. Man traute ihr zu, daß sie Konfliktparteien befrieden, Kriegsgefahren abwenden und das Wüten der Pest zum Stillstand bringen könne.

Mit der Herrschaft Marias über die Stadt verband der Rat seinen eigenen Führungsanspruch, den innere Parteikämpfe gefährdeten. Nicht zuletzt deshalb betonte er die besondere Bedeutung, die der Marienverehrung in Siena zukomme. Die vielen männlichen und weiblichen Heiligen würden allein »aus Frömmigkeit« verehrt. Maria zu verehren, geschehe »nicht nur aus Frömmigkeit, sondern vor allem aus notwendiger Pflicht« (*non solamente per devotione ma etiamdio per debito necessario*).[78] Marienverehrung hielt der Rat nicht nur für einen geschuldeten Akt frommer Reverenz, sondern für eine politische Notwendigkeit. Die in Siena zwischen 1447 und 1456 von Rats wegen geübte Marienverehrung zeigt dies unmißverständlich. Der Rat ließ im Dom die Marienkapelle kostbar ausstatten. Er brachte in Erinnerung, daß Maria auf Grund der Schlüsselübergabe von 1260 die rechtmäßige Herrin der Stadt sei. Im Ratshaus ließ er das Fresko einer Schutzmantelmadonna anbringen, unter deren Mantel Sienas Bürger Schutz suchen. Mönchen von observanten Orden stiftete er Geld, damit sie Gott und Maria bitten, der Stadt ihre Freiheit und ihren Frieden zu erhalten. Als die Stadt 1454 ein Defensivbündnis mit Venedig und Alfons V. einging, ließ der Rat, um aus dem Vorgang ein Freudenfest zu machen, auf dem Paliowagen eine weiße Fahne anbringen, »auf der die ruhmreiche Jungfrau Maria mit geöffneten Armen und mit drei Wappen, denjenigen des Königs, der Venezianer und der Sienesen« dargestellt war.[79] Als in der Toscana die Pest wütete, ordnete der Rat Prozessionen an, damit das große Sterben ein Ende nehme. Prozessionen auf Geheiß des Rates fanden gleichfalls statt, um Maria für Siege über innere und äußere Feinde Dank abzustatten. In dem von Krisen erschütterten Gemeinwesen diente die heilige Stadtpatronin »als Symbol für Eintracht, Frieden und Freiheit«.[80]

Städtische Bürgerschaften, die in der frühen Neuzeit die Belange ihrer Gemeinwesen den Händen der Gottesmutter Maria anvertrauten, gaben sich gleichfalls der Überzeugung hin, in der Mutter Jesu eine »Herrscherin,

---

77 *Beier*, Maria Patrona, S. 66.
78 Ebd., S. 57.
79 Ebd., S. 61.
80 Ebd., S. 67.

Fürsprecherin und Beschirmerin« erkoren zu haben, die »immerwährenden und sonderlichen Schutz und Schirm« gewährt, »vor Pest, Hunger, Krieg und allem Übel« bewahrt und »in der Stund unseres Todes« hilfreichen Trost spendet.[81] Auch frühneuzeitliche Stadtbürger verehrten Maria – gleich den bürgerlichen Frommen des späten Mittelalters – als *patrona civium* und übereigneten ihr in Krisensituationen Votivgaben, um ihrer Hilfe sicher zu sein. Nicht zu vergleichen mit dem ausschließlichen, stark von rechtlich-politischen Motiven geprägten Stadtpatronat Marias in Siena sind jedoch die marianischen Schirmherrschaften in frühneuzeitlichen Städten nördlich der Alpen, in denen Maria im Zeichen jesuitisch inspirierter Marienfröm-migkeit als Patronin (*patrona*) und Beschützerin (*protectrix*) angerufen wurde. Maria sollte – neben und zusammen mit anderen Heiligen – in konkreten Not- und Krisensituationen helfen und beschützen; eine Symbolfigur, die städtische Freiheiten und bürgerliche Emanzipation garantierte, war sie in diesem Kontext nicht. Das Verhältnis der Bürger zu ihrer himmlischen Schutzherrin entbehrte in der frühen Neuzeit politisch – rechtlicher Kon-notationen. Feste, die eingerichtet wurden, um Maria als vornehmste Stadt- und Landespatronin zu verehren, bedurften päpstlich-kurialer Bewilligung. Daß die Gottesmutter überhaupt in den Rang einer Schutzherrin erhoben wurde, verdankt sie gemeinhin klerikalen Initiativen.

Die Weihe Bonns an Maria zu Anfang des 18. Jahrhunderts geht auf ein Gelübde des Kölner Kurfürsten und Erzbischofs Joseph Clemens aus dem Hause Wittelsbach zurück. Aus dessen Korrespondenzen geht hervor, daß er im Jahre 1702 das Gelübde getan habe, die *allerseeligste Jungfraw und Mutter-Gottes Mariam zur Gouvernantin und Schutzfrau für ewig dießer unßerer Residentz-Statt Bonn erwöhlen, und ahn dieselbe aigenthumblich demuthigst schenken* zu wol-len, so denn seine Heimkehr aus dem Exil glücklich verlaufe.[82] Eingelöst hat er das Gelübde im Dezember 1715, nachdem Bonn von holländischen Trup-pen befreit war. Während eines Gottesdienstes in der Loretokapelle, berich-tet der geistliche Herr, habe er *die stattschlissel auff den altar gelegt und hiemit selbe der allerseeligsten Mueter Gottes Schutz und schirmb underworffen.*[83] Die Weihe der Stadt Bonn an Maria beruht nicht auf der Inititiative von Bürgern, denen daran lag, Maria zum Symbol ihres Gemeinsinnes zu machen; sie beruht auf dem Willen eines geistlichen Regenten. Das Bonner Beispiel veranschau-licht einen Verlust an städtischer Autonomie: »Der Erzbischof übereignete als Landesherr seine Residenzstadt der Muttergottes und wies den Magistrat an, für die rituelle Umsetzung Sorge zu tragen«.[84] Maria ist nicht mehr – wie

---

81 Vgl. dazu und zum folgenden *K. Graf*, Maria als Stadtpatronin in deutschen Städten des Mittelalters und der frühen Neuzeit, in: *Schreiner* (Hg.), Frömmigkeit im Mittelalter, S. 75–103.
82 Ebd., S. 78.
83 Ebd., S. 78f.
84 Ebd., S. 102.

im Falle Sienas oder Straßburgs – Symbolgestalt eines freien, sich selber regierenden Gemeinwesens. Marienverehrung wird zu einer regelungsbedürftigen Frömmigkeitsform der Kirchenoberen; Spuren eines bürgerlichen Emanzipationsstrebens sind in ihr nicht mehr auszumachen. Der Gedanke, daß es sich für katholische Christen immer lohnt, unter Marias Schutz und Schirm zu flüchten, ist weit verbreitet. Prediger rühmen Maria als »unüberwindlichen Schild«, dem weder Protestanten noch Türken gewachsen sind.

3.3 Prozessionen als Ausdrucksformen politischer Religiosität

Ehe die in Städten veranstalteten Prozessionen ebenso wie die städtische Marienverehrung im Laufe der frühen Neuzeit gleichfalls einer Entpolitisierung anheimfielen, erfüllten sie in spätmittelalterlichen Städten wichtige Funktionen für die »Integration und Ausgrenzung, Differenzierung und Hierarchisierung« innerhalb städtischer Gesellschaften.[85] Prozessionen waren Orte der Repräsentation, die soziale Ordnungen und politische Machtverhältnisse einer Stadt sichtbar machten. Als öffentlich vollzogene Rituale symbolisierten Prozessionen sowohl Lebensinteressen der gesamten Bürgerschaft als auch das Verlangen städtischer Führungsgruppen, durch ihre aktive Rolle im kirchlichen Prozessionswesen ihren sozialen Rang und politischen Status darzustellen. Prozessionen in spätmittelalterlichen Städten integrierten und grenzten aus, gaben Zusammengehörigkeitsgefühlen und dem Verlangen nach Distanz eine rituelle Form. Prozessionen, bei denen die Rangfolge der Teilnehmer Widerspruch hervorrief, verursachten Konflikte. Mit vom Rat gebotenen Prozessionen, an denen teilzunehmen die gesamte Bevölkerung einer Stadt verpflichtet war, brachten Städte ihre politisch-soziale Ordnung zur Anschauung und zur Geltung.[86] Die Prozessionen eigene politische und soziale Semantik verweist auf die wechselseitige Verknüpfung und Durchdringung von herrschaftlicher Repräsentation und genossenschaftlicher Partizipation. Unterschiedlichen Prozessionstypen liegen, wie das am Beispiel des Erfurter und Nürnberger Prozessionswesens gezeigt werden konnte, unterschiedliche Partizipationsmodelle zugrunde. Die Erfurter Adolar- und Eoban-Prozession

---

85 *A. Löther,* Prozessionen in spätmittelalterlichen Städten. Politische Partizipation, obrigkeitliche Inszenierung, städtische Einheit, Köln 1999. Vgl. auch *dies.,* Die Inszenierung der stadtbürgerlichen Ordnung. Herrschereinritte in Nürnberg im 15. und 16. Jahrhundert als öffentliches Ritual, in: *K. Tenfelde* u. *H.-U. Wehler* (Hg.) Wege zur Geschichte des Bürgertums, Göttingen 1994, S. 105–124; *dies.,* Städtische Prozessionen zwischen repräsentativer Öffentlichkeit, Teilhabe und Publikum, in: *G. Melville* u. *P. v. Moos* (Hg.), Das Öffentliche und Private in der Vormoderne, Köln 1998, S. 435–459.
86 Vgl. dazu insbes. *G. Signori,* Ritual und Ereignis. Die Straßburger Bittgänge zur Zeit der Burgunderkriege (1474–1477), in: HZ, Bd. 264, 1997, S. 281–321; *G. Schwerhoff,* Das rituelle Leben der mittelalterlichen Stadt. Richard C. Trexlers Florenzstudien als Herausforderung für die deutsche Geschichtsschreibung, in: Geschichte in Köln, Bd. 35, 1994, S. 33–60.

diente der sozialen Distinktion und gesellschaftlichen Selbstdarstellung der geistlichen und politischen Elite Erfurts. Sie war nach dem »Modell der Repräsentation und Exklusivität« angelegt und gab so der geistlichen und weltlichen Spitze Erfurts Gelegenheit, ihren Machtanspruch und ihre herausgehobene Stellung sichtbar zu machen.[87] Krisensituationen hingegen – wie Pest, Dürre, Überschwemmung, Vorzeichen, die Schlimmes befürchten ließen – machten Prozessionen zu Ereignissen, bei denen es auf die Präsenz der gesamten städtischen Einwohnerschaft ankam. Bittprozessionen im Interesse der Allgemeinheit relativierten soziale Hierarchien und brachten gesamtgesellschaftliche Belange zur Darstellung und zum Bewußtsein. Eintracht war in solchen Situationen gefragt, nicht Distanz und Differenz. Umgänge, an denen die gesamte Stadtbevölkerung als *communitas fidelium* beteiligt war, können »als Moment von Teilhabe interpretiert werden, doch zeigt sich in ihnen die Dialektik von gemeindlicher Mitwirkung und obrigkeitlicher Herrschaft: Zustimmung und Eintracht wurden vom Rat eingefordert und inszeniert«.[88] Vom Rat geboten war auch die Rangfolge der Teilnehmer.

Bemerkenswert bleibt auch ein Strukturwandel der kirchlichen Frömmigkeitspraxis, den das Prozessionswesen spätmittelalterlicher Stadtgesellschaften zu erkennen gibt. Verursacht und beschleunigt wurde dieser Wandel durch den wachsenden Einfluß der Laien auf Handlungsfelder der Kirche, die bislang ausschließlich der Leitungsgewalt des höheren Kirchenklerus vorbehalten waren.

»Bis in das 13. Jahrhundert vorwiegend klerikale Angelegenheit, wenn auch unter Beteiligung von Laien, wurden Prozessionen in Städten des 14. und 15. Jahrhunderts zu einer Frömmigkeitsform, die von einzelnen Bürgern oder den bürgerschaftlichen Selbstverwaltungsorganen organisiert, gestaltet und finanziert wurden, wobei die spezifische Ausprägung dieser Einwirkungsmöglichkeiten von der jeweiligen politischen, verfassungsrechtlichen und kirchlichen Situation einer Stadt abhängig war«.[89]

Symptomatisch hierfür ist die von dem Nürnberger Ratsherrn, Spitalgründer und Reichsschultheißen Konrad Groß 1340/43 gestiftete Fronleichnamsprozession.[90] Die Ausrichtung einer solchen Prozession, an der, wie die Stiftungsurkunde von 1343 dekretierte, die Priester und Schüler des Spitals sowie Bäcker und andere Handwerker teilnehmen sollten,[91] beweist nicht nur wachsenden Einfluß von Laien auf kirchlichem Gebiet; sie zeigt auch deren Interesse, sich durch kostspielige Stiftungen Ansehen zu verschaffen, das im

---

87 *Löther,* Prozessionen, S. 233 f.
88 Ebd., S. 281.
89 Ebd., S. 99.
90 Ebd., S. 64–83.
91 Ebd., S. 82: »Um Handwerker und besonders Bäcker zur Teilnahme an der Prozession zu veranlassen, kamen ihm rechtliche Abhängigkeitsverhältnisse und persönliche Beziehungen zugute, die aus dem Schultheißenamt erwachsen waren«.

Ritual einer Prozession öffentlich bekundet und zelebriert werden kann. Aus den Studien zum Nürnberger Prozessionswesen ergab sich überdies folgender Befund: Die in einer Prozession dargestellte Rangfolge von Personen und Gruppen stimmte mit der sozialen Schichtung der jeweiligen Stadtgesellschaft nicht nahtlos überein. »Entscheidendes Kriterium«, nach dem die Aufgaben bei den Prozessionen verteilt wurden, »war der politische Status. Nach außen – für Zuschauende – wurden so soziale und politische Positionen sowie Differenzierungen innerhalb der Führungsschicht sichtbar«.[92]

Ein unumstößliches, durch Brauch und Sitte gebotenes Faktum blieb die Trennung der Geschlechter. Über die Jahrhunderte hin hat sich in diesem Punkt nichts geändert. Das bedeutete aber nicht, daß in der spätmittelalterlichen Frömmigkeitspraxis Frauen nur Adressaten klerikaler Weisung und Belehrung gewesen seien. Gemeinschaftlich ausgeübte Frömmigkeit bildete im Spätmittelalter ein Handlungsfeld, das von Frauen für Zwecke der Sozialisation und Gruppenbildung genutzt wurde. Diesbezügliche Untersuchungen zeigen, daß Frauen in religiösen Kontexten soziale Netzwerke weiblicher Solidarität aufbauten, Wallfahrten als Möglichkeiten der Geselligkeit nutzten, durch die Stiftung von Schmuck und Kleidern bestimmte Heilige für ihre besonderen Interessen und Belange in Beschlag nahmen, in Gebeten vor Heiligen und Marienstatuen ihre Alltagssorgen, häufig Schwangerschafts- und Geburtskomplikationen zur Sprache brachten.[93]

4. Historische Traditionsbildung:
Die Stadt des Mittelalters als Legitimationsgrund bürgerlicher Freiheit und politischer Teilhabe

Geschichte ist kein ein für alle Mal abgeschlossener Vorgang. Im Fortgang der Zeit bringt sie neue Geschichten hervor. Mittelalterliche Stadtgeschichten prägten im 19. Jahrhundert die Semantik von Bürger, citoyen und citizen. Im Begriff »Bürger«, wie ihn Lexika des 19. Jahrhunderts ihren Lesern präsentierten, spiegeln sich Geschichtsbilder, die auf der Annahme beruhen, daß das moderne Staatsbürgertum im mittelalterlichen Stadtbürgertum seinen Ursprung habe.[94] Die Suche nach sprachlichen und realgeschichtlichen

---

92 Ebd., S. 172.
93 *G. Signori*, Stadtheilige im Wandel. Ein Beitrag zur geschlechtsspezifischen Besetzung und Ausgestaltung symbolischer Räume am Ausgang des Mittelalters, in: Francia, Bd. 20, 1993, S. 39–67; *dies.*, Defensivgemeinschaften: Kreißende, Hebammen und ›Mitweiber‹ im Spiegel mittelalterlicher Geburtswunder, in: *H. Röckelein u. H.W. Goetz* (Hg.), Frauen-Beziehungsgeflechte im Mittelalter, Frankfurt 1996, S. 113–134.
94 *U. Spree*, Die Rückbesinnung auf die mittelalterliche Stadt. Die Bedeutung der Stadt als Mittel der Identitätsfindung ›mittlerer Schichten‹ in der deutschen, britischen und französischen Lexikographie des 18. und 19. Jahrhunderts, in: *Koselleck u. Schreiner* (Hg.), Bürgerschaft, S. 309–374.

Kontinuitäten entsprach einem Zeit- und Geschichtsbewußtsein, das sich mit Brüchen und Zäsuren nicht abfinden wollte. Der Nachweis geschichtlicher Ungebrochenheit begründete politische Stabilität, gab Sinn und ließ hoffen. Freiheitlich denkende Bürger machten im deutschen Vormärz nicht den schlafenden Kaiser Friedrich Barbarossa und auch nicht den kraftstrotzenden Arminius zum Hoffnungssymbol für eine bessere Zukunft Deutschlands, sondern fanden im Rechts- und Sozialleben mittelalterlicher Städte Werte und Normen verwirklicht, die ihrem Bedürfnis nach geschichtlicher Identitätsstiftung entsprachen.

In den Augen frühliberaler Autoren verkörperte die mittelalterliche Stadt eine politische Lebens- und Verfassungsform, die sich durch Rechtsgleichheit aller Bürger auszeichnete, Teilhabe am Stadtregiment verbriefte und nicht zuletzt eine Friedensordnung garantierte, die selbstherrliche Gewalt ausschloß. In der historischen Vorstellungswelt gebildeter und politisch interessierter Professoren, Publizisten, Beamter, Lehrer und Pfarrer bildete die mittelalterliche Stadt jene politisch-soziale Lebenswelt, die ihren Forderungen nach politischer Partizipation, gesellschaftlicher Modernisierung und sozialem Ausgleich eine geschichtliche Legitimationsgrundlage gab. In der mittelalterlichen Stadt glaubten sie den Stoff und die Architektur für eine Verfassung zu finden, die mündige Bürger zu Trägern politischer Willensbildung macht. Historiker, Lexikographen und historisch interessierte Publizisten des 19. Jahrhunderts wollten deshalb wissen, wie in der von feudalen Gewalten beherrschten Welt des Mittelalters das Bürgertum als neue politische Kraft entstanden sei und welche Freiheitsrechte es seinen Stadtherren abgetrotzt habe – sei es durch revolutionäre Erhebungen, sei es durch Kauf oder auf dem Wege gütlicher Vereinbarung.

Liberal denkende Historiker brachten die mittelalterliche Stadtfreiheit in einen ursächlichen Zusammenhang mit der Freiheit der germanischen Stämme. Die Freiheit der mittelalterlichen Städte, beteuerte Otto von Gierke im ersten Band seines 1868 erschienenen Genossenschaftsrechtes, habe ihre geschichtliche Wurzel in der alten germanischen Genossenschaftsfreiheit.[95] Die mittelalterliche Stadtfreiheit sei demnach nicht »neu errungene Freiheit, sondern die Neubelebung der alten germanischen Genossenschaftsfreiheit in einer höheren Form«.[96] Es sei die Gemeinde germanischer Altfreier, die in der mittelalterlichen Stadtgemeinde von neuem rechtlich-politische Gestalt angenommen habe. Als Bestandteil und Ausprägung germanischer Stammesfreiheit erfüllte die bürgerliche Stadtfreiheit eine politisch-nationale Funktion: Bildete doch die germanische Freiheit »den ursprünglichen und reinen Ausdruck des nationalen Wesens, der noch durch keinerlei fremde Einflüsse überlagert ist. Ihre Formen und Institutio-

---

95 Vgl. *Schreiner*, ›Kommunebewegung‹ und ›Zunftrevolution‹, S. 152 f.
96 *E.W. Böckenförde*, Die deutsche verfassungsgeschichtliche Forschung im 19. Jahrhundert, Berlin 1961, S. 172.

nen wiederherzustellen, heißt die Geschichte in der Gegenwart zur Geltung bringen und die eigene nationale Kontinuität gegen fremde Überlagerung, sei es Absolutismus oder Revolution, zu wahren«.[97] Die freiheitlich verfaßte Stadt des Mittelalters stiftete Kontinuität. Als eine Hervorbringung des auf Freiheit bedachten germanischen Genossenschaftsgeistes nahm sie den in der Gegenwart erhobenen Forderungen nach mehr Freiheit den Pesthauch des Revolutionären.

Englische Stadthistoriker führten zu Anfang des 19. Jahrhunderts die Freiheit ihrer Städte auf die Freiheit der Angelsachsen zurück, die sich als freie und gleiche Bürger dem Joch der normannischen Tyrannen hätten beugen müssen. Die Freiheitsrechte, die ihnen mit Gewalt genommen worden seien, hätten die Angelsachsen niemals vergessen. Mit wechselndem Erfolg hätten sie darum gekämpft, die verlorene Freiheit zurückzugewinnen. Die »Tradition der verlorenen angelsächsischen Freiheit« (*the tradition of lost Anglo-Saxon freedom*) sei ihnen ein beständiger Ansporn gewesen, immer dringlichere Forderungen an die Nachfolger der normannischen Usurpatoren zu richten. Durch unermüdliche *vitality of commercial industry* seien die *burgher communities* wieder zu Wohlstand gelangt, der es ihnen ermöglicht habe, sich von der Gerichts- und Steuerhoheit des Königs freizukaufen.[98]

Italienische und französische Historiker des 19. Jahrhunderts führten die Entstehung des Bürgertums auf kommunale Bewegungen des 11. und 12. Jahrhunderts zurück, die sich insbesondere in Reichsitalien, in Flandern und im nördlichen Frankreich in eidgestützten Einungen organisiert hatten, um gegen geistliche und weltliche Stadtherren persönliche und kollektive Freiheitsrechte durchzusetzen. In diesen Kommunen, in denen legitime Herrschaft nur von Mitgliedern eines von der Bürgerschaft gewählten Rates ausgeübt werden konnte, glaubten italienische Historiker die Anfänge einer bis zur Gegenwart fortdauernden bürgerlichen Geschichte identifizieren zu können.[99] Französische Historiker, deren Geschichtsbild durch Ideale und Erfahrungen der Revolution geprägt war, suchten in den hochmittelalterlichen Kommunen »Anknüpfungspunkte für gegenwärtige ›demokratische‹ Bestrebungen«. Sie deuteten die kommunalen Schwurverbände als Rechts- und Sozialgebilde, in denen »Demokratie von unten« Platz gegriffen habe.[100]

---

97 *Ders.*, Die Einheit von nationaler und konstitutioneller politischer Bewegung im deutschen Frühliberalismus, in: *ders.* (Hg.), Moderne deutsche Verfassungsgeschichte (1815–1918), Köln 1972, S. 29 f.
98 *Spree*, Rückbesinnung auf die mittelalterliche Stadt, S. 333–337.
99 *W. Krogel*, Freiheit und Bürgerlichkeit. Das Verfassungsleben der italienischen Stadtrepubliken im historisch-politischen Denken Deutschlands und Italiens (1807–1848), in: *Koselleck u. Schreiner* (Hg.), Bürgerschaft, S. 455–502. Vgl. auch *ders.*, Dante und die italienische Nation. Untersuchung der 600-Jahr-Feier zu Ehren Dantes in Florenz 1865 bis 1921, in: Archiv für Kulturgeschichte, Bd. 77, 1995, S. 429–458.
100 *Spree*, Rückbesinnung auf die mittelalterliche Stadt, S. 354.

In seinen 1820 veröffentlichten historisch-politischen Aufsätzen vertrat
Augustin Thierry (1789–1856), ein leidenschaftlicher Wortführer der liberalen Bourgeosie, die Auffassung, daß sich in der Französischen Revolution
das jahrhundertelange Freiheitsstreben des dritten Standes erfüllt habe, das
in der *révolution communale* des 12. Jahrhunderts zum ersten Mal als Kraft des
politischen und sozialen Fortschritts in Erscheinung getreten sei. Durch den
unerbittlichen Kampf bürgerlicher Schwureinungen, denen es gelungen sei,
dem König sowie der geistlichen und weltlichen Aristokratie Freiheitsrechte
abzuringen, habe das Volk einen unverlierbaren Anteil an der verfassung-
gebenden Gewalt (*Pouvoir Constituant*) erworben. Thierry beteuerte mit dem
ihm eigenen Pathos: »Die Erhebung der Kommunen war eine wahre soziale
Revolution, Vorspiel aller weiteren, durch die allmählich der Dritte Stand
aufgestiegen ist; sie war die Wiege unserer modernen Freiheit, und wie
der Adel, so hat auch die Roture [der Nicht-Adel] ihre Geschichte und ihre
Ahnen«.[101]
Wer sich in Deutschland im 19. Jahrhundert für die mittelalterliche Vergangenheit des heimischen Städtewesens interessierte, tat es nicht aus anti-
quarischem Interesse. Um der Gegenwart willen wollte er wissen, wie es gewesen ist. Die Konstruktion von Geschichtsbildern war eine hochpolitische
Angelegenheit. Der Widerstreit zwischen Legitimität und Revolution, der
seit 1789 das historisch-politische Denken beherrschte, machte jedes Urteil
über Verfassungsprobleme der mittelalterlichen Stadt zu einer Stellung-
nahme zu zeitgenössischen politischen Grundsatzfragen. Freisinnige und
konservative Parteilichkeit formten das Bild der Vergangenheit.
In Frankfurt gingen Historikerstreit und Verfassungskampf nahtlos ineinander über. Der Streit um die historische Wahrheit war zugleich ein Streit
über die richtige, zeit- und geschichtsgemäße Verfassung. Den liberalen Part
übernahm in dieser Kontroverse der Kaufmannssohn, Pfarrer und Lehrer
Anton Kirchner (1779–1834); Johann C. von Fichard (1773–1829), der letzte
Sproß einer alteingesessenen Frankfurter Patrizierfamilie, agierte als Wortführer und Sachwalter konservativer Interessengruppen.[102] Fichard, der als
Mitglied der Ganerbenschaft Alt-Limpurg ein erbliches Anrecht auf einen
Sitz im städtischen Rat und auf die Stellung eines Schöffen hatte, unterstützte
im politischen Tagesgeschäft die Ratsherrschaft des Patriziats. Kirchner, Träger der Dalbergschen Schulreform, schrieb »im Interesse jener gebildeten
Bürger, die während der Rheinbundzeit die Notwendigkeit von Reformen
erkannt und denen ein Studium oder der Wille, an den öffentlichen Geschäften Anteil zu nehmen, die Aussicht auf politische Partizipation eröff-

---

101 Vgl. Schreiner, ›Kommunebewegung‹ und ›Zunftrevolution‹, S. 146.
102 Vgl. dazu und zum folgenden *A.G. Kosfeld,* Politische Zukunft und historischer
Meinungsstreit. Die Stadt des Mittelalters als Leitbild des Frankfurter Bürgertums in der
Verfassungsdiskussion der Restaurationszeit, in: *Koselleck u. Schreiner* (Hg.), Bürgerschaft,
S. 375–454.

nete«.[103] Beide suchten aus der mittelalterlichen Geschichte ihrer Stadt, des »Hauptsitzes des heiligen Reiches«, Grundsätze politisch-sozialen Handelns abzuleiten, die im Streit zwischen Reformern und Verfechtern des status quo dem eigenen Standpunkt Geltung und Akzeptanz verschaffen sollten. Kirchner fand in den Städten des Mittelalters den Ursprung bürgerlichen Gemeinsinnes, die Wiege bürgerlicher Kultur und Zivilisation, die Anfänge einer bis zur Gegenwart fortdauernden Freiheitsgeschichte, die vom Bürgertum, einer sich im Mittelalter neu formierenden sozialen Klasse, angestoßen und mit zäher Beharrlichkeit voran gebracht wurde. Fichard war an der Entstehung adeliger und patrizischer Standesvorrechte interessiert, die Abstammung und Standeszugehörigkeit zu maßgeblichen Kriterien politischer Mitsprache machen.

Kirchner suchte den Kreis derer, die zur politischen Mitsprache befähigt und berechtigt sind, zu erweitern. Verhärtete, unzeitgemäß gewordene Privilegien des Frankfurter Patriziats wollte er aufbrechen. Auch der gebildete, politisch mündige Bürger sollte Anteil am Stadtregiment bekommen. Der historischen Begründung dieses Anspruchs diente nicht zuletzt der Nachweis, daß in Frankfurt bereits im 13. Jahrhundert zünftige Handwerker vom Rat und vom Schöffenamt nicht ausgeschlossen waren. In den zu Besitz und Ansehen gelangten Zünften erblickte er eine »neue Klasse der Einwohner«, die sich als Schutzwehr gegen Ungerechtigkeit und als Anwalt des gemeinen Mannes bewährte und Verdienst erwarb. Bildungsbürgerliche Wertüberzeugungen hielten Kirchner jedoch davon ab, politische Mitsprache zu einer demokratischen Angelegenheit zu machen. Er unterstellte dem Volk fehlende Besonnenheit und mangelnde Selbstdisziplin. Er fürchtete, daß sich die »ruhigen Gesellschaften in rasende Partheien« verwandeln, die »den Riegel uralter Verfassung sprengend, nicht das Machtgebot des Kaisers, nicht die Lanzen des Adels scheuen«.[104]

Für Fichard war die Standesgrenze, die das Patriziat von der übrigen Stadtbevölkerung trennte, identisch mit der Grenze politischer Mitsprache. Kirchner wollte den politischen Einfluß der Gebildeten gesichert wissen. Deshalb zog er die Grenze, die aktive und passive Bürger voneinander trennte, weiter. Von politischer Einflußnahme grundsätzlich ausgeschlossen bleiben sollte »die große Masse der Ungebildet ohne Eigentum und soziale Absicherung«.[105] Gesperrt hat er sich auch gegen die »Partizipationsforderungen der Juden und aufkommenden Wirtschaftsbürger«.[106] Er ging allerdings nicht so weit wie Fichard, der in der Aufhebung der Standesgrenzen eine Gefahr für die staatliche Ordnung erblickte. »Während Fichard der Ständegesellschaft positive Wirkungen auf das Gemeinwohl zuschreibt,

103 Ebd., S. 382.
104 Ebd., S. 407.
105 Ebd., S. 421 f.
106 Ebd., S. 418.

sieht Kirchner darin die Gefahr sozialer Abschließung und oligarchischer Machtverteilung«. Als Reformer vertritt er »ein auf die christliche Gesellschaft beschränktes Modell politischer Repräsentation, in dem der einzelne durch ›Würdige‹, also gebildete und wirtschaftlich unabhängige Männer aus dem Volk, vertreten wird«.[107]

Radikalliberale Geschichtsschreiber traten für Volkssouveränität ein. Privilegien, die politische Mitsprache von Geburt, Bildung und Besitz abhängig machten, waren mit einem solchen politischen Prinzip nicht in Einklang zu bringen. Johann Georg August Wirth (1789–1848), einer der Hauptredner auf dem Hambacher Fest des Jahres 1832, beschrieb in seiner vierbändigen ›Geschichte der Deutschen‹ (1842/1845) den historischen Werdegang jener freien Denk- und Verfassungsformen, die in mittelalterlichen Städten heranreiften und dann zum Gemeinbesitz der deutschen Nation geworden sind.[108] Besinnung auf Vergangenes war für Wirth gleichbedeutend mit dem Bemühen, unabgegoltene Freiheitsforderungen vergangener Zeiten und Epochen von neuem ins Gedächtnis zurückzurufen und praktisch zu verwirklichen. Vertiefung in die Geschichte sollte »die ringenden Enkel zur Kraft, Ausdauer und Kühnheit« ermuntern, um die zurückliegenden »besseren Zeiten in höherer und vollendeter Weise wieder heraufzuführen«. In der Geschichte des deutschen Volkes glaubte Wirth freiheitliche »Ideen und Bestrebungen« zu finden, die er »zur vollständigen und bleibenden Ausführung bringen wollte«. Der geschichtlich bedeutsamste Ort, an dem er diesen Geist der Freiheit verwirklicht fand, war die mittelalterliche Stadt.

An der Wende vom 13. zum 14. Jahrhundert sieht Wirth in der Geschichte der deutschen Städte eine epochale Zäsur. Damals, so Wirth, vollzog sich in den Städten »eine wurzelhafte Umgestaltung der Ansichten wie der Einrichtungen«. Der »Genius staatsbürgerlicher Freiheit« erwachte, erwärmte die Herzen der Bürger und entflammte sie zu großen Taten. Zum »Schutz und Trutz gegen feindliche Staatsmächte« schlossen sich in der Mitte des 13. Jahrhunderts Riga, Stralsund, Greifswald, Rostock und Wismar unter Führung Lübecks zu einem Städtebund zusammen, der als Basis für die Hanse, der späteren »Beherrscherin des Welthandels«, eine zukunftsweisende Rolle spielte. »Bedrückungen der Bürger durch die Patrizier« verursachten im Laufe des 14. Jahrhunderts Unruhen und »Gährungen«, in denen sich der »Geist der untern Stände« zu regen begann und »die Rechte des Menschen von den Mächtigen« zurückforderte. Erhebungen der Bürger führten zu einem »Umsturz der aristokratischen Stadtverfassung«. »Zunftrevolutionen« hoben das »Herrentum der Urzeit« auf und begründeten »eine ganz neue Ordnung der Dinge«. Rechtsgleichheit zwischen Bürgern und Patriziern wurde hergestellt. Das Volk gewann Anteil an der Gesetzgebung

---

107 Ebd., S. 443.
108 Vgl. dazu und zum folgenden *Schreiner*, Stadt des Mittelalters als Faktor bürgerlicher Identitätsbildung, S. 523 f.

und Stadtverwaltung. Die »wohltätigen Folgen der Freiheit« traten augenscheinlich in Erscheinung. Die Bevölkerung wuchs, der Wohlstand nahm zu. Verbesserte Bildungs- und Ausbildungsmöglichkeiten brachten »die Verstandeskräfte der Bürger« zur Reife und gaben Raum für die Ausbildung »kühner, freisinniger Ideen«, welche die überkommene »Herrschaft der Geistlichen über die Gemüter« der Menschen erschütterten. Streben nach technischem Fortschritt zeitigte die Erfindung des Schießpulvers und des Buchdrucks. Gutenbergs Kunst der Vervielfältigung habe die »Erziehung der Völker zur Freiheit und Menschenwürde« vorbereitet. Das liberale Geschichtsbild beruhte auf Wert- und Erkenntnismustern, deren sich auch Herder (1744–1803), Fichte (1762–1814) und Hegel (1770–1831) bedient hatten, um aus dem mittelalterlichen Bürgertum eine Kraft des geistigen und politischen Fortschritts zu machen.[109]

Die von freiheitlichen Interessen geprägte Sichtweise auf die mittelalterliche Stadt, die in dieser Weise das Geschichtsbild und politische Selbstverständnis liberal gesinnter Bürger bestimmte, war jedoch nicht von Dauer. In der ersten Hälfte des 19. Jahrhunderts waren es städtische Rechte und Freiheiten, genossenschaftliche Einungen, Städtebünde und Städtehanse, in denen ein selbstbewußtes Bürgertum sich und seine politischen Ideale wiederfand. Der Kaiser spielte in solchen Vorstellungen und Überlegungen »eine periphere Rolle«.[110] Das änderte sich in der zweiten Hälfte des 19. Jahrhunderts, insbesondere nach der Reichsgründung. Der Kaiser tritt nun als Garant und Vollstrecker bürgerlicher Freiheit in Erscheinung, »als Überwinder von Kleinstaaterei und Fürstenzwietracht, durch die man die Entfaltung bürgerlicher Tugenden und Wirtschaftskräfte für lange Zeit behindert gesehen hatte«.[111] Für jedermann sichtbar wird dieser Wandel nicht zuletzt in ikonographischen Programmen von Rathausfassaden sowie in der Gestaltung von Innenräumen neuer Rathäuser: Karl der Große, Friedrich Barbarossa und Wilhelm I. erhalten prominente, schlechterdings unübersehbare Plätze. Wenn französische, englische und italienische Historiker des 19. Jahrhunderts über historische Leistungen und gegenwärtige Aufgaben des Bürgertums Rechenschaft zu geben suchten, dachten sie nicht in erster Linie an einträchtiges Zusammenwirken zwischen Königtum und Bürgerschaft. Prägend für ihr Geschichts- und Gegenwartsbild waren andere Begriffe: souveraineté du peuple, spirit of industry, incivilimento.

---

109 Vgl. ebd., S. 518f., 524f.

110 *P. Johanek,* Mittelalterliche Stadt und bürgerliches Geschichtsbild im 19. Jahrhundert, in: *G. Althoff* (Hg.), Die Deutschen und ihr Mittelalter. Themen und Funktionen moderner Geschichtsbilder vom Mittelalter, Darmstadt 1992, S. 99. Den Einfluß zeitgebundener wirtschaftlicher und sozialer Impulse auf die Stadtgeschichtsforschung und Stadtgeschichtsschreibung um die Jahrhundertwende untersucht eingehend *Luise Schorn-Schütte,* Stadt und Staat. Zum Zusammenhang von Gegenwartsverständnis und historischer Erkenntnis in der Stadtgeschichtsschreibung der Jahrhundertwende, in: Die alte Stadt, Jg. 10, 1983, S. 228–266.

111 *Johanek,* Mittelalterliche Stadt.

Im Dritten Reich waren es Zunft und Hanse, die von systemkonformen Historikern platter Ideologisierung preisgegeben wurden. Die Hanse, entstanden aus dem Bedürfnis norddeutscher Städte, die Handels- und Sicherheitsinteressen ihrer Kaufleute im Ausland zu schützen und zu erweitern, wurde zum Symbol für Eroberung von Lebensraum, für Führertum und Gemeinschaft, für wirtschaftliches Handeln auf »blutmäßiger Grundlage«. Die Zunft als Zusammenschluß städtischer Handwerker galt als die der »nordischen Rasse und dem deutschen Blut artgemäße Form des Gemeinschaftslebens«. Als »Träger und Bewahrer arteigenen Volkstums« hätten die in Zünften zusammengeschlossenen Handwerker mit »der instinktiven Selbstsicherheit blutgebundenen und bodenständigen Denkens« ihren Weg durch die Geschichte genommen.[112] Stadthistoriker, welche die Leistungen und Sozialformen mittelalterlicher Stadtbürger auf deren besondere völkische Substanz zurückführten, beugten sich dem Druck der herrschenden Ideologie.

Um Verwerfungen in der Staatsentwicklung der Deutschen bewußt zu machen, erinnerte Norbert Elias daran, »daß die Lebensformen und Leistungen der sich selbst regierenden deutschen Städte des Mittelalters kaum noch als ein wichtiger Bestandteil der nationalen Entwicklung, mit dem sich die lebenden Deutschen identifizieren können, empfunden werden«. Die »Stadtkultur des Mittelalters«, so Elias, spiele im Selbstbild der Deutschen »bis heute eine verhältnismäßig geringe Rolle«.[113] Ein solcher Befund verweist auf veränderte Erkenntnisinteressen historischer Traditionsbildung. Im ausgehenden 19. und im beginnenden 20. Jahrhundert wurde das Bild der autonomen mittelalterlichen Bürgergemeinde verwischt und verdunkelt von anderen Wahrnehmungsmustern und anderen Leitbildern. Rückblicke auf die Zeit des Mittelalters nährten Gedanken an Kaiserherrlichkeit, die als Erscheinungsform nationaler Macht und Größe begriffen wurde; erinnertes Mittelalter ließ Vorstellungen von seelischer Ganzheit aufkommen, welche die moderne Zivilisation zerstört habe; das mittelalterliche Reich entsprach dem Wunschbild eines ganzheitlichen Staates, der durch die Vielheit der Parteien seine Handlungsfähigkeit eingebüßt habe. Im historisch-politischen Bewußtsein der gebildeten Bürger waren die staufischen Heldenkaiser gegenwärtig,[114] nicht die politischen und kulturellen Errungenschaften bürgerlicher Stadtkommunen. Erinnerungen an das Mittelalter stärkten die Sehnsucht nach einem Führer, der mit starker Hand die Krise des Parteienstaates überwindet; sie weckten nicht das Verlangen nach einer funktionsfä-

---

112 *Schreiner*, Stadt des Mittelalters als Faktor bürgerlicher Identitätsbildung, S. 533 f.

113 *N. Elias*, Studien über die Deutschen. Machtkämpfe und Habitusentwicklung im 19. und 20. Jahrhundert, Frankfurt 1989, S. 17.

114 *K. Schreiner*, Friedrich Barbarossa – Herr der Welt, Zeuge der Wahrheit, die Verkörperung nationaler Macht und Herrlichkeit, in: *R. Haussherr u. C. Väterlein* (Hg.), Die Zeit der Staufer. Geschichte – Kunst – Kultur, Katalog der Ausstellung Stuttgart 1977, Bd. 5, Stuttgart – Bad Cannstatt 1979, S. 521–579.

higen Demokratie, die den Vielen Anteil an der Gestaltung allgemeiner Belange gibt.[115] Die mittelalterliche Hanse verkörperte seit der zweiten Hälfte des 19. Jahrhunderts nicht mehr »die Heldenzeit und die Großthaten des deutschen Bürgertums«, sondern nahm den Charakter eines Paradigmas an, das über Fragen der Machtbildung und Machtbehauptung belehrte. Sei doch den Führungseliten der mittelalterlichen Hansestädte nicht verborgen geblieben, »daß man Macht brauche, politische und kriegerische Macht, um wirtschaftliche Wohlfahrt zu fördern und zu behaupten, und daß zu erfolgreicher Politik innere Einheit und Disziplin, zu glücklichem Kriege Opferwilligkeit und Wehrhaftigkeit unerläßlich seien«.[116] Im Zeichen imperialistischer Machtgedanken verblaßten freisinnige Ideale.

Das in der wilhelminischen Öffentlichkeit gepflegte Geschichtsbild verherrlichte die Macht des Staates, nicht den bürgerlichen Geist und nicht den mündigen Bürger, der sich seiner Verantwortung für Staat und Gesellschaft bewußt ist. Die Wissenschaft von der Geschichte fühlte sich dem Werdegang des nationalen Machtstaates verpflichtet, nicht den Entstehungsbedingungen und dem geschichtlichen Wandel der bürgerlichen Gesellschaft.[117] Der Zeitgeist war der mittelalterlichen Stadt nicht freundlich. Der Wandel des politischen Wertbewußtseins brachte im Gedächtnis gebildeter Bürger zum Verschwinden, was freisinnigen Bürgern des 19. Jahrhunderts kostbar war: die mittelalterliche Stadt als jenen Ort, in dem die Geschichte eines freiheitsbewußten Bürgertums ihren Anfang nahm. Das Interesse am Mittelalter verlor seine bürgerliche Dimension.

---

115 *Ders.*, »Wann kommt der Retter Deutschlands?« Formen und Funktionen von politischem Messianismus in der Weimarer Republik, in: Saeculum, Bd. 49, 1998, S. 107–160.
116 *Ders.*, Stadt des Mittelalters als Faktor bürgerlicher Identitätsbildung, S. 529f.
117 *Ders.*, Führertum, Rasse, Reich,. Wissenschaft von der Geschichte nach der nationalsozialistischen Machtergreifung, in: *P. Lundgreen* (Hg.), Wissenschaft im Dritten Reich, Frankfurt 1985, S. 163–252; *ders.*, Reichsbegriffe und Romgedanken. Leitbegriffe politischer Kultur in der Weimarer Republik, in: *W. Lange* u. *N. Schnitzler* (Hg.), Deutsche Italomanie in Kunst, Wissenschaft und Politik, München 2000, S. 137–177.

HANS-ULRICH WEHLER

Die Zielutopie der »Bürgerlichen Gesellschaft« und die »Zivilgesellschaft« heute

Als die deutsche Bürgertumsforschung seit den frühen 1980er Jahren in Gang kam – zuerst mit dem Bildungsbürgertum-Projekt des »Arbeitskreises für moderne Sozialgeschichte«, dann mit dem Bielefelder Sonderforschungsbereich zur Sozialgeschichte des deutschen Bürgertums im internationalen Vergleich und bald darauf mit dem Frankfurter Großunternehmen zur Bürgertumsgeschichte in mehr als einem Dutzend deutscher Städte –, überschnitt sie sich auf einmal, völlig unerwartet, mit der erstaunlichen Renaissance der Zielutopie einer »Bürgerlichen Gesellschaft«. Vor ihren Augen wurde ein Phänomen wiederbelebt, das soeben noch als ein in sich abgeschlossener Gegenstand genuin historischer Studien gegolten hatte, jetzt aber als Vision einer gegenwärtigen »Civil Society« oder »Zivilgesellschaft« einen verblüffenden Aufstieg erlebte. Kaum hatten postmoderne Verächter der Aufklärung, wie etwa Foucault, das unwiderrufliche Ende der Aufklärung bejubelt, gewann ein vor gut 200 Jahren entwickelter Schlüsselbegriff der aufgeklärten Sozialtheorie neue Ausstrahlungskraft.

Sie wirkte sich nicht nur in den gewissermaßen klassischen west- und mitteleuropäischen Heimatregionen der Aufklärung aus, vielmehr auch und gerade mit einer beispiellosen Furore in den osteuropäischen Ländern, die nach jahrzehntelanger Unterdrückung unlängst vom Joch der Bolschewisierung befreit worden waren und die »Zivilgesellschaft« zum Ziel ihrer verwestlichenden Aufholjagd erhoben. Alsbald war dieses Ziel von einer wahren Aura umgeben, und es stellt sich seither die skeptische Frage, ob ein sozialphilosophischer Entwurf des ausgehenden 18. Jahrhunderts – selbst wenn man von allen akuten entwicklungshemmenden Belastungen der unmittelbaren Gegenwart absehen könnte – überhaupt noch imstande ist, als Koordinationszentrum für politische und ökonomische, aber auch für moralische und mentale Anstrengungen zu fungieren.

Worum ging es bei jener Zielvision, die sich für die großen Schotten, für Adam Smith vor allem, Adam Ferguson und John Millar, für englische, französische und deutsche Aufklärungsdenker wie etwa Immanuel Kant mit der »Bürgerlichen Gesellschaft« verband? Ihr Entwurf ging aus der Auseinandersetzung mit den politischen Verhältnissen des europäischen Spätabsolutismus und mit den Ungleichheitserfahrungen der Ständehierarchie hervor. Zugleich enthielt er einen prognostischen Kern, den Aufstieg

der neuzeitlichen Arbeits- und Tauschgesellschaft im Gehäuse einer freigesetzten Marktwirtschaft, zusammen mit einer optimistischen Teleolo-
gie vom letztlich unaufhaltsamen Fortschritt der »Naturgeschichte der
Menschheit«.

Konkreter wurde der Zukunftsentwurf der »Bürgerlichen Gesellschaft«
als Vereinigung rechtlich freier, durch Besitz und Bildung ausgezeichneter,
wirtschaftlich ungestört konkurrierender, besitzindividualistisch orientier-
ter, politisch handlungsfähiger Individuen verstanden, die im Medium der
Öffentlichkeit oder auf dem Forum des Parlaments als einem freien Markt-
platz der Ideen das Gemeinwohl in vernünftiger Diskussion ermittelten und
in Gesetzesform gossen. Die optimale Regierungsform für diese Herrschaft
des Gesetzes, die an die Stelle monarchisch-aristokratischer Willkür treten
sollte, verkörperte die Republik.

Im Prinzip handelte es sich um eine offene Assoziation, für deren Mitgliedschaft Leistung und Talent ebenso qualifizierten wie Besitz und Vermögen. Durch materielle, aber auch intellektuelle »Selbständigkeit«, so
der traditionelle Schlüsselbegriff dieser »Hausväter«-Gesellschaft, sollte sich
jedermann auszeichnen. Weder sollte eine neue hierarchisierte Gesellschaft
entstehen, die an die scharfe Segmentierung der Ständeformationen erinnerte,
noch sollte Aufstiegsmobilität ausgeschlossen sein, denn jedem, der Besitz-
titel und Bildungsprädikat erworben hatte, stand der Einzug in diese bürgerliche Vereinigung durchaus offen.

Allen Mitgliedern garantierte eine schriftliche Verfassung die Menschen-
und Bürgerrechte. Sie verbürgten die neue Rechtsstaatlichkeit, die über die
ungewisse Rechtssicherheit des Reformabsolutismus weit hinausging. Der-
maßen gegen arbiträre politische und rechtliche Eingriffe geschützt, sollten
die Individuen in der autonomen Arena einer freien Verkehrs- und Marktwirtschaft ihre Interessen als souveräne Handlungssubjekte verfolgen
können. Dieser Binnenbereich wurde ausschließlich durch das Privatrecht
reguliert, das hinter der Schutzwand der Verfassung die ungehinderte Selbststeuerung des Wirtschaftssystems gewährleistete. Im Hinblick auf die Dominanz der Arbeits- und Tauschgesellschaft besaß die Verfassung geradezu
nur, wie es Dieter Grimm brillant auf den Punkt gebracht hat, eine »privat-
rechtsakzessorische« Funktion.

Konkret zehrte die sozialtheoretische Diskussion über die Utopie der
»Bürgerlichen Gesellschaft« nicht selten vom Vorbildcharakter der amerikanischen, der ersten französischen, später dann der belgischen Verfassung.
Unstreitig auch blieb sie Kompromissen gegenüber offen, da sie zahlreiche
Mischformen zwischen dem Regimeideal der Republik mit ihrer Legitimi-
tätsfiktion der Volkssouveränität zum einen und der monarchischen Monokratie mit ihrer traditionalen Legitimationsbasis zum anderen anerkannte.
In Deutschland etwa regierten solche Kompromisse bis 1918, standen aber
der Verwirklichung wichtiger Aspekte der »Bürgerlichen Gesellschaft« trotzdem nicht absolut hemmend im Wege.

Als ungleich schwieriger erwies sich ein anderes Spannungsverhältnis. Das normative Fundament der »Bürgerlichen Gesellschaft« bestand aus einem universalistischen Wertekanon, dessen auf die gesamte Menschheit zielende Realisierung angestrebt werden sollte. Eben daher rührte ihr eigentümliches emanzipatorisches Pathos. Gemessen an diesem hohen Standard ergaben sich freilich gravierende Defizite im »Grand Design« der »Bürgerlichen Gesellschaft«. Aufgrund der elitären Bindung an Besitz und Bildung wurden nicht nur alle Unterschichten und Minderheiten wie die Juden, sondern auch alle Frauen vom Vollbürgerstatus ausgeschlossen. Selbstredend blieb er erst recht den Pauperisierten, Kriminellen und Geisteskranken vorenthalten, deren Gefahrenpotential in Zucht- und Armenhäusern gebändigt werden sollte. Die innere Homogenität der »Bürgerlichen Gesellschaft« wurde mithin durch rigorose Exklusion und schroffe Distanzierungspraktiken erkauft. Ebenso starr wie der äußere Ausschluß vom Kreis der Privilegierten nahm sich die psychische Zwangsapparatur aus, denn harte, frühzeitig in Sozialisationsprozessen verinnerlichte Normen regulierten die Sexualmoral, das Hygieneverhalten, das Familienleben.

In der Politik brach sich der universalistische Anspruch des Entwurfs an der Realität des Wahlrechts in den jungen Verfassungsstaaten, denn auch auf diesem Feld wurde Partizipation durch Exklusion eingeschränkt. Daß das plutokratische Klassenwahlrecht die Stimmberechtigung an die Einkommenshöhe band, entsprach zwar besitzbürgerlichen Interessen, verletzte aber nicht nur den machtvoll aufsteigenden demokratisch-egalitären Anspruch auf politische Teilhaber aller, sondern auch den Gleichberechtigungswunsch des einkommensschwachen Bildungsbürgertums.

Trotz aller Defizite und Grenzen wurde die Zielvision der »Bürgerlichen Gesellschaft« aber nie ihres universalistischen Geltungsanspruchs entkleidet. Damit speicherte sie ideelle Ressourcen, von denen jene Kritik stetig zehren konnte, der es um die Verwirklichung der universalistischen Ideale ging. Es war der Ideenhaushalt dieser Utopie selber, auf den sich die bürgerliche Selbstkritik oder die Argumentation von außen berufen konnte, wenn sie gegen jene Traditionen und Normen zu Felde zog, die sich mit den wahren Intentionen des universalistischen Wertekatalogs nicht vereinbaren ließen. Nicht der geringste Vorzug der Utopie blieb ihre Chance zur Selbstkorrektur.

Der Kampf um die Gleichberechtigung der Frauen oder der Juden beruhte daher in hohem Maße darauf, daß die emanzipatorischen Kräfte, gleich ob es um die Juden-, die Arbeiter- oder die Frauenemanzipation ging, diese universalistischen Prinzipien einklagen konnten, um evidente Mängel des Modells zu revidieren. So gesehen ist es zwar verständlich, daß von einer feministischen Position aus das Exklusivitätsdenken der männlichen »Meisterdenker« der »Bürgerlichen Gesellschaft« gerügt worden ist. Doch ändert diese Kritik nichts daran, daß es der Vorrat von universalistischen Ideen eben dieser Theoretiker war, aus dem die bürgerliche Frauenbewegung (und die sozialistische nicht minder) ihre argumentativen Waffen im Kampf um die Gleichberechtigung in einer noch längst nicht vollendeten »Bürgerlichen Gesellschaft« bezog.

Die politische Utopie einer »Bürgerlichen Gesellschaft« gehörte bekanntlich auch zu dem Programm, das sich der frühe deutsche Liberalismus zu eigen machte. In den Konflikten des späten Vormärz und während der Revolution von 1848/49 traten seine Postulate klar zutage. Während sich der sozialhistorische Kern der Bürgergesellschaft ausdehnte – jenes Ensemble, wie es in der Brockhausschen Enzyklopädie damals hieß, der sich »ohne Zutun der Staatsgewalt entwickelnden Berufsklassen« –, behielt auch die »Bürgerliche Gesellschaft« die Faszination einer attraktiven Vision, die Schritt für Schritt zur Verwirklichung anstand. Namentlich in den Dimensionen der kulturellen und politischen Klassenbildung der bürgerlichen Sozialformationen, aber auch in den gesamtgesellschaftlichen Auswirkungen zeichneten sich seit den 1870er Jahren erstaunliche Fortschritte ab.

Die bürgerliche Hegemonie triumphierte in der Öffentlichkeit und im Vereinswesen, im Wohnstil und in der Lebensführung, in der Literatur und allen Künsten, im Arbeitsethos und Leistungsdenken, in der Bejahung aller Wissenschaften und der Hochkultur. Überall setzte sich der Siegeszug der liberal-bürgerlichen Leitwerte fort. Weder der Adel noch das städtische Proletariat vermochten dem eine überlegene Gegenkultur entgegen zu setzen. Noch deutlicher fiel die Erfolgsbilanz in der Domäne der soziopolitischen Grundentscheidungen aus. Denn die zweite große Welle liberaler Reformen zwischen 1868 und 1878, zwei Generationen nach der ersten initiiert, führte dazu, daß die deutsche Marktwirtschaft dem Ideal des selbstgesteuerten Systems mit einem sich selbst tragenden Wachstum außerordentlich nahe kam.

Zugleich wurde durch die Gesetze des Norddeutschen Bundes, die Reichsverfassung und ein umfangreiches Bündel neuer Reichsgesetze der Verfassungs- und Rechtsstaat weiter ausgebaut, die überkommene Staatsmacht eingeschränkt. In der Tat umgaben jetzt zahlreiche Schutzrechte die Arena des Wirtschafts- und des Privatlebens. Das Privatrecht wurde kodifiziert und bis 1900 auf einen neuen Stand reichsweit gültiger Vereinheitlichung gebracht. Der effektive Ausbau der Verwaltungsgerichtsbarkeit und die innovative Entfaltung des Verwaltungsrechts erhöhten die Rechtssicherheit des Bürgers gegenüber dem Zugriff der Bürokratie. Die Meinungsfreiheit war trotz mancher kleinlichen Schikane, ungeachtet auch der Überreste der Zensur, aufs Ganze gewährleistet. Gegen diskriminierenden Druck konnten sich die proletarische und die katholische Gegenöffentlichkeit durchsetzen. Das Bildungs- und Wissenschaftssystem stand als durch und durch bürgerlich geprägt da. Das galt auch nicht zuletzt für die Politik und Verwaltung in den Stadtgemeinden. Gemessen am Zustand gegen Ende der ersten Jahrhunderthälfte konnten die Protagonisten der »Bürgerlichen Gesellschaft« auf eine breit gefächerte Modernisierungsleistung zurückblicken.

Eines aber war ihnen definitiv nicht gelungen: Die Etablierung bürgerlicher Herrschaft im neuen Reich und seinen Bundesstaaten. Die Spitze der politischen Herrschaftspyramide zu besetzen und die Entscheidungssuprematie zu gewinnen – das erst hätte die politische Ordnung der »Bürgerlichen Gesellschaft« vollendet. In diesem Kernbereich aber hatte sich die antiliberale, antiparlamentarische Strukturpolitik durchgesetzt und dem bürgerlichen Machtstreben eine schwer zu überwindende Fusion von charismatischer Herrschaft und fürstlicher Monokratie, gestützt auf Militär und Verwaltung, entgegengesetzt. Bis zum Ende der 1870er Jahre war der politische Elan des Bürgertums gebrochen. Seither überwogen Liberalismusschwäche, Staatsorientierung, Parlamentarismusblockade.

Aber auch die bis dahin unübersehbare Erfolgsbilanz konnte nicht verhüllen, daß der Konflikt zwischen den universalistischen Werten im normativen Fundament der »Bürgerlichen Gesellschaft« und den partikularistischen bürgerlichen Interessen zu schwer lösbaren Spannungen führte. Das allgemeine Wahlrecht für Männer etwa und die Ausweitung des Bildungssystems kollidierten mit der klassenegoistischen Verteidigung der bürgerlichen Honoratiorenherrschaft und des Vorranges der besitz- und bildungsbürgerlichen Parteien ebenso wie mit dem elitären Bildungsideal des Neuhumanismus.

Solche Spannungen wurden noch dadurch erhöht, daß die Sozialdemokratie die Zielwerte der »Bürgerlichen Gesellschaft« umfassender ernst nahm, als das jetzt große Teile des Bürgertums selber taten. Sie erweiterte zudem die Partizipationsidee durch den Gedanken der demokratischen Egalität, die auch die Gleichberechtigung der Frauen und diskriminierter Minderheiten wie der jüdischen Deutschen umschloß. Sie schwang sich als Erbin der 1848er Revolution zur Trägerin des liberalen Toleranzgedankens, zum Beispiel im Nationalitätenkampf mit den Polen, auf, und sie setzte sich gegen die Ungleichheit generierenden Konsequenzen der Marktgesellschaft und die heftigen Fluktuationen des wirtschaftlichen Wachstums für eine sozialstaatliche Gegensteuerung ein. In mancher Hinsicht hielt die Sozialdemokratie als oppositionelle Reformbewegung dem Bürgertum das zeitgemäß revidierte Bild einer »Bürgerlichen Gesellschaft« als eine Gesellschaft gleichberechtigter Staatsbürger und Staatsbürgerinnen im »Freien Volksstaat« entgegen.

Zugegeben, auch im liberalen Bürgertum gab es Lernfähigkeit: Der Sozialstaat wurde von manchen im Prinzip akzeptiert, die Institutionalisierung des Klassenkampfes willkommen geheißen, die Liberalisierung des Herrschaftssystems gefordert. Aus der Vogelperspektive betrachtet war aber keineswegs das Bürgertums der einzige und entschiedenste Verfechter jener Zielwerte, die zu den ideellen Ressourcen der »Bürgerlichen Gesellschaft« gehörten. Anders gesagt, ihre Verfechtung war keineswegs an das Substrat ihrer bürgerlichen Protagonisten gebunden.

Als noch folgenreicher erwiesen sich neu aufkommende restriktive Bedingungen. Um die sozioökonomischen Disparitäten des kapitalistischen Wachstumsprozesses zu zähmen, mußte der Interventionsstaat die Autonomie der Wirtschaftssubjekte einengen. An die Stelle individueller Willens-impulse traten bürokratische Entscheidungen. Der Bereich der staatsfreien Selbststeuerung schrumpfte zusehends. Zugleich veränderte sich der Nor-men- und Tugendkatalog: Kollektive Daseinsvorsorge verdrängte den ari-stokratischen Individualismus als höchsten Zielwert.

Mit dem Übergang zur Weimarer Republik schienen sich neue Chancen zu bieten, traditionelle Schlacken abzuwerfen und das Projekt der »Bürger-lichen Gesellschaft« zügig und zeitgemäß zu realisieren. Doch diese Repu-blik besaß von Anfang an eine republikfeindliche Mehrheit. Mit der Wahl des gescheiterten Feldmarschalls Paul v. Hindenburg zum Reichspräsiden-ten formierte sie sich 1925 sichtbar vor aller Augen. Die Mehrheit in allen bürgerlichen Sozialformationen blieb nostalgisch auf die »goldenen« wilhel-minischen Hochkonjunkturjahrzehnte ganz so fixiert wie auf einen autori-tären politischen Messias, der als »zweiter Bismarck« die Nation aus der Tal-sohle ihrer Erniedrigung herausführen sollte. Vom Vertrauen auf die Leistungsfähigkeit einer bürgerlichen Republik war gerade dort am allerwe-nigsten zu spüren.

Als Hitler daran ging, seine charismatische Herrschaft über die Partei auch auf den gesamten Staat auszudehnen, fiel der neuen deutschen Diktatur im Nu all das zum Opfer, was zu den inzwischen realisierten Vorzügen der »Bürgerlichen Gesellschaft« gehört hatte. Das »Dritte Reich« verkörperte geradezu die diametral entgegengesetzte Variante rechtstotalitärer Herr-schaft; sie war zutiefst antibürgerlich und keineswegs Vollendung bürger-licher Herrschaft. Da auch Hitlers charismatische Herrschaft, wie dieser Herrschaftstyp überhaupt, auf der Auflösung des überkommenen Normen-gefüges beruhte, stellte sich heraus, wie schnell der bürgerliche Wertekanon im »Führerstaat« erodieren konnte. Nach dem deutschen »Zivilisations-bruch«, dem Genozid und Vernichtungskrieg im Osten schien das Projekt der »Bürgerlichen Gesellschaft« in jenen Aschenbergen, die Hitlers Deut-sche hinterlassen hatten, unwiderruflich versunken zu sein.

Es gehört zu den rätselhaften Entwicklungen nach dem zweiten totalen Krieg des »kurzen 20. Jahrhunderts«, daß nicht nur das deutsche Bürgertum wie Phönix aus der Asche in der Bundesrepublik wieder auftauchte und sich zu neuem Einfluß aufschwang. Vielmehr übte das zeitgemäß revidierte Pro-jekt der »Bürgerlichen Gesellschaft«, ohne daß immer explizit von ihm die Rede war, ebenfalls eine neue Attraktionskraft aus. Eine meritokratische liberale Marktgesellschaft, um den Kern einer rechtlich entfesselten Markt-wirtschaft angelegt und wie sie auf permanenter Konkurrenz beruhend, durch justitiable Grundrechte, einen verfeinerten Rechts- und einen fest verankerten Verfassungsstaat gegen Übergriffe der Staatsmacht geschützt, nach innen durch einen durchaus bürgerlichen Wertekanon integriert, auf die vernünftige Gesetzgebung des Parlaments nach freier öffentlicher Dis-kussion und auf die Korrekturfähigkeit des demokratischen, republikani-schen Systems vertrauend, dazu die unumgänglichen sozialstaatlichen Korrekturen einführend – so präsentierte sich das Leitbild einer neuen deutschen »Bürgerlichen Gesellschaft«.

Es ist schwerlich zu bestreiten, daß von ihm zahllose politische und intellektuelle Impulse ausgingen, die das Profil der westdeutschen Gesellschaft und ihres Staates in hohem Maße bestimmt haben. Zum ersten Mal schien das Zusammenwirken von freier, gleichwohl sozialstaatlich gezähmter Marktwirtschaft, aktiver Wirtschaftsbürger-Gesellschaft und republikanischem Staat in einem Maße verwirklicht zu sein, wie es nur wenigen frühliberalen Sozialtheoretikern der »Bürgerlichen Gesellschaft« als visionärer Entwurf vorgeschwebt hatte.

Offenbar ist es dieser Erfolg der Verlierer des Zweiten Weltkriegs, aber auch der anderen Mitglieder der »Europäischen Gemeinschaft« gewesen, der auf die osteuropäischen Nachfolgestaaten des Sowjetimperiums so faszinierend gewirkt hat. Nach dem Zerstörungswerk des »Zweiten Dreißigjährigen Krieges« von 1914 bis 1945 (R. Aron) schien es die Realisierung dieser Zauberformel von einer »Bürgerlichen Gesellschaft« zu sein, die eine demokratisch regierte Bürgergesellschaft, den Imperativen der Marktrationalität vertrauend, zu ungeahntem Wohlstand im sicheren Gehäuse einer rechts- und verfassungsstaatlich befestigten Republik geführt hatte. Dagegen war es nicht das Vorbild der westlichen Hegemonialmacht, von dem die primäre Wirkung ausging. Denn der nackte sozialdarwinistische Konkurrenzkampf im Wirtschaftsleben und die Rückständigkeit des amerikanischen Wohlfahrtsstaats schreckten eher ab, als daß sie dafür warben, sich diesem Modell vorbehaltlos anzuvertrauen.

Die Höhe der Hindernisse, die der Realisierung einer funktionstüchtigen »Zivilgesellschaft« in Osteuropa entgegenstehen, kann gar nicht überschätzt werden. Ohne die Aufnahme der Nachfolgestaaten in die »Europäische Union« läßt sich das Reformwerk, die Ökonomie umzubauen und verläßliche staatliche Institutionen zu errichten, vermutlich ohnehin nicht bewerkstelligen. Währenddessen wird die Utopie der »Zivilgesellschaft« einer überaus harten Bewährungsprobe ausgesetzt.

Zum einen ist die Rückkehr des Nationalismus oder seine Steigerung zu einem Radikalnationalismus wahrscheinlich der schlimmste Feind der »Zivilgesellschaft«, da er barbarische Sprengkräfte freizusetzen vermag. Schon das Spannungsverhältnis: unter Berufung auf die nationalen Traditionen dem Bolschewisierungsdruck standgehalten zu haben, jetzt aber auf nationale Souveränität zugunsten der »Europäischen Union« verzichten zu müssen, ist nicht leicht auszuhalten. Hinzu kommt aber noch, daß traditionelle Animositäten und kompensatorische Krisenreaktionen den Nationalismus blitzschnell aufladen können, so daß er ungemein schwierig zu bändigen ist. Vermutlich steht ihm wegen der Entwicklungsbelastungen noch mancher Aufschwung bevor.

Das ist umso fataler, als der Nationalismus mit seinen Organisationsprinzipien im Grunde gescheitert ist. Innenpolitisch hat er anstelle der verspro-

chenen Homogenität aller Nationsgenossen harte, ja mörderische Exklusion
gebracht, außenpolitisch anstelle der verheißenen friedlichen Koexistenz
aller Nationalstaaten eine endlose Abfolge von Kriegen zwischen ihnen. Aus
dieser historischen Erfahrung kann man nur die Suche nach neuen, überlegenen Organisationsprinzipien ableiten. Einer solchen Korrektur steht aber,
namentlich in Ost- und Südosteuropa, die Renaissance des Nationalismus
entgegen. Die erfolgreichste Arznei ist und bleibt eine funktionstüchtige
»Zivilgesellschaft«, die am ehesten der nationalistischen Verführung stand-
halten kann.

Zum anderen ist freilich nach der radikalen Diskreditierung der rechts-
und linkstotalitären Ideologien eine verständliche Erschöpfung der utopischen Impulse eingetreten. Andererseits können die Osteuropäer einen so
anspruchsvollen Umbau von Staat, Gesellschaft und Wirtschaft vermutlich
nur dann durchstehen, wenn sie eine attraktive Zielvision vor Augen haben.
Der zeitgemäß modernisierte Entwurf einer »Bürgerlichen Gesellschaft«
bedeutet noch immer den Rückgriff auf die humanste Utopie, die von der
politischen Theorie des Westens in der Neuzeit entwickelt worden ist. Insofern verdient die Renaissance der »Bürgerlichen Gesellschaft« in Gestalt
der »Zivilgesellschaft« jede politische und intellektuelle Unterstützung.

JÜRGEN KOCKA

Bürgertum und Sonderweg

Die Frage nach dem »deutschen Sonderweg« hat die Gründung des Bielefelder Sonderforschungsbereichs »Sozialgeschichte des neuzeitlichen Bürgertums. Deutschland im internationalen Vergleich« inspiriert. Er wurde
Mitte der 1980er Jahre in einer Weise konzeptualisiert, dass seine Ergebnisse
Kernelemente der damals kontrovers diskutierten Sonderweg-These – insbesondere die Annahme, dass die deutsche Entwicklung des 19. und frühen
20. Jahrhunderts durch ein besonders schwaches Bürgertum und ein »Defizit an Bürgerlichkeit« geprägt gewesen sei – bestätigen, zurückweisen oder
modifizieren würden. Der internationale Vergleich sollte diesem Zweck der
empirischen Überprüfung des Kerns der Sonderweg-These dienen.[1]

Über die Jahre sind im SFB andere Erkenntnisinteressen und Schwerpunkte in den Vordergrund gerückt. Insgesamt ist der internationale Vergleich weniger konsequent durchgeführt worden als seinerzeit erhofft.
Doch haben einige seiner Ergebnisse die Sonderweg-These in wichtigen Bestandteilen revidiert, in anderen bestätigt und alles in allem relativiert. Diese
muss, aus vielen Gründen, aber auch als Konsequenz der bürgertumsgeschichtlichen Arbeiten der letzten anderthalb Jahrzehnte im Bielefelder
Sonderforschungsbereich und in verwandten Projekten, heute anders formuliert werden, als es bis Mitte der 1980er Jahre möglich war. Der Bielefelder SFB ist insofern ein hervorragendes Beispiel für die impulsgebende
Kraft der Sonderweg-These, die zu vergleichend-historischen Arbeiten an-
regte, in deren Folge sie selbst korrigiert und in anderer Weise verändert
wurde.[2]

1 Vgl. Sonderforschungsbereich Universität Bielefeld. Sozialgeschichte des neuzeitlichen Bürgertums: Deutschland im internationalen Vergleich. Finanzierungsantrag für die
erste Forschungsphase 1986–1988, Bielefeld 1985, S. 20–23. Teilweise ging der SFB aus
dem ZiF-Projekt »Bürgertum, Bürgerlichkeit und bürgerliche Gesellschaft. Das 19. Jahrhundert im europäischen Vergleich« von 1986/87 hervor. Auch für die Ziele dieses Projekts
war die Frage nach dem Sonderweg, neben anderem, zentral. Vgl. das Vorwort in *J. Kocka
u. U. Frevert* (Hg.), Bürgertum im 19. Jahrhundert. Deutschland im europäischen Vergleich,
Bd. 1, München 1988, S. 7f.

2 Vgl. dazu zuletzt: *J. Kocka,* Nach dem Ende des Sonderwegs. Zur Tragfähigkeit eines
Konzepts, in: *A. Bauerkämper u. a.* (Hg.), Doppelte Zeitgeschichte, Berlin 1998, S. 364–375;
ders., Asymmetrical historical comparison: the case fo the German »Sonderweg«, in: History
and Theory, Jg. 38, 1999, S. 40–51; sowie *H.-P. Ullmann,* Politik im Deutschen Kaiserreich
1871–1918, München 1999, S. 53–62. – Ein guter Überblick über die Ergebnisse der deutschen Bürgertumsgeschichte, der auf die hier diskutierten Probleme eingeht: *G.-F. Budde,* In-

Zunächst (1) wird die Sonderweg-These und die Kritik an ihr, wie sie sich bis Mitte der achtziger Jahre entwickelt hatte, in knapper Zusammenfassung dargestellt. Dann wird (2) diskutiert, inwiefern und mit welchen Ergebnissen Forschungen des SFB und damit verknüpfte andere Forschungen zur Bestätigung, Widerlegung und Modifikation der Sonderweg-Sicht auf die deutsche Geschichte beitragen. Eine Schlussbemerkung (3) weist schließlich auf die weiterbestehende, jedoch immer begrenztere Tragfähigkeit der Sonderweg-These hin und plädiert für eine weitere Öffnung der historischen Bürgertums-Forschung.

1. Kontroversen um den Sonderweg

Im späten 19. und frühen 20. Jahrhundert haben deutsche Historiker und Publizisten häufig eine positive Variante der Sonderweg-These vertreten. Sie betonten Eigenarten der deutschen Geschichte, die diese aus ihrer Sicht vorteilhaft von der Geschichte des westlichen Europa unterschieden oder doch durch die besondere – teils geographische, teils konfessionelle, teils allgemein historische – Situation Deutschlands begründet und gerechtfertigt seien: so etwa den starken Beamtenstaat im Unterschied zum westlichen Parlamentarismus, das preußische Dienstethos im Gegensatz zu westlichem Eudämonismus, deutsche »Kultur« gegen westliche »Zivilisation«, auch den sich früh entwickelnden Sozialstaat in Absetzung vom wirtschaftsliberalen *laisser-faire* und zur Plutokratie im Westen.[3] Diese positive Version der Sonderweg-These hat nach 1945 keine größere Rolle mehr gespielt. Es ist nicht ausgeschlossen, dass das eine oder andere davon bald zurückkehrt.

An ihre Stelle trat seit den 1940er Jahren eine kritische Variante der Sonderweg-These, die sich auf berühmte Ahnen berufen konnte, etwa auf Friedrich Engels und Max Weber. Wissenschaftler, die in den 1930er Jahren aus Deutschland geflohen oder vertrieben worden waren und die häufig in England oder USA Aufnahme gefunden hatten – beispielsweise Ernst Fraenkel, Hans Rosenberg und Francis Carsten oder jüngere wie George Mosse und Fritz Stern – trugen zur Entwicklung dieser Interpretation deutscher Geschichte entscheidend bei. Bald kam auch eine damals jüngere Generation von deutschen Historikern und Sozialwissenschaftlern hinzu, mit frühen Erfahrungen in Westeuropa und den USA, darunter Karl-Dietrich Bracher, Kurt Sontheimer, Gerhard A. Ritter, Hans-Ulrich Wehler und Heinrich August Winkler – Autoren, die sich im übrigen sehr voneinander unterschie-

vestigación sobra la Burguesia en Alemania: Tendencias, Resultados y Perspectivas, in: Historia Contemporanea, Bd. 13/14, 1996, S. 43–62. Ich danke Gunilla Budde für wichtige Hilfen bei der Abfassung dieses Artikels.
3 Dazu B. *Faulenbach*, Die Ideologie des deutschen Weges. Die deutsche Geschichte in der Historiographie zwischen Kaiserreich und Nationalsozialismus, München 1980.

den. Auch die Arbeiten Fritz Fischers und seiner Schule beförderten diese Sichtweise, die in den sechziger und siebziger Jahren zahlreiche Autoren im Grundsatz beeinflusste, so sehr sich diese – das ist zu betonen – in zentralen anderen Hinsichten und den meisten Einzelheiten unterschieden.

Im Kern versuchte die kritische Version der Sonderweg-These eine fundamentale Frage zu beantworten, nämlich die, warum Deutschland im Unterschied zu vergleichbaren Ländern im Westen und Norden in der allgemeinen Krise der Zwischenkriegszeit faschistisch-totalitär pervertiert war. Und sie interpretierten wesentliche Entwicklungen der deutschen Geschichte zumindest seit dem 19. Jahrhundert im Licht dieser Frage.

Niemand von ihnen übersah die große Bedeutung der deutschen Niederlage im Ersten Weltkrieg, der folgenden Inflation und der späteren Wirtschaftskrise, d.h. kurzfristig wirkender Faktoren, für den baldigen Zusammenbruch der Weimarer Republik und den Aufstieg des Nationalsozialismus. Ernstzunehmende Wissenschaftler hüteten sich davor, den Durchbruch des Nationalsozialismus als zwingende Folge langfristiger Entwicklungen der deutschen Geschichte hinzustellen. Doch Historiker des »deutschen Sonderwegs« blickten ins 19. Jahrhundert und manchmal auch weiter zurück, um auf der Grundlage expliziter oder impliziter Vergleiche mit England, Frankreich, Nordamerika oder »dem Westen« Eigenarten der deutschen Geschichte zu identifizieren, die langfristig die Entwicklung freiheitlicher Demokratie in Deutschland erschwert und am Ende den Aufstieg und Durchbruch des Nationalsozialismus erleichtert hatten.

Helmut Plessner sprach von der »verspäteten Nation«, also vom retardierten Prozess deutscher Nations- und Nationalstaatsbildung als Last. Ernst Fraenkel, Karl-Dietrich Bracher und Gerhard A. Ritter beschrieben strukturelle Schwächen des Regierungssystems im Kaiserreich: die blockierte Parlamentarisierung, ein relativ rigide fragmentiertes Parteiensystem und andere Eigenarten, die später zu offenen Problemen des Weimarer Regierungssystems wurden. Leonard Krieger, Fritz Stern, George Mosse und Kurt Sontheimer betonten die langfristig sich entwickelnden illiberalen, anti-pluralistischen Elemente der deutschen politischen Kultur; an diese Tradition konnten später Feinde der Weimarer Republik und auch die Nationalsozialisten anknüpfen. Hans Rosenberg, Francis Carsten und andere zeigten, dass vorindustrielle Führungsschichten, insbesondere die »Junker« östlich der Elbe, viel Einfluss und Macht bis in die Zwischenkriegszeit hinein behielten und ein Hindernis für die liberale Demokratie in Deutschland darstellten. Bismarcks Variante der Nationalstaatsbildung mit »Blut und Eisen« führte zu einer Verstärkung des politischen und sozialen Gewichts des Offizierskorps, das in der preußischen Tradition ohnehin stark war und jenseits von parlamentarischer Kontrolle stand.

Nicht nur verfassungsgeschichtlich, sondern auch sozial hatte die Militarisierung Folgen, die ausländischen Besuchern des deutschen Kaiserreichs häufig auffielen. Die »Feudalisierung« des deutschen Großbürgertums hatte schon Max Weber lebhaft kritisiert: Große Teile des gehobenen Bürgertums akzeptierten danach aristokratische Dominanz in Kultur und Politik, statt am bürgerlichen Lebensstil festzuhalten und die Frage der Macht im Innern auch gegen Adel und Bürokratie zu stellen. Ohne die Erfahrung einer erfolgreichen Revolution von unten, geprägt durch die lange Tradition eines starken Beamtenstaats und effektiver Reformen »von oben«, zusätzlich herausgefordert durch eine immer mächtiger werdende proletarische Bewegung »von unten«, erschien das deutsche Bürgertum als vergleichsweise schwach und »unbürgerlich« – jedenfalls im Vergleich mit dem Westen. Das Kaiserreich war nach der einflussreichen Interpretation Hans-Ulrich Wehlers durch eine merkwürdige Mischung höchst erfolgreicher kapitalistischer Industrialisierung und sozioökonomischer Modernisierung einerseits und überlebender vorindustrieller Institutionen, Machtverhältnisse und Kulturen andererseits geprägt.[4]

Das Zusammenspiel solch langfristig wirkender Muster mit den kurzfristig wirksam werdenden Faktoren der zwanziger und dreißiger Jahre trug aus dieser Sicht viel dazu bei, den frühen Zusammenbruch der Weimarer Republik und – analytisch davon zu trennen – den Aufstieg und Durchbruch des Nationalsozialismus zu erklären. Die nationalsozialistische Diktatur mit ihren katastrophalen Folgen brachte den deutschen Sonderweg auf seinen tiefsten Punkt, trug jedoch gleichzeitig dazu bei, dass Voraussetzungen entstanden, unter denen er nach dem Zweiten Weltkrieg in der Bundesrepublik schrittweise zu Ende gebracht werden konnte. Denn, trotz der Existenz zweier, in vielem gegensätzlicher deutscher Staaten und trotz der Belastung durch das Erbe der Zeit vor 1945, gelang es der Bundesrepublik, was wirtschaftliche Ordnung, soziales Leben, Verfassung und Kultur betrifft, zu ei-

---

4 Vgl. *H. Plessner*, Die verspätete Nation. Über die politische Verführbarkeit bürgerlichen Geistes, Stuttgart 1959; *E. Fraenkel*, Deutschland und die westlichen Demokratien, Stuttgart 1964; *K.D. Bracher*, Die Auflösung der Weimarer Republik, Villingen, Tübingen 1962; *M. R. Lepsius*, Parteiensysteme und Sozialstruktur. Zum Problem der Demokratisierung der deutschen Gesellschaft, in: *W. Abel u.a.* (Hg.), Wirtschaft, Geschichte, Wirtschaftsgeschichte. Festschrift für Friedrich Lütke zum 65. Geburtstag, Stuttgart 1966, S. 371–93; *L. Krieger*, The German Idea of Freedom, Boston 1957; *F. Stern*, The Politics of Cultural Despair. A Study in the Rise of the German Ideology, Berkeley 1961; *G. L. Mosse*, The Crisis of German Ideology. Intellectual Origins of the Third Reich, New York 1964. *K. Sontheimer*, Antidemokratisches Denken in der Weimarer Republik, München 1962; *H. Rosenberg*, Bureaucracy, Aristocracy and Autocracy. The Prussian Experience 1660–1815, Cambridge, Mass. 1958; *ders.*, Die Pseudodemokratisierung der Rittergutsbesitzerklasse (1958), in: *ders.*, Machteliten und Wirtschaftskonjunkturen, Göttingen 1978, S. 83–101; *F. L. Carsten*, Geschichte der deutschen Junker, Frankfurt/M. 1968; *H. A. Winkler*, Die »neue Linke« und der Faschismus. Zur Kritik neomarxistischer Theorien über den Nationalsozialismus, in: *ders.*, Revolution, Staat, Faschismus, Göttingen 1978, S. 65–117; *H.-U. Wehler*, Das Deutsche Kaiserreich 1871–1918, Göttingen (1973) 7. Aufl. 1994; *F. Fischer*, Bündnis der Eliten. Zur Kontinuität der Machtstrukturen in Deutschland 1871–1945, Düsseldorf 1979; *V. R. Berghahn*, Das Kaiserreich in der Sackgasse, in: NPL, Jg. 16, 1971, S. 494–506; *ders.*, Germany and the Approach of War in 1914, London 1973.

nem einigermaßen durch zivilgesellschaftliche Grundsätze geprägten Land zu werden, dessen Selbstverständnis sich nicht mehr aus der Entgegensetzung »zum Westen« speiste.[5]

Dies mag als geraffte Rekapitulation der kritischen Sonderweg-These genügen, wobei eine Reihe extremer Äußerungen, insbesondere aus der Zeit unmittelbar nach dem Zweiten Weltkrieg – etwa nach dem Motto »von Luther bis Hitler« – als wenig diskussionswürdig unberücksichtigt bleiben. Der Kern sei noch einmal wiederholt: Aus dem Blickwinkel der Sonderweg-These wurden langfristig wirksame Strukturen und Prozesse der neueren deutschen Geschichte identifiziert, die dazu beitrugen, dass in der Krise der Zwischenkriegszeit und unter dem Einfluss zahlreicher anderer Faktoren – von den Folgen der Kriegsniederlage über die Klassenkonflikte der zwanziger Jahre bis zu Eigenarten der Person Hitlers – die Weimarer Republik scheiterte und der Nationalsozialismus zum Durchbruch kam, ohne dass das Scheitern der Weimarer Republik und der Durchbruch des Nationalsozialismus als zwingend notwendige Folgen jener langfristig wirksamen Strukturen und Prozesse begriffen worden wären. Aus dem Blickwinkel der Sonderweg-These wurden wichtige Entwicklungen der neueren deutschen Geschichte unter dem Gesichtspunkt ihrer Beziehung zur »deutschen Katastrophe« der dreißiger und vierziger Jahre des 20. Jahrhunderts befragt und interpretiert. Dabei wurde nicht unterstellt, dass die moderne deutsche Geschichte insgesamt in dieser ihrer Beziehung zu »1933« erfasst werden könnte. Viele Autoren haben zu dieser These oder Sichtweise beigetragen, in jeweils anderer Weise und oft ohne das Wort »Sonderweg« zu benutzen. Auf Englisch sprach man übrigens lieber, und im Grunde zutreffender, von der »German divergence from the West«. Tatsächlich scheint das Wort »Sonderweg« eher von den zahlreichen Kritikern der These benutzt worden zu sein als von ihren Verteidigern.

Die kritische Sonderweg-Sicht auf die deutsche Geschichte wurde nicht zum allgemein herrschenden Paradigma. Sie hat stets Gegenstimmen herausgefordert. In der Debatte über sie spielte immer das Kaiserreich die zentrale Rolle. In seiner Kritik an Hans-Ulrich Wehler hat beispielsweise Thomas Nipperdey früh betont, dass das Kaiserreich in sich mehrere Entwicklungsmöglichkeiten enthielt und nicht nur Vorgeschichte von 1933,

---

5 Vgl. *J. Kocka*, Ursachen des Nationalsozialismus, in: Aus Politik und Zeitgeschichte B 25/80, 1980, S. 3-15; *H. A. Winkler*, Unternehmerverbände zwischen Ständeideologie und Nationalsozialismus, in: *ders.*, Liberalismus und Antiliberalismus. Studien zur politischen Sozialgeschichte des 19. und 20. Jahrhunderts, Göttingen 1979, S. 175-94; *H. Möller*, Parlamentarismus-Diskussion in der Weimarer Republik. Die Frage des »besonderen« Wegs zum Parlamentarischen Regierungssystem, in: *M. Funke u. a.* (Hg.), Demokratie und Diktatur. Geist und Gestalt politischer Herrschaft in Deutschland und Europa. Düsseldorf 1987, S. 140-57. – *J. Kocka*, 1945: Neubeginn oder Restauration?, in: *C. Stern* u. *H. A. Winkler* (Hg.), Wendepunkte deutscher Geschichte 1848-1990, Frankfurt 1994 (Neuausgabe), S. 159-92.

sondern eben auch Vorgeschichte unserer Gegenwart war und vor allem:
eine Periode in eigenem Recht.[6] In der ersten Hälfte der achtziger Jahre
gewann die Kritik an der Sonderweg-Sicht an Kraft, und zwar durch damals
jüngere britische Historiker, insbesondere David Blackbourn, Geoff Eley
und Richard Evans. Sie legten empirische Forschungen vor, die das Bild des
Kaiserreichs als eines stark von vormodernen Eliten geprägten, hierarchisch
geregelten, vergleichsweise unbürgerlichen Systems in Frage stellten. Sie
wiesen darauf hin, dass die These vom »Sonderweg« die Vorstellung eines
»Normalwegs« unterstellt, von dem die deutsche Entwicklung abgewichen
sei. Je nach der Bedeutung des Begriffs »normal«, fordere dies eine andere
kritische Antwort heraus. Falls »normal« soviel wie »durchschnittlich« oder
»am häufigsten« heiße, dürfte es schwierig sein, zu zeigen, dass die französische, die englische oder die amerikanische Entwicklung »die Normalität«
darstellten, ganz abgesehen davon, dass zwischen ihnen große Unterschiede
bestanden und sie sich deshalb zur Zusammenfassung als »westlich« wenig
eignen. Falls »normal« aber im Sinne von »Norm« verstanden werde, dann
impliziere dies eine sehr subjektive Wertentscheidung und überdies die Gefahr einer Idealisierung »des Westens«, vor der sie warnten.[7] War das Kaiserreich am Ende viel bürgerlicher als lange angenommen? War das deutsche Bürgertum nur anders, aber nicht generell kraftloser als das Bürgertum
in den »westlichen Demokratien« (Ernst Fraenkel)? Und was folgte daraus
für die Deutung der deutschen als Teil der europäischen Geschichte?

Das Interesse an der empirischen Klärung dieser großen Kontroverse war
nur eines unter mehreren Motiven, die uns 1986 zur Konzipierung des SFB
»Bürgertum« veranlassten; die Frage nach der Tragfähigkeit der Sonderweg-
Sicht war nur eine unter mehreren Fragen, durch die wir die erwarteten em-

---

6 *T. Nipperdey*, 1933 und die Kontinuität der deutschen Geschichte, in: HZ, Bd. 227, 1978,
S. 86–111; bereits *ders.*, Wehlers »Kaiserreich«, in: GG, Jg. 1, 1975, S. 639–60.

7 Vgl. *R. J. Evans* (Hg.), Society and Politics in Wilhelmine Germany, London 1978;
G. Eley, Reshaping the German Right, New Haven, Conn. 1968; *D. Blackbourn*, Class, Reli-
gion and Local Politics in Wilhelmine Germany, New Haven 1980; bes. *D. Blackbourn/
G. Eley*, Mythen deutscher Geschichtsschreibung, Berlin 1980; überarb. engl. Fassung: The
Peculiarities of German History: Bourgeois Society and Politics in 19th Century Germany,
Oxford 1984. – Zur Diskussion u. a. *H.-U. Wehler*, Deutscher Sonderweg oder allgemeine
Probleme des westlichen Kapitalismus?, in: Merkur, Jg. 35, 1981, S. 478–87; *J. Kocka*, Der
deutsche »Sonderweg« in der Diskussion, in: German Studies Review, Jg. 5, 1982, S. 365–79;
R. G. Moeller, The Kaiserreich Recast?, in: Journal of Social History, Jg. 17, 1984, S. 655–683;
J. N. Retallack, Social History with a Vengeance?, in: German Studies Review, Jg. 7, 1984,
S. 423–50. Die Debatte um die Sonderweg-These war bisweilen die Fortsetzung einer all-
gemeineren Debatte um das Für und Wider der kritisch-sozialgeschichtlichen Sicht auf
Deutschland im 19. und 20. Jahrhundert überhaupt, die verkürzend als »Kehrite« Interpretation (weil beeinflusst durch die Sicht Kehrs) bezeichnet wurde. Vgl. *W. J. Mommsen*, Do-
mestic Factors in German Foreign Policy before 1914, in: Central European History, Jg. 6,
1973, S. 3–43; *H.-J. Puhle*, Zur Legende von der Kehrschen Schule, in: GG, Jg. 4, 1978,
S. 108–19; *V. R. Berghahn*, Imperial Germany 1871–1914. Economy, Society, Culture, and Politics, Providence/Oxford 1994, S. IX–XVII.

pirischen Forschungsergebnisse zu strukturieren und bedeutsam zu machen hofften. Doch es handelte sich um einen wichtigen Impuls. Denn auf diese Weise schien es möglich, die angestrebten Detailstudien zur Sozial- und Kulturgeschichte oftmals lokaler und sehr spezieller bürgerlicher Gruppen, Praktiken und Einstellungen mit den großen Fragen der deutschen Gesellschaftsgeschichte zu verknüpfen. Der systematische internationale Vergleich mit den bisher oft eher implizit zum Vergleich herangezogenen Ländern insbesondere des Westens würde dafür unumgänglich sein.

Natürlich war klar, dass nicht die Sonderweg-These zur Gänze Gegenstand der empirischen Überprüfung sein konnte. Sehr viele ihrer Elemente – etwa was sie zur Nationalstaatsgründung 1870/71, zur blockierten Parlamentarisierung bis 1918 oder zur Entstehung und zum Durchbruch des Nationalsozialismus um 1930 zu sagen hatte – würde nicht Gegenstand des SFB sein können. Im SFB sollte nur ein Bündel zentraler Annahmen der Sonderweg-Sicht untersucht werden, nämlich: dass das deutsche Bürgertum im internationalen Vergleich besonders schwach, seine obrigkeitsstaatliche Einfärbung besonders ausgeprägt und die »Feudalisierung« seiner oberen Ränge besonders intensiv gewesen sei; dass es eine Kultur entwickelte, die den anspruchsvollen Kriterien aufgeklärter, selbständiger, mündiger Bürgerlichkeit nur sehr unvollkommen entsprach; und dass seine Stellung in Gesellschaft, Kultur und Politik vergleichsweise nachgeordnet gewesen sei, mit der langfristig belastenden Folge einer relativ unvollkommenen Verbürgerlichung der deutschen Gesellschaft insgesamt.

2. Revisionen und Bestätigungen

Über die Jahre haben sich die Arbeiten des SFB dann nur teilweise auf jene Annahmen der Sonderweg-These bezogen. Der internationale Vergleich erwies sich als schwieriger als gedacht. Andere Fragestellungen traten in den Vordergrund. Für die Jüngeren verlor die Frage nach dem deutschen Sonderweg an Brisanz. Gleichwohl sind Ergebnisse erarbeitet worden, die – in Verbindung mit anderen Forschungen der letzten anderthalb Jahrzehnte – das Bild vom deutschen Sonderweg verändert haben und die nun knapp zusammengefasst werden sollen.

Es ist nicht mehr möglich, generell von einem »Defizit an Bürgerlichkeit« im Kaiserreich oder in Deutschland im 19. und frühen 20. Jahrhundert zu sprechen. Gemeinsam mit andernorts betriebenen Studien zur Geschichte des modernen Bürgertums[8] haben die Bielefelder Forschun-

---

8 So etwa die vier Bände zum Bildungsbürgertum, die im Rahmen des Bad Homburger Arbeitskreises für moderne Sozialgeschichte entstanden sind: *W. Conze* u. *J. Kocka* (Hg.), Bildungsbürgertum im 19. Jahrhundert. Teil I: Bildungssystem und Professionalisierung in internationalen Vergleichen, Stuttgart 1985; *R. Koselleck* (Hg.), Bildungsbürgertum im

gen[9] das in sich vielfältige, nuancenreiche Bild eines hinreichend starken, dynamischen und auch ausstrahlungskräftigen bürgerlichen Lebens vom späten 18. bis mindestens zum frühen 20. Jahrhundert ergeben, das solche Generalisierung verbietet.

So waren es Bürger, die in den kommunalen Selbstverwaltungen tonangebend wirkten. Kein Gaswerk wurde errichtet, keine Straßenbahn geplant, keine Stadtbeleuchtung installiert, kein Abwassersystem angelegt, keine Schule gebaut und keine Kunsthalle eröffnet ohne die maßgebliche Teilnahme des städtischen Bürgertums. »Die Herren der Stadt«, lautet nicht von ungefähr der programmatische Titel einer Bielefelder Studie zu bürgerlichen Eliten und städtischer Selbstverwaltung in Nürnberg und Braunschweig.[10] Auch im Vereinsleben, in den zahlreichen Lesegesellschaften, Musik-, Kunst-, Natur-, Turn- und Nationalvereinen, Schiller- und Goethegesellschaften, Debattierklubs und Assoziationen gab und fand das Bürgertum Wegweisung zur Wirklichkeitsorientierung und Sinnstiftung. Auch Eisenbahneröffnungen, vormärzliche Verfassungsfeste, Stadtjubiläen, Kaisergeburtstagsfeiern

19. Jahrhundert. Bd. II: Bildungsgüter und Bildungswissen, Stuttgart 1990; *M.R. Lepsius* (Hg.), Bildungsbürgertums im 19. Jahrhundert. Bd. III: Lebensführung und ständische Vergesellschaftung, Stuttgart 1992; *J. Kocka* (Hg.), Bildungsbürgertum im 19. Jahrhundert. Bd. IV: Politischer Einfluss und gesellschaftliche Formation, Stuttgart 1989. Überdies die Arbeiten von Lothar Gall und seiner Gruppe: *L. Gall*, Bürgertum in Deutschland, Berlin 1989; *ders.* (Hg.), Vom alten zum neuen Bürgertum. Die mitteleuropäische Stadt im Umbruch 1780–1820, München 1991; *ders.* (Hg.), Stadt und Bürgertum im Übergang von der traditionalen zur modernen Gesellschaft, München 1993; *H.-W. Hahn*, Altständisches Bürgertum zwischen Beharrung und Wandel: Wetzlar 1689–1870, München 1991; *A. Schulz*, Weltbürger und Weltaristokratie. Hanseatisches Bürgertum im 19. Jahrhundert, München 1995; *K. Schambach*, Stadtbürgertum und industrieller Umbruch: Dortmund 1780–1870, München 1996; *R. Roth*, Stadt und Bürgertum in Frankfurt am Main. Ein besonderer Weg der städtischen zur modernen Bürgergesellschaft, 1760–1914, München 1996; *R. Zerback*, München und sein Stadtbürgertum. Eine Residenzstadt als Bürgergemeinde, 1780 bis 1870, München 1997; *G. Mettele*, Bürgertum in Köln. Gemeinsinn und freie Association, München 1998; *F. Möller*, Bürgerliche Herrschaft in Augsburg 1790–1880, München 1998; *D. Hein* u. *A. Schulz* (Hg.), Bürgerkultur im 19. Jahrhundert. Bildung, Kunst und Lebenswelt, München 1996. Zu Österreich: *E. Bruckmüller u.a.* (Hg.), Bürgertum in der Habsburgermonarchie, Wien 1990; *H. Stekl u.a.* (Hg.), »Durch Arbeit, Besitz, Wissen und Gerechtigkeit«, Wien 1992.

9 Ich nehme die Ergebnisse des ZiF-Projekts, des SFB und in Verbindung damit entstandene Arbeiten gemeinsam in den Blick.

10 *H.-W. Schmuhl*, Bürgerliche Eliten in städtischen Repräsentativorganen. Nürnberg und Braunschweig im 19. Jahrhundert, in: *H.-J. Puhle* (Hg.), Bürger in der Gesellschaft der Neuzeit. Wirtschaft – Politik – Kultur, Göttingen 1991, S. 178–98; *ders.*, Die Herren der Stadt. Bürgerliche Eliten und städtische Selbstverwaltung in Nürnberg und Braunschweig vom 18. Jahrhundert bis 1918, Gießen 1998; *M. Hettling*, Reform ohne Revolution. Bürgertum, Bürokratie und kommunale Selbstverwaltung in Württemberg von 1800 bis 1850, Göttingen 1990; *P. Nolte*, Gemeindebürgertum und Liberalismus in Baden 1800–1850. Tradition – Radikalismus – Republik, Göttingen 1994; *F.-M. Kuhlemann*, Modernisierung und Disziplinierung. Sozialgeschichte des preussischen Volksschulwesens 1794–1872, Göttingen 1992; *M. Hettling*, Politische Bürgerlichkeit. Der Bürger zwischen Individualität und Vergesellschaftung in Deutschland und der Schweiz von 1860–1918, Göttingen 1999.

und Denkmaleinweihungen boten dem Bürgertum ein beliebtes Forum, seine Ordnungsvorstellungen nach außen zu tragen.[11] Als Mäzene wirkten Bürgerinnen und Bürger maßgeblich bei der Kunst- und Künstlerförderung mit, als Publizisten und Literaten bestimmten sie weitgehend die Öffentlichkeit des 19. Jahrhunderts.[12] Nicht zuletzt die bürgerliche Vorstellung von der idealen Familie, als eines auf Neigung gegründeten und durch Liebe verbundenen, von Wirtschaft und Politik abgegrenzten und durch das ausreichende Einkommen des männlichen Familienoberhauptes im Verein mit Dienstboten freigesetzten Raumes der Muße, Bildung und Geborgenheit für Frau und Kinder, als ein Ruhehafen im rastlosen Getriebe der bürgerlichen Leistungsgesellschaft, als Kernzelle und Schlüsselstelle bürgerlicher Kultur, besaß – trotz aller ideologischen Stilisierung – starke Ausstrahlungskraft weit über das Bürgertum hinaus.[13] Auf kommunaler und kultureller Ebene, so läßt sich resümieren, zeigte sich das Bürgertum keineswegs nur traditionsverhaftet und schwach als vielmehr auch innovativ und einflußreich.

Am klarsten revidiert wurde die altehrwürdige These, dass die »Feudalisierung« bzw. »Aristokratisierung« des deutschen Bürgertums ein Signum besonderer deutscher Unterordnungsbereitschaft unter vorbürgerliche Eliten und Maßstäbe und insofern Ausdruck eines deutschen Sonderwegs war. Die genauere Forschung hat ergeben, dass Tendenzen zur Symbiose zwischen Teilen des reich werdenden Großbürgertums und Teilen des Adels – erkennbar an Heiratsbeziehungen, Nobilitierung angesehener Bürger, Imitation adliger Wohn-, Freizeit- und Selbstdarstellungsformen in Teilen der haute bourgeoisie, aber auch an der Verbürgerlichung des Lebens von Adligen etwa in Bezug auf Bildung, Berufstätigkeit und Familienform – keine deutsche Besonderheit darstellten, sondern im späten 19. und 20. Jahrhundert auch anderswo in Europa auftraten; dass im Verhältnis von Adel und Bürgertum innerhalb Deutschlands die ausgeprägtesten regionalen Unter-

---

11 *U. Krey*, Vereine in Westfalen 1840–1855: Strukturwandel, soziale Spannungen, kulturelle Entfaltung, Paderborn 1993; *M. Hettling* u. *P. Nolte* (Hg.), Bürgerliche Feste. Symbolische Formen politischen Handelns im 19. Jahrhundert, Göttingen 1993; *C. Tacke*, Denkmal im sozialen Raum. Nationale Symbole in Deutschland und Frankreich im 19. Jahrhundert, Göttingen 1995.

12 *J. Kocka* u. *M. Frey* (Hg.), Bürgerkultur und Mäzenatentum im 19. Jahrhundert, Zwickau 1998; *M. Frey,* Macht und Moral des Schenkens. Staat und bürgerliche Mäzene vom späten 18. Jahrhundert bis zur Gegenwart, Berlin 1999; *J. Requate*, Journalismus als Beruf. Entstehung und Entwicklung des Journalistenberufs im 19. Jahrhundert. Deutschland im internationalen Vergleich, Göttingen 1995.

13 *G.-F. Budde*, Auf dem Weg ins Bürgerleben. Kindheit und Erziehung in deutschen und englischen Bürgerfamilien, 1840–1914, Göttingen 1994; *dies.,* Das Bürgertum, in: Brockhaus, Die Weltgeschichte, Bd. 4: Wege in die Moderne (1650–1850), Leipzig u. Mannheim 1998, S. 376–383; *M. Hettling* u. *S.-L. Hoffmann*, Der bürgerliche Wertehimmel. Zum Problem individueller Lebensführung im 19. Jahrhundert, in: GG, Jg. 23, 1997, S. 333–60; *R. Habermas*, Frauen und Männer des Bürgertums. Eine Familiengeschichte (1750–1850), Göttingen 2000.

schiede bestanden; dass die bürgerliche Adaption adliger Attribute, die Ein-
heirat in adlige Kreise und die Nobilitierung nicht unvereinbar waren mit
der Fortdauer bürgerlicher Lebensformen und Einstellungen in anderer
Hinsicht; und dass die Verschmelzung von Teilen des Großbürgertums und
Teilen der Aristokratie in Deutschland sogar weniger ausgeprägt war als
etwa in England und Frankreich, wo es – anders als in Deutschland – im späten 19. und frühen 20. Jahrhundert bereits schwierig war, innerhalb der »Eliten« zwischen Bürgertum und Adel sprachlich scharf zu unterscheiden.

Das Bürgertum blieb in Deutschland auch gegenüber dem Adel – nicht nur
gegenüber Kleinbürgertum, ländlicher Gesellschaft und Unterschichten –
deutlich abgegrenzt, während es in der französischen Notablengesellschaft
und in der englischen gentry früher und entschiedener zu bürgerlich-adligen
Symbiosen kam. Wie insbesondere durch den Vergleich deutscher und englischer Unternehmer herausgearbeitet worden ist, war die »Feudalisierung«
oder »Aristokratisierung« des Großbürgertums keine deutsche Besonderheit,
sie reichte insgesamt weniger weit als früher oft angenommen, und sie war
in Deutschland weniger ausgeprägt als anderswo. Dies betraf etwa die in
Deutschland vergleichsweise geringe Zahl adelig-bürgerlicher Konnubia, die
stärkere Separierung adliger und bürgerlicher Verkehrskreise und die relativ
selteneren Nobilitierungen. Überdies war es in Deutschland nicht sehr üblich,
dass ein zu Wohlstand gekommener Bürger seinen Beruf aufgab und einen
aufwendigen, außengerichteten und luxusorientierten Lebensstil pflegte. Berufliche Leistung blieb, obwohl für den standesgemäßen Lebenszuschnitt
nicht mehr zwingend, auch für deutsche Großbürger ein Leitwert; Beschei-
denheit und Maßhaltung bestimmten auch weiterhin den Erziehungskanon
ihrer Kinder.[14] Daß sich überdies, so ein Ergebnis der Unternehmerstudien zu

14 Vgl. *H. Berghoff* u. *R. Möller,* Wirtschaftsbürger in Bremen und Bristol 1870–1914.
Ein Beitrag zur komparativen Unternehmerforschung, in: *H.-J. Puhle* (Hg.), Bürger in der Gesellschaft der Neuzeit, S. 156–77; *dies.,* Unternehmer in Deutschland und England
1870–1914. Aspekte eines kollektiv-biographischen Vergleichs, in: HZ, Bd. 255, 1993,
S. 353–386; *H. Berghoff,* Aristokratisierung des Bürgertums? Zur Sozialgeschichte der Nobilitierung von Unternehmern in Preußen und Großbritannien 1870 bis 1918, in: VSWG, Jg. 81,
1994, S. 178–209; *ders.,* Englische Unternehmer 1870–1914. Eine Kollektivbiographie führender Wirtschaftsbürger in Birmingham, Bristol und Manchester, Göttingen 1991; *Budde,* Auf
dem Weg ins Bürgerleben, S. 333–352. – Vorher bereits *H. Kaelble,* Wie feudal waren die Unternehmer im Kaiserreich?, in: *R. Tilly* (Hg.), Beiträge zur quantitativen deutschen Unternehmensgeschichte, Stuttgart 1985, S. 148–174. – *D. L. Augustine,* Patricians and Parvenus. Wealth
and High Society in Wilhelmine Germany, Oxford 1994. – Zur regionalen Vielfalt des Adels:
H. Reif, Westfälischer Adel 1770–1860. Vom Herrschaftsstand zur regionalen Elite, Göttingen
1979; *H. Graf v. Arnim-Muskau,* Märkischer Adel. Versuch einer sozialgeschichtlichen Betra-
chung anhand von Lebensbildern von Herren und Grafen von Arnim, Bonn 1986; *H.-U. Weh-*
ler (Hg.), Europäischer Adel 1750–1950, Göttingen 1990; *K. Möckl* (Hg.), Hof und Hofgesell-
schaft in den deutschen Staaten im 19. und beginnenden 20. Jahrhundert, Boppard am Rhein
1990; *R. v. Treskow,* Adel in Preußen: Anpassung und Kontinuität einer Familie 1800–1918, in:
GG, Jg. 17, 1991, S. 344–69; *E. Fehrenbach* (Hg.), Adel und Bürgertum in Deutschland
1770–1848, München 1994; *H. Henning,* Die unentschiedene Konkurrenz. Beobachtungen

Bristol und Bremen, in gewissen deutschen Gebieten ein Bürgerstolz entwickelte, der sich besonders immun gegenüber adeligen Einflüssen zeigte, unterstreicht den Bedarf an regionaler Differenzierung.

Überhaupt haben die Forschungen der letzten Jahre einerseits den Blick auf die großen regionalen Unterschiede innerhalb des deutschen Bürgertums und andererseits auch auf nationsübergreifende Gemeinsamkeiten der Bürger gelenkt – beides eine Relativierung der Sonderweg-These. So wurden Ähnlichkeiten des Familienlebens, der Geschlechterbeziehungen und der Kindererziehung im deutschen und englischen Bürgertum eindringlich herausgearbeitet. Die Muster bürgerlicher Familiengründung, die finanzielle Ausstattung und ästhetische Gestaltung bürgerlicher Haushalte, innerfamiliale Regeln, Riten und Reglementierungen des Alltags-, Sonntags- und Festtagslebens, Bewährungen und Bewältigungsstrategien in materiellen und persönlichen Krisen, die Fixsterne am bürgerlichen Wertehimmel, der Verkehr mit Verwandten, Freunden und Fremden sowie innerfamiliale generations- und geschlechtsspezifische Strukturierungen und Erfahrungen wiesen in deutschen und englischen Bürgerfamilien in vieler Hinsicht analoge Züge auf. Auch der Vergleich der deutschen Hermann-Denkmäler und der französischen Vercingetorix-Denkmäler, der Umgang mit ihnen hier und dort, ergab große Übereinstimmungen der nationalen Symbole, ikonographischen Darstellung und mythischen Befrachtung. Die öffentlichen Militärparaden und Feiern unterschieden sich im deutschen Kaiserreich und im Frankreich der Dritten Republik, aber doch nicht allzusehr. Ehemals stärker betonte Unterschiede zwischen deutschem und französischem Nationalismus wurden relativiert. Das Amerika-Bild europäischer Reisender – meistens Bürger und Bürgerinnen – erwies sich um die Wende vom 19. zum 20. Jahrhundert in den verschiedenen europäischen Ländern als überraschend einheitlich: Amerika erschien als verlockendes oder bedrohendes Vorreiterland der Moderne. Bemerkenswerterweise werden europäische Gemeinsamkeiten vor allem aus kulturgeschichtlicher Sicht erkennbar, zusammen mit vielfältigen Verflechtungen und gegenseitigen Beeinflussungen. Entsteht *auf dieser Ebene* das Bild eines *europäischen* Bürgertums, und wenn ja, wie weit reichte es nach Osten und Süden?[15]

zum sozialen Verhalten des norddeutschen Adels in der zweiten Hälfte des 19. Jahrhunderts, Stuttgart 1994; *H. Reif* (Hg.), Ostelbische Agrargesellschaft im Kaiserreich und in der Weimarer Republik, Berlin 1994; *D. Lieven*, Abschied von Macht und Würden. Der europäische Adel 1815–1914, Frankfurt 1995; *K. Adamy* u. *K. Hübener* (Hg.), Adel und Selbstverwaltung in Brandenburg im 19. Jahrhundert. Analyse und historischer Vergleich, Berlin 1996; *J. Matzerath*, Adel im Übergang: Die gesellschaftliche Stellung des niederen sächsischen Adels vor dem ersten Weltkrieg, in: *S. Lässig* u. *K. H. Pohl* (Hg.), Sachsen im Kaiserreich: Politik, Wirtschaft und Gesellschaft im Umbruch, Weimar 1997, S. 271–97.

15 Dazu *J. Kocka*, The Middle Classes in Europe, in: Journal of Modern History, Jg. 67, 1995, S. 783–806. – Zu den genannten Ergebnissen vor allem: *Budde*, Auf dem Weg ins Bürgerleben; *Tacke*, Denkmal; *J. Vogel*, Nationen im Gleichschritt. Der Kult der »Nation in Waf-

Des weiteren ist darauf zu verweisen, dass die Forschung den Blick auf internationale Unterschiede und insofern deutsche Besonderheiten gelenkt hat, die die Sonderweg-These weder relativieren noch erhärten. Daß etwa die Söhne der englischen middle class durch ihren frühen Besuch auswärtiger public schools früher aus dem Familienverband ausscherten als deutsche Bürgersöhne, was einerseits ihre Selbständigkeit förderte, andererseits den im Bürgertum hochgeachteten Familieneinfluß auf ihre Erziehung schmälerte, daß sie auf diesen Schulen, häufig gemeinsam mit Söhnen aus dem Adel, stärker von Altersgenossen aus den Unterschichten abgeschottet waren als die Söhne des deutschen Bürgertums, sind Befunde, die sich nicht eindeutig als Stärke oder Schwäche des englischen Bürgertums deuten lassen. Es würde ebenfalls zu kurz greifen, die Tatsache, daß weit mehr Familien der englischen middle class die Adelsgepflogenheit, Kindermädchen und Gouvernanten anzustellen, übernahmen, als Ausweis eines höheren Feudalisierungsgrades zu betrachten. Einerseits verstieß die Übernahme des Usus, für den fraglos der Adel Pate stand, gegen eine Kernforderung des bürgerlichen Familienideals, andererseits erleichterte er die Annäherung an die bürgerliche Gesellschaftsutopie »allgemeiner Chancengleichheit«, indem er englischen Bürgertöchtern nicht selten eine fundiertere Ausbildung als deutschen Töchtern des Bürgertums bot. Englischen Bürgerfrauen gelang es nicht zuletzt dank der Entlastung durch die nanny eher, selbstbestimmte Freiräume außerhalb der Familienpflichten zu betreten. Eine gewisse Souveränität im Umgang mit adligen Lebensmodellen und ihre Anpassung an bürgerliche Bedürfnisse zeugten nicht von einem »bürgerlichen Defizit«, wie es die Feudalisierungs-Denkfigur, die nicht genug zwischen Form und Inhalt differenzierte, leicht suggerierte.[16]

Auch das im internationalen Vergleich deutlich stärkere Gewicht des Bildungsbürgertums relativ zu wirtschaftsbürgerlichen Gruppen – ein wichti-

fen« in Deutschland und Frankreich 1871–1914, Göttingen 1997; *E. François u.a.* (Hg.), Nation und Emotion. Deutschland und Frankreich im Vergleich. 19. und 20. Jahrhundert, Göttingen 1995; *M. Jeismann,* Das Vaterland der Feinde. Studien zum nationalen Feindbegriff und Selbstverständnis in Deutschland und Frankreich 1792–1918, Stuttgart 1992; *A. Schmidt,* Reisen in die Moderne. Der Amerika-Diskurs des deutschen Bürgertums vor dem Ersten Weltkrieg im europäischen Vergleich, Berlin 1996. Vgl. zur Betonung der Transfergeschichte auf diskurshistorischer Ebene: *M. Espagne* u. *M. Werner* (Hg.), Transferts culturels. Les relations interculturelles dans l'espace franco-allemand (XVIIIe-XXe siècles), Paris 1988; zur Verknüpfung von Vergleichs- und Beziehungsgeschichte jetzt das Programm des Zentrums für Vergleichende Geschichte Europas (Freie Universität und Humboldt-Universität Berlin), dazu *J. Kocka,* Zivilgesellschaft als historisches Projekt: Moderne europäische Geschichtsforschung in vergleichender Absicht, in: *C. Dipper u.a.* (Hg.), Europäische Sozialgeschichte. Fs. f. Wolfgang Schieder, Berlin 2000, S. 475–84.

16 *Budde,* Auf dem Weg ins Bürgerleben, S. 360ff. u. S. 344–52; *dies.,* »Stützen«, der Bürgergesellschaft. Varianten der Rolle von Dienstmädchen in deutschen und englischen Bürgerfamilien des 19. Jahrhunderts, in: *H. Berghoff* u. *D. Ziegler* (Hg.), Pionier und Nachzügler? Vergleichende Studien zur Geschichte Großbritanniens und Deutschlands im Zeitalter der Industrialisierung. Fs. f. Sidney Pollard zum 70. Geb., Bochum 1995, S. 259–80.

ges Ergebnis der Bielefelder wie der Bad Homburger Forschungen – kann eindeutig weder als Bestätigung noch als Relativierung der Sonderweg-These interpretiert werden. Dies gilt insgesamt auch für die dominante Bi-Konfessionalität des deutschen Bürgertums (neben einem kleinen, aber kulturell bedeutenden jüdischen Anteil), durch die es sich vom Bürgertum der meisten anderen Länder unterschied.[17]

Andererseits haben die Forschungen entscheidende Bestandteile der Sonderweg-These direkt bestätigt, indirekt bekräftigt oder – auch das sei erwähnt – zumindest intakt gelassen. Immer wieder bestätigt wurde die für die Sonderweg-These zentrale Einsicht in die Staatsorientierung, ja Staatslastigkeit des deutschen Bürgertums.[18] Dies wird besonders deutlich, wenn man sich eine entscheidende Voraussetzung der Bielefelder Forschungen klar macht: fast durchweg wurde das *Beamtentum* als Teil des Bürgertums akzeptiert.[19] Erst aufgrund dieser – keineswegs selbstverständlichen, in der Zeit selbst oft nicht geteilten und auch heute noch bestreitbaren – klassifikatorischen Entscheidung[20] konnte man zu den Ergebnissen kommen, die voranstehend referiert wurden. Ohne die akademisch gebildeten Beamten wäre das Bildungsbürgertum vor allem bis in die 1860er und 70er Jahre, aber auch noch danach, erheblich schwächer und das Bürgertum insgesamt deutlich leichtgewichtiger, schwächer gewesen, als es im Resultat der Bielefelder Forschungen nunmehr erscheint. Es erschiene dann einflussarm und im westeuropäischen Vergleich defizitär, wie es die herkömmliche Sonderweg-These sah, die oft wohl tatsächlich eher (ohne dies explizit klar zu machen) das nicht-beamtete Bürgertum im Blick hatte und also ihre Relativierung durch die neueren Forschungen ebensosehr einer Umdefinition des Bürgerbegriffs wie neuen empirischen Ergebnissen zuschreiben könnte.

Diese Argumentationslinie soll hier nicht verfolgt werden, denn der Bielefelder Sonderforschungsbereich hatte wie viele andere Forschungen gute

---

17 Vgl. *H.-U. Wehler*, Deutsches Bildungsbürgertum in vergleichender Perspektive – Elemente eines »Sonderwegs«?, in: *J. Kocka* (Hg.), Bildungsbürgertum im 19. Jahrhundert, Bd. IV, S. 215–237; *T. Mergel*, Zwischen Klasse und Konfession. Katholisches Bürgertum im Rheinland 1794–1914, Göttingen 1994; *O. Blaschke* u. *F.-M. Kuhlemann* (Hg.), Religion im Kaiserreich. Milieus – Mentalitäten – Krisen, Gütersloh 1996. Im übrigen ist die vorherrschende protestantische Einfärbung der Bielefelder Bürgertumsforschung unübersehbar. Es empfiehlt sich der relativierende Blick nach Österreich.

18 Allerdings sind Elemente der Staatslastigkeit und Bürokratisierung auch in Frankreich in einigen Bereichen unverkennbar. S. dazu etwa die Beiträge von *A. Mitchell* u. *P. Fridenson*, in: *Kocka u. Frevert* (Hg.), Bürgertum, Bd. 2 und 3 sowie *H. Kaelble*, Nachbarn am Rhein. Entfremdung und Annäherung der französischen und deutschen Gesellschaft seit 1880, München 1991.

19 Beispielhaft: *S. Brakensiek*, Fürstendiener – Staatsbeamte – Bürger. Amtsführung und Lebenswelt der Ortsbeamten in niederhessischen Kleinstädten (1750–1830), Göttingen 1999. Anders jedoch: *Nolte*, Gemeindebürgertum und Liberalismus in Baden.

20 *J. Kocka*, Das europäische Muster und der deutsche Fall, in: *ders.* (Hg.), Bürgertum im 19. Jahrhundert, Bd. 1, Göttingen 2. Aufl. 1995, S. 54f. – Teilweise anders wurde die Kategorisierung in dem von L. Gall geleiteten Bürgertum-Projekt vorgenommen.

Gründe, das akademisch qualifizierte Beamtentum als Teil des Bürgertums zu klassifizieren.[21] Doch die damit verbundenen Konsequenzen kann man, in Übereinstimmung mit den neuen Forschungsergebnissen, gar nicht kräftig genug unterstreichen: die bürokratische Mentalität, die geringere Betonung individueller Selbständigkeit, der kollektiv akzentuierte Verantwortungsbegriffs des Beamtentums, damit die Marktferne, die Obrigkeitsorientierung, sicher auch die Leistungskraft dieses beamteten Teils des deutschen Bürgertums, dessen Angehörige sich staatsnah, sicher und selbstbewußt in Ämtern und Würden befanden. Staatslastigkeit und -abhängigkeit zeigten sich auch in nicht-beamteten Teilen des Bürgertums, z.B. in der »Professionalisierung von oben«, durch die Ärzte und Rechtsanwälte in Preußen und anderen deutschen Staaten (übrigens auch in Habsburg) geprägt wurden – anders als in England, der Schweiz oder auch in Italien;[22] in der Hochschätzung des Kommerzienrats-Titels in der preußisch-deutschen Unternehmerschaft, die besonders im Kaiserreich ihre bürgerliche Liberalität vielfach zurücknahm;[23] an Eigenarten des deutschen Journalistenstandes, der im 19. Jahrhundert durch lange Zensurtradition und fehlende Parlamentarisierung geprägt blieb.[24]

Sicher besaß diese bürokratisch durchdrungene Variante deutscher Bürgerlichkeit auch ihre großen Fortschrittspotentiale: ein leistungskräftiges Fachbeamtentum, die Fähigkeit zur Reform »von oben«, erhebliches Organisationskönnen und große Regelungskraft, die auch der breiten Bevölkerung zugute kamen und etwa mithalfen, Deutschland zum Pionier moderner Sozialstaatlichkeit werden zu lassen.[25] Aber wenn zum Ideal der Bürgerlichkeit wie zum Ideal der bürgerlichen Gesellschaft die Fähigkeit zur mündigen Selbstregulierung, das Insistieren auf individueller oder genossenschaftlicher Selbständigkeit wie die Ablehnung staatlicher Gängelung und Fürsorglichkeit gehören, dann markiert die obrigkeitsstaatliche Einfärbung des deut-

---

21 Zur Definition des Bürgertums über soziale Fronten und Kultur s. *Kocka,* Das europäische Muster, S. 14–22.

22 Vgl. *C. Huerkamp,* Der Aufstieg der Ärzte im 19. Jahrhundert. Vom gelehrten Stand zum professionellen Experten: Das Beispiel Preußens, Göttingen 1985; *dies.,* Frauen im Arztberuf im 19. und 20. Jahrhundert. Deuschland und die USA im Vergleich, in: *M. Hettling u.a.* (Hg.), Was ist Gesellschaftsgeschichte?, München 1991, S. 135–145; *dies.,* Bildungsbürgerinnen. Frauen im Studium und in akademischen Berufen, 1900–1945, Göttingen 1996; *H. Siegrist,* Advokat, Bürger und Staat. Eine vergleichende Geschichte der Rechtsanwälte in Deutschland, Italien und der Schweiz (18.–20. Jahrhundert), Frankfurt 1996.

23 *K. Kaudelka-Hanisch,* Preußische Kommerzienräte in der Provinz Westfalen und im Regierungsbezirk Düsseldorf 1810–1918, Dortmund 1992; *dies.,* The Titled Businessman. Prussian Commercial Councillors in the Rhineland and Westfalia during the Nineteenth Century, in: *D. Blackbourn* u. *R. J. Evans* (Hg.), The German Bourgeoisie, London 1991, S. 87–114.

24 Vgl. *Requate,* Journalismus als Beruf.

25 Vgl. *G. A. Ritter,* Der Sozialstaat. Entstehung und Entwicklung im internationalen Vergleich, München 1988.

schen Bürgertums eben doch eine empfindliche Grenze seiner Bürgerlichkeit.[26] In die gleiche Richtung wirkte die »soziale Militarisierung« bürgerlicher Kultur im deutschen Kaiserreich, die schon Max Weber auffiel und etwa von Ute Freverts Forschungen bestätigt wird.[27]

Dass das deutsche Bürgertum letztlich weniger ausstrahlungskräftig und weniger gesellschaftsprägend gewesen sei als seine Pendants in Westeuropa, gehört zu den klassischen Annahmen der herkömmlichen Sonderweg-Sicht. Meines Erachtens haben die Bielefelder Forschungen diese Sicht teils relativiert, teils indirekt bekräftigt, teils nicht berührt. Auf kommunaler Ebene haben sie, wie vorn skizziert, eindrücklich herausgearbeitet, in Übereinstimmung mit sonstigen Forschungen, wie prägend und einflussreich, wie dominant in der Selbstverwaltung und städtischen Kultur das Bürgertum war.[28] Hier ist nicht oder kaum von einem Mangel an bürgerlicher Ausstrahlungskraft zu sprechen, und das ist wichtig genug. Dasselbe gilt wohl für die Ökonomie und die Welt der Wissenschaft.[29]

Doch scheinen nicht nur die begriffshistorischen Untersuchungen des Bielefelder SFB zu ergeben, dass das Bürgertum in Deutschland (und Österreich) auch noch im späten 19. und frühen 20. Jahrhundert eine markante, abgegrenzte und deutlicher integrierte soziale Formation darstellte als in den westlichen (und östlichen) Nachbarländern. Dies darf nicht als Ausdruck besonderer bürgerlicher Stärke gedeutet werden, im Gegenteil. Zwar war auch und gerade in Deutschland der bürgerlichen Kultur eine Tendenz zur Verallgemeinerung eigen. Sie war attraktiv und durchsetzungsstark, sie prägte auch in Deutschland die Gesellschaft weit über das Bürgertum hinaus. Doch im internationalen Vergleich mit dem westlichen Europa gilt, dass der relativ deutlichen Außenabgrenzung des deutschen Bürgertums seine vergleichsweise geringe Ausstrahlungs- und Integrationskraft entsprach.

So wie sich der Adel in Deutschland in geringerem Maße als in Frankreich und England an das Großbürgertum anschloss und bürgerlichen Standards

---

26 Vgl. *J. Kocka*, Obrigkeitsstaat und Bürgerlichkeit. Zur Geschichte des deutschen Bürgertums im 19. Jahrhundert, in: *W. Hardtwig* u. *H.-H. Brandt* (Hg.), Deutschlands Weg in die Moderne. Politik, Gesellschaft und Kultur im 19. Jahrhundert, München 1993, S. 107–121.

27 Vgl. *U. Frevert*, Ehrenmänner. Das Duell in der bürgerlichen Gesellschaft, München 1991.

28 Neben den vorn genannten Arbeiten von Hettling, Schmuhl, Brakensiek und Nolte s. auch *M. Jeismann,* »Bürgerliche Kultur, und Kultur des Bürgertums. Theater und Museen im 19. Jahrhundert, in: *F.-J. Jakobi* u. *T. Küster* (Hg.), Geschichte der Stadt Münster, Bd. 2, Münster 1993, S. 489–508 sowie Ergebnisse zum Vergleich des Museums- und Theaterlebens in den Städten Dijon und Münster in: SFB 177, Sozialgeschichte des Neuzeitlichen Bürgertums: Deutschland im internationalen Vergleich. Arbeits- und Ergebnisbericht für die dritte Forschungsphase 1992–1994, S. 321–52.

29 Neben den bereits genannten Arbeiten in Anm. 14 s. auch: *V. Then*, Eisenbahnen und Eisenbahnunternehmer in der Industriellen Revolution, Göttingen 1997; *F. Jaeger*, Bürgerliche Modernisierungskrise und historische Sinnbildung. Kulturgeschichte bei Droysen, Burckhardt und Max Weber, Göttingen 1994.

weniger anglich als dort (bei großen regionalen Unterschieden), so gelang
es dem deutschen Bürgertum in geringerem Maß als dem französischen,
das Kleinbürgertum zu prägen und hinter sich zu versammeln. Im deutsch-
schweizerischen Vergleich scheint sich zu zeigen, dass die Angestellten des
südlichen Nachbarlandes deutlicher ins dortige Bürgertum integriert waren,
als dies für Deutschland zu beobachten ist. Fraglich ist weiterhin, ob die Verbürgerlichung der Arbeiterschaft in Deutschland vor 1914 begrenzter blieb
als im westlichen Europa; man kann es vermuten; die im internationalen
Vergleich beeindruckende Massivität der Arbeiterbewegung und, dahinter
liegend, die Schärfe der »Klassenlinie« im Wilhelminischen Deutschland
weisen in diese Richtung. Die Land-Stadt-Differenz blieb in Deutschland
relativ scharf durchgezogen, schärfer als in Schweden, Frankreich, Italien,
England und vielleicht Polen: auch dies eine Barriere für die Ausbreitung
von Bürgerlichkeit.[30] Und wenn sich im internationalen Vergleich ergibt,
dass der Liberalismus in Deutschland vergleichsweise bürgerlich war, so verweist dies letztlich auf die relativ geringe Fähigkeit des deutschen Bürgertums zur Verallgemeinerung seiner Prinzipien auf andere Schichten und
Klassen (etwa die Arbeiterschaft und den Adel). Insofern zeichnet sich ab,
dass der relativ markanten Identität des deutschen Bürgertums im Sinne
einer klaren Außenabgrenzung sein relativ geringer Erfolg bei der allgemeinen Verbürgerlichung der Gesellschaft als ganzer entsprach.[31]

Schließlich ist zu bemerken, dass die Bielefelder Bürgertumsforschungen
die These, bei den deutschen Staaten und beim Reich des 19. und frühen
20. Jahrhunderts habe es sich verfassungs- und politikgeschichtlich um ein
nur sehr begrenzt verbürgerlichtes System gehandelt, nicht in Frage stellten.
Sicherlich, die verfassungsgeschichtliche Deutung des Kaiserreichs bleibt
umstritten, doch die blockierte Parlamentarisierung, der starke – vor allem
über die preußische Vormacht vermittelte – Machtanteil von Adel und
Militär wie auch die Obrigkeitsstaatlichkeit politischer Praxis und Kultur
sind kaum zu leugnen, so pluralistisch das Verbands- und Vereinswesen, so
bürgerlich die Medien und so weit entwickelt die Verfassungs- und Rechtsstaatlichkeit auch waren. Für diesen Bereich der Verfassungs- und Politikge-

---

30 Zu dem bislang wenig erforschten ländlichen Bürgertum vgl. jetzt: *F. W. Bratvogel*,
Landadel und ländliches Bürgertum. Mecklenburg-Strelitz und Oberschwaben 1750–1850,
in: GG 25, 1999, S. 404–28.
31 Dies mit Belegen aus dem Bielefelder ZiF-Projekt bereits in *Kocka*, Das europäische
Muster, S. 49f. – *R. Koselleck u.a.*, Drei bürgerliche Welten? Zur vergleichenden Semantik
der bürgerlichen Gesellschaft in Deutschland, England und Frankreich, in: *Puhle* (Hg.), Bürger in der Gesellschaft der Neuzeit, S. 14–58. – *W. Jacobeit u.a.* (Hg.), Idylle oder Aufbruch?
Das Dorf im bürgerlichen 19. Jahrhundert. Ein europäischer Vergleich, München 2. Aufl.
1991; *W. Mosse*, Adel und Bürgertum im Europa des 19. Jahrhunderts. Eine vergleichende
Betrachtung, in: *Kocka* (Hg.), Bürgertum im 19. Jahrhundert, Bd. 3, S. 9–47; jetzt bestäti-
gend: *H. Reif*, Adel im 19. und 20. Jahrhundert, München 1999, S. 29–39; *H.-G. Haupt* u.
G. Crossick, Die Kleinbürger. Eine europäische Sozialgeschichte des 19. Jahrhunderts, München 1998 (mit gesamteuropäischer Blickrichtung).

schichte im weitesten Sinn ist weiterhin vieles gültig, was in der Tradition der Sonderweg-Sicht erforscht worden ist.[32]

3. Ergebnis und Ausblick

Die bürgertumsgeschichtlichen Forschungen der letzten anderthalb Jahrzehnte haben zentrale Elemente der Sonderweg-Sicht – der sie sich teilweise verdanken – revidiert, so etwa die Feudalisierungs-These. Man sollte nicht mehr von einem generellen Defizit von Bürgerlichkeit in Deutschland im 19. und frühen 20. Jahrhundert sprechen. Die vormodernen und unbürgerlicher Züge der deutschen Sozial- und Kulturgeschichte dürften lange überzeichnet worden sein. Doch andere Elemente der Sonderweg-Sicht wurden bestätigt, so die Einsicht in die Staatslastigkeit oder bürokratische Einfärbung und die mangelnde Zivilität (soziale Militarisierung) des deutschen Bürgertums. Auch scheint klar, dass das Bürgertum Gesellschaft und Politik in Deutschland weniger stark geprägt hat, als es in der Schweiz, in Frankreich, in den Niederlanden oder selbst in großen Teilen Italiens der Fall war.

Andere Aspekte der Sonderweg-These wurden durch die bürgergeschichtliche Forschung nicht oder kaum berührt. Ihre teils bestätigende, teils zurückweisende, teils modifizierende Diskussion erfolgt in anderen Zusammenhängen. Es sei daran erinnert, dass es bei der Debatte um den deutschen Sonderweg im Kern um den Vergleich Deutschlands mit den westlichen Ländern ging mit bezug auf die Frage, warum Deutschland im Unterschied zu diesen in der allgemeinen Krise der Zwischenkriegszeit faschistisch bzw. totalitär pervertierte. In diesem Vergleichsrahmen – also im Vergleich mit dem Westen – und strikt eingeschränkt auf diese Frage, besitzt die im Licht der neuen Forschungsergebnisse modifizierte und im Erklärungsanspruch reduzierte Sonderweg-These weiterhin Plausibilität und analytische Kraft. Dies ist hier nicht weiter auszuführen.[33]

Sieht man es so, dann versteht man zugleich, warum die der Sonderweg-These innewohnende Erklärungskraft eng begrenzt ist und derzeit weiter verblasst. Sofern man nicht nur mit »dem Westen« vergleicht, sondern zu mehrseitigen Vergleichen fortschreitet und etwa die osteuropäische Entwicklung in den Blick nimmt, treten nicht die Grenzen, sondern umgekehrt die Stärken deutscher Bürgerlichkeit in den Vordergrund. Interessiert man sich nicht nur für die Ursachen der »deutschen Katastrophe« 1933–1945,

---

32 Natürlich unter Einbeziehung neuer Forschungsergebnisse und weniger holzschnittartig als früher. Vgl. dazu die Wandlungen von Wehlers Kaiserreich-Interpretation: *Wehler*, Das Deutsche Kaiserreich 1871–1918; *ders.*, Wie bürgerlich war das Deutsche Kaiserreich?, in: *J. Kocka* (Hg.), Bürger und Bürgerlichkeit im 19. Jahrhundert, Göttingen 1981, S. 243–280; *ders.*, Deutsche Gesellschaftsgeschichte, Bd. 3, z.B. S. 470, 1284, 1292, 1295.

33 Zuletzt *Kocka*, Nach dem Ende, S. 370–73.

sondern für andere Fragen, verliert die These vom deutschen Sonderweg
erst recht an Bedeutung. Letztlich bleibt sie – trotz aller vergleichenden Implikationen – einem nationalgeschichtlichen Interesse verhaftet. Gerade in
der Geschichte des Bürgertums und der bürgerlichen Gesellschaft spricht
aber viel für kleinräumigere Studien auf regionaler und lokaler Ebene und
andererseits für die entschiedene transnationale Ausweitung und eine ge-
samteuropäische, wenn nicht gar zivilisationsgeschichtliche Sicht. Deren
Entwicklung steht noch sehr am Anfang. Wenngleich der zerstörerische
Einbruch des Nationalsozialismus eine Schlüsselerfahrung der modernen Geschichte Deutschlands und Europas bleibt, der Nationalsozialismus im kulturellen Gedächtnis der Deutschen auch in Zukunft einen zentralen Platz
einnehmen wird und die Frage nach seinen Ursachen und Folgen weiterhin
die Geschichtswissenschaft beschäftigen dürfte, gibt es viele andere Gesichtspunkte, unter denen die Geschichte des neuzeitlichen Bürgertums interessant ist. Dieser Band ist ein Beleg dafür.

III.

Dimensionen der Bürgertumsforschung

DIETER ZIEGLER

Das wirtschaftliche Großbürgertum

Das Wirtschaftsbürgertum profitierte als Forschungsobjekt von der Intensivierung der Bürgertumsforschung der achtziger und neunziger Jahre vergleichsweise wenig. Wenn sich die historische Bürgertumsforschung überhaupt dem deutschen Wirtschaftsbürgertum zuwandte, beschränkte sie sich in erster Linie auf das ausgehende 18. und das »lange« 19. Jahrhundert, und hier insbesondere auf die Zeit vom Beginn der deutschen Industrialisierung bis zum Ausbruch des Ersten Weltkriegs. Die Zwischenkriegszeit und die zweite Hälfte des 20. Jahrhunderts wurden nur am Rande behandelt und fast nur im Zusammenhang mit politikhistorischen Fragestellungen wie der Formveränderung des Kapitalismus während und nach dem Ersten Weltkrieg (»Organisierter Kapitalismus«), den Auseinandersetzungen um die Wirtschafts- und Sozialpolitik in der Weimarer Republik, der Bedeutung der Unternehmer für die Machtergreifung durch die Nationalsozialisten und für die politische und kulturelle Einbindung der Bundesrepublik in die westliche Staatengemeinschaft (»Amerikanisierung«). Aber auch die Konjunktur dieser Themen hatte zu Anfang der achtziger Jahre ihren Höhepunkt bereits erreicht oder ihn gar überschritten.

Mit dem Aufschwung der Bürgertumsforschung sind seitdem im wesentlichen drei Problemkreise in den Mittelpunkt des Interesses gerückt. Ihre Gemeinsamkeit besteht darin, daß sie im Gegensatz zu den genannten älteren Forschungsrichtungen und zur klassischen Unternehmerforschung den Unternehmer bzw. die Unternehmerfamilie als Wirtschafts*bürger* zum Gegenstand haben. Im einzelnen handelt es sich
– erstens um die These von der »Feudalisierung« des wirtschaftlichen Großbürgertums seit der Revolution von 1848 und insbesondere in der Spätphase des Deutschen Kaiserreichs,
– zweitens um die prekäre Integration des jüdischen Wirtschaftsbürgertums in die nichtjüdisch-deutsche Gesellschaft seit etwa 1850 und
– drittens um die Veränderung der deutschen Wirtschaftselite im Zuge der Durchsetzung des modernen Managerunternehmens.

Die folgende Zusammenfassung des Forschungsstandes zur Geschichte des wirtschaftlichen Großbürgertums in Deutschland seit etwa 1850 wird sich deshalb im wesentlichen auf diese drei Problemfelder beschränken.

1. Die »Feudalisierung« des wirtschaftlichen Großbürgertums seit 1848

Die zweifellos größte Beachtung fand die Diskussion um die »Feudalisierung« des deutschen Großbürgertums im wilhelminischen Deutschland. Denn die »Feudalisierungsthese« bildete ein wichtiges Argument für diejenigen, die die Ansicht vertraten, daß es im wesentlichen ein Versagen des deutschen Bürgertums oder – vorsichtiger ausgedrückt – ein Mangel an »Bürgerlichkeit« in der deutschen Gesellschaft gewesen sei, der Deutschland nach 1848 endgültig von einem »westlichen« Modernisierungsweg der Liberalisierung und schließlichen Demokratisierung der Gesellschaft abgebracht habe. Nach dieser, in der neueren Soziologie maßgeblich auf Ralf Dahrendorf zurückgehenden These habe die deutsche Gesellschaft in ihrer politischen und kulturellen Entwicklung einen Sonderweg beschritten, der schließlich in die Sackgasse des Nationalsozialismus führte.[1] Die sog. Sonderwegsdebatte erlebte in den achtziger Jahren ihren Höhepunkt und war ein wichtiger Stimulus für die Intensivierung der Bürgertumsforschung in dieser Zeit.

In der Sonderwegsdebatte bildete die »Feudalisierungsthese« einen der wichtigsten Stützpfeiler für das Argument der mangelnden Durchsetzung bürgerlich-liberaler Wertvorstellungen, Normen und Lebensstile innerhalb der bürgerlichen Eliten selber. Das Scheitern der Revolution von 1848, die Niederlage des liberalen Bürgertums im preußischen Verfassungskonflikt der frühen sechziger Jahre sowie eine deutsche Nationalstaatsgründung dank der militärischen Erfolge des monarchischen Preußen und seiner alten Militärkaste untergruben das bürgerliche Selbstbewußtsein und den Willen der bürgerlichen Eliten zur Macht. Diese Niederlagen auf der einen Seite, aber auch die Fähigkeit zu begrenzten liberalen Reformen, insbesondere auf den Gebieten der Wirtschafts- und Handelspolitik seitens des preußischen Staates (bzw. des Zollvereins) andererseits förderten die Bereitschaft inner-

---

1 *R. Dahrendorf*, Gesellschaft und Freiheit, München 1961, S. 269 f.; *W. Zapf*, Wandlungen der deutschen Elite. Ein Zirkulationsmodell deutscher Führungsgruppen 1919–1961, München 1966², S. 41 ff.; Einführungen in die Sonderwegsdebatte aus den achtziger Jahren: *H. Grebing*, Der »deutsche Sonderweg« in Europa 1806–1914. Eine Kritik, Stuttgart 1988; *B. Faulenbach*, Deutscher Sonderweg, in: Aus Politik und Zeitgeschichte, Bd. 33, 1984, S. 3 ff.; *W. Fischer*, Wirtschafts- und sozialgeschichtliche Anmerkungen zum »deutschen Sonderweg«, in: Tel Aviver Jb. f. deutsche Geschichte, Jg. 16, 1987, S. 96 ff.; *H.-U. Wehler*, Deutscher Sonderweg oder allgemeine Probleme des westlichen Kapitalismus, in: Merkur, 1981, S. 478 ff.; *J. Kocka*, Ursachen des Nationalsozialismus, in: Aus Politik und Zeitgeschichte, Bd. 25, 1980, S. 3 ff.; *ders.*, Der »deutsche Sonderweg« in der Diskussion, in: German Studies Review, Jg. 5, 1982, S. 362 ff.; *ders.*, German History before Hitler. The Debate about the German »Sonderweg«, in: Journal of Contemporary History, Jg. 23, 1988, S. 3 ff.; *ders.*, Bürgertum und Bürgerlichkeit als Probleme der deutschen Geschichte vom späten 18. zum frühen 20. Jahrhundert, in: *ders.* (Hg.), Bürger und Bürgerlichkeit im 19. Jahrhundert, Göttingen 1987, S. 21 ff.

halb des liberalen Bürgertums und insbesondere innerhalb des Wirtschaftsbürgertums, eine politische Allianz mit den alten Eliten des preußischen
Staates einzugehen. Dieses »Bündnis von Roggen und Eisen« ist schon von
vielen Zeitgenossen als ein historischer Kompromiß betrachtet worden,
auf den allerdings seit etwa 1880 die liberalen Traditionen des »Eisens« immer weniger Einfluß ausübten. Diese Entwicklung wurde nicht zuletzt
sozialhistorisch damit begründet, daß sich das deutsche Großbürgertum an
den adligen Lebensstil und adlige Wertvorstellungen anpaßte und zunehmend auf seine klassischen bürgerlichen Lebens- und Denkhaltungen ver-
zichtete.[2]

Als erster deutscher Historiker nach dem Zweiten Weltkrieg hatte Friedrich Zunkel versucht, die tieferliegenden sozialen Wurzeln des »Bündnisses
von Roggen und Eisen« auf Seiten der Unternehmerschaft am Beispiel
Rheinland-Westfalens zu erforschen. Er kam dabei zu dem Ergebnis, daß in
den dreißiger und vierziger Jahren eine selbstbewußte Unternehmerschaft
heranwuchs. Die soziale Ranghierarchie, wonach dem Rittergutsbesitzer,
Offizier, Diplomaten oder Beamten mehr Achtung und Ehrung zuteil
wurde als dem Kaufmann oder Fabrikanten, wurde von der Mehrheit der
Unternehmer nicht akzeptiert. Unter dem Eindruck der radikalen politischen und sozialen Forderungen der entwurzelten Handwerker, Heimarbei-
ter, Kleinbauern und Tagelöhner steckten die rheinischen Unternehmer
jedoch in ihren eigenen politischen Forderungen schon bald nach der Nie-
derschlagung der Revolution zurück. Ihr Hauptinteresse galt seitdem der
wirtschaftlichen Stabilität, die sie in einer konstitutionellen Monarchie am
ehesten gewährleistet sahen. Die Verbindung von wirtschaftlicher Prosperi-
tät und der Aufgabe bürgerlicher Ideale in den folgenden Jahrzehnten führten zu einer »Feudalisierung« des Großbürgertums, die durch eine »gewan-
delte Einstellung der Unternehmer zu äußerlichen Titeln und Ehrungen,
zum preußischen Militärwesen und korporativ-ständischem Denken« gekennzeichnet war. Konkret äußerte sich dieser Wandel in dem »Streben
nach dem Kommerzienratstitel, der hohen Bewertung des Ranges eines Re-
serveoffiziers und der Übernahme militärisch-adliger Ehrbegriffe oder dem
Übergang zum Rittergutsbesitz durch Gründung von Fideikommissen.« Gegenüber den anderen Segmenten des Bürgertums setzten sich die großbürgerlichen Kreise zunehmend ab und »gewannen immer engeren Kontakt
mit dem alten Adel, dessen Fortbestand sie durch die Zuführung von Blut
und Geld ... mit sicherten.«[3]

---

2 Zur anhaltend großen Bedeutung vorbürgerlicher Normen, Mentalitäten und Lebensstile vgl. Max Webers erstmals 1895 veröffentlichen Text »Der Nationalstaat und die Volks-
wirtschaftspolitik« (in: ders., Gesammelte Politische Schriften, Tübingen 1958[2], S. 1 ff.); zur
älteren Literatur vgl. ferner J. Kocka, Bürgertum und Sonderweg, in diesem Band.
3 F. Zunkel, Der rheinisch-westfälische Unternehmer 1834–1879, Köln 1962, S. 249. Vgl.
hierzu auch H. Rosenberg, Die Pseudodemokratisierung der Rittergutsbesitzerklasse, in: ders.,
Machteliten und Wirtschaftskonjunktur, Göttingen 1978, S. 83 ff.; H.-U. Wehler, Das deut-

Im Zusammenhang mit der Sonderwegsdebatte kam diese, in der bundesdeutschen Geschichtswissenschaft lange Zeit allgemein weitgehend akzeptierte Sicht erheblich unter Druck. Kritisiert wurden vor allem ihre mangel-
hafte methodische und empirische Fundierung[4] und die einseitige normative
Orientierung an Westeuropa und den USA,[5] ohne die Geschichte der Mittelklassen dieser Länder ernsthaft vergleichend einzubeziehen. Letzteres ist besonders deshalb verwunderlich, weil auch die britische Sozialgeschichte den
englischen Unternehmern spätestens seit dem ausgehenden 19. Jahrhundert
ebenfalls eine »pseudo-feudal coloration« (Perry Anderson)[6] nachsagt. Insbesondere die Arbeit von Martin Wiener (»English Culture and the Decline of
the Industrial Spirit 1850–1980«)[7] hatte in der Frühphase der »Thatcher-Re-
volution« in der britischen Sozialgeschichtsschreibung eine ähnlich starke
Resonanz wie die »Sonderwegs«- bzw. »Feudalisierungsthese« in Deutschland. Interessanterweise begründete Wiener den relativen Niedergang der
britischen Industrie im Vergleich zur deutschen ausgerechnet damit, daß sich
die englischen Unternehmer in der zweiten Hälfte des 19. Jahrhunderts von
wirtschaftsbürgerlichen Tugenden losgesagt hätten und zunehmend den
Reizen der aristokratischen Freizeitkultur erlegen wären. Das so konstatierte
mangelnde kulturelle Selbstbewußtsein der englischen Unternehmer erinnert bemerkenswert an den »Mangel an Bürgerlichkeit«, den die Feudalisierungsthese der deutschen Unternehmerschaft zuschreibt.

Unabhängig von der Tatsache, daß Wiener die Diskussionen um den
Mangel an Bürgerlichkeit auf deutscher Seite gar nicht zur Kenntnis nahm,
kam die These vom Verlust unternehmerischer Leistungsfähigkeit durch die
aristokratische Orientierung der Unternehmer auch in Großbritannien in
die Kritik. Aber diese Kritik interessierte sich ebenfalls wenig für Entwicklungen jenseits des Kanals. Insofern stellen die Arbeiten von Hartmut Berghoff und Berghoff/Möller mit ihren komparativen Ansätzen einen wichti-

sche Kaiserreich 1871–1918, Göttingen 1973, S. 129 ff.; *H.-J. Puhle*, Agrarische Interessenpolitik und preußischer Konservatismus im Wilhelminischen Reich (1893–1914), Bonn
1975[2]; *T. Pierenkemper*, Die westfälischen Schwerindustriellen 1851–1913, Göttingen 1979;
R. Boch, Grenzenloses Wachstum? Das rheinische Wirtschaftsbürgertum und seine Industrialisierungsdebatte 1814–1857, Göttingen 1991.
    4 »Zunkels Arbeit hat den Rahmen für eine sich als Bürgertumsforschung begreifende
Unternehmerforschung abgesteckt, methodisch muß jedoch über sie hinausgegangen werden. Größe und Zusammenhang des behandelten Personenkreises bleiben unklar, die Be-
weisführung ist eher impressionistisch, als Quellengrundlage dienen vor allem die Geschichten herausragender Familien.« *D. Schumann*, Bayerns Unternehmer in Staat und
Gesellschaft 1834–1914, Göttingen 1992, S. 15.
    5 Vgl. hierzu insbesondere *D. Blackbourn* u. *G. Eley*, Mythen der deutschen Geschichts-
schreibung. Die gescheiterte Revolution von 1848, Frankfurt 1980.
    6 *P. Anderson*, Origins of the Present Crisis, in: New Left Review, Jg. 23, 1964, S. 39.
    7 Cambridge 1981. Diese These war in der Sozialgeschichtsforschung allerdings keines-
wegs neu. Vgl. deshalb auch die ältere Arbeit von *D. Aldcroft* u. *H. Richardson*, The British
Economy, 1870–1914, London 1969.

gen Meilenstein in der Bürgertumsforschung dar. Vor dem Hintergrund der deutschen »Sonderwegsdebatte« analysierte Berghoff zunächst das Sozialprofil sowie die damit verbundenen wirtschaftlichen, sozialen und politischen Implikationen der englischen Unternehmerschaft anhand von drei ausgewählten Industriestädten – mit dem Ergebnis, daß von der Wiener-These nicht viel übrigblieb.[8] In einem zweiten Schritt verglich er seine Ergebnisse mit denen von Roland Möller, der eine komplementäre Untersuchung der Unternehmerschaft für drei deutsche Städte vorgenommen hatte.[9]

Bei dem Vergleich der Sozialprofile der englischen und deutschen Unternehmer fallen im Ergebnis die Gemeinsamkeiten viel stärker ins Gewicht als die Unterschiede. So zeigte sich zwar bei der regionalen Rekrutierung auf deutscher Seite ein stärkeres regionales Beharrungsvermögen, aber dieser Unterschied kann wenigstens zum Teil auf die Samplebildung im deutschen Fall zurückgeführt werden, da es sich bei den untersuchten Städten Frankfurt, Dortmund und Bremen ausschließlich um solche mit starken reichsstädtischen bzw. hanseatischen Traditionen handelte. Bei einer Einbeziehung Hamborns oder Gelsenkirchens wäre die regionale Mobilität der Unternehmer möglicherweise auch im deutschen Sample höher ausgefallen. Große Übereinstimmung zeigen dagegen die sozialen Rekrutierungsmuster. In beiden Fällen überwog die sozial endogene Rekrutierung aus dem gehobenen Bürgertum deutlich. Der Aufstieg aus den Unterschichten stellte eine sehr seltene Ausnahme dar. Auch eine aristokratische Herkunft der Wirtschaftsbürger war in beiden Fällen kaum häufiger.

Bei den Ausbildungsmustern, insbesondere bei der Schulbildung, und beim Heiratsverhalten herrschte ebenfalls große Übereinstimmung bei den Unternehmern beider Länder. Obwohl die Schulsysteme sehr unterschiedlich waren, konnten Berghoff/Möller zusammenfassend feststellen, daß die Mehrheit der Unternehmer eine »praxisferne, aber prestigefördernde altsprachlich orientierte Schulbildung« genossen hatte. Von einer berufsorientierten Schulbildung konnte also in beiden Fällen nicht gesprochen werden. Das bedeutet aber nicht, daß die altsprachliche Orientierung im deutschen

8 *H. Berghoff*, Englische Unternehmer 1870–1914. Eine Kollektivbiographie führender Wirtschaftsbürger in Birmingham, Bristol und Manchester, Göttingen 1991. Zur Kritik an der Wiener-These vgl. auch *S. Pollard*, Britain's Prime and Britain's Decline, London 1889, S. 227 ff; *ders.*, Reflections on Entrepreneurship and Culture in European Societies, in: Transactions of the Royal Historical Society, Jg. 40, 1990, S. 153 ff.; *B. Weisbrod*, Der englische »Sonderweg« in der neueren Geschichte, in: GG, Jg. 16, 1990, S. 233 ff.

9 Vgl. zum folgenden: *H. Berghoff* u. *R. Möller*, Unternehmer in Deutschland und England 1870–1914. Aspekte eines kollektivbiographischen Vergleichs, in: HZ, Bd. 256, 1993, S. 353 ff. sowie *dies.*, Wirtschaftsbürger in Bremen und Bristol 1870–1914. Ein Beitrag zur komparativen Unternehmerforschung, in: *H.-J. Puhle* (Hg.), Bürger in der Gesellschaft der Neuzeit, Göttingen 1991, S. 156 ff.

Fall[10] als »feudal« interpretiert werden kann. In der gymnasial-altsprach-
lichen Schulbildung spiegelt sich vielmehr die kulturelle Hegemonie des
deutschen Bildungsbürgertums wider. Von einem Mangel an Bürgerlichkeit
kann insofern überhaupt keine Rede sein. Im Gegenteil, die klassische Bil-
dungsorientierung der deutschen Unternehmerfamilien stellt sogar ein
wichtiges Bindeglied zu den anderen Segmenten des deutschen Bürgertums
dar.

Die soziale Kohärenz des deutschen Bürgertums zeigt sich auch beim
Heiratsverhalten. Ähnlich wie in England suchten sich auch die deutschen
Unternehmer ihre Ehepartnerinnen in bürgerlichen Familien, wobei wirtschaftsbürgerliche Familien eindeutig überwogen. Ehepartnerinnen aus bildungsbürgerlichen Familien und höheren Beamtenfamilien bildeten jedoch
immerhin eine erkennbare Minderheit. Dasselbe gilt zwar auch für Ehepartner aus den Randbereichen zum Kleinbürgertum. Aber in diesen Fällen
handelt es sich meist um Aufsteiger aus derselben sozialen Schicht, deren
Eheschließung in aller Regel vor dem beruflichen und sozialen Aufstieg erfolgte. Insofern kann für beide Länder eine rigorose Abschließung gegenüber klein- und unterbürgerlichen Schichten konstatiert werden.

In Hinblick auf die »Feudalisierungsthese« wird der analogen Abschließung gegenüber dem Adel von Berghoff/Möller eine besondere Bedeutung
beigemessen. Lediglich in Frankfurt war eine starke Minderheit Heiratsver-
bindungen mit dem Adel eingegangen. Dies kann allerdings als ein »Ausreißerwert« bewertet werden, denn dabei handelt es sich fast ausschließlich um
Familien der Frankfurter Hochfinanz. Eine vergleichbare Zusammensetzung der örtlichen Unternehmerschaft (und damit zusammenhängend eine
ähnlich enge Bindung an den Adel) ist aber nicht nur nicht in den beiden
Vergleichsstädten zu beobachten, sondern wohl auch in keiner anderen
deutschen Stadt zu vermuten, zumal der Bremer Fall mit seiner hanseatisch-
bürgerlichen Tradition einen »Ausreißerwert« in die andere Richtung darstellt. Im englischen Fall gehen die Analogien sogar soweit, daß auch dort
nicht nur eine im Durchschnitt schwache familiäre Beziehung zum Adel zu
beobachten ist, sondern daß die alte Handelsstadt Bristol ebenfalls einen signifikant höheren Wert bei den Verheiratungen in den Adel aufweist als die
Industriestädte Birmingham und Manchester. Im übrigen handelt es sich in
beiden Ländern bei den Adelsfamilien, in die das wirtschaftliche Großbürgertum einheiratete, nur in den seltensten Fällen um altadlige Familien, son-

10 Im englischen Fall, bei dem ja nach Wiener nicht ein Mangel an »Bürgerlichkeit«,
sondern der Niedergang des »industrial spirit« das Problem darstellte, scheint dieser Befund
die Kritik zu bestätigen. Der Vergleich mit Deutschland zeigt allerdings, daß auch die
Schulbildung nur ein schwaches Argument ist. Denn die deutschen Unternehmer, deren
unternehmerische Leistungsfähigkeit nach Wiener in dieser Zeit nicht Schaden gelitten
hatte, waren nicht besser auf ihren Beruf vorbereitet als ihre englischen Kollegen. Vgl. zum
Schulproblem *H. Berghoff*, Public Schools and the Decline of the British Economy
1870–1914, in: PP, Bd. 129, 1990, S. 148 ff.

dern um erst ein oder zwei Generationen zuvor geadelte ehemals bürgerliche Familien.

Auch im Wohnverhalten zeigen sich bei englischen und deutschen Unternehmern deutliche Ähnlichkeiten. In beiden Ländern ist eine Tendenz zu beobachten, vom Fabrikgelände fortzuziehen und sich in einem der spätestens in der zweiten Jahrhunderthälfte entstehenden Villenvororte der Städte niederzulassen. Dabei handelte es sich zwar häufig um ein eher ländliches Ambiente, aber die schnelle Erreichbarkeit der Stadt war bei der Wahl der Wohnlage weiterhin ausschlaggebend. In diesen exklusiven Wohnlagen war die Konzentration von Großbürgern sehr hoch, was sich »konstitutiv auf das Bewußtsein als städtische Elite und deren Zusammenhalt« ausgewirkt haben könnte. Die Abwanderung auf das Land fernab der Stadt und der Erwerb größerer landwirtschaftlicher Güter waren dagegen in beiden Fällen eine seltene Ausnahme. Das blieb in Deutschland auch dann der Fall, wenn sich ein Unternehmer aus dem Geschäft zurückgezogen hatte. Während einige englische Unternehmer nach dem Ausscheiden aus dem Berufsleben tatsächlich nach Südengland oder sogar nach Nordfrankreich verzogen, blieben die untersuchten deutschen Unternehmer dem Ort ihrer wirtschaftlichen Tätigkeit bis ins hohe Alter treu. Von einer Preisgabe bürgerlicher Lebensformen kann insofern in keiner Weise gesprochen werden. Berghoff/Möller gehen deshalb davon aus, daß auch diejenigen Unternehmer, die erfolgreich genug waren, um einen repräsentativen Landbesitz erwerben zu können, in der überwiegenden Mehrheit viel zu sehr Unternehmer waren, als daß ihnen angesichts der Dauerkrise in der Landwirtschaft eine solch unrentable Investition in den Sinn gekommen wäre.

Dem wichtigsten Indikator für die »Feudalisierung« oder »Aristokratisierung« von Wirtschaftsbürgern, der gleichzeitig den Kernpunkt der Debatte um die Klassenidentität deutscher und englischer Großbürger bildet, der qualitativen und quantitativen Bedeutung der Nobilitierung, widmet Berghoff einen eigenen, wiederum vergleichenden Aufsatz.[11] Im einzelnen untersucht er dabei die Voraussetzungen für die Nobilitierung von Unternehmern und deren besondere berufliche Merkmale sowie die relative Bedeutung von Unternehmern unter den Neuadligen. Zusammenfassend stellt Berghoff fest, daß die Chancen der britischen Unternehmer auf ein Adelsprädikat weitaus besser waren als die ihrer preußischen Kollegen. Den Grund für die relative Offenheit des britischen Adels sieht er in den unterschiedlichen Aufstiegskorridoren. Während in Großbritannien neben dem persönlichen Reichtum insbesondere politische Verdienste für eine Nobilitierung qualifizierten, wirkte sich ein politisches Engagement in Preußen häufig sogar kontraproduktiv aus. Linksliberale und Angehörige der Zentrumspartei hatten kaum eine Chance,

11 Vgl. zum folgenden: *ders.*, Aristokratisierung des Bürgertums? Zur Sozialgeschichte der Nobilitierung von Unternehmern in Preußen und Großbritannien 1870–1918, in: VSWG, Jg. 81, 1994, S. 178ff.

und selbst nationalliberale Unternehmer finden sich nur selten unter den Neuadligen. Entsprechend wurden Schutzzöllner gegenüber Freihändlern und Schwerindustrielle gegenüber Fertigwarenproduzenten bevorzugt.

Den größten Teil der Nobilitierten machten in Preußen zur Zeit des Kaiserreichs Großagrarier, Beamte und Militärs mit zusammen rund 80% aller Neuadligen aus, während die Unternehmer in Großbritannien etwa in derselben Zeit mehr als ein Drittel der Nobilitierten stellten. Ganz offensichtlich sahen die »alten Eliten« in der Standeserhebung eine willkommene Möglichkeit, die eigene soziale Basis durch politisch zuverlässige Persönlichkeiten zu verbreitern. Eine offene Kommerzialisierung der Nobilitierung blieb deshalb aus. Lediglich nach dem Thronwechsel wurde die Abschließung des Adels seit den neunziger Jahren durch Wilhelm II. etwas gelockert, ohne daß sich an der grundsätzlichen Bevorzugung der Angehörigen von Bürokratie oder Militär etwas geändert hätte.

Im Ergebnis stützt Berghoff damit die Skepsis, wie sie für den deutschen Fall bereits Mitte der achtziger Jahre durch Hartmut Kaelble in einem programmatischen Aufsatz formuliert worden war. Seine Bedeutung erhielt dieser vom Autor ausdrücklich als »Zwischenbericht« bezeichnete Beitrag dadurch, daß er nicht etwa neues empirisches Material präsentierte, sondern indem er das bekannte empirische Material neu interpretierte. Während Kaelble einerseits Indikatoren wie das Heiratsverhalten der Unternehmer, ihrer Söhne und Töchter als »nicht selten zu hart und unsensibel« für den aristokratischen Imitationswunsch seitens großbürgerlicher Familien ansieht, hält er Indikatoren wie Titel, Orden, Nobilitierung und Offizierspatent für nicht hinreichend aussagekräftig: »Ein Kommerzienratstitel, ein Schwarzer Adlerorden, ein Reserveoffizierspatent machte aus einem bürgerlichen Unternehmer noch keinen Aristokraten oder auch nur Pseudoaristokraten.«[12] Insofern sollte das Streben nach solchen Distinktionen nicht als die Unterwerfung des Bürgertums unter die kulturelle oder politische Hegemonie des Adels interpretiert werden, sondern als ein Beleg für die erfolgreiche Disziplinierung des Bürgertums durch den Staat: »Ziel der staatlichen Titelpolitik war … nicht nur reine Belohnung wirtschaftlicher Leistung, sondern zusätzlich politische Auswahl und Disziplinierung.«[13]

Auch in einer dritten Gruppe von Indikatoren, die eine Anpassung des großbürgerlichen Lebensstils an adlige Vorbilder unterstellt, wie die Wohnverhältnisse, der Kauf von Großgrundbesitz und die Zugehörigkeit der Söhne zu studentischen Corps, sieht Kaelble keinen Beleg für die Imitation adliger Lebenswelten, Werte und Normen. Der wirtschaftliche Erfolg vieler Unternehmer vergrößerte die Distanz zu anderen Segmenten des Bürger-

---

12 *H. Kaelble*, Wie feudal waren die deutschen Unternehmer im Kaiserreich? Ein Zwischenbericht, in: *R. Tilly* (Hg.), Beiträge zur quantitativen vergleichenden Unternehmensgeschichte, Stuttgart 1985, S. 164.
13 Ebd., S. 169.

tums und förderte die Abschließung großbürgerlicher Familien gegenüber ortsansässigen bürgerlichen Honoratioren aus freien Berufen, Beamten und mittleren Unternehmern, die sich ihrerseits durch den plutokratischen Lebensstil vieler neureicher Großbürger abgestoßen fühlten. Am Beispiel der großbürgerlichen Villen der »Gründerzeit« läßt sich nach Kaelbles Ansicht nicht etwa ein aristokratische Vorbild belegen. Vielmehr orientierten sich die Bauherren an Villen anderer Epochen: »Was hier geprägt wurde, könnte eher ein neuer, sicher eklektizistischer, aber gerade deswegen eigenständiger großbürgerlicher Lebensstil sein.«[14]

Die beiden wichtigsten neueren Arbeiten zur Sozialgeschichte des deutschen Großbürgertums im 19. Jahrhundert, Dirk Schumanns Untersuchung bayerischer Unternehmer und Dolores Augustines Untersuchung der plutokratischen Elite des späten Kaiserreichs, nutzen Kaelbles kritischen »Zwischenbericht« als Referenzfolie für ihre Interpretation und verschaffen Kaelbles Interpretation im Ergebnis die fehlende empirische Fundierung. Das Herkunftsspektrum der Schwiegerväter frühindustrieller bayerischer Unternehmer war dem der eigenen Väter sehr ähnlich.[15] Da diese Unternehmer ihrerseits aus Unternehmer- oder Handwerkerfamilien stammten, kann bis zur Jahrhundertmitte von einer gewissen Abschließung des städtischen wirtschaftlichen Bürgertums ausgegangen werden. Obwohl Schumann im weiteren Verlauf des 19. Jahrhunderts eine leichte Öffnung zum traditionellen Bildungsbürgertum sowie zur Beamtenschaft zulasten der Handwerkerschaft ausmachen konnte, änderte sich an diesem Grundmuster nichts wesentlich. Schumann erklärt diesen Befund damit, daß die Mitgift weiterhin eine bedeutende Rolle bei der Wahl der Partnerin zumindest bei den Gründern und Erben mittlerer und kleinerer Unternehmen spielte. Da außerdem eine akademische Ausbildung unter den bayerischen Eigentümer-Unternehmern eher die Ausnahme blieb und ihre Ausbildung in der Regel in der Praxis des väterlichen oder eines befreundeten Betriebes erfolgte, dürften die Kontakte zu Akademiker- und Beamtenfamilien in der Lebensphase der Heiratsentscheidung begrenzt geblieben sein. Etwas anders war die Situation bei den Manager-Unternehmern. Sie entstammten zu einem deutlich größeren Teil als die Eigentümer-Unternehmer aus Beamten- und Akademikerfamilien und verfügten häufiger über eine akademische Bildung. Entsprechend den Verkehrskreisen der Herkunftsfamilie war auch der Anteil der Ehefrauen und Schwiegersöhne aus bildungsbürgerlichen und Beamtenfamilien bei bayerischen Manager-Unternehmern höher als bei Eigentümer-Unternehmern.

Die Heiratskontakte zum Adel waren nur schwach ausgeprägt und reduzierten sich wesentlich auf die Kinder (meist die Töchter) nobilitierter Unternehmerfamilien. Erstaunlicherweise galt dies nicht nur für den grundbesitzenden Adel, sondern auch für die obersten Ränge in Bürokratie und

---

14 Ebd., S. 168.
15 Vgl. zum folgenden *Schumann*, Bayerns Unternehmer.

Militär. Im Gegensatz dazu war der Anteil von bürgerlichen Beamten und Offizieren unter den Schwiegersöhnen der bayerischen Unternehmer vergleichsweise hoch und tendenziell steigend. Darin sieht Schumann eine deutliche Bestätigung der Kaelble-Kritik an der Feudalisierungsthese. Denn während der soziale Umgang der Unternehmerfamilien mit der traditionellen Geburtselite schwach ausgeprägt blieb, suchten sie ganz offensichtlich die Verbindung zu einer »staatsdefinierten Leistungselite«.

Im Vergleich zu Preußen tritt diese Staatsorientierung der bayerischen Unternehmer noch deutlicher hervor. Denn anders als Preußen verfügte Bayern bereits vor der Revolution von 1848 über eine Verfassung und ein Parlament für den Gesamtstaat. Eine offene Frontstellung zwischen Unternehmern und Staat hat es deshalb in Bayern auch im Vormärz nicht gegeben. Entsprechend fanden sich Unternehmer auch im Gegensatz zu Preußen nicht unter den führenden Revolutionären. Insofern markiert die Annahme von Orden und Ehrentiteln seitdem auch keinen Bruch im Verhältnis von bayerischem Staat und Unternehmern. Die große und seit 1880 stetig steigende Zahl der Auszeichnungen als Kommerzienrat wird von Schumann deshalb zum einen auf den geschäftlichen Nutzen eines solchen Titels, zum anderen aber auch auf den beamtenähnlichen Anstrich des »Rats«-Titels zurückgeführt. Wenn das Vorbild demnach nicht der Erbadlige, sondern der hohe, akademisch gebildete Beamte war, ist das auch insofern nicht verwunderlich, als die politische Macht zur Zeit des Kaiserreichs in Bayern deutlicher als in Preußen und im Reich bei der Bürokratie und nicht beim Adel lag. Zudem war diese Bürokratie deutlich weniger durch den Adel dominiert als in Preußen. Wie sehr sich diese Bürokratie der Wirkung ihrer Disziplinierungsstrategie bewußt war, zeigt die inflationäre Vergabe der Titel zur Loyalitätssicherung in einer Zeit zunehmender sozialer Spannungen nach der Jahrhundertwende.

Trotz der größeren Attraktivität des Adels in Preußen kommt auch Karin Kaudelka-Hanisch im wesentlichen zu demselben Fazit. Schon im Jahr 1807 hatte Hardenberg die Anbindung des Wirtschaftsbürgertums an den Staat durch die Vergabe von Titeln gefordert. Ihre prosopographische Untersuchung preußischer Kommerzienratsfamilien läßt bei deren sozialer und kultureller Praxis keinerlei Ansätze einer »Feudalisierung« erkennen. Aufgrund unterschiedlicher regionaler Schwerpunktsetzungen bei der Samplebildung kommt Kaudelka-Hanisch aber abweichend von Schumann zu dem Schluß, daß die Vergabe des Kommerzienratstitels in den alten preußischen Gewerberegionen eher als ein Reflex auf den wirtschaftlichen Erfolg als Unternehmer zu interpretieren ist, während sie in den jüngeren Industrieregionen einen Impuls zur Schaffung einer staatsnahen Wirtschaftselite darstellte.[16]

16 *K. Kaudelka-Hanisch*, Preußische Kommerzienräte in der Provinz Westfalen und im Regierungsbezirk Düsseldorf (1810–1918), Dortmund 1993, S. 243 ff.; *dies.*, The Titled Businessman. Prussian Commercial Councillors in the Rhineland and Westphalia during the Nineteenth Century, in: *D. Blackbourn* u. *R.J. Evans* (Hg.), The German Bourgeoisie, London 1991, S. 87 ff.

Bei ihrer Untersuchung der plutokratischen Elite des Kaiserreichs konzentriert sich Dolores Augustine auf das neben der Staatsorientierung zweite zentrale Gegenargument zur »Feudalisierungsthese«.[17] Den großbürgerlichen Lebensstil des späten Kaiserreichs interpretiert sie nicht als den Versuch, mit den adligen Eliten gleichzuziehen, sondern als überwiegend geschäftlich motiviert. Die Attraktivität von Titeln und Orden wird ihrer Meinung nach deutlich überschätzt. Zum Beleg verweist sie auf zahlreiche Beispiele dafür, daß Unternehmer eine solche Auszeichnung ausdrücklich ablehnten oder zumindest von ihr keinen Gebrauch machten. Darüber hinaus läßt sich umgekehrt in Einzelfällen konkret der Nachweis führen, daß das Bemühen um eine solche Auszeichnung als Strategie im Wettbewerb mit den Konkurrenten angesehen wurde. Wenn etwa die wichtigsten Konkurrenten eines Privatbankiers einen Adelstitel führten, erklärt sich das Bemühen, ebenfalls nobilitiert zu werden, dadurch, daß man einen Wettbewerbsnachteil ausgleichen mußte. Der Adelstitel suggerierte Staatsnähe und dadurch Solidität und Sicherheit.

Ähnlich verhält es sich mit dem opulenten Lebensstil der Wirtschaftsgroßbürger. Die Beteiligung am »gesellschaftlichen Leben« der Metropolen wie Berlin und Hamburg wurde als unerläßlich für den anhaltenden wirtschaftlichen Erfolg gesehen. Die in Berlin regelmäßigen Einladungen an (überwiegend ausländische und häufig adlige) Diplomaten und Mitglieder der Regierung werden von Augustine nicht als ein Indiz für das Bedürfnis nach gesellschaftlicher Anerkennung durch diese Kreise, sondern als Strategie zur Anknüpfung von Geschäftsbeziehungen interpretiert. Denn Adlige finden sich nur dann unter den Gästen, wenn sie eine solche Funktion innehatten. Der Befund für Hamburg bestätigt diese Vermutung. Dort hatten Adlige so gut wie keine öffentlichen Funktionen, und entsprechend gehörten sie auch so gut wie gar nicht zu den gehobenen wirtschaftsbürgerlichen Zirkeln der Stadt.

Ganz anders zu bewerten sind die ebenfalls häufig ausgesprochenen Einladungen an bekannte Künstler und Intellektuelle, die geschäftlich kaum von Nutzen sein konnten. Augustine interpretiert diese Beziehung so, daß die kulturelle Nähe des Wirtschaftsgroßbürgertums zum Bildungsbürgertum wesentlich größer gewesen sein muß als zum Adel. Diese These wird gestärkt durch eine Bestätigung der Beobachtungen von Berghoff zum durchschnittlichen Bildungsniveau des Wirtschaftsgroßbürgertums. Augustine geht sogar soweit, die Erziehung der Söhne von Wirtschaftsbürgern

---

17 Vgl. zum folgenden *D. Augustine*, Patricians and Parvenues. Wealth and High Society in Wilhelmine Germany, Oxford 1994 sowie zu Einzelaspekten *dies.*, Arriving in the Upper Class: the Wealthy Business Elite of Wilhelmine Germany, in: *Blackbourn/Evans* (Hg.), German Bourgeoisie, S. 46ff.; *dies.*, The Banker in German Society, in: *Y. Cassis* (Hg.), Finance and Financiers in European History, 1880–1960, London 1991, S. 161ff; *dies.*, The Business Elite of Hamburg and Berlin, in: Central European History, Bd. 24, 1991, S. 132ff.

und Bildungsbürgern in denselben Erziehungsanstalten und mit denselben Inhalten als einen wesentlichen Faktor »to promote unity rather than segmentation in the bourgeoisie« zu bewerten.[18]

Diese Interpretation wird auch durch die Untersuchungen von Morten Reitmayer über die führenden Bankiers des Kaiserreichs gestützt.[19] In »Bildung« und »Kultur« sieht er die legitimationsstiftenden Elemente der Gesellschaft. Für die Erlangung der gesellschaftlichen Anerkennung besaß das Vermögen der großbürgerlichen Familien nur mittelbar einen Wert, indem es die Nachkommen in die Lage versetzte, den Umgang mit den Spielregeln der herrschenden Kultur zu erlernen; und diese »Kultur« war eine bildungsbürgerliche und keine aristokratische. Der gemeinsame (bürgerliche) Wertekanon, zu dem die Neigung zu zweckrationalem Handeln und die Wertschätzung persönlicher Leistungen ebenso gehörten wie die Anerkennung der obrigkeitsstaatlichen Ordnung und ihrer Symbole, machte Wirtschaftsbürgertum und Bildungsbürgertum im Wilhelminischen Deutschland zu einer »bürgerlichen Einheit« unbeschadet aller Einkommensdisparitäten. Einschränkend bemerkt Reitmayer allerdings zurecht, daß die Opulenz des großbürgerlichen Lebensstils um die Jahrhundertwende auf Aristokratie und Bildungsbürgertum gleichermaßen abstoßend wirkte. Der (zum Teil erzwungene) Verzicht auf diese Opulenz während und nach dem Ersten Weltkrieg hätte somit zu einer weiteren Annäherung dieser beiden wichtigsten bürgerlichen Formationen geführt haben können, wenn nicht andere Faktoren wie die Expropriation weiter Teile des Bildungsbürgertums durch die Inflation und die damit verbundene Angst vor dem Absturz in eine proletaroide Existenz die Distanz wieder vergrößert und die »bürgerliche Lebensführung« weiter Teile des Bürgertums im Kern gefährdet hätten.

Am Ende der neunziger Jahre läßt sich zusammenfassend feststellen, daß die »Feudalisierungsthese« in der Form, wie sie bis gegen Ende der siebziger Jahre in der Forschung allgemein akzeptiert war, heute kaum mehr ernsthaft vertreten werden kann. Insofern man die »Feudalisierungsthese« als konstitutiv für die »Sonderwegsthese« ansieht, haben die jüngeren Forschungen zur Sozialgeschichte des Wirtschafts-(Groß-)Bürgertums in der zweiten Hälfte des 19. Jahrhundert maßgeblich zur Erschütterung der Sonderwegsthese beigetragen. Denkbar wäre es allerdings auch, die »Feudalisierung« des deutschen Bürgertums durch seine Staatsorientierung als Erklärungsan-

18 *Augustine*, Patricians, S. 58; vgl. hierzu auch *T. Pierenkemper*, Deutsche Unternehmer im 19. Jahrhundert als Elite, in: *R. Hudemann* u. *G.-H. Soutou* (Hg.), Eliten in Deutschland und Frankreich im 19. und 20. Jahrhundert, München 1994, S. 119 ff.

19 Vgl. *M. Reitmayer*, Bankiers als Bildungsbürger. Sozialprofil und kulturelle Praxis im Kaiserreich, in: Werkstatt Geschichte, Jg. 14, 1996, S. 41 ff.; *ders.*, »Bürgerlichkeit« als Habitus. Zur Lebensweise deutscher Großbankiers im Kaiserreich, in: GG, Jg. 25, 1999, S. 66 ff.

satz für den »Sonderweg« zu ersetzen.[20] Inwieweit diese Erklärung wirklich trägt und inwieweit sie nicht selber erklärungsbedürftig ist, ist aber eine andere Frage.

2. Das jüdische Wirtschaftsbürgertum und die nichtjüdisch-deutsche Gesellschaft

Das Interesse an der Geschichte der Juden in Deutschland hat während der vergangenen rund zwanzig Jahre in Deutschland gewaltig zugenommen. Dieses Interesse verengte sich dabei keineswegs nur auf die Zeit des Nationalsozialismus, sondern reichte bis tief in das »bürgerliche« 19. Jahrhundert zurück. So war es naheliegend, daß sich die Forschung zur Geschichte des Bürgertums und zur deutsch-jüdischen Geschichte häufiger für denselben Untersuchungsgegenstand interessierte: das jüdische Bürgertum. Mit Marion Kaplans Buch über »The Making of the Jewish Middle Class«[21] verfügt die Forschung heute über ein Standardwerk, das für die Geschichte der Juden (und insbesondere der Jüdinnen) in Deutschland wie für die Geschichte des deutschen Bürgertums von gleich großer Bedeutung ist.

Von ähnlich großer Bedeutung für die Bürgertumsforschung sind auch die Arbeiten von Werner Mosse über das deutsch-jüdische Wirtschaftsbürgertum. Wie Kaplan war auch Mosse in erster Linie an dem deutsch-jüdischen Aspekt seines Themas interessiert. Denn seine Fragestellung war ursprünglich keine im engeren Sinne bürgertumsgeschichtliche. Mosse begründete vielmehr sein Forschungsinteresse an den jüdischen Unternehmern (und nicht an den Unternehmern im allgemeinen) damit, daß es keine objektivierbaren Kriterien für ökonomisch rationales Handeln gibt, sondern daß die kulturellen und religiösen Traditionen das Verständnis davon nachhaltig beeinflussen.[22] Insofern könnte es, so seine Hypothese, eine spezifisch jüdische Wirtschaftsmentalität gegeben haben, für deren Erklärung man nicht auf die rassistischen Kategorien der Antisemiten angewiesen sei. Vielmehr ließe sie sich durch die Anwendung moderner sozial- und kulturhistorischer Methoden erschließen.

---

20 Vgl. hierzu neuerdings *J. Kocka*, The European Pattern and the German Case, in: *ders.* u. *A. Mitchell* (Hg.), Bourgeois Society in Nineteenth Century Europe, Oxford 1993; *ders.*, Obrigkeitsstaat und Bürgerlichkeit. Zur Geschichte des deutschen Bürgertums im 19. Jahrhundert, in: *W. Hardtwig* u. *H.-H. Brandt* (Hg.), Deutschlands Weg in die Moderne, München 1993, S. 107–121; *ders.*, Nach dem Ende des Sonderwegs. Zur Tragfähigkeit eines Konzepts, in: *A. Bauerkämper* u.a. (Hg.), Doppelte Zeitgeschichte, Berlin 1998, S. 364 ff.; *ders.*, Bürgertum und Sonderweg.

21 Oxford 1991.

22 *W. Mosse*, Jewish Entrepreneurship in Germany 1820–1935, in: *ders.* u. *H. Pohl* (Hg.), Jüdische Unternehmer in Deutschland im 19. und 20. Jahrhundert, Stuttgart 1992, S. 55.

Am Anfang von Mosses Forschungsvorhaben stand die Quantifizierung des jüdischen Segments innerhalb des deutschen Wirtschaftsbürgertum. Bereits an diesem Punkt betrat er ein lange Zeit in der deutschen Forschung tabuisiertes Forschungsfeld. Denn sieht man einmal von Hans Mommsens viel zu wenig beachtetem Gutachten »Zur Frage des Einflusses deutscher Juden auf die deutsche Wirtschaft in der Zeit der Weimarer Republik«[23] aus den sechziger Jahren ab, war die Forschung bei der Frage nach Umfang und Branchenverteilung jüdischer Wirtschaftätigkeit viel zu lange auf zeitgenössische soziologische Untersuchungen angewiesen. Wie diese Untersuchungen zeigen, war der Anteil von Personen jüdischer Herkunft unter den Millionären und unter den Unternehmern in bestimmten Branchen (insbesondere im Bankwesen und im Immobilienhandel) weit überproportional hoch im Vergleich zur Gesamtbevölkerung.[24] Man darf deshalb vermuten, daß manchen Forscher die Scheu davor, durch eine moderne sozialhistorische Untersuchung den nach wie vor verbreiteten antisemitischen Vorurteilen (»verjudetes Bankgewerbe«, »Goldene Internationale«) in der bundesdeutschen Bevölkerung unfreiwillig Vorschub zu leisten, davon abgehalten hat, sich dieses Untersuchungsgegenstandes anzunehmen.

Zur Quantifizierung des Anteils jüdischer Familien am wirtschaftlichen Großbürgertum von der Mitte des 19. Jahrhunderts bis in die 1930er Jahre hinein greift Mosse auf drei unterschiedliche und im Zeitablauf unterschiedlich bedeutsame Indikatoren für die Zugehörigkeit zur wirtschaftsbürgerlichen Elite zurück. Neben pragmatischen Erwägungen der Identifizierung des Personenkreises trägt er damit dem sich verändernden Charakter von Wirtschaft und Gesellschaft im Untersuchungszeitraum Rechnung. Die erste Definition von »Wirtschaftselite« entspricht der gesellschaftlichen Position der wirtschaftlichen »Notabeln-Elite« des 19. Jahrhunderts. Als Indikator für die Zugehörigkeit wählt Mosse den Titel des Kommerzienrats. Dieser wirtschaftlichen »Notabeln-Elite« folgte gegen Ende des 19. Jahrhunderts die »plutokratische Elite«. Die wirtschaftliche Entwicklung während des Kaiserreichs ermöglichte die Ansammlung gewaltiger Vermögen. Reichtum wird für Mosse nun zum Kriterium für besonderen wirtschaftlichen Erfolg. Im 20. Jahrhundert, spätestens jedoch nach dem Ersten Weltkrieg, wird auch dieses Kriterium unbrauchbar. Wegen der Trennung zwischen Besitz und Unternehmerfunktion verliert das Eigentum seine Indikatorfunktion für den wirtschaftlichen Erfolg. Die »plutokratische Elite« wird in der Zeit des »Organisierten Kapitalismus« durch eine »positionale« oder »Einflußelite« abgelöst bzw. ergänzt. Darun-

---

23 Gutachten des Instituts für Zeitgeschichte, Bd. 2, Stuttgart 1966, S. 348 ff.
24 *A. Marcus*, Die Juden im deutschen Bankwesen, in: Jüdische Wohlfahrtspflege und Sozialpolitik NF Bd. 1, 1930, S. 339 ff.; *ders.*, Die wirtschaftliche Krise des deutschen Juden, Berlin 1931; *J. Lestschinsky*, Das wirtschaftliche Schicksal des deutschen Judentums, Berlin 1932.

ter versteht Mosse die Vorstände und Aufsichtsräte von Großindustrie und Großbanken sowie die Seniorchefs einer Handvoll bedeutender Familienunternehmen.

In der Zeit der Frühindustrialisierung und des industriellen »Take off« konnte Mosse unter den Pionierunternehmern keine Juden identifizieren. Das ist auch nicht verwunderlich, denn zu dieser Zeit konzentrierte sich die jüdische Wirtschaftstätigkeit noch wesentlich auf Handel und Bankwesen. Im Bankwesen waren jüdische Unternehmer jedoch bereits zu dieser frühen Zeit dominant.[25] In der Zeit des Kaiserreichs änderte sich daran nicht viel. Die Mehrheit der wichtigsten deutschen Bankhäuser waren nach wie vor im Besitz jüdischer (oder ehemals jüdischer) Familien, und auch in den Vorstandsetagen der bedeutenden Aktienbanken waren Direktoren jüdischer Herkunft stark überrepräsentiert. Im Zuge der »Zweiten Industriellen Revolution« stiegen nun aber erstmals auch jüdische Industrielle (Emil Rathenau, Isidor Loewe, Heinrich Caro, Franz Oppenheim) in die Wirtschaftselite auf. Unter den »Superreichen« des späten Kaiserreichs finden sich entsprechend sehr viele Angehörige jüdischer Familien.[26]

Auch bei der Untersuchung der positionalen Elite des frühen 20. Jahrhunderts änderte sich wenig an dem Gesamteindruck einer starken Überrepräsentanz jüdischer Unternehmer. Insbesondere der Bedeutungsverlust der Privatbankdynastien konnte durch einen hohen Anteil jüdischer Großbankdirektoren ausgeglichen werden. Kritisch wendet sich Mosse dabei gegen die oft wiederholte zeitgenössische These, wonach jüdische Unternehmer bereits seit der zweiten Hälfte der zwanziger Jahre aus Spitzenpositionen gedrängt worden seien. Die häufig angeführten Einzelbeispiele seien keineswegs repräsentativ für die jüdischen Unternehmer insgesamt. Dank der Protektion Schachts hätten sie sich sogar bis etwa 1935 in ihren Positionen behaupten können. Zusammenfassend geht Mosse deshalb für den gesamten Untersuchungszeitraum von einem relativ stabilen Anteil von 15% bis 18% Personen jüdischer Herkunft an der nationalen Wirtschaftselite aus.[27]

Neuere Untersuchungen stützen Mosses Position, weisen allerdings auch daraufhin, daß der Anteil der Elitemitglieder jüdischer Herkunft bereits

---

25 *W. Mosse*, Jews in the German Economy, Oxford 1987, S. 116 f.

26 Unter den 29 Familien mit einem Gesamtvermögen von jeweils 50 Mio. Mark und mehr waren neun jüdisch oder jüdischer Herkunft (*Mosse*, Jews, S. 202) und unter den 200 reichsten Einzelpersonen in Preußen waren 55 (oder 27,5%) jüdisch oder jüdischer Herkunft (ebd., S. 204). Die jüdischen »Superreichen« waren allerdings überwiegend konzentriert auf Berlin und Frankfurt am Main und dort fast ausschließlich im Handel und im Bankwesen unternehmerisch tätig (ebd., S. 205, 210).

27 *Mosse*, Entrepreneurship, S. 54. Unter den Bankiers war der Anteil zweifellos noch höher; Vgl. hierzu *D. Augustine*, The Banker in German Society, in: *Y. Cassis* (Hg.), Finance and Financiers in European History, Cambridge 1991, S 161 ff.

nach der Bankenkrise des Jahres 1931 zurückzugehen begann.[28] Inwieweit sich diese rückläufige Tendenz allerdings schon auf das Vordringen des Antisemitismus in der Gesellschaft zurückführen läßt, ist bei dem derzeitigen Forschungsstand noch nicht sicher zu beantworten. Die analytische Trennung zwischen den Krisenfolgen etwa für die besonders hart betroffenen Privatbankiers (mit ihrem sehr hohen jüdischen Anteil) und den Folgen der Machtergreifung durch die Nationalsozialisten ist wegen der zeitlichen Nähe der beiden möglichen Ursachen sehr schwer.[29] Mosses Vermutung, die Protektion Schachts hätte bis etwa 1935 jüdische Elitemitglieder geschützt, kann allerdings als widerlegt angesehen werden. Die »Entjudung« der deutschen Wirtschaft begann bereits wenige Monate nach der »Machtergreifung« und wirkte sich schon in diesem Jahr nachhaltig auf die konfessionelle Zusammensetzung der Wirtschaftselite aus.[30] Noch vor Ausbruch des Zweiten Weltkrieges war der Prozeß abgeschlossen, und nach dem Krieg konnte die Tradition deutsch-jüdischer Wirtschaftstätigkeit aufgrund der Vertreibung und Ermordung von tausenden jüdischer Unternehmerfamilien auch nicht mehr wiederbelebt werden.

Die Forschung ist sich heute weitgehend einig darin, daß der erste und wichtigste Grund für den relativen wirtschaftlichen Erfolg jüdischer Wirtschaftsbürger in den vorindustriellen Traditionen jüdischer Wirtschaftstätigkeit zu sehen ist. Da den Juden die prestigeträchtigsten Berufe der vorindustriellen Stadt, als zünftiger Handwerksmeister und als städtischer oder staatlicher Bediensteter, versperrt waren, wandten sich viele Juden notgedrungen solchen Geschäftsfeldern zu, die nur ein geringes soziales Prestige besaßen, fähigen Kaufleuten aber gleichwohl häufig gute Verdienstmöglichkeiten boten. Die erfolgreichsten unter ihnen diversifizierten gelegentlich schon vor dem industriellen »Take off«, meist aber erst begünstigt durch die Industrialisierung aus dem traditionellen jüdischen Geschäftsfeld, dem Produkthandel, in andere aussichtsreiche Felder wie den Geldhandel (später das Bankwesen), den Produktgroßhandel und schließlich auch in industriell-unternehmerische Tätigkeiten. Dank der frühen unternehmerischen und nicht selten auch bildungsbürgerlichen Wertorientierung jüdischer Familien wur-

---

28 *P. Hayes*, Big Business and ›Aryanization‹ in Germany, 1933–1939, in: Jb. f. Antisemitismusforschung, Bd. 3, 1994, S. 255 f.; *D. Ziegler*, Kontinuität und Diskontinuität der deutschen Wirtschaftselite 1900 bis 1938, in: *ders.* (Hg.), Großbürger und Unternehmer. Die deutsche Wirtschaftselite im 20. Jahrhundert, Göttingen 2000, S. 31–53.

29 Zur Entwicklung der Privatbankiers vgl. *A. Fischer*, Jüdische Privatbanken im Dritten Reich, in: Scripta Mercaturae, Jg. 28, 1994, S. 1 ff.; *C. Kopper*, Zwischen Marktwirtschaft und Dirigismus. Bankpolitik im »Dritten Reich« 1933–1939, Bonn 1995, S. 220 ff.; *H. Wixforth* u. *D. Ziegler*, Deutsche Privatbanken und Privatbankiers im 20. Jahrhundert, in: GG, Jg. 23, 1997, S. 195 ff.

30 Nach Zieglers Daten (*ders.*, Kontinuität, Tab. 4) sank der Anteil der Elitemitglieder jüdischer Herkunft von etwa 45 % während des ersten Viertels des 20. Jh. auf unter 25 % 1933 und 1 % 1938. Kritisch zur Rolle Schachts: *A. Fischer*, Hjalmar Schacht und Deutschlands Judenfrage, Köln 1995.

den die Söhne in der Regel sehr gut auf ihre spätere unternehmerische Tätigkeit vorbereitet, für die es vielfach auch kaum eine gleichwertige – d.h. eine die bürgerliche Existenz sichernde – Alternative gab. Denn der Staatsdienst und insbesondere eine Militärkarriere waren für Juden im 19. Jahrhundert weiterhin de facto kaum bzw. gar nicht offen. Lediglich die freien bildungsbürgerlichen Berufe (Anwälte, Ärzte) stellten eine realistische Alternative dar. So erklärt sich erstens der hohe Anteil Juden auch in diesen Berufsgruppen, zweitens aber auch der anhaltende Erfolg jüdischer Unternehmer in Managerunternehmen, in denen die »Vererbung« der Unternehmerfunktion im Gegensatz zum Eigentümerunternehmen alles andere als selbstverständlich war.

Den zweiten Grund für den relativen Erfolg des jüdischen Wirtschaftsbürgertums sieht die Forschung in dem engen Zusammenhalt jüdischer Familien. Insbesondere die Heiratspolitik stellte ein wichtiges Instrument zur Sicherung des längerfristigen wirtschaftlichen Erfolges dar. Die ökonomisch motivierten, von den Eltern arrangierten Heiraten bildeten zwar keine Besonderheit jüdischer Familien, aufgrund ihrer Isolation in der nichtjüdischen Umwelt ist aber von einer außergewöhnlich stark ausgeprägten Loyalität innerhalb der Familien und zwischen verschwägerten Familien auszugehen. Die fehlende Einbindung jüdischer Familien in die Oberschicht ihres jeweiligen Heimatortes und die bei zahlreichen männlichen Nachkommen begrenzten Möglichkeiten wirtschaftlicher Betätigung am Ort erhöhten darüber hinaus die Bereitschaft, den Heimatort zu verlassen und – nicht selten in enger Verbindung mit dem väterlichen Geschäft – anderswo, unter Umständen sogar im Ausland, ein eigenes Unternehmen zu gründen. Auf diese Weise entstanden schon früh »Filialunternehmen«, die anders als die späteren multinationalen (Manager-) Unternehmen nicht auf Kapitalbeziehungen, sondern in erster Linie auf Familien- oder ethnischer Loyalität begründet waren.[31] Solche »Filialunternehmen« waren in Deutschland zwar eine Besonderheit des jüdischen Wirtschaftsbürgertum. Sie lassen sich aber nicht auf eine spezifisch jüdische Wirtschaftsmentalität zurückführen, denn außerhalb Deutschlands finden sich solche Konstruktionen auch bei anderen religiösen Minderheiten.[32]

Die Frage einer spezifisch jüdischen Wirtschaftsmentalität ist in der Forschung sehr umstritten. Werner Mosse unterstellt jüdischen Unternehmern eine größere Risikobereitschaft, die er mit deren größerer Mobilität und Flexibilität erklärt. Als Beleg führt er u.a. die unterschiedlichen Unternehmensstrategien des sich im Besitz einer »christlichen« Familie befindlichen

31 *B. Barth*, Weder Bürgertum noch Adel – Zwischen Nationalstaat und kosmopolitischer Gesellschaft. Zur Gesellschaftsgeschichte der deutsch-jüdischen Hochfinanz vor dem Ersten Weltkrieg, in: GG, Jg. 25, 1999, S. 94 ff.
32 *C. A. Jones*, International Business in the Nineteenth Century. The Rise and Fall of a Cosmopolitan Bourgeoisie, Brighton 1987.

Siemens-Konzerns und der von Emil Rathenau geleiteten AEG in der Frühphase der Elektrifizierung Deutschlands an. In ähnlicher Weise vermutet er,
daß die große Risikobereitschaft von Danat-Bank und Dresdner Bank, als
den von der Krise im Juli 1931 am stärksten betroffenen Großbanken, im
wesentlichen darauf zurückzuführen sei, daß die Vorstände gerade von diesen beiden Banken einen besonders hohen Anteil jüdischer Mitglieder besaßen. Jakob Goldschmidt wird insofern als der Prototyp des risikobereiten
jüdischen Bankiers interpretiert.[33]

Der Beweis für eine gruppenspezifische Wirtschaftsmentalität anhand
von einzelnen Beispielen ist äußerst problematisch. Ein Blick in die neuere
unternehmensgeschichtliche Forschung scheint eine besondere Risikobereitschaft eher für soziale Aufsteiger oder als Reaktion auf die eigene soziale
Randstellung zu belegen. Dabei spielt die Religionszugehörigkeit oder gar
eine besondere religiöse Bindung keine erkennbare Rolle. Andererseits wird
das sogenannte »Buddenbrooks-Syndrom« saturierter, risikoaverser Familien gerade auch am Beispiel jüdischer Familien exemplifiziert. So gelang es
nur sehr wenigen Hoffaktorenfamilien, ihr »Geschäft« erfolgreich in ein
modernes Bankhaus zu überführen, und auch erfolgreiche Bankhäuser des
19. Jahrhunderts wie das Frankfurter Bankhaus Rothschild oder das Berliner
Bankhaus Bleichröder scheiterten nicht zuletzt an dem fehlenden unternehmerischen »Geist« der Nachkommen aus der dritten oder vierten Generation.[34] Ähnlich zweifelhaft scheint Mosses Begründung für die besondere
Risikobereitschaft der Danat-Bank zu sein. Denn Goldschmidts »Gegen-
spieler« in dem Drama vom Juli 1931,[35] Oscar Wassermann und Georg
Solmssen von der Deutschen Bank und Discontogesellschaft, stammten
ebenfalls aus jüdischen Familien. Unter der Voraussetzung, daß man die Ge-
schäftspolitik einer Großbank in den zwanziger Jahren überhaupt auf die
Wirtschaftsmentalität ihrer führenden Persönlichkeiten zurückführen kann,
ist wohl eher die Tatsache ausschlaggebend gewesen, daß Goldschmidt und
Bodenheimer bei der Danat-Bank soziale Aufsteiger waren, Wassermann

---

33 *Mosse*, Jews, S. 316 ff.; *ders.*, Entrepreneurship, S. 65. Skeptisch dazu: *N. Gross*, Entrepreneurship of Religious and Ethnic Minorities, in: *Mosse/Pohl* (Hg.), Unternehmer, S. 19;
Augustine, Patricians, S. 126 f. Die gegenteilige Position vertritt *H. Henning*, Juden in der
deutschen Wirtschaft, in: *R. Schörken* u. *D. Löwisch* (Hg.), Das doppelte Antlitz. Zur Wirkungsgeschichte deutsch-jüdischer Künstler und Gelehrter, Paderborn 1990, S. 107 ff.

34 *D. Landes*, Bleichroeder and Rothschild. The Problem of Continuity in the Family
Firm, in: *C. E. Rosenberg* (Hg.), The Family in History, Philadelphia 1975, S. 95 ff.

35 Ein Hilfeersuchen Goldschmidts zur Rettung der Danat-Bank lehnten die Vertreter der Deutschen Bank und Disconto-Gesellschaft brüsk ab. Denn ihnen ging es »sehr
viel mehr um die Wahrung der eigenen Interessen als etwa um die Verhütung des Zusam-
menbruchs der Danat-Bank« (*G. Feldman*, Die Deutsche Bank vom Ersten Weltkrieg bis
zur Weltwirtschaftskrise, in: *ders. u.a.*, Die Deutsche Bank 1870–1995, München 1995,
S. 299 f.). Der Zusammenbruch der Danat-Bank wurde wenige Tage später zum Auslöser
der Bankenkrise, die der Weltwirtschaftskrise in Deutschland erst ihre besondere Dramatik
verlieh.

und Solmssen dagegen aus etablierten Bankiersdynastien stammten, mithin wesentlich mehr zu verlieren hatten als Goldschmidt, der sich durch seinen großartigen wirtschaftlichen Aufstieg seine soziale Anerkennung innerhalb des Großbürgertum, selbst innerhalb des jüdischen Großbürgertums, erst noch »erarbeiten« mußte.[36]

Es kann kein Zweifel daran bestehen, daß die Frage der Integration in und der Anerkennung durch die nichtjüdische Gesellschaft ein zentrales Problem fast aller Angehörigen des jüdischen Großbürgertums im 19. Jahrhundert und während des ersten Drittels des 20. Jahrhunderts gewesen ist.[37] Zahlreiche Familien versuchten die Integration durch totale Assimilation in die nichtjüdische Umwelt zu erreichen. Das sichtbarste Zeichen war die Heirat mit einem nichtjüdischen Partner, wobei die Taufe nicht selten voranging.[38] Zumindest die Kinder wurden in solchen »Mischehen« nach ihrer Geburt getauft und christlich erzogen.[39] Die Taufe der Kinder (meist lutherisch, sehr selten katholisch) leitete aber auch in einigen jüdischen Familien ohne nichtjüdische Mitglieder die Abkehr vom Judentum ein, die im Extremfall sogar durch die Abänderung des jüdischen Familiennamens für jeden sichtbar vollzogen wurde.

Obwohl der Anteil der Konvertiten im jüdischen Großbürgertum im Vergleich zu anderen Segmenten des jüdischen Bürgertums sehr hoch gewesen ist, kann dennoch keine Rede davon sein, daß der wirtschaftliche Aufstieg fast zwangsläufig zur totalen Assimilation führte. Im Gegenteil, eine deutliche Mehrheit des jüdischen Wirtschaftsbürgertums blieb bemüht, ihre jüdische Identität zu wahren. In der Zeit der Weimarer Republik nahm die Zahl derjenigen, die ihr Jüdischsein unter dem zunehmenden äußeren Druck wieder entdeckten, sogar eher zu. Ein besonders prägnantes Beispiel für diese Tendenz ist der Hamburger Bankier Max Warburg, der sein Judentum zwar nie verleugnete, für den seine Religion aber lange Zeit wenig Bedeutung besessen hatte. Unter dem zunehmenden Druck des Antisemitismus engagierte er sich in der Endphase der Weimarer Republik verstärkt in jüdi-

---

36 Vgl. hierzu *G. Feldman*, Jakob Goldschmidt, the History of the Banking Crisis of 1931, and the Problem of Freedom of Manoeuvre in the Weimar Economy, in: *C. Buchheim u. a.* (Hg.), Zerrissene Zwischenkriegszeit. Fs. Knut Borchardt, Baden-Baden 1994, S. 307 ff.

37 Vgl. zum folgenden *W. Mosse*, The German-Jewish Economic Elite 1820–1935, Oxford 1989, Kap. 5, S. 134 ff. u. Kap. 6, S. 161 ff.

38 In der Ehe mit einem katholischen Partner war die Taufe fast eine notwendige Voraussetzung. Denn Mischehen galten nach katholischem Verständnis weiterhin als »Sünde«. *O. Blaschke*, Katholizismus und Antisemitismus im Deutschen Kaiserreich, Göttingen 1997, S. 79.

39 Dabei war allerdings nicht immer das Assimilationsbedürfnis des jüdischen Elternteils ausschlaggebend. Wenn die Mutter christlich war, lehnten viele Rabbiner die Aufnahme der Kinder ins Judentum grundsätzlich ab, so daß es zur Taufe keine Alternative gab. Vgl. *K. Meiring*, Die Christlich-Jüdische Mischehe in Deutschland 1840–1933, Hamburg 1998, S. 48.

schen Angelegenheiten und wurde nach der Machtergreifung durch die Nationalsozialisten zu einem »Führer der deutschen Juden«.[40]

Die Integration in die nichtjüdische bürgerliche Gesellschaft war aber
nicht erst in der Spätphase der Weimarer Republik schwierig. Nur bis in die
1870er Jahre hinein war die Taufe ein geeignetes Mittel, soziale Anerkennung durch die nichtjüdische Gesellschaft zu erlangen. Seitdem bedeutete
die Taufe den Verlust der alten sozialen Bindungen, ohne in die nichtjüdische Gesellschaft wirklich aufgenommen zu sein. Die Analyse des Heirats-
verhaltens großbürgerlicher Erben zeigt eine weitgehende Isolation nicht
nur der jüdischen Familien von der nichtjüdischen Gesellschaft, sondern
auch der Konvertiten, die ihrerseits vom Kontakt zu jüdischen Familien ab-
geschnitten waren.

Die jüdischen Großbürger waren zwar wegen der Kombination von Bildung und Kultur auf der einen Seite und Reichtum auf der anderen Seite
auch für Nichtjuden als sozialer Umgang durchaus interessant. Viele jüdische Industrielle und Bankiers galten als die Repräsentanten der großbürgerlichen Kultur schlechthin. Die Tochter mit dem Sohn eines jüdischen
Großbürgers zu verheiraten, war aber für einen etablierten nichtjüdischen
Unternehmer kaum vorstellbar; und auch dem Heiratskontakt zwischen
dem nichtjüdischen Bildungsbürgertum und dem jüdischen Großbürgertum
standen hohe Hürden entgegen. Denn hier kam zur ethnischen noch eine
soziale Distanz hinzu. So war sich der jüdische Vater häufig nicht sicher, ob
seine Tochter nicht nur wegen der Mitgift geheiratet wurde, und lehnte deswegen Kandidaten aus »armen« nichtjüdischen Familien ab.[41] Umgekehrt
stieß auch der offen demonstrierte, opulente großbürgerliche Lebensstil in
der Spätphase des Kaiserreichs bildungsbürgerliche Familien ab.[42] Dieser, im
wesentlichen geschäftlich motivierte Lebensstil war zwar bei jüdischen und
nichtjüdischen Großbürgern gleichermaßen verbreitet.[43] Bei den jüdischen
Großbürgern wirkte er aber nicht selten als Verstärker für den im deutschen
Bildungsbürgertum ohnehin verbreiteten kulturantisemitisch aufgeladenen
Antikapitalismus (»Koofmichs«). Insofern waren Freundschaften zwischen

---

40 *R. Chernow*, Die Warburgs. Odyssee einer Familie, Berlin 1994, S. 396; *R. Liedtke*, Zur
mäzenatischen Praxis und zum kulturellen Selbstverständnis der jüdischen Wirtschaftselite
in Deutschland. Die Hamburger Warburgs im ersten Drittel des 20. Jahrhunderts, in: *Ziegler*
(Hg.), Großbürger, S. 187–203.
41 Zum Zusammenspiel von Geld und Status bei der Auswahl von Heiratspartnern im
allgemeinen vgl. auch *Kaplan*, Making, Kap. 3, S. 85 ff.; *dies.*, For Love or Money. The Marriage Strategies of Jews in Imperial Germany, in: LBYB, Jg. 28, 1983, S. 263 ff.; *W. Mosse*,
Jewish Marriage Strategies: The German Jewish Economic Elite, in: Studia Rosenthaliana,
Jg. 19, 1985, S. 188 ff.; *I. Köhler*, Wirtschaftsbürger und Unternehmer. Zum Heiratsverhalten
deutscher Privatbankiers im Übergang zum 20. Jahrhundert, in: *Ziegler* (Hg.), Großbürger,
S. 116–143.
42 *Reitmayer*, »Bürgerlichkeit«, S. 93.
43 Vgl. hierzu *D. Augustine*, Die soziale Stellung der jüdischen Wirtschaftselite im wilhelminischen Berlin, in: *Mosse/Pohl* (Hg.), Unternehmer, S. 225 ff.

jüdischen Großbürgern und nichtjüdischen Intellektuellen zwar häufiger. Die Heiratskontakte zwischen ihren Familien blieben aber dennoch wie zwischen jüdischen und nichtjüdischen Unternehmerfamilien eine Ausnahme.[44]

3. Kontinuität und Diskontinuität der deutschen Wirtschaftselite im 20. Jahrhundert

In der bundesdeutschen Soziologie war es im Gegensatz zur angelsächsischen Forschung lange Zeit fast ein Tabu, den »Mächtigen« der Wirtschaft zu nahe zu treten. Im Gegensatz zur Wirtschaftselite der Zwischenkriegszeit waren die »Kapitäne der Wirtschaft« nach dem Zweiten Weltkrieg kaum mehr daran interessiert, im Rampenlicht der Öffentlichkeit zu stehen. Ein Bilderbogen derjenigen, die sich selber zur Elite der Gesellschaft zählten, wie das Reichshandbuch der deutschen Gesellschaft[45] aus der Spätphase der Weimarer Republik, ist seitdem nie wieder erschienen. Bei ihren Einträgen in biographische Lexika sind die Unternehmer der Nachkriegszeit außerordentlich zurückhaltend mit Informationen über ihre soziale Herkunft, die Religionszugehörigkeit oder andere die Privatsphäre betreffende Daten geworden.

Dennoch sind sich die sozialhistorische Bürgertumsforschung und die soziologische Elitenforschung heute in der Frage des Wandels der deutschen Wirtschaftselite im 20. Jahrhundert weitgehend einig: eine Elitenzirkulation im Sinne des Wechsels innerhalb fest umrissener Spitzenpositionen der Wirtschaft fand nicht statt, d. h. die Mitglieder der deutschen Wirtschaftselite weisen im letzten Viertel des 20. Jahrhunderts weitgehend dieselben sozialen Merkmale auf wie zwei Generationen zuvor. Die politischen Umbrüche des Jahrhunderts in Deutschland hatten darauf einen kaum meßbaren Einfluß. Wenn es nach 1918, 1933 und 1945 zu einem Teilaustausch von Personen kam, dann wiesen die Nachfolger i.d.R. dieselben sozialen Merkmale auf wie ihre Vorgänger. Kontinuität ist demzufolge der Schlüsselbegriff, mit dem in der Literatur bei der Charakterisierung der deutschen Wirtschaftselite in der ersten Hälfte dieses Jahrhunderts und darüber hinaus gearbeitet wird.[46]

---

44 Einige Beispiele in *Mosse*, Elite, S. 214 ff.

45 2 Bde., Berlin 1930 (Bd. 1) bzw. Berlin 1931 (Bd. 2).

46 *W. Zapf*, Wandlungen der deutschen Elite: ein Zirkulationsmodell deutscher Führungsgruppen, 1919–1961, München 1965, S. 139 f.; *ders.*, Die deutschen Manager. Sozialprofil und Karriereweg, in: *ders.*, Beiträge zur Analyse der deutschen Oberschicht, München 1965, S. 136 ff.; *F. Fischer*, Bündnis der Eliten, Hamburg 1978; *D. Herzog*, Politische Führungsgruppen. Probleme u. Ergebnisse der modernen Eliteforschung, Darmstadt 1982, S. 47; *V. Berghahn*, Unternehmer u. Politik in der Bundesrepublik Deutschland, Frankfurt 1985, S. 40; *U. Hoffmann-Lange*, Eliten, Macht und Konflikt in der Bundesrepublik Deutschland, Opladen 1992, S. 65 ff.; *D. Ziegler*, Die wirtschaftsbürgerliche Elite im 20. Jahrhundert: eine Bilanz, in: *ders.* (Hg.), Großbürger, S. 7–29.

In seiner bahnbrechenden und bis heute in ihren Grundzügen immer noch nicht überholten Studie über die »Wandlungen der deutschen Elite« zwischen 1919 und 1961 bezeichnete Wolfgang Zapf die wirtschaftliche Elite als die »nächst den Kirchenführern ... am wenigsten flexible Elitegruppe«.[47] Wie neuere Untersuchungen[48] zeigen, hinterließ die Zäsur des Jahres 1918 in der Zusammensetzung der Wirtschaftselite überhaupt keine Spuren. Nach der Machtergreifung durch die Nationalsozialisten im Jahr 1933 waren zwar zahlreiche Unternehmer jüdischer Herkunft aus ihren Positionen verdrängt worden, aber deren Nachfolger wiesen abgesehen von der Tatsache, daß sie ausnahmslos Reichsbürger im Sinne des Reichsbürgergesetzes von 1935 waren, in der Regel keine anderen sozialen Merkmale auf als ihre Vorgänger. Politische Karrieren waren in der Zeit des Nationalsozialismus selbst bei den öffentlichen Unternehmen bis 1942 die Ausnahme. Das ist insofern nicht erstaunlich, weil in allen Bereichen der Wirtschaft die traditionelle Elite dem Regime gegenüber genügend Loyalität an den Tag legte, so daß es, von Ausnahmen abgesehen, wenig Grund für die Nationalsozialisten gab, die alte Führungsschicht durch »neue Männer« zu ersetzen. Erst in der zweiten Kriegshälfte kam es zum Aufstieg von »jungen, sozial hochmobilen Mittelständlern«, den sog. »Speer-Jünglingen«.[49] Dadurch wurde die soziale Zusammensetzung der Wirtschaftselite allerdings auch nicht durchgreifend verändert.

Die Zäsur des Jahres 1945 hinterließ ebenfalls keine tieferen Spuren. Zunächst waren zwar zahlreiche Unternehmer, insbesondere aus der Rüstungsindustrie und dem Bankwesen, aus ihren Stellungen entlassen worden. Aber nach Abschluß der Entnazifizierung konnten die meisten auf den ursprünglichen Posten zurückkehren. Der Anteil derjenigen Unternehmer, die zu keinem Zeitpunkt nach Kriegsende mehr eine leitende Tätigkeit in der Wirtschaft ausübten, lag auf keinen Fall höher als die Zahl derjenigen, die 1933 aus rassistischen Gründen aus ihren Stellungen verdrängt worden waren. Neben den pragmatischen Überlegungen der Westalliierten, insbesondere der Briten, auf die alten Experten angewiesen zu sein, dürfte auch die Tatsache, daß es sich eben überwiegend um Fachleute und nicht um Parteikarrieristen gehandelt hatte, ausschlaggebend gewesen sein. Die frühe Bundesrepublik hatte mit der Vergangenheit ihrer Elitemitglieder ohnehin in der Regel keine Probleme.[50] Bei den wenigen, die als zuverlässige »Par-

---

47 *Zapf*, Wandlungen, S. 127.
48 Vgl. zum folgenden: *Ziegler*, Kontinuität und Diskontinuität; *H. Joly*, Kontinuität und Diskontinuität der industriellen Elite nach 1945, in: ebd.; *ders.*, Großunternehmer in Deutschland: Soziologie einer industriellen Elite 1933–1938, Leipzig 1998; *M. Hartmann*, Kontinuität oder Wandel? Die deutsche Wirtschaftselite 1970 bis 1995, in: *Ziegler* (Hg.), Großbürger, S. 73–92; *ders.*, Topmanager – Die Rekrutierung einer Elite, Frankfurt 1996.
49 *P. Erker*, Industrie-Eliten in der NS-Zeit, Passau 1993, S. 27.
50 Vgl. hierzu allgemein *N. Frei*, Vergangenheitspolitik. Die Anfänge der Bundesrepublik und die NS-Vergangenheit, München 1996.

teisoldaten« in die Führungsetagen der Großindustrie gelangt waren, handelte es sich zudem meist um soziale Aufsteiger, denen es nie gelungen war, sich als sozial und gesellschaftlich akzeptierte Mitglieder der Wirtschaftselite zu etablieren. Auch dies dürfte wesentlich zu ihrem beruflichen und damit in der Regel auch zu ihrem sozialen Absturz nach Kriegsende beigetragen haben.

Auch wenn es in Deutschland zu keinem Zeitpunkt zu einem Elitenwechsel gekommen ist, lassen sich dennoch säkulare Veränderungen bestimmter sozialer Merkmale der Mitglieder der Wirtschaftselite beobachten. Während der dynastische Charakter der Wirtschaftselite zu Beginn des Jahrhunderts noch recht ausgeprägt war, kann davon am Ende des Jahrhunderts überhaupt keine Rede mehr sein. Obwohl eine systematische Untersuchung dieser Frage noch aussteht, ist zu vermuten, daß der relative Bedeutungsverlust von Familienunternehmen und die langsame Durchsetzung des Managerkapitalismus hier ihren Niederschlag finden. Allerdings scheint den rund eineinhalb Jahrzehnten zwischen der Weltwirtschaftskrise und dem Zusammenbruch des Nationalsozialismus in dieser Hinsicht eine Katalysatorfunktion zugekommen zu sein. Insbesondere durch die Verdrängung der jüdischen Elitemitglieder, die ihre Position sehr häufig der Bedeutung eines Familienunternehmens zu verdanken hatten, könnte dieser bereits im ersten Drittel des 20. Jahrhunderts beobachtbare Trend beschleunigt worden sein.

Wie neuere soziologische Untersuchungen ganz eindeutig belegen, sind am Ende des Jahrhunderts alle Versuche einer Dynastiebildung unter Managerfamilien, die in der Zwischenkriegszeit und in der »Wirtschaftswunderzeit« noch gelegentlich erfolgreich waren, aussichtslos geworden.[51] Die geringe Bedeutung von Unternehmerdynastien in der deutschen Wirtschaftselite des ausgehenden 20. Jahrhunderts kann insofern nicht allein auf einen Bedeutungsrückgang von Familienunternehmen zurückgeführt werden, sondern auch auf veränderte Rekrutierungsmuster für Spitzenpositionen bei Kapitalgesellschaften in Streubesitz.

Andererseits führte der Bedeutungsrückgang von Elitedynastien nicht dazu, daß sich Elitepositionen in der deutschen Wirtschaft durch eine nachlassende soziale Exklusivität auszeichnen. Vom Jahrhundertbeginn bis in die unmittelbare Nachkriegszeit hinein rekrutierte sich die deutsche Wirtschaftselite fast ausschließlich aus dem gehobenen Bürgertum, wobei der Anteil der Söhne von höheren Beamten und (freiberuflichen) Bildungsbürgern in der ersten Jahrhunderthälfte eine deutlich steigende Tendenz auf-

---

51 Dieser Befund läßt sich auch schon bei Zapfs Sample des Jahres 1964 beobachten. Vgl. *ders.*, Manager, S. 143; neuerdings: *Hartmann*, Topmanager; *ders.*, Notwendig, aber nicht hinreichend – Soziale Herkunft als berufliches Selektionskriterium, in: Zeitschrift für Sozialisationsforschung und Erziehungssoziologie, Jg. 10, 1990, S. 218 ff.; *ders.*, Deutsche Topmanager: Klassenspezifischer Habitus als Karrierebasis, in: Soziale Welt, Jg. 46, 1995, S. 440 ff.

wies. Dieses Herkunftsmuster kann sicherlich nicht zuletzt durch die zunehmende Bedeutung einer formal höheren Bildung für die Übernahme
einer Eliteposition erklärt werden. Dazu paßt auch der Befund eines deutlich steigenden durchschnittlichen Bildungsniveaus bei den Unternehmer-
söhnen.

Die Akademisierung der Führungsetagen der deutschen Wirtschaft reicht
aber als Erklärung für die schmale soziale Rekrutierung insofern nicht aus,
als dann aufgrund der in den sechziger Jahren einsetzenden Bildungsexpansion eine Verbreiterung der sozialen Herkunftsmuster zu beobachten sein
müßte. Das Gegenteil ist aber der Fall. Abgesehen von den öffentlichen Unternehmen, bei denen sich die geringere soziale Exklusivität der politischen
Elite auswirkt, nahm die Bedeutung von Söhnen (Frauen spielen bis heute in
der Wirtschaftselite kaum eine Rolle) aus dem gehobenen Bürgertum im
letzten Viertel des 20. Jahrhunderts sogar wieder zu.

Die Ursache für die anhaltend hohe soziale Exklusivität der Wirtschaftselite sieht Michael Hartmann in den für das Besitz- und das gehobene Bildungsbürgertum charakteristischen Sozialisationsformen. Sie bringen Per-
sönlichkeitsmerkmale hervor, die für die Besetzung von Spitzenpositionen
deutscher Großunternehmen als unverzichtbar angesehen werden und die
über das mittlerweile auch anderen sozialen Gruppen zugängliche Spezial-
wissen hinausgehen. Eine breite, nicht allein über die Schule vermittelte All-
gemeinbildung, »Geschmack«, eine unternehmerisch-zweckrationale (»ma-
terialistische«) Grundhaltung sowie Souveränität im Auftreten und im
Umgang mit anderen machen den »feinen Unterschied« aus, der den Nach-
wuchs des gehobenen Bürgertums gegenüber dem aus anderen sozialen
Klassen und Schichten privilegiert.

Auf die komplexe und äußerst schwierige Frage nach Formveränderung
oder Auflösung von »Bürgerlichkeit« im deutschen Wirtschaftsbürgertum
des 20. Jahrhunderts kann die Forschung derzeit noch nicht einmal eine vor-
läufige Antwort geben. Lediglich für die westdeutsche Wirtschaftselite
wurde bisher ein solcher Versuch unternommen. Danach hatte die Tatsache,
daß das bürgerliche Merkmal der wirtschaftlichen Selbständigkeit im Laufe
des 20. Jahrhunderts zunehmend an Bedeutung verlor, keinen erkennbaren
Einfluß auf das bürgerliche Selbstverständnis. Denn die angestellten Manager stammten entweder aus dem Wirtschaftsbürgertum, dem Bildungsbürgertum oder der höheren Beamtenschaft und waren mithin bürgerlich so-
zialisiert. Ferner war ihr Einkommen zu allen Zeiten ausreichend für einen
gehobenen bürgerlichen Lebensstil, und schließlich ist eine Abstufung der
sozialen Stellung eines Eigentümer-Unternehmers gegenüber einem Mana-
ger-Unternehmer nicht erkennbar. Zweitens hat »Bildung« als verbindliche
bürgerliche Lebensorientierung im Laufe des 20. Jahrhunderts in der Unternehmerschaft sogar einen größeren Stellenwert bekommen als im 19. Jahrhundert. Drittens kann von einer Abschwächung des bürgerlichen Selbstverständnisses hinsichtlich Leistung und Arbeitsethos in der Wirtschaftselite

keine Rede sein. Auffällig ist in diesem Zusammenhang, daß selbst in der Zeit des Nationalsozialismus politische Verdienste nur in wenigen Ausnahmefällen zum Kriterium für die Berufung in eine Eliteposition herangezogen wurden. Spätestens in der Zeit der Bundesrepublik hat sich außerdem die für das Bürgertum des 19. Jahrhunderts typische Spannung zwischen der sozialen Abschließung gegenüber anderen gesellschaftlichen Schichten und dem universalistischen Anspruch der bürgerlichen Gesellschaft eher noch verschärft. Dabei ist gar nicht in erster Linie an die konstant hohe Binnenrekrutierung der Wirtschaftselite und das Heiratsverhalten der Söhne und Töchter gedacht. Vielmehr deutet die Zurückhaltung der meisten Unternehmer bei der Herausgabe von Informationen über ihre soziale Herkunft für biographische Lexika darauf hin, daß man weitgehend undurchlässige Klassengrenzen als gesellschaftliches Strukturierungsmerkmal, weil dem strikten Leistungsprinzip widersprechend, ablehnt und seine Eliteposition nicht mehr als herkunftsdeterminiert interpretiert sehen möchte.[52]

Dieser Befund kann allerdings nicht als repräsentativ für die Unternehmerschaft in Deutschland insgesamt angesehen werden, denn die Ausblendung insbesondere der Randbereiche zum Kleinbürgertum hat schwerwiegende Folgen. Anders als beim Klein- und Bildungsbürgertum besaß die Proletarisierungsangst während der Zwischenkriegszeit bei der wirtschaftsbürgerlichen Elite keinen realen (d.h. auch materiellen) Hintergrund. Darüber hinaus war der Verlust von bürgerlicher Exklusivität für die Elite im Gegensatz zu allen anderen Segmenten des Bürgertums (einschließlich großer Teile des Wirtschaftsbürgertums) zwar auch in ihrer rechtlichen Stellung und politischen Bedeutung erfahrbar. Von einer Einebnung sozialer Statusgrenzen aufgrund des Durchbruchs des modernen Wohlfahrtsstaates – als weitere Ursache für das bürgerlich Krisenbewußtsein in der Zwischenkriegszeit – war diese Gruppe aber zu keinem Zeitpunkt ernsthaft bedroht. Die Krise der bürgerlichen Lebensführung hatte deshalb sehr wahrscheinlich in der Gesamtheit der wirtschaftsbürgerlichen Segmente während der Zwischenkriegszeit wesentlich weiterreichende Folgen für das bürgerliche Selbstverständnis als in der schmalen Schicht des wirtschaftlichen Großbürgertums.

Welche langfristigen Folgen dieses Krisenbewußtsein in Verbindung mit der nationalsozialistischen »Volksgemeinschaft« und der »Amerikanisierung« der westdeutschen Gesellschaft – von der Zerstörung wirtschaftsbürgerlicher Existenzen in der DDR ganz zu schweigen – hatte, ist noch völlig offen. Dies darf deshalb wohl als eine der vordringlichsten Aufgaben nicht nur der künftigen Unternehmerforschung, sondern der Bürgertumsforschung überhaupt angesehen werden.

52 *Ziegler* (Hg.), Großbürger.

STEFAN BRAKENSIEK

Staatliche Amtsträger und städtische Bürger

1. Problemstellung

Wer sich mit der Frage befaßt, wie es um das Verhältnis zwischen Beamten und Bürgertum bestellt ist, begibt sich auf ein umkämpftes Feld. Innerhalb von mindestens zwei Debatten zur Geschichte des 19. Jahrhunderts spielt diese Relation eine wesentliche Rolle. Die ältere dieser Debatten kreist um den Begriff des »deutschen Sonderwegs«. Dieser Argumentation zufolge verschrieb sich das deutsche Bürgertum seit dem Scheitern der Revolution von 1848/49, spätestens aber seit der Reichsgründung von 1871 den Mächten des Obrigkeitsstaates, der verkörpert wurde vom reaktionären preußisch-deutschen Offizierskorps und von einer nicht minder reaktionären Bürokratie. Diese Sicht auf die neuere deutsche Geschichte soll hier nicht erneut thematisiert werden.

Dagegen möchte ich eine jüngere Debatte zum Ausgangspunkt meiner Überlegungen nehmen. Sie steht unter der Überschrift »Stadt und Bürgertum« und behandelt im Kern die Genese moderner politischer Strukturen in Deutschland. Grob vereinfacht geht es um die Frage, ob die liberale Verfassungsbewegung in der ersten Hälfte des 19. Jahrhunderts aufgrund des Engagements von Wortführern entstand, die in erster Linie den »gebildeten Ständen« entstammten, oder ob sie nicht vielmehr auf den genuinen politischen Traditionen des alten Stadtbürgertums beruhte. Es läßt sich demnach eine elitezentrierte von einer traditionsorientierten Vorstellung unterscheiden. Der Klarheit halber stelle ich diese beiden Thesen in vereinfachter Form gegeneinander, obwohl viele Autoren in abwägender Weise beide Argumentationen heranziehen.[1]

Folgt man der ersten Annahme, fällt den staatlichen Amtsträgern die führende Rolle bei der Entstehung des liberalen Rechts- und Verfassungsstaates

---

[1] Einen aktuellen und konzisen Überblick bietet *E. Fehrenbach*, Bürgertum und Liberalismus. Die Umbruchsperiode 1770–1815, in: *L. Gall* (Hg.), Bürgertum und bürgerlich-liberale Bewegung in Mitteleuropa seit dem 18. Jahrhundert, München 1997, S. 1-62. Die Grundlinien der Debatte bereits bei: *R. Koch*, Staat oder Gemeinde? Zu einem politischen Zielkonflikt in der bürgerlichen Bewegung des 19. Jahrhunderts, in: HZ, Bd. 236, 1983, S. 73–96. Vgl. auch: *D. Langewiesche*, »Staat« und »Kommune«: Zum Wandel der Staatsaufgaben in Deutschland im 19. Jahrhundert, in: HZ, Bd. 248, 1989, S. 621–635; *ders.*, Frühliberalismus und Bürgertum 1815–1849, in: *Gall* (Hg.), Bürgertum und bürgerlich-liberale Bewegung, S. 63–129.

zu: Seit der Mitte des 18. Jahrhunderts sei eine Gruppe von »neuen Bürgerlichen« der Ständegesellschaft entwachsen, deren führende Köpfe bis in den Vormärz hinein die zukunftsweisenden Ideen für die Gestaltung von Politik, Wirtschaft und sozialem Zusammenleben entwickelten. Unter diesen vorwärtsdrängenden »neuen Bürgerlichen« bildeten unmittelbare und mittelbare Staatsdiener (Richter und Verwaltungsfachleute sowie Pfarrer, Lehrer und Professoren) die einflußreichste Kerngruppe, zu der freie Schriftsteller und Journalisten sowie Manufakturunternehmer hinzutraten. Wenn diese »Bürgerlichen«, zu denen wohl auch Adlige zählten, ihre Ziele nur teilweise verwirklichen konnten, dann sei das dem hartnäckigen Widerstand zuzuschreiben, den die Privilegierten der Ständegesellschaft leisteten. Zu den rückwärtsgewandten Kräften habe auch das Stadtbürgertum der Handwerker und Kaufleute gezählt, das mit Zähnen und Klauen seine korporativen Vorrechte gegen Gewerbefreiheit und Freihandel sowie gegen die Aufhebung der oligarchischen Stadtverfassung verteidigt habe.[2]

Die elitezentrierte Perspektive unterscheidet eine Konstitutionsphase in der zweiten Hälfte des 18. Jahrhunderts, in der die Reformpartei der »Bürgerlichen« entstand, von der Reformzeit im engeren Sinne, die vom Untergang des Alten Reiches bis zu den Karlsbader Beschlüssen reicht. In der Konstitutionsphase seien die wesentlichen politisch-sozialen Denkfiguren entwickelt und dem Urteil einer kleinen räsonnierenden Öffentlichkeit der Klubs, Logen und Assoziationen ausgesetzt worden. Dadurch habe sich der Erwartungshorizont der Zeitgenossen grundlegend verändert mit der Folge, daß sich ein Reformpotential aufbaute, das abgerufen werden konnte, als es die politische Großwetterlage zuließ. Entsprechend vermochten die »Bürgerlichen« maßgeblichen Einfluß während der Reformzeit geltend zu machen, als sich unter dem Druck der napoleonischen Eroberungspolitik die einmalige Chance für die Umstrukturierung von Staat und Gesellschaft bot. Dadurch seien die Strukturprobleme des Ancien Régime, namentlich die – angesichts des rapiden Bevölkerungswachstums – nicht ausreichende wirtschaftliche Dynamik und die – angesichts der napoleonischen Herausforderung – fehlende militärische Schlagkraft, auf längere Sicht erfolgreich behoben worden.[3]

2 Maßgeblich für diese Perspektive war die Studie von *M. Walker*, German home towns. Community, state, and general estate 1648–1871, Ithaca 1971. Prononcierteste Formulierung der Position bei *H.-U. Wehler*, Deutsche Gesellschaftsgeschichte, Bd.1: Vom Feudalismus des Alten Reiches bis zur Defensiven Modernisierung der Reformära 1700–1815, München 1987.

3 Vgl. *H.H. Gerth*, Bürgerliche Intelligenz um 1800. Zur Soziologie des deutschen Frühliberalismus, 2. Aufl., Göttingen 1976; *R. Vierhaus*, Umrisse einer Sozialgeschichte der Gebildeten in Deutschland, in: *ders.*, Deutschland im 18. Jahrhundert. Politische Verfassung, soziales Gefüge, geistige Bewegungen, Göttingen 1987, S. 167–182; *ders.*, Liberalismus, Beamtenstand und konstitutionelles System, in: *W. Schieder* (Hg.), Liberalismus in der Gesellschaft des deutschen Vormärz, Göttingen 1983, S. 39–54.

Die elitezentrierte Perspektive sieht die Reformpolitik, sowohl in Preußen
als auch in den Rheinbundstaaten, als das Werk von kleinen pressure-groups
innerhalb der staatlichen Administration. Für Preußen hat Reinhart Koselleck herausgearbeitet, daß diese Reformen die Bezeichnung »liberal« nur in
ökonomisch-sozialer Hinsicht verdienen. Eine politische Liberalisierung gehörte zwar zu den Fernzielen vieler Spitzenbeamten, mußte jedoch zurück-
gestellt werden, wollte man die übrigen Reformziele nicht gefährden. Der
Erlaß einer Verfassung und die Errichtung von Repräsentativkörperschaften
auf provinzialer und gesamtstaatlicher Ebene hätte den Privilegierten und
den konservativen Stadtbürgern nämlich Foren für ihren Widerstand gegen
die Gesellschaftsreformen eröffnet. Die politische Liberalisierung Preußens
wurde deshalb den Erfordernissen des Tagesgeschäfts geopfert, stattdessen
die Verwaltung perfektioniert. Die reformorientierte Beamtenschaft verstand
sich als »allgemeiner Stand«: Ihrem Selbstverständnis nach traf sie rationale
Entscheidungen nach interner Diskussion aufgrund überlegenen Fachwis-
sens. Von der Öffentlichkeit des Vormärz wurde diese Selbsteinschätzung der
preußischen Staatsbeamten in dem Maße bestritten, wie die drängendsten sozialen und wirtschaftlichen Probleme ungelöst blieben. Der politische Liberalismus im preußischen Vormärz erscheint in dieser Perspektive als eine
Antwort auf die immanenten Schwächen bürokratischer Herrschaft.[4]

Der elitezentrierten Sichtweise zufolge ging auch in den Rheinbundstaaten der politische Wandel auf die Initiative führender Beamter zurück. Ähnlich wie in Preußen bildeten die Vereinheitlichung der Herrschaftsordnung
und der Rechtsverhältnisse und die Bindung der Fürsten an die Entscheidungen der Bürokratie ein zentrales Ziel der Reformer. Anders als in Preußen wurde in den südwestdeutschen Staaten die durchgreifende Liberalisierung der Wirtschaft vermieden. Außerdem ergingen Verfassungen, auf
deren Grundlage sich in der Folge eine lebendige politische Öffentlichkeit
entfalten konnte. Man hat zwei maßgebliche Motive für die Verfassungsgebung in den süddeutschen Staaten identifiziert. Zum einen stellen die Kon-
stitutionen den erfolgreichen Versuch der Dynasten und ihrer Berater dar,
einen gemeinsamen politischen Bezugspunkt zu schaffen, auf den sich die
Bevölkerung aus den zahllosen Territorien und Reichsstädten mit jeweils
ganz unterschiedlichen Traditionen und Loyalitäten beziehen konnte. Neben diese Stiftung eines Gefühls der Zusammengehörigkeit trat die Sicherung des Staatskredits. Man kam mit der Verfassungsgebung den Forderungen der Gläubiger entgegen, die eine Gewährung weiterer Kredite von der
parlamentarischen Kontrolle des staatlichen Finanzgebarens und von der
Garantie der Staatsschuld durch Landstände abhängig machten.[5]

4 *R. Koselleck*, Preußen zwischen Reform und Revolution. Allgemeines Landrecht, Verwaltung und soziale Bewegung von 1791 bis 1848, Stuttgart 1967.
5 *H.-P. Ullmann*, Staatsschulden und Reformpolitik. Die Entstehung moderner öffentlicher Schulden in Bayern und Baden 1780–1820, Göttingen 1986.

Hatte seit der kleindeutschen Reichsgründung von 1871 bis in die sechziger Jahre des 20. Jahrhunderts die preußische Reform die bessere Presse, gaben in den letzten dreißig Jahren die meisten Historiker dem rheinbündischen Weg den Vorzug, weil ihm ein höheres Demokratisierungspotential zuerkannt wurde. Gemeinsam ist jedoch beiden Deutungen, daß sie die »Reformen von oben« als Gründungsakt für das politische System des 19. Jahrhunderts ansahen, der von kleinen bürokratischen Eliten lanciert wurde. Ihre Orientierung an universalistischen Idealen habe den Strukturprinzipien der Moderne zum Durchbruch verholfen, namentlich dem Marktprinzip und der Gleichheit aller Individuen vor dem Recht. Der politische Liberalismus bildete danach in erster Linie eine Reaktion auf offengebliebene Fragen, vor allem auf das uneingelöste Versprechen politischer Partizipation.

Gegen die Annahme, die »Bürgerlichen« innerhalb und außerhalb der Bürokratien hätten gleichsam in einer großen Koalition nicht nur die modernen rechtlichen und administrativen Rahmenbedingungen, sondern auch die zukunftsweisenden Komponenten des politischen System geschaffen, sind mehrere Argumente ins Feld geführt worden. Zahlreiche zeitgenössische Äußerungen von Liberalen lassen eine scharfe antibürokratische Haltung erkennen. Viele Stimmen gingen so weit, die Angehörigen der Staatsverwaltung völlig aus dem Bürgertum »auszugemeinden«: Die Zugehörigkeit zum Bürgerstand bestimme sich über das Recht zur politischen Teilhabe, zuallererst in der Kommune und darüber hinaus auch in der Ständeversammlung. Die politische Partizipation sei ihrerseits an die materielle und persönliche Unabhängigkeit des Bürgers gebunden. Da nun Beamte in vielfältiger Weise vom Fürsten und seinen Ministern abhängig seien, erfüllten sie diese Grundbedingung für die Teilhabe am politischen Leben in Gemeinde und Staat nicht. Diesen zeitgenössischen Stimmen müssen wir nicht folgen, denn sie könnten auch als Folge der internen Fraktionierung innerhalb der Elite der »neuen Bürgerlichen« interpretiert werden: Es handelte sich um die politischen Positionen derjenigen, denen es nicht gelang, an die Schalthebel bürokratischer Macht zu gelangen.

Das schwerer wiegende Argument gegen die ungebrochene Hegemonie der gebildeten Staatsdiener innerhalb des Frühliberalismus besagt, daß sich innerhalb breiter stadtbürgerlicher Gruppen in zahlreichen deutschen Städten politische Glaubenssätze verbreiteten, die den Maximen vieler Beamter diametral widersprachen. Mit Lothar Gall betonen die meisten neueren Arbeiten zu den Trägern und zur Programmatik des Liberalismus in den Ländern des Deutschen Bundes und in einzelnen Städten, daß sich in dieser Bewegung des Vormärz fortschrittliche und rückwärtsgewandte Vorstellungen auf eigentümliche Weise vermengten. Dieser Lesart zufolge war das Stadtbürgertum einerseits geeint in der Idee, daß alle männlichen Haushaltsvorstände mit Bürgerrecht gleichermaßen berechtigt sein sollten, die politischen Geschicke der Gemeinde und – davon abgeleitet – auch des ganzen Landes mitzubestimmen. In dieser Denkfigur sei die ideelle Grundlage gelegt gewesen für eine immer weitere Kreise integrierende politische Partizipation, letztlich für die parlamentarische Demokratie. Andererseits sei dem frühen Liberalismus in Deutschland das Leitbild der »klassenlosen Bürgergesellschaft unabhängiger Existenzen« im Sinne einer rückwärtsgewandten Sozialutopie zuzeigen gewesen. Fortschrittliche Ziele in der Frage politischer Partizipation gingen demzufolge Hand in Hand mit konservativen und zunehmend unrealistischen Zielvorstellungen zur wirtschaftlich-sozialen Entwicklung.[6]

In Anlehnung an John Pocock hat Paul Nolte das traditionsorientierte Konzept um eine zeitliche Tiefendimension erweitert und dadurch modifiziert. Ihm zufolge wurzelte das Repräsentationsverständnis des Frühliberalismus in der Tradition des »klassischen Republikanismus«, einer breiten Strömung innerhalb des frühneuzeitlichen politischen Denkens, das der politischen Praxis des Stadtbürgertums bis 1848 zugrundegelegen habe. Demzufolge sorgte Politik, im Sinne des aristotelisch-normativen Politikbegriffs, für den Erhalt eines guten Gemeinwesens, das als stets durch private Interessen und despotische Anmaßung einzelner gefährdet betrachtet wurde. Hiergegen half nur die kontinuierliche Partizipation aller Bürger, die durch ihre Wachsamkeit und ihre Tugend verhinderten, daß Korruption oder Verschwörung die moralischen Grundlagen des städtischen Gemeinwesens unterminierten. Mochte der Fürst im Rahmen der temperierten Mischverfassung noch in dieses Politikmodell integrierbar sein, standen die fürstlichen Amtsträger ständig unter Despotieverdacht. Gegen die Gallsche These, daß dem frühen Liberalismus in Deutschland das politisch-gesellschaftliche Ideal einer klassenlosen Bürgergesellschaft mittlerer Existenzen vorgeschwebt habe, wendet Nolte ein, dem Stadtbürgertum seien vor 1848 sozio-ökonomische Überlegungen im Zusammenhang mit Politik völlig fremd gewesen. Im Mittelpunkt liberalen Denkens habe eine »genuin politische Vision« gestanden.[7]

---

6 *L. Gall*, Liberalismus und »Bürgerliche Gesellschaft«. Zu Charakter und Entwicklung der liberalen Bewegung in Deutschland, in: HZ, Bd. 220, 1975, S. 324–356; *ders.* (Hg.), Vom alten zum neuen Bürgertum. Die mitteleuropäische Stadt im Umbruch 1780–1820, München 1991; *ders.* (Hg.), Stadt und Bürgertum im Übergang von der traditionalen zur modernen Gesellschaft, München 1993, S. 1-12; *ders.*, Städtisches Bürgertum und staatliche Modernisierungspolitik, in: *H.R. Schmidt u.a.* (Hg.), Gemeinde, Reformation und Widerstand. Festschrift für Peter Blickle zum 60. Geburtstag, Tübingen 1998, S. 145–157; *E. Fehrenbach*, Die Entstehung des »Gemeindeliberalismus«, in: *W. Ehbrecht* (Hg.), Verwaltung und Politik in Städten Mitteleuropas. Beiträge zur Verfassungsnorm und Verfassungswirklichkeit in altständischer Zeit, Köln 1994, S. 255–270; *B. Meier*, Politisierung des Bürgers auf dem Wege der städtischen Selbstregierung, in: *dies. u. H. Schultz* (Hg.), Die Wiederkehr des Stadtbürgers. Städtereformen im europäischen Vergleich 1750 bis 1850, Berlin 1994, S. 21–67. Eine Literaturauswahl zum Frühliberalismus und zur städtischen Selbstverwaltung ebd., S. 371–396.

7 *P. Nolte*, Bürgerideal, Gemeinde und Republik. »Klassischer Republikanismus« im frühen deutschen Liberalismus, in: HZ, Bd. 254, 1992, S. 609–656, hier S. 613. Siehe auch *ders.*, Gemeindebürgertum und Liberalismus in Baden 1800 bis 1850. Tradition – Radikalismus – Republik, Göttingen 1994.

Gleichwie, folgt man dem historisierenden Konzept von der Genese der frühliberalen Vorstellungswelt, dann entstammten die politischen Ziele der Liberalen der frühneuzeitlichen Epoche. Deshalb soll an dieser Stelle nach einigen Anknüpfungspunkten innerhalb der Frühneuzeithistorie Ausschau gehalten werden, die geeignet erscheinen, die verschiedenen Sichtweisen auf den Liberalismus des Vormärz zu stützen, infragezustellen oder zu modifizieren.[8] Das Verhältnis zwischen den Stadtbürgern und den Amtsträgern des Territorialstaats ist dabei von großer Bedeutung: Seine Deutung durch die Zeitgenossen kann als ein Indikator für das jeweilige Politikverständnis genutzt werden. Unter diesem Blickwinkel werden im folgenden die empirischen Befunde aus zwei Projekten im Bielefelder Sonderforschungsbereich zur Geschichte des neuzeitlichen Bürgertums vorgestellt.

2. Bürgerliche Amtsträger im frühmodernen Fürstenstaat

Wenn es um das Verhältnis zwischen städtischen Bürgern und den Amtsträgern des Territorialstaats geht, sind zunächst sozial- und stadtgeschichtliche Probleme berührt. Auf die Frage, wie neu die »neuen Bürgerlichen« eigentlich waren, hält die Historiographie zu den frühmodernen Führungsschichten Antworten bereit. Die Geschichtsschreibung zur frühneuzeitlichen Stadt hat sich mit dem Problem auseinandergesetzt, welcher Spielraum für autonomes Handeln den Städten angesichts des erstarkenden Territorialstaats verblieb. Bringt man diese Frage auf die Ebene der beteiligten Akteure, dann geht es um das politische Kräftefeld zwischen den Amtsträgern des Territorialstaats, den städtischen Magistraten und der Bürgerschaft in ihrer ganzen sozialen Breite, um Herrschaftskonflikte, kurzfristige Kompromisse und dauerhafte Arrangements.[9] Und da es im Alten Reich keine politische Theorie eines spezifisch städtischen Republikanismus gegeben hat, fördert einzig die Analyse der Konflikte und des alltäglichen Arrangements zwischen Bürgerschaft und städtischem Magistrat sowie zwischen Stadtgemeinde und

---

8 Die auf den ersten Blick naheliegende Anbindung an das Konzept des »Kommunalismus« verbietet sich schon deshalb, weil Peter Blickle mit Nachdruck darauf hingewiesen hat, daß die im Spätmittelalter und im 16. Jahrhundert recht weitreichende Autonomie von Stadt- und Landgemeinden seit 1648 durch die Fürstenstaaten zurückgedrängt und spätestens in der Phase des bürokratischen Absolutismus zugunsten der obrigkeitlichen Prärogative beseitigt worden sei: *P. Blickle*, Kommunalismus. Begriffsbildung in heuristischer Absicht, in: *ders.* (Hg.), Landgemeinde und Stadtgemeinde in Mitteleuropa. Ein struktureller Vergleich, München 1991, S. 5-38, hier S. 25f.
9 *H. Schilling*, Vergleichende Betrachtung zur Geschichte der bürgerlichen Eliten in Nordwestdeutschland und in den Niederlanden, in: *H. Schilling u. H. Diederiks* (Hg.), Bürgerliche Eliten in den Niederlanden und in Nordwestdeutschland. Studien zur Sozialgeschichte des europäischen Bürgertums im Mittelalter und in der Neuzeit, Köln 1985, S. 1-32; *E. François*, Städtische Eliten in Deutschland zwischen 1650 und 1800. Einige Beispiele, Thesen und Fragen, in: ebd., S. 65–83.

Territorialstaat die Bestandteile der politischen Vorstellungswelt innerhalb der Städte zutage.[10] Geht man solcherart praxeologisch vor, kann man auch klären, welche Schnittmenge der Argumentationshaushalt städtischer Protestbewegungen mit dem »klassischen Republikanismus« aufwies. Außerdem darf man hoffen, den Zusammenhängen zwischen der gesellschaftlichen Entwicklung, dem politischen Wandel und der Deutung dieser Phänomene durch die Zeitgenossen auf die Spur zu kommen.

Nähert man sich dem Thema zunächst von seiner sozialgeschichtlichen Seite, fällt auf, daß die »neuen Bürgerlichen« des ausgehenden 18. Jahrhunderts im Kern so neu nicht waren. Bürgerliche Amtsträger traten bereits seit dem ausgehenden Mittelalter in großer Zahl in den Dienst von territorialen Fürstenstaaten.[11] Man hat verschiedene Bezeichnungen für diese Personengruppe gefunden, analytische Begriffe, wie »Beamtenbürgertum«, »Beamtenaristokratie«, »verstaatlichtes« oder »staatsnahes Bürgertum«, oder Begriffe aus der Sprache des zeitgenössischen Rechts, wie »Eximierte«, »Exemte« oder »Schriftsässige«. Zunächst seien die Genese und der innere Wandel dieser Gruppe in groben Zügen nachgezeichnet.

Im Spätmittelalter bedienten sich Kirche, Kaiser, Reichsfürsten und Städte in wachsendem Maße der Dienste von Juristen, die an italienischen und französischen und zunehmend auch an den neuen deutschen Universitäten studiert hatten.[12] Mit dem am Übergang zur Neuzeit sich beschleunigenden Prozeß der Territorialstaatsbildung und der Ausprägung von festen Reichsinstitutionen konzentrierte sich die Ausbildung des juristisch geschulten Fachpersonals zunehmend an den Landesuniversitäten.[13] Das Zugangskriterium zu den entscheidenden Positionen im Fürstendienst bildete das Studium der Rechte, dessen relative Exklusivität den Marktwert der Juristen erhöhte. Wie begehrt ihre Dienste waren, erweist die bis zur Mitte des 16. Jahrhunderts ausgeprägte regionale Mobilität der bürgerlichen Juristen zwischen verschiedenen Herrschaftsträgern, darunter sowohl die Reichsfürsten als auch die Ratsobrigkeiten der Reichsstädte und der größeren »Auto-

---

10 *H. Schilling*, Gab es im späten Mittelalter und zu Beginn der Neuzeit in Deutschland einen städtischen Republikanismus?, in: *H.G. Koenigsberger* (Hg.), Republiken und Republikanismus im Europa der frühen Neuzeit, München 1988, S. 101–143; *ders.*, Stadt und frühmoderner Territorialstaat. Stadtrepublikanismus versus Fürstensouveränität, in: *M. Stolleis* (Hg.), Recht, Verfassung und Verwaltung in der frühneuzeitlichen Stadt, Köln 1991, S. 19–39.
11 Konzeptualisierung bei *H. Schilling*, Wandlungs- und Differenzierungsprozesse innerhalb der bürgerlichen Oberschichten West- und Nordwestdeutschlands im 16. und 17. Jahrhundert, in: *M. Biskup u. K. Zernack* (Hg.), Schichtung und Entwicklung der Gesellschaft in Polen und Deutschland im 16. und 17. Jahrhundert, Wiesbaden 1983, S. 121–173.
12 Die aktuellsten Beiträge bei *R.C. Schwinges* (Hg.), Gelehrte im Reich. Zur Sozial- und Wirkungsgeschichte akademischer Eliten des 14. bis 16. Jahrhunderts, Berlin 1996.
13 *V. Press*, Führungsgruppen in der deutschen Gesellschaft im Übergang zur Neuzeit (um 1500), in: *H.H. Hofmann u. G. Franz* (Hg.), Deutsche Führungsschichten in der Neuzeit. Eine Zwischenbilanz, Boppard 1980, S. 29–77.

nomiestädte«. In den Städten waren Juristen zunächst lediglich als Syndici tätig, ohne daß sie formell Mitglieder des Rates wurden. Wie rasch die oftmals von außerhalb kommenden Juristen in die städtische Elite integriert wurden, erweist das weit verbreitete Konnubium mit Frauen aus Ratsgeschlechtern. Spätestens seit dem 17. Jahrhundert saßen Juristen nahezu überall auch regulär in den Stadträten. Bei ihnen handelte es sich nun jedoch überwiegend um Angehörige der autochthon-städtischen Elite, die ein Jurastudium absolviert hatten.[14]

Obwohl auch die juristisch geschulten Amtsträger der Fürstenstaaten in der ersten Generation überwiegend aus den Reihen des städtischen Patriziats und der Honoratiorenschaft stammten, können bereits im 16. Jahrhundert Tendenzen zu ihrer Emanzipation aus dem stadtbürgerlichen Herkunftsmilieu festgestellt werden. Darauf deuten die rechtliche Gleichstellung der Doktoren mit dem Adel und die Nobilitierung einzelner Juristen hin. Ein weiteres Indiz bildet die einsetzende oligarchische Verflechtung der Amtsträger in der Form territorialer Familienverbände. Ein Hinüberwechseln einzelner Personen aus dem kaufmännisch-patrizischen Stadtbürgertum in den Fürstendienst blieb jedoch bis ans Ende der Frühneuzeit üblich; selbst der individuelle soziale Aufstieg aus der Zunfthandwerkerschaft und aus dem großbäuerlichen Milieu war – als ein allerdings seltenes Phänomen – niemals vollends ausgeschlossen. In den protestantischen Territorien kam mit den Pfarrern eine weitere Gruppe von Amtsträgern hinzu, die große strukturelle Verwandtschaft mit den Juristen aufwies: Auch die Pfarrer stammten zunächst ganz überwiegend aus dem städtischen Bürgertum. Das Universitätsstudium, das religiöse Amtsverständnis, die zunehmende Abhängigkeit vom Landesherrn als summus episcopus und die Institution »Pfarrhaus« als Ort der Selbstrekrutierung entfremdeten die Pfarrer jedoch bis zu einem gewissen Grad ihrer stadtbürgerlichen Umwelt. So wundert es auch nicht, daß sich vielfach engere Bezüge zu den Juristen im Fürstendienst nachweisen lassen als zum städtischen Milieu der Kaufleute und Handwerker.[15]

Von der Mitte des 16. Jahrhunderts an bis in die Zeit des Dreißigjährigen Kriegs gelang es den bürgerlichen Amtsträgern, sich im Fürstenstaat unent-

---

14 *Schilling*, Wandlungs- und Differenzierungsprozesse, S. 127–148, thematisiert die Veränderungen in der sozialen Zusammensetzung der städtischen Ratsgremien und die Aufnahme von Juristen in die politische Elite. Siehe dazu auch *W. Herborn*, Der graduierte Ratsherr. Zur Entwicklung einer neuen Elite im Kölner Rat der Frühen Neuzeit, in: *Schilling* u.a. (Hg.), Bürgerliche Eliten, S. 337–400; *B. Dölemeyer*, Frankfurter Juristen im 17. und 18. Jahrhundert, Frankfurt 1993.

15 *L. Schorn-Schütte*, Evangelische Geistlichkeit in der Frühneuzeit. Deren Anteil an der Entfaltung frühmoderner Staatlichkeit und Gesellschaft, dargestellt am Beispiel des Fürstentums Braunschweig-Wolfenbüttel, der Landgrafschaft Hessen-Kassel und der Stadt Braunschweig, Gütersloh 1996. Siehe auch die Beiträge bei: *G. Franz* (Hg.), Beamtentum und Pfarrerstand 1400–1800, Limburg 1972.

behrlich zu machen. Die bürgerlichen Räte mit akademischer Bildung konzentrierten sich zunächst in den territorialen Zentralbehörden, wohingegen
die städtische Verwaltung weiterhin unter der Ägide der Magistrate stand
und die örtliche Verwaltung des platten Landes in den Händen von adligen
Amtleuten und bürgerlichem Rechnungspersonal ohne akademischen Grad
blieb.[16] Schritt für Schritt prägten sich die unterschiedlichen bürgerlich-akademischen Milieus der Juristen und Theologen sowie der Forst- und Berg-
baufachleute aus. Unterhalb der Familienverbände der Arrivierten entstand
zugleich ein »akademisches Proletariat«, was zur schleichenden Entwertung
der Studienabschlüsse beitrug. Gleichwohl bildete das System der konfessionell gebundenen Landesuniversitäten eine wesentliche Voraussetzung für
die Konfessionalisierungs- und Staatsbildungsprozesse in den Territorien des
Alten Reichs.[17] Für den einzelnen Juristen, der auf der Suche nach einem
Dienstherrn war, verengte sich die Auswahl aufgrund der Konfessionunter-
schiede und verringerten sich die Chancen aufgrund der zunehmend machtvollen Binnenverflechtung von territorialen Oligarchien. Im Gegensatz zu
den großräumigen Wanderbewegungen des Spätmittelalters sahen sich die
bürgerlichen Juristen des 17. und 18. Jahrhunderts häufig auf die Staatsverwaltung ihres Heimatterritoriums verwiesen.[18]

3. Der frühmoderne Fürstenstaat und die Stadt

Die vorherrschende Erfahrung militärischer Ohnmacht während des Dreißigjährigen Kriegs setzte auf seiten der Reichsfürsten und ihrer Berater
Lernprozesse in Gang, die ihnen seit dem zweiten Drittel des 17. Jahrhunderts eine Adaption »absolutistischer« Praktiken geraten erscheinen ließen,
darunter vor allem den Aufbau stehender Heere und die dauerhafte Erhebung von Kontributionen als Haupteinnahmequelle, ein Zurückdrängen
des ständischen Einflusses, begleitet von der Entfaltung höfischen Lebens
und der Aristokratisierung der zentralen Beamtenschaft. In weiten Teilen

---

16 Zur Entstehung und Ausdifferenzierung der territorialstaatlichen Behörden im Staats-
bildungsprozeß vgl. *D. Willoweit*, Allgemeine Merkmale der Verwaltungsorganisation in den
Territorien, in: *K.G.A. Jeserich u.a.* (Hg.), Deutsche Verwaltungsgeschichte, Bd. 1: Vom Spätmittelalter bis zum Ende des Reiches, Stuttgart 1983, S. 289–360.
   17 Vgl. hierzu *W. Frijhoff*, Grundlagen, in: *W. Rüegg* (Hg.), Geschichte der Universität in
Europa, Bd. 2: Von der Reformation bis zur Französischen Revolution (1500–1800), München 1996, S. 53–102; *H. de Ridder-Symoens*, Mobilität, in: ebd. S. 335–359.
   18 *J. Kunisch*, Die deutschen Führungsschichten im Zeitalter des Absolutismus, in:
H.H. Hofmann u. G. Franz (Hg.), Deutsche Führungsschichten in der Neuzeit, S. 111–141.
Allerdings gab es unter den Geheimen Räten im protestantischen Süddeutschland eine
deutliche Mobilität von wenig machtvollen Reichsständen zu mächtigeren und prestigevol-
leren. Vgl. dazu *B. Wunder*, Die Sozialstruktur der Geheimratskollegien in den süddeutschen
protestantischen Fürstentümern (1660–1720). Zum Verhältnis von sozialer Mobilität und
Briefadel im Absolutismus, in: VSWG, Jg. 58, 1971, S. 145–220.

des Alten Reiches ging mit dieser Entwicklung die Verbürgerlichung der Lokalverwaltung einher. Die Fürsten versuchten, den Adel auf dessen Patrimo-
nium und auf lokale Ehrenstellen ohne konkrete Macht zurückzudrängen,
ihm jedoch zugleich den Fürstendienst schmackhaft zu machen. Ambitio-
nierte Adlige eigneten sich nunmehr immer häufiger juristische Fertigkeiten
an, betonten darüber hinaus jedoch die spezifischen Qualitäten eines Mannes
von Geblüt und markierten dadurch ihre Superiorität über die bürgerlichen
Juristen. In diesen Zusammenhang gehört der Pedanterie-Diskurs, der den
schwerfälligen bürgerlichen Gelehrten der Lächerlichkeit preisgibt. Im Verlauf des 17. Jahrhunderts übernahmen Adlige vermehrt leitende Positionen,
nicht nur am Hof, im Forstwesen und im Offizierskorps, sondern auch in
der Zivilverwaltung. Die Aristokratisierung bedeutete nicht etwa, daß bürgerliche Juristen vollständig ersetzt wurden, sondern daß sie zunehmend ins
zweite Glied rückten. Im Zusammenspiel mit der weiter fortschreitenden
Ausdifferenzierung von Behörden entstanden dadurch hierarchisch aufeinander bezogene bürgerliche und adlige Sphären im Fürstendienst.

Die Städte sahen sich in der zweiten Hälfte des 17. Jahrhunderts einem
wachsenden politisch-militärischen Druck ausgesetzt. Zuvor bestanden oftmals nur graduelle Unterschiede zwischen Reichsstädten und solchen größeren Städten, die zwar nominell einem Fürsten als Herrn huldigten, sich
jedoch weitgehender Unabhängigkeit erfreuten. Diese »Autonomiestädte«,
die man vor allem im Hanseraum fand, wurden nun gewaltsam unter die
Botmäßigkeit der Landesherrn gebracht.[19] Historiker haben deshalb bis vor
gar nicht langer Zeit in Bausch und Bogen vom Niedergang der deutschen
Stadt in der Frühen Neuzeit, spätestens seit dem Dreißigjährigen Krieg gesprochen. Den Städten wurde wirtschaftlicher Verfall und politische Übermächtigung durch den absoluten Fürstenstaat attestiert, mit der Folge, daß
die Stadtgeschichte des 17. und der ersten Hälfte des 18. Jahrhunderts als
unattraktiv galt. Erst in jüngster Zeit trat eine Änderung ein: Die historische
Forschung hat sich diesem Gegenstand mittlerweile stärker zugewandt[20]
und herausgearbeitet, daß innerhalb der Städte bereits seit dem 16. Jahrhundert Teile der Eliten aus ökonomischen und politischen Erwägungen zur
Kooperation mit dem Landesherrn bereit waren.[21]

19 *K. Gerteis*, Die deutschen Städte in der frühen Neuzeit. Zur Vorgeschichte der »bürgerlichen Welt«, Darmstadt 1986, S. 75–81. Gerteis betont unter Heranziehung der Beispiele
Münster, Erfurt, Magdeburg, Braunschweig und Göttingen die Unterordnung der Territori-
alstädte unter die landesfürstliche Gewalt im Zeitraum zwischen 1611 und 1671. Anschließend sei es zur Einordnung der Städte in den fürstlichen Verwaltungsstaat gekommen.
20 Vgl. den Forschungsüberblick bei *H. Schilling*, Die Stadt in der Frühen Neuzeit, München 1993.
21 *O. Mörke*, Der gewollte Weg in Richtung »Untertan«. Ökonomische und politische
Eliten in Braunschweig, Lüneburg und Göttingen vom 15. bis ins 17. Jahrhundert, in: *Schilling u. a.* (Hg.), Bürgerliche Eliten, S. 111–133. Vgl. auch die Beiträge von *K. Flink* (zu den
Städten im Herzogtum Kleve), *C. van den Heuvel* (zu Osnabrück) und *F. Quarthal* (zu den

Christopher Friedrichs hat eine einleuchtende Erklärung angeboten, warum die Landesherren relativ leichtes Spiel hatten, in den Städten maßgeblichen Einfluß zu erlangen.[22] Verantwortlich dafür war nicht allein ihre militärische Überlegenheit, sondern auch die innere Verfassung der Kommunen. Seit dem Hochmittelalter stand der Rat im Zentrum der innerstädtischen Entscheidungsprozesse, dem die entscheidende Stimme in allen politischen Fragen zukam. Üblicherweise funktionierte das politische Alltagsgeschäft in der Stadt bemerkenswert gut, weil die Ratsoligarchie nicht ausschließlich eine unverblümte Interessenpolitik verfolgte, sondern ihre Aufgabe auch darin sah, die Forderungen und Erwartungen der verschiedenen städtischen Gruppen zu befriedigen und auszugleichen. Aufgrund des verhältnismäßig hohen Beteiligungsgrads der Bürger am politischen Leben mittels der Zünfte, Bruderschaften und Gilden waren die Mitglieder des Rats nämlich über die Interessen der minores im allgemeinen gut informiert.[23] Kam es zu Konflikten, reagierte die Ratselite oftmals recht flexibel, indem sie die Bildung von neuen Verfassungsorganen (Kontrollausschuß oder Großer Rat) zuließ. Beharrte sie nämlich auf ihren obrigkeitlichen Prärogativen, handelte sie sich rasch einen grundsätzlichen Verfassungskonflikt ein, da es keine Möglichkeit gab, den Konflikt durch Abwahl von Ratsherren zu lösen. Zwar hätten grundsätzliche Verfassungsfragen im Prinzip auch auf kommunaler Ebene gelöst werden können, das aber kam selten vor. Fast ausnahmslos führte eine zugespitzte Auseinandersetzung dieser Art zur Intervention der übergeordneten stadtherrlichen Autorität. Manchmal baten die Magistate selbst darum, manchmal griffen die Fürsten ungebeten ein, am häufigsten aber erfolgten Interventionen auf den Appell einer Gruppe von Bürgern, die für sich in Anspruch nahm, für die gesamte Bürgerschaft zu sprechen. Weil solche Verfassungskonflikte fast immer negative Folgen für die etablierte Ratselite hatten, suchte sie diese möglichst zu vermeiden und war geneigt, auf Partizipationsansprüche und materielle Forderungen mäßigend einzugehen.

Städten im deutschen Südwesten), in: *Stolleis* (Hg.), Recht, Verfassung und Verwaltung, S. 121–140, S. 159–170 u. S. 217–239. Vgl. außerdem *H.E. Specker*, Die Verfassung und Verwaltung der württembergischen Amtsstädte im 17. und 18. Jahrhundert, in: *E. Maschke u. J. Sydow* (Hg.), Verwaltung und Gesellschaft in der südwestdeutschen Stadt des 17. und 18. Jahrhunderts, Stuttgart 1969, S. 1-21; *W. Leiser*, Privilegierte Untertanen. Die badischen Städte im Ancien Régime, in: ebd., S. 22–45; *W. Rausch*, Das Ämterwesen der landesfürstlichen Städte an der Donau bis zur josephinischen Magistratsregulierung, in: ebd., S. 66–83.
22 *C.R. Friedrichs*, Politik und Sozialstruktur in der deutschen Stadt des 17. Jahrhunderts, in: *G. Schmidt* (Hg.), Stände und Gesellschaft im Alten Reich, Stuttgart 1989, S. 151–170.
23 *G. Schwerhoff*, Die goldene Freiheit der Bürger. Zu den Bedeutungsebenen eines Grundwertes in der stadtkölnischen Geschichte (13.–17. Jahrhundert), in: *K. Schreiner u. U. Meier* (Hg.), Stadtregiment und Bürgerfreiheit. Handlungsspielräume in deutschen und italienischen Städten des Späten Mittelalters und der Frühen Neuzeit, Göttingen 1994, S. 84–119; *ders.*, »Apud populum potestas«? Ratsherrschaft und korporative Partizipation im spätmittelalterlichen und frühneuzeitlichen Köln, in: ebd., S. 188–243.

In jedem Binnenkonflikt lauerten demnach große Gefahren für die städtische Autonomie. Unter dem Druck eines Verfassungskonflikts wandelte sich das komplexe und flexible System, das den Rat und die Bürgerschaft verband, in eine Gegnerschaft zweier Parteien – Rat contra Bürgerschaft.[24] Wenige Gemeinden waren in der Lage, von solchen Antagonismen ohne gewaltsame Interventionen von außen zur politischen Normalität zurückzukehren. Deshalb wandelte sich im Verlauf der Frühen Neuzeit die Dyade Rat und Bürgerschaft zu einem Dreierverhältnis, das den Stadtherrn mitumfaßte. Das erklärt auch, wie der noch im 16. Jahrhundert relativ kleine Unterschied zwischen den machtvollen »Autonomiestädten« und den Reichsstädten im Verlauf des 17. und 18. Jahrhunderts an Bedeutung gewann. In der Folge wird vor allem vom verbreiteten Typus der Landstädte im Territorium die Rede sein, die einem fürstlichen Herrn unterstanden. Die Reichsstädte bleiben dagegen ausgeklammert, weil sich in ihnen die Problematik des rechtlichen und politischen Verhältnisses zwischen Landesherrn, fürstlicher Beamtenschaft, städtischem Magistrat und Bürgerschaft so nicht stellte. Hier war stattdessen die Relation zwischen der Stadtgemeinde, dem Rat und dem Kaiser von Belang.[25]

Zwischen dem Westfälischen Frieden und den 1680er Jahren setzten die Fürsten ihren Machtanspruch gegenüber widerstrebenden Städten oftmals mit militärischen Mitteln durch. Anschließend scheint die Konstellation zwischen Fürsten, Adel, bürgerlichen Amtsträgern, Stadtmagistraten und städtischen Bürgern relativ stabil gewesen zu sein. Seit 1710/20 läßt sich ein neuerlicher Anlauf zur Vereinheitlichung des städtischen Regiments, zur Intensivierung der Steuererhebung sowie zur Integration der städtischen Magistrate in den fürstenstaatlichen Instanzenzug feststellen. Nunmehr brauchten die Fürsten kaum noch zu offener Gewalt zu greifen, um ihre Forderungen durchzusetzen.[26] Ob diese unbestritten wichtigen Verände-

---

24 Vgl. dazu *R. Hildebrandt*, Rat contra Bürgerschaft. Die Verfassungskonflikte in den Reichsstädten des 17. und 18. Jahrhunderts, in: Zeitschrift für Stadtgeschichte, Stadtsoziologie und Denkmalpflege, Jg. 1, 1974, S. 221–241; *T. Lau*, Bürgerunruhen und Bürgerproteste in den Reichsstädten Mühlhausen und Schwäbisch Hall in der Frühen Neuzeit, Bern 1999.
25 *F. Möller*, Bürgerliche Herrschaft in Augsburg (1790–1880), München 1998, S. 226–237 gelangt zu der Einschätzung, daß sich in dieser Reichsstadt das bürgerlich-genossenschaftliche Gestaltungsprinzip, das Peter Blickle mit dem Begriff »Kommunalismus« belegt hat, noch bis ins frühe 19. Jahrhundert als besonders virulenter »Spätkommunalismus« bewahrt habe.
26 Darauf deutet nicht nur die bekannte Entwicklung in Preußen hin, wo König Friedrich Wilhelm I. seit 1713 daran ging, das Ratsregiment zu reformieren und in den Aufbau der Staatsbehörden zu integrieren. Vgl. hierzu *G. Schmoller*, Preußische Verfassungs-, Verwaltungs- und Finanzgeschichte, Berlin 1921, S. 148–151. Für Sigmaringen stellt die Bedeutung einer neuen »absolutistischen« Stadtordnung von 1731 heraus: *A. Zekorn*, Zwischen Habsburg und Hohenzollern. Verfassungs- und Sozialgeschichte der Stadt Sigmaringen im 17. und 18. Jahrhundert, Sigmaringen 1996, hier S. 607. In Ansbach setzten entsprechende Anstrengungen der fürstlichen Zentralverwaltung um 1720 ein: *H. Bahl*, Ansbach. Strukturanalyse einer Residenz vom Ende des dreissigjährigen Krieges bis zur Mitte des

rungen des politischen Klimas dazu geführt haben, die alten Magistratseliten völlig zu entmachten, die Städte ganz allgemein unter das landesherrliche Joch zu zwingen und dadurch den Willen der Bürger zu politischer Teilhabe zu brechen, steht mangels empirischer Arbeiten dahin. Ist die Forschung zur politischen Kultur in den Reichsstädten[27] des späten 17. und des 18. Jahrhunderts als recht befriedigend zu bezeichnen, so müssen Arbeiten zum politischen Leben innerhalb von landesherrlichen Städte als ein Desiderat der Forschung bezeichnet werden.[28] Allerdings hat die Residenzenforschung für diesen speziellen Stadttypus, der einer fürstlichen Einflußnahme besonders stark ausgesetzt war, das erwartbare Ergebnis erbracht, daß die Amtsträger-

18. Jahrhunderts. Verfassung, Verwaltung, Bevölkerung und Wirtschaft, Ansbach 1974, S. 147–168. Einschneidende Reformen von Verwaltung und Finanzen setzte der Landgraf von Hessen-Darmstadt im Jahr 1721 in seiner Residenzstadt durch: *J.R. Wolf*, Zwei Jahrhunderte Krieg und Frieden, in: *F. Battenberg* (Hg.), Darmstadts Geschichte. Fürstenresidenz und Bürgerstadt im Wandel der Jahrhunderte, Darmstadt 1980, S. 129–288, hier S. 234–243. Auch für die Universitätsstadt Gießen erließ der Darmstädter Landgraf 1721/22 ein neues Stadtreglement, das die Partizipation der Zünfte zuungunsten des Rates stärkte und das im gesamten 18. Jahrhundert seine Gültigkeit behielt. Dessen Bestimmungen ermöglichten es dem Fürsten, Bürgerschaft und Rat gegeneinander auszuspielen und dadurch die eigenen finanziellen Interessen zu verfolgen: *W. Bingsohn*, Stadt im Territorium. Studien zur Wirtschafts-, Sozial- und Verfassungsgeschichte der Stadt Gießen 1630–1730, 2 Bde., Darmstadt 1996, Bd. 1, S. 425–451. Die Integration der städtischen Verwaltung und Rechtsprechung in den territorialstaatlichen Instanzenzug konstatiert in der Zeit um 1730 für das schaumburg-lippische Bückeburg: *M. Bruckhaus*, Bückeburg. Kleinstadt und Residenz vom Anfang des 17. Jahrhunderts bis zum Ende des alten Reiches, Rinteln 1991, S. 128–129. Deutlich früher – bereits 1699 – bestellte Kurfürst Georg Ludwig aus eigener Machtvollkommenheit neue Magistrate in den hannoverschen Städten: *S. Müller*, Kontinuität und Wandel innerhalb der politischen Elite Hannovers im 17. Jahrhundert, in: *K. Krüger* (Hg.), Europäische Städte im Zeitalter des Barock. Gestalt – Kultur – Sozialgefüge, Köln 1988, S. 223–269.

27 *A. Laufs*, Die Verfassung und Verwaltung der Stadt Rottweil 1650–1806, Stuttgart 1963; *I. Bátori*, Die Reichsstadt Augsburg im 18. Jahrhundert. Verfassung, Finanzen und Reformversuche, Göttingen 1969; *G.L. Soliday*, A community in conflict. Frankfurt society in the seventeenth and early eighteenth centuries, Hanover NH 1974; *C.R. Friedrichs*, Urban society in an age of war. Nördlingen, 1580–1720, Princeton 1979; *I. Nicolini*, Die politische Führungsschicht in der Stadt Köln gegen Ende der reichsstädtischen Zeit, Köln 1979; *G. Wunder*, Die Bürger von Hall. Sozialgeschichte einer Reichsstadt 1216–1802, Sigmaringen 1980; *R. Koch*, Grundlagen bürgerlicher Herrschaft. Verfassungs- und sozialgeschichtliche Studien zur bürgerlichen Gesellschaft in Frankfurt am Main (1612–1866), Wiesbaden 1983; *B. Roeck*, Eine Stadt in Krieg und Frieden. Studien zur Geschichte der Reichsstadt Augsburg zwischen Kalenderstreit und Parität, 2 Bde., Göttingen 1989; *T. Knubben*, Reichsstädtisches Alltagsleben. Krisenbewältigung in Rottweil 1648–1701, Rottweil 1996; *T. McIntosh*, Urban Decline in Early Modern Germany. Schwäbisch Hall and its Region, 1650–1750, Chapel Hill 1997; *W. Herborn* u. *P. A. Heuser*, Vom Geburtsstand zur regionalen Juristenelite. Greven und Schöffen des kurfürstlichen Hochgerichtes in Köln von 1448 bis 1798, in: Rhein. Vierteljahrsblätter, Bd. 62, 1998, S. 59–160; *Lau*, Bügerunruhen.

28 In den Studien zu landesherrlichen Städten spielt die Frage der politischen Partizipation meist nur eine untergeordnete Rolle. Vgl. die materialreichen Studien von *P. Zschunke*, Konfession und Alltag in Oppenheim. Beiträge zur Geschichte von Bevölkerung und Gesellschaft einer gemischtkonfessionellen Kleinstadt in der frühen Neuzeit, Wiesbaden 1984; *Bingsohn*, Stadt im Territorium.

schaft des Landesherrn in den territorialen Hauptorten eine eminente Bedeutung für die städtische Politik und Kultur hatte.[29]

4. Ratsregiment und preußischer Staat: Herford im 18. Jahrhundert

Angesichts dieser Situation besteht ein dringender Bedarf nach stadtgeschichtlichen Studien, die den Möglichkeiten politischer Partizipation in Landstädten unter den veränderten Bedingungen nach 1648 nachgehen. Zugleich wäre nach dem Selbstverständnis der Magistrate und der Stadtbürger zu fragen und zu eruieren, wer eigentlich ihr machtpolitisches Gegenüber war. Welchen Personenkreis beauftragte der Landesherr mit der Rechtsprechung, Verwaltung und Steuererhebung in den fügsam gemachten Städten? Und wie stellte sich das Verhältnis zwischen landesherrlichen Amtsträgern und städtischer Bürgerschaft dar? Im Bielefelder Sonderforschungsbereich hat Nicolas Rügge in seiner Studie zur preußischen Stadt Herford diese Fragestellungen aufgegriffen.[30] Er plädiert für die Überwindung des unfruchtbar gewordenen Gegensatzes zwischen Stadt und Territorialstaat. Stattdessen schlägt er vor, in Anlehnung an das von Luise Schorn-Schütte entwickelte Konzept eines »Übergangs von der autonomen zur landesherrlich beauftragten Selbstverwaltung«[31], das Verhält-

---

29 *G.M. Ott*, Das Bürgertum der geistlichen Residenzstadt Passau in der Zeit des Barock und der Aufklärung. Eine Studie zur Geschichte des Bürgertums, Passau 1961; *Bahl*, Ansbach; *Wolf*, Zwei Jahrhunderte; *E. François*, Koblenz im 18. Jahrhundert. Zur Sozial- und Bevölkerungsstruktur einer deutschen Residenzstadt, Göttingen 1982; *W.G. Rödel*, Mainz und seine Bevölkerung im 17. und 18. Jahrhundert. Demographische Entwicklung, Lebensverhältnisse und soziale Strukturen in einer geistlichen Residenzstadt, Stuttgart 1985; *T. Kohl*, Familie und soziale Schichtung. Zur historischen Demographie Triers 1730–1860, Stuttgart 1985; *H. Schultz*, Berlin 1650–1800. Sozialgeschichte einer Residenz, Berlin 1987; *S. Müller*, Leben in der Residenzstadt Hannover. Adel und Bürgertum im Zeitalter der Aufklärung, Hannover 1988; *W. Troßbach*, Der Schatten der Aufklärung. Bauern, Bürger und Illuminaten in der Grafschaft Wied-Neuwied, Fulda 1991; *C. Müller*, Karlsruhe im 18. Jahrhundert. Zur Genese und zur sozialen Schichtung einer residenzstädtischen Bevölkerung, Karlsruhe 1991; *Bruckhaus*, Bückeburg; *D. Hein*, Umbruch und Aufbruch. Bürgertum in Karlsruhe und Mannheim 1780–1820, in: *Gall* (Hg.), Vom alten zum neuen Bürgertum, S. 447–515; *M. Jung*, Zwischen Ackerbau und Fürstenhof. Saarbrücker und St. Johanner Bürgertum im 18. Jahrhundert, St. Ingbert 1994; *W.-U. Rapp*, Stadtverfassung und Territorialverfassung. Koblenz und Trier unter Kurfürst Clemens Wenzeslaus (1768–1794), Frankfurt 1995; *R. Straubel*, Frankfurt (Oder) und Potsdam am Ende des Alten Reichs. Studien zur städtischen Wirtschafts- und Sozialstruktur, Potsdam 1995; *R. Zerback*, München und sein Stadtbürgertum. Eine Residenzstadt als Bürgergemeinde 1780–1870, München 1997.
30 *N. Rügge*, Im Dienst von Stadt und Staat. Der Rat der Stadt Herford und die preußische Zentralverwaltung im 18. Jahrhundert, Göttingen 2000.
31 *L. Wiese-Schorn* (heute: Schorn-Schütte), Von der autonomen zur beauftragten Selbstverwaltung. Die Integration der deutschen Stadt in den Territorialstaat am Beispiel der Verwaltungsgeschichte von Osnabrück und Göttingen in der frühen Neuzeit, in: Osnabrücker Mitteilungen, Bd. 82, 1976, S. 29–59.

nis von Stadt und Staat nicht als Nullsummenspiel zu betrachten, sondern zu überlegen, ob der Strukturwandel der Ratsherrschaft in der Frühen Neuzeit nicht besser funktional als agonal zu deuten ist.

Die Stadt Herford schien als ein verfassungspolitischer Grenzfall zwischen Reichs- und Landstadt besonders geeignet, diese These zu prüfen. Im 16. Jahrhundert war der Rat einen politischen Schlingerkurs gefahren: Gegenüber dem Reich vermied man es aus fiskalischen Motiven, den Status einer Reichsstadt mit Nachdruck anzustreben, gegenüber den Herzögen von Kleve pochte man jedoch auf eine mehr behauptete als erwiesene Reichsunmittelbarkeit. Als man sich im 17. Jahrhundert ernstlich für die reichsstädtische Alternative entschied, war es zu spät. Der Kurfürst von Brandenburg erbte eine Hälfte der Kleve-Jülicher Territorien, ignorierte ein Kammergerichtsurteil von 1631, das Herford zur Reichsstadt erklärt hatte, und besetzte im Jahr 1647 die Stadt mit militärischen Mitteln. Zwar hatten Teile der Bürgerschaft und des Rates versucht, gegen den Anfall an Brandenburg vorzugehen, der Kurfürst fand jedoch von Beginn an bereitwillige Helfer innerhalb Herfords. Bald waren die Verfechter des Reichsstadt-Status zum Schweigen gebracht, und binnen einer Generation setzte sich die zur Kooperation geneigte Fraktion endgültig durch, zumal das innerstädtische Ratsregiment zunächst unverändert fortbestand.

Durchgreifende Veränderungen erfolgten erst im 18. Jahrhundert. Betrachtet man nur den Wandel der Stadtverfassung in den Jahren 1718 bis 1721, als der »Soldatenkönig« Friedrich Wilhelm I. seine bekannten behörden- und steuerpolitischen Reformen auch in den westlichen Teilen der preußischen Monarchie durchsetzte, so läßt sich am Herforder Beispiel lediglich das bekannte obrigkeitliche Bild bestätigen. Untersucht man jedoch das Personal des Magistrats, das durch die Reformen weitgehend in die Behördenhierarchie des preußischen Staats integriert wurde, so wird man eher von einer allmählichen »Professionalisierung« der Amtsträgerschaft sprechen wollen und von der zunehmenden Staatsorientierung einer weiterhin stadtbürgerlichen Elite. Zwar kam es anläßlich der »Neuordnung des städtischen Wesens« 1718 bis 1721 zu einem partiellen Revirement innerhalb des Stadtrates, dadurch zugleich zu einer geringfügigen Zunahme der Zahl der Juristen, gleichwohl entstammten neue wie alte Magistratsmitglieder den gleichen, in der Stadt Herford und im näheren Umland angesiedelten Familien. Die Zugehörigkeit der Mitglieder des im obrigkeitlichen Sinne reformierten Magistrats zur stadtbürgerlichen Elite erweist sich in ihrem Hausbesitz, ihren Heiratskreisen und Lebensformen, überwiegend auch im Erwerb des städtischen Bürgerrechts. Gelangte, wie im Jahre 1774 mit dem aus Pyrmont stammenden Henrich Christian Diederichs, wirklich einmal ein Stadtfremder in den Magistrat, erfolgte umgehend dessen konnubiale Integration: Gut fünf Monate nach seinem Amtsantritt heiratete der neubestallte Bürgermeister die älteste Tochter seines verstorbenen Amtsvorgängers und bezog dessen Wohnhaus. Aufgrund der Befunde zum Herforder

Magistrat kommt Rügge zu dem Urteil, daß die bisher oft allzu einseitig betonte Modernisierungsleistung des vordringenden Staates eher dem Zusammenwirken von Zentralverwaltung und lokalen Kräften zuzuschreiben sei.

Untersucht man darüber hinaus auch das Verwaltungshandeln und die Gerichtstätigkeit des neuen Magistrats, gewinnt das Bild einer aus der städtischen Gesellschaft hervorgehenden Amtsträgerschaft weitere Konturen. Zugleich wird erkennbar, wie sich die staatliche Ordnungspolitik mit Hilfe des Rates ausweiten ließ, eines Magistrats, dessen Angehörige sich zunehmend als gehorsame Diener eines bürokratisch organisierten Staates verstanden und ihre Fachkompetenz in den Dienst dieses Gemeinwesens stellten. Das bedeutet zugleich, die städtische Tradition und die städtische Komponente dieses Prozesses ernstzunehmen und die beteiligten Personen auch als städtische Amtsträger zu würdigen. Die Mitglieder des Magistrats stellen sich eben nicht ausschließlich als Werkzeuge des Fürstenstaates, sondern als Mittler zwischen der obrigkeitlichen und der stadtbürgerlichen Sphäre dar. Die Herforder Ergebnisse lassen sich schwerlich im Bild eines Antagonismus von Stadt und Staat bündeln. Zumindest Teile der bürgerlichen Elite der Stadt Herford erscheinen nicht als Opfer, sondern als Träger der landesherrlichen Politik im 18. Jahrhundert. In dieser Perspektive leisteten städtische Eliten einen eigenen Beitrag zur inneren Staatsbildung Preußens.

Erkauft wurden die größere Fachgeschultheit und die gesteigerte Staatsnähe des Magistrats um den Preis einer gewissen Entfremdung vom stadtbürgerlichen Umfeld. Innere Konflikte, die um 1740 und erneut um 1791/92 kulminierten, erweisen auch für Herford die typischen »Spannungen zwischen einer politisch immer mehr unter Kuratel gestellten Gemeinde und einem sich unter obrigkeitlichem Schutz autoritär gebenden Rat«.[32] Dabei ist das Ausmaß der Unzufriedenheit in der Bürgerschaft allerdings schwer zu bestimmen. Die inneren Fraktionierungen und Interessendivergenzen unter den Handwerkern und Kaufleuten ließen den Widerstand jeweils rasch verpuffen. Auf seiten des Rates zeigte sich eine schroff obrigkeitliche Haltung, die eine Mitsprache der Bürger mit Hinweis auf deren mangelndes Fachwissen für überflüssig und schädlich erklärte und der Bürgerschaft sogar jedwede Kontrollrechte verwehrte, da bereits eine ausreichende Aufsicht durch die vorgesetzten Behörden bestehe. Die erfolgreiche Beilegung der Konflikte auf dem Rechtsweg läßt erahnen, daß die Legitimität des Regierungssystems und des Magistrats als der zentralen städtischen Obrigkeit trotzdem niemals ernsthaft gefährdet war. Der scharfe »jakobinische« Tonfall, den die ersten Protestschreiben der Bürgerschaft 1791 anschlugen, ist in erster Linie auf die persönlichen Motive des Verfassers zurückzuführen. Dieser nahm zwar den Unmut in der Gemeinde über das

---

32 *P. Blickle*, Unruhen in der ständischen Gesellschaft 1300–1800, München 1988, S. 44.

Finanzgebaren des Magistrats, über dessen Umgang mit den städtischen For-
sten und über die Ämterkumulation des Ersten Bürgermeisters auf, ließ jedoch zugleich das eigene Gefühl verletzter Ehre einfließen, weil kurz zuvor
seine eigene Bewerbung um das Amt des Zweiten Bürgermeisters gescheitert war. Wie wenig Anhänger er in der Stadt fand für seine Ansicht, der Rat
bestehe aus lauter »kleinen MagistratsDespoten«, zeigte sich rasch. Konfrontiert mit einer landesherrlichen Kommission, schmolz der zunächst umfangreiche Beschwerdenkatalog der Bürgerschaft rasch auf einen kleinen, im
wesentlichen materiellen Kern zusammen. Für weiterreichende politische
Forderungen fand sich in der Herforder Bürgerschaft kein Resonanzboden.
Es ging eben nicht um eine wie auch immer geartete städtische Freiheit von
der Landesherrschaft, von der man sich im Gegenteil eine wirksame Kontrolle der als »despotisch« empfundenen lokalen Obrigkeit erhoffte und auf
deren Edikte man sich berief. Der Herforder Befund stützt vielmehr die
These, wonach die Bürger die Einbindung der Stadt in einen größeren staatlichen Rahmen längst akzeptiert hatten. Denkbar wäre, daß die Gemeinde
als soziales Gestaltungsprinzip nur im Windschatten eines obrigkeitlichen
Politikkonzepts überlebte, das die zunehmend miteinander verflochtene
städtische und territoriale Herrschaft prägte.[33]

Auch andere Untersuchungen zu Städten in Südwestdeutschland[34], Niedersachsen[35], Hessen[36] und Brandenburg[37] zeigen vergleichbar Unspektaku-
läres auf: Zwar unterwarfen die frühmodernen Fürstenstaaten die Landstädte innerhalb ihres Herrschaftsgebiets spätestens im 17. Jahrhundert. Die
zentralen Behörden waren jedoch weder willens noch in der Lage, die
Rechtsprechung, die Verwaltung und die Steuererhebung in den Städten
vollständig an sich zu ziehen. Im politischen Alltag hatte diese Konstellation
weniger die komplette Übermächtigung der Stadt durch den Staat zur Kon-

---

33 O. Mörke, Die städtische Gemeinde im mittleren Deutschland (1300–1800). Bemerkungen zur Kommunalismusthese Peter Blickles, in: P. Blickle (Hg.), Landgemeinde und
Stadtgemeinde in Mitteleuropa. Ein struktureller Vergleich, München 1991, S. 289–308,
hier S. 307.
34 P. Bohl, Die Stadt Stockach im 17. und 18. Jahrhundert. Strukturen und Funktionen
einer Oberamtsstadt. Verwaltung, Wirtschaft, Gesellschaft, Bevölkerung, Konstanz 1987,
S. 90–100; Zekorn, Zwischen Habsburg und Hohenzollern.
35 K.-S. Ehlert-Larsen u.a., Der Göttinger Stadtrat in der Jahrhunderthälfte der Universi-
tätsgründung, in: H. Wellenreuther (Hg.), Göttingen 1690–1755. Studien zur Sozialgeschichte
einer Stadt, Göttingen 1988, S. 23–87.
36 E.-M. Dickhaut, Homberg an der Ohm. Untersuchungen zu Verfassung, Verwaltung,
Finanzen und Demographie einer hessischen Territorialstadt (1648–1806), Marburg 1993,
S. 16–86; J. Witzel, Hersfeld 1525 bis 1756. Wirtschafts-, Sozial- und Verfassungsgeschichte
einer mittleren Territorialstadt, Marburg 1994, S. 298–363.
37 B. Meier, Neuruppin 1700 bis 1830. Sozialgeschichte einer kurmärkischen Handwer-
ker- und Garnisonstadt, Berlin 1993, S. 157–170. Im Gegensatz zum Titel ihres Aufsatzes
belegt dies auch: E. Engel, Weiterwirken und Neubelebung kommunalistischer Traditionen
in Brandenburgischen Städten um 1800, in: Schmidt (Hg.), Gemeinde, Reformation und Widerstand, S. 43–55.

sequenz als vielmehr ein fürstlich-stadträtliches Kondominat. Die Ratseliten unterwarfen sich nicht etwa zähneknirschend der obrigkeitlichen Gewalt des Fürstenstaates. Stattdessen kann eine weitgehende Kooperationsbereitschaft auf seiten der Magistrate festgestellt werden, eine undramatische Normalität des Zusammenwirkens zwischen den stadtbürgerlichen Eliten und der Amtsträgerschaft des Territorialstaats.[38]

Auch unter den Bürgern der Landstädte, die nicht zur Magistratselite zählten, finden sich kaum Hinweise für die Geltung des Politikkonzepts, das von der angelsächsischen Forschung als »klassischer Republikanismus« bezeichnet wird. Will man die Haltung der Bürgerschaft gegenüber Ratsobrigkeit und Fürstenstaat kennzeichnen, lohnt sich der Rückgriff auf den von Ulrich Meier mit Blick auf das Spätmittelalter geprägten Begriff der »konsensgestützten Herrschaft«[39] als einem Modell für das spannungsvolle Zusammenspiel zwischen Ratsregiment und partizipierender Gemeinde. Dieses Verhältnis wandelte sich seit dem 17. Jahrhundert unter Hinzutreten fürstenstaatlicher Instanzen zu einem Dreiecksverhältnis. Unbestritten ist, daß zwischen 1650 und 1800 im Verlauf dieses Prozesses die Möglichkeiten der Bürger zur Mitsprache deutlich reduziert wurden. Gleichwohl blieben nahezu überall gewisse Chancen korporativer Teilhabe bestehen: die Mitwirkung von Zünften und Gilden im Prozeß der politischen Meinungsfindung und die Integration der gesamten Bürgerschaft in periodisch wiederkehrenden Ritualen, wie Huldigungen, Hegungen des Gerichts oder Neujahrsumtrünke.

Kennzeichnend für die unausbleiblichen Konflikte zwischen der Bürgerschaft und der Landesherrschaft war, daß sie zumeist nicht agonal, sondern pragmatisch, häufig auf dem Rechtsweg ausgetragen wurden. Hierfür war unter anderem auch der Charakter des fürstenstaatlichen Regiments verantwortlich, eines Herrschaftssystems, das durchaus auf die eingeschränkte Mitwirkung kommunaler Körperschaften setzte, indem es beispielsweise den Magistrat oder die Zünfte und Gilden einer Stadt um Gutachten bat oder indem es jedermann die Möglichkeit der rechtlichen Beschwerde bzw. der außergerichtlichen Immediateingabe eröffnete. Nun soll an dieser Stelle beileibe kein Bild harmonischer Eintracht zwischen Fürstenstaat und Stadtgemeinde gemalt werden. Bekanntlich kam es häufig zu innerstädtischen Protestbewegungen, die – beflügelt durch die Französische Revolution – im

---

38 Zu einem ähnlichen Urteil gelangt *V. Press*, Stadt- und Dorfgemeinden im territorialstaatlichen Gefüge des Spätmittelalters und der Frühen Neuzeit, in: *Blickle* (Hg.), Landgemeinde und Stadtgemeinde, S. 425–454, hier S. 452.

39 *U. Meier*, Mensch und Bürger. Die Stadt im Denken spätmittelalterlicher Theologen, Philosophen und Juristen, München 1994; *ders. u. K. Schreiner*, Regimen civitatis. Zum Spannungsverhältnis von Freiheit und Ordnung in alteuropäischen Stadtgesellschaften, in: *dies.* (Hg.), Stadtregiment und Bürgerfreiheit. Handlungsspielräume in deutschen und italienischen Städten des späten Mittelalters und der frühen Neuzeit, Göttingen 1994, S. 11–34.

letzten Drittel des 18. Jahrhunderts an Zahl und Radikalität der Forderungen zunahmen.[40] Aber selbst die im Protest immer wieder aufgestellten Forderungen nach Veröffentlichung der städtischen Statuten, nach Transparenz der Ratsentscheide, nach Kontrolle des stadträtlichen Finanzgebarens sowie nach politischer Partizipation der städtischen Gemeinheit durch die Einrichtung von Bürgerausschüssen richteten sich nicht in erster Linie gegen die Landesherrschaft und zielten auch nicht auf eine prinzipielle Veränderung des politischen Systems.[41]

5. Beamte und landstädtisches Bürgertum: Hessen-Kassel (1750–1830)

Zur Klärung des Verhältnisses zwischen Stadtbürgern und örtlichen Vertretern der landesherrlichen Obrigkeit hat innerhalb des Sonderforschungsbereichs auch eine Studie des Verfassers beigetragen. In deren Zentrum stehen nicht die Angehörigen von städtischen Magistraten, sondern Amtsführung und Lebenswelt der lokalen Amtsträger eines Territorialstaates, der Landgrafschaft Hessen-Kassel. Die Amtsträger werden in ihren Beziehungen zum Fürsten, zu anderen Angehörigen der Bürokratie, zur eigenen Familie und zur kleinstädtischen Umwelt beobachtet. Diese Beziehungen und ihre Wechselwirkungen erlauben eine Antwort auf die Frage, wie Niederjustiz und lokale Verwaltung in einem protestantischen und armierten Territorium mittlerer Größe funktioniert haben. Dabei bildet Hessen-Kassel einen besonders obrigkeitlichen Grenzfall innerhalb des Spektrums fürstlicher Macht und Ohnmacht. Der Untersuchungszeitraum zwischen der Mitte des 18. Jahrhunderts und 1830 ermöglicht, dem Wandel im Verhältnis zwischen

---

40 Siehe dazu den Sammelband von *H. Berding* (Hg.), Soziale Unruhen in Deutschland während der Französischen Revolution, Göttingen 1988; insbes. *K. Gerteis*, Vorrevolutionäres Konfliktpotential und Reaktionen auf die Französische Revolution in west- und südwestdeutschen Städten, S. 67–76. Zur politischen Lage in den Reichsstädten vgl. *V. Press*, Reichsstadt und Revolution, in: *B. Kirchgässner u.a.* (Hg.), Stadt und wirtschaftliche Selbstverwaltung, Sigmaringen 1987, S: 9–60; *U. Schmidt*, Südwestdeutschland im Zeichen der Französischen Revolution. Bürgeropposition in Ulm, Reutlingen und Esslingen, Stuttgart 1983.
41 Vgl. dazu *Schilling*, Städtischer Republikanismus; *W. Mager*, Artikel »Republik«, in: Geschichtliche Grundbegriffe. Historisches Lexikon zur politisch-sozialen Sprache in Deutschland, Bd. 5, Stuttgart 1984, S. 549–651; *ders.*, Artikel »Republik«, in: Historisches Wörterbuch der Philosophie, Bd. 8, Basel 1992, S. 858–878; *ders.*, Republikanismus. Überlegungen zum analytischen Umgang mit einem geschichtlichen Begriff, in: *P. Blickle* (Hg.), Verborgene republikanische Traditionen in Oberschwaben, Tübingen 1998, S. 243–260; *P. Blickle*, Kommunalismus und Republikanismus in Oberdeutschland, in: *H.G. Koenigsberger* (Hg.), Republiken und Republikanismus im Europa der Frühen Neuzeit, München 1988, S. 57–75; *R. v.Friedeburg*, »Kommunalismus« und »Republikanismus« in der Frühen Neuzeit, in: ZHF, Jg. 21, 1994, S. 65–91.

den Amtsträgern des Staates und den Bürgern der Städte über die politischen Brüche der »Reformzeit« hinweg nachzuspüren.[42]

Die niedere Justiz und die lokale landesherrliche Verwaltung lagen im 18. Jahrhundert in den Händen von Amtmännern, die in kleinen Landstädten wohnten. Die Bevölkerung in Stadt und Land unterstand ihrer Rechtsprechung, Administration und Kontrolle. Anders als in Preußen hatte man die Städte keinem einheitlichen Reglement unterworfen, gleichwohl waren die Magistrate weitgehend entmachtet. Zwar lagen die alltäglichen Verwaltungsgeschäfte in den Händen der Stadträte, die Amtmänner als Vertreter der Landesherrschaft übten jedoch eine wirkungsvolle Normenkontrolle aus. Im Bereich der Rechtsprechung und der Steuererhebung nahmen die Magistrate lediglich eine Zuschauerrolle ein.

Wie in vielen anderen Territorien bildeten auch die hessischen Amtmänner keine abgeschlossene Gruppe, sondern waren in die größere ständische Formation von sogenannten »Schriftsässigen« integriert. Sie stammten in der Regel aus bürgerlichen Familien, die seit Generationen weltliche und geistliche Diener des Fürstenhauses in Kassel hervorgebracht hatten. Anders als im Falle der Herforder Magistratsmitglieder stellte für die hessischen Amtmänner keine einzelne Stadt den Bezugsrahmen ihrer Existenz dar, auch nicht das Alte Reich oder das protestantische Deutschland, sondern die Landgrafschaft Hessen-Kassel. Die »Schriftsässigen« waren eine territoriale Elite, bestehend aus akademisch Gebildeten. Ursprünglich aus dem Bürgertum der Städte hervorgegangen, hatte sie sich bereits im 16. Jahrhundert durch die Monopolisierung von Ämtern in den Händen weniger Familienverbände und durch endogames Konnubium von ihrem Herkunftsmilieu entfernt. »Schriftsässige« heirateten meist innerhalb des eigenen Milieus, ohne daß Ehen mit Frauen aus Kaufmannsfamilien tabuisiert waren, sie kamen nur seltener vor. Nach unten schloß man sich gegenüber den Dorfpfarrern, den Subalternbeamten und den Handwerkern weitgehend, gegenüber den Bauern vollständig ab.[43]

Das Verhältnis der hessischen Amtmänner zu den Bürgern der Kleinstädte, in denen sich ihr Amtssitz befand, zeichnete sich durch ein ausgeprägtes hierarchisches Gefälle aus. Maßgeblich hierfür waren die rechtliche Privilegierung und die obrigkeitlichen Funktionen der Ortsbeamten sowie ihre materielle Sicherstellung und die kulturelle Distanz zur kleinstädtischen Bürgerschaft. Als »Schriftsässige« standen die Ortsbeamten außerhalb des Schwurverbands der Stadtbürger. Die hierdurch bereits markierte Di-

---

42 *S. Brakensiek*, Fürstendiener – Staatsbeamte – Bürger. Amtsführung und Lebenswelt der Ortsbeamten in niederhessischen Kleinstädten (1750–1830), Göttingen 1999.

43 Vgl. zur familiären Verflechtung der preußischen Kriegs- und Domänenräte sowie der Steuerräte in der zweiten Hälfte des 18. Jahrhunderts: *R. Straubel*, Beamte und Personalpolitik im altpreußischen Staat. Soziale Rekrutierung, Karriereverläufe, Entscheidungsprozesse (1763/86–1806), Potsdam 1998, insbes. S. 31–34 (soziale Herkunft) u. S. 218–225 (Heiratsverhalten und Patenwahl).

stanz zum lokalen Umfeld wurde noch durch eine amtliche Tätigkeit vergrößert, die den fürstlichen Amtsträgern eine Stellung außerhalb und oberhalb der Bürgerschaft verschaffte. Gleichwohl wies der Kontakt, den die
Bürger mit den Ortsbeamten aufnahmen, eigentümliche Ambivalenzen auf.
Die Richter und Beamten traten nämlich in zweifacher Hinsicht als Makler
der Staatsmacht in der Provinz auf, zwar als Vertreter des fürstlichen Willens, zugleich aber auch als Fürsprecher ihres Verwaltungssprengels in der
Residenz. Dadurch erschienen sie den Bewohnern der Kleinstädte einerseits
suspekt, andererseits unentbehrlich.

Wie kaum anders zu erwarten, überwogen in der ambivalenten Beziehung zwischen den Stadtbürgern und den Beamten Fremdheit und Distanz.
Die sozialen und habituellen Unterschiede wurden dadurch visualisiert, daß
die Amtmänner im herrschaftlichen Amtshaus wohnten und uniformiert
auftraten. Trennend wirkte auch das Selbstverständnis der Ortsbeamten, die
sich in erster Linie als akademisch geschulte Juristen ansahen. Sie wähnten
sich im Zustand überlegener Kenntnisse, die ihren Anspruch begründeten,
schlechthin jeden Sachverhalt besser beurteilen zu können als die davon betroffenen juristischen Laien. Die Studie hat die Grundlinien eines zutiefst
patriarchalen Selbstbildes nachgezeichnet, dem die Ortsbeamten bis in den
Vormärz hinein anhingen, unbeschadet des inzwischen eingetretenen administrativen und politischen Wandels. Das Autostereotyp des gütigen Hirten
einer unmündigen Herde wies große Ähnlichkeiten mit dem Selbstbild der
Pfarrer und der Fürsten auf.

Zahllose kulturelle Praktiken betonten überdies die herausgehobene Andersartigkeit der Amtleute, angefangen bei der Haustaufe über das endo-
game Konnubium, die Feiern im Familienverband und die akademische Bildung bis hin zur exklusiven Möblierung der Wohnungen und zur Kleidung
der Ehefrauen. Die Amtsträger verstanden sich als gebildete Bürger, deren
habituelle Vorbilder außerhalb ihres kleinstädtischen Wirkungskreises lagen. Eine Konversation über die neueste Lektüre oder die Pflege von Hausmusik führten in den Provinzorten nur die wenigen Gebildeten zusammen
und schlossen die Mehrheit der städtischen Bürgerschaft wirkungsvoll aus.
In größeren Handels- und Residenzstädten halfen diese kulturellen Praktiken, sozial weiter gefaßte Gruppen zusammenzuführen, in der Kleinstadt
bildeten sie indessen vor 1800 ein weiteres Mittel der ständischen Sonderung. So gesehen, wirkte gerade die ausgeprägte gebildete Bürgerlichkeit
der Richter und Beamten isolierend: Für ihr kleinstädtisches Umfeld waren
sie allzu bürgerlich.[44]

---

44 Zu den zahlreichen offenen Forschungsproblemen der Geschichte kleiner Städte vgl.
H.T. Gräf (Hg.), Kleine Städte im frühneuzeitlichen Europa, Berlin 1997; *C. Zimmermann*,
Die kleinen Städte auf dem Weg in die Moderne, in: Informationen zur modernen Stadt-
geschichte, Heft 2, 1999, S. 5-11.

Integrierend wirkten dagegen im 18. Jahrhundert die traditionellen Herr-
schafts- und Rechtsrituale, die der herausgehobenen Stellung des Amtmannes Rechnung trugen und ihn dennoch in den jeweiligen städtischen Verband
einfügten. Hierzu zählten die Huldigungsakte, die Gerichts- und Ratseröff-
nungen und die sich daran anschließenden Umtrünke. Die Integration des
Richters und Beamten erfolgte im Rahmen der repräsentativen Öffentlichkeit. Er war nicht auf egalitäre Weise in die Bürgerschaft der Kleinstadt
eingegliedert, sondern gehörte trotz rechtlicher, sozialer und kultureller Ungleichheit auf prekäre Weise zur jeweiligen Stadtgesellschaft. Die Integration angesichts von Ungleichheit fand zwar nirgends die emphatische Zustimmung der Bürgerschaft, erfreute sich jedoch in Hessen-Kassel noch zur
Mitte des 18. Jahrhunderts relativer Akzeptanz. Zunehmend problematisch
wurde das Verhältnis zwischen den örtlichen Vertretern der Obrigkeit und
den Stadtbürgern im Verlauf der Politisierungsschübe, die im späten 18. Jahrhundert einsetzten, sich in der napoleonischen Ära verstärkten und in den
gewaltförmigen Konflikten von 1830/31 und 1848 kulminierten.

Die Phase zwischen dem Siebenjährigen Krieg und dem Ende des Alten
Reichs bildete die Inkubationszeit für den beschleunigten Wandel in der
Reformzeit. Die sich politisierende Spätaufklärung forderte den politisch-
gesellschaftlichen Status quo heraus. Durch die Französische Revolution trat
eine Verschärfung der Kontroverse ein, in deren Verlauf sich die politischen
Lager des 19. Jahrhunderts zu entwickeln begannen. Zunächst erreichte
diese Bewegung in erster Linie die »gebildeten Stände«, in deren Wahrnehmung sich ein unwiderstehlicher Zwang zum Wandel einstellte. Mehr und
mehr begannen sie sich aus der Vorstellungswelt der ständischen Gesellschaft zu lösen. Wie das hessische Beispiel zeigt, mühten sich auch die lokalen Amtsträger des Territorialstaats nach Kräften, sowohl als Produzenten als
auch als Multiplikatoren aufklärerische Ideen zu popularisieren, zu propa-
gieren und ihnen dadurch eine gesellschaftliche Breiten- und Tiefenwirkung
zu verleihen. Ihre obrigkeitliche Stellung erschwerte ihnen die »Aufklärung
des Volkes« allerdings noch über das Maß hinaus, wie es sich den Gebildeten
aufgrund der sprachlich-kulturellen Distanz und unterschiedlicher Interessen allenthalben darstellte. Die Einwohner ihres Amtssprengels wurden von
den Amtleuten einseitig als dankbare Empfänger von Wohltaten phantasiert,
nicht jedoch als politisch handelnde Subjekte, die sich womöglich im Prozeß
einer Selbstaufklärung aus der politischen Unmündigkeit lösten.

Diese bereits vor 1807 bestehenden Tendenzen setzten sich während der
Reformzeit in radikalisierter Form fort. Nach der Schlacht von Jena und Au-
erstedt schlug Napoleon Hessen-Kassel gemeinsam mit Hannover, Braunschweig und den westlichen Provinzen Preußens dem neugebildeten Königs-
reich Westphalen zu, einem napoleonischen Musterstaat, der unter der
Regentschaft seines jüngsten Bruders Jérôme stand. Das Gebiet geriet dadurch für die Dauer von sechs Jahren in den Wirkungsbereich des französischen Modells von Staat und Gesellschaft. Nur vergleichbar mit dem Groß-

herzogtum Berg und dem Rheinland[45], das unmittelbar dem Empire
einverleibt wurde, durchlief Westphalen einen Reformweg, der radikalere
Züge trug als in Preußen und in den Rheinbundstaaten Bayern, Württemberg, Baden, Hessen-Darmstadt und Nassau. Die Reformen umfaßten die
Vereinheitlichung des Rechts, die Reorganisation der Staatsverwaltung, die
rechtliche Gleichstellung der männlichen Einwohner als Voraussetzung für
die Schaffung einer Staatsbürgergesellschaft, die Beseitigung der alten Feudalordnung sowie die Gewährung einer Verfassung, die eine begrenzte politische Partizipation von Notabeln – der Großgrundbesitzer, bedeutenden
Kaufleute und Gewerbetreibenden sowie einiger prominenter Gelehrter –
vorsah. Was die administrative Durchdringung des Herrschaftsgebietes, die
Rechtsgleichheit der Staatsbürger und die Gewährung von verfassungsmäßig garantierten Mitwirkungsrechten anbelangte, ähnelten sich die süddeutschen Staaten und Westphalen, während Preußen davon abwich. Was die
ökonomische Seite der Gesellschaftsreformen betraf, die Liberalisierung von
Landwirtschaft, Handel und Gewerbe, war Preußen radikaler, durchaus vergleichbar mit Westphalen, während die anderen Rheinbundstaaten davor
zurückschreckten, die Grundlagen ihrer Wirtschaftsordnung nachhaltig zu
modernisieren.[46]

Mit Gründung des Königreichs Westphalen vollzog sich ein tiefer Einschnitt in das Beziehungsgeflecht zwischen den örtlichen Beamten, den
städtischen Magistratseliten und der Stadtbevölkerung. Die Gesellschaftsreformen entsprachen zwar den Erwartungen vieler Gebildeter, auch vieler
Honoratioren in den Kleinstädten, in keiner Weise jedoch den Wünschen
der Bevölkerungsmehrheit. Die von der Verfassung gewährte politische Partizipation auf Gesamtstaatsebene blieb die Angelegenheit einer kleinen
Minderheit der Notabeln »von Besitz und Bildung«. Auf der kommunalen
Ebene vollzog man dagegen mit der Beseitigung der alten Magistrate und
der Integration der Gemeinden in die nach den Prinzipien von Befehl und
Gehorsam funktionierende Verwaltung die Wende zum bürokratischen Absolutismus. Die Abschaffung der alten Stadträte bedeutete das Ende der
Ratssitzungen, beseitigte damit auch die Institution, in dessen Rahmen zu-

---

45 *H. Molitor*, Vom Untertan zum Administré. Studien zur französischen Herrschaft und
zum Verhalten der Bevölkerung im Rhein-Mosel-Raum von den Revolutionskriegen bis
zum Ende der napoleonischen Zeit, Wiesbaden 1980; *S. Graumann*, Französische Verwaltung am Niederrhein. Das Roerdepartement 1798–1814, Essen 1990.

46 Zu den Unterschieden und Gemeinsamkeiten zwischen Preußen und den Rheinbundstaaten vgl. *P. Nolte*, Staatsbildung als Gesellschaftsreform. Politische Reformen in
Preußen und den süddeutschen Staaten 1800–1820, Frankfurt 1990. Die wesentlichen Züge
der westphälischen Reformpolitik sind dargestellt bei *H. Berding*, Napoleonische Herrschafts- und Gesellschaftspolitik im Königreich Westfalen 1807–1813, Göttingen 1971. Die
Rechtsentwicklung schildert *E. Fehrenbach*, Traditionale Gesellschaft und revolutionäres
Recht. Die Einführung des Code Napoléon in den Rheinbundstaaten, Göttingen 1974. Forschungsüberblick zur Reformzeit bei *W. Demel*, Vom aufgeklärten Reformstaat zum bürokratischen Staatsabsolutismus, München 1993.

vor die örtlichen Vertreter des Staats und die Spitzen der Stadtgesellschaft regelmäßig zusammengetroffen waren. Dadurch entstand zwischen den Staatsbeamten und den Spitzen der kleinstädtischen Gesellschaft eine kommunikative Lücke. Innerhalb der neuen Ordnung von Justiz und Verwaltung fand sich auch kein Raum mehr für das überkommene, vergemeinschaftende Rechts- und Herrschaftsbrauchtum. So ging auch das wichtigste Forum für die rituelle Integration der Ortsbeamten in die Stadtgesellschaft verloren, mit der Folge, daß sie bald als Fremde galten und zu Kollaborateuren mit dem Feind abgestempelt wurden.[47]

Der Regimewechsel von 1807/08 schwächte das Ansehen der Ortsbeamten bei der kleinstädtischen Bevölkerung, die mehrheitlich loyal zur angestammten Dynastie stand. Die meisten lokalen Amtsträger des alten, hessischen Regimes wurden bruchlos in die westphälische Justiz und Lokalverwaltung integriert, weil es dazu kaum eine gangbare Alternative gegeben hätte, auch weil sich die neuen Herren davon eine gewisse Akzeptanz ihrer Herrschaft versprachen. Dieses Kalkül ging allerdings nicht auf, denn in den Augen der Kleinstadtbewohner erschien der Wechsel der Beamtenschaft in die Dienste der französischen Herren als Verrat am hessischen Fürsten. Die Gebildeten mochten zunächst differenzierter urteilen, gingen jedoch im Lauf der sechs Jahre bis zum Ende des Königreichs Westphalen ebenfalls zunehmend auf Distanz zum napoleonischen Regime und dessen Vertretern vor Ort. Dafür waren viele Faktoren verantwortlich, in erster Linie die gesteigerte Last der Steuern und Zwangsabgaben sowie der Tod von Angehörigen, Freunden und Nachbarn in den nicht endenden Kriegen, aber auch die Enttäuschung über nicht eingehaltene politische Versprechen. Anfänglich war die Einrichtung der neuen Vertretungskörperschaften von der Hoffnung auf politische Partizipation begleitet. Die Resultate waren jedoch ernüchternd: Die Gremien wurden auf gesamtstaatlicher und departementaler Ebene nur unzureichend in die Entscheidungsprozesse einbezogen. Auf der lokalen Ebene beschränkte sich ihr Einfluß schlicht auf die Prüfung der Mairie-Rechnungen. Verglichen damit können die stark reglementierten Magistrate des späten 18. Jahrhunderts nachgerade als machtvolle Institutionen gelten.

Die Erfahrungen während der westphälischen Zeit gaben der Bürokratiefeindschaft in Hessen-Kassel reichlich Nahrung. Auch der im Jahr 1814 wiederhergestellte kurfürstliche Verwaltungsapparat litt unter der weitverbreiteten öffentlichen Ablehnung. Jedermann hatte beobachten können, daß

---

47 Am Beispiel Wetzlars und weiterer mittelhessischer Städte kommt Hans-Werner Hahn ebenfalls zu dem Urteil, daß die Erfahrung der napoleonischen Zeit und der »Befreiungskriege« eine entscheidende Zäsur im politischen Denken der städtischen Bürgerschaft bildete: *H.-W. Hahn*, Altständisches Bürgertum zwischen Beharrung und Wandel. Wetzlar 1689–1870, München 1991, S. 215–273; *ders.*, Selbstverwaltung und Politisierung des Bürgers in mittelhessischen Städten 1770–1848/49, in: *Meier u. Schultz* (Hg.), Die Wiederkehr des Stadtbürgers, S. 69–106.

dieselben Personen, die im Königreich Westphalen die Geschäfte in den kleinstädtischen Behörden leiteten, unter kurfürstlicher Herrschaft weiterwirkten. Und den Zugewinn an lokaler Macht, den die Angehörigen der Staatsverwaltung in der napoleonischen Zeit gegenüber den städtischen Magistraten und allen anderen Vertretern intermediärer Gewalten erlangt hatten, gaben sie während des restaurativen Intermezzos nach 1814 nur kurzfristig wieder aus der Hand. Als im Jahr 1821 Kurfürst Friedrich Wilhelm I. die Herrschaft über Hessen-Kassel antrat, erließ er eine Behördenreform, die ganz in der napoleonischen Tradition des bürokratischen Absolutismus stand. Bei dieser Gelegenheit wurde abermals die durchgreifende institutionelle Trennung zwischen Justiz und Verwaltung vollzogen, so daß an die Stelle des allzuständigen Amtmannes der Richter am Untergericht und der Kreisrat in der neugeschaffenen Administration traten. Die in ihre alten Rechte wiedereingesetzten Stadträte sahen sich seit 1821 mit einer allgemeinen Staatsverwaltung konfrontiert, die sich jederzeit in die kommunalen Interna einschalten konnte.

Der Siegeszug der Bürokratie setzte sich demnach in der Restaurationsepoche fort, begleitet von massiver Bürokratiekritik. Es ist eine Ironie der Geschichte, daß man das Konzept des älteren Policey-Staates erst in die Tat umsetzen konnte, als es bereits von konservativer wie von liberaler Seite durch Selbstverwaltungsmodelle in Frage gestellt wurde. Der Triumph der Bürokratie erwies sich deshalb als unzeitgemäß: Er kam zu spät und er schoß in seinem disziplinierend-obrigkeitlichen Charakter übers Ziel hinaus. Versucht man diese Charakteristika Kurhessens im ersten Drittel des 19. Jahrhunderts im zeitgenössischen politischen Umfeld zu lokalisieren, fallen die Ähnlichkeiten mit den nord- und mitteldeutschen Staaten Hannover, Braunschweig und Sachsen ins Auge. Gestützt durch Österreich bildeten sie innerhalb des Deutschen Bundes ein in zweierlei Hinsicht strukturkonservatives Modell: Es war politisch und ökonomisch rückwärtsgewandt. Diese Staaten unterschieden sich deutlich sowohl vom wirtschaftlich liberalen und zugleich politisch restaurativen Preußen als auch vom ökonomisch zwar rückwärtsgewandten, jedoch verfassungspolitisch progressiven Südwesten Deutschlands.

In der Folge erwies sich jedoch die Ausrichtung der kurhessischen Richterschaft auf den reaktionären Kurs des Fürstenhauses als zunehmend problematisch. Zwar sahen sich die Angehörigen der neugeschaffenen Innenverwaltung – wie vom Kurfürsten und seinen Beratern beabsichtigt – als Stütze des monarchischen Obrigkeitsstaates. Im Gegensatz dazu formierte sich die Richterschaft mehr und mehr als unparteiischer Wahrer der Rechtsordnung, als Verteidiger der bürgerlichen Rechte und Freiheiten gegenüber einer despotischen Verwaltungspraxis. Eine überwiegend gouvernemental-konservative Beamtenschaft sah sich mit einem vorwiegend liberalen Richterstand konfrontiert. Dieser Befund ist erklärungsbedürftig, zumal sich in anderen Staaten des Deutschen Bundes sowohl ähnliche politische Konstellationen als auch Gegenbeispiele finden lassen. Kurhessen ähnelte in diesem Punkt Preußen,[48] während sich in Baden, Württemberg und Nassau Richter und Verwaltungsbeamte gemeinsam zur »Regierungspartei« schlugen.[49]

Wahrscheinlich hingen diese Unterschiede von älteren regionalen Traditionen und vom Zeitpunkt der Verfassungsgebung ab, zugleich aber auch von der Frage, ob die Trennung von Justiz und Verwaltung vollständig vollzogen war, so daß zwei konkurrierende Systeme innerhalb des Staatsapparates entstehen konnten. Wo wie in Württemberg, Nassau oder Baden bereits frühzeitig Verfassungen erlassen worden waren und weiterhin – wie im Ancien Régime – einheitliche Karrierefelder für Verwaltungsbeamte und Richter bestehen blieben, läßt sich jedenfalls eine obrigkeitliche Ausrichtung der Staatsdienerschaft beobachten. Gerade in diesen frühen Verfassungsstaaten verwandten Fürsten und Minister mit Erfolg alle disziplinierende Kraft darauf, den bürokratischen Apparat in ein hermetisches Gehäuse zu verwandeln. Sie waren darin derart erfolgreich, daß Staatsdiener, wenn sie als Abgeordnete in die Ständeversammlungen gelangten, dort zumeist im gouvernementalen Interesse wirkten.

Dagegen entstanden innerhalb der kurhessischen Verwaltung und Justiz im Verlauf der zwanziger Jahren des 19. Jahrhunderts zwei konkurrierende Lager. Die Genese des Beamten-Konservatismus und des Richter-Liberalismus hing aufs engste zusammen mit der Art und der Beschaffenheit verwandtschaftlicher und klientelistischer Bindungen unter den Anhängern der beiden politischen Strömungen. Am Ende des Prozesses stand der Antagonismus zwischen einer gouvernementalen »Court«-Fraktion und einer gemäßigt oppositionellen »Country«-Fraktion. Führende Personen, denen der Fürst besonders geneigt war, schufen sich ein konservativ eingefärbtes Patronagesystem, das vor allem das Personal der Innenverwaltung umfaßte. Ihre Gefolgsleute entstammten vergleichsweise heterogenen sozialen Verhältnissen. Bei der Rekrutierung und beim Avancement der Beamten spielte die familiäre Herkunft keine dominierende Rolle mehr, statt dessen war Linientreue gefragt. So gesehen brachte die politisch konservative »Court«-Frak-

---

48 *C. v. Hodenberg*, Die Partei der Unparteiischen. Der Liberalismus der preußischen Richterschaft, 1815–1848/49, Göttingen 1996.

49 Zu Württemberg vgl. *B. Wunder*, Privilegierung und Disziplinierung. Die Entstehung des Berufsbeamtentums in Bayern und Württemberg 1780–1825, München 1978, S. 276–280; *M. Hettling*, Reform ohne Revolution. Bürgertum, Bürokratie und kommunale Selbstverwaltung in Württemberg von 1800 bis 1850, Göttingen 1990, S. 150. Zu Baden vgl. *J. Eibach*, Der Staat vor Ort. Amtmänner und Bürger im 19. Jahrhundert am Beispiel Badens, Frankfurt am Main 1994, S. 96f.; *Nolte*, Gemeindebürgertum und Liberalismus in Baden; *B. Wunder*, Die badische Beamtenschaft zwischen Rheinbund und Reichsgründung (1806–1871), Stuttgart 1998, S. 173–191 u. S. 641–644. Zu Nassau vgl. *E. Treichel*, Der Primat der Bürokratie. Bürokratischer Staat und bürokratische Elite im Herzogtum Nassau 1806–1866, Stuttgart 1991, insbes. S. 463–476. Zu den heftigen Abwehrreaktionen der hauptstädtischen Bürgerschaft vgl. *T. Weichel*, Die Bürger von Wiesbaden. Von der Landstadt zur »Weltkurstadt« (1780–1914), München 1997, S. 121–147.

tion den modernen Typus des jenseits familiärer Rücksichten rekrutierten Karrierebeamten hervor, der sich ganz dem monarchischen Prinzip verschrieb. Damit verkörperte er den Fürstendiener, gegen den zu polemisieren auch die hessischen Liberalen nicht müde wurden.

Im Gegensatz zur Hof- und Fürstenpartei entsprach die in der Richterschaft tonangebende »Country«-Fraktion im wesentlichen dem Netzwerk der traditionellen Schriftsässigen. Die liberalen Richter bildeten ein durch Freundschaften, Logenkontakte, Vettern- und Schwägerschaften eng verwobenes Beziehungsgeflecht, dessen Anbindung an Personen in zentraler Stellung sich allmählich abschwächte. Viele der Richter verdankten ihren Einzug in die hessische Justiz der Fürsprache älterer Verwandter, die sich nicht aus politischen Motiven, sondern aufgrund der üblichen Familiensolidarität für ihre Anstellung eingesetzt hatten. In dem Maße, wie diese ältere Generation aus Altersgründen ausschied und nur relativ wenige liberale Altersgenossen in die Zentralbehörden nachrückten, tat sich eine Kluft zwischen Kassel und der Provinz auf. Abgestoßen von den Verhältnissen am kurfürstlichen Hof, ausgeschlossen aus den politischen Seilschaften in Kassel, abgehängt vom Karrieresystem in der zentralen Bürokratie, bemühten sich viele Justizbeamte in der Provinz um Einlaß in das Juste-milieu der Kleinstädte. Der Liberalismus bot ihnen dabei ein Integrationsangebot, dessen in erster Linie moralische Deutung der politischen Verhältnisse es Richtern und Stadtbürgern gestattete, den Antagonismus zwischen Obrigkeit und Untertanen zu überwinden. In dieser Perspektive stellt sich der Richter-Liberalismus genauso traditionsverhaftet dar wie der Liberalismus des Stadtbürgertums. Die »Schriftsässigen« und die stadtbürgerlichen Honoratioren suchten gleichermaßen, sich ihre traditonelle Führungsrolle in der Provinz plebiszitär ratifizieren zu lassen. Geeint in der Opposition gegen den kurfürstlichen Hof und die hochkonservative Spitze von Regierung und Verwaltung, fand man Mittel und Wege, die Widersprüche zu den Stadtbürgern zu überbrükken. Zunächst bildete lediglich die gemeinsame Gegnerschaft gegen die Zentralmacht die integrative Klammer. Kurz vor den Revolten von 1830 verschafften sich die Gerichte neues Ansehen, als sie von den Magistraten im Konflikt mit der staatlichen Verwaltung angerufen wurden und – orientiert an rechtsstaatlichen Grundsätzen – die städtische Finanzautonomie stärkten.

Aufgrund der inhärenten Dynamik des juristischen Denkens tendierten Richter allgemein dazu, Rechtsstaatsgarantien über Verwaltungseffizienz zu stellen. Der Bürokratie wurde unterstellt, sie neige zur Despotie. Staatsfromme Juristen sahen die Lösung des Problems in einem Zusammenspiel aus verschärfter Kontrolle durch die monarchische Zentralgewalt und einem diskursiven Selbstdisziplinierungsprozeß der Beamtenschaft, der jedwedes Verwaltungshandeln an Recht und Gesetz rückbinden sollte. Liberale Juristen gingen einen entscheidenden Schritt weiter und forderten eine Verfassung mit garantierten Grundrechten und eine Kontrolle der Verwaltung durch die Ständeversammlung. Gleichgültig, welcher politischen Strömung der einzelne folgte, die Überzeugung, daß ein guter Richter lediglich unparteiisch urteilen solle und daß die Rechtsprechung ein notwendiges Korrektiv gegenüber dem Mißbrauch der Macht bilde, einte konservative, liberale und politisch indifferente Richter.[50]

Für die Stellung der Justizbeamten innerhalb ihrer Gemeinden war diese Haltung von großer Bedeutung. Unter dem Vorzeichen einer unparteiischen Rechtspflege gerieten sie immer wieder in die Situation, die Rechte ihrer Mitbürger oder der Kommune vor dem Zugriff der Verwaltungsbehörden und des Fiskus schützen zu sollen. Darüber hinaus konnten sich die Richter unter Bezugnahme auf die überpersönliche Natur des Rechts der Illusion hingeben, als Bürger unter Bürgern zu leben, sobald sie ihre Roben auszogen. Das war zwar allenfalls die halbe Wahrheit, denn die Untergerichte hatten Ordnungsvergehen abzustrafen, in Kriminalfällen die Voruntersuchung zu führen und landesherrlichen Anordnungen unverzüglich Folge zu leisten. Die von gerichtlichen Sanktionen betroffenen Personen, namentlich die aufgrund massenhafter Eigentumsdelikte abgestraften Angehörigen der Unterschichten, nahmen die Richter deshalb weiterhin als Teil der Obrigkeit wahr und nicht als freundliche Nachbarn. Gleichwohl entfaltete die Vorstellung vom unparteiischen Rechtssystem und den Richtern als seinen aufrechten Verteidigern eine beträchtliche Wirkung und trug dazu bei, daß die stadtbürgerlichen Eliten begannen, die Justizbeamten als zu ihnen gehörig zu betrachten. Um es auf einen kurzen Nenner zu bringen: Vom antibürokratischen Ressentiment der liberalen Bürger waren die Richter in der Regel nicht betroffen, von der antiobrigkeitlichen Haltung der Unterschichten in Stadt und Land hingegen schon.[51]

Zur Integration der Richter in die Kleinstädte trug außerdem bei, daß sich ihre rechtliche Stellung innerhalb der Gemeinde veränderte. Anläßlich der Beratungen über die neue Gemeindeordnung in den Jahren 1831 bis 1834 war die Frage des Bürgerrechts für Staatsbeamte ein bedeutender Streitpunkt zwischen der liberalen Mehrheit der Landtagsdeputierten und den

---

50 Vgl. *F. Theisen*, Zwischen Machtspruch und Unabhängigkeit. Kurhessische Rechtsprechung von 1821–1848, Köln 1997. Diese rechtsgeschichtliche Studie kommt zu dem Urteil, daß die kurhessische Richterschaft sich überwiegend für die Realisierung des Justizstaates starkmachte. Um sich vor der Kassation ihrer Urteile und vor disziplinarrechtlicher Verfolgung zu schützen, zogen sich Richter zumeist auf die Position zurück, durch regelgerechte Kasuistik herrschendes Recht umzusetzen. Mit dieser vorgeblich unpolitischen Haltung konnten sie im Zivilrecht rechtsstaatliche Vorstellungen voll durchsetzen, weil dieser Regelungsbereich bei der hochkonservativen Staatsspitze wenig Beachtung fand. Auch im Verwaltungsrecht drangen die Richter zu einem bemerkenswert wirkungsvollen Rechtsschutz der Bürger vor. Nur im Bereich des Polizei- und Strafrechts waren der Justizstaatlichkeit enge Grenzen gesetzt, weil der Gesetzgeber durch extrem ausdifferenzierte Normsetzung den Gerichten kaum einen Spielraum zu liberaler Gesetzesinterpretation ließ.

51 *R. v. Friedeburg*, Ländliche Gesellschaft und Obrigkeit. Gemeindeprotest und politische Mobilisierung im 18. und 19. Jahrhundert, Göttingen 1997.

Vertretern der Regierung. Die Liberalen forderten nachdrücklich, daß auch Staatsdiener verpflichtet würden, das Bürgerrecht an ihrem Wohnsitz zu erwerben. Die bis dahin geltende Bürgerrechtsexemtion für Beamte war ihnen ein Dorn im Auge, weil sie dahinter die Neigung vermuteten, sich den Verpflichtungen eines Stadtbürgers zu entziehen. Vor allem aber dürfe, um »die Würde und das Gewicht des Bürgertums« zu erhöhen, nicht zugelassen werden, »daß irgend ein Stand oder eine Klasse der Staatsgenossen sich zu hoch dünke, ein Bürger zu sein«.[52]

Im Gegensatz dazu wollten die kurhessischen Regierungsvertreter verhindern, daß die Staatsdiener dazu verpflichtet würden, das Bürgerrecht an ihrem Wohnort zu erwerben. Die Vertreter der fürstlichen Gewalt in der Provinz sollten keiner konkurrierenden Mediatmacht unterstehen. Schließlich einigte man sich auf den Kompromiß, daß Staatsdiener und Geistliche lediglich in Städten mit mehr als 3000 Einwohnern verpflichtet waren, das Bürgerrecht zu erwerben, und das auch nur für den Fall, daß sie verheiratet waren, über ein ausreichendes Einkommen verfügten und am Ort ein Haus besaßen. Diese Regelung betraf also nur eine Minderheit der Beamten und Richter und zeitigte auch keine unmittelbaren lokalpolitischen Konsequenzen, etwa derart, daß sie in die Magistrate gewählt worden wären. Die Symbolkraft des Bürgerrechts als Ausweis der Zugehörigkeit zum städtischen Schwurverband sollte dagegen nicht unterschätzt werden – gerade die Liberalen unter den Richtern erwarben es ostentativ.[53]

Stadtbürger und liberale Richter einte der Stolz auf die 1830/31 im gemeinsamen Kampf errungene Verfassung, deren freiheitliche Grundsätze es gegen Angriffe aus dem gouvernementalen Lager zu verteidigen galt. Der liberale Patriotismus kam anläßlich von öffentlichen Festakten zum Jahrestag der Verfassungsgebung und durch die Paraden der Bürgergarden zum Ausdruck. Viele Richter nahmen an diesen öffentlichen Manifestationen der freiheitlichen Gesinnung aus eigenem Antrieb teil. Untersucht man die Reden, den Ablauf und die Sitzordnung der Festakte, fällt auf, daß die Justizbeamten immer eine herausgehobene Position zugewiesen bekamen. Die strukturellen Ähnlichkeiten mit den Feiern des Ancien Régime anläßlich der Abnahme des Huldigungseides, bei der Eröffnung des Rügegerichtes etc. liegen auf der Hand. Erneut dienten Feste der Vergemeinschaftung im Rahmen des Schwurverbandes, zugleich auch der Integration des Vertreters der Obrigkeit, der sich im Festakt öffentlich sichtbar in eine überindivi-

---

52 Bericht des Abgeordneten Müller namens des Landtags-Ausschusses vom 22. März 1832, in: Kurhessische Landtagsverhandlungen (1832), Beilage 85, S. 10. Zitiert nach: *V. Fischer*, Stadtbürger oder Staatsbürger? Zur politischen und gesellschaftlichen Funktion des Bürgerrechts im kurhessischen Vormärz, in: *W. Speitkamp* (Hg.), Staat, Gesellschaft, Wissenschaft. Beiträge zur modernen hessischen Geschichte, Marburg 1994, S. 121–145, hier S. 137.
53 *Brakensiek*, Fürstendiener, S. 372 f.

duelle Ordnung einfügte.[54] Die Legitimationsbasis und die politischen Referenzpunkte der Rechtsordnung unterlagen freilich dem Wandel, so daß man nicht einfach von der Wiederkehr des Alten sprechen kann. Es ist jedoch von Belang, daß in den Festen die paternalistische Selbstdeutung der Amtmänner des 18. wie der Justizbeamten des 19. Jahrhunderts zur Deckung kam mit der Rollenzuschreibung ihres lokalen Umfeldes. Die Richter im Vormärz genossen gegenüber ihren Vorgängern im Ancien Régime sogar noch den Vorteil, daß sie der meisten amtlichen Aufgaben enthoben waren, die sie als leicht anrüchige Vertreter einseitiger Fiskal- und Machtinteressen des Landesherrn ausgewiesen hätten. Sie konnten deshalb den metaphysischen Nimbus des Rechts viel weitergehend für sich in Anspruch nehmen.

Die vollendete Harmonie zwischen Bürger- und Richterschaft gehört jedoch ins Reich der Fabeln. Ihre amtliche Stellung zwang die liberalen Richter immer wieder dazu, gesetzliche Vorgaben der Regierung, die sie nicht billigten, gegen den Widerstand ihres bürgerlichen Umfeldes durchzusetzen. Sie beruhigten bei diesen Gelegenheiten ihr Gewissen mit einer eigentümlichen Mischung aus prinzipienfester Gesetzestreue und politischer Geschmeidigkeit, die vor allem ein Ausdruck ihrer nachvollziehbaren Angst um die eigene berufliche Existenz war. Diese Einschränkungen vor Augen, soll doch betont werden, daß sich die vormärzliche Richterschaft in Kurhessen mit Emphase zum städtischen Bürgertum rechnete und daß ihr Zugehörigkeitsgefühl zu den Männern von Besitz und Bildung auf die Zustimmung der maßgeblichen bürgerlichen Kreise in den Städten des Landes traf. Die Verankerung der liberalen Richter im örtlichen Milieu erklärt noch die beispiellose Welle des passiven Widerstands, den die kurhessischen Staatsdiener im Jahr 1850 gegen den Kurfürsten leisteten, als er Steuern ohne Zustimmung der Ständekammer erheben wollte. Vor die Alternative zwischen der Loyalität zur fürstlichen Dynastie und der Treue zur Konstitution gestellt, entschieden sich die Richter überwiegend für den Verfassungs- und Rechtsstaat.

Der Befund zur politischen Orientierung der Beamtenschaft in den kurhessischen Landstädten deutet demnach für das erste Drittel des 19. Jahrhunderts auf ein gewisses Maß von Konvergenz zwischen den Angehörigen der Justiz und den städtischen Honoratioren hin. Es ist nun interessant zu sehen, daß auch die sozialgeschichtlichen Befunde zur Herkunft der Richter und Beamten, zu ihrem Konnubium und zu den Berufsfeldern ihrer Söhne

---

54 Abermals erweisen sich die Unterschiede zu Baden, wo sich Beamte und Richter von den Verfassungsfeiern fernhielten bzw. wo man ihnen keine zentrale Rolle zugestehen mochte. Siehe dazu *P. Nolte*, Die badischen Verfassungsfeste im Vormärz. Liberalismus, Verfassungskultur und soziale Ordnung in den Gemeinden, in: *ders. u. M. Hettling* (Hg.), Bürgerliche Feste. Symbolische Formen politischen Handelns im 19. Jahrhundert, Göttingen 1993, S. 63–94.

und Schwiegersöhne eher auf eine allmähliche Integration in die städtische Bürgerschaft als auf eine verstärkte Segregation hinweisen. Die Modernisierung der Staatsverwaltung im frühen 19. Jahrhundert hatte zwar die berufsständische Sonderung der vormals »Schriftsässigen« beileibe nicht vollständig beseitigt, ließ jedoch die Außengrenzen für den Zustrom von jungen Bewerbern aus stadtbürgerlichen Kreisen wie für den Abstrom von Beamtensöhnen in die vielfältiger werdende bürgerliche Berufswelt durchlässiger werden. Daß sie in die entstehenden freien Professionen drängten, erstaunt nicht sonderlich angesichts ihrer Herkunft aus Familien, in denen ein Studium zur Normalität gehörte. Bemerkenswert ist jedoch der verhältnismäßig hohe Anteil von Beamtensöhnen, die eine kaufmännische oder gewerbliche Tätigkeit aufnahmen. Die Studie liefert somit einen weiteren Hinweis darauf, warum man im Vormärz begann, vom deutschen Bürgertum zu sprechen. Von diesem Wandel blieben die sozialen und kulturellen Grenzen gegenüber den unter- und außerbürgerlichen Klassen freilich völlig unberührt.[55]

6. Ergebnisse

Wie ist nun der Befund zur Beamten- und Richterschaft in Hessen-Kassel zu beurteilen? Was ermöglichte es den liberalen Richtern und den städtischen Honoratioren, sich einander anzunähern? Wie allenthalben in Deutschland bekannten sich auch die liberalen Stadtbürger in Kurhessen bis in die 1840er Jahre nicht zu den Prinzipien und den politischen Mitteln der französischen Revolution, zu Volkssouveränität und Demokratie. Stadtbürger und Richter waren überwiegend keine Republikaner und lehnten den Fürstenstaat keineswegs prinzipiell ab, sondern waren Anhänger der konstitutionellen Monarchie. In dieser gemeinsamen Orientierung an einer rechtsstaatlich geläuterten, temperierten Monarchie bestand viel eher eine Kontinuität zur politischen Praxis des ausgehenden Ancien Régime als im Bezug auf einen »klassischen Republikanismus«. Die Rezeption des nationalstaatlich-demokratischen Republikanismus war blockiert, weil sie mit dem napoleonischen Eroberer identifiziert wurde und dadurch diskreditiert war. Das von den Zeitgenossen favorisierte Gegenmodell, die konstitutionelle Monarchie, erscheint zwar aus heutiger Sicht ungeeignet, die Widersprüche zwischen fürstlichem Hegemonieanspruch und bürgerlichem Partizipationsbegehren zu lösen. Für die frühliberale Verfassungstheorie galt die konstitutionelle Monarchie jedoch als der Inbegriff des modernen Staates, einerseits bestimmt durch das Prinzip der Souveränität, andererseits gleich-

---

55 *Brakensiek*, Fürstendiener, S. 262–275.

rangig durch die innere Beschränkung des Souveräns, die ihn zur Achtung des Rechts und der politischen Freiheit veranlaßt.[56]

Verhieß der Konstitutionalismus auf der Ebene der Bundesstaaten ein zumindest prinzipiell mögliches Einvernehmen zwischen Fürst und Bürgern, forderten die städtischen Honoratioren auf kommunaler Ebene weitgehende Autonomie ein. Entsprechend problematisch gestaltete sich das Verhältnis zwischen den Stadtbürgern und solchen Beamten, die den Primat des Staates in allen Bereichen betonten. Der hessische Befund legt jedoch den Gedanken nahe, daß für den einzelnen Staatsdiener und für die jeweilige städtische Honoratiorenschaft erhebliche Freiheitsgrade bestanden, auf welche Weise sie ihr Verhältnis gestalteten.[57] Kooperationswillige Richter und Beamte wurden oftmals bereitwillig akzeptiert, weil die stadtbürgerlichen Eliten das Regiment in ihren Städten lieber mit der fürstlichen Beamtenschaft auf der Basis von Gemeindeordnung, Rechtsstaat und Verfassung teilten, als es der Teilhabe aller Einwohner auszusetzen. Insofern verweist der deutsche Frühliberalismus in manchen Hinsichten eher in die Vergangenheit als in die Zukunft, wenn man erkennt, daß eine partizipative Öffnung gegenüber den unterbürgerlichen und unterbäuerlichen Klassen niemals intendiert war.[58]

Entgegen anderslautender Befunde, hat es demnach im frühen 19. Jahrhundert nicht in allen Staaten des Deutschen Bundes einen Antagonismus zwischen Beamten und Stadtbürgertum gegeben.[59] Die Verfechter dieser

---

56 *H. Dreitzel*, Absolutismus und ständische Verfasssung. Ein Beitrag zu Kontinuität und Diskontinuität der politischen Theorie in der frühen Neuzeit, Mainz 1992; *R. Blänkner*, Der Vorrang der Verfassung. Formierung, Legitimations- und Wissensformen und Transformation des Konstitutionalismus in Deutschland im ausgehenden 18. und frühen 19. Jahrhundert, in: *ders. u. B. Jussen* (Hg.), Institutionen und Ereignis. Über historische Praktiken und Vorstellungen gesellschaftlichen Ordnens, Göttingen 1998, S. 295–325; *B. Stollberg-Rilinger*, Vormünder des Volkes? Konzepte landständischer Repräsentation in der Spätphase des Alten Reiches, Berlin 1999.

57 Vgl. dazu *J. Eibach*, Konflikt und Arrangement: Lokalverwaltung in Bayern, Württemberg und Baden zwischen Reformära und 48er Revolution, in: *E. Laux u. K. Teppe* (Hg.), Der neuzeitliche Staat und seine Verwaltung. Beiträge zur Entwicklungsgeschichte seit 1700, Stuttgart 1998, S. 137–162.

58 Vgl. auch *H.-W. Schmuhl*, Die Herren der Stadt. Bürgerliche Eliten und städtische Selbstverwaltung in Nürnberg und Braunschweig vom 18. Jahrhundert bis 1918, Gießen 1998. *D. Reuter*, Der Bürgeranteil und seine Bedeutung, in: *Gall* (Hg.), Stadt und Bürgertum im Übergang, S. 75–92, sowie die Zusammenfassung von *D. Reuter, R. Roth u. T. Weichel*, in: ebd., S. 105–109, verweisen darauf, daß der Anteil der zur politischen Teilhabe in der Stadt berechtigten Bürger zu Beginn des 19. Jahrhunderts vergleichsweise hoch gewesen sei – wobei Frauen und abhängige Haushaltsangehörige »selbstverständlich« durch die männlichen Haushaltvorstände repräsentiert wurden –, daß dieser Anteil in vielen Städten im Verlauf des 19. Jahrhunderts absank.

59 Vgl. hierzu auch zahlreiche Ergebnisse der Städtestudien aus dem Frankfurter Bürgertums-Projekt, so beispielsweise die Bereitschaft der Bürger von Wetzlar, sich mit der preußischen Beamtenschaft vor Ort zu arrangieren, bei *Hahn*, Altständisches Bürgertum, S. 355–370. Hinweise für die Integration von Staatsbeamten in die stadtbürgerliche Geselligkeit in Augsburg auch bei *Möller*, Bürgerliche Herrschaft, S. 162–197.

Vorstellung haben die Verhältnisse in Baden, Württemberg und Nassau vor
Augen. Und auch für diese Staaten ist zu fragen, ob die klassenlose Bürgergesellschaft als Gegenmodell zum Obrigkeitsstaat – die egalitäre Stadtgesellschaft als universalisierbare Zielutopie – zwar geglaubt worden sein mag,
ob diese Vorstellung nicht gleichwohl von Anbeginn ideologisch war.[60] Für
das 18. und das frühe 19. Jahrhundert deuten die Befunde zur preußischen
Stadt Herford und zu den kurhessischen Städten auf die Bereitschaft der
lokalen Honoratioren und weiter bürgerlicher Kreise zur Kooperation mit
der Fürstenobrigkeit und ihren Vertretern vor Ort hin. Für diese Landstädte
kann man einen pragmatischen Politikstil des Elitenkompromisses rekonstruieren. Es lohnte die Überprüfung durch weitere Fallstudien, für welche Städtetypen und für welche Regionen sich diese Ergebnisse verallgemei-
nern lassen. Betrafen sie vor allem die stagnierenden Kleinstädte? Vieles
spricht dafür, daß sich ähnliche Befunde für das nördliche und mittlere
Deutschland ergeben, zumal in diesen vormals »reichsfernen« Gebieten die
große Mehrheit der Städte dem Typ der kleinen oder mittleren Landstadt
entsprach.

Um es abschließend auf den Punkt zu bringen: So sehr die Fürsten auf die
Ausgestaltung ihres Herrschaftsapparates Einfluß nehmen konnten, ihrer
Macht in der Provinz waren im 17. und 18. Jahrhundert Grenzen gesetzt. Be-
reits wegen der dürftigen Personalausstattung der Lokalverwaltung hätte die
Durchsetzung eines obrigkeitlichen Gewaltmonopols erhebliche Probleme
bereitet. Es spricht jedoch wenig dafür, daß man es überhaupt beabsichtigte.
Stattdessen bildete eine enge Zusammenarbeit zwischen den territorialstaat-
lichen und den kommunalen Obrigkeiten die Regel. Das Regiment des Fürsten in der Provinz stellt sich in dieser Perspektive als konsensgestützte
Herrschaft dar. Erst durch den Ausbau einer leistungsfähigen Niederjustiz,
Ordnungspolizei und Allgemeinverwaltung im Zeichen des bürokratischen
Absolutismus löste man sich von der konsensualen Herrschaftspraxis, was
sich jedoch als kostspielig und risikovoll erwies. Zwischen den Honoratioren
in der Stadt und der staatlichen Obrigkeit trat zeitweise Entfremdung ein,
und der Widerstand der Administrierten wurde geweckt. In der napoleonischen Ära, als ein prononcierter Etatismus die eingespielten Konstellationen
durchbrach, verstärkte die Bürokratisierung die seit der Mitte des 18. Jahrhunderts erfolgte Politisierung der Bürger. Die Beamten-Feindschaft der
Stadtbürger im Vormärz bildete demzufolge eher eine Reaktion auf kürzlich
gemachte Erfahrungen, als daß sie auf irgendwelche geschichtlichen Tiefen-
dimensionen verweist.

Erst seit dieser Zeit entdeckten die Honoratioren der Landstädte ihre alte
Bürgerfreiheit – übrigens unter tätiger Hilfe von historisch interessierten

---

60 Vgl. den Kommentar von *D. Langewiesche* zur Sektion »Konstituierungsfaktoren des
Bürgertums« in: *Gall* (Hg.), Stadt und Bürgertum im Übergang, S. 229–236.

Staatsbeamten.[61] Bezeichnenderweise knüpfte man hierbei nicht an die unmittelbaren Traditionen der Teilhabe aus dem 18. Jahrhunderts an, sondern an die mittelalterliche Stadt: Die Bürgerfreiheit sei während der Zeit fürstenstaatlicher Dominanz verlorengegangen, an ihnen, den Zeitgenossen, sei es, sie wiederzuerlangen. Die Krux war nur, daß auch die mittelalterlichen »libertates« kein universalistisches Moment enthielten, weil die partikularen Freiheiten der alten Stadt keine nationalen oder menschheitlichen Ideale bereithielten. Um sich aber nicht an die Prinzipien der Französischen Revolution anlehnen zu müssen, wurden solche Widersprüche letztlich in Kauf genommen. Die Frage ist nur, ob die Angehörigen des angeblich »traditionellen« Stadtbürgertums damit alleine dastanden oder ob diese Haltung nicht von den vorgeblich »neuen« Bürgerlichen überwiegend geteilt wurde.[62]

Wenn Bürger in den Landstädten bisweilen doch klassisch-republikanische Ideale verfochten, woher bezogen sie dann ihre Argumente? Vermutlich griffen sie eher auf Motive aus der Belletristik und der zeitgenössischen Publizistik zurück sowie auf die klassischen Texte, die sie aus dem Gymnasialunterricht kannten, als daß sie sich die politische Teilhabe der Stadtbürger in jüngster Vergangenheit vergegenwärtigten – die war allzu unheroisch und pragmatisch gewesen. Zugespitzt gesagt: Nicht aus der politischen Praxis in den Städten des 18. Jahrhunderts, sondern aus der Lektüre der Schriften von Schiller und Cicero bezog man die Topoi vom legitimen Widerstand der Republikaner gegen den Tyrannen. Betont werden muß zudem, daß der Republikanismus im frühen 19. Jahrhundert innerhalb des städtischen Bürgertums nur eine Minderheitenposition bildete. In vielen Städten – zumal den früheren Landstädten außerhalb Südwestdeutschlands – stand die po-

---

61 *H. Heffter*, Die deutsche Selbstverwaltung im 19. Jahrhundert. Geschichte der Ideen und Institutionen, 2. Aufl., Stuttgart 1969, S. 84–103, hier S. 93 f. betont, daß selbst die Preußische Städteordnung von 1808 nicht an die bestehenden Stadtverfassungen – zumal der ehemaligen Reichsstädte – anknüpfte, auch nicht an das sonst vielgerühmte englische Vorbild, sondern eine Neuschöpfung darstellte. Die Mannigfaltigkeit der Privilegienordnung und die obrigkeitliche Stellung des Rates wurden abgeschafft, und an ihre Stelle mit Stadtverordnetenversammlung und Magistrat eine völlig neue Gewaltenteilung gesetzt. Auch das Anknüpfen der Städteordnung an die »altdeutsche« Autonomie der mittelalterlichen Stadt sollte nicht mißverstanden werden als ein Entlehnen von konkreten Elementen der mittelalterlichen Stadtverfassungen, sondern bleibt ganz im Bereich einer assoziativen historischen Erinnerungsfigur.

62 *K. Schreiner*, Die Stadt des Mittelalters als Faktor bürgerlicher Identitätsbildung. Zur Gegenwärtigkeit des mittelalterlichen Stadtbürgertums im historisch-politischen Bewußtsein des 18., 19. und beginnenden 20. Jahrhunderts, in: Stadt im Wandel. Landesausstellung Niedersachsen, Bd. 4, Braunschweig 1985, S. 517–541; *A.-G. Kosfeld*, Politische Zukunft und historischer Meinungsstreit. Die Stadt des Mittelalters als Leitbild des Frankfurter Bürgertums in der Verfassungsdiskussion der Restaurationszeit, in: *R. Koselleck u. K. Schreiner* (Hg.), Bürgerschaft. Rezeption und Innovation der Begrifflichkeit vom Hochmittelalter bis ins 19. Jahrhundert, Stuttgart 1994, S. 375–454.

litische Praxis weitaus eher in der Tradition pragmatischer Herrschaftskompromisse zwischen den die Städte dominierenden bürgerlichen Eliten und den lokalen Vertretern des bürokratischen Fürstenstaates als in der Nachfolge heroischer Freiheitskämpfe.

PETER LUNDGREEN

Bildung und Bürgertum

1. Bildung und Bildungspatente

»Bildungsbürgertum« – eine Begriffsbildung der jüngeren Wissenschaftssprache, nicht des 18. und 19. Jahrhunderts![1] Ihre beiden Bestandteile, »Bildung« und »Bürgertum«, oszillieren zwischen ständischem und universellem Bedeutungsgehalt, verweisen auf erwerbbare Eigenschaften und deren exklusive Distinktionskraft. Der funktionale Zusammenhang zwischen »Bildung« und »Bürgertum« zielt auf die Verwertung von Bildungspatenten für die bürgerliche Existenz, insbesondere für die Sicherung von Einkommen aus akademischen Berufen. Diese Wurzel des deutschen Bildungsbürgertums ist gemeineuropäisch und viel älter als die spätere Karriere des Bildungsbegriffs. Seit der Gründung von Universitäten im Spätmittelalter bildeten Theologen, Juristen und Mediziner den »Gelehrtenstand«, der die lateinische Buchgelehrsamkeit verkörperte und sich lange scharf abgrenzte vom »Bürger«. Fassen läßt sich diese Grenzziehung z.B. in den Schulreformplänen der Aufklärung, wenn von Gelehrtenschulen, Bürgerschulen und Bauernschulen die Rede ist.

Zwei Bewegungen haben diese alte, berufsständische Welt transformiert und das moderne Bildungsbürgertum ermöglicht: die Verstaatlichung der gelehrten Stände; und die neuhumanistische Bildungsreform. Der erste Prozeß umfaßt im Kern die Entstehung des modernen Beamtentums, hier insbesondere den Zusammenhang zwischen »Bildung« und »Amt«, also zwischen meritokratischer Rekrutierung, funktionaler Expertise und öffentlicher Autorität.[2] Beamte im Staats- und Kirchendienst – Richter und Regierungsräte, Pfarrer und Konsistorialräte, Medizinalräte, Bau- und Bergbaubeamte – präfigurieren schon im 18. Jahrhundert konstitutive Merkmale der bürgerlichen Leistungsgesellschaft. Exemplarisch greifbar ist dieser Umstand in den Exemtionen von der Militärpflichtigkeit im alten Preußen: Studium macht frei, nicht nur vom Militärdienst, sondern auch vom väterlichen Beruf; die Zulassung von Militärpflichtigen (von »Bürgern« und »Bauern«) zum Studium ist

---

1 U. Engelhardt, »Bildungsbürgertum«. Begriffs- und Dogmengeschichte eines Etiketts, Stuttgart 1986, S. 205 ff.

2 Vgl. R.S. Turner, The Bildungsbürgertum and the Learned Professions in Prussia, 1790–1830: The Origins of a Class, in: Histoire Sociale – Social History, Jg. 13, 1980, S. 105–135.

seit 1792 an eine vorangehende Schulprüfung für den Übergang in die »gelehrten Klassen« der Lateinschule gebunden – die Frühform des späteren
Einjährig-Freiwilligen-Privilegs, dann der mittleren Reife.[3]

Der Staat als Monopolist für die Ausbildung und Anstellung von Beamten; die verstaatlichte akademische Intelligenz mit ihrem prägenden Einfluß auf die freien akademischen Berufe, auf Rechtsanwälte und Ärzte, deren Berufsausübung gleichfalls an Staatsexamina geknüpft war und starke
beamtenähnliche Züge aufwies – diese Welt des 18. Jahrhunderts erhielt mit
der neuhumanistischen Bildungsreform eine neue, eine spezifisch deutsche
Fundierung. Wieso »neuhumanistisch«? Auch dieser Begriff ist kein zeitgenössischer, sondern wurde von F. Paulsen 1885 in historischer Retrospektive
geprägt, in Abgrenzung zum Renaissance-Humanismus.[4] Um 1800 sprach
man von »Menschenbildung«, von Erziehung zur »Humanität«, auch von
Humanismus, und die Oppositionsbegriffe waren Mensch – Bürger, Kräfte –
Fertigkeiten, Vollkommenheit – Brauchbarkeit. Bildung als Prozeßbegriff:
personale Selbstbestimmung und Vervollkommnung, mit der Welt als Stoff
und mit dem Ziel, »dem Begriff der Menschheit in unserer Person ... einen
so großen Inhalt, als möglich, zu verschaffen«.[5] Bildung in dieser Fassung ist
anthropologische Grundbestimmung, ist sozial und politisch offen, weil als
Selbstbildung der Individuen gedacht, als kommunikative Lebensführung
der solcherart Gebildeten.[6]

Menschenbildung, dieser Anspruch barg ein emanzipatorisches und kri-
tisches Potential gegenüber Obrigkeitsstaat und berufsständischer Gesellschaft im 18. Jahrhundert. Nach dem militärischen Zusammenbruch des
alten Preußen, im Zeichen der Reformen von Staat und Gesellschaft, ließ
sich »allgemeine Menschenbildung« auslegen als von den gleichen Prinzipien geleitet, die für alle Reformen konstitutiv waren. Die neuen liberalen
Zielutopien der »bürgerlichen Gesellschaft« und des »Kulturstaates« impli-
zierten einen engen Zusammenhang von Politik und Pädagogik; und mit
Wilhelm von Humboldt wurde der Bildungstheoretiker zum Schulpolitiker.
Wie hat Humboldt die Theorie der allgemeinen Menschenbildung schul-
politisch operationalisiert? Antworten auf diese Frage muß geben, wer »Bildung« im intergenerationellen Prozeß institutionalisieren will, in Schulen
als »Veranstaltungen des Staates«. Humboldt gibt zwei Antworten, eine
schulorganisatorische und eine curriculare.

---

3 *K.-E. Jeismann*, Das preußische Gymnasium in Staat und Gesellschaft, Stuttgart 1996[2],
Bd. I, S. 162 ff.

4 *H.E. Bödeker*, Menschheit, Humanität, Humanismus, in: *O. Brunner u.a.* (Hg.), Geschichtliche Grundbegriffe, Bd. IV, Stuttgart 1982, S. 1126.

5 *W. von Humboldt*, Theorie der Bildung, in: *ders.*, Werke in fünf Bänden, hg. von A. Flit-
ner u. K. Giel, Darmstadt 1969[2], Bd. I, S. 235; vgl. *Bödeker*, S. 1079 ff., 1098 ff.

6 *R. Koselleck*, Einleitung – Zur anthropologischen und semantischen Struktur der Bildung, in: *ders.* (Hg.), Bildungsbürgertum im 19. Jahrhundert, Teil II: Bildungsgüter und Bildungswissen, Stuttgart 1990, S. 19 ff.

Die vielberedete Vorrangstellung, die Humboldt der allgemeinen Menschenbildung einräumt, ist nicht als Abwertung der berufsbezogenen »Spezialbildung« mißzuverstehen, sondern als Stufenfolge, als biographische Sequenz von zwei Bildungsschritten. Dem ersten Schritt wohnt eine egalitäre Tendenz inne; allgemeine Menschenbildung zielt auf die »allen gemeinsame« Bildung, losgelöst gedacht von berufsständischer Herkunfts- und Zielgruppe. Allgemeine Menschenbildung geht, zweitens, der berufsbezogenen Spezialbildung voran, weil sie – bildungstheoretisch gewendet – die Möglichkeitsbedingungen für Freiheit der Berufswahl und aufgeklärte Berufspraxis legt.[7] Wie muß allgemeine Menschenbildung aussehen, die dies leisten können soll? Humboldts Antwort: durch »Übung der Kräfte«, durch das »Lernen des Lernens«. Im Unterschied dazu zielen Kenntnisse und Fertigkeiten für die »Bedürfnisse des Lebens« immer auf »Bürger einzelner Klassen«, nicht auf den Menschen, bleiben den speziellen Schulen (oder dem Leben, dem Lernen in der Praxis) vorbehalten, nach Abschluß der allgemeinen Menschenbildung.[8]

Welche Lehrgegenstände sind für die »allgemeine Übung der Hauptkräfte des Geistes« besonders geeignet? Humboldts Antwort: der linguistische, historische und mathematische Schulunterricht.[9] Zeitgenössisch gewendet, hieß das, den Bildungskanon der neuen Gymnasien, aus den alten Lateinschulen hervorgegangen und 1812/16 erstmalig normiert (Stundentafel, Abituredikt), um die Kernfächer Latein, Griechisch und Mathematik zu gruppieren, ergänzt um Religion, Deutsch, Geschichte und Geographie, Naturgeschichte und Naturlehre. Die organisatorische Entscheidung, nicht mehr die überkommene artistische (philosophische) Fakultät mit der Vorbereitung auf die Fachstudien zu betrauen, sondern diese Aufgabe nur noch der (neuen) gymnasialen Oberstufe zuzuweisen, hatte in curricularer Hinsicht eine weitreichende Folge. Die Fächer des gymnasialen Bildungskanons waren jetzt doppelt legitimiert: als Stoffe für die Übung der geistigen Kräfte des Menschen; und als »Erwerbung der Kenntnisse, ohne welche wissenschaftliche Einsicht und Kunstfertigkeit unmöglich ist«.[10]

Daß Wissenschaft in herausgehobener Weise »Stoff der geistigen und sittlichen Bildung« sei, gehört zu den Kernüberzeugungen Humboldts.[11] Fragt man genauer nach, findet man wieder die gleichen Fächer, jetzt als »Schulwissenschaften« an der neuen Philosophischen Fakultät, denen in erster Li-

7 Vgl. *C. Lüth*, Arbeit und Bildung in der Bildungstheorie Wilhelm von Humboldts und Eichendorffs, in: *H.-G. Pott* (Hg.), Eichendorff und die Spätromantik, Paderborn usw. 1985, S. 190 ff.

8 *Humboldt*, Der Königsberger und der Litauische Schulplan, in: *ders.*, Werke, Bd. IV, S. 170, 172, 188.

9 Ebd., S. 170, 172.

10 Ebd., S. 169.

11 *Humboldt*, Über die innere und äußere Organisation der höheren wissenschaftlichen Anstalten in Berlin, in: *ders.*, Werke, Bd. IV, S. 255; vgl. *ders.*, Theorie der Bildung, Bd. I, S. 235; *Lüth*, S. 188 f.

nie diese bildende Wirkung zugeschrieben wird: Philosophische, mathematische, philologische und historische Studien stehen für diejenigen Fächer, »welche alle formelle Wissenschaft umschließen, durch welche die einzelnen Kenntnisse erst zur Wissenschaft erhoben werden können, und ohne welche keine, auf das Einzelne gerichtete Gelehrsamkeit in wahre intellektuelle Bildung übergehen und für den Geist fruchtbar werden kann.«[12] Diese – in der Humboldt-Forschung wenig beachtete – Textpassage ist in mehrfacher Hinsicht aufschlußreich. Zum einen belegt sie ein Anknüpfen, aber in transformierender Absicht, an die traditionell überkommene »Gelehrsamkeit«: diese müsse »erst zur Wissenschaft erhoben werden«, um bildend wirken zu können. Zweitens stellt diese Transformation eine funktionale Kontinuität her zwischen der alten und der neuen Ausbildung für akademische Berufe. »Studium« und »Amt«, ein Erbe noch des ancien régime, wird aufgenommen, fortgeführt und ausgeweitet. Drittens wird der Zusammenhang zwischen »Bildung« und »Beruf« auf einem curricularen Fundament begründet, dessen Sachwalter, die neuen Gymnasiallehrer, genau diese Schulwissenschaften studiert haben und – noch weit entfernt vom uns geläufigen Modell des Fachlehrers – damit die herausgehoben sichtbaren Vertreter der allgemeinen Menschenbildung sind. Nicht von ungefähr stammt die hier herangezogene Textpassage aus Humboldts »Ideen zu einer Instruktion für die Wissenschaftliche Deputation«, die für die Prüfung der neuen Gymnasiallehrer seit 1810 zuständig war.

Die meritokratische Verknüpfung von »Bildung« und »Beruf« im »Berechtigungswesen« kann als soziale Innovation von großer Tragweite eingestuft werden. Hier wurde ein Meßproblem gelöst, das sich ergab, wenn, wie die Reformer 1808 formulierten, »dem ausgezeichneten Talent in *jedem* Stand und Verhältnis« der Zugang offenstehen solle zu den verschiedenen Berufslaufbahnen im Staats-, Kirchen- und Militärdienst: »Bildung« wird der Parameter, um »Berechtigung« überprüfbar zu machen; Prüfungen operationalisieren »Bildung« nach Inhalten und deren Quantum – das Bildungspatent attestiert den Erfolg. Der grundsätzlich offene Zugang zum Erwerb der Bildungspatente steht für das liberale Modell der (neuen) bürgerlichen Leistungsgesellschaft, in der Erfolg oder Scheitern individuell zurechenbar und damit legitimiert ist. Aus der Sicht von Eltern und ihren Söhnen, seit 1908 dann auch der Töchter, bedeutet der Erwerb von Bildungspatenten den kalkulierbaren Versuch des sozialen Aufstiegs bzw. des Statuserhalts. Aus der Sicht der erfolgreichen Absolventen markieren die erworbenen Bildungspatente eine Außengrenze zwischen dem gebildeten Bürgertum, dessen Einkommenschancen auf der Verwertung von Bildungspatenten beruhen, und dem gewerblichen Bürgertum. Die langwährende Stabilität dieser Grenzlinie ist dem Umstand geschuldet, daß der Staat das Ausbildungs-

---

12 *Humboldt*, Ideen zu einer Instruktion für die wissenschaftliche Deputation bei der Sektion des öffentlichen Unterrichts, in: *ders.*, Werke, Bd. IV, S. 202.

monopol innehat und zugleich einen Großteil der Absolventen beschäftigt, also die Definitionshoheit über die Berechtigungen ausübt. Für steuernde Eingriffe in die Dynamik der Verkoppelung von Bildung und Beruf stehen seitdem nur noch Änderungen in den Zuordnungsregeln zur Verfügung, ein Kampf um Marktregulierung, an dem die akademischen Berufsgruppen sich zunehmend als professionspolitische Akteure beteiligt haben.

Der Umkreis von »Bildung« in ihrem Bedeutungsgehalt für das deutsche Bürgertum ist damit abgeschritten: *Anthropologisch* zielt sie auf den Menschen, nicht den Bürger einzelner Klassen, auf seine personale Selbstbestimmung und Selbstbildung. *Curricular* umgesetzt steht »allgemeine Menschenbildung« für die Übung der Kräfte des Geistes im philologischen, mathematischen und historischen Unterricht, an den »humaniora«: die »formale« und »humane« Bildung, von der Paulsen retrospektiv spricht.[13] *Funktional* knüpfen die neuen Prüfungen und die erwerbbaren Bildungspatente an eine ältere Tradition an, weiten den meritokratischen Rekrutierungsmodus – auf einer formal egalitären Grundlage – aus. *Sozial* werden die neuen Bildungsmöglichkeiten und deren Verwertungschancen, vereinfacht gesprochen, von zwei Gruppen der bürgerlichen Gesellschaft genutzt: zu etwa einem Drittel für die Selbstrekrutierung der Bildungseliten, zu etwa zwei Dritteln für den sozialen Aufstieg in diese Eliten.[14] »Bildung« und »Bildungspatente« – der Weg einer Normierung von »Bildung« über ihre curricularen und funktionalen Dimensionen zu erwerbbaren Besitztiteln ist sozialgeschichtlich unvermeidbar, soll »Bildung« ihre allokative Wirkung beim Übergang der heranwachsenden Generation in das »Leben« (Humboldt) entfalten können.

2. Akademische Berufe und Bürgertum

»Bildungsbürgertum« – das meint im Kern die Angehörigen der akademischen Berufe, Berufsgruppen, die in der angelsächsischen Forschungstradition als »Professionen«, auch als »freie« Berufe (Professionen) behandelt werden. Die hier einschlägige Professionalisierungsforschung, für die sich eine ältere, modernisierungstheoretische Perspektive unterscheiden läßt von einer jüngeren, konfliktsoziologischen, ist inzwischen breit rezipiert worden; dabei zeigte sich, daß die kontinentaleuropäische historische Erfahrung eine Revision der theoretischen Vorannahmen notwendig macht. Das klassische Professionsmodell postulierte folgenden Idealtypus:[15] »eine beson-

---

13 *F. Paulsen*, Geschichte des gelehrten Unterrichts, Berlin/Leipzig 1921³, Bd. II, S. 650 ff.

14 Vgl. *C. Berg* (Hg.), Handbuch der deutschen Bildungsgeschichte, Bd. IV, München 1991, S. 310 f.

15 *H. Siegrist*, Bürgerliche Berufe. Die Professionen und das Bürgertum, in: *ders.* (Hg.), Bürgerliche Berufe. Zur Sozialgeschichte der freien und akademischen Berufe im internationalen Vergleich, Göttingen 1988, S. 14.

dere Sorte von Beruf, dessen Ausübung eine spezialisierte, tendenziell wissenschaftlich fundierte Ausbildung voraussetzt, in der berufsbezogenes, generalisierbares und theoriehaltiges Wissen zusammen mit ethischen Einstellungen vermittelt wird. Das Wissen, das uneigennützig, im Dienste des Allgemeinwohls und ohne Ansehen der Person einzusetzen sei, ist durch Examen und Berechtigungsscheine garantiert. Nur qualifizierte Experten seien in der Lage, bestimmte Funktionen und Dienstleistungen in der Gesellschaft auszuüben. Die Professionen beanspruchen ein Funktions- und Angebotsmonopol sowie die Freiheit von Fremdkontrollen durch Laien – oder den Staat. Die organisierte Berufsgruppe kontrolliert autonom den Zugang zum Beruf und die Tätigkeit. Unter Verweis auf Kompetenz und professionalistische Dienstleistungsethik sowie auf die besondere Bedeutung der Leistung für Gesellschaft und Allgemeinwohl beanspruchen Professionen eine besondere wirtschaftliche Belohnung und eine höhere soziale Geltung und Stellung.«

Der vorstehende Idealtypus schreibt den Professionen unverkennbar eine tragende Rolle als Akteure im Prozeß ihrer Professionalisierung zu. Genau hier setzte die erste, schon etwas ältere Revision der Professionalisierungstheorie ein; man verwies zu Recht auf die überragende Rolle des Staates in allen kontinentaleuropäischen Professionalisierungsvorgängen, gesteuert über sein Monopol in Ausbildungs- und Berechtigungsfragen, zugleich über den starken Anteil von Beamten an den akademischen Berufsgruppen. Ein jüngerer Revisionismus hat sich aus der gegenseitigen Befruchtung von Professionalisierungsgeschichte und Bürgertumsgeschichte ergeben. Vordergründig heißt das, Professionen nicht in erster Linie über Bildung und Wissen zu verstehen. Vielmehr geht es darum, Professionalisierung – gerade auch in ihren wirtschaftlichen, politischen und ideologischen Aspekten – als eine Strategie zu begreifen, die es bestimmten sozialen Gruppen erlaubt, einen »bürgerlichen Beruf« zu erreichen. In der Formulierung von H. Siegrist:[16] »Der historische Begriff ›bürgerlicher Beruf‹ verweist auf etwas mehr als der Ausdruck ›Profession‹, nämlich auf einen komplexen gesellschaftlichen Status, der verschiedene Positionen und Lebenssituationen beinhaltet. Er suggeriert, daß bestimmte Berufe mit großer Wahrscheinlichkeit Merkmale von Bürgerlichkeit aufweisen. Sozialstrukturell wäre ein Beruf als bürgerlich zu bezeichnen, wenn die Berufsgruppe insgesamt oder ein quantitativ oder qualitativ bedeutender Teil von Individuen an jenen Ressourcen teilhat, die in der bürgerlichen Gesellschaft eine höhere Position und einen günstigeren Status verschaffen. Dem Inhaber von Macht, Besitz und Bildung eröffnen sich spezifische Funktionen und Handlungschancen. Bürgerlichkeit beruht auf der Kontrolle zentraler gesellschaftlicher Werte, auf der Einbindung in spezifisch soziale Beziehungsfelder sowie auf einer bestimmten

---

16 Ebd., S. 27 f.

Lebenskultur. Die Verbindung des Bürgerlichkeits-Ansatzes mit dem Pro-
fessionalisierungsansatz basiert auf der Gemeinsamkeit des Gegenstandes
und der Erkenntnisinteressen. Beide Konzepte thematisieren soziale For-
mierungsprozesse sowie die Teilhabe an verschiedenen Formen von ›Kapital‹: an Macht, Herrschaft und politischem Einfluß als politischem Kapital;
an Allgemeinwissen und Fachwissen als kulturellem Kapital; an wirtschaft-
lichem sowie sozialem Kapital (Beziehungen und Prestige). Die differentielle Teilhabe an knappen Gütern und zentralen Werten bestimmt sowohl
die Zugehörigkeit zum Bürgertum als auch den Charakter der Profession.«
Der bürgertumsgeschichtliche Zugriff auf die akademischen Berufe hält
die Frage offen, wie klar die Grenzlinien, die zwischen Bildungs- und Besitzbürgertum in der sozialgeschichtlichen Literatur üblicherweise gezogen
werden, wirklich sind. Daß diese Frage differenziert zu beantworten ist, ergibt sich schon aus der Tatsache, daß Akademiker in Beamtenberufen, in
freien Berufen sowie in Angestelltenberufen arbeiten. Diese unterschiedliche »Stellung im Beruf« läßt sich als wichtiges Merkmal kaum überschätzen,
wenn man Professionen vergleicht, und man kann zweifeln, ob eine derartige Heterogenität durch das Merkmal »Bildung und Wissen« kompensiert
wird. Eine weitere wichtige Differenzierung kommt ins Spiel, wenn man
Professionalisierung in langfristiger Perspektive betrachtet: Die zunächst
überragende Rolle des Staates als Ordnungsfaktor und Arbeitgeber tritt allmählich zurück gegenüber dem Marktprinzip, dem sich – bei insgesamt seit
den 1860er Jahren expansivem Hochschulbesuch – immer mehr Akademiker als freie Berufe oder Angestellte zu unterwerfen haben. Sie reagieren
darauf – ganz »bürgerlich« – mit der Organisation ihrer Interessen in Vereinen und Verbänden: Selbststeuerung mit liberaler oder protektionistischer
Stoßrichtung.
Die neuere Forschung zum deutschen Bildungsbürgertum wurde entscheidend angestoßen durch den Arbeitskreis für moderne Sozialgeschichte,
der sich seit 1981 auf insgesamt 12 Arbeitstagungen mit vier zentralen The-
menkreisen beschäftigt hat: Bildungssystem und Professionalisierung in internationalen Vergleichen (1985); Bildungsgüter und Bildungswissen (1990);
Lebensführung und ständische Vergesellschaftung (1992); Politischer Einfluß und gesellschaftliche Formation (1989).[17] Einigermaßen zeitgleich hat
das Interesse amerikanischer Deutschlandhistoriker an dieser Thematik zu
einem Sammelband über die deutschen Professionen (1800–1950) sowie zu
zwei Monographien geführt, die beide professionsübergreifend angelegt

---

17 *W. Conze u. J. Kocka* (Hg.), Bildungsbürgertum im 19. Jahrhundert. Teil I: Bildungssystem und Professionalisierung in internationalen Vergleichen, Stuttgart 1985; *R. Koselleck*
(Hg.), Bildungsbürgertum im 19. Jahrhundert. Teil II: Bildungsgüter und Bildungswissen,
Stuttgart 1990; *M.R. Lepsius* (Hg.), Bildungsbürgertum im 19. Jahrhundert. Teil III: Lebensführung und ständische Vergesellschaftung, Stuttgart 1992; *J. Kocka* (Hg.), Bildungsbürgertum im 19. Jahrhundert. Teil IV: Politischer Einfluß und gesellschaftliche Formation, Stuttgart 1989.

sind: Charles McClelland zeichnet »the German experience of professionalization« vom frühen 19. Jahrhundert bis zur Hitler-Zeit im Spiegel der Or-
ganisationsgeschichte der verschiedenen akademischen Berufsgruppen
(1991). Konrad Jarausch konzentriert sich am Beispiel der Rechtsanwälte,
Philologen (Studienräte) und Ingenieure auf die »unfree professions« der
ersten Hälfte des 20. Jahrhunderts, insbesondere auf den Zusammenhang
zwischen Krisenerfahrung und Kollaboration mit dem NS-Staat (1990).[18]
Neben diesen eher professionstheoretisch inspirierten Arbeiten sind schließlich, im Umkreis des Bielefelder Sonderforschungsbereichs zur »Sozialgeschichte des neuzeitlichen Bürgertums«, einige Sammelbände entstanden,
mit denen die bürgertumsgeschichtliche Akzentuierung begründet und ein-
geleitet wurde.[19] Ihren Niederschlag haben diese forschungsleitenden Erkenntnisinteressen in einer Reihe von Einzelprojekten des SFB zu den akademischen Berufen gefunden, Projekte, die typischerweise nun nicht mehr
professionsübergreifend angelegt sind, sondern sich dem Einzelfall in aller
Breite widmen. Vor die Wahl gestellt, wenige Beispiele ausführlich oder
viele kursorisch zur Darstellung zu bringen, habe ich die erste der beiden
Möglichkeiten gewählt; ich beschränke mich auf Rechtsanwälte, Pfarrer und
Betriebswirte, um an je einem Fallbeispiel für die freien Berufe, für Beamte
und für Angestellte das Spannungsfeld von professionalistischen und bürgerlichen Komponenten zu beleuchten.[20]

   »Advokat, Bürger und Staat« – unter diesem Titel hat Hannes Siegrist
seine »Sozialgeschichte der Rechtsanwälte in Deutschland, Italien und der
Schweiz (18.–20. Jh.)« vorgelegt (1996).[21] Das Buch verknüpft Professions-
und Bürgertumsgeschichte, indem es zwei zentrale Linien verfolgt, die In-

---

18 *G. Cocks* u. *K.H. Jarausch* (Hg.), German Professions, 1800–1950, New York/Oxford
1990; *C.E. McClelland*, The German experience of professionalization. Modern learned
professions and their organizations from the early nineteenth century to the Hitler era,
Cambridge 1991; *K.H. Jarausch*, The Unfree Professions. German Lawyers, Teachers, and
Engineers, 1900–1950, New York/Oxford 1990. Vgl. *P. Lundgreen*, Akademiker und »Professionen« in Deutschland, in: HZ, Bd. 254, 1992, S. 657–670.
19 *J. Kocka* (Hg.), Bürger und Bürgerlichkeit im 19. Jahrhundert, Göttingen 1987; *ders.*
(Hg.), Bürgertum im 19. Jahrhundert. Deutschland im europäischen Vergleich, 3 Bde.,
München 1988; *Siegrist* (Hg.), Bürgerliche Berufe, 1988.
20 In weiteren SFB-Projekten, aber auch unabhängig von einer Förderung durch den
SFB sind in Bielefeld Arbeiten zu verschiedenen akademischen Berufen entstanden. Verwiesen sei auf die Arbeiten von C. Huerkamp, A.-S. Ernst und C. Seidel zu den Ärzten, von
C.v. Hodenberg zu den Richtern, von S. Brakensiek und N. Rügge zu den frühneuzeitlichen Beamten, von E. Bolenz zu den Baubeamten und von P. Knost zu den Elektrotech-
nikern, schließlich von C. Huerkamp zu den »Bildungsbürgerinnen«, den Frauen in akademischen Berufen. Alle Arbeiten sind in der SFB-Bibliographie erfaßt.
21 *H. Siegrist*, Advokat, Bürger und Staat. Sozialgeschichte der Rechtsanwälte in Deutschland, Italien und der Schweiz (18.–20. Jh.), 2 Hbde., Frankfurt 1996. – Siegrists Buch ist
nicht das Ergebnis eines SFB-Projekts, sondern einer 10jährigen Arbeit des Autors in unterschiedlichen institutionellen Kontexten, darunter auch an der Universität Bielefeld. – Vgl.
meine Rezension, in: HZ, Bd. 265, 1997, S. 426–429.

stitutions- und Berufsgeschichte der Rechtsanwaltschaft sowie die Sozialgeschichte der Rechtsanwälte. Die berufsgeschichtliche Entwicklungslinie
wird in den Kontext der historischen Professions- und Professionalisierungsforschung eingebettet, die sozialgeschichtliche Analyse in denjenigen der historischen Bürgertumsforschung. Auf diese Weise kann nach dem »Gewicht
politischer, gesellschaftlicher, wirtschaftlicher und kultureller Faktoren« in
der Professionsgeschichte gefragt werden. Anders formuliert: Die Rechtsanwälte werden als Berufsmenschen und als Bürger behandelt, weil sich die
Merkmale von »Professionen« mit denen von »Bürgerlichkeit« teilweise
decken: »differentielle Teilhabe an sozialen, ökonomischen, politischen und
kulturellen Ressourcen« (S. 22 f.).

Rechtsanwälte gelten gemeinhin (neben den Ärzten) als klassisches Beispiel für den »freien Beruf«, und freie Berufe wiederum als reine (oder allei-
nige) Verkörperung einer »Profession«. Diese Sichtweise wird allenfalls der
historischen Wirklichkeit seit den 1870er Jahren gerecht. Siegrist historisiert
konsequent die unterschiedlichen Prozesse der Professionalisierung, also der
Herausbildung von zentralen Merkmalen einer Profession, und unterscheidet sowohl Professionstypen als auch Typen der Professionalisierung innerhalb der europäischen Rechtsanwaltsgeschichte. Diese Geschichte läßt
sich als chronologischer Dreischritt lesen: Die alteuropäische Welt der in die
Ständeordnung integrierten Juristen erfuhr um 1800 eine institutionelle Revolution, in deren Gefolge ein Spektrum divergenter Professionstypen entstand, bis sich (erst) seit den 1870er Jahren die Konvergenz der Entwicklungen hin zum dominanten Muster des »freien Berufs« durchsetzte. Bis dahin
herrschten zwei andere, heteronome Muster: (1) Die »Amtsprofession« war
ein staatlich kontrolliertes Amt, dessen Inhaber, der Rechtsanwalt, kein Gehalt bezog, sondern dem selbständigen Erwerb nachging, allerdings in einem
staatlich geschützten und beaufsichtigten Markt. Der Numerus clausus für
diese Rechtsanwalts-Stellen implizierte den staatlichen Anspruch auf Steuerung von Angebot und Nachfrage sowie die Exklusion von geprüften Juristen vom Berufszugang, wenn keine Stellen vakant waren. Historisch findet
sich dieses Muster in vielen deutschen und italienischen Staaten (Preußen,
Bayern, Baden, auch in Österreich; Lombardei-Venetien, Modena). (2) Der
Dualismus von »Amtsprofession« (für die Prokuratoren, d.h. die Gerichtsan-
wälte) und »freiem Beruf« (für die Advokaten, d.h. die Rechtsberater, die
auch vor Gericht plädierten). Dieses Muster, das den staatlichen Steuerungsanspruch eingrenzte und der gesellschaftlichen Selbststeuerung über den
freien Markt für qualifizierte und geprüfte freiberufliche Advokaten Platz
einräumte, findet sich in Frankreich sowie in einigen deutschen und italienischen Staaten (preußische Rheinprovinz, Hannover, Württemberg;
Neapel-Sizilien, Toscana, Piemont). In der Schweiz, in der noch nicht einmal die Richter Beamte waren, sondern gewählt wurden, war das Institut
der »Amtsprofession« undenkbar. Im Gegenteil, neben dem »freien Beruf«,
der lange Zeit nicht notwendigerweise ein »verwissenschaftlichter« Beruf

war, gab es auch die (aus dem Mißtrauen gegen berufsständische Privilegien
geborene) Gewerbefreiheit für die Advokatur (oder gar ein Verbot der Advokatur).

Trotz derartiger divergenter Traditionen kam es in den 1870er Jahren zu
einer mehr als oberflächlichen Gemeinsamkeit: Der Rechtsanwalt als »freier
Beruf« setzte sich durch; die gesellschaftliche Dynamik im Zeichen von Liberalismus und Bewerberstau drängte die staatliche Regulierung zurück;
das ältere preußische Modell der »Amtsprofession« prägte nicht mehr die
Zustände im Deutschen Reich. Die Politik der Marktöffnung seitens der
Rechtsanwälte steht im übrigen quer zu der Erwartung der Professionstheo-
rie. Die verbleibenden Unterschiede zwischen den Ländern, vor allem im
Ausmaß der kollektiven Autonomie, erklären sich aus den spezifischen Traditionen, deren Überhang die Epoche der liberalen Professionalisierung
nach wie vor prägte. Zu erwähnen ist etwa der Umstand, daß die Rechtsanwälte in Deutschland auch im System der »freien Advokatur« (seit 1878)
so gut wie keinen Anteil an der Ausbildung des Berufsnachwuchses hatten,
ganz im Unterschied zu Italien und der Schweiz. Wichtiger noch erscheint
ein anderer Unterschied: Wegen der starken Stellung der Richter und Verwaltungsjuristen waren die deutschen Rechtsanwälte nicht der juristische
Leitberuf und gleichwohl stärker an der Berufsrolle des »Dieners am Recht«
orientiert. Ihre italienischen und Schweizer Kollegen dagegen zeigten weniger Staatsnähe und bewegten sich leichter in einer Fülle von Nebentätigkeiten, in der Berufsrolle des »bürgerlichen Vermittlungsexperten«.

Die historische Vielfalt an Professionstypen veranlaßt Siegrist, auch den
historischen Prozeß, die Professionalisierung der Rechtsanwälte, typologisch
zu klassifizieren: »Professionalisierung von oben« steht für die Konstruktion
und vollständige Regulierung der Amtsprofession durch den Staat; »gemä-
ßigte Professionalisierung von oben« bezeichnet den Dualismus von Amtsprofession und freier Advokatur, von staatlicher und gesellschaftlicher
Steuerung; »bürgerliche Professionalisierung« indiziert die Regulierung der
Advokatur durch (alte und neue) bürgerliche Eliten im Rahmen einer relativ
schwach ausgeprägten Staatlichkeit (wie in der Schweiz). In keinem dieser
Fälle handelt es sich schon um Professionalisierung in dem modernen Sinn,
daß die Berufsgruppe selbst eindeutig der Hauptträger und die treibende
Kraft der Professionalisierung gewesen wäre. Diese neue Akteurskonstella-
tion bildet sich erst im Verlauf des 19. Jahrhunderts heraus und prägt dann
insbesondere seit den 1870er Jahren das Geschehen, wobei die Balance zwischen neuer Autonomie und verbleibender Heteronomie im historischen
Vergleich unterschiedlich ausfällt. Daß das letzte Drittel des 19. Jahrhunderts hier eine entscheidende Zäsur darstellt, verbindet im übrigen die Studien von Siegrist und McClelland.[22] Faßt man die seit dieser Zeit organisiert

22 Vgl. *McClelland*, The German Experience, S. 73 ff. und S. 131 ff.

verfolgten berufspolitischen Interessen der Rechtsanwälte im Begriff des
»Professionalismus«, dann kann man einen liberalen Professionalismus, der
den Marktzugang prinzipiell offenhält, von einem seit den 1890er Jahren
aufkommenden protektionistischen Professionalismus unterscheiden, der
den Markt wieder schließen wollte. Solche Marktschließungstendenzen
sind es schließlich gewesen, die der jüngeren professionssoziologischen Forschung den kritischen Impuls verliehen haben.

Überblickt man die Geschichte der Rechtsanwälte in Europa, wird man
bei aller historischen Nuancierung und Differenzierung am Ende freilich
kaum das eigene Vorurteil infragestellen: daß hier von einer Erfolgsstory die
Rede ist. Wenn überhaupt von »erfolgloser« oder auch nur von »begrenzt
erfolgreicher« Professionalisierung gesprochen werden kann, dann doch
wohl im Vergleich zu Rechtsanwälten (und Ärzten) als unerreichten Vorbil-
dern. Eine ähnliche Vorbildfunktion kann man den Rechtsanwälten attestie-
ren, wenn man sie als Bürger betrachtet, als Teile, ja Exponenten des Bürgertums. Für diese Perspektive steht der zweite große Strang von Siegrists
Buch, seine Sozialgeschichte der Rechtsanwälte. Die kollektivbiographische
Analyse hat zu einer Vielzahl von Ergebnissen (im diachronen, regionalen,
staatlichen und internationalen Vergleich) geführt. Siegrist gruppiert sie um
drei Themenkomplexe: Qualifikation, Tätigkeit und Lage (Berufsrealität)
der Rechtsanwälte; Herkunft und Heiratskreise der Rechtsanwälte; Religion, Kultur, Geselligkeit und Politik im Leben der Rechtsanwälte.

Eine zentrale Beobachtung ist immer wieder, wie heterogen die Berufsrealität der Anwälte war. Hier ist die Spannweite der Anwaltsdichte zu nennen, die nicht nur von der Ordnungspolitik des Staates abhing (Amtsprofession oder freier Beruf), sondern auch vom erreichten wirtschaftlichen und
gesellschaftlichen Entwicklungsstand einzelner Länder, Provinzen und Regionen. Das große Wachstum im Anwaltsberuf setzte begreiflicherweise seit
den 1880er Jahren ein, nachdem es keinen Numerus clausus mehr gab, und
die neue Freiheit zeitigte sehr bald zusätzliche Heterogenität zwischen fa-
milialer Plazierung der Etablierten und einer dauernden Überfüllungsdis-
kussion. Heterogenität kommt auch in den Blick, wenn man das Spektrum
der wahrgenommenen Tätigkeiten (und Nebentätigkeiten) betrachtet,
ebenso, wenn man nach der materiellen Lage fragt. Gleichwohl kann es keinen Zweifel daran geben, daß »Rechtsanwalt« ein »bürgerlicher Beruf« war,
wobei Siegrist nuanciert: weder eindeutig »bildungsbürgerlich« noch »wirt-
schaftsbürgerlich« (S. 950).

Damit sind die Rechtsanwälte nicht mehr nur als »Berufsmenschen« angesprochen, sondern als »Bürger«. Siegrist behandelt diese Thematik zunächst unter dem Titel »Herkunft und Heiratskreise«. Sozialgeschichtliche
Analysen belegen die hohe lokale und regionale Verankerung der Anwälte
(Herkunft, Ort der beruflichen Tätigkeit, Endogamie); die soziale Rekrutierung, unter expansiven Rahmenbedingungen, aus dem Bildungsbürgertum
(abnehmend), dem Besitzbürgertum (zunehmend) und den Mittelschichten

(zunehmend); ein analoges Heiratsverhalten; die Herausbildung von Anwaltsfamilien. Die einzelnen Befunde faßt Siegrist dahingehend zusammen, daß er die starke Durchmischung von Oberschicht und oberer Mittelschicht, von bürgerlichen und kleinbürgerlichen, von wirtschaftsbürgerlichen und bildungsbürgerlichen Sozialgruppen betont, besonders die starke Vernetzung mit dem Selbständigen-Milieu: »Die Rechtsanwaltschaft war insgesamt bürgerlich, gleichzeitig sozial, wirtschaftlich, politisch und kulturell aber genauso differenziert wie das Bürgertum« (S. 859). »Bürgerlichkeit«, strukturell definiert als differentielle Teilhabe an den genannten vier Ressourcen (Kapitalsorten), stiftet eben auch Differenzen *innerhalb* des Bürgertums, und die Rechtsanwaltschaft als »bürgerlicher Beruf« macht da keine Ausnahme.

Beobachtungen dieser Natur veranlassen Siegrist dazu, der »These, daß das Bürgertum in erster Linie durch kulturelle Gemeinsamkeiten integriert wurde«, mit Vorsicht zu begegnen (S. 892). Freilich sahen sich die Rechtsanwälte bei aller Heterogenität der Berufsgruppe veranlaßt, in großer europäischer Gemeinsamkeit an der bürgerlichen Kultur zu partizipieren (Wohnen, Haushaltsführung, Plazierung der Kinder, kulturelle Aktivitäten, Vereinswesen, Geselligkeit usw.). Eine deutsche Besonderheit liegt in der eher geringen Beteiligung der Anwälte an der nationalen Politik, ein Befund, der erst durch die vergleichende Betrachtung sichtbar wird. Siegrist resümiert: »Die in Deutschland immer wieder geäußerte Klage über ein Defizit an politischer Bürgerlichkeit und Machtpartizipation beruhte auf dem Vergleich mit dem Advokaten im Ausland. Die geringere politische Bedeutung schlug sich im Stereotyp des deutschen Rechtsanwalts nieder, in dem die Züge des politischen ›Machers‹, des Gesetzgebers und gestaltenden Politikers weniger hervortraten. Dieser galt stärker als Berufsmensch und uneigennütziger Diener am Recht, der über der Politik stand« (S. 912) – ein später Reflex der übermächtigen Beamtenorientierung, hier vermittelt über die starke Stellung von Richtern und Verwaltungsjuristen.

Beamtenorientierung – sie gilt naturgemäß in erster Linie für diejenigen akademischen Berufsgruppen, deren Angehörige in verbeamteter oder beamtenähnlicher Stellung arbeiten. Dazu gehören auch die evangelischen Pfarrer, denen Frank-Michael Kuhlemann seine Habilitationsschrift gewidmet hat.[23] Für Pfarrer, seit 1892 berufspolitisch organisiert, sind Amtsrichter und Gymnasiallehrer die Referenzgruppen für die eigene Standortbestimmung, in scharfer Abgrenzung etwa zu den Volksschullehrern. Das mag zunächst nicht sonderlich überraschen. Der Clou der Kuhlemann-Studie besteht aber darin, die Pfarrer als Angehörige eines zunehmend »bürgerlichen Berufs« zu zeichnen, ja zentral in der bürgerlichen Gesellschaft zu verorten. Diese Verbürgerlichungsthese, die der entgegengesetzten Sichtweise von

---

23 *F.-M. Kuhlemann*, Bürgerlichkeit und Religion. Zur Sozial- und Mentalitätsgeschichte der evangelischen Pfarrer in Baden 1860–1914. Habil.-Schrift Bielefeld 1998.

O. Janz widerspricht, wird von Kuhlemann auf drei verschiedenen Ebenen
breit verfolgt, und auf jeder Ebene begegnen sich, wie bei Siegrist, Professi-
ons- und Bürgertumsgeschichte.[24]

Die Berufs- und Sozialgeschichte der Pfarrer, neben amtlichen Veröffentlichungen und Pfarrvereinsblättern auf einen kollektivbiographischen Da-
tensatz gestützt, bringt gleichermaßen den »Berufsmenschen« wie den
»Bürger« zur Anschauung: Die Pfarrerausbildung folgt dem gymnasialen
(bildungsbürgerlichen) und universitären (wissenschaftlichen) Muster, das
sich für alle akademischen Eliten durchsetzt; die Verwissenschaftlichung der
Theologie in ihrer kulturprotestantischen Variante stiftete dabei einen besonderen Beitrag zum bürgerlichen Wertekanon. Pfarrkandidaten arbeiten
in »unständigen Stellen« eines kirchlichen Beschäftigungssystems. Der angestellte, in der Regel von der Gemeinde gewählte Pfarrer partizipiert an den
bildungsbürgerlichen Sozialstandards (beamtenähnliche Stellung; Wandel
des Einkommens vom Pfründenertrag zur Besoldung; Alters- und Hinter-
bliebenenversorgung). Soziale Herkunft, Heiratskreise und familiale Plazierung der Söhne weisen die Pfarrer, mit Nuancen, als Teil des Bildungsbürgertums aus: Die traditionell hohe Selbstrekrutierung geht zurück, bleibt
aber hoch; der hohe und steigende Anteil aus den Mittelschichten steht für
den Pfarrer als Aufsteigerberuf; die Karrierewege der Pfarrersöhne streuen
dann breit über alle akademischen Berufe.

Läßt die Berufs- und Sozialgeschichte der Pfarrer, wie angedeutet, den
Verbürgerlichungsprozeß bereits erkennen, so wird diese Tendenz von Kuhlemann noch viel deutlicher herausgearbeitet auf zwei weiteren Betrach-
tungsebenen, der Vereins- sowie der Mentalitätsgeschichte. Die Vergesellschaftung der Pfarrer, ihre Organisation und Partizipation im Vereinswesen
rekonstruiert Kuhlemann als »protestantisches Milieu« innerhalb der bürgerlichen Gesellschaft. Erneut kann man den »Berufsmenschen« oder den
»Bürger« in den Mittelpunkt rücken, unterscheiden zwischen dem *konfessionellen* Vereinswesen, mit Pfarrern als den zentralen Akteuren, und dem *bürgerlichen* Vereinswesen, an dem sich (auch) Pfarrer beteiligt haben. Für die
erste Perspektive wird reklamiert: »Kein Element des neuzeitlichen Protestantismus ist von der kirchenhistorischen wie auch der sozialgeschichtlichen Forschung so lange unterschätzt worden wie das protestantische Vereinswesen.« Kuhlemann schließt diese Forschungslücke, um seine These zu
belegen: »Die (religiösen) Vereine und das vereinspolitische Engagement
der Pastoren ... stellten ... ein typisches Medium bürgerlich-konfessionel-
ler Selbstorganisation und Vergesellschaftung – jenseits der amtskirchlichen
Strukturen – dar.« »An der Ausbreitung des protestantischen Vereinswesens
läßt sich auch die These vertreten, daß es dem Protestantismus und den Pfarrern gelang, verloren gegangenes Terrain innerhalb der bürgerlichen Gesell-

---

24 Vgl. *O. Janz*, Bürger besonderer Art. Evangelische Pfarrer in Preußen 1850–1914, Berlin 1994; Kuhlemanns Kritik daran: Bürgerlichkeit und Religion, S. 177 ff., 314 ff., 562 f.

schaft ein Stück weit zurückzuerobern und religiös zu besetzen« (S. 208 ff.).
Anders sieht die Sache aus, wenn es um die Beteiligung der Pfarrer »als Bürger im Bereich der Gesellschaft« geht: Die Mitarbeit von Pfarrern in Institutionen der bürgerlichen Gesellschaft vor Ort (kommunale Selbstverwaltung, Vereine für Kunst und Wissenschaft, Wohltätigkeit, Gemeinnutz, Geselligkeit, Musik und Gesang) zeigt die »intensive Verbindung einer konfessionell-kirchlichen und bürgerlichen Kultur«, die »bürgerliche Vergesellschaftung der Pfarrer«, ihr »kulturelles Engagement«. Die Unterstützung politischer Parteien durch Pfarrer in dem »wechselseitigen Beziehungsgefüge zwischen liberaler Religion und Politik«, aber auch zwischen positiv-orthodoxem Protestantismus und politischem Konservativismus, bezeugt eine »praktizierte politische Bürgerlichkeit«, die das Prinzip der Parteilichkeit als für die bürgerliche Gesellschaft unhintergehbar umschloß.

Überblickt man die vereinsgeschichtliche Linie der Pfarrer-Studie, so werden die üblichen Grenzen einer Professionsgeschichte deutlich überschritten. Ausmaß, Beitrag und Grenzen einer Integration der Pfarrer in die bürgerliche Lebenswelt ihrer Stadt und Region kommen zur Erscheinung. Kuhlemann geht aber noch einen Schritt weiter, indem er die »mentalen Kommunikationsräume« ausleuchtet. Zu diesem Zweck läßt er sich ein auf die »Betrachtung charakteristischer Mentalitätsthemen«, die in den »Lebenswelten« der Pfarrer verankert sind: Die »Sozialmentalität« nimmt den Pfarrer als »Berufsmenschen« ins Visier; ihre Themen sind Statussicherung und Positionsverteidigung, bildungsbürgerliche und kirchlich-etatistische Orientierung. Die »religiös-kulturelle« sowie die »politische Mentalität« betreffen den Pfarrer als »Bürger«: Antikatholizismus und theologische Weltdeutung, kulturelle Bürgerlichkeit und Verbürgerlichung; Staatsbürgertum und Parteilichkeit, protestantische Weltgestaltung und kirchliche Interessenwahrnehmung. »Selbstzeugnisse« sind es, die erlauben, die einschlägigen Debatten zu rekonstruieren, die »diskursive Vergewisserung des pastoralen Selbstverständnisses«. Die Erträge der mentalitätsgeschichtlichen Analyse stützen die Verbürgerlichungsthese: Das Berufsverständnis der (liberalen und konservativen) Pfarrer zielte auf eine »Verbürgerlichung der Kirche« und darauf, »gesellschaftliche Verantwortung im Rahmen der bürgerlichen Gesellschaft zu übernehmen.« Die »kulturelle Differenz« zum Katholizismus lag für liberale ebenso wie für konservative Protestanten vor allem in der emphatischen Einstellung zur Nation. Die theologischen Differenzen zwischen liberalen und »positiven« Pfarrern zu der Vereinbarkeit von Wissenschaftsfreiheit und Bekenntnisschriften begründeten keine »kulturelle Scheidelinie«. Zu den »Annäherungsprozessen beider Protestantismen« gehört die »stärkere Fixierung des Liberalismus auf die Kirche« seit den 1890er Jahren, zugleich die – nachholende – kulturelle Modernisierung der konservativen Pfarrer. Im politischen Raum vertraten beide Lager ein soziales, kirchenpolitisches und religiöses Bürgerlichkeitsideal, ebenso – nach dem Kulturkampf – das Konzept einer weitgehenden kirchlichen Selbständigkeit,

ohne damit die Idee der »Volkskirche« aufzugeben. Die – beiden Protestantismen gemeinsame – »Kultursperre« im Verhältnis zur Sozialdemokratie
war nicht nur religionspolitisch begründet, sondern das »bürgerliche Kulturideal« fungierte hier als »mentaler Abwehrmechanismus«.

Mentalitätsgeschichtliche Befunde dieser Art werden mit folgender
Denkfigur (gleichsam modernisierungstheoretisch) zusammengebunden:
Die badische Pfarrerschaft der zweiten Hälfte des 19. Jahrhunderts stand im
»Spannungsfeld von Erfahrungsraum und Erwartungshorizont«. Dazu gehörten: (1) ein »Krisenbewußtsein«, »eine tiefgreifende sozialkulturelle Po-
sitionsverunsicherung«; (2) ein »Selbstbewußtsein«, vor allem gespeist aus
»der ideellen Verschmelzung von evangelischer Tradition und bürgerlichem
Selbstverständnis«; (3) ein »Bestreben«, »die Rolle von Religion, Kirche und
pastoraler Berufstätigkeit auf der Basis einer kulturellen Leitidee neu zu begründen« (S. 193). Diese kulturelle Leitidee machte den »mentalen Kern«
der liberalen und konservativen Pfarrer aus, ließ zugleich Spielraum für zwei
»Kulturmuster« oder »Partialmentalitäten«. Im Mittelpunkt stand die
»grundlegende Überzeugung von der Kulturbedeutung der protestantischen Religion in der Moderne«, eingebettet in »bürgerliche Gemeinsamkeiten« wie die »Akzeptanz von Bildung, Wissenschaft, bürgerlicher Selbständigkeit und Kulturfortschritt«, ferner des »fest internalisierten Prinzips
der Parteilichkeit« und der »bürgerlichen Streit- und Kommunikationskultur« (S. 452 f.).

Rechtsanwälte und Pfarrer – zwei akademische Berufe mit ganz alter,
vormoderner Tradition, im 19. Jahrhundert als Bildungsbürger greifbar, sowohl mit ihren »professionellen« als auch mit ihren »bürgerlichen« Merkmalen und Strategien. Ist diese Welt, zu der auch Ärzte, Richter, Regierungsräte und Gymnasiallehrer gehören, an ihrer Grenze, wenn man den
Blick auf neue akademische Berufe lenkt, bei denen die Ausbildung (meist
oder auf lange Zeit) außerhalb von Universitäten zu durchlaufen war? Das
wichtigste (und am besten erforschte) Beispiel für diese Gruppe von Berufen sind zweifellos die Ingenieure. Die Berufsgeschichte der deutschen Ingenieure – die Akademisierung ihrer Ausbildung und die Professionspolitik
ihrer Vereine – kann ohne Bezüge zur Welt der traditionellen Bildungselite
freilich kaum geschrieben werden; zu deutlich ist immer wieder das Spannungsverhältnis zwischen Anpassung und Abgrenzung, zwischen »bürgerlichen« und »professionellen« Strategien.[25] Diese Orientierung mag angesichts der Tatsache, daß die akademische Traditionslinie der Ingenieure bis
ins 18. Jahrhundert zurückreicht und vornehmlich Baubeamte rekrutierte,
ihre spezifische Erklärung finden. Doch wie steht es um akademische Berufe
ohne lange Tradition, Berufe, die für zwei allgemeine Tendenzen seit dem
späten 19. Jahrhundert stehen: Ausdifferenzierung von neuen Wissenschaf-

---

25 Vgl. *P. Lundgreen u. A. Grelon* (Hg.), Ingenieure in Deutschland, 1770–1990, Frankfurt
1994.

ten; Verwissenschaftlichung von Praxis auf neuen Feldern im Arbeits-
system?

Die Betriebswirte, zeitgenössisch heißen sie Diplom-Kaufleute, sind ein
solcher Fall, den Heike Franz in ihrer Dissertation untersucht hat, wobei
ebenfalls ein Weg beschritten wird, Professions- und Bürgertumsgeschichte
miteinander zu verknüpfen.[26] Bürgertumsgeschichtlich lassen sich »akademische Kaufleute« an der Schnittstelle zwischen Bildungs- und Wirtschaftsbürgertum verorten; professionalisierungsgeschichtlich stellen sie den – für
deutsche Verhältnisse seltenen – Fall einer akademischen Berufsgruppe
ohne staatlich-bürokratische Regulierung dar. Allgemeiner formuliert: Man
kann an den Betriebswirten studieren, vor welchen Schwierigkeiten eine
neu entstehende Expertengruppe steht, sich auf dem Arbeitsmarkt zu etablieren, weil alle Teilarbeitsmärkte immer schon besetzt sind und die Verdrängung von Konkurrenten ohne staatliche Regulierung im besten Fall nur
teilweise gelingt.

Um diese Aspekte in den Blick zu bekommen, arbeitet Franz mit einem
Professionalisierungsbegriff, der Bestrebungen, Erfolg und Scheitern in zwei
zentralen Dimensionen scharf beleuchtet: die volle, mit den Universitäten
gleichziehende Akademisierung der Ausbildung; und die Versuche, für die
Absolventen einer derartigen Ausbildung bestimmte Teilarbeitsmärkte zu erschließen, bevorzugt zu reklamieren, gar zu monopolisieren. Schon hier wird
der »subjektive Faktor« deutlich: die Akteure einer (versuchten) Konstruktion von »Beruf« und zugehörigem »Markt«. Die weitgehende Erfolglosig-
keit der Betriebswirte in der zweiten Hinsicht verweist auf die Unzulänglich-
keit einer (vielfach vertretenen) »funktionalistischen« Argumentation, nach
der die akademische Ausbildung von Kaufleuten seit 1900 ein Reflex auf Änderungen im Arbeitsmarkt und – damit einhergehend – auf neue Qualifika-
tionsanforderungen seit den 1880er Jahren gewesen sei. Der »subjektive Faktor« kommt aber noch ganz anders, zentral ins Spiel: als kulturelle Prägung
der Akteure, wenn es um deren Selbstverständnis, die Wahl von Referenzgruppen, die Wissenschaftsvorstellung und die Berufsideale geht. Das ist die
bürgertumsgeschichtliche Perspektive der Arbeit; sie erklärt, besser als die
funktionalistische Annahme, Verlauf und Grenzen des Professionalisierungs-
prozesses bei den Betriebswirten; und sie erlaubt, die soziokulturelle Prägekraft des Bildungsbürgertums insgesamt zu thematisieren, ebenso die Frage
nach Zerfall oder Formwandel des Bildungsbürgertums im 20. Jahrhundert.

Die akademische Ausbildung von Kaufleuten beginnt 1898 mit der Gründung der ersten Handelshochschule. Dieser neue Fachhochschultyp steht, typologisch, zwischen »Fachschulen« und »Hochschulen«. Unter den Studenten dominierte lange Zeit die Obersekundareife als schulische Vorbildung;
und der Lehrplan umfaßte eine Vielzahl von Fächern, bezeugt einen enzyklo-

---

26 *H. Franz*, Zwischen Markt und Profession. Betriebswirte in Deutschland im Spannungsfeld von Bildungs- und Wirtschaftsbürgertum (1900–1945), Göttingen 1998.

pädisch-technischen Stil der Wissensvermittlung. Die kaufmännische Praxis begegnete dieser Gründung und den erwarteten »lateinischen Kaufleuten« eher skeptisch, ja ablehnend. Getragen wurde die Handelshochschulbewegung von Angehörigen des Kleinbürgertums, kaum des Wirtschaftsbürgertums, und dies gilt auch für die Rekrutierung der Studenten. Ein Hauptmotiv für die Gründung von Handelshochschulen war die soziale Aufwertung des Kaufmanns im Verhältnis zu den gebildeten Ständen – im Medium akademischer Bildung. Daß Universitäten (und Technische Hochschulen!) zu den Gegnern der Handelshochschulen gehörten, braucht nicht zu verwundern. Der Staat verhielt sich indifferent (weil kein Arbeitsmarkt im öffentlichen Dienst tangiert war), so daß Kommunen und/oder Handelskammern die Träger der Handelshochschulen wurden. Diese hochschulgeschichtliche »Ausgangslage« setzte, nach dem bekannten Muster einer dem Bildungssystem inhärenten Eigendynamik von »Gleichberechtigung« mit Universitäten und Hochschulen, die Tendenzen zur »Verwissenschaftlichung« und zur vollen »Akademisierung« frei. In beiden Hinsichten verfolgte der Verband Deutscher Diplom-Kaufleute (VDDK) eine sehr erfolgreiche Politik.

»Verwissenschaftlichung« läßt sich festmachen in der Ausdifferenzierung der Betriebswirtschaftslehre (BWL) als wissenschaftlicher Disziplin, die eine zunehmend dominierende Stellung im Lehrprogramm einnahm und zugleich eine Forschungsorientierung für das Gebiet des industriellen Rechnungswesens pflegte. Damit bildete man eher betriebliche Verwaltungsexperten aus, weniger Kaufleute, nahm diese Zurückhaltung gegenüber praktischen Bedürfnissen aber in Kauf, um sich an das immer noch vorherrschende bildungsbürgerliche Milieu und das universitäre Wissenschaftsverständnis anzupassen. In gleichem Sinne lassen sich die einzelnen Schritte auf dem Wege zur vollen »Akademisierung« interpretieren, die man gehen mußte, wenn man die Anerkennung einer gleichberechtigten akademischen Ausbildung erreichen wollte: Die Verlängerung der Studienzeit von zwei auf drei Jahre; die Einführung des Maturitätsprinzips, also der Zwang für die »praktischen Kaufleute« mit mittlerer Reife, sich einer Ersatzreifeprüfung zu unterziehen; die Regelung der Titelfrage im Recht der Graduierung zum Diplom-Kaufmann; schließlich die Erlangung des Promotionsrechts gegen den Widerstand von Universitäten, Technischen Hochschulen und Kultusverwaltung (1924). Diplomprüfung und Promotion verstärkten das Gewicht von BWL als überragendem Hauptfach im Studiengang, also einen Trend in Richtung auf Spezialisierung und Fachwissenschaft, auf den professionellen Experten. In übergreifender Interpretation belegen solche Befunde die bürgertumsgeschichtlichen Aspekte einer – auf diesem Gebiet sehr erfolgreichen – Professionalisierungspolitik, gleichsam den »Überschuß« an Akademisierung als Reflex auf die Prägekraft bildungsbürgerlicher Deutungs- und Verhaltensmuster, aber auch das allmähliche Verblassen dieser Welt, die Auflösung des soziokulturellen Zusammenhalts des Bildungsbürgertums zugunsten der neuen Expertenkultur.

Eine professionspolitisch erfolgreiche Bildungspolitik kann dem Markt neue akademische Experten anbieten. Damit ist aber noch kein neuer akademischer Beruf entstanden, keine Profession mit einem für sie reservierten Tätigkeitsfeld. Ein frühes historisches Beispiel für diese Zusammenhänge liefert die weitgehend erfolglose Arbeitsmarktpolitik der Betriebswirte und ihres Verbandes, von Franz entsprechend der jeweiligen »Stellung im Beruf« analysiert. Daß die große Mehrheit der Diplom-Kaufleute einen Arbeitsplatz in den Unternehmen der *privaten Wirtschaft* besetzen werde, war für keine Seite überraschend. Die Frage war nur, welche? Aus der Sicht des VDDK gab es zwei Ziele: einen angemessenen (am liebsten privilegierten) Zugang zu den neuen Führungspositionen in den Unternehmen (Direktorenebene); und eine Segmentierung der kaufmännischen Großverwaltungen in hierarchischer Richtung dergestalt, daß das obere Segment (mittlere und gehobene Positionen) vorzugsweise mit akademisch ausgebildeten Kaufleuten zu besetzen sei (S. 181 ff.). In beiden Hinsichten waren die Erfolge höchst bescheiden. Auf der Führungsetage, die ja immer schon besetzt war, konkurrierten die neuen Betriebswirte mit Ingenieuren, Juristen und Praktikern. Der VDDK entfaltete daher eine langjährige arbeitsmarktpolitische Öffentlichkeitsarbeit, um den Widerstand der Unternehmer gegen den Führungsanspruch der »lateinischen Kaufleute« zu brechen. Der hier seitens der »Praxis« bekundete antiakademische Affekt und die Abneigung gegen jegliches Berechtigungswesen enthüllen auf ihre Weise das Spannungsfeld zwischen Wirtschafts- und Bildungsbürgertum, in das sich die Diplom-Kaufleute gestellt sahen. Bei den mittleren Positionen zeigte sich bezeichnenderweise eine analoge Problematik. Hier herrschte die massive Konkurrenz der »praktischen Kaufleute«. Die Diplom-Kaufleute konzentrierten sich ganz überwiegend in den Rechnungs- und Buchhaltungsabteilungen; das war der Kern ihrer Ausbildung gewesen, und folgerichtig sah man in ihnen »Abrechnungsspezialisten«. Diesem »Verwaltungskaufmannstum« standen die praktischen Kaufleute in den kaufmännischen Abteilungen, mit den besseren Aufstiegschancen, gegenüber.

Vom *öffentlichen Dienst* als Arbeitsmarkt konnten sich die Betriebswirte am wenigsten versprechen, war doch der Staat noch nicht einmal Träger der Handelshochschulen, also erklärtermaßen ohne Interesse an einer Karriere für »Wirtschaftsbeamte«. Gleichwohl reihten sich die Diplom-Kaufleute ein in den Kampf anderer Akademiker gegen das Juristenmonopol; alle Versuche, ein Wirtschaftsreferendariat eingerichtet zu sehen oder wenigstens die Verbeamtung der wenigen im öffentlichen Dienst (Buch- und Betriebsprüfungsdienst der Reichsfinanzverwaltung) angestellten Betriebswirte zu erreichen, scheiterten indessen. Mit ganz anderem Engagement verfolgte der VDDK in den 1920er Jahren das Ziel, einen neuen *freien Beruf* zu etablieren, den staatlich approbierten Wirtschaftstreuhänder. Schon die gewählten Referenzgruppen in diesem Kampf, Anwalt (Patentanwalt) und Arzt, sowie die

Metapher vom Wirtschaftstreuhänder als »Wirtschaftsarzt«, der Diagnosen stellen und Therapien verschreiben könne, belegen die standespolitische Annäherung an die traditionellen Eliten. Diese Politik ist indessen auf der ganzen Linie gescheitert; Franz macht dafür vier Ursachen verantwortlich (S. 236ff.): (1) Die Verknüpfung von mehreren Tätigkeiten (als Revisor, Wirtschaftsberater, Steuerberater und Treuhänder) verlieh dem Beruf des »Wirtschaftstreuhänders« einen diffusen Charakter, der jeglicher Monopolisierung durch eine einzige Berufsgruppe entgegenstand (Grenzen der Professionalisierbarkeit). (2) Nicht-akademische Praktiker (Bücherrevisoren) und große Treuhandgesellschaften (mit ihren Angestellten) besetzten den Markt; hier hätte Verdrängung erreicht werden müssen, und einer Allianz zwischen Bücherrevisoren und Diplom-Kaufleuten stand das Akademikerprinzip im Wege. (3) Der Staat hatte nur ein peripheres Interesse, schuf – im Gefolge der Aktienrechtsreform – im Jahre 1931 lediglich den neuen Beruf des »öffentlich bestellten Wirtschaftsprüfers« (als Gewerbe, nicht als freien Beruf). (4) Die Industrie leistete Widerstand gegen die Monopolisierung dieses (sehr eingeschränkten) Marktes für Akademiker. Der 1937 vom NS-Rechtswahrerbund durchgesetzte »Wirtschaftstreuhänder NSRB« vereinigte alle im Revisionsgeschäft Tätigen unter diesem Namen, begrub damit die Pläne des VDDK für einen freien Beruf mit dazugehörigem Monopol. Der 1937/41 staatlich geschaffene Steuerberater wiederum stand als freier Beruf nicht nur den Betriebswirten offen. Insgesamt war also die Arbeitsmarktpolitik des VDDK, gemessen an den Zielen von Professionalisierungspolitik, wenig erfolgreich, weil es nirgendwo gelang, einen Teilarbeitsmarkt tendenziell zu monopolisieren. Gleichwohl waren die Betriebswirte auf dem Arbeitsmarkt nicht erfolglos, insofern es ihnen gelang, in besetzte Arbeitsmärkte einzudringen und sich der Konkurrenz zu stellen – das uns heute nur zu vertraute Bild. Dieses Bild unterscheidet sich deutlich von der Welt des 19. Jahrhunderts, in der die Angehörigen »akademischer Berufe« zugleich erwarten konnten, in »bürgerlicher Stellung« gesichert zu sein.

3. Bildungsbürgertum – ein Epilog

»Bildungsbürgertum« – die Diskussion über Krise, Defensive, Bedeutungsverlust, Erosion, Zerfall oder Ende wird seit mindestens 100 Jahren geführt, von Zeitgenossen und Sozialwissenschaftlern gleichermaßen. Das zeitgenössische Krisenbewußtsein gehört dabei zentral zur diskursiven Selbstvergewisserung von Bildungsbürgern, die des Wortes mächtig sind und gern von ihm Gebrauch machen. Für die Mentalitätsgeschichte sind derlei Selbstzeugnisse von hohem Quellenwert, weniger für die Sozialgeschichte. Aber auch ohne Rekurs auf die Krisenmentalität des Bildungsbürgertums wird dessen Krise thematisiert, seine »Besonderheit« und deren historische Begrenztheit im internationalen Vergleich.[27] Diese gerade in den letzten Jahren lebhaft und kontrovers geführte Diskussion soll hier nur für ein Bestimmungsmoment, »Bildung und Bildungspatente«, also den leitenden Gesichtspunkt des ersten Abschnitts, aufgenommen werden, und zwar in dreifacher Langfristperspektive.

Ist das Bildungsbürgertum schon deshalb in die Krise geraten, gar zerfallen, weil sich das Monopol der neuhumanistischen Bildung als Zugang zur Universität nicht hat durchhalten lassen? Ich glaube, nein! Zur Erinnerung: Seit 1870 beginnt die Ausweitung der Berechtigung zum Universitätsstudium sowie zum Staatsexamen auf Realschulabiturienten, und 1901 ist dieser Schulkampf abgeschlossen. Die »Gleichberechtigung« reflektiert Interessenkonflikte innerhalb des Bürgertums, aber auch die bildungstheoretische Einsicht der Zeit, daß »allgemeine Menschenbildung«, also »formale« und »humane« Bildung, nicht ausschließlich durch den »klassischen« Unterricht zu erreichen ist, sondern auch auf anderen Wegen.[28] Diese Pluralisierung der gymnasialen Bildung – inzwischen noch viel weiter fortgeschritten, bis zur Individualisierung in der reformierten Oberstufe von 1972 – hat über lange Zeit, vielleicht bis heute, das einheitliche Bildungsfundament der akademischen Eliten viel weniger beeinträchtigt, als dies durch die Dynamik des wissenschaftlichen Fortschritts und die Spezialisierung von Expertenkulturen der Fall ist. Die fachlich begründeten Distanzen zwischen Theologen, Juristen, Medizinern und Philologen kann man nur schwerlich für grundsätzlich kleiner halten als diejenigen zu Chemikern, Ingenieuren und Betriebswirten. In dieser Hinsicht war das Bildungsbürgertum von Anfang an heterogen.

Ist es in die Krise gekommen, weil und nachdem die akademischen Karrieren für Frauen geöffnet wurden? Noch einmal glaube ich, nein! Zur Erinnerung: Die allgemeine Abiturberechtigung für Frauen ist (in Preußen) 1908 eingeführt worden; zum medizinischen Staatsexamen wurden Frauen seit 1899 zugelassen, zum philologischen 1905, zum juristischen erst 1922. »Weibliche Konkurrenz auf den akademischen Arbeitsmärkten«?[29] Im Be-

27 Vgl. *F.K. Ringer*, Die Gelehrten. Der Niedergang der deutschen Mandarine 1890–1933, Stuttgart 1983 (amerik. Original 1969); *J. Kocka*, Bildungsbürgertum – Gesellschaftliche Formation oder Historikerkonstrukt?, in: *ders.* (Hg.), Bildungsbürgertum, Teil IV, S. 9-20; *K. Tenfelde*, Stadt und Bürgertum im 20. Jahrhundert, in: *ders. u. H.-U. Wehler* (Hg.), Wege zur Geschichte des Bürgertums, Göttingen 1994, S. 328 ff.; *H. Siegrist*, Ende der Bürgerlichkeit? Die Kategorien »Bürgertum« und »Bürgerlichkeit« in der westdeutschen Gesellschaft und Geschichtswissenschaft der Nachkriegsperiode, in: GG, Jg. 20, 1994, S. 563 ff.; *H.-U. Wehler*, Deutsche Gesellschaftsgeschichte, Bd. 3, 1849–1914, München 1995, S. 730 ff.
28 *Paulsen*, S. 653.
29 *C. Huerkamp*, Weibliche Konkurrenz auf den akademischen Arbeitsmärkten. Zu einigen Ursachen und Hintergründen der bürgerlich-akademischen »Krise« in den 1920er Jahren, in: *Tenfelde u. Wehler* (Hg.), Wege, S. 273–288. Vgl. *dies.*, Bildungsbürgerinnen. Frauen im Studium und in akademischen Berufen 1900–1945, Göttingen 1996.

wußtsein der Zeitgenossen: ja! Die »Überfüllungskrise« um 1930 mag diese hysterische Einschätzung erklären; in Wirklichkeit war die weibliche Konkurrenz nur marginal im Vergleich zu der männlichen. Angst vor dem Verlust an Sozialprestige durch Feminisierung des Berufs? Diese »professionalistische« Politik läßt sich durchaus beobachten. In »bürgerlicher« Hinsicht waren es aber gerade die Töchter des Bildungsbürgertums, aus denen sich die ersten Generationen der Akademikerinnen rekrutierten, unterstützt von den Vätern. Das Interesse an der beruflichen Zukunft von unverheirateten Schwestern und Töchtern fand freilich seine Grenze an dem Geschlechtsrollenmodell der bildungsbürgerlichen Familie: Ehefrauen als berufstätige Akademikerinnen blieben lange Zeit eine kleine Minderheit, obwohl mit den beiden am häufigsten gewählten Berufen, Studienrätin und Ärztin, zwei »fraulich« konnotierte Berufe zur Debatte standen.

Ist das Bildungsbürgertum in seine Krise geraten durch die Inflationierung von Bildungspatenten im Zuge der Bildungsexpansion? Hier glaube ich nun, ja! Zur Erinnerung: Die Bildungselite des 19. Jahrhunderts war sehr, sehr klein gewesen. Noch 1910, als Frauen gerade begonnen hatten, die akademische Welt zu betreten, betrug die Studierquote eines männlichen Geburtsjahrgangs, also die Größenordnung des jährlichen Nachwuchses für alle akademischen Berufe zusammen, erst 2 %, um 1930 dann 3 % bei einer weiblichen Studierquote von 0,6 %. Die große Mehrheit dieser kleinen Minderheit, 68 % bei den Männern, 97 % bei den Frauen, wählte eine der drei klassischen akademischen Karrieren: Lehramt, Medizin oder Jura. Bis zum Jahre 1967, also noch vor der großen Bildungsexpansion im Hochschulbereich, hatte sich die männliche Studierquote immerhin verdreifacht auf 10 %, die weibliche gar verzehnfacht auf 6 %, aber noch herrschten einigermaßen stabile Zustände bei den Fächerpräferenzen: 43 % der Männer sowie 68 % der Frauen strebten nach wie vor in die drei genannten klassischen Karrieren. Seit dieser Zeit, vor allem seit den späten 1970er Jahren, hat sich das Bild grundlegend gewandelt. Die Zahlen für 1991 beleuchten unsere Gegenwart: Die Studierquote ist bei den Männern auf 33 % gestiegen, bei den Frauen auf 24 %; aber der Anteil der Studierenden, die noch an eine der drei klassischen Karrieren denken, ist drastisch gesunken, bei den Männern auf 14 %, bei den Frauen auf 27 %.[30]

Was bedeuten diese Zahlen für unsere Ausgangsfrage? Erstens ist der Mengeneffekt zu bedenken. Wie groß kann eine »Elite« sein, relativ zur Grundgesamtheit? Sicherlich nicht 30 %, kaum 20 %. Die Inflationierung der Bildungspatente verringert die selektive (allokative) Bedeutung dieses Merkmals für den einzelnen Besitzer, wie jeder merkt, wenn er einer von vielen ist, die sich – mit gleichem Merkmal – auf eine freie Stelle bewerben.

---

30 Zur Statistik vgl. *P. Lundgreen*, Die Feminisierung des Lehrerberufs: Segregierung der Geschlechter oder weibliche Präferenz?, in: Zeitschrift für Pädagogik, Jg. 45, 1999, S. 127, 130f.

Zweitens ist die Art der Koppelung zwischen Bildungspatent und Berufszugang zu bedenken: eng, im Sinne einer Berechtigung, für die traditionellen akademischen Berufe (höhere Beamte und freie Berufe), lose für alle anderen.[31] Hier gibt es kaum noch geschützte Teilarbeitsmärkte für einzelne Qualifikationen; typischerweise konkurrieren Besitzer unterschiedlicher Bildungspatente, sei es in fachlicher, sei es in hierarchischer Hinsicht, in gleichen Berufsfeldern miteinander. »Erfolg« bemißt sich weniger im Zugang zum Arbeitsmarkt, sondern in der persönlichen Leistung während jahrelanger Arbeit, wie fachfremd der ausgeübte Beruf auch sein mag. Diese Unsicherheit über die zu erwartende berufliche Zukunft ist heute das Mehrheitsschicksal, seitdem die große Mengenverschiebung stattgefunden hat: weg von den traditionellen Bildungsberufen, mit enger Koppelung von Berechtigung und Berufszugang, hin zu den vielen neuen akademischen Qualifikationen. Deren Träger müssen auf dem Arbeitsmarkt unterkommen und sich behaupten, ohne mit ihren Bildungspatenten besondere Rechte, gar exklusive, geltend machen zu können, ebenso wie alle anderen Arbeitnehmer. Die Inflationierung der Bildungspatente führt zur Verdrängung von Nichtakademikern durch Akademiker. Professionen sind dabei zur Minderheit unter den Akademikern geworden.[32]

31 Vgl. *P. Lundgreen*, Professionalisierung, Akademisierung, Verwissenschaftlichung. Zum Verhältnis von Bildungs- und Beschäftigungssystem, in: *G. Jäger u. J. Schönert* (Hg.), Wissenschaft und Berufspraxis. Angewandtes Wissen und praxisorientierte Studiengänge in den Sprach-, Literatur-, Kultur- und Medienwissenschaften, Paderborn 1997, S. 95–101.
32 Daß man die überkommenen Professionen – Ärzte, Rechtsanwälte und Gymnasiallehrer – auch nach 1945 noch bürgertumsgeschichtlich betrachten kann, jedenfalls bis in die 1960er Jahre, zeigt *H. Siegrist*, Der Wandel als Krise und Chance. Die westdeutschen Akademiker 1945–1965, in: *Tenfelde u. Wehler* (Hg.), Wege, S. 289–314; vgl. *ders.*, Die gebildeten Mittelklassen in Westdeutschland 1945–1965, in: *W. Fischer-Rosental u. P. Alheit* (Hg.), Biographien in Deutschland. Soziologische Rekonstruktionen gelebter Gesellschaftsgeschichte, Opladen 1994, S. 118–136.

Axel Flügel

Bürgertum und ländliche Gesellschaft im Zeitalter der konstitutionellen Monarchie

Die Verbindung von Bürgertum und ländlicher Gesellschaft ist kein nahe-
liegendes Thema. Seit dem 19. Jahrhundert wird in der deutschen Geschichtswissenschaft vielmehr eine scharfe Trennung von Stadt und Land,
von freien und rechtsgleichen Stadtbürgern einerseits und herrschaftlich
strukturiertem Land andererseits vorausgesetzt. Die Geschichte des Bürgertums ist daher eng verknüpft mit der Stadtgeschichte und mit der Entstehung und den Durchsetzungschancen des Liberalismus im 19. Jahrhundert.[1]
Dementsprechend ist die Geschichte der bürgerlichen Kultur weitgehend
eine Geschichte städtischer Verhaltensweisen, Konsumstandards und Gesel-
ligkeitsformen. Verbürgerlichung bezeichnet daher den Vorgang einer Übernahme dieser Formen durch Gruppen, die wie der Adel außerhalb oder wie
die Arbeiter unterhalb der bürgerlichen Schichten standen. Die Identifikation mit der Stadt kennzeichnet das Bürgertum als eine gesellschaftliche
Teilgruppe, für die Zeit des Ancien Régime sogar noch eingeschränkter als
innerstädtische Teilgruppe der vollberechtigten, manchmal nur der wohlhabenden Mitglieder des Stadtverbandes. Die Entwicklungsaufgaben im Modernisierungsprozeß, insbesondere die bürgerliche Kultur als herrschende
Kultur zu etablieren oder im politischen Bereich die Parlamentarisierung
durchzusetzen, hängen dann entscheidend von der Stärke oder Schwäche
dieser sozialen Gruppe ab.

Ein Vergleich mit der frühneuzeitlichen Entwicklung in Frankreich oder
in England verdeutlicht dagegen, daß der soziale, politische und kulturelle
Wandel hin zu einer bürgerlichen oder zivilen Kultur und zu modernen
politischen Verhältnissen eng mit den Strukturen der ländlichen Gesellschaft
verbunden war. In England lag die soziale und politische Macht fest in der
Hand einer »landed élite«, die sich aus Aristokraten und Gentry zusammen-

---

1 Siehe *U. Haltern*, Bürgerliche Gesellschaft. Sozialtheoretische und sozialhistorische
Aspekte, Darmstadt 1985, u. *ders.*, Die Gesellschaft der Bürger, in: GG, Jg. 19, 1993,
S. 100–134; *L. Gall*, Stadt und Bürgertum im 19. Jahrhundert. Ein Problemaufriß, in: *ders.*
(Hg.), Stadt und Bürgertum im 19. Jahrhundert, München 1990, S. 1-18; *ders.*, Vom alten
zum neuen Bürgertum. Die mitteleuropäische Stadt im Umbruch 1780–1820, in: *ders.* (Hg.),
Vom alten zum neuen Bürgertum. Die mitteleuropäische Stadt im Umbruch 1780–1820,
München 1991, S. 1-18; *ders.*, Von der ständischen zur bürgerlichen Gesellschaft, München
1993.

setzte.[2] Die Gentry, die einfache, untitulierte Adelige und Gentlemen umfaßte, zeichnete sich nicht durch adelige oder andere rechtliche Privilegien
aus, sondern gründete ihren hervorgehobenen sozialen Status auf »land,
lordship, and local acknowledgement«,[3] also auf patrizischem oder notablem
Status, und war gegenüber den bürgerlichen oder städtischen Gruppen der
Kaufleute, freien Berufe und akademisch Gebildeten durchlässig. In Frankreich gab es zwar eine feste ständische Abgrenzung zwischen Adel und Drit-
tem Stand, aber das städtische Bürgertum verfügte am Ende des 18. Jahrhunderts über etwa 30 % des Bodens[4] und erzielte aus dessen Verpachtung
beträchtliche arbeitsfreie Einkünfte, die es mit der Ausübung öffentlicher
Ämter, Gerichtstätigkeit oder literarischen Ambitionen in den zahlreichen
Akademien und Sozietäten verknüpfte. Diese als »bourgeoisie d'ancien
régime«[5] oder »propriétaires-rentiers«[6] bezeichneten bürgerlichen Gruppen
verschmolzen am Ende des 18. Jahrhunderts mit Teilen des Adels zur Sozialfigur der Notabeln, die eine auf – vor allem ländlichen – Grundbesitz,
Familie und öffentliche Funktion gegründete Führungsschicht bildeten und
die französische Gesellschaft bis in die Dritte Republik hinein dominierten.[7]

---

2 Siehe *F.M.L. Thompson*, Britain, in: *D. Springs* (Hg.), European Landed Elites in the
Nineteenth Century, Baltimore 1977, S. 22–44; *ders.*, Aristocracy, Gentry, and the Middle
Classes in Britain 1750–1850, in: *A.M. Birke* u. *L. Kettenacker* (Hg.), Bürgertum, Adel und
Monarchie. Wandel der Lebensformen im Zeitalter des bürgerlichen Nationalismus, München 1989, S. 15–35; *ders.*, Business and Landed Elites in the Nineteenth Century, in: *ders.*
(Hg.), Landowners, Capitalists, and Entrepreneurs. Essays for Sir John Habakkuk, Oxford
1994, S. 139–170.
   3 *F. Heal* u. *C. Holmes*, The Gentry in England and Wales 1500–1700, Basingstoke
1994, S. 7; siehe auch *H.-C. Schröder*, Der englische Adel, in: *A. v. Reden-Dohna* u. *R. Melville*
(Hg.), Der Adel an der Schwelle des bürgerlichen Zeitalters, Stuttgart 1988, S. 21–88; *J. Can-
non*, The British Nobility, 1660–1800, in: *H.M. Scott* (Hg.), The European Nobilities in
the Seventeenth and Eighteenth Centuries, Bd. 1: Western Europe, London 1995, S. 53–81,
hier S. 55–57; *D. Cannadine*, The Decline and Fall of the British Aristocracy, London
1996.
   4 Siehe *E. Weis*, Ergebnisse eines Vergleichs der grundherrschaftlichen Strukturen
Deutschlands und Frankreichs vom 13. bis zum Ausgang des 18. Jahrhunderts, in: VSWG,
Jg. 57, 1970, S. 1-14; für das 19. Jahrhundert siehe *R. Laurent*, Die Rahmenbedingungen der
landwirtschaftlichen Produktion: Eigentums- und Betriebsformen, in: *F. Braudel* u. *E. La-
brousse* (Hg.), Wirtschaft und Gesellschaft in Frankreich im Zeitalter der Industrialisierung,
1789–1880, Bd. 2, Frankfurt 1988, S. 137–164.
   5 *R. Robin*, La Société Française en 1789. Semur-en-Auxois, Paris 1970.
   6 *W. Mager*, Von der Noblesse zur Notabilité. Die Konstituierung der französischen Notabeln im Ancien Régime und die Krise der absoluten Monarchie, in: *H.-U. Wehler* (Hg.),
Europäischer Adel 1750–1950, Göttingen 1990, S. 260–285; u. *ders.*, Das Aufkommen des
französischen Notabeln-Bürgertums im 18. Jahrhundert und die Krise der absoluten Monarchie, in: *H. Reinalter* u. *K. Gerlach* (Hg.), Staat und Bürgertum im 18. und frühen 19. Jahrhundert. Studien zu Frankreich, Deutschland und Österreich. Ingrid Mittenzwei zum 65.
Geburtstag, Frankfurt 1996, S. 11–63.
   7 Siehe *H.-G. Haupt*, Sozialgeschichte Frankreichs seit 1789, Frankfurt 1989, hier S. 159;
ferner *A. Daumard*, Die Vielgestaltigkeit der höheren Führungsschichten, in: *Braudel u. La-
brousse* (Hg.), Wirtschaft und Gesellschaft in Frankreich, Bd. 2, S. 347–367; *A.J. Tudesq*, Le

An dem kulturellen und politischen Gegensatz von Stadt und Land und dem historischen Gewicht der Stadt, vor allem an der Herleitung der bürgerlichen Gesellschaft der Staatsbürger aus der Universalisierung in der okzidentalen Stadt erstmals erprobter Prinzipien und Verfahren, kann kein Zweifel bestehen. Wenn jedoch in der Suche nach der bürgerlichen Entwicklung der Gesellschaft in der Neuzeit das Land ganz aus dem Blick gerät oder als ihre bloße Negation, als Hindernis und Widerstand, allenfalls am Rande erscheint, bleibt die Perspektive auf den historischen Wandel einseitig und verengt. Die Sozial- und Rechtsgeschichte des 18. und des 19. Jahrhunderts zeigt vielmehr einen engeren Zusammenhang zwischen bürgerlicher Entwicklung und ländlicher Gesellschaft, als der konventionelle Gegensatz von Stadt und Land nahelegt. Im folgenden kann es jedoch nicht darum gehen, ein neues, revisionistisches Bild der Bürgertumsgeschichte zu entwerfen, sondern gegenüber dem in der Literatur vorherrschenden Thema Stadt und Bürgertum Korrekturen anzubringen, um eine gewisse Balance herzustellen für ein realitätsgerechtes Urteil über die Bedingungen und Prozesse der neuzeitlichen Entwicklung.

Die Notwendigkeit einer stärkeren Rücksicht auf die ländliche Gesellschaft gilt gerade für die Epoche des Konstitutionalismus, in der eine auf das Eigentum begründete Sichtweise der bürgerlichen Gesellschaft und ein auf das Recht als gesellschaftliches Ordnungsinstrument bezogenes Denken die zentrale Rolle spielten für die Richtung, welche die Zeitgenossen dem breit empfundenen Reformbedarf geben wollten. Diese ausgeprägte Orientierung am Recht und an der Verfügung über Eigentum betraf vor allem die ländliche Gesellschaft, die quantitativ immer noch weit vor allen anderen gesellschaftlichen Bereichen rangierte und mithilfe der Agrarreformen einem durchgreifenden Transformationsprozeß unterworfen wurde. Die im Rahmen des Sonderforschungsbereichs untersuchten Fragen nach der Rolle der Patrimonialgerichtsbarkeit in Preußen und nach dem Anteil bürgerlicher Rittergutsbesitzer im Kurfürstentum bzw. Königreich Sachsen zielen daher auf Brennpunkte der gesellschaftlichen Entwicklung in der konstitutionellen Monarchie und der Durchsetzung von Bürgerlichkeit in sozialer bzw. rechtlicher Hinsicht. Die Verschränkung von sozialem und begrifflichem Wandel, die die erste Hälfte des 19. Jahrhunderts auszeichnet, erzwingt zugleich, die dem heutigen Verständnis entrückten zeitgenössischen Konzepte von bürgerlicher Gesellschaft und Bürgertum zu berücksichtigen.[8] Bevor

Concept de »Notable« et les Differentes Dimensions de l'Etude des Notables, in: Cahiers de la Mediterranée, Nr. 46/47: Bourgeoises et Notables en Mediterranée (XVIIIe–XXe siècles). Actes du Colloque Mai 1992 à Grasse, 1993, S. 1-12.

8 Zur Verschränkung von Begriffs- und Sozialgeschichte in der Semantik von »Bürger« und »bürgerlicher Gesellschaft« siehe *R. Koselleck, U. Spree* u. *W. Steinmetz*, Drei bürgerliche Welten? Zur vergleichenden Semantik der bürgerlichen Gesellschaft in Deutschland, England und Frankreich, in: *H.-J. Puhle* (Hg.), Bürger in der Gesellschaft der Neuzeit. Wirtschaft – Politik – Kultur, Göttingen 1991, S. 14–58.

die Ergebnisse der Teilprojekte vorgestellt werden, soll ein Blick auf den zeitgenössischen Kontext, d.h. auf die Stellung der ländlichen Gesellschaft in der Theorie des Konstitutionalismus, geworfen werden.

1. Die ländliche Gesellschaft und die konstitutionelle Theorie

Der Vergleich mit den französischen oder englischen Verhältnissen belegt bereits, daß die Konzentration der deutschen Forschung auf die Stadt eine Besonderheit darstellt. Diese Tradition der Geschichtsschreibung, in der vor allem die mittelalterliche Stadt und ihre Bürgerschaft als Hort bürgerlicher Prinzipien und bürgerlichen Selbstverständnisses gefeiert wurden, entstand im Zuge der politischen Konflikte um die Reform von Staat und Gesellschaft im 19. Jahrhundert. Sie setzte sich als Reaktion auf politische Enttäuschungen seit der zweiten Jahrhunderthälfte durch und war eng verwoben mit einem Diskurs über die »Ursprünge« und »Quellen« des Bürgertums oder Bürgersinns, der eine wichtige Funktion in der Abwehr oder Begründung politischer Reformforderungen spielte.[9] In der ersten Hälfte des 19. Jahrhunderts dominierte diese Verbindung von Stadt und Bürgertum die zeitgenössische politische Diskussion noch nicht. Die Debatte war vielmehr beherrscht von der Frage, in welchen Formen eine konstitutionelle Verfassung in den Staaten des Deutschen Bundes eingeführt werden könne.[10]

Die Vertreter der konstitutionellen Bewegung zogen – bei allen Differenzen, die zwischen ihnen in einzelnen Fragen bestanden haben – die Konsequenz aus der wirtschaftlichen, sozialen und kulturellen Entwicklung des 18. Jahrhunderts.[11] Sie verstanden ihre Reformforderungen als Vollendung und Abschluß einer im frühneuzeitlichen Fürstenstaat vorangetriebenen Entwicklung, die langsam aber zielstrebig Zustände beseitigte, die von ihnen als »Feudalismus« oder »Lehnssystem« angesprochen und bezeichnet wurden. Im Kern gündeten ihre Vorstellungen auf der Beseitigung von Gewalt und (mittelalterlicher) Anarchie durch eine Herrschaft des Rechts. In der Darstellung der Bedingungen und Formen des »konstitutionellen Lebens«, die der vielgelesene und einflußreiche Leipziger Staatswissenschaftler Karl Heinrich Ludwig Pölitz in der politischen Krise von 1830/31 für die »gebildeten Stände der teutschen Staatsbürger« veröffentlichte, betonte er, daß es zur Herrschaft des Rechts und zur politischen Stabilität einer Verfassungsgebung bedurfte, worunter schriftliche Urkunden zu verstehen seien, »welche

---

9 Siehe *R. Koselleck* u. *K. Schreiner* (Hg.), Bürgerschaft. Rezeption und Innovation der Begrifflichkeit vom hohen Mittelalter bis ins 19. Jahrhundert, Stuttgart 1994.

10 Siehe *E. Fehrenbach*, Verfassungsstaat und Nationsbildung 1815–1871, München 1992.

11 Siehe *D. Grimm*, Deutsche Verfassungsgeschichte 1776–1866. Vom Beginn des modernen Verfassungsstaats bis zur Auflösung des Deutschen Bundes, Frankfurt 1988, hier S. 29–32.

die Gesammtheit der rechtlichen Bedingungen enthalten, auf denen das innere Leben eines gegebenen (...) Staates, ..., beruht.«[12]

Unter den Leitideen von Eigentum und Sittlichkeit erschienen die Formen des Lehnssystems als Relikte und Hindernisse, die durch Reformen zu beseitigen waren, damit sich das »constitutionelle Leben« entfalten konnte. Die Reform der Gemeinde-, Städte- und Kreisordnungen bildete daher nach Pölitz die entscheidende Vorbedingung für die Einführung einer konstitutionellen Verfassung. Die Kreisordnung sollte eine rationale Verwaltungsgliederung durch eine gleichmäßige geographische Abgrenzung der Bezirke herstellen und den Kreisständen die lokalen Angelegenheiten anvertrauen. Das Ziel der Städteordnung lag darin, das »Patriciat der Magistrate« zu beseitigen. Eine neue Gemeideordnung war erforderlich, »wo Leibeigenschaft, Eigenbehörigkeit, ungemessene und gemessene Frohnen auf rechtlichem Wege beseitigt ... worden sind.«[13] Mit dem staatlichen Anspruch auf eine Neuordnung von Recht und Verwaltung wurde auch die Patrimonialgerichtsbarkeit, wo sie aus besonderen politischen Umständen fortbestand, zum mehr oder weniger nur noch vorläufig geduldeten Fremdkörper. Reformforderungen dieser Art waren nicht zuletzt eine Folge langfristiger sozialer und kultureller Entwicklungen.

Nach den Zerstörungen durch den Dreißigjährigen Krieg kam im Verlauf des 18. Jahrhunderts die Akkumulation von Reichtum und Bildung langsam wieder in Schwung und erlangte in der zweiten Jahrhunderthälfte ein spürbares gesellschaftliches Gewicht. Die Belebung des Handels, der proto-industrielle Aufschwung, das Bevölkerungswachstum und die Nachfrage nach Agrarprodukten mündeten am Ende des 18. Jahrhunderts in einen anhaltenden konjunkturellen Aufschwung. Der wirtschaftlichen Entwicklung ging eine ausgeprägte soziale Differenzierung parallel. Innerhalb der bürgerlichen Mittelschichten hob sich eine Führungsschicht ab, die unter Verweis auf ihre Bildung Ansprüche auf eine gesellschaftliche Führungsrolle erhob.[14]

---

12 *K.H.L. Pölitz*, Das constitutionelle Leben, nach seinen Formen und Bedingungen, Leipzig 1831, S. 1; zu Pölitz siehe: *M. Stolleis*, Geschichte des öffentlichen Rechts in Deutschland, Bd. 2: Staatsrechtslehre und Verwaltungswissenschaft 1800–1914, München 1992, S. 165f, und *R. Blänkner*, Der Vorrang der Verfassung. Formierung, Legitimations- und Wissensformen und Transformation des Konstitutionalismus in Deutschland im ausgehenden 18. und frühen 19. Jahrhundert, in: *ders.* u. *B. Jussen* (Hg.), Institutionen und Ereignis. Über historische Praktiken und Vorstellungen gesellschaftlichen Ordnens, Göttingen 1998, S. 295–325.

13 *Pölitz*, Leben, S. 132, ferner ebd., S. 79 und S. 130; zur politischen Bedeutung der Kreisordnung siehe *P. Nolte*, Repräsentation und Grundbesitz. Die kreisständische Verfassung Preußens im 19. Jahrhundert, in: *K. Tenfelde* u. *H.-U. Wehler* (Hg.), Wege zur Geschichte des Bürgertums. Vierzehn Beiträge, Göttingen 1994, S. 78–101.

14 Siehe *R. v. Friedeburg* u. *W. Mager*, Learned Men and Merchants. The Growth of the Bürgertum, in: *S. Ogilvie* (Hg.), Germany. A New Social and Economic History, Bd. 2: 1630–1800, London 1996, S. 164–195; siehe auch die Bedeutung der »gentility« für die entstehende Mittelklasse in England bei *J. Smail*, The Origins of Middle-Class Culture. Halifax, Yorkshire, 1660–1780, Ithaca 1994, S. 191–217.

Die Bewegung war besonders ausgeprägt unter den Kaufleuten und in der Gruppe der nicht zur Stadtgesellschaft gehörenden Bürgerlichen, insbesondere unter den landesherrlichen Beamten, die nun als »gesittete Stände« firmierten. An die Stelle der mit der traditionalen Ordnung schlechthin gegebenen sozialen Stellung trat die Begründung, aufgrund der historischen Entwicklung im Sinne eines Fortschritts der Zivilisation Ansprüche neu erworben zu haben. Dieses entwicklungsgeschichtliche Argument entfaltete seitdem eine enorme politische Brisanz.

Auf die gesellschaftlichen Verhältnisse bezogen fungierte Sittlichkeit als Ordnungsprinzip, das ein Instrument abgab, um unter den Bedingungen der rechtlichen Gleichheit dennoch eine soziale Hierarchie zu legitimieren. Denn die höhere Stellung der gesitteten Stände grenzte die städtischen Kleinbürger oder selbständigen Bauern implizit aus. Die Vorstellung vom historischen Prozeß kulturellen oder zivilisatorischen Fortschreitens milderte allerdings die Ausgrenzung, so daß sich die gesitteten Stände in Grenzen (Juden, Frauen[15], Gesinde) als offene soziale Klasse präsentieren konnten. Die auf den Grundlagen von Eigentum und Sittlichkeit gebaute Theorie der bürgerlichen Gesellschaft eröffnete ein charakteristisches Wechselspiel von Inklusion und Exklusion und produzierte eine Reihe unlösbarer interner Widersprüche. Die Betonung des Eigentums hatte die strategische Funktion, die ständische Abgrenzung zwischen den adeligen und bürgerlichen Führungsgruppen aufzulösen. Für die liberale Position innerhalb der Gesellschaft bedeutete ihre rechtliche Durchsetzung aber eine Schwächung, wenn die adeligen – und bäuerlichen – Eigentümer den Liberalismus politisch ablehnten oder ihm soziokulturell fern standen. Ebenso schwierig bis unlösbar war die wichtige zeitgenössische Unterscheidung von bürgerlicher und politischer Freiheit.

Im frühneuzeitlichen Fürstenstaat setzte sich der Anspruch auf eine Konzentration der politischen Kompetenz beim Landesherrn durch. Das Resultat dieser Entwicklungen, wie es in der Theorie des Konstitutionalismus formuliert wurde, war noch nicht der Gegensatz von Staat und Gesellschaft, sondern die Unterscheidung von bürgerlicher und politischer Freiheit. Diese Unterscheidung bildete den Eckstein einer vertragsrechtlichen Sicht der Gesellschaft, die die aristotelische Begriffstradition der Politik auflöste und verdrängte. Die naturrechtliche Vertragstheorie leitete die gesellschaftliche Vereinigung der Individuen, die »bürgerliche Gesellschaft«, aus dem Zweck ab, Sicherheit und Eigentum ihrer Mitglieder zu gewährleisten, und band die Einsetzung einer politischen Zwangsgewalt, den Staat, ebenfalls an diesen Zweck. Der Staat war in erster Linie Rechtsanstalt, als solcher aber auch Mittel für die Entfaltung der sittlichen Anlagen des Menschen. Staat

---

15 Siehe z.B. *F.C. Dahlmann*, Die Politik, auf den Grund und das Maß der gegebenen Zustände zurückgeführt (1835), Frankfurt 1968, § 154: »Das Wahlrecht der Frauen in Kanada (...) wird wohl eine muntere Ausnahme bleiben.«

und Gesellschaft waren daher identisch, deren Mitglieder Bürger. Während »Bürgerstand« eine gesellschaftliche Teilgruppe, entweder im Sinne von Stadtbürger oder im Gegensatz zu Adel und Bauern, bezeichnete, zielte »Bürgertum« auf die Eigenschaft, vollberechtigtes Mitglied der Gesellschaft zu sein, und umfaßte daher alle nach ihrer beruflichen oder ständischen Stellung qualifizierten sozialen Schichten. Der am Rechtsstatus orientierte Bürgerbegriff der konstitutionellen Theorie war gegenüber dem sozialen Gehalt indifferent. Diese zeitgenössische, »gewöhnliche« Auffassung formulierten z.B. Pölitz und Wilhelm Traugott Krug:

»Bürgerthum ist das bürgerliche Gemeinwesen in Bezug auf die, welche daran theilnehmen und diesen ihren Antheil als ihr Eigenthum besitzen. Im Bürgerthum sein oder leben heißt also nichts anderes als Bürger sein. Man denkt aber dabei gewöhnlich an das große (staatische) Bürgerthum, nicht an das kleine (städtische) von welchem das kleinstädtische noch zu unterscheiden wäre.«[16]

»So entsteht, gestützt auf die im Ideale des Naturrechts gebotene unbedingte Herrschaft des Rechts, in der erfahrungsmäßig bestehenden äußern Rechtsgesellschaft, durch die Aufnahme des rechtlich gestalteten Zwanges für die Aufrechterhaltung und Sicherstellung der persönlichen und öffentlichen Rechte, die bürgerliche Gesellschaft, oder der Staat. Denn alle Mitglieder dieser, für die Herrschaft des Rechts begründeten und den rechtlich gestalteten Zwang in sich handhabenden Gesellschaft heißen, als solche, Bürger des Staates, ...«[17]

»Allein die Wesen, welche im Staate zum Bürgerthume sich vereinen, bringen in diese Rechtsgesellschaft nicht nur die Gesammtheit ihrer sinnlich-vernünftigen Anlagen, Vermögen und Kräfte mit, sondern auch den allgemeinen Endzweck des menschlichen Daseins: die Verwirklichung der Sittlichkeit und Wohlfahrt in innigster Harmonie.«[18]

16 *W.T. Krug*, Allgemeines Handwörterbuch der philosophischen Wissenschaften nebst ihrer Literatur und Geschichte, zweite, verbesserte und vermehrte Auflage, Bd. 1, Leipzig 1832, S. 412, s.v. Bürgerthum. Wie die Begriffsgeschichte verdeutlicht, läßt sich im Rahmen des zeitgenössischen Erwartungshorizontes zwar sinnvoll von einer Verbürgerlichung des Adels bzw. der Rittergüter sprechen, nicht aber von einer Feudalisierung des »Bürgertums«. Die Feudalisierungsthese erweist sich vor allem als ein zeitgenössisches politisches, durch und durch geschichtsphilosophisch eingefärbtes Schlagwort, dem für eine Sozialgeschichte des 19. Jahrhunderts, die den Zusammenhang von sozialem Wandel und historischer Semantik empirisch untersucht, kaum heuristischer Wert zukommt.
17 *K.H.L. Pölitz*, Die Staatswissenschaften im Lichte unserer Zeit, Bd. 1: Natur- und Völkerrecht, Staats- und Staatenrecht und Staatskunst, zweite berichtigte und vermehrte Auflage, Leipzig 1827, Bd. 1, S. 148 f. Siehe auch *Pölitz*, Leben, S. iv: »Denn in den beiden Begriffen: Religion und Bürgerthum, liegen die Endpuncte der gesammten irdischen Aufgabe unsers Geschlechts. Der öffentliche Charakter einer Religion und die rechtliche Gestaltung des Bürgerthums, ... entscheiden über den Bildungsgrad der Völker, ..., sobald sie aus den Nomadenverhältnissen, ..., herausgetreten, und in feste, rechtlich geordnete, Staatsformen übergegangen sind.« Zu dieser Auffassung des »Bürgerthums« als einer Eigenschaft siehe auch *P. Nolte*, Gemeindebürgertum und Liberalismus in Baden 1800–1850. Tradition – Radikalismus – Republik, Göttingen 1994, S. 212 f.
18 Ebd., S. 153.

Der Zweck des Staates lag in der Sicherung der Handlungsfreiheit und des
Eigentums seiner Bürger, die ohne politische Zwangsgewalt immer gefährdet
erschien. Diese Leistung des Staates wurde als bürgerliche Freiheit bezeichnet. Sie war mehr oder weniger konsequent bereits im frühneuzeitlichen
Fürstenstaat verwirklicht, und zwar um so besser, je mehr die Kompetenzen
der adeligen oder korporativen Zwischengewalten, deren Handlungsspielräume und Herrschaftsrechte als feudale Anarchie erschienen, zugunsten
des Landesherrn ausgeschaltet oder mediatisiert waren. Die Konzentration
der politischen Zwangsgewalt beim Monarchen warf dann in der Folge die
Frage nach der politischen Freiheit, d.h. nach der Teilhabe der Bürger an der
Gesetzgebung auf.[19]

Die Teilhabe der Staatsbürger an der Gesetzgebung sollte nach Pölitz nicht
den partikularen Vorteilen der einzelnen Stände dienen, sondern aus den »verschiedenen Hauptinteressen im bürgerlichen Leben«[20] abgeleitet werden. Das
System der politischen oder staatsbürgerlichen Interessen postulierte aufgrund
der verschiedenen menschlichen Tätigkeiten drei Hauptklassen: erstens das Interesse des großen und kleinen Grundbesitzes, zweitens das Interesse der städtischen Gewerbe und drittens das Interesse der Intelligenz der Gelehrten,
Staatsbeamten und Künstler. Unter dem größeren Grundbesitz verstand Pölitz
die adeligen Landgüter, der kleinere meinte die bäuerlichen Höfe. Diese drei
Interessen sollten die Zusammensetzung des konstitutionellen Landtages bestimmen.[21] Der ländliche Grundbesitz stand in der Aufzählung nicht zufällig an
der ersten Stelle, denn er besaß einen moralischen Vorrang und bildete für die
Zeitgenossen das Eigentum schlechthin. Für Welcker war der Landbau überhaupt die wichtigste Lebensbeschäftigung in der bürgerlichen Gesellschaft:

---

19 Siehe *M. Riedel*, Art. »bürgerliche Gesellschaft«, in: *O. Brunner u.a.* (Hg.), Geschichtliche
Grundbegriffe. Historisches Lexikon zur politisch-sozialen Sprache in Deutschland, Bd. 2,
Stuttgart 1975, S. 719–800, hier S. 746; ferner *J. Schlumbohm*, Freiheitsbegriff und Emanzipati-
onsprozeß. Zur Geschichte eines politischen Wortes, Göttingen 1973, S. 31–34; *C. Rotteck*,
Art. »Freiheit«, in: *ders.* u. *C. Welcker* (Hg.), Das Staats-Lexikon. Encyclopädie der sämmtlichen
Staatswissenschaften für alle Stände, neue durchaus verbesserte und vermehrte Auflage, Bd. 5,
Altona 1847, S. 179–188, hier S. 186; *Pölitz*, Staatswissenschaften, Bd. 1, S. 180–185.
20 *Pölitz*, Leben, S. 84 f.
21 Nach dem Vorschlag von Pölitz zu gleichen Teilen. Die theoretisch gerechtfertigte
Drittelung der Vertretung von Grundbesitz, Gewerbe und Intelligenz hat sich aber praktisch nicht durchgesetzt, auch nicht im Königreich Sachsen. Die Intelligenz unterlag regelmäßig den durchsetzungsfähigeren Interessen. Die zweiten Kammern wurden zu einer
Domäne des ländlichen Grundbesitzes. In Bayern erhielten die ländlichen Eigentümer 1818
die Hälfte der Sitze und die adligen Grundbesitzer mit Gerichtsbarkeit ein Achtel, siehe
K. Möckl, Der moderne bayerische Staat. Eine Verfassungsgeschichte vom aufgeklärten Absolutismus bis zum Ende der Reformepoche, München 1979, S. 264 f.; in Württemberg
blieb, laut *H. Brandt*, Parlamentarismus in Württemberg 1819–1870. Anatomie eines deutschen Landtags, Düsseldorf 1987, S. 39, das Stimmrecht ein »Reservat des immobilen Besitzes«, das Kapitaleigner und Intelligenz ausschloß; siehe auch *R. Koselleck*, Preußen zwischen
Reform und Revolution. Allgemeines Landrecht, Verwaltung und soziale Bewegung von
1791 bis 1848, Stuttgart 1967, S. 338 f.; *Dahlmann*, § 153.

»Die wichtigste, weil für eine Nation stets der Grund und Boden das wesentlich-
ste Eigenthum ist, dasjenige, welches in Verbindung mit den Staatsbürgern wesentlich den Staat begründet, für seine und seiner Bürger selbständige Persönlichkeit die wichtigste und solideste Grundlage bildet. Anderes Eigenthum hat
nur Nutzen dadurch, daß man es verbraucht, also zerstört oder durch Tausch
weggiebt.«[22]

Die ländliche Gesellschaft bildete daher sowohl im Hinblick auf den Grundbesitz als auch im Hinblick auf die sozialen Klassen der adeligen, bürgerlichen und bäuerlichen Grundbesitzer den Kern einer stabilen und geordneten bürgerlichen Gesellschaft, des »Bürgertums«, und ihrer politischen
Vertretung im konstitutionellen Landtag. Das persönliche Recht des Adels
zur Landtagsteilnahme wurde abgelöst durch die Vertretung des Grundbesitzes. Damit mußte den adeligen Rittergutsbesitzern und den in den Agrarreformen zu Eigentümern erhobenen Bauern in der neuen konstitutionellen Ordnung eine starke Stellung zufallen. Diese Implikation der Reformen
kann auch nicht überraschen, denn in der zeitgenössischen Perspektive
sollte gerade das Eigentum den gesellschaftlichen Zusammenhalt, die »Harmonie der Wechselwirkung« (Rotteck), garantieren und für eine Auflösung
aller konfliktträchtigen ständischen Absonderungen sorgen. Die Freigabe
der wirtschaftlichen Konkurrenz durch die Agrarreformen richtete sich
nicht gegen bestimmte sozialen Gruppen, wie den Adel, sondern zielte auf
die Herausbildung von Akteuren, die sich auf Dauer in den jeweiligen wirtschaftlichen und sozialen Verhältnissen und Umständen behaupten konnten.[23] Im Unterschied zu dem laut Rotteck »ungleich wichtigeren Grund-
eigentum« traf der mobile Reichtum des Geldkapitals auch bei liberalen
Autoren auf ein tiefsitzendes Mißtrauen, das ihn entweder als vulgären Materialismus verabscheute oder als »häßliche Geldaristokratie« verunglimpfte.[24]

---

22 *C. Welcker*, Art. »Bauer, Bauernstand, Geschichte und Rechtszustand des deutschen
Bauern«, in: Staats-Lexikon, Bd. 2, Altona 1846, S. 206–214, hier S. 212; siehe auch *A. Lette*,
Die Vertheilung des Grundeigenthums im Zusammenhange mit der Geschichte, der Gesetzgebung und den Volkszuständen, Berlin 1858, S. 1-8.
23 Die Reformen zielten also aus finanzpolitischen und sozialpolitischen Interessen auf
die Aufhebung jeden Bestandsschutzes für die bestehenden sozialen Gruppen und auf eine
Abspaltung ihrer nicht existenzfähigen Mitglieder; zu den Intentionen der preußischen Reformer siehe *R.M. Berdahl*, The Politics of the Prussian Nobility. The Development of
a Conservative Ideology 1770–1848, Princeton, N.J. 1988, S. 116f.; zu den Ergebnissen
C. Dipper, Bauernbefreiung in Deutschland – Ein Überblick, in: GWU, Jg. 43, 1992,
S. 16–32.
24 *Rotteck*, Art. »Eigenthum, Eigenthumsrechte, Vermögensrechte«, in: Staats-Lexikon,
Bd. 4, Altona 1846, S. 211 und S. 216; siehe auch *G.E. Mingay*, The Gentry. The Rise and Fall
of a Ruling Class, London 1976, S. 6: »… contemporaries interposed a certain barrier bet-
ween business and land, a certain hostility towards the presumption that wealth derived
from trade by itself entitled its owner to gentility«, oder *Daumard*, S. 363: »Die Größe des
Besitzes spielte eine Rolle, aber die bürgerliche Gesellschaft war keine Gesellschaft des Gel-
des. Der Reichtum genügte nicht, um seinem Besitzer einen Platz in der Gesellschaft zu
verschaffen, und ein gewißes Mißtrauen umgab das zu rasch erworbene Geld, …«

Die Wertschätzung des Grundbesitzes bildete eine nicht hintergehbare Kategorie, die Liberale und Reformer mit ihren konservativen oder adeligen Kontrahenten verband.

Die im Ancien Régime ausgebildete Idee der gesitteten Stände reichte bis in die konstitutionelle Theorie der ersten Hälfte des 19. Jahrhunderts hinein. Bei Pölitz tauchte sie in der Form einer Unterscheidung zwischen den »sittlich-mündigen Individuen« und den »sittlich unmündigen« wieder auf.[25] Dieser Unterschied ist bei ihm geradezu die Ursache, warum es überhaupt zur Gründung einer bürgerlichen Gesellschaft und zur Einsetzung einer politischen Zwangsgewalt kommt. Die Verbindung der Differenz von bürgerlicher und politischer Freiheit mit dem Konzept der Sittlichkeit erlaubte es nun, die Rechtsgleichheit aller Bürger mit einer abgestuften politischen Teilhabe zu verbinden. Während die bürgerliche Freiheit im Staat allen Staatsbürgern gewährleistet wird, kann es nach Pölitz keine Frage sein, daß die politische Freiheit nur den »sittlich-mündigen« Bürgern zusteht. Im Gegensatz zur Rechtsgleichheit konnte die politische Freiheit dosiert werden nach dem Umfang des Grundbesitzes und dem Grad der Freistellung vom Zwang zur Arbeit für den Lebensunterhalt. Daher konnte die altadelige Ritterschaft des unreformierten sächsischen Landtages in den Verfassungsberatungen von 1831 mit großer Überzeugungskraft argumentieren:

»Ob nun wohl auf dem platten Lande die Zahl der kleinen Grundbesitzer weit größer ist, als die der großen Gutsbesitzer; so tritt doch hier die Betrachtung ein, daß letztere das allgemeine Interesse mit ersteren theilen, dagegen wegen des größeren Umfanges, der mehreren Branchen und der größeren Beschwerden und Kosten großer Wirthschaften auch mehrfaches Interesse haben, und im allgemeinen für die Geschäftsführung in der Kammer mehr ausgebildet sind, als erstere; wodurch der Antrag, ein Drittheil der Mitglieder aus dem Bauernstand und ein Drittheil aus den größeren Gutsbesitzern für die zweite Kammer zu bestimmen, gerechtfertigt wird.«[26]

Bürgerliche Grundbesitzer, insbesondere wenn sie Rittergüter erwarben, fügten sich demnach in eine vorgegebene soziale und politische Hierarchie zwischen den Bauern und dem Adel ein, deren obere Ränge weiterhin von dem begüterten Adel dominiert wurden.[27] Der Verweis auf Bildung – oder

25 *Pölitz*, Staatswissenschaften, S. 151; siehe auch *H. Brandt*, Der lange Weg in die demokratische Moderne. Deutsche Verfassungsgeschichte von 1800 bis 1945, Darmstadt 1998, S. 97.

26 Zit. n. *C.D. Witzleben*, Die Entstehung der constitutionellen Verfassung des Königreichs Sachsen. Zur Feier des fünfzigjährigen Bestehens der Verfassungsurkunde vom 4. September 1831, Leipzig 1881, S. 229f.

27 Siehe auch *Krug*, Art. »Bürgerlich«, in: *ders.*, Handwörterbuch, Bd. 1, S. 411f.: »Bürgerlich heißt alles, was den Bürger oder das Bürgerthum betrifft. ... Endlich setzt man die Bürgerlichen als eine besondere Classe der Bürger den Adeligen als einer anderen und höheren Classe entgegen, ...« Vgl. für Frankreich *P. Lévêque*, Large landed property and its influence in nineteenth-century Burgundy, in: *R. Gibson* u. *M. Blinkhorn* (Hg.), Landowner-

»Intelligenz« – sollte den Bürgerlichen das nötige soziale Ansehen verschaffen und eine Gleichstellung mit der traditionellen Herrschaftselite des Adels begründen. Daraus erwuchsen Forderungen nach Rechtsreformen, die in erster Linie auf die Abschaffung adeliger Vorrechte hindrängten, soweit sie allein aus der adeligen Geburt abgeleitet wurden. Solche Vorrechte bestanden in der Besetzung bestimmter leitender Stellungen in Regierung und Verwaltung, in der Befreiung von Steuern und nicht zuletzt im Erwerb der Rittergüter oder in der Ausübung der mit diesen adeligen Gütern verbundenen Gerichts-, Jagd- und Patronatsrechte oder der Landstandschaft.

Anläßlich der Einrichtung der preußischen Provinziallandtage beklagte der Freiherr vom Stein 1822 zwar, durch die Zulassung aller Rittergutsbesitzer ohne Rücksicht auf die adelige Geburt werde »der Grundbegriff des Adels zerstört, der großen Grundbesitz, Geschlechtsalter und sittliche Würde in sich schließt.«[28] Diese Klage sollte aber nicht darüber hinwegtäuschen, daß sich der reformerische Angriff allein gegen eine rechtlich zementierte Monopolisierung des Grundbesitzes und der Würde durch den Adel richtete, nicht jedoch gegen diese Werte selbst.[29] Einen alternativen Wertekanon gab es nicht.[30] Vielmehr strebte die soziale Teilgruppe der Bürgerlichen an, in die bislang ausschließlich vom Adel allein gehaltenen Führungspositionen einzurücken. Bürgerliche Führungsschichten und Adel teilten die Orientierung an Grundbesitz, sozialer Hierarchie und öffentlichem Ansehen. Der Fluchtpunkt der Reformen lag in einer aus Adeligen und Bür-

ship and Power in Modern Europe, London 1991, S. 53–78, hier S. 61: »It is ... possible to think of the body of large landowners as a pyramid, of which the lower levels are largely occupied by the bourgeoisie and even, to a lesser degree, by the peasantry. The noble presence begins to assert itself halfway up. Nobles alone, or almost alone, occupy a very pointed apex.« Laut *R. Gibson*, The Périgord: landownership, power and illusion, ebd., S. 88, ist auch für Frankreich die Geschichte der »rural bourgeoisie« noch zu schreiben: »... this massive social group, which numerically dominated most of the French countryside in the first half of the nineteenth century, has been very largely ignored.« Die Metapher der Pyramide findet in sozialgeschichtlichen Beschreibungen auffällig häufig Verwendung, siehe auch *Daumard*, S. 364.

28 Zit. n. *Koselleck*, Preußen, S. 510. Siehe in diesem Zusammenhang auch die Debatten um eine Adelsreform bei *H. Reif*, Adelserneuerung und Adelsreform in Deutschland 1815–1874, in: *E. Fehrenbach* (Hg.), Adel und Bürgertum in Deutschland 1770–1848, München 1994, S. 203–230, der insgesamt stärker die soziokulturellen Unterschiede zwischen Adel und Bürgerlichen betont.

29 Siehe auch *M. Botzenhart*, Wandlungen der ständischen Gesellschaft im Deutschland der preußischen und rheinbündischen Reformen, in: Von der ständischen Gesellschaft zur bürgerlichen Gleichheit. Tagung der Vereinigung für Verfassungsgeschichte in Hofgeismar am 2./3. April 1979, Berlin 1980, S. 55–75, S. 75: »Die Konzeptionen der Reformpolitik waren ... durchweg nicht auf eine egalitäre, sondern auf eine gestufte und gegliederte Gesellschaft hin orientiert, in der die Rangordnung durch Bildung, Besitz und Leistung bestimmt ist.«, und *D. Langewiesche*, Bürgerliche Adelskritik zwischen Aufklärung und Reichsgründung in Enzyklopädien und Lexika, in: *Fehrenbach* (Hg.), Adel und Bürgertum, S. 11–28.

30 Siehe z.B. *C. Gottfried*, Der Gartensaal im Herrenhaus Cromford. Repräsentation einer Fabrikantenfamilie um 1800, Köln 1998.

gerlichen zusammengesetzten Führungselite.[31] Die Verbindung von Eigentum und Ansehen bildete die Grundlage ihrer Legitimität, nicht das
Zurücktreten hinter die Erfüllung einer beruflichen Funktion. Auf den
Überhang einer die Bürgertugend propagierenden Rhetorik glaubte man
nicht verzichten zu können. Die rechtliche und politische Gleichstellung
schloß Unterschiede und Abgrenzungen in sozialer und kultureller Hinsicht
keineswegs aus. In der Konkurrenz um knappe Führungspositionen und
Ressourcen konnte weiterhin die Unterscheidung adelig/bürgerlich reakti-
viert werden. Solche Unterschiede ergaben aber keinen tiefgreifenden inneren Gegensatz. Die konstitutionelle Epoche kennzeichnet daher eine
spannungsreiche Verschränkung dreier Merkmale: erstens der Anspruch
bürgerlicher Führungsschichten auf eine rechtliche Gleichstellung mit dem
Adel, zweitens die gesellschaftliche Hierarchisierung innerhalb des »Bürgertums« aufgrund von Eigentum und Bildung und entsprechend abgestufter
politischer Teilhabe, drittens die besondere Wertschätzung des ländlichen
Grundbesitzes als Unterpfand politischer Stabilität und sozialer Ehre. Das
hohe Prestige der Landwirtschaft übte eine permanente Anziehungskraft
auf wohlhabende bürgerliche Schichten aus. Die Entwicklung des Grundbesitzes in bürgerlicher Hand seit dem 18. Jahrhundert erweist sich tatsächlich
als erstaunliche Geschichte.

2. Die Bürgerlichen auf dem Land. Sozialhistorische Befunde

Die Bilanz der Verteilung des ländlichen Grundbesitzes am Ende des
18. Jahrhunderts fällt für die deutschen Stadtbürger auf den ersten Blick eindeutig negativ aus. Laut einer von Christof Dipper erstellten Übersicht besaßen die Bauern in Deutschland um 1800 74 % des Bodens. Der Rest verteilte sich zu 20 % auf den Adel und zu 6 % auf den Landesherrn und die
Kirche.[32] Ein Übergang des bäuerlichen Grundbesitzes in adelige oder stadtbürgerliche Hände und seine Bewirtschaft mittels Pächtern setzte sich in der
Frühen Neuzeit in Deutschland nicht durch. Die Bauernschaft überstand
die ökonomischen Angriffe auf ihre Existenz und blieb über alle politischen
oder kriegerischen Krisen der Frühen Neuzeit hinweg weitgehend intakt.
Bei allen Unterschieden, die zwischen den agrarischen Strukturen in Schles-

---

31 *A. Flügel*, Bürgerliche Rittergüter. Sozialer Wandel und politische Reform in Kursachsen 1680–1844, Göttingen 2000; ablehnend und die Unterschiede betonend dagegen
R. Schiller, »Edelleute müssen Güter haben, Bürger müssen die Elle gebrauchen.« Friedriziani-
sche Adelsschutzpolitik und die Folgen, in: *W. Neugebauer* u. *R. Pröve* (Hg.), Agrarische
Verfassung und politische Struktur. Studien zur Gesellschaftsgeschichte Preußens
1700–1918, Berlin 1998, S. 257–286.
32 Siehe *C. Dipper*, Die soziale Verteilung des Grundbesitzes in Deutschland am Ende
des Ancien Régime, in: Annali dell'Istituto Storico Italo-Germanico in Trento, Bd. 5,
1979–1981, S. 507–516.

wig und Holstein, in Bayern, in Westdeutschland, in Preußen und in Mecklenburg bestanden, bleibt das Ergebnis unberührt: soweit es den bäuerlichen Grundbesitz angeht, spielten die Stadtbürger auf dem Land praktisch kaum eine Rolle.[33] Die Agrarreformen der ersten Hälfte des 19. Jahrhunderts haben diese frühneuzeitliche Entwicklung noch einmal bestätigt und konsolidiert.[34] Die Dreiteilung in Grundeigentümer, Pächter und Tagelöhner, die in West- und Südeuropa seit der Frühen Neuzeit die zentrale Rolle in der Agrarstruktur spielte, fehlte in Deutschland abgesehen von Mecklenburg so gut wie ganz. Insoweit kann im Vergleich mit Frankreich oder England insgesamt von einer relativen Schwäche der gesellschaftlichen Teilgruppe der wohlhabenden städtischen Bürgerschaft in Deutschland gesprochen werden.[35] Wenn man jedoch den privilegierten Grundbesitz der Rittergüter und die Verwaltung der landesherrlichen Domänen betrachtet, zeigt sich ein im 18. Jahrhundert einsetzender langanhaltender bürgerlicher Aufstieg, der auch im 19. Jahrhundert fortgesetzt wurde.

In Preußen schuf die 1732 eingeführte Generalpacht der königlichen Domänen die Grundlage für einen Berufsstand bürgerlicher Pächter. Im Verlauf des 18. Jahrhunderts bildete sich eine kapitalstarke, durch ihre Tätigkeit, durch Heirat und Verwandtschaft hochintegrierte landwirtschaftliche Expertengruppe heraus, die ein genuines Interesse an landwirtschaftlicher Ent-

---

33 Es gibt allerdings keine Zahlen über bürgerliche Grundbesitzer bäuerlicher oder privilegierter Ländereien um 1700, 1600 und 1500, da die Agrargeschichte sich lange Zeit vor allem einer affirmativen Geschichte des Hofbauerntums verschrieben hat. Solche Angaben würden sehr wahrscheinlich einen gesellschaftsgeschichtlich hoch interessanten Rhythmus bürgerlicher Entfaltungs- und Kontraktionstendenzen belegen. Siehe aber z.B. *L. Enders*, Emanzipation der Agrargesellschaft im 18. Jahrhundert – Trends und Gegentrends in der Mark Brandenburg, in *J. Peters* (Hg.), Konflikt und Kontrolle in Gutsherrschaftsgesellschaften. Über Resistenz- und Herrschaftsverhalten in ländlichen Sozialgebilden der Frühen Neuzeit, Göttingen 1995, S. 404–433, hier S. 414 f.: »Die Veräußerung adliger Güter an Nichtadlige stellte sich im Gegensatz zu den Hindernissen, die ihr königlicherseits in der zweiten Hälfte des 18. Jahrhunderts in den Weg gelegt wurden, in den Jahrzehnten davor noch als normal und unkompliziert dar.« Zu den frühneuzeitlichen Besitzkonjunkturen in Frankreich siehe *E. Le Roy Ladurie*, Die Bauern des Languedoc, München 1990, und die Fallstudie von *Ph. Jarnoux*, Les bourgeois et la terre. Fortunes et stratégies foncières à Rennes au XVIIIe siècle, Rennes 1996.

34 Und zwar indem die Vollbauern rechtlich verbürgerlicht, zu Bürgern wurden. Mit der rechtlichen Gleichstellung konnte sich dann, in liberaler Perspektive, die Diskrepanz von politischer Teilhabe einerseits und soziokultureller Rückständigkeit als »Kraft der Beharrung« (W.H. Riehl) entfalten.

35 Siehe *W. Mager*, Landwirtschaft und ländliche Gesellschaft auf dem Weg in die Moderne, in: *H. Berding u.a.* (Hg.), Deutschland und Frankreich im Zeitalter der Französischen Revolution, Frankfurt 1989, S. 59–99. In diesem Zusammenhang ist es interessant, daß in Frankreich und in England seit dem letzten Drittel des 19. Jahrhunderts eine überraschende Renaissance der Parzellenbauern bzw. der Farmer einsetzte und die Agrarstruktur grundlegend transformierte, siehe *Laurent*, S. 154, und *G.E. Mingay*, Land and Society in England 1750–1980, London 1994, S. 147 f.

wicklung und an einer Reform der agrarischen Verhältnisse hatte.[36] Nimmt man zu den Domänenpächtern noch die Pächter von Rittergütern hinzu, so ergibt sich, daß um 1800 etwa ein Drittel des Großgrundbesitzes bereits durch Bürgerliche bewirtschaftet wurde.[37]

Der Zugang zum Besitz von Rittergütern war in Preußen nicht in dem Maße versperrt, wie es die wiederholten Verbote, adelige Güter an Bürgerliche zu verkaufen, beabsichtigten. In der Kurmark waren in der Vasallentabelle des Jahres 1776 insgesamt 72 nichtadelige Rittergutsbesitzer verzeichnet, was einem Anteil von zwölf Prozent entsprach.[38] Bis 1804 stieg die Zahl der bürgerlichen Rittergutsbesitzer auf 86 an. Die Reformedikte von 1807 öffneten den Zugang bürgerlicher Interessenten zum ländlichen Grundbesitz völlig. Im Jahr 1857 waren in Preußen 42 % der 12 399 Rittergüter in bürgerlicher Hand, so daß Reinhart Koselleck zu dem Schluß kommt, daß sich die Schicht der Rittergutsbesitzer in dem halben Jahrhundert seit 1807 wirksam gewandelt habe.[39] Vielleicht nicht aus liberaler, auf jeden Fall aber aus bürgerlicher Sicht war dies eine eindrucksvolle Erfolgsgeschichte und ein geradezu beispielloser Aufstieg Bürgerlicher in den privilegierten Grundbesitz und die damit verbundene soziale Position. Diese Fortschritte konnten geradezu als Untermauerung des konstitutionellen Programms gesehen werden, die bei aller andauernden kulturellen und sozialen Abgrenzung des alten Adels langfristig auf eine Verschmelzung adeliger und bürgerlicher Führungsschichten hinausliefen.[40] Die Zunahme der bürgerlichen Ritter-

36 Siehe *J.L. Roth*, The East Prussian »Domänenpächter« in the Eighteenth Century. A Study of Collective Social Mobility, Ph.D., University of California, Berkeley, 1979; zum Anteil des Domänenlandes in Preußen *H. Schissler*, Preußische Agrargesellschaft im Wandel. Wirtschaftliche, gesellschaftliche und politische Transformationsprozesse von 1763 bis 1847, Göttingen 1978, S. 74.

37 *Koselleck*, Preußen, S. 84; siehe auch *H.-H. Müller*, Pächter und Güterdirektoren. Zur Rolle agrarwissenschaftlicher Intelligenzgruppen in der ostelbischen Landwirtschaft im Kaiserreich, in: *H. Reif* (Hg.), Ostelbische Agrargesellschaft im Kaiserreich und in der Weimarer Republik. Agrarkrise – junkerliche Interessenpolitik – Modernisierungsstrategien, Berlin 1994, S. 267–285.

38 Siehe *H.H. Müller*, Märkische Landwirtschaft vor den Agrarreformen von 1807. Entwicklungstendenzen des Ackerbaus in der zweiten Hälfte des 18. Jahrhunderts, Potsdam 1967, S. 111; *K. Vetter*, Kurmärkischer Adel und preußische Reformen, Weimar 1979, S. 113; *Schiller*.

39 *Koselleck*, Preußen, S. 512. Zum Rheinland siehe *E. Fehrenbach*, Rheinischer Liberalismus und gesellschaftliche Verfassung, in: *W. Schieder* (Hg.), Liberalismus in der Gesellschaft des deutschen Vormärz, Göttingen 1983, S. 272–294, hier S. 275, und speziell zu den Nationalgüterverkäufen *W. Schieder* u. *A. Kube*, Säkularisation und Mediatisierung. Die Veräußerung der Nationalgüter im Rhein-Mosel-Departement 1803–1813, Boppard am Rhein 1987; *G.B. Clemens*, Immobilienhändler und Spekulanten. Die sozial- und wirtschaftsgeschichtliche Bedeutung der Großkäufer bei den Nationalgüterversteigerungen in den rheinischen Departemaents (1803–1813), Boppard am Rhein 1995.

40 Mit der Verschmelzung Adeliger und Bürgerlicher zur Rittergutsbesitzerklasse in der konstitutionellen Monarchie ist vor allem ein rechtlicher und politischer Vorgang, ein struktureller Wandel gemeint. Es versteht sich von selbst, daß damit nicht automatisch schon

gutsbesitzer in der ersten Hälfte des 19. Jahrhunderts und darüber hinaus
bildet ein Paradebeispiel für eine soziale Revolution. In wenigen Jahrzehnten wurde die strukturelle Verteilung grundlegend geändert. Dieser Umbruch ging tiefer, als ihn die Bauernschaft durch die Agrarreformen erlebte.
Dennoch wird er in der Geschichtsschreibung bislang kaum beachtet.[41]
   Der Trend setzte sich auch in der zweiten Hälfte des 19. Jahrhunderts fort.
Er war nicht auf Preußen beschränkt.[42] In den preußischen Ostprovinzen
stieg der Anteil bürgerlicher Besitzer von landwirtschaftlichen Gütern zwischen 100 und 1000 ha bis 1879/85 auf zwei Drittel an.[43] Am Ende des
19. Jahrhunderts war der Adel, wenn man von den obersten Klassen der Latifundien über 1000 oder 5000 ha absieht, im Großgrundbesitz in der Minderheit. Im Königreich Sachsen stellten die bürgerlichen Besitzer bereits
1834 einen Anteil von 47 % an den Eigentümern der 936 Rittergüter. Ihr
Anteil stieg bis 1914 weiter auf 60 % an.[44] Selbst in den kleineren westdeutschen Landschaften, in denen die Ritterschaft sich einen starken korporativen Zusammenhalt bewahrte und im Konnubium und geselligen Umgang
sich deutlich von den Bürgerlichen absonderte hielt, gewann der ländliche
Grundbesitz in bürgerlicher Hand einen beträchtlichen Umfang. In Hessen-
Kassel besaßen Bürgerliche im Jahr 1865 ein Drittel der 159 Güter über
100 ha. Im letzten Drittel des 19. Jahrhunderts nahm in Hessen-Kassel sowohl die Zahl solcher Güter als auch der bürgerliche Anteil zu. 1895 be-

eine soziale Homogenität oder kulturelle Einförmigkeit hinsichtlich der Heiratsstrategien,
der Geselligkeit, der Religiosität oder der Lebensart erwartet werden kann; siehe dazu
außer *H. Reif*, Westfälischer Adel 1770–1860. Vom Herrschaftsstand zur regionalen Elite,
Göttingen 1979, jetzt auch die Beispiele der Familien Treskow und Nathusius: *R. v. Treskow*,
Adel in Preußen. Anpassung und Kontinuität einer Familie 1800–1918, in: GG, Jg. 17, 1991,
S. 344–369; *H.-C. Kraus*, Bürgerlicher Aufstieg und adeliger Konservatismus. Zur Sozial-
und Mentalitätsgeschichte einer preußischen Familie im 19. Jahrhundert, in: Archiv für
Kulturgeschichte, Jg. 74, 1992, S. 191–225.
   41 So stellt z.B. *T. Nipperdey*, Deutsche Geschichte 1800–1866. Bürgerwelt und starker
Staat, München 1983, S. 162, zwar fest, daß bis zur Mitte des 19. Jahrhunderts fast 50 % der
Rittergutsbesitzer bürgerlich waren, zugleich schreibt er jedoch ungerührt: »Die Rittergüter gehören zu den Gewinnern der Reform, sie haben ökonomisch ihre Position im Kampf
mit dem Bürgertum um die Führung, der das Jahrhundert erfüllt, gestärkt.«
   42 Siehe *H.-U. Wehler*, Deutsche Gesellschaftsgeschichte, Bd. 3: Von der »Deutschen
Doppelrevolution« bis zum Beginn des Ersten Weltkrieges 1849–1914, München 1995,
S. 811f.
   43 *K. Heß*, Junker und bürgerliche Großgrundbesitzer im Kaiserreich. Landwirtschaftlicher Großbetrieb, Großgrundbesitz und Familienfideikommiß in Preußen (1867/71–1914),
Stuttgart 1990, S. 82, und für Pommern jetzt *I. Buchsteiner*, Großgrundbesitz in Pommern
(1871–1914). Ökonomische, soziale und politische Transformation der Großgrundbesitzer,
Berlin 1993, S. 87f.
   44 *A. Flügel*, Rittergutsbesitz und Ämterbesetzung des Adels im Königreich Sachsen im
19. Jahrhundert, in: *K. Adamy* u. *K. Hübener* (Hg.), Adel und Staatsverwaltung in Brandenburg im 19. und 20. Jahrhundert. Ein historischer Vergleich, Berlin 1996, S. 325–344, hier
S. 334; u. *ders.*, Der Rittergutsbesitz des Adels im Königreich Sachsen im 19. Jahrhundert, in:
K. Keller u. *J. Matzerath* (Hg.), Geschichte des sächsischen Adels, Weimar 1997, S. 71–88.

saßen Bürgerliche von den 228 Gütern gut 57 %.[45] Alle statistischen Erhebungen des Großgrundbesitzes zeigen in der Regel, daß der Adel sich in den
höheren Besitzklassen weitgehend behaupten konnte, Bürgerliche vor allem
die kleineren und mittleren Güter erwarben. Daraus kann man den Schluß
ziehen, daß die bürgerlichen Grundbesitzer den Adel nicht verdrängten,
sondern sich als Juniorpartner in die soziale Hierarchie auf dem Land integrierten.

Eine ausgeprägte Kontinuität bürgerlichen Rittergutsbesitzes und die Entstehung einer Rittergutsbesitzerklasse lassen sich am Beispiel des Kurfür-
stentums bzw. Königreichs Sachsen eindeutig belegen. Die Untersuchung
des Rittergutsbesitzes beruht auf der statistische Erhebung der Besitzer von
193 Rittergütern, die zwischen 1681 und 1844 rechtlich zum Leipziger
Kreis gehörten.[46] Nach kursächsischem Lehnrecht, wie es seit dem 16. Jahrhundert durch Verordnungen, Landtagsabschiede und Gerichtsentscheide
ausgebildet wurde, waren Personen bürgerlichen Standes berechtigt, Rittergüter zu besitzen. Bürgerliche Besitzer von Rittergütern konnten zudem –
ausgenommen das Recht zur Teilnahme am Landtag, das jedoch nicht zum
Lehnrecht gehörte – alle damit verbundenen Rechte, z.B. Jagd, Gerichtsbarkeit und Patronat, selbst und ungeschmälert ausüben. Bereits am Ende des
17. Jahrhunderts befanden sich 15 % der untersuchten Rittergüter in bürgerlicher Hand. Bürgerlicher Rittergutsbesitz bildete im frühneuzeitlichen
Kursachsen strukturell ein konstantes, in seiner Ausdehnung aber vermutlich wirtschaftlichen und politischen Konjunkturen unterworfenes Element.

Die Analyse der Besitzverteilung im 18. Jahrhundert belegt, insbesondere
in der zweiten Hälfte, einen eindrucksvollen Anstieg des bürgerlichen Rittergutsbesitzes. Die Zahl der Lehne in bürgerlicher Hand stieg von 27 im
Jahr 1724 auf 66 Rittergüter im Jahr 1793 und damit auf einen Anteil von
gut einem Drittel. Im weiteren Fortgang erfolgte bis zum Jahr 1844 noch
einmal ein kräftiger Anstieg auf 96 Rittergüter. Faktisch hatten die Bürgerlichen damit mit dem Adel gleichgezogen. Mit der quantitativen Zunahme
des bürgerlichen Rittergutsbesitzes veränderte sich der Charakter des
Lehnsbesitzes. Obwohl es schwer ist, einen Schwellenwert und genauen
Zeitpunkt festzusetzen, läßt sich aus dem Verlauf des bürgerlichen Aufstiegs
folgern, daß sich in Kursachsen im 18. Jahrhundert eine veritable bürgerliche Schicht formte und etablierte, die fest im privilegierten ländlichen
Großgrundbesitz verankert war. Die scharfe Trennlinie zwischen Stadt und
Land, Bürgern einerseits, Adel und Bauern andererseits, wenn sie denn in
dem konventionell gebrauchten Sinn bestanden haben sollte, wurde mehr
und mehr durchbrochen. Wenn man die sächsischen Verhältnisse betrachtet,

---

45 *G.W. Pedlow*, The landed elite of Hesse-Cassel in the nineteenth century, in: *R. Gibson*
u. *M. Blinkhorn* (Hg.), Landownership and Power in Modern Europe, London 1991,
S. 111–130, hier S. 112.
46 *Flügel*, Bürgerliche Rittergüter.

und noch den Grundbesitz der Städte und der Städter im 16. Jahrhundert berücksichtigt, dann erscheint die Aussage Christof Dippers, erst mit der Agrarkonjunktur am Ende des 18. Jahrhunderts entstehe »eine in Deutschland bisher unbekannte bürgerliche Grundbesitzerschicht«, überspitzt.[47]

Der quantitative Zuwachs an bürgerlichen Gutsbesitzern läßt sich differenzieren nach den Rittergütern, die mit der Berechtigung zum Landtagsbesuch ausgestattet waren, und denen, die dieses Recht nicht besaßen. Dann zeigt sich erneut das charakteristische Zusammenspiel von bürgerlichem Aufstieg und adeliger Selbstbehauptung. In der untersuchten Grundgesamtheit der 193 Rittergüter besaßen 104 Güter die Schriftsässigkeit, d.h. sie verliehen ihren altadeligen Inhabern das Recht, am kursächsischen Landtag teilzunehmen. Von diesen landtagsfähigen Gütern waren 1793 noch 73 Güter in der Hand des Adels. Auch ein Jahrhundert zuvor waren nicht alle unmittelbar landtagsfähigen Güter in adeligem Besitz. Im Stichjahr 1681 hatte der adelige Anteil bei 84 % gelegen. Innerhalb der Gruppe der adeligen Besitzer stieg die Bedeutung der landtagsfähigen Güter von 1681 bis 1793 leicht von 54 % auf 59 %. Ein striktes Monopol auf den landtagsfähigen Rittergutsbesitz besaß der Adel am Ende des 18. Jahrhunderts nicht. Ein derartiges Monopol hatte er in Kursachsen auch im 17. Jahrhundert weder rechtlich noch faktisch besessen.

Innerhalb der Gruppe der bürgerlichen Rittergutsbesitzer kann die Beschränkung auf den Besitz eines Rittergutes als typisch bezeichnet werden. Der schmaleren Ausgangsbasis der Bürgerlichen im ländlichen Grundbesitz korrespondierte eine im Vergleich zum Adel höhere Mobilität, wenn man den Familiennamen zum Indikator nimmt. Im 18. Jahrhundert erscheinen von Stichjahr zu Stichjahr regelmäßig mehr als zwei Drittel der bürgerlichen Familien erstmals in den Listen. Dieses Resultat ist zum Teil zwar ein Effekt der allgemeinen Zunahme des bürgerlichen Rittergutsbesitzes, dennoch liegt der Hauptgrund in einer vergleichsweise geringeren Ausdauer der Bürgerlichen in der Behauptung ihres Grundbesitzes. Unbeschadet dieses grundsätzlichen Urteils läßt sich jedoch ein gewisser Trend zur Verstetigung feststellen. Besonders nach 1764 nahm die Besitzkontinuität innerhalb der bürgerlichen Grundbesitzer gegenüber der weiterhin überwiegenden Zahl von Ersterwerbern stark zu. Daraus resultierte eine gewisse Veränderung im Charakter der bürgerlichen Rittergutsbesitzer. Obwohl weiterhin die meisten Besitzer Ersterwerber waren, nahm das Gewicht derer zu, die ein Rittergut erbten, als Erben den Besitz weiterführten und damit eine Tradition von bürgerlichen Erb-, Lehn- und Gerichtsherrn ausbilden konnten.

Die Zahlen über die Zunahme des bürgerlichen Rittergutsbesitzes und die Abschwächung der Mobilität – vor allem hinsichtlich des nach kurzer

---

47 *C. Dipper*, Landwirtschaft und ländliche Gesellschaft um 1800, in: *H. Berding* u. *H.-P. Ullmann* (Hg.), Deutschland zwischen Revolution und Restauration, Königstein 1981, S. 281–295, hier S. 288.

Zeit, insbesondere im Generationenwechsel wieder erfolgenden Austritts aus dem Rittergutsbesitz – deuten auf eine sozialgeschichtlich bedeutsame Veränderung im Verlauf des 18. Jahrhunderts hin. Während bürgerlicher Rittergutsbesitz in Kursachsen ein traditionelles Element bildete und insofern nur bedingt von einem Eindringen Bürgerlicher in den privilegierten Grundbesitz gesprochen werden kann, entstand seit der Mitte des 18. Jahrhunderts mehr und mehr eine genuine soziale Klasse bürgerlicher Rittergutsbesitzer. Dieser Prozeß institutionellen Wandels setzte bereits vor dem Siebenjährigen Krieg ein und erreichte zwischen 1793 und 1819 einen ersten Höhepunkt.

Innerhalb der bürgerlichen Rittergutsbesitzer stellten die landesherrlichen Amtsträger, und zwar sowohl die Hof- und Justitienräte, Kammerräte, Akzisräte und Stiftsräte der Landesbehörden als auch die Amtsschösser, Amtsrentverwalter und Amtmänner der Lokalverwaltung, die wichtigsten Gruppen. Der Grundbesitz ließ sich problemlos in die Perspektive eines weiteren, letzlich auf die Nobilitierung der Familie zielenden Aufstieges integrieren. Im Vergleich mit der Gruppe der Amtsträger bildeten die Kaufleute eine deutlich kleinere Gruppe, die jedoch kontinuierlich in den Rittergutsbesitz einströmte. Der Siebenjährige Krieg bedeutete keinen Einschnitt, der eine massive Verdrängung des Adels durch potente Wirtschaftsbürger herbeigeführt hätte. Erst um 1800 zeichnet sich ab, daß Kaufleute den Ankauf von Rittergütern merklich steigerten.

Die interessantesten Entwicklungen innerhalb des bürgerlichen Rittergutsbesitzes zeigen die Gruppen der Landwirte und der weiblichen Rittergutsbesitzer, die vom Erwerb der Lehen ausgeschlossen sein sollten. Die als Landwirte klassifizierbare Besitzergruppe umfaßte zum einen die Pächter von Ritter- oder Kammergütern, zum anderen einige wenige wohlhabende bäuerliche Dorfbewohner. In der zweiten Hälfte des 18. Jahrhunderts ereignet sich damit der direkte Einstieg eines neuen Personenkreises in den Rittergutsbesitz, der zum Teil nicht über das städtische Bürgerrecht verfügte und dieses erst erwerben mußte, um das Rittergut besitzen zu können. Ein Einkaufen in das städtische Bürgerrecht und die Annahme des neuen Besitzers durch die Lehnskurie bereitete jedoch keinerlei Probleme, wie die Akten des Lehnhofes Dresden über die Belehnungen zeigen. Im Fall der Frauen wurde der Weg eingeschlagen, durch die Fortbildung der Rechtspraxis die Möglichkeiten des Lehnrechtes – insbesondere die Rechtsinstitute der Lehnsreverse und der Mitbelehnschaften – so zu handhaben, daß ihnen der Besitz und die Übertragung eines Lehngutes ermöglicht wurde. Auf diese Weise konnten Frauen Rittergüter, selbst wenn es sich um Mannlehen handelte, besitzen und vererben. Im Jahr 1681 besaßen Frauen 6,7 % aller Lehngüter. Im Verlauf des 18. Jahrunderts stieg ihr Anteil kräftig an und erreichte mit 16,5 % im Jahr 1793 einen Höhepunkt. Auch in der ersten Hälfte des 19. Jahrhunderts befanden sich rund zwölf Prozent der Güter in weiblicher Hand. In der Regel war unter diesen Rittergütern die Hälfte und mehr landtagsberechtigt. In der Gruppe der Besitzerinnen überwogen allerdings im gesamten Untersuchungszeitraum die adeligen Frauen.

Mit der Zunahme des bürgerlichen Rittergutsbesitzes im Verlaufe des 18. Jahrhunderts wuchs die Diskrepanz zwischen Rittergutsbesitz und Landtagsteilnahme. Zur Ritterkurie des sächsischen Landtages hatten nur altadelige, stiftsfähige Gutsbesitzer Zutritt. Der alte Adel sicherte sich die exklusive Landtagsfähigkeit durch das landesherrliche Privileg vom 15. März 1700, um bürgerliche und nobilitierte Rittergutsbesitzer aus der Ritterkurie fernzuhalten. Die Landtagsordnung von 1728 bestätigte den exklusiven Vorrang des alten Adels. Das wog um so schwerer, als die zeitgenössische Rechtstheorie die Vertretungsrechte zunehmend nicht mehr aus der Standesqualität selbst bzw. aus der militärischen Funktion des Adels ableitete, sondern auf das Eigentum an den privilegierten Rittergütern gründete. Die Gesellschaft wurde als Schutzverband der Eigentümer und der Landtag als Organ zur Repräsentation des Grundbesitzes interpretiert. Die im 18. Jahrhundert bestehende sächsische Landtagsverfassung stützte diese Auffassung in einem wichtigen Punkt, der auf den Unterschied zwischen schriftsässigen und amtsässigen Rittergütern zurückging.[48] Die Besitzer schriftsässiger Güter führten eine Virilstimme, sofern sie dem alten Adel angehörten. Die Besitzer der amtsässigen Güter dagegen wählten in ihren Ämtern einen oder zwei Deputierte, die gleichfalls dem alten Adel angehören mußten. Wie die Mitgliederverzeichnisse der Landtage belegen, wurde dieses Wahlrecht auch ausgeübt. Entscheidend in diesem Zusammenhang ist nun, daß – wie aus den Landtags- und Kreistagsakten hervorgeht – an den Deputiertenwahlen alle Rittergutsbesitzer unbeschadet ihrer Standesqualität teilnahmen. Es wurde kein Unterschied zwischen adeligen, nobilitierten oder bürgerlichen Rittergutsbesitzern gemacht. Vertreten durch einen männlichen Bevollmächtigten konnten auch Frauen, die Rittergüter besaßen, an der Wahl teilnehmen und die mit dem Gutsbesitz verknüpften Rechte wahren.

Diesen Widerspruch in der Landtagsverfassung führten die Zeitgenossen auf einen Widerspruch der Repräsentationsprinzipien zurück. Einerseits sei die Landtagsteilnahme weitgehend ein persönliches Privileg des alten Adels, andererseits könne sie aus der Verfügung über Grund und Boden abgeleitet werden. Der latente Widerspruch zwischen dem zunehmend bürgerlichen Anteil am Rittergutsbesitz und dem exklusiven Recht des alten Adels, die Rittergüter auf dem Landtag zu repräsentieren, brach auf dem Landtag von 1793 offen aus. Am Ende dieses Prozesses stand die Durchbrechung des altadeligen Landtagsprivilegs. Die Rechtfertigung der Reformforderungen findet sich bei Carl Salomo Zachariä, der in seinen Schriften um 1800 den

---

48 Siehe *A. Flügel*, Bürgerliche Kritik und Landtagsrepräsentation. Die Ritterkurie des sächsischen Landtages im Jahr 1793, in: GG, Jg. 23, 1997, S. 384–404, hier S. 388f.

Weg einer rechtsförmigen Änderung der Landesverfassung skizzierte, die
auf eine konstitutionelle Verfassung hinauslief.[49]

Nach Zachariä, dem vorsichtigen Anwalt einer »liberalen Regierungsart«,
entspricht die Verfassung der deutschen Territorien dem Bilde einer dinglichen Staatsverfassung, in der das Eigentum an Grund und Boden den relativen Rechtsgrund der Staatsgewalt bildet. Der Grund der Landstandschaft
liegt daher – rechtstheoretisch gesehen – im Eigentum. Faktisch genügte in
Kursachsen der Besitz eines Rittergutes jedoch nicht, um die Landstandschaft tatsächlich auszuüben. Das Landtagsprivileg des alten Adels gehöre
zwar in die Gattung der Privilegien, dennoch sei es zweifelsfrei ein gültiges
Recht. Das Privileg könne aber durch einen Antrag der Ritterschaft, dem der
Landesherr zustimmt, rechtmäßig aufgehoben werden. In der Ritterschaft
genüge dazu der mit der Mehrheit der Stimmen gefaßte Beschluß, jeden
(männlichen) Besitzer eines landtagsfähigen Rittergutes ohne Rücksicht
auf seinen Stand zu den Sitzungen zuzulassen. Die Einwilligung des Landesherrn sei dann zu erwarten, wenn die Aufhebung des Privilegs dem Ganzen
vorteilhaft ist. Die erweiterte Landtagsvertretung bringe daher drei Vorteile:
erstens eine größere Festigkeit der Verfassung, zweitens eine Förderung des
politischen Zwecks der landständischen Verfassung, die rechtlich unbedingte
Gewalt des souveränen Fürsten gewissen Einschränkungen durch die moralischen und politischen Rücksichten zu unterwerfen, drittens stimme sie mit
dem erreichten Grad der Kultur überein. Den Menschen liege laut Zachariä
die bürgerliche Freiheit, also das Eigentum, mehr am Herzen als die politische Freiheit, also die Form der Regierung. Aber das damit anerkannte
Eigentumsrecht mußte am Ende die überlieferten Einrichtungen hinwegfe-
gen, wenn sich die Überzeugung durchsetzte, daß zur Sicherung der bürgerlichen Freiheit, d.h. des Eigentums, ein gewisses Maß an politischer Freiheit unumgänglich war. Die Politisierung erwuchs also unmittelbar aus der
Eigentumsorientierung, die in jeder Hinsicht ein Produkt des wohlgeordne-
ten Fürstenstaates war.

Die von Zachariä vorgetragenen Argumente und Positionen zeigen bereits die Züge eines konstitutionellen Programms. Dieses zielte erstens auf
die Modernisierung der Landeshoheit, die unter dem Namen des Staates auf
Zwecke festgelegt wurde. Im Kern ging es darum, politische Rechte und
Pflichten allein auf dingliche Ansprüche zu gründen, mit anderen Worten:
der Landeshoheit sollte die bürgerliche Gesellschaft der Eigentümer gegen-
übergestellt werden, die im Landtag in erweiterter Weise zu repräsentieren
war. Die politische Freiheit kam einer herausgehobenen Gruppe adeliger
und bürgerlicher Grundeigentümer zu, deren Interesse in der Wahrung der
Verfassung und deren Aufgabe in der Kontrolle von Verwaltung und Regie-

---

49 Siehe *C.S. Zachariä*, Geist der Deutschen Territorial-Verfassung, Leipzig 1800, u. *ders.*,
Gegen das ausschließende Sitz- und Stimmrecht des alten Adels auf den chursächsischen
Landes-Versammlungen, Leipzig 1805.

rung lag. Interesse und politische Aufgabe der Rittergutsbesitzer sollten die Gesellschaft zum Wohle aller vor despotischer Herrschaft durch Fürst und Bürokratie sichern. Zweitens liegt dem Programm eine Tendenz zur Versachlichung der gesellschaftlichen Ordnung zugrunde, indem an die Stelle der persönlichen Privilegien und der Stände die verschiedenen Interessen unter Vorrang des Grundbesitzes treten sollten. Die Gleichheit der Interessenlage rechtfertigte die Einebnung rechtlicher Unterschiede. Der Adel und der höhere Teil des Bürgerstandes vereinigten sich zur Vertretung der staatsbürgerlichen Gesellschaft gegenüber der monarchischen Regierung.

Andererseits wurde die bürgerliche Freiheit in der ländlichen Gesellschaft erst im Zuge der Agrarreformen verallgemeinert und vollendet. In ihrer zeitgenössischen Zielsetzung und ihren Auswirkungen gehören die Agrarreformen nicht nur der Wirtschaftsgeschichte an. Sie sind nicht allein Teil eines Modernisierungsprozesses, der die Umstellung auf die Produktion für den Markt heraufführte, eine kapitalistische Landwirtschaft etablierte oder die Voraussetzung bzw. Parallele der Industriellen Revolution bildete. Die Verleihung des Eigentumsrechts an die regulierungsfähigen Bauern schuf vielmehr auch eine neue Klasse von Staatsbürgern.[50] Zugleich spalteten die Reformen die Bauernschaft, indem sie die bäuerlichen Eigentümer aus der ländlichen Gesellschaft heraushoben und allein diesen auch politische Rechte verliehen. Der in den Agrarreformen handgreifliche Erfolg der konstitutionellen Bestrebungen erweiterte den Kreis der Staatsbürger. Zugleich aber führte diese rechtliche Verbürgerlichung der Bauern zu einer Schwächung des Bürgerstandes, solange die Bauern die kulturellen und politischen Präferenzen der (stadt-)bürgerlichen Schichten oder gesitteten Stände nicht teilten. Die konsequente Anwendung der zugrundegelegten Prinzipien der bürgerlichen Gesellschaft erzeugte Wirkungen, die sich mit den Reformintentionen nicht zwangsläufig deckten.

Die weitere politische Entwicklung in Kursachsen bis 1848 folgte tatsächlich der von Zachariä entworfenen Linie. Am 16. November 1817 richteten vierundzwanzig Rittergutsbesitzer des Leipziger Kreises, die aufgrund der bestehenden Landtagsorganisation nicht zur Teilnahme an den Sitzungen der Ritterkurie berechtigt waren, eine Petition an den sächsischen König, den § 32 der Landtagsordnung von 1728 über die altadelige Qualifikation zum Landtagsbesuch aufzuheben. Die Antragsteller erzielten mit ihrem Vorstoß von 1817/18 nur einen Teilerfolg. Das Privileg der altadeligen Besitzer landtagsfähiger Rittergüter bestand fort, wurde aber durch eine kleine Zahl neu geschaffener Wahlstellen für die bislang ausgeschlossenen Rittergutsbesitzer ergänzt. Am 11. Oktober 1820, vier Tage vor Eröffnung des neuen Landtages, überreichte der Geheime Rat dem Landtagsmarschall das

---

50 Siehe auch die bei *C. v. Hodenberg*, Die Partei der Unparteiischen. Der Liberalismus der preußischen Richterschaft 1815–1848/49, Göttingen 1996, S. 212, angeführte zeitgenössische Feststellung: »Der Bauer steht jetzt als freier Staatsbürger ... da.«

Ergebnis der ersten vom König genehmigten Wahlen zu den neuen Wahlständen. In die Allgemeine Ritterschaft des Landtages von 1820 zogen aufgrund dieser Wahlen sechzehn adelige und dreizehn bürgerliche Rittergutsbesitzer ein. Im Leipziger Kreis wurden fünf Adelige und vier Bürgerliche
gewählt. Die adeligen Wahlstände stellten zwei nobilitierte und mit v. Ein-
siedel und v. Könneritz zwei altadelige Geschlechter. Unter den bürgerlichen Wahlständen waren ein Kaufmann und zwei promovierte Juristen –
darunter der Kaufmann Rummel, der 1817/18 zu den Antragstellern auf eine
Reform der Ritterkurie gehört hatte. Die neue Einrichtung kam demnach
sowohl dem Adel, für den der Zwang, die Ahnenprobe zu leisten, gelockert
war, wie den Bürgerlichen zugute. Das altadelige Monopol der Landtagsteilnahme in der Ritterkurie war damit durchbrochen.

Elf Jahre später wurde der Übergang zur Repräsentation des Rittergutsbesitzes endgültig vollzogen, rechtlich fixiert und öffentlich anerkannt. Mit
der konstitutionellen Verfassung vom 4. September 1831 erhielt der Landtag
eine neue Gestalt und erweiterte Kompetenzen. Die Vorrechte des Adels
zur Landesvertretung fielen vollständig weg. An die Stelle des alten Landtages traten zwei Kammern. In der Ersten Kammer saßen die königlichen
Prinzen, die Standesherren, Vertreter geistlicher Korporationen, zehn auf
Lebenszeit ernannte und zwölf auf Lebenszeit gewählte Rittergutsbesitzer
sowie die Bürgermeister aus acht besonders bevorrechteten Städten. Die
Erste Kammer behielt damit starke Züge einer Adelskammer. Die Zweite
Kammer setzte sich durchgängig aus gewählten Vertretern zusammen. In ihr
saßen für ihre jeweilige Wählergruppe zwanzig Abgeordnete der Rittergutsbesitzer, jeweils fünfundzwanzig Abgeordnete der bäuerlichen und städtischen Wähler und fünf Vertreter des Handels und Fabrikwesens. Mit fünf-
undvierzig von fünfundsiebzig Abgeordneten war die Zweite Kammer
überwiegend eine Repräsentation des ländlichen Grundbesitzes. Der alte
Adel ging in der neu geschaffenen Klasse der Rittergutsbesitzer auf. Die von
Zachariä postulierte Annäherung der Stände auf der Grundlage des privilegierten ländlichen Grundbesitzes war vollzogen. Sie bildete eine der Grundlagen der konservativen Entwicklung des Königreichs Sachsen im 19. Jahrhundert.

Mit der rechtlichen Schaffung einer offenen Eigentümerklasse von Rittergutsbesitzern im Zeitalter der Reformen waren ihre soziale Stellung und
ihre politische Sonderstellung jedoch keineswegs unumstößlich und anerkannt. Wie die Auseinandersetzungen um das Wahlrecht und die Patrimonialgerichtsbarkeit im 19. Jahrhundert zeigen, blieben die gesellschaftlichen
Ordnungsentwürfe der konstitutionellen Monarchie prekär.

3. Der Streit um die Patrimonialgerichtsbarkeit

Ein Kabinettstück der zeitgenössischen Widersprüche bildet der Streit um die Patrimonialgerichtsbarkeit. Sie war im Rahmen des konstitutionellen Reformprogramms als Privileg adeliger Personen politisch unhaltbar geworden und blieb auch problematisch, nachdem sie zum dinglichen Recht umgedeutet war, das am Rittergut haftete und jedem Inhaber zustehen sollte. Sozialpolitisch erschien sie dagegen unverzichtbar zu sein, wenn die Rittergutsbesitzer die von ihnen beanspruchte vermittelnde Stellung zwischen Fürst und Volk und ihre Spitzenposition in der sozialen Hierarchie handgreiflich sichtbar machen wollten. In der Funktion des Gerichtsherrn behielt der – adelige wie bürgerliche – Rittergutsbesitzer auch unter den Bedingungen der Rechtsgleichheit vor dem Gesetz eine Herrenstellung, die ihn aus der Masse der einfachen Staatsbürger sichtlich heraushob. Aus der Perspektive der Gerichtsherren war das Patrimonialgericht zusammen mit der politischen Tätigkeit im Kreis- oder Landtag ein wichtiges Handlungsfeld, um die für eine – ländliche – Führungselite beanspruchte öffentliche Stellung und ihre Position in der sozialen Hierarchie sichtbar zu machen. Inzwischendessen hatte aber der Staat den Anspruch der Alleinzuständigkeit für die Handhabung des Rechts durchgesetzt, so daß für eine separate Patrimonialgerichtsbarkeit, die jetzt als kaum begründbare »private« Gerichtsbarkeit erschien, kein Platz mehr blieb.[51] Der Streit um die Gestaltung der Patrimonialgerichtsbarkeit bzw. ihre Aufhebung endete mit dem Sieg des Staates. 1849 fiel sie in Preußen, 1856 im Königreich Sachsen. Wie die Stellung der Patrimonialgerichte unter dem Einfluß der inneren Staatsbildung und einer kommerziellen Bewertung seitens der Gerichtsherren aufgerieben wurde, hat Monika Wienfort für Preußen detailliert untersucht.[52]

In der Patrimonialgerichtsbarkeit wirkte die frühneuzeitliche Teilung der lokalen Verwaltung zwischen den königlichen Ämtern und Domänen einerseits und den aus der Ämterverfasssung ausgenommenen Rechtsbezirken der Korporationen und Rittergüter fort. Die Kompetenz der Gerichte erstreckte sich vor allem auf die Zivilsachen der Gerichtsuntertanen und z. T. auch auf geringere Kriminalvergehen. In diesen Fällen bildete das Patrimonialgericht die erste Instanz. In zweiter Instanz wurden die Streitfälle vor den königlichen Gerichten verhandelt. Sachlich bestand kein Unterschied

---

51 Vgl. *v. Hodenberg*, S. 208–212. Die zeitgenössische Kennzeichnung der Patrimonialgerichtsbarkeit als »privat« war keine neutrale Zustandsbeschreibung, sondern bedeutete eine Denunziation dieser Einrichtung und stempelte sie zum illegitimem Überrest des überwundenen Feudalsystems.

52 *M. Wienfort*, Ländliche Gesellschaft und bürgerliches Recht. Patrimonialgerichtsbarkeit in Preußen 1770–1848/49, Habil.-Schrift Bielefeld 1998 (erscheint Göttingen 2001); für das Königreich Sachsen siehe die kurzen Bemerkungen bei *G. Schmidt*, Die Staatsreform in Sachsen in der ersten Hälfte des 19. Jahrhunderts. Eine Parallele zu den Steinschen Reformen in Preußen, Weimar 1966, vor allem S. 284–286.

zwischen einem Patrimonialgericht und einem königlichen Amtsgericht. Die Rechtsprechung hatte in jedem Fall entsprechend der Landesgesetze und der gesetzlichen Vorschriften zu erfolgen. Hinsichtlich der Bezahlung und des Ansehens standen die Patrimonialrichter jedoch deutlich unterhalb der ordentlichen, beamteten königlichen Richter. Die Gerichtsuntertanen bestanden aus den bäuerlichen Wirten der Dörfer und Gemeinden, den häufig sehr zahlreichen, gewerblich tätigen Häuslern und den ländlichen Unterschichten. Die Beamten und das ländliche Bildungsbürgertum[53] waren dagegen befreit und fielen in die Zuständigkeit der höheren königlichen Gerichte. Für die Bauern, die in den Agrarreformen gerade zu Eigentümern und damit zu Staatsbürgern geworden waren, bedeutete die Unterstellung unter die Patrimonialgerichte eine gewisse, manchmal paternalistisch gerechtfertigte Einschränkung ihrer Gleichstellung mit den übrigen Gruppen des »Bürgertums«.

Alle Rechtsakte vor dem Patrimonialgericht, z.B. Beurkundungen, Besitzübertragungen oder Beleidigungsklagen, waren mit der Zahlung von Gebühren verbunden. Diese Sporteln bildeten die Einnahmen des Gerichts, aus denen das Gerichtspersonal besoldet sowie der Unterhalt des Gerichts und die Kosten für Kriminaluntersuchungen bestritten wurden. Für den Rittergutsbesitzer zählte die Gerichtsbarkeit daher nicht nur als Symbol seines besonderen Standes, sie war zudem eine Einkommensquelle, die jedoch gegebenenfalls auch zur pekuniären Belastung werden konnte.

Der »Gerichtsnutzen« spielte nicht nur hinsichtlich der jährlichen Einkünfte vom Rittergut eine Rolle. Die Gerichtsrechte wurden bereits im 18. Jahrhundert als kapitalisierbarer Vermögenswert angesehen. Da die Rittergüter einen in Geld ausdrückbaren Wert besaßen und tatsächlich rege gehandelt wurden, wurde der Erwerb von Rittergütern durch Kauf als Norm angesehen. In den Kaufpreis gingen nicht nur der Umfang und Wert der Ländereien und Gebäude ein, sondern auch die »Pertinenzien« wie Jagd- und Patronatsrechte, Gerichtsbarkeit oder Landstandschaft. Ein Rittergut mit Patrimonialgericht hatte einen höheren Kaufpreis als eines, dem solche Befugnisse fehlten. Die Interpretation dieser Rechte als »dinglich«, d.h. als zum Gut gehörende Sache, und nicht als adeliges Privileg hatte zur Folge, daß die Patrimonialgerichtsbarkeit, die rechtlich nur noch als delegierte staatliche Aufgabe denkbar war, faktisch zu einem Eigentumstitel der Rittergutsbesitzer wurde und unter den strikten Eigentumsschutz der bürgerlichen Gesellschaft bzw. des konstitutionellen Staates fiel. Eine Aufhebung der Gerichtsbefugnisse bedeutete einen unmittelbaren und schweren Eingriff, weil sie den Gutswert herabsetzte. Denn jeder rechtmäßige Besitzer eines Rittergutes, auch der Erbe, konnte sich darauf berufen, daß er das Gut zu einem

---

53 Siehe dazu *M. Wienfort*, Preußisches Bildungsbürgertum auf dem Lande 1820–1850, in: Forschungen zur Brandenburgischen und Preußischen Geschichte, N.F., Bd. 5, 1995, S. 75–98.

bestimmten Wert – und potentiellen Kaufpreis – übernommen habe, der durch eine Aufhebung nachträglich und ohne seine Zustimmung willkürlich vermindert werde.

Die rechtsförmige Abschaffung der Patrimonialgerichtsbarkeit konnte unter diesen rechtlichen und politischen Bedingungen nur durch einen freiwilligen Vertrag oder, wenn die Regierung die Aufhebung durch ein Gesetz einseitig verfügte, durch eine angemessene Entschädigung der Gerichtsherren und die Versorgung der Patrimonialrichter erfolgen. Die Übernahme der Patrimonialgerichte durch den Staat bedeutete demnach einen Behördenausbau mit hohen finanziellen Belastungen durch die Pflicht zur Entschädigung der Eigentümer einerseits und die Besoldung der Richter sowie den Bau und Unterhalt der Gerichtsgebäude andererseits. Angesichts der bedrängten finanziellen Lage vieler Regierungen blieb die Anstrengung, die grundsätzlich beanspruchte staatliche Rechtshoheit durchzusetzen, gehemmt. Die Möglichkeit einer freiwilligen Abtretung der Gerichtsbarkeit, indem die Gerichtsherren sie mittels eines Vertrages an den Staat übertrugen, wurde im Vormärz nur in wenigen Einzelfällen genutzt.[54] Es bestand daher keine Aussicht, daß sich die politische Problematik der Patrimonialgerichtsbarkeit mit der Zeit von selbst erledigen würde.

Die Gerichtsbarkeit privilegierter Grundbesitzer war in der ersten Hälfte des 19. Jahrhundert auf dem Land noch von erheblicher sozialpolitischer Bedeutung. In Kursachsen waren Anfang des 18. Jahrhunderts nur knapp ein Drittel der Dörfer unmmitelbare landesherrliche Amtsdörfer, die übrigen unterstanden den Rittergutsbezirken oder anderen korporativen Besitzern.[55] Allerdings verfügten nicht alle Rittergüter über eigene Gerichte, dennoch erfaßten die Patrimonialgerichte die Hälfte der Bevölkerung. In Bayern unterstand im Vormärz ein Viertel der Bevölkerung den Patrimonialgerichten. Auf ganz Preußen bezogen erreichte dieser Wert etwa vierzig Prozent. Den Spitzenplatz nahm die Provinz Schlesien ein, wo er fast zwei Drittel erreichte.[56] Die Zahl der Patrimonialgerichtsbezirke in Preußen belief sich in den 1840er Jahren auf etwa 6300. Die Bedeutung der Bezirke schwankte erheblich. Manche Gerichte erfaßten nur eine Handvoll Gerichtsuntertanen, im Fall der Latifundien waren sie für tausende zuständig.

---

54 Siehe *M. Wienfort*, Ostpreußischer »Gutsbesitzerliberalismus« und märkischer »Adelskonservatismus«. Politische Perspektiven des preußischen Adels in der Lokalverwaltung im Vormärz, in: *Adamy* u. *Hübener* (Hg.), Adel und Staatsverwaltung, S. 305–323, hier S. 317–319. Eine Ausnahme bildet das Großherzogtum Baden. Dort ging die Bedeutung der Patrimonialgerichte nach 1824 stark zurück, siehe *M. Wienfort*, Ländliche Rechtsverfassung und bürgerliche Gesellschaft. Patrimonialgerichtsbarkeit in den deutschen Staaten 1800 bis 1855, in: Der Staat, Jg. 33, 1994, S. 207–239, hier S. 209.

55 Siehe *A. Flügel*, Sozialer Wandel und politische Reform in Sachsen. Rittergüter und Gutsbesitzer im Übergang von der Landeshoheit zum Konstitutionalismus 1763–1843, in: *Tenfelde* u. *Wehler* (Hg.), Wege zur Geschichte des Bürgertums, S. 36–56, hier S. 42.

56 Siehe *Wienfort*, Rechtsverfassung, S. 209 f.

Das öffentliche wie das historische Bild von der Patrimonialgerichtsbarkeit ist geprägt durch die spektakulären Fälle von parteiischer Justiz im ökonomischen Interesse des Gerichtsherrn, von der Sportelsucht der Justitiare
und von Rechtsverweigerung.[57] Solche Mißstände und Willkürmaßnahmen
waren von der Frühen Neuzeit bis zur Revolution von 1848 häufig der
Anlaß für lokale bäuerliche Unruhen. Dennoch wäre es überzeichnet, die
Patrimonialjustiz mit Willkür und Ausbeutung gleichzusetzen. Die Masse
der Gerichtsgeschäfte betraf die Beurkundung von Geschäften, Erbregelun-
gen und Verträgen innerhalb der Bauernschaft. Die Gerichte erfüllten damit
eine wichtige, von den Betroffenen hoch geschätzte Funktion innerhalb der
lokalen Gesellschaft. Die sachliche wie räumliche Nähe zu den Gerichtsein-
gesessenen gab daher den Verteidigern der Patrimonialgerichte ein plausi-
bles Argument, diese im Vergleich mit den königlichen Gerichten als billiger
und angemessener darzustellen. Da mit der Gerichtsbarkeit auch die lokale
Polizeigewalt verbunden war, konnten die Gerichte darüber hinaus von den
Bauern auch genutzt werden, um die ländlichen Unterschichten zu diszipli-
nieren.[58] Die entscheidenden Fragen waren daher für die Bauern die konkrete Handhabung der Justiz und die Gerichtskosten und nicht die Durchsetzung der staatlichen Justizhoheit.

Aufgrund der Rechtsreformen im 18. Jahrhundert übten die Gerichtsherren die Rechtsprechung kaum noch selbst aus. Vielmehr mußten sie diese in
der Regel, in Preußen seit 1781, durch juristisch geschulte und staatlich geprüfte Verwalter, die Justitiare, ausüben lassen. Die landesherrliche Justizhoheit hatte damit eine allgemeine Aufsicht über die Patrimonialgerichtsbarkeit durchgesetzt. Die Auswahl, Anstellung und Bezahlung des Justitiars
erfolgte allerdings weiterhin durch einen Privatvertrag zwischen Gerichtsherr und Bewerber. Die Tätigkeit als Justitiar war nur in sehr begrenztem
Ausmaß ein Hauptberuf, da die meisten Gerichte nicht genug Einnahmen
erzielten, um einen Richter zu versorgen. Allenfalls konnte die Übernahme
mehrerer Patrimonialgerichte ein entsprechendes Einkommen gewähren.
Die Gerichte wurden daher überwiegend im Nebenberuf von königlichen
Richtern betreut. In der Provinz Brandenburg z.B. betreuten königliche
Richter im Jahr 1837 zwei Drittel der 1251 Privatgerichte mit. Die übrigen
Gerichte verwalteten 55 hauptberufliche Justitiare.[59] Im Jahr 1815 wurde die
staatliche Aufsicht über die Rechtspflege in Preußen weiter verschärft. Seitdem war den Gerichtsherren die Anstellung der Patrimonialrichter auf Le-
benszeit und die Aussetzung eines festen Gehaltes anstelle der Sporteln vor-

---

57 Siehe *Berdahl*, S. 58 f. und S. 304 f.
58 Vgl. *Wienfort*, Rechtsverfassung, S. 222 f. und S. 229.
59 Siehe *dies.*, Preußische Patrimonialrichter im Vormärz. Bildungsbürgertum auf dem
Lande zwischen staatlichem Einfluß und gutsherrlichen Interessen, in: *Tenfelde* u. *Wehler*
(Hg.), Wege zur Geschichte des Bürgertums, S. 57–77, hier S. 68. Rechnerisch kamen somit
rund sieben Patrimonialgerichte auf einen Justitiar. Insgesamt gab es in den alten preußischen Provinzen im Jahr 1840 2588 königliche Richter und 516 Justitiare, siehe ebd., S. 67.

geschrieben. Während der Justitiar damit hinsichtlich seiner Einkünfte abgesichert sein sollte, um eine unparteiische Rechtsprechung zu fördern, erhöhte sich für den Gerichtsherrn das ökonomische Risiko, ob die weiter erhobenen Sporteln das nun fixierte Gehalt des Justitiars abwarfen. Daher wurde diese Vorschrift häufig durch Nebenabreden zwischen Gerichtsherr und Justitiar umgangen, indem sie anstelle des Gehalts wieder eine Bezahlung aus den Gerichtsgebühren vereinbarten. Das Interesse der Justitiare zielte vor allem auf eine Gleichstellung mit den königlichen Richtern hinsichtlich ihrer Amtsführung, ihrer Einkommen, ihres gesellschaftlichen Status und Ansehens. Die Patrimonialrichter wollten sich aus der Abhängigkeit von ihrem Gerichtsherren lösen und strebten die Übernahme in den Staatsdienst an.

Der größte und am Ende vielleicht entscheidende Konflikt zwischen prätendierter Herrenstellung und zu verteidigendem Eigentumstitel einerseits und dem Nutzen der Patrimonialgerichtsbarkeit andererseits zeigte sich nicht im Konflikt zwischen Staat und Rittergutsbesitzern, sondern im Innern des Rechtsinstituts selbst. Er trat in der Haltung der Gerichtsherren zur Durchführung der Kriminal- und Zivilgerichtsbarkeit zutage, denn

»Den meisten Rittergutsbesitzern ging es nicht vordringlich darum, den Staat von einer Übernahme der Justiz auf den Gütern abzuhalten. Nicht die Rechtspflege, sondern die ökonomische Bedeutung der Gerichtsbarkeit stand im Blickpunkt ihres Interesses: Die Kriminalgerichtsbarkeit, die in jedem Fall mehr Kosten als Einnahmen verursachte, besonders auf den kleinen Gütern, hätten viele Gutsherren gerne abgetreten. Die Zivilgerichtsbarkeit dagegen brachte Einnahmen; ...«[60]

Unter den Gerichtsherren setzte sich demnach häufig eine Einstellung durch, in der ein nüchtern auf den finanziellen Nutzen ausgerichtetes Kalkül die Gesichtspunkte der Ehre oder der Politik überwog. Aus der Sicht der Berechtigten schien es daher sinnvoll, die teuren Kriminalfälle abzugeben und die lukrativen Zivilsachen zu behalten. Eine derartige Spaltung der Lokalgerichtsbarkeit war jedoch bei dem hohen emphatischen Wert, den die Rechtspflege politisch besaß, illusorisch. Mit sinkenden Einnahmen schwand für viele Rittergutsbesitzer der Sinn dieser Einrichtung. Gerade der Unwille, die kostenträchtigen Straffälle energisch zu verfolgen, mußte aber die Ansprüche der Rittergutsbesitzer als sozialer Klasse auf eine hervorgehobene öffentliche Stellung entwerten. Ebensowenig wie der Streit um die Patrimonialgerichtsbarkeit in der ersten Hälfte des 19. Jahrhunderts eine Auseinandersetzung zwischen rückwärtsgewandtem Adel und fortschrittlichen Bürgern darstellte,[61] war dieser Erosionsprozeß bloß ein Effekt der bürgerlichen Kritik. Wenn es auch des revolutionären Anstosses von 1848

60 Ebd., S. 73.
61 Siehe ebd., S. 73.

bedurfte, um die gesetzliche Reform der lokalen Justizorganisation in den
Regierungen durchzusetzen, so beruhte ihr Erfolg doch in weiten Teilen auf
der Selbstpreisgabe durch die Gerichtsherren. Trotz aller deklamatorischen
Wertschätzung der Patrimonialgerichtsbarkeit stieg die Neigung, dieses Recht
aufzugeben, wenn die Kosten die Einkünfte überstiegen. Die lokale Rechtspflege wurde dem staatlichen Behördenapparat überantwortet.

Mit der Kommerzialisierung der Rittergüter und der zu ihnen gehörenden Rechte schwächten die adeligen und bürgerlichen Rittergutsbesitzer die
Rechtfertigung, den großen Landbesitz und seine Inhaber aus sozialen und
politischen Gründen durch besondere Rechte und Ehren auszuzeichnen.
Entgegen den auf der Größe des ländlichen Grundbesitzes und auf dem
Grad der persönlichen Bildung fußenden Grundannahmen einer ebenso
notwendigen wie natürlichen Abstufung des Interesses an der bürgerlichen
Gesellschaft und der Fähigkeit und Kompetenz zur politischen Teilhabe nä-
herten sich die Rittergüter unaufhaltsam dem Status einfacher Landgüter an.
Zu diesem Prozeß gehörte die Aufhebung der Steuerfreiheit, die in Bayern
bereits 1807, in Sachsen 1844, in Preußen aber erst 1861 erfolgte.[62] Ihr folgte
die Abschaffung besonderer Wahlrechte und Sitze in den Kammern der
konstitutionellen Landtage für den mit Gerichtsrechten ausgestatteten Rittergutsbesitz. Das Ende, das jedoch vor 1918 in vielen Fällen nicht erreicht
wurde, markierte die Eingliederung der Rittergüter in die ländlichen Ge-
meindebezirke und die Aufhebung der Polizeigewalt der Rittergutsbesitzer.
Mit diesen Reformen schwanden die Handlungsfelder und damit die Möglichkeiten, unter den Bedingungen der Rechtsgleichheit die für die politische Stabilität der Gesellschaft von den Zeitgenossen für unabdingbar gehal-
tene soziale Pyramide und die Elitenposition der adeligen und bürgerlichen
Eigentümer gegenüber den gewerblichen Mittelklassen und den Bauern
symbolisch darzustellen. Die noch im Jahr 1860 von dem nobilitierten Frei-
herrn Detlev v. Biedermann trotz aller Rechtsreformen verteidigte »obrigkeitliche Stellung« des Rittergutsbesitzers auf dem Land zerbröckelte und
wurde illusionär.[63]

---

62 Zur Bedeutung dieses Vorgangs und zu der vehementen Reaktionen, die 1848 in
Preußen die geplante Aufhebung hervorrief, siehe *F.L. Carsten*, Geschichte der preußischen
Junker, Frankfurt 1988, S. 107 f.

63 Siehe *D. Frh. von Biedermann*, Über die Pflichten und Rechte der Rittergutsbesitzer mit
besonderer Rücksicht auf das Königreich Sachsen, Dresden 1860, hier besonders S. 46–68.
Daß es hier nicht bloß um Rechte, Kompetenzen oder Privilegien ging, sondern der Kern
der sozialen Ordnung und eine ganze Mentalität angegriffen war, läßt sich aus seiner Be-
merkung (S. 50) ablesen, »Einmal wirkt das Ansehen einer obrigkeitlichen Person auch
über den strengen Dienst hinaus (oder die Persönlichkeit kann sich überhaupt kein Ansehen verschaffen), dann aber ist auch zu berücksichtigen, daß der Gutsherr stets und überall
in seinem Amte ist, seine vielseitigen Geschäfte, seine Beaufsichtigung sich weder an Zeit
noch Lokalität binden und er, wo er auch seinen Unterthanen entgegentritt, nie aufhören
kann, ihre Obrigkeit zu sein.« Denn die bürgerlichen Eliten teilten mit dem Adel die Kon-
zeption der auf Ansehen und Ehre hin ausgerichteten Persönlichkeit.

Die Gesellschaft der ersten Hälfte des 19. Jahrhunderts erscheint im Rückblick mehr als üblich als eine »Übergangsgesellschaft« (R. Koselleck). Sie läßt sich kennzeichnen durch eine spezifische Melange von Konzepten: die Unterscheidung von Sicherheit gewährender »bürgerlicher Freiheit« und eine diese schützende »politische Freiheit«; die Gleichzeitigkeit einer Abschaffung der Privilegienordnung und einer sozialen Hierarchisierung aufgrund von Eigentum, Leistung und Ansehen; die Ausübung der Elitenfunktion nicht aufgrund einer Berufsrolle, sondern als Ausfluß einer integralen Persönlichkeit; die Orientierung am Grundbesitz als Fundament und Garant gesellschaftlicher Harmonie und politischer Stabilität und das Mißtrauen gegen das mobile Kapital; sowie nicht zuletzt die Integration des Adels und der Bauern in das »Bürgertum« und den Ausschluß aus der bürgerlichen Gesellschaft aufgrund von Lohnarbeit, Religion oder Geschlecht. In diesem Zusammenhang erweist sich das »Bürgertum« als ein geschichtlicher Begriff und kein vom Mittelalter bis in die Gegenwart anwendbares analytisches Konzept.[64] Der Vorteil dieser für den Sonderforschungsbereich zentralen Verbindung von Begriffs- und Sozialgeschichte liegt in den überraschenden Ergebnissen, die sich daraus gewinnen lassen.

Wenn die aufgeführten und strukturell ähnliche Elemente das »Bürgertum« ausmachten, dann kann man den Schluß ziehen, daß mit der Entfaltung der industriellen Gesellschaft seit dem Ende des 19. Jahrhunderts einschließlich der urbanen Zivilisation, der parlamentarischen Regierungsweise und des Frauenwahlrechts das »Bürgertum« transformationslos untergegangen ist. Damit zeichnet sich ein neues Paradox ab: bürgerliche Gesellschaft und »Bürgertum« können auseinandertreten und lassen sich gegen alle Erwartung getrennt und unabhängig voneinander behandeln. Während in der gesellschaftlichen Reflexion mit Anschluß an die historische Entwicklung weiterhin sinnvollerweise von einer bürgerlichen Gesellschaft oder Zivilgesellschaft gesprochen werden kann, deren weibliche wie männliche Mitglieder unter einer bestimmten Verfassung leben, die die wirtschaftliche und politische Grundordnung regelt und einen kulturellen Standard definiert, scheint der auf eine soziale Teilgruppe innerhalb der Gesellschaft, oder gar auf die Stadt verengte Begriff des »Bürgertums« zum semantischen Überhang zu werden, der die soziale Realität der industriellen Gesellschaft, ihre Prinzipien und ihre Dynamik durch historische Reminiszenzen mehr verstellt als erhellt.

64 Siehe zu dieser Alternative *W. Mager*, Republikanismus. Überlegungen zum analytischen Umgang mit einem geschichtlichen Begriff, in: *P. Blickle* (Hg.), Verborgene republikanische Traditionen in Oberschwaben, Tübingen 1998, S. 243–260.

HANS-WALTER SCHMUHL

Bürgertum und Stadt

In den letzten Jahren hat sich im Grenzbereich zwischen Bürgertums- und
Stadtgeschichte ein neuer Forschungsschwerpunkt herausgebildet. Ein enger Zusammenhang zwischen Stadt und Bürgertum wird mittlerweile nicht
mehr nur für das traditionale Bürgertum angenommen, das in den Städten
des Mittelalters und der Frühen Neuzeit einen eigenen, durch seine rechtliche Sonderstellung, seinen sozialen Status und besondere Formen der Lebensführung gekennzeichneten Stand bildete. Auch die Entstehung und
Fortentwicklung des modernen Bürgertums in Deutschland im 19. und frühen 20. Jahrhundert wird zunehmend im Kontext der städtischen Lebenswelt untersucht. Inzwischen hat sich die Einsicht weitgehend durchgesetzt,
daß dieses moderne Bürgertum, das nicht mehr als Stand, aber auch noch
nicht als Klasse hinreichend beschrieben werden kann, nicht außerhalb der
ständischen Gesellschaft entstanden ist, sondern sich im Gegenteil in einem
überaus komplexen Transformationsprozeß – unter Einschluß neu entstehender Berufs- und Sozialgruppen, die, obwohl in den Städten lebend, durch
staatliches Recht von der städtischen Wirtschafts- und Gesellschaftsordnung
ausgenommen waren – aus dem alten, ständisch verfaßten Stadtbürgertum
herausgeformt hat. Die lange vorherrschende Annahme, das verzopfte
Stadtbürgertum sei im 19. Jahrhundert in den modernisierungsfeindlichen
mittelständisch-kleinbürgerlichen Gesellschaftsklassen aufgegangen, während
das Wirtschafts- und Bildungsbürgertum als Träger des säkularen Modernisierungsprozesses, von außen her in den städtischen Mikrokosmos eindrin-
gend, das aus der Frühen Neuzeit überkommene, verkrustete Gesellschaftsgefüge der Städte aufgesprengt habe, kann mittlerweile als überholt gelten.
  Vor allem das Frankfurter Forschungsprojekt »Stadt und Bürgertum im
19. Jahrhundert« unter Leitung von Lothar Gall sieht in dem Zugang über
die Stadt den Königsweg zur Erforschung des modernen Bürgertums.[1] Das

---

1 *L. Gall*, Bürgertum in Deutschland, Berlin 1989; *ders.* (Hg.), Stadt und Bürgertum im
19. Jahrhundert, München 1990; *ders.* (Hg.), Vom alten zum neuen Bürgertum. Die mitteleuropäische Stadt im Umbruch 1780–1820, München 1991; *ders.* (Hg.), Stadt und Bürgertum im Übergang von der traditionalen zur modernen Gesellschaft, München 1993;
H.-W. Hahn, Altständisches Bürgertum zwischen Beharrung und Wandel. Wetzlar 1689 bis
1870, München 1991; *A. Schulz*, Weltbürger und Weltaristokratie. Hanseatisches Bürgertum
im 19. Jahrhundert, München 1995; *K. Schambach*, Stadtbürgertum und industrieller Umbruch. Dortmund 1780–1870, München 1996; *R. Roth*, Stadt und Bürgertum in Frankfurt
am Main. Ein besonderer Weg von der ständischen zur modernen Bürgergesellschaft

Bürgertum, so die Prämisse des Frankfurter Projekts, könne »als soziale Einheit am besten in seinem genuinen und konstitutiven Lebensraum, der Stadt, erfaßt werden«.[2] Dagegen hat der Bielefelder Sonderforschungsbereich verschiedene Wege zum Bürgertum eingeschlagen – und manche dieser Wege führen aus der Stadt heraus. Dies gilt etwa für kulturgeschichtliche Interpretationsansätze, die das Netz, das die verschiedenen bürgerlichen Gruppen überspannte und sie zu einer in sich geschlossenen sozialen Formation bündelte, in einem kulturellen Habitus suchen, einem Ensemble bürgerlicher Werte und Normen, Tugenden und Ehrvorstellungen, Verhaltensregeln und Umgangsformen usw. Diese Ansätze fassen – die zeitgenössische Vorstellung vom bürgerlichen Kosmopolitismus aufgreifend – *Bürgerlichkeit* als ein überregionales, ja transnationales Phänomen auf, das die lokalen Besonderheiten des Bürgertums abschliff. Die von der städtischen Lebenswelt ausgehenden und die auf den kulturellen Habitus abzielenden Forschungsansätze stehen aber nicht unbedingt in einem unauflöslichen Spannungsverhältnis. Wie noch zu zeigen sein wird, bildete der Faktor Stadt auch bei der Entstehung von bürgerlicher Kultur eine intervenierende Variable, und so kann auch ein kulturgeschichtlicher Zugang auf verschlungenen Pfaden in die Stadt zurückführen.

Wenn der Schwerpunkt des Bielefelder Sonderforschungsbereichs auch nicht auf der Stadtgeschichte lag, so waren doch manche Projekte auf der städtischen Ebene angesiedelt, sei es, daß sie als Lokalstudien angelegt waren und das Bürgertum einzelner Städte exemplarisch, gleichsam als Segmente der im gesamtgesellschaftlichen Bezugsrahmen sich herausbildenden Sozialformation Bürgertum untersuchten, sei es, daß sie die Stadt selber als *konstitutives Element* im Prozeß der Verbürgerlichung gesellschaftlicher Mittelschichten in den Blick nahmen, mithin als eigenen Untersuchungs*gegenstand* und nicht als bloße Untersuchungs*ebene* verstanden und die Einflüsse des städtischen Milieus auf die Herausformung des modernen Bürgertums und der bürgerlichen Gesellschaft analysierten. Einige wichtige Ergebnisse sollen im folgenden kurz zusammengefaßt werden. Dabei werden die rechtliche, die politische, die soziale und die kulturelle Analyseebene voneinander abgehoben.

1760–1914, München 1996; *T. Weichel*, Die Bürger von Wiesbaden. Von der Landstadt zur »Weltkurstadt«, 1780–1914, München 1997; *R. Zerback*, München und sein Stadtbürgertum. Eine Residenzstadt als Bürgergemeinde 1780–1870, München 1997; *G. Mettele*, Bürgertum in Köln 1775–1870. Gemeinsinn und freie Association, München 1998; *F. Möller*, Bürgerliche Herrschaft in Augsburg 1790–1880, München 1998; *D. Hein u. A. Schulz* (Hg.), Bürgerkultur im 19. Jahrhundert. Bildung, Kunst und Lebenswelt, München 1996.
2 *Möller*, Augsburg, S. 11. Ähnlich *Roth*, Frankfurt, S. 19.

1. Rechtliche Aspekte

Entgegen der in der stadtgeschichtlichen Forschung lange Zeit vorherrschenden Meinung, daß die deutschen Städte im 19. Jahrhundert den Schritt
von der Bürger- zur Einwohnergemeinde getan hätten, hat die neuere Bürgertumsforschung, soweit sie den städtischen Raum in den Blick genommen
hat, klar herausgearbeitet, daß sich das *Stadt*bürgerrecht auch noch im Deutschen Kaiserreich neben dem *Staats*bürgerrecht behaupten konnte, daß also
auf der Ebene der Stadt die Bürger*schaft* als Rechtsverband, sich mit dem
Bürger*tum* als Sozialformation vielfältig überschneidend, bis zum Ende des
Ersten Weltkriegs fortbestand. Sicher: Das städtische Bürgerrecht, das noch
bis in das 19. Jahrhundert hinein starke sozioökonomische Komponenten
aufwies, wurde in den Jahrzehnten um 1850 mehr und mehr auf seine politische Dimension reduziert. Hatte es ursprünglich zur Nutzung der Allmende
und des sonstigen Gemeindevermögens, zur Heirat, zur selbständigen Er-
werbstätigkeit und zum Grunderwerb in der Stadt oder zur Inanspruch-
nahme von städtischen Fürsorgeleistungen berechtigt, so beinhaltete es gegen Ende des 19. Jahrhunderts nur noch das Kommunalwahlrecht. Diese
Tendenz zur Entkoppelung von wirtschaftlichen und politischen Rechten
stieß vor allem in Kleinstädten gelegentlich auf den Widerstand der Bürgerschaft, die zu einer »ökonomischen Auslegung« des Bürgerrechts tendierte.
Das Ackerbürgerstädtchen Templin etwa versuchte, die Verleihung des Bürgerrechts von der Verpflichtung abhängig zu machen, sich persönlich in der
Stadt niederzulassen, ein Grundstück zu erwerben und sein Gewerbe vor
Ort auszuüben. Hier zeigte sich der Gesetzgeber jedoch unnachgiebig. In einem Punkt freilich setzten sich die Templiner durch: Sie verknüpften das
Bürgerrecht auch weiterhin mit einer dreijährigen Zwangsmitgliedschaft in
der Schützengilde.[3]
   Trotz der Verkürzung des städtischen Bürgerrechts um seine ökonomische Dimension gilt: Der privilegierte Rechtsstatus der Stadtbürger – und
damit auch ihre politische Sonderstellung – überdauerte vielerorts bis 1918
(auch wenn sich Deutschland noch am Ende des Kaiserreichs als ein Flicken-
teppich ganz unterschiedlicher Städte- und Gemeindeordnungen darstellte).
Es wirft ein grelles Schlaglicht auf das Selbstverständnis des städtischen Bürgertums, daß es eher die staatliche Gesetzgebung war, die dazu tendierte, die
Hürden herabzusetzen, die beim Erwerb des städtischen Bürgerrechts zu
überwinden waren, während die lokalen Selbstverwaltungsorgane, genauer
gesagt: die bürgerlichen Honoratioren, die in den Magistraten und Stadtparlamenten den Ton angaben, dem Versuch, die kommunalpolitischen Partizi-

---

3 *P. Franke*, Stadt- und Bürgerrechtsentwicklungen im 19. Jahrhundert. Das Beispiel
Preußens, in: *W. Neugebauer u. R. Pröve* (Hg.), Agrarische Verfassung und politische Struktur.
Studien zur Gesellschaftsgeschichte Preußens 1700–1918, Berlin 1998, S. 123–43, hier
S. 125f.

pationschancen auf weitere Kreise der Bevölkerung auszudehnen, häufig zähen Widerstand entgegensetzten – nicht selten mit überraschendem Erfolg. Dazu standen verschiedene Mittel zu Gebote. Zu den Voraussetzungen, an die der Erwerb des städtischen Bürgerrechts geknüpft war, gehörte in vielen Städte- und Gemeindeordnungen auch die *Selbständigkeit*. Das war ein äußerst dehnbarer Begriff, der den städtischen Behörden weite Ermessensspielräume eröffnete. So konnte nach der Allgemeinen Städteordnung für das Herzogtum Braunschweig von 1834 jeder männliche Einwohner, der das 25. Lebensjahr vollendet hatte und »in selbständigen Verhältnissen« lebte, einen Rechtsanspruch auf das städtische Bürgerrecht geltend machen. Ausgenommen waren jedoch u. a. Personen, die »sich von Lohnarbeit nähren, die keine handwerksmäßige Fertigkeit erfordert«, es sei denn, sie zeichneten sich durch »Rechtlichkeit, Erwerbsfähigkeit und Fleiß«[4] aus. Ein solcher Kautschukparagraph erlaubte es der städtischen Führungsgruppe, die entstehende Industriearbeiterschaft fast nach Belieben aus der städtischen Selbstverwaltung auszugrenzen – und sie machte von dieser Möglichkeit auch völlig ungeniert Gebrauch. Ähnlich lagen die Verhältnisse in Bayern. Auch hier war die Aufnahme von Arbeitern in die Bürgerschaft ganz in das Ermessen der Staats- und seit 1834 der Gemeindebehörden gestellt. Zwar brachte die neue bayerische Gemeindeordnung von 1869, oberflächlich betrachtet, eine Lockerung dieser restriktiven Regelung: Während »gewöhnlich, bloß mechanische Arbeiten verrichtende Fabrikarbeiter, Güterlader, Handlanger, Taglöhner«[5] weiterhin als unselbständig galten, wurden gelernte Arbeiter mit eigener Wohnung, die eine direkte Steuer entrichteten, als selbständig angesehen und konnten zumindest auf dem Papier einen Rechtsanspruch auf das städtische Bürgerrecht anmelden. In der Praxis jedoch konnte dieser Rechtsanspruch auch weiterhin leicht unterlaufen werden. So hatten die städtischen Behörden die Möglichkeit, allen Arbeitern das Bürgerrecht zu verweigern, die in den beiden Jahren vor der Antragstellung Armenunterstützung von der Stadt bezogen hatten – und damit war ein großer Teil der entstehenden Arbeiterschaft von vornherein vom städtischen Bürgerrecht ausgeschlossen. Auch die Revidierte Sächsische Städteordnung von 1873 band den Bürgerstatus an das Kriterium der Selbständigkeit – der Leipziger Stadtrat leitete daraus seine Berechtigung ab, im Einzelfall zu prüfen, »ob der Antragsteller die notwendige ›geistige und wirtschaftliche Selbständigkeit‹ zur Erfüllung seiner Bürgerpflichten besitze«. Dabei legte der Stadtrat so strenge Maßstäbe an, daß jedem Lohnarbeiter das städtische Bürgerrecht

---

4 Städteordnung von 1834, §§ 15–18, Gesetz- und Verordnungssammlung für die herzoglich-braunschweigischen Lande 1834, Braunschweig 1834, S. 20 ff., Zitate S. 21 f. Vgl. *H.-W. Schmuhl*, Die Herren der Stadt. Bürgerliche Eliten und städtische Selbstverwaltung in Nürnberg und Braunschweig vom 18. Jahrhundert bis 1918, Gießen 1998, S. 391.

5 *T. Kutzer*, Das bayerische Heimatrecht mit dem einschlägigen Rechte der Verehelichung und des Aufenthalts, München 1904, S. 278. Vgl. *Schmuhl*, Herren, S. 216 f.; *Möller*, Augsburg, S. 29–40.

verweigert werden konnte – hier schritt allerdings die staatliche Aufsichts-
behörde ein, wodurch der Versuch der Leipziger Stadtväter, »ein Stadtbürgertum, das auf ›geistiger und wirtschaftlicher Selbständigkeit‹ beruhte,
noch einmal als Rechtseinheit zu definieren«, vereitelt wurde.[6]

Preußen gilt gemeinhin als einer der deutschen Staaten, die auf dem Weg
von der Bürger- zur Einwohnergemeinde im 19. Jahrhundert am weitesten
vorangeschritten waren. Doch auch die preußische Städteordnung von 1853
band das Bürgerrecht, das fortab nicht mehr durch einen gesonderten Rechts-
akt erworben werden mußte, sondern *ipso iure* jedem zufiel, der die gesetzlichen Voraussetzungen erfüllte, an ein Mindestmaß an wirtschaftlicher
Selbständigkeit. Hierzu zählten das männliche Geschlecht, die Vollendung
des 24. Lebensjahres, ein eigener Hausstand und die Nichtinanspruchnahme
von Leistungen der Armenpflege. Darüber hinaus mußten Hausbesitz, der
selbständige Betrieb eines stehenden Gewerbes oder die Erbringung einer
steuerlichen Mindestleistung nachgewiesen werden. Dieser *Zensus* stellt das
funktionale Äquivalent zu den andernorts verlangten strengeren Zugangsvoraussetzungen zum Bürgerrecht dar. Und über den Zensus konnten in einem Teil Preußens die städtischen Führungsgruppen Einfluß auf die Zusammensetzung der Bürgerschaft nehmen. Denn nur in den sechs ostelbischen
Provinzen, in Westfalen und Hessen-Nassau war der Zensus gesetzlich normiert. In Frankfurt a.M., in der Rheinprovinz, in Hannover und Schleswig-
Holstein ließ sich der Zensus über ein Ortsstatut abändern. Hier hatte die lokale Elite die Möglichkeit, den Zugang zum Bürgerrecht zu erschweren.[7]

Eine weitere hohe Hürde, die es beim Erwerb des Bürgerrechts zu nehmen galt, stellten die *Bürgerrechtsgelder* dar. Für gewöhnlich gab der Gesetzgeber einen Höchstbetrag vor, den die städtischen Selbstverwaltungsorgane
bei der Festsetzung der Bürgerrechtsgebühr nicht überschreiten durften.
Die politischen Eliten vor Ort nutzten diesen ihnen vom Gesetzgeber ein-
geräumten Spielraum in ganz unterschiedlicher Art und Weise. Während
Magistrat und Gemeindebevollmächtigtenkolleg in Nürnberg den gesetzlichen Rahmen voll ausschöpften und bis 1918 eine Bürgeraufnahmsgebühr
von bis zu 170 Mark erhoben – ein Betrag, der das durchschnittliche
Monatseinkommen einer Arbeiterfamilie deutlich überstieg –, machte die
Nachbargemeinde Fürth, als einzige bayerische Stadt, im Jahre 1870 von der
gesetzlichen Möglichkeit Gebrauch, die Bürgeraufnahmsgebühr ganz zu
streichen.[8] Ähnlich stellten sich die Verhältnisse in Preußen dar. Manche
Großstädte wie Berlin, Breslau und Köln stellten in der Folge des Freizügig-

---

6 *M. Schäfer*, Bürgertum, Arbeiterschaft und städtische Selbstverwaltung zwischen Jahrhundertwende und 1920er Jahren im deutsch-britischen Vergleich. Befunde einer vergleichenden Lokalstudie, in: Mitteilungsblatt des Instituts zur Erforschung der europäischen
Arbeiterbewegung 20, 1998, S. 178–232, Zitate: S. 190f.
7 *Franke*, Stadt- und Bürgerrechtsentwicklungen, S. 127ff.
8 *Schmuhl*, Herren, S. 217f. Vgl. *Möller*, Augsburg, S. 39f.; *Zerback*, München, S. 165–70.

keitsgesetzes von 1867 die Erhebung der Bürgerrechtsgelder ein, während viele preußische Klein- und Mittelstädte an den – z. T. recht hohen – Bürgerrechtsgeldern festhielten. So ergab sich ein uneinheitliches Gesamtbild: In manchen Städten öffnete sich die Bürgerschaft nach dem Wegfall der Bürgerrechtsgebühr nach unten (sofern keine weiteren Hürden eingebaut wurden), in anderen blieb die Bürgerschaft ein exklusiver Zirkel.[9] Der springende Punkt ist, daß mit der Reduzierung des städtischen Bürgerrechts auf das Kommunalwahlrecht die Bürgerrechtsgebühr den Charakter einer »Wahlrechtssteuer« annahm: Das Recht, an der städtischen Selbstverwaltung teilzuhaben, mußte eigens teuer erkauft werden.

Die Folge war, daß der *relative Anteil* der vollberechtigten Stadtbürger an der Gesamtbevölkerung spätestens in der zweiten Hälfte des 19. Jahrhunderts fast durchgängig rückläufig war, daß in manchen Fällen sogar die *absolute Zahl* der Bürger zurückging, während gleichzeitig die Zahl der *Einwohner* – in der Hochphase der Urbanisierung – sprunghaft zunahm. In Nürnberg stieg die Zahl der Bürger zunächst von 3193 im Jahre 1818 auf 6666 im Jahre 1872 – das war immerhin etwa die Hälfte aller Haushaltsvorstände. Der Anteil der Bürger an der Gesamteinwohnerschaft sank jedoch zwischen 1818 und 1872 bereits von knapp 10 % auf 8 %. Nach 1872 – unter den veränderten rechtlichen Rahmenbedingungen – ging dann auch die absolute Zahl der Bürger Nürnbergs zurück und erreichte im Jahre 1884 mit 5171 (5,2 % der Bevölkerung) ihren tiefsten Stand. Danach stieg die absolute Zahl der Bürger zwar kräftig an und erreichte 1914 schließlich 30957, aufgrund der Bevölkerungsexplosion des ausgehenden 19. Jahrhunderts nahm der Anteil an der Gesamtbevölkerung jedoch nicht mehr nennenswert zu. In Braunschweig stieg die Zahl der vollberechtigten Stadtbürger von 5336 im Jahre 1870 auf 12655 im Jahre 1911, ihr Anteil an der Gesamtbevölkerung sank aber auch hier gleichzeitig von 9,2 % auf 8,8 %. Der Anteil der Landtags-, mehr noch der Reichstagswahlberechtigten lag gemeinhin viel höher als der Anteil der Kommunalwahlberechtigten.[10] Eindeutig zeichnet sich ein »Demokratiegefälle von der nationalen zur kommunalen Ebene hin« ab. »Als Faustregel gilt: je tiefer die Ebene, desto geringer die Demokratisierung«.[11] In einer voll entfalteten Einwohnergemeinde (wie in der Weimarer Republik oder der Bundesrepublik Deutschland) dürfen etwa 70 % der Bevölkerung bei Kommunalwahlen zu den Urnen gehen. Angesichts dieser Zahlen scheint das Urteil gerechtfertigt, daß sich das Prinzip der Einwohnergemeinde in den deutschen Städten des 19. Jahrhunderts noch keineswegs durchgesetzt hatte, daß vielmehr das Prinzip der Bürgergemeinde auf dem

---

9 *Franke*, Stadt- und Bürgerrechtsentwicklungen, S. 131 f.
10 *Schmuhl*, Herren, S. 82, 215 f., 392 f., 432. Vgl. *Möller*, Augsburg, S. 41–47; *Zerback*, München, S. 41 ff. Ein ähnliches Verlaufsmuster arbeitet *Roth* (S. 75–80) für Frankfurt a. M. heraus.
11 *D. Langewiesche*, Liberalismus in Deutschland, Frankfurt 1988, S. 137.

politischen Sektor bis in das 20. Jahrhundert überdauerte. Der Angleichungsprozeß zwischen Staats- und Gemeindebürgern kam bis zum Ende des Kaiserreichs kaum voran – in manchen Städten und Regionen stagnierte er sogar oder wurde zeitweilig zurückgeworfen. Der von *Michael Schäfer* durchgeführte Vergleich zwischen Leipzig und Edinburgh deutet darauf hin, daß die kommunalpolitischen Partizipationsrechte in den britischen Städten deutlich breiter gestreut waren als in den deutschen.[12]

Die Bürgerschaft bildete in den Städten des Deutschen Kaiserreichs mithin bis 1918 nur einen schmalen Ausschnitt der Gesamtbevölkerung. Etwas freundlicher stellt sich dieses Gesamtbild dar, wenn man als Vergleichsmaßstab nicht die Einwohnerzahl, sondern die Zahl der Haushaltsvorstände zugrundelegt (was für den Vormärz angehen mag, aber schon für die zweite Jahrhunderthälfte angesichts der fortschreitenden Individualisierung der sozialen Beziehungen, der laut vorgetragenen Partizipationsforderungen der Arbeiterbewegung und der beginnenden Emanzipation der Frau fragwürdig erscheint). In der ersten Hälfte des 19. Jahrhunderts machten die vollberechtigten Stadtbürger vielerorts mehr als die Hälfte der selbständigen Hausväter aus – vom Ideal einer »klassenlosen Bürgergesellschaft« war man jedoch auch im Vormärz weit entfernt, und das Spiel mit den Bezugsgrößen kann nicht darüber hinwegtäuschen, daß die Entwicklung hin zur »bürgerlichen Klassengesellschaft« in der zweiten Jahrhunderthälfte mit Riesenschritten voranging.[13] Die Mechanismen rechtlicher Exklusion erwiesen sich als äußerst effektiv, und die nach außen hin scharf abgezirkelte, tendenziell immer kleiner werdende Bürgerschaft entwickelte durchaus eine kollektive Identität im Sinne eines besonderen »Gesinnungshabitus«. Von den städtischen Behörden wurde dies durch symbolische Formen der Initiation gefördert, z.B. die Eintragung in ein »Bürgerbuch« oder eine »Bürgerrolle«, die Ableistung eines »Bürgereides« oder die feierliche Übergabe eines »Bürgerbriefs«. Daß die Bürger tatsächlich eine – auch emotional besetzte – Bindung an die Bürgerschaft entwickelten, zeigte sich bei Konflikten um die Aberkennung des Bürgerrechts bei Konkurs, die von den Betroffenen, die ja weiß Gott andere Sorgen gehabt haben dürften, als *Ehrverlust* beklagt wurde.[14]

Gleichwohl wäre es ein Irrtum, wollte man Bürger*schaft* und Bürger*tum* in den deutschen Städten des 19. Jahrhunderts umstandslos ineinssetzen. Einerseits gehörten der Bürgerschaft stets Individuen und Gruppen an, die nicht oder doch nicht ohne weiteres dem Bürgertum zugerechnet werden können. Von Anfang an wies die Bürgerschaft vielerorts ein starkes mittelständisches Element auf, also einen hohen Anteil von Handwerksmeistern, kleinen Gewerbetreibenden, Einzelhändlern, Wirten usw., von denen nur ein

12 *Schäfer*, Bürgertum, S. 187.
13 *Roth*, Frankfurt, S. 75 ff. Vgl. aber *Schambach*, Dortmund, S. 232 ff.
14 *Franke*, Stadt- und Bürgerrechtsentwicklungen, S. 133–36.

Bruchteil in die Heirats- und Verkehrskreise des Wirtschafts- und Bildungsbürgertums, in das bürgerliche Vereinswesen oder die Kultur des Bürgertums eingebunden war (wenngleich man nicht übersehen darf, daß sich die
Außengrenze des Bürgertums in manchen Städten weit in den alten Mittelstand hineinschob). Und trotz des hinhaltenden Widerstands der städtischen
Selbstverwaltungsorgane weitete sich der Kreis der zum Erwerb des städtischen Bürgerrechts gesetzlich berechtigten Stadtbewohner in der zweiten
Hälfte des 19. Jahrhunderts langsam, aber stetig weiter aus, so daß zunächst
nur vereinzelt, gegen Ende des Kaiserreichs in größerer Zahl auch Angehörige der Industriearbeiterschaft Zugang zur Bürger*schaft* erhielten. Andererseits gab es in jeder Stadt von Anfang an *Eximierte*, Individuen oder Gruppen,
die zum Kern des Bürger*tums* zu rechnen sind und die doch außerhalb der
städtischen Bürger*schaft* standen – das gilt etwa für Teile der verstaatlichten
Intelligenz wie höhere Staatsbeamte, manche Angehörige der staatlich kon-
zessionierten freien Berufe oder Universitätsprofessoren. Bürgerschaft und
Bürgertum waren mithin keineswegs deckungsgleich. Gleichwohl werden
in der sozialstrukturellen Analyse der Bürgerschaft die groben Umrisse des
Bürgertums sichtbar, wenn auch die Konturen infolge der Unschärfen der
rechtlichen Exklusion verschwommen bleiben. Genauer läßt sich das städtische Bürgertum fassen, wenn man die im Zentrum der Bürgerschaft ste-
hende *städtische Führungsgruppe* als eigentlichen Herrschaftsträger auf städtischer Ebene in ihrer politischen, sozialen und kulturellen Vernetzung erfaßt.

Die Aufweichung der Grenzen der Bürgerschaft im 19. Jahrhundert
führte nämlich keineswegs dazu, daß die bis dahin strukturdominanten städtischen Führungsgruppen aus ihrer Schlüsselposition im Arkanbereich der
Kommunalverwaltung und -politik verdrängt wurden, denn die rechtliche
Ausgestaltung des Kommunalwahlrechts bot manche Handhabe, um die Repräsentation der Aktivbürgerschaft in den gemeindlichen Gremien im Sinne
der bürgerlichen Kerngruppen zu verformen. Vielerorts wurden an das *passive Wahlrecht* besondere Anforderungen gestellt. *Erstens* war hier, was oft
übersehen wird, die Grenze politischer Partizipation für Frauen erreicht. In
manchen Regionen Deutschlands konnten Frauen – etwa als verwitwete
Ehefrauen von Stadtbürgern – durchaus in den Besitz des städtischen Bürgerrechts und damit des Kommunalwahlrechts gelangen (wenngleich sie ihr
Stimmrecht nur durch einen Bevollmächtigten ausüben durften), nirgends
jedoch waren Frauen wählbar.[15] *Zweitens* wurden in manchen deutschen
Staaten Teile der verstaatlichten Intelligenz, in Preußen etwa bestimmte Be-
amtenkategorien, Elementarlehrer und Geistliche, vom passiven Kommunalwahlrecht ausgeschlossen. *Drittens* privilegierten viele Städte- und Gemeindeordnungen beim passiven Wahlrecht die Haus- und Grundbesitzer –
solche »Hausbesitzerprivilegien« existierten in Preußen, im Königreich

---

15 U. Frevert, »Mann und Weib, und Weib und Mann«. Geschlechter-Differenzen in
der Moderne, München 1995, S. 74–83; *Schmuhl*, Herren, S. 213f., 281.

Sachsen und in den Hansestädten Hamburg und Lübeck. *Viertens* schließlich banden viele Städte- und Gemeindeordnungen das passive Kommunalrecht an einen teilweise sehr hohen Steuerzensus.

So sah die Allgemeine Städteordnung für das Herzogtum Braunschweig von 1834 vor, daß zwei Drittel der Stadtverordneten dem höchstbesteuerten Zehntel der Bürgerschaft angehören mußten, eine Regelung, die vor allem dem Handels- und Industriebürgertum zugute kam. Die Revidierte Städteordnung von 1850 schaffte diese Bindung des passiven Wahlrechts an die Steuerleistung ab und erleichterte so – in der Theorie – breiteren Schichten der Bürgerschaft den Sprung in das Stadtparlament. Faktisch behielten die höchstbesteuerten Einkommensklassen ihr Übergewicht, da gleichzeitig das *Dreiklassenwahlrecht* eingeführt wurde – zeitweilig gaben in Braunschweig weniger als 8 % der (ohnehin handverlesenen) Wahlberechtigten ihre Stimme in der I. und II. Wählerklasse ab und sorgten damit von vornherein für eine Zweidrittelmehrheit der bürgerlichen Honoratiorenpolitiker in der Stadtverordnetenversammlung.[16] Hier wie auch in Preußen war das Klassenwahlrecht das effektivste Instrument, um die Hegemonie des Bürgertums in der Bürgerschaft zu sichern. Die städtischen Führungsgruppen, im Kaiserreich fest in die liberalen Parteien eingebunden, verteidigten das Klassenwahlrecht auf der kommunalen Ebene mit Zähnen und Klauen. Besonders interessant ist das Beispiel Leipzigs. Die Revidierte Sächsische Städteordnung von 1873 war relativ liberal: Der Steuerzensus schloß nur einen geringen Teil der erwachsenen männlichen Erwerbstätigen vom Bürgerrecht aus, es gab keine prohibitiven Bürgerrechtsgebühren, der Hausbesitzerparagraph ließ sich leicht umgehen. Als die bürgerlichen Honoratioren im Stadtrat und in der Stadtverordnetenversammlung ihre Machtbasis durch den Ansturm der Sozialdemokratie bedroht sahen, schritten sie 1894 zur »Reform« des Kommunalwahlrechts, indem sie von der in der Sächsischen Städteordnung vorgesehenen Option Gebrauch machten, die als Regelfall vorgesehene gleiche Wahl per Ortsstatut durch das Dreiklassenwahlrecht zu ersetzen.[17]

Springt die Verzerrung des Kommunalwahlen durch das Dreiklassenwahlrecht unmittelbar ins Auge, so muß man schon genauer hinschauen, um subtilere Formen der Wahlmanipulation zu erkennen, die auf die virtuose Handhabung der städtischen Statutenautonomie durch die bürgerlichen Honoratiorenparteien zurückzuführen sind. Wie geschickt eine städtische Führungsgruppe die städtische Selbstverwaltung gegen die Partizipationsansprüche der Arbeiterschaft und der Arbeiterbewegung abschirmen konnte, läßt sich am Beispiel Nürnbergs zeigen. Die Bayerische Gemeindeordnung von

---

16 Ebd., S. 433 ff.

17 *Schäfer*, Bürgertum, S. 188–97; *ders.*, Die Burg und die Bürger. Stadtbürgerliche Herrschaft und kommunale Selbstverwaltung in Leipzig 1889–1929, in: *W. Bramke u. U. Heß* (Hg.), Wirtschaft und Gesellschaft in Sachsen im 20. Jahrhundert, Leipzig 1998, S. 269–92, hier S. 273 ff.

1869 stellte es den gemeindlichen Gremien frei, ob sie das Gemeindegebiet bei den Kommunalwahlen als einzigen Wahlbezirk behandeln (Universalwahl) oder in einzelne Wahlbezirke aufteilen (Bezirkswahl) wollten. 1869 hatten Magistrat und Gemeindebevollmächtigtenkolleg entschieden, am Prinzip der Universalwahl festzuhalten, und an dieser Entscheidung hielten sie vier Jahrzehnte lang eisern fest. Unter den Bedingungen des Mehrheitswahlrechts bedeutete dies, daß die SPD die absolute Mehrheit im gesamten Stadtgebiet hätte erringen müssen, um überhaupt in das Stadtparlament einziehen zu können. Bezirkswahlen hätten ihr dagegen die Möglichkeit eröffnet, trotz der restriktiven Praxis der Bürgerrechtsverleihung in den Arbeitervierteln die Stimmenmehrheit auf sich zu vereinen und einzelne Parteivertreter in das Stadtparlament zu entsenden. So aber war klar, daß die SPD ohne eine Wahlrechtsänderung – entweder durch die Entkopplung von Bürger- und Wahlrecht oder die Ablösung des Mehrheits- durch das Verhältniswahlrecht oder die Einführung von Bezirkswahlen – keine Chance hatte, den Sprung in die gemeindlichen Gremien Nürnbergs zu schaffen. Das bayerische Kommunalwahlrecht, das in der Theorie die kommunalpolitischen Partizipationschancen gerechter verteilte als das preußische, konnte also in der Praxis so ausgelegt werden, daß es ungleich restriktiver wirkte als das preußische Dreiklassenwahlrecht. Freilich barg es auch ein höheres Risiko, bedeutete es ein Alles-oder-Nichts-Spiel: Wurde in die bürgerliche Verteidigungsbastion auch nur eine Bresche geschlagen, geriet das bürgerliche Stadtregiment insgesamt ins Wanken – so auch in Nürnberg, als die Novellierung des Kommunalwahlrechts im Jahre 1908 das Verhältniswahlrecht einführte.[18]

2. Politische Aspekte

Die in der Verbürgerlichung begriffenen Berufsklassen anerkannten gegenseitig ihre Ansprüche auf politische Partizipation an der bürgerlichen Gesellschaft im Sinne der liberalen Zielutopie eines sich selbst steuernden Gemeinwesens freier und gleicher, selbständiger, öffentlich debattierender und vernünftig entscheidender Männer. Dies war eine überaus wichtige Klammer zwischen den bürgerlichen Berufsklassen, und die städtische Selbstverwaltung spielte in diesem Zusammenhang eine überragende Rolle, kam sie doch der Ordnungsvorstellung der bürgerlichen Gesellschaft sehr nahe. Die Stadt bot sich deshalb als politisches Handlungsfeld zunächst der bürgerlichen Honoratioren, dann – seit dem Vordringen der Parteien in die Kommunalpolitik um die Mitte des 19. Jahrhunderts – des Liberalismus geradezu an. Wurde der Stadt zunächst eine Vorreiterrolle im Bezug auf die bürger-

18 *Schmuhl*, Herren, S. 220, 304–13.

liche Durchdringung der Gesamtgesellschaft zugeschrieben, so entwickelte
sie sich in der zweiten Jahrhunderthälfte zum Rückzugsgebiet bürgerlicher
Politik. Die Rathäuser wurden zu belagerten Festungen, von denen aus das
Bürgertum seine Herrschaft über die Städte zäh verteidigte.

Die städtische Selbstverwaltung in der ersten Hälfte des 19. Jahrhunderts
wird gemeinhin als Honoratiorenverwaltung charakterisiert – zu Recht,
wenn man unter Honoratioren mit Max Weber solche Personen versteht,
die, *erstens*, aufgrund ihrer ökonomischen Situation imstande sind, nebenbe-
ruflich, ohne oder nur gegen eine symbolische Vergütung, in einem politischen Verband tätig zu werden, und die, *zweitens*, ihr Amt aufgrund ihrer sozialen Wertschätzung innehaben.[19] Unter den Motiven, die dem Engagement
bürgerlicher Honoratioren in der städtischen Selbstverwaltung zugrundela-
gen, ragt der *bürgerliche Gemeinsinn* als zentraler Fixstern des bürgerlichen
Wertehimmels hervor. Seit den 1830er Jahren wurde die Gemeinwohlorientierung auch vom südwestdeutschen Liberalismus zur »Bürgertugend« erhoben und avancierte zum Leitbild des »Gemeindeliberalismus«.[20] Das solcherart abgestützte kommunalpolitische Engagement der bürgerlichen
Honoratioren blieb bis 1918 ungebrochen, wobei freilich Differenzierungen
angebracht sind. Es gab auch bürgerliche Gruppen, die stärker in überregio-
nale Beziehungsnetze eingebunden waren und für die das Engagement in
der kommunalen Selbstverwaltung keine so große Rolle spielte: So haben
Hartmut Berghoff und *Roland Möller* gezeigt, daß das kommunalpolitische
Engagement der Unternehmer in den von ihnen untersuchten deutschen
Städten – Bremen, Dortmund und Frankfurt – deutlich schwächer ausgeprägt war als das der englischen Unternehmer in Birmingham, Bristol und
Manchester.[21] Daß (Industrie-)Unternehmer in deutschen Stadtparlamenten
(nicht in den Magistraten) mitunter nicht so stark vertreten waren, wie es ihrer Wirtschaftskraft und ihrem Sozialprestige entsprochen hätte, daß sich
manch wichtige Unternehmergestalt ganz aus den städtischen Selbstverwaltungsorganen heraushielt, heißt jedoch noch nicht, daß die Unternehmer an
der Kommunalpolitik desinteressiert gewesen seien und in diesem Bereich
keinen Einfluß ausgeübt hätten – hier gilt es im Einzelfall, durch die Analyse
der Beziehungsgeflechte innerhalb der städtischen Führungsgruppe auch in-
direkte Einflußkanäle und informelle Allianzen aufzuspüren. In Braunschweig wählten etwa zwischen 1835 und 1850 die vornehmlich aus dem
Handels- und Industriebürgertum stammenden Wahlmänner in einem indi-
rekten Wahlverfahren überraschend viele Bildungsbürger in die Stadtver-

19 *M. Weber*, Wirtschaft und Gesellschaft. Grundriß der verstehenden Soziologie, Tübingen 1980[5], S. 170.
20 *P. Nolte*, Gemeindebürgertum und Liberalismus in Baden 1800–1850. Tradition – Radikalismus – Republik, Göttingen 1994, S. 202–16.
21 *H. Berghoff u. R. Möller*, Unternehmer in Deutschland und England 1870–1914.
Aspekte eines kollektivbiographischen Vergleichs, in: HZ, Bd. 256, 1993, S. 353–86.

ordnetenversammlung, obwohl diese durch die Bindung des passiven Wahlrechts an einen hohen Zensus massiv benachteiligt waren. Hier handelte es sich ganz eindeutig um »geborgte Macht«.[22]

Mit der Gründung erster politischer Vereine in der Revolution von 1848, in denen sich bereits die Konturen des Parteienspektrums abzeichneten, wie es sich in den 1860er Jahren auffächern sollte, begann die Politisierung der städtischen Selbstverwaltung. Der Begriff der *Politisierung* – von Helmuth Croon in die deutsche stadtgeschichtliche Forschung eingebracht[23] – vermengt vier Teilprozesse, die keineswegs synchron verliefen und daher aus analytischen Gründen genau auseinandergehalten werden müssen:

1. die Ausweitung der politischen Partizipationschancen;
2. das Eingreifen politischer Vereine und Parteien in Kommunalwahlkämpfe;
3. die Fraktionierung der Selbstverwaltungsorgane entlang der Parteigrenzen, und
4. die Verdrängung der Honoratioren durch Berufspolitiker.

Die Ausweitung der politischen Partizipationschancen schritt, wie oben beschrieben, aufgrund des hartnäckigen Widerstandes aus den Reihen des städtischen Bürgertums nur mühsam voran. Nach bürgerlichem Selbstverständnis – daran änderte sich auch in der zweiten Hälfte des 19. Jahrhunderts kein Jota – gehörte die städtische Selbstverwaltung in die Hände der selbständigen, mit Vollbürgerrecht ausgestatteten Hausväter, wobei der Begriff *Selbständigkeit* sowohl wirtschaftliche Unabhängigkeit durch ein Abkömmlichkeit sicherndes Vermögen oder Einkommen als auch ein durch Bildung vermitteltes selbständiges Urteil umfaßte. Die in der Stadt ansässigen, in selbständigen Verhältnissen lebenden Männer seien allein in der Lage, über interessengebundene Parteienstandpunkte hinaus das *Gemeinwohl* der Stadt zu erkennen und zu befördern. Selbstverwaltung wurde gerade von den liberalen Parteien als überparteiliche, vernunftgeleitete Erörterung von Sachproblemen verstanden. In den Wahlaufrufen und -reden der liberalen Parteien werden die Begriffe *Politik* und *Selbstverwaltung* dementsprechend stets als Gegensatzpaar verwandt. In der historischen Rückschau mag dies als interessengeleitete Ideologie erscheinen, um den Übergang von der »klassenlosen Bürgergesellschaft« zur »bürgerlichen Klassengesellschaft« (Lothar Gall) zu überwölben. Und auf manchen Politikfeldern, etwa beim städtischen Wohnungsbau, betrieben die bürgerlichen Honoratioren in den Stadtparlamenten auch eine massive Interessenpolitik, indem sie im Interesse der Haus- und Grundbesitzer das Elend in den *Slums* ignorierten, so lange es eben ging. Auf anderen Politikfeldern, etwa in der städtischen Armenpflege,

---

22 *Schmuhl,* Herren, S. 392 ff.
23 H. *Croon,* Das Vordringen der politischen Parteien im Bereich der kommunalen Selbstverwaltung, in: ders., W. *Hofmann* u. G.-C. v. *Unruh,* Kommunale Selbstverwaltung im Zeitalter der Industrialisierung, Stuttgart 1971, S. 15–54.

die – z.B. in Gestalt des *Elberfelder Systems* – den bürgerlichen Honoratioren
ein hohes Maß auch an persönlichem Engagement abverlangte, zeigt sich jedoch, daß der *bürgerliche Gemeinsinn* keine hohle Phrase war. Das städtische
Bürgertum übernahm Verantwortung für die unterbürgerlichen Schichten,
kam aber nicht auf die Idee, diese Schichten in die Verantwortung einzubeziehen. Man kann wohl davon ausgehen, daß die bürgerlichen Honoratioren
in den Städten nie die Zielutopie der liberalen Höhenkammliteratur geteilt
haben, daß man im Zuge einer umfassenden *bürgerlichen Verbesserung* letztlich
alle Menschen zu Bürgern machen könne. Dem städtischen Bürgertum war
vielmehr klar, daß die bürgerliche Gesellschaft immer nur eine schmale Be-
völkerungsschicht umfassen würde. Es zeigte daher keine Skrupel, die Ent-
scheidungszentren der Kommunalpolitik gegen die Partizipationsansprüche
breiter Bevölkerungsschichten abzuschotten. Städtische Selbstverwaltung
war und blieb eine Eliten-Demokratie.

Der Zugang zu den städtischen Selbstverwaltungsorganen wurde seit
Ende der 1860er Jahre in den meisten deutschen Städten von liberalen Ver-
einen und Parteien kontrolliert, wobei – je nach den politischen Rahmenbe-
dingungen – der *Gemeindefreisinn* dominierte (wie in Nürnberg) oder der
Nationalliberalismus (wie in Braunschweig). Aufgrund des seinem Anspruch nach apolitischen Selbstverwaltungskonzepts schlug die Spaltung des
Liberalismus deutlich später und längst nicht so stark auf die kommunale
Ebene durch. Auch behielten die liberalen Parteien auf lokaler Ebene den
Charakter von Honoratiorenparteien. Zu einer parteipolitischen Fraktionierung der Stadtvertretungen kam es vorläufig nur in Ansätzen. Die Politisierung der Stadtparlamente führte zwar zu Verschiebungen innerhalb der
städtischen Führungsgruppen, nicht aber zu einem vollständigen Elitenwechsel. Was schließlich den Typus des Berufspolitikers betrifft, so taucht er
in den Stadtvertretungen der von uns untersuchten Städte erst zu Beginn des
20. Jahrhunderts vereinzelt auf – und zwar vorzugsweise in den Reihen der
Sozialdemokraten. Die Vertreter der liberalen Parteien waren und blieben
auch in der zweiten Hälfte des 19. Jahrhunderts Honoratioren – Männer, die
für die Politik leben konnten, ohne von ihr leben zu müssen. Der Wandel
von der Honoratioren- zur Parteienherrschaft in der Stadt stellte sich, alles in
allem, nicht als scharfer Bruch, sondern als gleitender Übergang dar.

So haben die Analysen auf der Mikroebene neue und überraschende Einblicke in die Geschichte des Liberalismus eröffnet. Als »einig«, »kraftvoll«
und »machtbewußt« beschreibt *Karl Heinrich Pohl* den Liberalismus aus regionaler Perspektive. Zu einem Zerfall der liberalen Bewegung in eine ver-
wirrende Vielfalt liberaler Parteien, wie er sich auf Reichsebene beobachten
läßt, kam es in den Städten nicht. Das geradezu sprichwörtliche Organisati-
onsdefizit erweist sich auf der Ebene der Stadt als durchaus funktional, da es
dem unpolitischen Verständnis der Liberalen von kommunaler Selbstverwaltung und auch den Strukturen der bis 1918 auf kommunaler Ebene
durchgehaltenen Honoratiorenherrschaft entsprach. Bei der Verteidigung

ihrer Schlüsselstellung in der Kommunalpolitik erwiesen sich die Liberalen
in der Wahl ihrer Mittel wenig zimperlich – machtbewußt wehrten sie die
Vorstöße der Sozialdemokratie zu einer Verbreiterung der kommunalpolitischen Partizipationschancen ab. Und hinter dem in den deutschen Städten
entwickelten Munizipalsozialismus zeichnet sich ein starker Trend zu einem
sozial engagierten Liberalismus ab, der dessen Innovationspotential ein-
drucksvoll unterstreicht.[24] Zu einem etwas anders akzentuierten Urteil gelangt *Manfred Hettling* in seinem Projekt über »Politische Bürgerlichkeit« in
Deutschland und der Schweiz von 1860 bis 1918. Auf der Basis einer vergleichenden Analyse des Liberalismus in Breslau und Basel stellt er heraus, daß
die Stärke des deutschen Liberalismus auf der kommunalen Ebene gleichzeitig als Zeichen für das Scheitern des Anspruchs auf politische Bürgerlichkeit auf der staatlichen Ebene aufgefaßt werden kann: »Den Liberalen
scheint es nicht in ausreichendem Maß gelungen zu sein, durch politische
Ziele, durch eine liberale Weltanschauung den Bürger jenseits seiner jeweiligen städtischen Lebenswelt zu integrieren, zu vergesellschaften. ... Das
war ein Grunddilemma der Liberalen – entweder blieben sie auf die Stadt
verwiesen, oder sie fanden Resonanz nur als Interessenpartei.«[25]

Die Entfaltung einer modernen Kommunalverwaltung zwischen der
Reichsgründung und dem Ersten Weltkrieg gilt zu Recht als eine der größten Modernisierungsleistungen in der neueren deutschen Geschichte. Sicherlich wurde dieser säkulare Modernisierungsprozeß durch das rasante
Wachstum der Städte und die beginnende Industrialisierung geradezu er-
zwungen. Zudem gab es nur eine begrenzte Zahl von Lösungsmöglichkeiten
für die durch die Urbanisierung verursachten Probleme, dennoch beweist
der Aufbau der modernen *Daseinsvorsorge* in den Städten des Kaiserreichs –
vom Gaswerk bis zur Müllabfuhr, von den öffentlichen Verkehrsbetrieben
bis zur Kanalisation – die erstaunliche Anpassungsfähigkeit der kommunalen Selbstverwaltungsstrukturen an die sich wandelnden demographischen,
sozialen und ökonomischen Rahmenbedingungen. Wer waren die sozialen
Träger des Modernisierungsprozesses? Mit der Entstehung der städtischen
Daseinsvorsorge – so die in der Stadtgeschichtsforschung lange vorherrschende Meinung – sei das Honoratiorenregiment in den Magistraten und
Stadtparlamenten gebrochen worden. Der lawinenartig anwachsende Umfang der städtischen Verwaltungstätigkeit habe ein kommunales Berufsbeamtentum entstehen lassen, das schon bald die Herrschaft über die Städte
übernommen hätte. Zwischen den Berufsbeamten und den Selbstverwaltungsorganen sei es in dem Maße zu einer Entfremdung gekommen, wie der

24 *K.H. Pohl*, ›Einig‹, ›kraftvoll‹, ›machtbewußt‹. Überlegungen zu einer Geschichte des
deutschen Liberalismus aus regionaler Perspektive, in: Historische Mitteilungen, Jg. 7, 1994,
S. 61–80.
25 *M. Hettling*, Politische Bürgerlichkeit. Der Bürger zwischen Individualität und Vergesellschaftung in Deutschland und der Schweiz von 1860 bis 1918, Göttingen 1999, S. 219f.

Verwaltungsapparat einem Prozeß der *Professionalisierung,* die städtischen Selbstverwaltungsorgane dagegen einem Prozeß der *Politisierung* unterworfen gewesen seien. Es sei dieses kommunale Berufsbeamtentum gewesen, das den Ausbau der städtischen Leistungsverwaltung beschleunigt vorangetrieben habe. Dieser Sichtweise zufolge waren also die gemeindlichen Berufsbeamten – allen voran die Oberbürgermeister – die eigentlichen Träger der Modernisierung, während das städtische Bürgertum »eher als Traditionsballast denn als dynamische Kraft – ein historisches Auslaufmodell, das wenig, fast nichts zum Zukunftsmodell ›bürgerliche Gesellschaft‹ beizutragen hat,«[26] angesehen wird.

Im Lichte der neueren Bürgertumsforschung erscheint dieses Bild grob überzeichnet. Bei genauerer Betrachtung stellt sich heraus, daß die schroffe Gegenüberstellung von Honoratioren und Berufsbeamten der historischen Realität nicht gerecht wird. Unbestreitbar ist, daß seit dem zweiten Drittel des 19. Jahrhunderts die städtischen Beamtenstäbe stark anwuchsen. Entscheidend war allerdings nicht das zahlenmäßige Verhältnis von Berufsbeamten und ehrenamtlich tätigen Bürgern, sondern der politische Handlungsspielraum dieser Gruppen. Dieser wurde, formal betrachtet, durch die Machtverteilung in den Selbstverwaltungsorganen abgesteckt, konnte aber durch informelle Einflußkanäle beträchtlich ausgeweitet werden.

Mit dem Aufbau der städtischen Leistungsverwaltung waren die politischen Führungsgruppen auf die Arbeitskraft und den Sachverstand einer wachsenden Zahl von Berufsbeamten angewiesen. Dies stand in den städtischen Honoratiorenzirkeln seit dem zweiten Drittel des 19. Jahrhunderts auch außer Frage. Bei der allmählichen Ausweitung der Kommunalbeamtenschaft wurde jedoch Vorsorge getroffen, daß diese sich nicht allzu sehr verselbständigte. Die städtischen Honoratioren versuchten, die politisch einflußreichen magistratischen Beamten an sich zu binden. Dabei sind vor allem vier Aspekte zu berücksichtigen.

Erstens lag die Auswahl der städtischen Beamten bei den von Honoratioren beherrschten Selbstverwaltungsorganen. Die Analyse der Bewerbungsunterlagen der magistratischen Beamtenschaft in Nürnberg und Braunschweig weist darauf hin, daß – neben formalen Qualifikationskriterien – der Bezug zur Stadt für den Erfolg eines Bewerbungsgesuchs von ausschlaggebender Bedeutung war, sei es, daß der Bewerber aus der Stadt selber stammte, womöglich sogar aus der bürgerlichen Oberschicht, seine Schulausbildung in der Stadt genossen hatte (manchmal sogar mit städtischem Stipendium), in seiner bisherigen beruflichen Praxis in der Stadt tätig gewesen war oder in das städtische Bürgertum eingeheiratet hatte. Bis weit in die

---

26 *D. Langewiesche,* Kommentar, in: *Gall* (Hg.), Stadt und Bürgertum im Übergang, S. 229–36, hier: S. 239f. Langewiesche unterstellt diese Sichtweise dem Bielefelder Sonderforschungsbereich, wird aber dessen Forschungsergebnissen auf der Projektebene nicht gerecht.

zweite Jahrhunderthälfte hinein finden sich kaum Gemeindebeamte, die vor ihrer Anstellung keine Beziehungen in die Stadt hinein aufgebaut hatten. Ein großer Teil der magistratischen Beamten war also von vornherein in das Netzwerk sozialer Beziehungen eingebunden, das sich über die städtischen Mittel- und Oberschichten spannte.

Zweitens ist zu bedenken, daß die Gemeindebeamtenschaft in einem Prozeß der *Verberuflichung* begriffen war, der bis weit in die zweite Hälfte des 19. Jahrhunderts hineinreichte. Qualifikationskriterien, Gehälter, Pensionen usw. – das alles wurde primär durch Ortsstatuten festgesetzt, die von den Selbstverwaltungsorganen erlassen wurden. Bei der allmählichen Gleichstellung mit den Beamten im Staatsdienst, die erst im letzten Drittel des 19. Jahrhunderts in etwa erreicht wurde, waren die höheren Gemeindebeamten also auf das Wohlwollen der politisch führenden Honoratiorengruppen angewiesen.

Drittens ist zu berücksichtigen, daß die Vermehrung besoldeter Magistratsstellen nur durch einen Beschluß der Stadtparlamente möglich war, und diese sorgten dafür, daß die Balance zwischen Honoratioren und Berufsbeamten in den Magistraten stets gewahrt blieb. In Nürnberg z.B. wurden aus diesem Grunde seit Ende des 19. Jahrhunderts sogar besoldete Magistratsräte ohne Stimmrecht eingestellt. Natürlich sagt die Sitzverteilung in den Stadtvorständen für sich betrachtet recht wenig aus. Einzelne magistratische Beamte, insbesondere natürlich die Oberbürgermeister, konnten aufgrund ihrer charismatischen Persönlichkeit, ihrer Qualifikation oder ihrer langen Amtszeit zu großer Machtfülle gelangen. Aber selbst die Oberbürgermeister regierten ihre Städte nicht unumschränkt.

Aus dem gegenseitigem Abhängigkeitsverhältnis heraus entwickelte sich, *viertens*, eine enge gesellschaftliche Verflechtung zwischen Honoratioren und Berufsbeamten. Die höhere Beamtenschaft wuchs im Laufe des 19. Jahrhunderts in das städtische Bürgertum hinein. Manchmal heirateten die Gemeindebeamten in den Kreis der politischen Führungsgruppe ein. Engmaschige Beziehungsgeflechte unterhalb der Konnubiumsebene werden auch durch die Patenschaftsanalyse deutlich. Hier zeichnen sich Verflechtungen innerhalb der Beamtenschaft im Gemeinde- und Staatsdienst ab, aber auch zwischen der Gemeindebeamtenschaft und dem Bürgertum in den Städten. Gemeinsame Verkehrskreise von höheren Gemeindebeamten und städtischen Honoratioren wurden auch durch die geselligen Vereine geschaffen. Hier fiel häufig die Vorentscheidung über kommunalpolitische Fragen.[27]

Über formelle und informelle Einflußkanäle wirkten die bürgerlichen Honoratioren auf kommunalpolitische Entscheidungsprozesse ein, und zwar – entgegen einer zählebigen Geschichtslegende – keineswegs nur als retardierender Faktor. Das läßt sich beispielhaft an den Entscheidungspro-

---

27 *Schmuhl*, Herren, S. 189–97, 267–80, 314–18, 376–81, 398–402, 479–87, 508–12.

zessen aufzeigen, die dem Bau und der Kommunalisierung der Gaswerke
in Nürnberg und Braunschweig vorausgingen – den Gaswerken kam besondere Bedeutung zu, da sie als die ersten Gemeindebetriebe am Anfang der
Entwicklung hin zur kommunalen Daseinsvorsorge standen. Sowohl in
Nürnberg als auch in Braunschweig wurde das Gasbeleuchtungsprojekt
jahrzehntelang von der professionellen Kommunalbeamtenschaft ver-
schleppt, die vor allem finanzielle Bedenken geltend machte. Der tote Punkt
wurde in beiden Fällen durch das Eingreifen einer »Bürgerinitiative« über-
wunden, die ihren politischen Einfluß, ihr Sozialprestige und nicht zuletzt
auch ihre Wirtschaftskraft in die Waagschale warf, um das Gasbeleuchtungsprojekt aus der Sackgasse zu führen: In Braunschweig gründete sich 1846
um den Verlagsbuchhändler Eduard Vieweg – zentrale Figur im evangelisch-reformierten Wirtschafts- und Bildungsbürgertum der Stadt – eine
Aktiengesellschaft, um das Gasbeleuchtungsprojekt, das seit 1826 eher halb-
herzig verfolgt wurde, endlich voranzutreiben; in Nürnberg brachte zur
gleichen Zeit ein informeller Zirkel einflußreicher Wirtschaftsbürger um
den Großkaufmann Georg Zacharias Platner, den Maschinenfabrikanten
Johann Friedrich Klett und Johannes Zeltner, den Gründer der Nürnberger
Ultramarinfabrik, die in den 1830er Jahren bereits die erste deutsche Eisen-
bahngesellschaft aus der Taufe gehoben hatten, die stockenden Verhandlun-
gen um einen Beleuchtungsvertrag durch eine Petition wieder in Gang. Die
Denkschriften und Briefwechsel im Zusammenhang mit diesen »Bürger-
initiativen« offenbaren ein erstaunlich hohes Maß an Weitsicht und Offenheit. So wurde die spätere Kommunalisierung der zunächst privatwirtschaft-
lich betriebenen Gaswerke von vornherein mit ins Kalkül gezogen – das
städtische Bürgertum wurde keineswegs, wie mitunter behauptet wird, von
manchesterliberalen Skrupeln geprägt, wenn es um den Aufbau kommunal-
wirtschaftlicher Betriebe ging.[28] Das Beispiel deutet darauf hin, daß die Träger des säkularen Modernisierungsprozesses auf städtischer Ebene lange Zeit
weniger in der professionellen Bürokratie zu suchen sind als in den bürgerlichen Honoratioreneliten. Dies deckt sich mit dem von *Ralf Zerback* für
München erhobenen Befund: »So bildete das Stadtbürgertum in seiner Fähigkeit, moderne Anforderungen mit Bestehendem aussöhnen zu können,
das eigentliche Kraftzentrum der vormärzlichen Gesellschaft – und nicht die
Beamtenschaft, auch wenn diese ein solches Selbstbild hegte«.[29] Und wenn
die Initiativfunktion im letzten Drittel des 19. Jahrhunderts auch mehr und
mehr auf die Oberbürgermeister und die magistratische Berufsbeamten-
schaft überging, so erlahmte die gestalterische Kraft des Stadtbürgertums
doch nicht völlig.

---

28 *H.-W. Schmuhl*, Bürgertum und städtische Selbstverwaltung im 19. Jahrhundert. Nürnberg und Braunschweig im Vergleich, Habil.-Schrift Bielefeld 1995, S. 770–885. Die Abschnitte sollen demnächst in Aufsatzform veröffentlicht werden.
29 *Zerback*, München, S. 299. Vgl. *Roth*, Frankfurt, S. 396.

3. Soziale Aspekte

Das Bürgertum in den Städten des 19. Jahrhunderts bildete keineswegs eine homogene Sozialformation, sondern stellte sich als ein heterogenes Konglomerat von Besitz- und Erwerbsklassen dar, das keine scharfen Außengrenzen aufwies. Vielmehr lagerten sich um einen harten Kern fest in den bürgerlichen Klassenverband eingebundener Berufsklassen solche sozialen Gruppen an, die noch nicht oder nicht mehr ganz dazugehörten. Im Zuge von Verbürgerlichungs- und Entbürgerlichungsprozessen verschoben sich die Grenzen des städtischen Bürgertums immer wieder aufs neue. In diesem Sinne meint der Begriff Bürgertum im Grunde genommen nur eine Verdichtung im gesamtgesellschaftlichen Beziehungsgeflecht, wobei die Stärke der Vernetzung nach außen hin stetig abnimmt. Im Vergleich zeigt sich, wie das soziale Profil des städtischen Bürgertums – abhängig vom jeweiligen Städtetypus – je eigene Konturen gewinnt. Es entstand zunächst eine Vielzahl von »Bürgertümern«, deren Besonderheiten sich nur ganz allmählich abschliffen. Diese zentrale These des Frankfurter Forschungsprojekts wird durch die stadtgeschichtlich ausgerichteten Projekte des Bielefelder Sonderforschungsbereichs bestätigt.

So hat die Analyse der Heirats- und Verkehrskreise, der Patenschaftsbeziehungen und Vereinsmitgliedschaften der städtischen Führungsgruppen in Nürnberg und Braunschweig eine Reihe von Gemeinsamkeiten, aber auch bedeutsame Unterschiede zutage gefördert. In beiden Fällen läßt sich ein Primat des Wirtschaftsbürgertums über das gesamte 19. Jahrhundert hinweg nachweisen, wobei es im zeitlichen Längsschnitt zu charakteristischen Verschiebungen kam: Das Handelsbürgertum, das vor allem im ersten Drittel des 19. Jahrhunderts eine überaus starke Stellung in den städtischen Führungsgruppen behaupten konnte (und das, wie auch die Frankfurter Forschungen ergeben haben, »eine bisher zu wenig beachtete Teilgruppe des deutschen Bürgertums«[30] darstellt), verlor im Zuge des Industrialisierungsprozesses allmählich an Gewicht, während gleichzeitig das aufstrebende Industriebürgertum, das sich zum größeren Teil aus der Großkaufmannschaft, zu einem kleineren Teil auch aus dem Handwerk rekrutierte, an Bedeutung hinzugewann, bis es in den 1890er Jahren zum strukturdominanten Element in den städtischen Führungsgruppen wurde. Diese Tendenzen treten auch bei der von *Manfred Hettling* vorgenommenen Analyse der Stadtverordneten Breslaus zutage – ein Indiz dafür, daß es sich hier um einen allgemeinen Trend handelt.[31] Einen Bedeutungszuwachs konnten in der zweiten Jahrhunderthälfte auch die bildungsbürgerlichen Berufsklassen verbuchen, wobei im Hinblick auf Herkunft und Heiratsverhalten eine zunehmende Ver-

---

30 *Möller*, Augsburg, S. 12.
31 *Hettling*, Bürgerlichkeit, S. 90 f.

zahnung von Wirtschafts- und Bildungsbürgertum feststellbar ist. Während aber in der Handels- und Gewerbestadt Nürnberg das Wirtschaftsbürgertum eindeutig strukturdominant war und blieb, gewann in der Haupt-, Residenz- und Verwaltungsstadt Braunschweig (wie auch in der Universitätsstadt Breslau[32]) das Bildungsbürgertum ein vergleichsweise starkes Gewicht im städtischen Herrschafts- und Gesellschaftsgefüge. Teile der Beamtenschaft, vor allem die höhere Kommunalbeamtenschaft, waren – wie die Mikroanalyse belegt – eng in die Heirats- und Verkehrskreise des Wirtschaftsbürgertums und des freiberuflichen Bildungsbürgertums eingebunden. In beiden Fällen ist eine allmähliche Entbürgerlichung der vormals in den Stadtbürgerverband fest eingebundenen Gruppen aus dem Bereich der Handwerkerschaft zu konstatieren, die aber in Braunschweig rascher erfolgte und weiter ging als in Nürnberg mit seiner starken Handwerkertradition.[33]

Im Verein nahm der bürgerliche Gesellschaftsentwurf Gestalt an. Die Bedeutung des Vereinswesens für die Konstituierung des Bürgertums als Klassenverband mit kollektiver Identität kann schwerlich überschätzt werden. »Aus einem ... abstrakten Begriff Bürgertum wurde in den Vereinen eine unmittelbar lebendige, konkrete Wirklichkeit«.[34] Hier kam wiederum das lokale Milieu ins Spiel. Bürgerliche Vereine waren primär ein urbanes Phänomen.[35] Dies hing, *erstens*, damit zusammen, daß allein in den Städten die für die Ausbildung eines Vereinswesens notwendige Dichte der kommunikativen Verbindungen wie die erforderliche Infrastruktur (z.B. Zeitungwesen, Lesehallen, Bibliotheken, Vereinslokale) gegeben war. *Zweitens* existierten in vielen Städten bereits korporative Protovereine aus der Zeit des altständischen Stadtbürgertums, die zum Nukleus des modernen Vereinswesens werden konnten. Die Verankerung des Vereinswesens im städtischen Milieu führte dazu, daß die Vereinsszene – in Abhängigkeit vom Städtetyp – ein je eigenes Sozialprofil entwickelte. In Städten mit starkem Traditionsüberhang etwa waren diejenigen Familien, Gruppen und Berufe in den Vereinen tonangebend, die innerhalb des alten Stadtbürgerverbandes rechtlich privilegiert (ratsfähig) gewesen waren, da sie sich auf fest geknüpfte Verwandtschafts-, Freundschafts- und Geschäftsbeziehungen stützen konnten und nach wie vor ein hohes Maß an Sozialprestige genossen. Wo die alte stadtbürgerliche Verfassung schon früh aufgebrochen worden war, dominierte in den Vereinen die neue Honoratiorenschicht, die sich aus den innovativen Berufsklassen der Unternehmer, der freien Berufe, der Staatsbeam-

---

32 Ebd., S. 41, 91.
33 *Schmuhl,* Herren, bes. S. 531–41.
34 *T. Nipperdey,* Verein als soziale Struktur in Deutschland im späten 18. und frühen 19. Jahrhundert, in: *ders.,* Gesellschaft, Kultur, Theorie. Gesammelte Aufsätze zur neueren Geschichte, Göttingen 1976, S. 174–205, Zitat S. 185.
35 Vgl. *K. Tenfelde,* Die Entfaltung des Vereinswesens während der Industriellen Revolution in Deutschland (1850–1873), in: *O. Dann* (Hg.), Vereinswesen und bürgerliche Gesellschaft in Deutschland, München 1984, S. 55–114, hier S. 71–77.

ten usw. zusammensetzte, da diese im Mittelpunkt neu entstehender Beziehungsnetze standen und vor dem Hintergrund allgemeiner Fortschrittsbegeisterung durch ihre Erwerbsart rasch an Sozialprestige gewannen. Solche Unterschiede in der sozialen Struktur der Vereine schliffen sich umso langsamer ab, als sich nur ganz allmählich überlokale Vereinsstrukturen ausbildeten. Bis in das zweite Drittel des 19. Jahrhunderts hinein verfügten nur wenige Vereinstypen, z.B. Freimaurerlogen, Turner- und Burschenschaften, über institutionalisierte Kontakte auf Landes-, nationaler oder gar internationaler Ebene. Doch auch die überlokalen Vereinsstrukturen, die sich in der zweiten Jahrhunderthälfte herausbildeten, waren zunächst eher lockere Zusammenschlüsse autonomer lokaler Vereine als hierarchisch gegliederte Großorganisationen. Die Tendenz zur Exklusivität führte vielerorts zu einer Auffächerung des städtischen Vereinswesens, zu Neugründungen von Vereinen gleichen oder ähnlichen Typs. Nicht nur gründeten soziale Gruppen, Schichten und Klassen, die außerhalb oder am Rande des Bürgertums standen, ihre eigenen Vereine nach bürgerlichem Vorbild, auch das bürgerliche Vereinswesen differenzierte sich immer weiter aus. Es war daher auch ein Mittel der sozialen Distanzierung, gab dem Bürgertum nicht nur feste Außengrenzen, sondern bildete auch seine innere Differenzierung, die subtile Hierarchie der bürgerlichen Gesellschaft ab. Auf diese Weise gewann das Bürgertum Kontur und Struktur.

Die Mikroanalyse auf städtischer Ebene liefert auch wichtige Einblicke in die Verbürgerlichung der jüdischen Minderheit. Der Aufstieg in die bürgerliche Gesellschaft stellte für die Mehrheit der deutschen Juden im 19. Jahrhundert »ein wichtiges Lebensziel und den einzigen, alles entscheidenden Prüfstein für Erfolg und Versagen dar«. Darüber hinaus war die Verbürgerlichung der Juden »ein Gruppenphänomen, ein kollektiv in Angriff genommenes und endlos diskutiertes Projekt«. Die jüdische Minderheit wurde zwar nicht als geschlossene Gruppe in das Bürgertum integriert, die Verbürgerlichung der jüdischen Angehörigen bürgerlicher Berufsklassen gelang aber – gerade wenn man die städtische Ebene in den Blick nimmt – rasch und nahezu vollständig. War das alte Stadtbürgertum den Juden traditionell versperrt gewesen, so faßten jüdische Honoratioren fast gleichzeitig mit der Zulassung zum städtischen Bürgerrecht in der städtischen Selbstverwaltung Fuß, waren fortab in den gemeindlichen Gremien vieler Städte stark vertreten und gestalteten die Kommunalpolitik maßgeblich mit. In einem singulären Assimilationsprozeß, der nicht nur die Veränderung der Berufsstruktur, sondern auch »die Aneignung und Anwendung der deutschen Sprache, die Annahme des Bildungsideals und die Übernahme der sich neu entfaltenden bürgerlichen ›Sittlichkeit‹«[36] umfaßte, übernahmen die jüdischen Ober-

---

36 S. Volkov, Die Verbürgerlichung der Juden in Deutschland. Eigenart u. Paradigma, in: J. Kocka (Hg.), Bürgertum im 19. Jahrhundert. Deutschland im internationalen Vergleich, Bd. 2, München 1988, S. 343–71, Zitate S. 345, 351.

und Mittelschichten den kulturellen Habitus des Bürgertums, und auch in der lokalen Kulturszene spielten sie – als Mäzene oder Sammler – eine wichtige Rolle.[37] Darüber hinaus unternahmen sie jede Anstrengung, um in das stadtbürgerliche Vereinswesen einbezogen zu werden. Diese Bemühungen verliefen je nach Städtetyp und nach Vereinstyp unterschiedlich – in Großstädten wie Nürnberg und Braunschweig spielten Juden im lokalen Vereinswesen eine ungleich größere Rolle als in Kleinstädten, wie die Studien von *Peter Franke* über Prenzlau zeigen;[38] Turnvereine, Schützengesellschaften oder Sängerbünde dürften sich wohl zeitweise schwerer getan haben, Juden aufzunehmen, als etwa kulturelle oder Berufsvereine. Aufs ganze gesehen gelang es den jüdischen Honoratioren (für die sich durchweg verhältnismäßig viele Vereinsmitgliedschaften nachweisen lassen) erstaunlich gut, in den städtischen Vereinen Fuß zu fassen. An den Heiratskreisen, die sich aus den durch die Vereine geschaffenen Verkehrskreisen herausbildeten, hatten Juden jedoch, sofern sie nicht konvertierten, so gut wie keinen Anteil. Jüdische und nichtjüdische Familienverbände blieben getrennt. Diese weitgehende konfessionelle Endogamie, die wohl – im Sinne einer »situativen Ethnizität«[39] – von beiden Seiten gewollt war, markierte die Grenze der Verbürgerlichung der jüdischen Minderheit, die sich auf lange Sicht als verhängnisvoll erweisen sollte.

4. Kulturelle Aspekte

Die Bügertumsforschung hat in den letzten Jahren feststellen müssen, wie schwierig es ist, das Bürgertum allein mit Hilfe sozialgeschichtlicher Kategorien zu fassen. Bei der Frage, was dieses heterogene Konglomerat von Berufs- und Statusgruppen mit ganz unterschiedlicher Klassenlage zu einer Sozialformation mit kollektiver Identität zusammenband, richtet sich das Interesse mehr und mehr auf einen sozial bestimmten und kulturell geformten Habitus. *Bürgerlichkeit* war eine wichtige Klammer zwischen den Teilen des

37 *E. Kraus*, Jüdisches Mäzenatentum im Kaiserreich: Befunde – Motive – Hypothesen, in: *J. Kocka u. M. Frey* (Hg.), Bürgerkultur und Mäzenatentum im 19. Jahrhundert, Berlin 1998, S. 38–53; *H.-W. Schmuhl*, Mäzenatisches Handeln städtischer Führungsgruppen in Nürnberg und Braunschweig im 19. Jahrhundert, in: ebd., S. 54–81.

38 *P. Franke*, Freimaurer in Prenzlau. Zur Geschichte der Loge »Zur Wahrheit« 1796–1935, in: Mitteilungen des Uckermärkischen Geschichtsvereins, Jg. 4, 1995, S. 32–71, hier: S. 50–55; *ders.*, Der Prenzlauer Bankverein. Zur Entstehung und Entwicklung der genossenschaftlichen Kreditbeschaffung in Prenzlau zwischen 1856 und 1930, o.O. o.J., S. 28–31; *ders.*, Prenzlauer Wirtschaftsbürger, in: Mitteilungen des Uckermärkischen Geschichtsvereins, Jg. 5, 1996, S. 103–42, hier S. 104–10; *Schmuhl*, Herren, S. 236–52, 405–13, 469–79.

39 *T. van Rahden*, Weder Milieu noch Konfession. Die situative Ethnizität der deutschen Juden im Kaiserreich in vergleichender Perspektive, in: *O. Blaschke u. F.-M. Kuhlemann* (Hg.), Religion im Kaiserreich. Milieus – Mentalitäten – Krisen, Gütersloh 1996, S. 409–34.

Bürgertums, die für Binnenhomogenität und Außenabgrenzung sorgte. In der Sphäre der Kultur – so könnte man zugespitzt formulieren – inszenierte sich das im Entstehen begriffene Bürgertum selbst.

Der städtische Raum stellte ein wichtiges Element in diesem Prozeß dar, lieferte er doch elementare Bausteine zur bürgerlichen Selbstinszenierung. Die Vergangenheit der Stadt bot wichtige Bezugspunkte für die Selbstvergewisserung des Bürgertums. Die über lange Zeiträume gewachsenen stadtbürgerlichen Traditionen stellten auch dort, wo sie längst in Auflösung begriffen waren oder abrupt unterbrochen wurden, das Rohmaterial für die Herstellung von Traditionslinien zwischen dem alten Stadtbürgertum und dem neuen städtischen Bürgertum. Die öffentliche Festkultur eröffnete eine Möglichkeit, das aus Traditionsüberhängen gespeiste bürgerliche Selbstbild effektvoll in Szene zu setzen. So stellte sich die Tausendjahrfeier der Stadt Braunschweig im Jahre 1861 auf der sozialen Bedeutungsebene als Medium der »kulturellen Vergesellschaftung« des Bürgertums dar; auf der politischen Bedeutungsebene markierte sie – als feierlicher Friedensschluß zwischen dem bürgerlichen Liberalismus und der konstitutionellen Monarchie – den symbolischen Endpunkt der Revolutionsära.[40] Hier deutet sich an, daß der Bezug auf die alte Stadt oft auch eine politische Dimension hatte. So hat *Anne Kosfeld* am Beispiel Frankfurts aufgezeigt, wie die Stadt des Mittelalters in der Verfassungsdiskussion der Restaurationszeit zum Leitbild des städtischen Bürgertums fungierte. Der Rückgriff auf die Geschichte Frankfurts bot Liberalen wie Konservativen die Chance, »Ansprüche auf Freiheitsrechte historisch zu legitimieren, ohne sich mit der Französischen Revolution zu diskreditieren. Das hatte jedoch schwerwiegende Folgen für die verfassungsrechtliche Verankerung bürgerlicher Freiheitsrechte.«[41]

Als wesentliches Element von Bürgerlichkeit kann das überaus enge Verhältnis zur *Hochkultur* – zu Literatur, Musik, Theater, bildender Kunst und Architektur – gelten. Indem es sich Kunst als Kulturgut aneignete und ästhetische Normen und Konventionen entwickelte, übte das Bürgertum einen kulturellen Habitus ein, der eine wichtige Querspange bildete, um die bürgerlichen Berufsklassen über soziale, wirtschaftliche, politische, konfessionelle (schließlich auch regionale) Unterschiede hinweg zusammenzuhalten. Auch hierbei kam die Stadt als wichtiger Konstituierungsfaktor ins Spiel. Denn die Infrastruktur, die notwendig ist, um ein eigenständiges gesellschaftliches Subsystem hervorzubringen, in dem Kulturgüter produziert,

40 *H.-W. Schmuhl*, Die Tausendjahrfeier der Stadt Braunschweig im Jahre 1861, in: *M. Hettling u. P. Nolte* (Hg.), Bürgerliche Feste. Symbolische Formen politischen Handelns im 19. Jahrhundert, Göttingen 1993, S. 124–56.

41 *A. G. Kosfeld*, Politische Zukunft und historischer Meinungsstreit. Die Stadt des Mittelalters als Leitbild des Frankfurter Bürgertums in der Verfassungsdiskussion der Restaurationszeit, in: *R. Koselleck u. K. Schreiner* (Hg.), Bürgerschaft. Rezeption und Innovation der Begrifflichkeit vom Hochmittelalter bis ins 19. Jahrhundert, Stuttgart 1994, S. 375–454, Zitat S. 450.

vermittelt und konsumiert werden – Debattierclubs, Lesekabinette und Kaffeehäuser, Kunst- und Musikvereine, Buchhandlungen und Bibliotheken, Theater und Konzertsäle, Museen und Galerien, Kunstausstellungen und -auktionen usw. –, bildete sich auf der städtischen Ebene heraus. So entstand eine Vielzahl von »Kunstwelten« in je eigenen lokalen Kontexten, die bei einer vorschnellen Verallgemeinerung aus dem Blick geraten. Bei der Entstehung dieser »Kunstwelten« spielten das städtische Bürgertum und insbesondere die städtischen Führungsgruppen eine überaus wichtige Rolle: als Kenner, Käufer und Sammler von Kunst, als Stifter und Mäzene, als Mitglieder von Kunstvereinen, als Initiatoren von Komitees – etwa zur Veranstaltung eines Festes oder zum Bau eines Denkmals –, aber auch als Honoratiorenpolitiker in der städtischen Selbstverwaltung, wo die Grundlinien der kommunalen Kulturpolitik abgesteckt wurden. Insofern fügten sich die kulturellen Aktivitäten des städtischen Bürgertums – trotz manch individueller Intention – in das Leitmotiv des *bürgerlichen Gemeinsinns* und waren Teil des bürgerlichen Herrschaftskonzepts, das die Stadt als Modellfall für die Selbstorganisation der bürgerlichen Gesellschaft auffaßte. Die Förderung der Künste und Wissenschaften bildete wie das Spenden und Stiften zu wohltätigen Zwecken oder das Ehrenamt in der städtischen Selbstverwaltung ein konstitutives Element bürgerlichen Selbstverständnisses, denn »zum Bürger im zeitgenössisch-emphatischen Sinne wurde der erfolgreiche Bankier, Kaufmann, Fabrikant, Gastwirt oder auch Handwerker erst durch sein beständiges Engagement für das städtische Gemeinwesen«.[42]

Im Verlauf des 19. Jahrhunderts ist dabei ein allmählicher Übergang von individuellen zu kollektiven Formen der Kunstförderung, vor allem in der Organisationsform des Vereins, festzustellen. Mehr und mehr wurde auch die Bürgerschaft als Ganzes aktiv, indem die städtischen Selbstverwaltungsorgane sich der Förderung der Künste und Wissenschaften annahmen. Dabei zeichnete sich, was das Verhältnis dieser unterschiedlichen Formen angeht, ein auch aus anderen Bereichen städtischer Selbstverwaltung im 19. Jahrhundert vertrautes Muster ab, das durch das *Subsidiaritätsprinzip* gekennzeichnet war: Wo die Mittel eines einzelnen Bürgers oder einer Bürgerfamilie nicht hinreichten, bildete sich ein Verein oder Komitee, und wo die private Initiative überfordert war, sprang die Kommune ein. Ehe sie eine kulturelle Aufgabe an sich zogen, prüften die städtischen Selbstverwaltungsorgane zunächst, ob man sie nicht einem privaten Stifter oder Mäzen überlassen konnte. Umgekehrt bestand eine wesentliche Funktion individuellen wie auch kollektiven, in Vereinen organisierten mäzenatischen Handelns darin, Vorleistungen zu erbringen und so die gemeindlichen Gremien unter Zugzwang zu setzen, ihrerseits tätig zu werden.

---

42 *D. Hein*, Das Stiftungswesen als Instrument bürgerlichen Handelns im 19. Jahrhundert, in: *B. Kirchgässner u. H.-P. Becht* (Hg.), Stadt und Mäzenatentum, Sigmaringen 1997, S. 75–92, hier S. 84.

Die »kulturelle Vergesellschaftung« (Friedrich Tenbruck) des städtischen Bürgertums hat *Ulrike Renz* am Beispiel des 1822 gegründeten Hamburger Kunstvereins untersucht. Mit seinen seit 1826 durchgeführten Kunstausstellungen – »zu dieser Zeit etwas ganz Neues in Hamburg« – und der Gründung der städtischen Galerie im Jahre 1850 leistete der Kunstverein einen entscheidenden Beitrag zur Herausformung eines bürgerlichen Kunstpublikums – der Besuch von Kunstausstellungen war um die Mitte des 19. Jahrhunderts »zu einer gebräuchlichen kulturellen Praxis geworden«. Die »Deliberationsversammlung« des Kunstvereins, die sich aus dem exklusiven Zirkel der Gründungsmitglieder zusammensetzte, bildete den »Kern, um den herum sich das Kunstpublikum gleichsam in konzentrischen Kreisen gruppierte«. Den zweiten Kreis bildeten die einfachen Mitglieder des Vereins, den dritten schließlich das Publikum der Ausstellungen. Die Zahl der Besucher schwankte, erreichte aber bis 1870 die beeindruckende Marke von 15 000. Damit hatte sich das allgemeine Publikum bis in die Mittelschichten hinein ausgedehnt, ohne daß die Zielutopie einer allgemeinbürgerlichen Kultur erreicht wurde. Die Spannung zwischen der *Integrations*funktion – bildende Kunst als Klammer, die das heterogene Konglomerat bürgerlicher Klassen durch gemeinsame Geschmackskonventionen zusammenhielt – und der *Distinktions*funktion – bildende Kunst als Instrument zur scharfen Außenabgrenzung der bürgerlichen Sozialformation – konnte letztlich nicht aufgelöst werden.

Der Kunstverein gewann mit seinen Ausstellungen nach und nach beträchtlichen Einfluß auf den Hamburger Kunstmarkt, da die Verkaufszahlen auf den Ausstellungen des Kunstvereins nach der Jahrhundertmitte steil anstiegen. Nicht nur trat der Verein selber (z. B. im Rahmen der Kunstlotterie) als Käufer auf, auch der übrige Umsatz lief nahezu ausschließlich über den Verein. Bis in die zweite Hälfte des 19. Jahrhunderts bildete der Kunstverein den wichtigsten Vertriebsweg für die zeitgenössischen Künstler Hamburgs. Kunsthandel und Kunstverein standen dabei »nicht in einem Konkurrenz-, sondern in einem Komplementärverhältnis zueinander«: Handelte dieser vor allem mit alter Kunst, schaltete sich jener in die Vermarktung zeitgenössischer Kunst ein. Dabei beanspruchte der Kunstverein für sich durchaus die Rolle eines Kunstrichters, der den Publikumsgeschmack zu bestimmen bestrebt war. Vom Kunstverein ging schließlich auch der entscheidende Impuls zur Musealisierung der bildenden Kunst aus – auf seine Initiative ist der Bau der Hamburger Kunsthalle zurückzuführen.[43]

In dem Maße, wie sich die »Kunstwelt« gegen Ende des 19. Jahrhunderts von der »Bürgerwelt« trennte, verlor die Kultur an Prägekraft für das bür-

---

43 *U. Renz*, »... den veredelnden Einfluß der Kunst auf immer größere Kreise ausdehnen ...«. Bürgertum und bildende Kunst in Hamburg im späten 18. und 19. Jahrhundert, Magisterarbeit Bielefeld 1999, Zitate S. 48, 51, 81, 60. Vgl. *Schmuhl*, Mäzenatisches Handeln, S. 62–73.

gerliche Selbstverständnis. Bürgerliche Kultur löste sich zunehmend in eine
urbane Kultur auf. Im Zuge der Urbanisierung hatte sich nämlich in den
deutschen Großstädten des 19. Jahrhunderts eine neuartige Lebensform entwickelt, die man als *Urbanität* beschreiben kann. Bis weit in die zweite Hälfte
des 19. Jahrhunderts hinein wird man Urbanität und Bürgerlichkeit weitgehend gleichsetzen können. Insofern war Urbanität *das* formgebende Element in der Genese eines bürgerlichen Habitus. Freilich ließ seine Binde-
kraft – darauf hat *Klaus Tenfelde* mit Recht hingewiesen – in dem Maße nach,
wie Urbanität als Lebensform über die Grenzen der Großstädte ausgriff und
die Gesamtgesellschaft durchdrang. Insofern ist Urbanität zu einem ubi-
quitären Phänomen geworden und hat als Element der Bürgerlichkeit im
20. Jahrhundert stark an Bedeutung eingebüßt.[44] Auch der Zerfall der urbanen Lebensform in zahllose Subkulturen dürfte dazu beigetragen haben.
Unter dieser Perspektive stellt sich die Frage nach der gewandelten Bedeutung der Stadt für die Binnenhomogenität und Außenabgrenzung des Bürgertums im 20. Jahrhundert neu.

Der Bielefelder Sonderforschungsbereich hat gezeigt, daß die Stadt *ein*
konstitutives Element im Prozeß der Genese des modernen Bürgertums
darstellt. Eine Bürgertumsforschung, die die Ebene der Stadt ausblendet,
verliert einen wesentlichen Bezugsrahmen sozialer, politischer und kultureller Verbürgerlichungsprozesse im 19. Jahrhundert aus den Augen. Andererseits engt eine Bürgertumsforschung, die sich allein auf die Ebene der Stadt
konzentriert, das Blickfeld allzu stark ein, da sie etwa interlokale Vernetzun-
gen des Bürgertums, übergreifende politische Zielutopien oder allgemein-
gültige kulturelle Muster nicht hinreichend erfaßt. Gerade in der Pluralität
der Forschungsansätze liegt die Chance, die Konturen der dynamischen und
komplexen, analytisch nur schwer faßbaren Sozialformation Bürgertum zu
schärfen.

---

44 *K. Tenfelde*, Stadt und Bürgertum im 20. Jahrhundert, in: *ders.* u. *H.-U. Wehler* (Hg.),
Wege zur Geschichte des Bürgertums, Göttingen 1994, S. 317–353, hier S. 334f.

GUNILLA-FRIEDERIKE BUDDE

Bürgerinnen in der Bürgergesellschaft

Am 15. August 1876 sah der Journalist und Schriftsteller Theodor Fontane
seine Weltordnung erschüttert. Seine Frau Emilie hatte es in einem – leider
nicht überlieferten Brief – offenbar gewagt, seinen einsamen Entschluß an-
zuzweifeln, die zwar nicht gerade lukrative, doch zumindest Sicherheit bie-
tende Position eines ersten Sekretärs der Berliner Akademie der Künste aufzugeben. Einigermaßen in Rage griff Fontane zur Feder, um seine Kritikerin
zur Räson zu bringen: »Du bist eine durch Deinen Mann, Deine Kinder,
Deinen Lebensgang und Deine Lebensstellung unendlich bevorzugte Frau.
Es giebt wenige, die es so gut getroffen haben.« Über mehrere Seiten hinweg
untermalte er diese Behauptung, um dann seine Replik mit folgenden Worten zu schließen: »Die Unsicherheit bleibt; es wäre lächerlich sie fortde-
monstriren zu wollen; aber sie erschreckt mich nicht. Unsicher oder nicht,
der Satz bleibt bestehen, daß ein Mann von Talent und Wissen, der fleißig ist
und zu schreiben versteht, im Stande ist, sein täglich Brot zu verdienen. Hat
er es mal knapper, nun so muß es knapper gehn; aber immer werden auch
wieder hellere Tage kommen, die für Ausgleich sorgen. Es ist bisher gegangen, gut gegangen und ich sehe nicht ein, warum es nicht weiter gehen soll.
Die einzige Gefahr liegt bei Dir. Nimm mir die Stimmung und ich bin verloren. *Ich beschwöre Dich, daß Du* dessen eingedenk bist und *das Deine tust, mich
schwimmfähig zu halten.«*[1]

Die Vorstellung einer funktionierenden Bürgerehe, die Fontane hier umriß, entsprach dem zeitgenössischen Ideal des leistungsbereiten und risiko-
freudigen Mannes und der duldsam-vertrauensvollen Frau, die allzeit bereit war, ihrem Ehemann den Rücken zu stärken und freizuhalten, willfährig
seine Entscheidungen zu akzeptieren und mitzutragen, kurz: »ihn
schwimmfähig zu halten«. Doch nicht nur Familie Fontane mußte tagtäglich
die Kluft zwischen Vorstellungen und Wirklichkeiten aushalten und aus-
handeln. Im folgenden sollen zunächst zeitgenössische Ansichten über den
Platz von Bürgerinnen in der Bürgergesellschaft, die in normativen Schriften aufscheinen, skizziert und diskutiert werden, anschließend bürgerliche
Alltagspraxis und -erfahrungen in Familie und Gesellschaft im Wandel des

---

1 *E. u. T. Fontane*, Der Ehebriefwechsel. 3 Bde., Berlin 1998, Bd. 3, S. 70 ff. Orthographie
und Zeichensetzung dieser und folgender Quellen werden unkorrigiert wie im Original be-
lassen. – Hervorhebung G.-F. Budde.

19. Jahrhunderts beleuchtet und abschließend sich am Jahrhundertende abzeichnende Aufbrüche und Alternativen von Bürgerinnen in der Bürgergesellschaft in den Blick kommen.

I. Ansichten und Ausschlüsse

Entsprechend ihrer polar, doch komplementär gedachten »natürlichen Geschlechtscharaktere«, so die seit dem 18. Jahrhundert gängige Argumentation, sollten Männer und Frauen, namentlich Bürger und Bürgerinnen, sich in unterschiedlichen Handlungs- und Wirkungssphären finden, sich ergänzen und ein harmonisches Miteinander pflegen. Die Frau galt »ihrer Natur nach« als emotionsgeleitet, passiv und sanft, der Mann als vernunftsorientiert, aktiv und stürmisch. Dieser Gedanke entsprach durchaus der Idee der bürgerlichen Gesellschaft als Gemeinschaft von differenzierten Individuen mit multiplen Identitäten. Mehr noch: Eben diese Akzeptanz der Pluralität und die forcierte funktionale Differenzierung gehörten zu den konstitutiven und neuen Merkmalen nicht nur der idealen, sondern auch der real-existierenden bürgerlichen Gesellschaft, die bewußt Abschied nehmen wollte von der festgezurrten Kompaktheit altständischer Gruppen des Ancien régime.

Doch mit der polaren Geschlechterordnung wurden nicht nur »Ungleichheiten« angenommen, sondern diese gleichzeitig auch in einem System der Über- und Unterordnung verankert. Wer nach diesem nicht nur kontrastierenden, sondern auch hierarchisierten Schema den dominanten Part übernehmen sollte, stand nicht nur für den Bürger Fontane außer Frage. Wie aber vertrug sich die Idee weiblicher Unterordnung mit dem aufklärerischen Programm allgemeiner Chancengleichheit und Entfaltungsfreiheit ohne Rücksicht auf Geburt und damit auch Geschlecht? War – so eine Leitfrage der auch die Kategorie »Geschlecht« ernstnehmenden Bürgertumsforschung – die lange verwehrte, spät und zögernd einsetzende und bis heute nicht beendete Emanzipation der Frauen in den zentralen Prinzipien der bürgerlichen Gesellschaft angelegt, oder gehörten die ausgeprägten Ungleichheitsmuster nicht vielmehr zu den Grundpfeilern der bürgerlichen Gesellschaft?[2] Gegen die erste, optimistische Annahme sprechen die nicht abnehmenden sondern noch wachsenden Ungleichheiten und ihre Institutionalisierung auf sozialem, rechtlichem und politischem Gebiet gegen Jahrhundertende, als es sich verbot, sie noch als ständische Überhänge und Traditionsüberbleibsel erklären zu wollen.

Diese Unstimmigkeit trieb auch die Vor- und Meisterdenker des emphatischen Programms der bürgerlichen Gesellschaft um. Beflissen suchten sie

---

2 Beispielhaft zu diesen beiden konträren Positionen s. *J. Kocka*, Einige Ergebnisse u. *U. Gerhard*, Andere Ergebnisse, in: *U. Frevert* (Hg.), Bürgerinnen und Bürger. Geschlechterverhältnisse im 19. Jahrhundert, Göttingen 1988, S. 206–214.

nach Antworten. Legionen von Publikationen theologischer, philosophischer, pädagogischer und naturwissenschaftlicher Provenienz, einzig ersonnen, um das dualistische Modell der Geschlechterbeziehungen zu stützen und zu tradieren, strömten in die Öffentlichkeit. Offensichtlich reagierte man damit nicht nur auf selbst erkannte Spannungen des Gedankengebäudes, sondern auf die allerorten sich wandelnde Geschlechterordnung, deren reale Beweglichkeit es zu domestizieren galt. Bei diesem Bemühen versäumte es die Mehrheit der Aufklärer und ihrer Epigonen, ihre männliche Brille abzusetzen. Stimmen, die dafür plädierten, die Ungleichheit nicht zu rechtfertigen sondern aufzuheben, waren nur leise vernehmbar. Vielmehr halfen die meisten kräftig mit, »diese Ordnung unbeschadet in die bürgerliche Gesellschaft hinüber zu retten und gegen die Dynamik des modernen Denkens und sozialen Wandels zu verteidigen.«[3]

Namentlich die seit der Spätaufklärung entwickelte Wissenschaft vom Menschen, die Anthropologie, diente als Argumentenquelle, aus der dabei eifrig geschöpft wurde. Indem sie die Geschlechterdifferenz als natürliche, schließlich auch anatomisch an der Ungleichheit der Körper wissenschaftlich fundierte Tatsache ausarbeitete und mit weitreichenden sozialen Bedeutungen ausstattete, trug sie dazu bei, daß die vordem durchaus anerkannte Historizität der Geschlechterordnung[4] eingefroren und dagegen die »historische Konstante« einer »weiblichen Sonderanthropologie«[5] langfristig festgeschrieben wurde. Auf diese Weise überwies man den Bürgerinnen die Rolle der Ausnahme, die die männliche Regel bestätigte. Bestechend schematisch und damit das Bedürfnis simplifizierter Ordnungskategorien erfüllend geriet die Geschlechterordnung zum grundlegenden Denkmodell bürgerlicher Selbstrepräsentation.

Den zugeschriebenen »natürlichen Geschlechtscharakteren« sollten die zugewiesenen Räume von Bürgern und Bürgerinnen entsprechen. Danach galt der »private Raum« der Familie als Frauenraum, während sich die Männer im Bereich der beruflichen, politischen und kulturellen Gestaltung, in der »Öffentlichkeit« bewegten. Auch in dieser Platzanweisung wiederholte sich das männlich-weibliche Ungleichgewicht mit seinen unterschiedlichen

3 *K. Hausen*, Die Nicht-Einheit der Geschichte als historiographische Herausforderung. Zur historischen Relevanz und Anstößigkeit der Geschlechtergeschichte, in: *H. Medick* u. *A.-C. Trepp* (Hg.) Geschlechtergeschichte und Allgemeine Geschichte. Herausforderungen und Perspektiven, Göttingen 1998, S. 15–55, S. 26. S. hierzu auch den grundlegenden Aufsatz von *U. Frevert*, Bürgerliche Meisterdenker und das Geschlechterverhältnis. Konzepte, Erfahrungen, Visionen an der Wende vom 18. zum 19. Jahrhundert, in: *dies.* (Hg.), Bürgerinnen und Bürger. Geschlechterverhältnisse im 19. Jahrhundert, Göttingen 1988, S. 17–48.
4 S. hierzu *U. Spree*, Die verhinderte »Bürgerin«? Ein begriffsgeschichtlicher Vergleich zwischen Deutschland, Frankreich und Großbritannien, in: *R. Koselleck* u. *K. Schreiner* (Hg.), Bürgerschaft. Rezeption und Innovation der Begrifflichkeit vom Hohen Mittelalter bis ins 19. Jahrhundert, Stuttgart 1994, S. 274–306, S. 289.
5 *C. Honegger*, Die Ordnung der Geschlechter. Die Wissenschaften vom Menschen und das Weib, 1750–1850, Frankfurt 1991.

Machtpotentialen, die nicht zuletzt durch rückblickende Historiker und Historikerinnen, die damit gleichzeitig Haupt- und Nebenschauplätze der Geschichte definierten, zu überzeitlichen Universalien gestempelt wurden.[6]

Doch ungeachtet der geschlechtsspezifischen Einfärbung dieser Orte erwiesen sich ihre Ränder in der sozialen Praxis als historisch höchst variabel, durchlässig und fließend. Auch wenn sich unschwer Räume in der Geschichte ausmachen lassen, auf denen entweder Bürgerinnen oder Bürger tonangebend wirkten, existierten diese nicht als freischwebende, autonome Frauen- und Männerinseln, sondern waren durch Interaktion, Kooperation und Konflikte eng miteinander verwoben und aufeinander bezogen und damit einer ständigen Neu-Konstruktion ausgesetzt. Der Weg etwa, der die Bürgerin Emilie Fontane, in der Regel für den familiären Bereich zuständig, regelmäßig zu den diversen Arbeitgebern ihres Mannes führte, um dort um einen Vorschuß nachzusuchen oder generell »gut Wetter zu machen«, oder die Ratschläge, die der Bürger Theodor Fontane seiner Frau hinsichtlich der »richtigen Amme« gab, können als Beispiele für solche ständigen Grenzüberschreitungen dienen.

Trotz dieser realen »Beweglichkeit« der Scheidelinie zwischen »privat« und »öffentlich« gab es Bereiche, von denen die Frauen des Bürgertums im langen 19. Jahrhundert explizit ausgeschlossen blieben. Dies galt sowohl für die politischen Rechte als auch für den Zugang zu den Qualifikationsstätten und Bildungspatenten für bürgerliche Berufe. Doch gerade die Partizipation an diesen Bereichen geriet zunehmend zu den grundlegenden Definitionskriterien des »Bürgers« in zeitgenössischen Texten. Ein »Bürger« war derjenige, der einerseits politische Teilhabe beanspruchte und andererseits als Arzt, Apotheker, höherer Beamter, Jurist, Journalist, Pfarrer, Gymnasiallehrer, Professor, Bankier, Unternehmer oder Manager seinen Lebensunterhalt verdiente. Wie aber stand es mit der »Bürgerlichkeit« von Frauen, denen das eng an die Staatsbürgerschaft gekoppelte aktive und passive Wahlrecht verwehrt war und die als »Frau Pastor« oder »Frau Kommerzienrat« den Berufstitel ihres Mannes zwar tragen durften, ihn aber nicht eigener beruflicher Leistung verdankten? Mit welchem Recht lassen sich diese Frauen überhaupt als »Bürgerinnen« bezeichnen?

Zeitgenössische Lexikonartikel, die in der Regel Erfahrungen und Erwartungen vermischen, machen deutlich, daß die Bedeutungen sowie die

---

6 Zu dieser »Gefahr« der Kategorien »öffentlich« und »privat« s. *G. Bock*, Challenging Dichotomies: Perspectives on Women's History, in: *K. Offen* u.a. (Hg.), Writing Women's History: International Perspectives, London 1991, S. 1-23; *K. Hausen*, Öffentlichkeit und Privatheit. Gesellschaftspolitische Konstruktionen und die Geschichte der Geschlechterbeziehungen, in: *dies.* u. *H. Wunder* (Hg.), Frauengeschichte – Geschlechtergeschichte, Frankfurt 1992, S. 81–88; *L. Davidoff*, »Alte Hüte«. Öffentlichkeit und Privatheit in der feministischen Geschichtsschreibung, in: L'Homme, Jg. 4, Heft 2, 1993, S. 7-36; *G.-F. Budde*, Das Geschlecht der Geschichte, in: *T. Mergel* u. *T. Welskopp* (Hg.), Geschichte zwischen Kultur und Gesellschaft. Beiträge zur Theoriedebatte, München 1997, S. 125–150.

Funktionen der feminisierten Begriffe von »Bürger« sich im 19. Jahrhundert wiederholt änderten und politischen Konjunkturen unterlagen. Indem es sich als zentrales Problem vieler Autoren herauskristallisierte, wie Frauen in das universale Modell des »Bürgers« integriert werden konnten und gleichzeitig ihr Ausschluß von der vollen Partizipation zu rechtfertigen war, wurden Frauen nicht nur als »Bürgerfrau«, sondern durchaus auch als »Bürgerin« wahrgenommen. Zwar zeigten sich die Lexikographen bei Ausschlußerklärungen ähnlich eloquent wie andere zeitgenössische Publizisten und operierten dabei mit analogen Argumentationsmustern. Doch in dem Maße, in dem die Bezeichnung »Bürger« die Wahrnehmung gleicher Rechte und Pflichten implizierte, wurde auch von ihnen der Begriff »Bürgerin« als immer problematischer empfunden.[7]

Auffallend ist, daß bis weit ins 19. Jahrhundert hinein eine »Bürgerin« mit einer nicht ratsfähigen »Stadtbürgerin« gleichgesetzt wurde, also die Begriffe »Bürger« und »Bürgerin« keineswegs deckungsgleich waren und somit die Vorstellung der »unpolitischen Bürgerin« untermauert wurde.[8] Je mehr indessen das kommunale wie auch staatliche Bürgerrecht politisiert und mit dem Wahlrecht verknüpft wurde, und je mehr ein gleiches Männerwahlrecht in den Bereich des Möglichen rückte, desto notwendiger schien es, für den Ausschluß von Frauen aus der Politik weitere Argumente anzuführen.[9] Namentlich nach dem im Zuge der Reichsgründung durchgesetzten Männerwahlrecht zum Reichstag kam neuer Schwung in die auch in den Wörterbüchern geführte Diskussion: Forderungen von Frauen nach politischer Mitsprache wurden nun rezipiert und entweder auf die Zukunft verwiesen oder als widernatürlich abgewehrt. Zwar blieb eine »Bürgerin« im rechtlich-politischen Sinne, das Individuum als Teil des Staatswesens gedacht, auch in den Wörterbüchern des ausgehenden 19. Jahrhunderts bestenfalls eine Zukunftsvision, doch immerhin empfahlen nun aufgeschlossene Lexikographen neue Möglichkeiten der Betätigung auf dem Gebiet der Wohltätigkeit, der Erziehung sowie in ausgewählten wirtschaftlichen Bereichen.

Damit wurde ein spezifischer Beitrag der Frauen zur Konstituierung des Bürgertums umschrieben, der »Bürgerlichkeit« nicht als bloß rechtlich-politische, sondern auch als sozio-kulturelle Kategorie faßte. Wenn unter »Bürgersein« nicht nur ein Ensemble von Rechten und Pflichten verstanden wird, sondern auch Eigenschaften und Haltungen, kurz: eine »bürgerliche Kultur«, ist auch die Bezeichnung »Bürgerin« zur Beschreibung einer eigen-

---

7 *Spree*, Die verhinderte »Bürgerin«?, S. 304.

8 Die jahrhundertelange Kontinuität der Begründungsmuster, um Frauen von der politischen Partizipation auszuschließen, betont *A. Löther*, Unpolitische Bürger. Frauen und Partizipation in der vormodernen praktischen Philosophie, in: *Koselleck* u. *Schreiner* (Hg.), Bürgerschaft, S. 239–273.

9 *Spree*, Die verhinderte »Bürgerin«?, S. 286.

ständigen Funktion weiblicher Angehöriger des Bürgertums, als Sachwalte-
rin der kulturellen Dimension dieser sozialen Formation, haltbar. Wer nicht
nur den normativen Ausführungen der Zeitgenossen lauscht, sondern auch
auf die bürgerliche Alltagspraxis schaut, dem begegnen, so soll im folgenden
Teil gezeigt werden, keineswegs nur Frauen und Töchter von Bürgern, sondern eigenständige Bürgerinnen.

II. Alltagspraxis und Alltagserfahrungen

Daß generell zwischen den Vorstellungen »bürgerlicher Meisterdenker«
und der gelebten Wirklichkeit von Bürgerinnen und Bürgern eine mehr
oder minder weite Kluft bestand und daß Vorstellungen und Wirklichkeiten
sich jeweils wechselseitig beeinflußten, durchdrangen und veränderten,
macht das saubere Herausdestillieren der einen oder anderen Facette auf der
Grundlage vorliegender historischer Quellen nicht leicht. »Im Hinblick auf
die normative Ordnung und die gelebten Beziehungen der Geschlechter
spricht viel für die Annahme, daß im 19. Jahrhundert das Wechselspiel zwischen den Formen und Inhalten der alltäglichen, der wissenschaftlichen und
der künstlerischen Bilder und Ausdrucksweisen besonders intensiv wurde.
Die durch Wissenschaft bekräftigten Zuschreibungen durchdrangen im
19. Jahrhundert zunehmend die von den Zeitgenossen nicht eigens reflek-
tierten, da gebräuchlich gewordenen Denk- und Sprechweisen.«[10] Umso
wichtiger ist es, Normen bürgerlicher Lebensführung und der Geschlechterordnung in ihrer Spiegelung, Entfaltung und Veränderung in der alltäglichen
Praxis und im gegenseitigen Umgang von Bürgerinnen und Bürgern miteinander zu untersuchen. Fraglos waren auch im 19. Jahrhundert Geschlecht
und Geschlechterdifferenz Produkte diskursiver Konstruktion und damit
keineswegs ein für allemal gegeben. Sie wurden in verschiedenen Kontexten
auf verschiedene Art mit verschiedenen Konsequenzen immer wieder neu
hervorgebracht. Eine spezifisch bürgerliche Geschlechterordnung entstand
im Zusammenspiel von normativen Entwürfen und subjektiven Erfahrungen, an dem Männer und Frauen des Bürgertums gleichermaßen beteiligt
waren.
    Auf der Suche nach einem historischen Ort, an dem sich so ein direkter
Austauschprozeß zwischen Bürgerinnen und Bürgern am ehesten beobachten läßt, stößt man zunächst auf die bürgerliche Familie. Berücksichtigt man
bei ihrer Untersuchung die relationale, nämlich männliche und weibliche
Komponente bürgerlicher Kultur und Identität und schenkt dabei in Quel-
lenauswahl und -analyse dem Bereich der Alltagsinszenierungen und -erfah-
rungen großen Raum, läßt sich viel darüber erfahren, wie sich die idealen

10 *Hausen*, Die Nicht-Einheit der Geschichte, S. 32.

Entwürfe bürgerlichen Lebens in reale Praxis umsetzten.[11] Bürgerliche Frauen erschienen dabei keineswegs als Marionetten männlicher Ordnungsvorstellungen ohne öffentliche Einflußmöglichkeiten, sondern agierten durchaus selbständig und selbstbewußt. Umgekehrt unterstanden auch die scheinbar autonom und öffentlich agierenden Bürgermänner durchaus privaten Einbindungen und Abhängigkeiten.

Schon beim »Zusammenfinden« von Bürgerinnen und Bürgern zeigten sich beide sowohl von alten Rücksichten geleitet als auch von neuen Möglichkeiten gestärkt. Der bürgerliche Konsens von der Liebe als ehestiftendem Motiv, der nicht zuletzt in zeitgenössische Brautbriefe voll gefühlsbetonter Liebesrhetorik wortreich Eingang fand,[12] gab vor allem Bürgertöchtern die vordem unbekannte Lizenz zur Hand, eigene Interessen einzuklagen. Hatten sie sich zuvor einer zwischen Eltern und Bräutigam gefaßten Abmachung fügen müssen, wurde ihnen, so zumindest vermitteln es Tagebücher und Brautbriefe, nun ein Mitspracherecht eingeräumt. Spätestens seit der Mitte des 19. Jahrhunderts schienen sie immer weniger bereit, den ersten Heiratsantrag anzunehmen, wenn ihnen der Kandidat nicht zusagte. So schrieb etwa die siebzehnjährige Fabrikantentochter Anna Maria Sauer im Jahr 1853, nachdem sie bereits ein Jahr zuvor einem ersten Bewerber einen Korb gegeben hatte, in ihr Tagebuch: »Ein so ernsthafter Entschluß würde mir jetzt auch unendlich schwer werden, wenn besonders der tiefste Grund, die innige wahre Liebe, fehlt. Ich glaube gewiss, dass er es aufrichtig meint, umso weniger könnte ich jetzt einwilligen, da ich ihm nicht das geringste innigste Gefühl zu geben vermag.«[13]

Doch die »Intensität, mit der in bürgerlichen Kreisen über den Umgang mit dem anderen Geschlecht nachgedacht wurde, die fast obsessive Beschäftigung, die sich in Tagebüchern wie Romanen, Briefen und Theaterstücken

---

11 Nach diesem Muster verfahren zwei Studien, die im Bielefelder Sonderforschungsbereich entstanden sind und die – anders als Lothar Gall mit seiner Studie zu der Mannheimer Familie Bassermann – die weiblichen und männlichen Seiten bürgerlicher Familiengeschichte, vor allem auf der Basis von Ego-Dokumenten, *gleichgewichtig* beleuchtet haben: G.-F. *Budde*, Auf dem Weg ins Bürgerleben. Kindheit und Erziehung in deutschen und englischen Bürgerfamilien, 1840–1914, Göttingen 1994; R. *Habermas*, Frauen und Männer des Bürgertums. Eine Familiengeschichte (1750–1850), Habil.-Schrift Bielefeld 1997, erschienen Göttingen 2000. (Da die Publikation bei der Verfassung des Aufsatzes noch nicht greifbar war, wird im folgenden aus dem Habilitationsmanuskript zitiert.) Für England s. auch die Pionierstudie von L. *Davidoff* u. *C. Hall*, Family Fortunes. Men and women of the English middle class 1780–1850, London u.a. 1988, für die Schweiz die relevanten Kapitel in: A. *Tanner*, Arbeitsame Patrioten – wohlanständige Damen. Bürgertum und Bürgerlichkeit in der Schweiz 1830–1914, Zürich 1995, und zum jüdischen Bürgertum M. A. *Kaplan*, Jüdisches Bürgertum. Frau, Familie und Identität im Kaiserreich, Hamburg 1997 (engl. Originalausg. The Making of the Jewish Middle Class, Oxford 1991).
12 S. hierzu neben den oben genannten Studien auch A.-C. *Trepp*, Sanfte Männlichkeit und selbständige Weiblichkeit. Frauen und Männer im Hamburger Bürgertum zwischen 1770 und 1840, Göttingen 1996.
13 *Budde*, Auf dem Weg, S. 30f.

wie theoretischen Abhandlungen artikulierte, stand in auffallender Diskrepanz zu den Eheschließungspraktiken.«[14] Schriftliche Inszenierungen spiegelten weniger authentische Gefühle, Haltungen und Handlungen wider,[15] sondern schufen vielmehr neue Foren und Formen der Selbstverständigung und des Umgangs miteinander. Folglich waren »Mesalliancen«, also nach Eltern- und Gesellschaftsmeinung »unstandesgemäße Partien«, wenig wahrscheinlich. Die Heiratsmärkte filterten die Heiratskreise. Ob sich Bürgerinnen und Bürger bei gesellschaftlichen Anlässen, auf Reisen oder beim Sport, also in der Regel unter »Ihresgleichen« trafen: grundsätzlich verfügten sie aufgrund ihrer Sozialisation über ein ähnliches Tableau von als attraktiv erachteten Eigenschaften, die das Sich-Finden, die Entstehung von »Wahlverwandtschaften« und schließlich von »Neigungspartien« erleichterten, doch auch »gute Partien« keineswegs ausschlossen. Die Wahl des oder der »Richtigen« war nicht nur entscheidend für die emotionalen Bedürfnisse und die Bildung sozialen und kulturellen Kapitals, sondern konnte durchaus mit sehr konkreten materiellen Vorzügen für die weitere Familie einhergehen. Sie konnte die Kapitalkraft eines Unternehmens festigen, die Kreditwürdigkeit steigern, zum Knüpfen neuer Geschäfts- und Berufsverbindungen dienen, aus Konkurrenten Koalitionspartner machen, Karrieren vorantreiben und Krisen abwenden. Da überdies ein »Hagestolz« kaum mehr gesellschaftliches Ansehen genoß als eine »alte Jungfer«, waren Bürgerinnen wie auch Bürger gleichermaßen abhängig von einer Heirat als Fundament einer anerkannten bürgerlichen Identität.[16]

Daß Bürgerinnen und Bürger in der Regel die Gemeinsamkeit von Habitus und Werthaltungen teilten, erleichterte nicht nur das Zusammenfinden, sondern auch das eheliche Zusammenleben. Gemeinsam unterstanden sie der Aufgabe, sich dem durch eine adäquate Heirat befestigten Bürgerstatus tagtäglich *gewachsen* zu zeigen. Die geschlechtsbedingte »Ungleichheit« wurde zumindest in den Briefen der ersten Jahrhunderthälfte von vielen Paaren weniger als Ursache eines Auseinanderlebens, denn als »beglückende Chance für einen lebenslangen Bildungsroman« und der eheliche Rahmen als »informelle Bildungswelt« inszeniert.[17] Gerade Bürgerfrauen wußten den Austausch, den sie in Gesprächen und Briefen mit ihren Männern pflegten, als Fortsetzung ihrer frühzeitig abgebrochenen Ausbildung zu schätzen. Hier öffnete sich ein Feld, durch das Ehefrauen Einfluß auf die Arbeit ihres Mannes nehmen konnten. »Schreib nur nicht zu gallicht und gereizt«, riet etwa Jenny Marx ihrem Mann in einem Brief vom 21. Juni 1844. »Du weißt,

---

14 *Habermas*, Frauen und Männer, S. 360.
15 Diese Trennung zwischen Emotion und Inszenierung läßt die Studie von Anne-Charlott Trepp bei ihrer Suche nach Gegenbildern außer acht.
16 S. hierzu *B. Kuhn*, Familienstand ledig. Ehelose Frauen und Männer im Bürgertum (1850–1914), Köln 2000.
17 *Habermas*, Frauen und Männer, S. 434.

wieviel mehr Deine andern Aufsätze gewirkt haben. Schreib entweder sachlich und fein oder humoristisch und leicht. Bitte, lieb Herz, laß die Feder mal übers Papier laufen, und wenn sie auch mal stürzen und stolpern sollte und ein Satz mit ihr – Deine Gedanken stehn ja doch da wie Grenadiere der alten Garde, so ehrenfest und tapfer.«[18]

In Form und Inhalt entwickelten sich vor allem die Briefe, die zwischen den Eheleuten hin und her gingen, als genuin bürgerliche Selbstverständigungs- und Selbstvergewisserungsforen, in denen »Bildung« als verbindend wirkender Kommunikationscode im Zentrum stand. Nicht zufällig rangierten Lektüreerfahrungen ganz oben auf der Themenliste der Korrespondenz, die bürgerliche Eheleuten miteinander wechselten, wobei sich nicht zuletzt auch die Bürgerinnen – Emilie Fontane ist da nur ein Beispiel unter vielen – als veritable »Bildungsbürgerinnen« präsentierten. Das bürgerliche Ehepaar des frühen 19. Jahrhunderts verstand sich zwar als »ungleiches Paar« in einer neu geschaffenen privaten Familienwelt, indessen keineswegs als Wesen, die in getrennten, einander nicht zugänglichen Sphären lebten.[19] Der Typus des »Bildungspaares« (Rebekka Habermas) schien an die Stelle des »Arbeitspaares« (Heide Wunder) der Frühen Neuzeit getreten zu sein.

Indem aber die Bürgerinnen in dieser Bildungsbeziehung die Rolle der Schülerin kultivierten und diesen Part, anders als im Bildungsroman angelegt, zeitlebens nicht ablegten, zeichnete sich die Grenze dieses harmonischen Konzeptes ab. Als mit Beginn der zweiten Jahrhunderthälfte im Zuge der Professionalisierung die Ausbildung für bürgerliche Berufe zunehmend zeit- und kostenaufwendig verlief, während junge Bürgerinnen noch bis weit in die 1880er Jahre eine einseitige und früh abgeschlossene Ausbildung absolvierten, trug die daraus resultierende, häufig mehr als zehn Jahre umfassende Altersdifferenz zwischen den Eheleuten zur Verstärkung der »geschlechtsbedingten« Ungleichheit bei und erschwerte das Zusammenwachsen der Zusammengehörenden. Stilisierten sich noch vor der Jahrhundertmitte eher die Bürgerinnen als »stets Betriebsame«, während ihre Gatten, gemessen an ihren mannigfachen außerberuflichen Aktivitäten, offensichtlich über ein nicht unerhebliches Maß freier Zeit verfügten, kehrte sich dieses Muster zumindest in den Selbstdarstellungen der letzten Jahrhunderthälfte um. Aus dem analogen, quasi-religiös überhöhten Arbeitsverständnis von Bürgerinnen und Bürgern, dessen Gemeinsamkeit sich in ihrer Familienkorrespondenz in Sätzen wie »wir […] haben heute unsere gewöhnlichen Geschäfte wieder angefangen« widerspiegelte,[20] entwickelten sich getrennte Aufgabenbereiche, die auf Seiten der Bürgerinnen zunehmend weniger als »Arbeit« definiert wurden. Sukzessive entwickelte sich

---

18 *Budde*, Auf dem Weg, S. 44.
19 *Habermas*, Frauen und Männer, S. 424.
20 Zitiert nach ebd., S. 163, Anm. 231.

das Selbstverständnis von Bürgermännern und -frauen zu einem Konträr-
modell, entstanden »Geschäftsmänner« und »Kulturfrauen«.[21]

Während sich die Berufswelt der Männer mehr und mehr in professions-
eigene Kulturen aufsplitterte, kam es in diesem Prozeß den Bürgerinnen
zu, eine verbindlich-verbindende »bürgerliche Kultur«, verstanden als ein
Ensemble von den Lebensstil prägenden und die Wirklichkeit deutenden
Werten und Vorstellungen, mitzuschaffen und vor allem an die nachfol-
gende Generation weiterzugeben.[22] In Zeiten des wachsenden Bedarfs eines
kulturellen Konsensraumes und einer ausgebildeten Integrationssymbolik
übernahmen die Frauen des Bürgertums eine Schlüsselposition bei der Ausprägung der »Bürgerlichkeit«. Der Ort, wo diese ursprünglich kreiert und
tradiert wurde, die bürgerliche Familie, geriet damit zum Dreh- und Angel-
punkt »bürgerlicher Kultur«. Auf Neigung gegründet und durch Liebe verbunden, in Absetzung von Wirtschaft und Politik, sollte die Bürgerfamilie
idealiter gleichzeitig eine Gegen- und Komplementärwelt darstellen, ein
durch auskömmliches Einkommen des männlichen Familienoberhauptes
und Dienstboten freigesetzter Raum der Muße für Frau und Kinder, ein
Ruhehafen im rastlosen Getriebe der bürgerlichen Leistungsgesellschaft, die
sie selbst durch die Erziehung der kleinen Bürgerinnen und Bürger immer
aufs Neue herzustellen half. Eine dort erworbene »gute Kinderstube« im
Rücken rüstete, neben dem gesicherten finanziellen Hintergrund, für das erfolgreiche Mitwirken auf der bürgerlichen »Bühne«, versorgte mit den notwendigen Spielregeln und Requisiten, die sich in einer bunten Palette symbolischer Formen äußerten: in Tischmanieren und Begrüßungsritualen, in
Anredeformen und Konversationsregeln, in Konsumpraktiken und Kleiderordnungen.

Bei diesem Verbürgerlichungsakt, dem »doing middle class«, Regie zu
führen, geriet zu den Hauptaufgaben der Bürgerinnen des 19. Jahrhunderts.
Ihre besonderen weiblichen Eigenschaften, so die Argumentation der Zeitgenossen, befähigte die Bürgerfrauen besonders für die immer mehr Bedeutung erlangende Erziehung. Mehr und mehr rankte sich das Familienleben
um die Kinder; die Verantwortung, ihre ersten Schritte ins Bürgerleben in
die richtigen Bahnen zu lenken, wuchs. Die Mutterrolle, zunehmend emo-
tionalisiert und verwissenschaftlicht, erfuhr eine enorme Aufwertung. Pädagogische Anregungen aufzunehmen und das tägliche Miteinander von
Mutter und Kind aufzuzeichnen gehörte zu den neuen Mutteraufgaben.
Ihre »Erziehungsbuchführung« enthielt die ersten Laute, Aussprüche, Ge-
sten und Schritte der Kinder, ihre Krankheiten, schulischen Leistungen und
Fehlschläge, angereichert mit Muttersorgen, -hoffnungen und -träumen.
Zunehmende Ansprüche nährten wachsenden Zweifel. »Das Haus ist gar so

21 *U. Frevert*, »Mann und Weib, und Weib und Mann«. Geschlechter-Differenzen in der
Moderne, München 1995, S. 133–165.
22 *Budde*, Auf dem Weg, vor allem S. 149f. u. 166–192 u. passim.

gross, die Kinder – alle lebhaft, alle mittheilsam, – möchten ein jedes Einzelne besonderen Beschlag auf mich legen und so kann man wohl für Jeden *Etwas* erübrigen aber niemals genug für ihre Wünsche«, klagte die Berliner Kaufmannsfrau und sechsfache Mutter Helene Eyck am 29. Dezember 1896 ihrem Tagebuch.[23] Mit ihrer Sorge, der ambivalenten Aufgabe gerecht zu werden, auch im pädagogischen Prozeß dem Wert der Individualität zu huldigen und gleichzeitig durch eine standesgemäße Erziehung als Stifterin sozialer Kontinuität zu wirken, war diese Bürgerin keineswegs allein.

Daß sie ihre pädagogischen Kompetenzen gleich an sechs kleinen Bürgerinnen und Bürgern zu erproben hatte, unterschied sie ebenfalls nicht von dem Gros der Bürgerinnen im 19. Jahrhundert. Selbst wenn sich in einigen Segmenten des Bürgertums wie etwa den Beamten und den jüdischen Familien Ende des 19. Jahrhunderts eine allmähliche Reduzierung der Kinderzahl abzeichnete, war dies eine Tendenz, die offenbar weniger flächendeckend, einheitlich und schnell vor sich ging, als lange angenommen.[24] Daß noch um die Jahrhundertwende in der Regel zwischen vier und sechs Sprößlinge die bürgerlichen Kinderstuben bevölkerten und überdies die Säuglings- und Kindersterblichkeit kaum zurückging, bedeutete für Bürgermütter ein vieljährige Belastung durch Schwangerschaften, Geburten und frühe Verluste der neuen Erdenbürger. Wenn Bürgermänner in ihren »Familiennachrichten« lapidar verkündeten »die Geburt ist leicht vonstatten gegangen«, werden ihre Frauen es ziemlich anders gesehen haben. Für sie blieb in Zeiten des noch grassierenden Kindbettfiebers jeder Akt der »Reproduktion des Bürgertums« eine, wie Jenny Marx an ihre Freundin schrieb, »halsbrecherische Affaire«.[25]

Erschwert wurde diese ambitiöse und riskante Mutterschaft noch durch die gleichzeitige Pflicht, den Rahmen dieses Erziehungsprozesses, sprich die bürgerlichen Wohnstätten, angemessen stilvoll zu gestalten und aufrechtzuerhalten. Die Bürde, die ein Bürgerhaushalt mit sich brachte, war nicht gerade gering. Technische Erleichterungen steckten noch in den Anfängen und zogen erst nach und nach in bürgerliche Wohnungen ein. Deren Ausgestaltung als architektonische Visitenkarten bürgerlicher Distinguiertheit wurde im Gegenzug immer überladener und erschwerte es, die Multifunktionalität als erbauliche Erholungsstätte, wohlgeordneter Erziehungsrahmen und repräsentatives Erfolgsschaustück zu wahren.

Das reibungslose Funktionieren des familialen Alltags erforderte von der Seite der Bürgerinnen Planungskompetenz, Organisationsvermögen und Kalkulationskenntnisse – also gänzlich andere Qualitäten, als der Katalog der Geschlechtscharaktere für sie bereithielt. Bürgerlich zu leben war ein kostspieliges Unterfangen und erforderte von den meisten Bürgerfrauen ei-

23 Zitiert nach ebd., S. 174.
24 Ebd., S. 50 ff.
25 Jenny Marx an Ernestine Liebknecht am 2. 10. 1863, zit. in ebd., S. 151.

nen täglichen Spagat zwischen Haben und Habitus. Mit einem »Schneider Herrmann«, dessen offene Rechnungen ständig durch den Fontaneschen Ehebriefwechsel geisterten, hatte eine Vielzahl von Bürgerfrauen im 19. Jahrhundert zu kämpfen. Auch hier kam es wiederum auf die ökonomischen Kompetenzen der Bürgerinnen an, die nicht selten große Diskrepanz zwischen bürgerlichem Einkommen und bürgerlichem Auftreten auszubalancieren und hinter einem »bürgerlichen Lebensstil« zumindest nach außen so weit als möglich auszugleichen. Daß hierbei eine Pfarrersfrau weit stärker gefordert war als eine Bankiersgattin, ist unschwer vorstellbar, wenn auch beide – die ein der Not, die andere der Tugend gehorchend – dem Gebot der Sparsamkeit unterstanden.

Hinzu kam im Laufe des 19. Jahrhunderts die schrittweise Umstellung von der mitproduzierenden Hausfrau zur Konsumexpertin.[26] Neue Fertigkeiten und Kenntnisse waren nun gefragt, bei denen die Bürgerinnen nicht auf den reichen Erfahrungsschatz ihrer Mütter und Großmütter zurückgreifen konnten. Theoretische Haushaltsführer, deren großer Bedarf sich in hohen Auflagenziffern niederschlug, füllten diese Wissenslücke. Ihre schrittweise Umakzentuierung läßt ahnen, von welchen aufwendigen Obliegenheiten die Hausfrauen einerseits nach und nach befreit und mit welch neuen Herausforderungen ihre Töchter und Enkelinnen andererseits konfrontiert wurden. In den Mittelpunkt hausfraulicher Aufgaben rückte nunmehr der Einkauf, dessen Verrichtung mit der immer breiteren Palette von Angebotsorten und -sorten ständig an Komplexität gewann. Produktqualität und Preisentwicklung einschätzen sowie Verhandlungsgeschick unter Beweis stellen zu können, gehörte nun zu den unverzichtbaren Stärken einer bürgerlichen Hausfrau. Weibliche Netzwerke, die Händleradressen und Spartips bereithielten, wurden wertvoller denn je. Wenn etwa Jenny Marx und Ernestine Liebknecht in ihrem regen Briefwechsel die Obst- und Eierpreise von London und Berlin austauschten, so berührten sie damit ein gängiges Thema der Privatbriefe, die verwandte und befreundete Bürgerinnen wechselten.[27] Nicht zuletzt auf ihren tagtäglichen Einkaufsrunden agierte die Bürgerin kaum weniger in der Öffentlichkeit – im wahrsten Sinne auf dem »Markt« – als ihr Mann, der seinen Arbeitstag im Kontor verbrachte.

Doch nicht nur als »Konsumexpertin«, sondern auch als Hüterin des Fixsterns am bürgerlichen Werthimmel, des Familiensinns, waren Bürgerfrauen des 19. Jahrhunderts in wachsendem Maße gefordert. Dieses Bewußtsein der Zugehörigkeit zu einem verwandten Kreis von Menschen, für die man Zuneigung und Verantwortung empfindet und für deren Vorfahren

---

26 *G.-F. Budde*, Des Haushalts »schönster Schmuck«. Die Hausfrau als Konsumexpertin des deutschen und englischen Bürgertums im 19. und frühen 20. Jahrhundert, in: *H. Kaelble u. a.* (Hg.), Europäische Konsumgeschichte. Zur Gesellschafts- und Kulturgeschichte des Konsums (18. bis 20. Jahrhundert), Frankfurt 1997, S. 411–440.

27 Ebd., S. 420.

und Nachkommen man grundsätzlich Toleranz, Akzeptanz und Stolz auf-
zubringen bereit ist, hatten sie tagtäglich in Erinnerung zu rufen und damit
zu stabilisieren. Je mehr sich im Laufe des 19. Jahrhunderts die gemeinsam
verlebten Stunden aller Familienmitglieder reduzierten, desto mehr gewannen die Zeiten familiären Miteinanders an Gewicht. Gemeinsame Mahlzei-
ten als immer wesentlichere Familienzeremonie erlangten so eine Relevanz,
die weit über die bloße Verköstigung hinausging. Hier wurden im kleinen
Rahmen familieneigene Idiome geprägt, Familiengeschichte- und geschichten zum Besten gegeben und nicht zuletzt den Kindern tagtäglich Bürgerin-
nen- und Bürgerrollen vorgeführt, das eheliche und elterliche Miteinander
geprobt sowie im Gespräch Einblicke in die jeweils unbekannten Welten
von Beruf, Schule und Haushalt gewährt. Die Inszenierung dieser häufig
hoch-ritualisierten familiären Stelldicheins lag vornehmlich in den Händen
der Bürgerinnen und damit gleichzeitig die Chance, das »Alltagsdesign« des
Familienlebens weitgehend zu modellieren.

Auch über die Grenzen der Kernfamilie hinaus kam es den Frauen des
Bürgertums zu, das Familiennetzwerk zu knüpfen und bei Bedarf zu flik-
ken. Als Krisenmanagerin war es ihre Aufgabe, Auffangbecken in familiären
Notlagen für Hilfs- und Trostbedürftige bereitzuhalten. Namentlich in
Krankheitsfällen, wie überhaupt in Fragen der »Leiblichkeit«, galten sie ihren Männern überlegen. Daß Mütter, Schwestern, Cousinen und Tanten zu
Wochen-, Kranken- und Totenbetten von Verwandten eilten, gehörte zu
den Leitmotiven bürgerlicher Aufzeichnungen des 19. Jahrhunderts. Unum-
wunden gestand der Kunstmaler Wilhelm von Kügelgen in den Briefen an
seinen Bruder, die zwischen 1840 und 1867 hin- und hergingen, seine eigene hilflose Gelähmtheit im Unterschied zu der tapferen Rührigkeit seiner
Frau bei den unzähligen Erkrankungen seiner großen Kinderschar.[28] Verbesserte und weitergespannte Verkehrswege erleichterten spätestens seit der
Jahrhundertmitte den häufigen Aufbruch zu Verwandten in nah und fern, so
daß selbst das zur Mobilität gezwungene beamtete Bürgertum trotz häufiger
Umzüge den Kontakt aufrechterhalten konnte. Die Zeit zwischen den Besuchen wurde mit einer regen Korrespondenz überbrückt. Man zeigte sich
interessiert, man wurde informiert, man delektierte sich an »freudigen Ereignissen«, hoffte, litt und trauerte mit, suchte und fand Rat. Umfangreiche
Familienkorrespondenzen, bei denen seit der Jahrhundertmitte immer do-
minanter die weiblichen Familienmitglieder die Feder führten, legen bered-
tes Zeugnis von dieser »Arbeit« der Bürgerinnen am Familiensinn ab.

Diese Bürgerbriefe räumen überdies mit dem langlebigen Vorurteil auf,
daß die Bürgerfamilie eine kleine, dicht abgeschottete Insel gewesen sei, die
nur für sporadische, geplante Augenblicke ihre Türen der Außenwelt öffnete. Der nicht abreißende Besucherreigen, von dem Bürgerinnen immer

---

28 *Budde*, Auf dem Weg, S. 104.

wieder mal erfreut, mal hörbar gereizt schrieben, vermittelt weit eher den
Eindruck, daß es in Bürgerfamilien des 19. Jahrhunderts wie in einem Tau-
benschlag zuging. Ohne lange Diskussionen wurden aus der Verwandtschaft
verwaiste Kinder aufgenommen, bedürftige Witwen beherbergt und heran-
wachsende Töchter auf den Ehestand vorbereitet. Doch auch für kürzere
Gastspiele in den Ferien nahm man gern die nähere und weitere Verwandt-
und Bekanntschaft in Anspruch. Für Emilie Fontane etwa war es selbstverständlich, sich wochenlang bei Verwandten oder Freunden einzuquartieren
oder ihre Kinder dorthin zur Sommerfrische zu schicken.

Die Choreographie über dieses ständige Kommen, Gehen und Bleiben in
Bürgerhaushalten, das die Grenzen der Privatheit immer wieder überschritt,
überwachten ebenfalls vor allem die Bürgerfrauen. Hatte sich noch im frühen 19. Jahrhundert ein Großteil der Geselligkeit außerhalb der familiären
vier Wände abgespielt, wovon nicht zuletzt die unzähligen Vereine aus dieser Zeit zeugen, verlagerte sich das Schwergewicht bürgerlicher Zusammenkünfte immer mehr auf den familiären Rahmen, der damit einmal mehr
eine Aufwertung erfuhr.[29] Auch hier zeigte sich, daß die Grenzmarkierun-
gen zwischen weiblichen und männlichen Räumen einem ständigen Wandel unterlagen.

Während die Familienfeiern im mehr oder minder großen Kreis eher zur
Festigung des inneren Zusammenhalts der Kern- und Großfamilie dienten,
die in den kleineren Städten üblichen »jours fixes« als eher informelle
Selbstvergewisserungszirkel fungierten, bezweckten die regelmäßig stattfin-
denden Einladungen von ausgesuchten Gästen die Selbstdarstellung der
Bürgerfamilien nach außen. Gehörte es nicht zuletzt in Beamtenfamilien
bereits im 18. Jahrhundert zum guten bürgerlichen Ton, von Zeit zu Zeit
eine generell nach analoger Gesellschaftsstellung und Weltanschauung ausgewählte Runde zu bewirten und zu besuchen,[30] gerieten diese »social
events« im Kaiserreich zu immer stärker formalisierten und repräsentativen
Begebenheiten. Davon künden nicht nur die zeitgenössischen Diskurse, die
dem alten Topos der kritischen Luxusdebatten folgten, sondern auch auf-
wendige Speisekarten, Legionen von Benimmbüchern und nicht zuletzt
Brief- und Tagebuchklagen von Bürgerinnen, die diese Veranstaltungen weniger als vergnügliche Form der Muße denn als lästiges Muß darstellten.[31]
Legte die »Männergesellschaft« des bürgerlichen Berufslebens weitgehend den Grundriß der Gesellschaftskreise fest, kam es vor allem den Bürgerfrauen zu, den geselligen Verkehr durch regelmäßige Zusammenkünfte
zu selektieren und zu pflegen. Die untrennbare Verzahnung und gegensei-

29 *Habermas*, Frauen und Männer, S. 303.
30 S. hierzu auch *S. Brakensiek*, Fürstendiener – Staatsbeamte – Bürger. Amtsführung und
Lebenswelt der Ortsbeamten in niederhessischen Kleinstädten (1750–1830), Göttingen
1999, S. 338 ff.
31 *Budde*, Auf dem Weg, S. 319 f.

tige Abhängigkeit von Beruf und Familie, von Privatleben und Öffentlichkeit kam dabei besonders zum Tragen. Zeitgenossen war diese »öffentliche« Rolle der Bürgerinnen sehr wohl bewußt. So hieß es in einem Anstandsbuch aus dem Jahr 1891, das in der Form eines Erfahrungsberichtes einer jungen Beamtengattin geschrieben war: »Ich habe mich noch nicht ganz an den Gedanken gewöhnt, als Frau eines hohen Staatsbeamten einen Teil seine Amtes mit zu erledigen – also selbst eine offizielle Persönlichkeit zu sein.«[32]

Wer der bürgerlichen Gästeliste für würdig befunden wurde, das hing nur partiell von der männlichen Profession ab. Als ebenso wesentlich galten die soziale Provenienz und Prominenz des geladenen Ehepaares, seine kulturellen Präferenzen und seine Perfektion im gesellschaftlichen Protokoll. Bei dieser performativen Bürgerlichkeit, an der die ohnehin poröse Grenze zwischen privat und öffentlich fließend wurde, dominierte erneut die Bürgerin. Sie trug, sekundiert von diversem Dienstpersonal, die Verantwortung für den reibungslosen Ablauf dieser Soireen sowie für deren vorausgehende Planung: die Erstellung der Gästeliste, die Versendung von Einladungen, das Umdisponieren bei Absagen, das Aufsetzen einer Tischordnung, die Komposition eines Menüs und das Arrangement des Tafelschmucks.

Nicht selten markierte das Läuten der Gäste den Auftakt zum Kampf um den schönen Schein. Von den damit verbundenen Mühen sollten am Festabend vor allem die Eingeladenen tunlichst nichts merken, obwohl zumindest alle weiblichen Gäste sehr wohl aus eigener Erfahrung wußten, welche Anstrengungen das Mimen der charmant-entspannten Gastgeberin kostete. Gerade dieses Expertenwissen, das alle Beteiligten in mehr oder minder hohem Maße mitbrachten, wobei die Bürgermänner bei jeder Flasche Wein im stillen gerechnet und die Bürgerfrauen mit Argusaugen auf einen Patzer des Dienstmädchens gelauert haben mögen, gestaltete diese Abende zu heuchlerischen Schauspielen, deren selbstverständlicher Ablauf hingegen schon soweit etabliert war, daß niemand es wagte, aus diesem Circulus vitiosus auszubrechen. Herrschte im familialen Alltagsleben das Gebot der Genügsamkeit, so zwang das Repräsentieren vor Außenstehenden zur Generosität.

Unverzichtbare Hilfe bei diesem Akt des Absteckens bürgerlicher Grenzen im Innerfamilialen wie nach außen waren die Dienstmädchen. Anders als die meisten männlichen Bürger waren Bürgerinnen tagtäglich sehr konkret im direkten Umgang mit nicht-bürgerlichen Schichten gefordert. Es war ein permanenter Seiltanz zwischen Nähe und Distanz, der sowohl der Bürgerin als auch dem Dienstmädchen im Bürgerhaushalt abverlangt wurden. Zum einen waren Bürgerfamilien auf zumindest ein Dienstmädchen angewiesen, um sich in die Gesellschaft der Bürger einreihen zu können, zum anderen gehörte zum bürgerlichen Selbstverständnis die klare Abgrenzung von den Unterschichten, aus denen sich ihr Personal rekrutierte. Je en-

<hr />

32 Ebd., S. 317f.

ger sich das Zusammenleben gestaltete, desto eher schauten die Dienstmädchen hinter die Kulissen des Theaters, das um die bürgerliche Repräsentation gemacht wurde. Eine potentielle Indiskretion konnte den mühsam gewebten Schleier einer respektablen Bürgerexistenz gegenüber einem ungebetenen Publikum lüften, das sich ja nicht nur auf die Dienstmädchen selbst beschränkte, sondern mit ihrer Hilfe über Milchmänner, Markthändler und Kolleginnen in befreundete und verfeindete Häuser drang. Aus vertrauten Mitwisserinnen konnten wißbegierige Verräterinnen werden. Inwieweit diese auch von Zeitgenossen vielfach beklagte Gratwanderung gelang, hing in hohem Maße von dem Geschick der Bürgerfrauen ab.

Idealisiert wurde dieses so prekäre Verhältnis, indem man ihm die im Bürgertum hochgeschätzte pädagogische Aufgabe überstülpte. Publikationen ganz unterschiedlicher Provenienz und Intention stilisierten das Verhältnis von Bürgerfrau und Dienstmädchen als beispielhaft in einer von Klassengegensätzen gespaltenen Zeit. Man wurde nicht müde zu betonen, daß die jetzigen Dienstmädchen zukünftige Mütter der Arbeiterfamilien sein würden, und sah darin für die Bürgerinnen die Chance, als Missionarinnen der Bürgerlichkeit aufzutreten.[33] Jugend, Geschlecht, Rechts- und Sozialstatus der Dienstmädchen leisteten jedweden erzieherischen Ambitionen noch Vorschub. In welchem Ausmaß diese Erziehungsziele als konkrete Erfolge verbucht werden konnten, ist kaum ausmachbar. Dennoch scheint es sehr wahrscheinlich, daß viele Dienstmädchen in der Tat »bürgerliche« Vorstellungen, die sie sich von ihrer »Herrschaft« abgeschaut hatten, ein Stück weit in ihre eigenen Familien trugen.

Diese hier nur ansatzweise skizzierte Funktionenvielfalt, die Bürgerinnen des 19. Jahrhunderts als gebildete Ehefrauen, kompetente Meisterhausfrauen, liebende Mütter, elegante Gesellschaftsdamen, rührige Krisenmanagerinnen, eifrige Familiensinnhüterinnen und besonnene Arbeitgeberinnen in ihrer Verantwortung für die Pflege, Prägung und Verbreitung bürgerlicher Kultur zeigte, sollte die Relevanz der »Frauenseiten« in der Bürgertumsgeschichte beleuchten. Das Differenzmodell der Geschlechter ließ, so scheint es, viel Raum für die Entwicklung von Selbständigkeit und Autonomie. Indem Frauen die Zuständigkeit für den häuslichen Binnenraum, die Familienbeziehungen, Emotionen, Reproduktion und alle ›Frauenangelegenheiten‹ zugeschrieben wurde, konnten sie sich konkurrenzlos als Expertinnen auf diesen Gebieten gerieren. Auch auf Kosten der männlichen Bürger, die im Laufe des 19. Jahrhunderts nicht nur von den bedrückenden,

---

33 *G.-F. Budde,* »Stützen« der Bürgergesellschaft. Varianten der Rolle von Dienstmädchen in deutschen und englischen Bürgerfamilien des 19. Jahrhunderts, in: *H. Berghoff* u. *D. Ziegler* (Hg.), Pionier und Nachzügler? Vergleichende Studien zur Geschichte Großbritanniens und Deutschlands im Zeitalter der Industrialisierung. Fs. für Sidney Pollard zum 70. Geburtstag, Bochum 1995, S. 259–280; *dies.,* Auf dem Weg, S. 285–293; *dies.,* Das Dienstmädchen, in: *U. Frevert* u. *H.-G. Haupt* (Hg.), Der Mensch des 19. Jahrhundert, Frankfurt 1999, S. 148–175, sowie *Habermas,* Frauen und Männer, S. 98 f.

sondern auch von den beglückenden Aspekten dieser von Bürgerinnen eroberten Räume zunehmend ferngehalten wurden.[34]

Doch auf der anderen Seite konnte gerade auch die immer stärkere Festschreibung als »Geschäftsmänner« bzw. »Kulturfrauen«, die »Einseitigkeit« der jeweiligen Bestimmung, ungeachtet ihrer fraglosen Bedeutung für die Konstituierung von Bürgerlichkeit, schnell als Einengung empfunden werden. Die vielen Bürgerinnen, die offensichtlich das Stereotyp der »schwachen, anfälligen Frau« als eine List zugeschriebener Ohnmacht nutzten, indem sie sich von Zeit zu Zeit etwa mit Hilfe von »Migräneanfällen« kleine Fluchten aus dem Bürgerinnenalltag leisteten, deuten auf latente, Ende des Jahrhunderts anschwellende Spannungen hin.

III. Aufbrüche und Alternativen

Spätestens als die Zunahme von Männerrechten im ausgehenden 19. Jahrhunderts die Egalität der Rechtlosigkeit ablöste, verschärfte dies die Ungleichheit der Geschlechter. Jetzt erwiesen sich die weiblichen Angehörigen des Bürgertums als die eigentlich konsequenteren Bürger, indem sie die universalisierenden Verheißungen des bürgerlichen Programms beim Wort nahmen und falsche Kompromisse, die in der Regel zu ihren Lasten gingen, offen – in Form einer erstarkten Frauenbewegung – anprangerten. Auch hinter den Türen der Bürgerhäuser stießen nun immer häufiger traditionell verfestigte und feministisch inspirierte Ideen über die Rolle der Frau in der Bürgergesellschaft aufeinander und lieferten die Basis für einen weiblichen Generationenkonflikt. Je breiter gefächert die Mädchenbildung im Zuge ihrer schrittweisen Verbesserung wurde und je weiter sie im Ansatz auch den Töchtern des ausgehenden 19. Jahrhunderts das Tor zur außerfamilialen Welt öffnete, desto härter mußte es in ihren Ohren klingen, wenn es nach Schulabschluß und Rückkehr in die Familie wieder hinter ihnen ins Schloß fiel. Nicht zufällig malten besonders Protagonistinnen der Frauenbewegung das Verhältnis zu ihrer Mutter grau in grau. Was in den ersten Kinderjahren noch auf einer sanften mütterlichen Lenkung und Einfügung in das Frauenbild beruhte, die ihren Niederschlag in mädchenspezifischem Spielzeug wie Puppen und Puppenhaus und in Verboten wilder Jungenspiele fanden, wurde zwischen heranwachsender Tochter und Mutter zu mehr oder weniger heftig ausgetragenen Konflikten.[35]

Hinzu kam, daß bislang existierende Frauenalternativen zur Familiengründung immer weniger reizvoll erschienen. Die unverheirateten Tanten, die besonders in Krisensituationen ihren großen Auftritt hatten und sich

---

34 S. *Budde*, Auf dem Weg, S. 156–159.
35 Ebd., S. 187–191.

dann unentgeltlich als Altenpflegerinnen, Krankenschwestern und Kindermädchen für die Verwandtschaft anboten, ernteten im Laufe des 19. Jahrhunderts immer weniger Dank, dafür umso mehr Spott. »Unvermutet wie
zumeist, kommt die Tante zugereist«, reimte 1877 Wilhelm Busch und
reihte sich, obwohl selbst zeitlebens Junggeselle, ein in die lange Reihe von
Tantenkarikaturen seiner Zeit. Daß das ohnehin lädierte Image des »sitzen-
gebliebenen alten Mädchens« zunehmend in Mißkredit geriet, hing mit der
finanziellen und wohnräumlichen Situation des Bürgertums zusammen. Sie
erlaubte es immer weniger Bürgerfamilien, sich ein weiteres, nicht mitver-
dienendes, nichtsdestotrotz Ansprüche stellendes Familienmitglied bei sich
aufzunehmen. Diese wenig attraktive Lebensform hatten auch die Bürgertöchter vor Augen, wenn sie nach Alternativentwürfen außerhalb der üblichen Frauenperspektive suchten. Die »Frauenfrage«, die in der Regel mit einem Frauenüberschuß und der Heiratsunlust der Männer erklärt wurde,
entwickelte sich weniger auf Grund real ansteigender Zahlen zum Politikum
als vielmehr auf Grund der veränderten sozialen Bedingungen und persönlichen Einstellungen der ledigen Frauen aus dem Bürgertum.

Junge Bürgerinnen begannen sich ihrem Ausschluß zu widersetzen und
drängten zunächst in Institutionen außerhalb der Familie, wo die Geschlech-
tergrenzen nicht so scharf gezogen waren, »weibliche« Kompetenzen zum
Zuge kamen und damit ihre Partizipation am ehesten auf Toleranz stoßen
konnte. »Mütterlichkeit als Beruf« war ein strategisch geschicktes Schlagwort, das weibliche Berufung und Berufstätigkeit verknüpfte und Kritiker
verstummen ließ. Die Kirche sowie generell Aktivitäten unter dem Mantel
der Religion wie etwa die Sozialarbeit boten dafür Raum, der zunehmend
von Frauen erobert wurde.[36] Insbesondere für ledige Frauen eröffnete die
Religion nun neue Optionen auf eine bezahlte und anerkannte Tätigkeit: sei
es als Diakonissinnen oder innerhalb einer Kongregation. Bezeichnenderweise verdankte der sogenannten »Ordensfrühling«, von dem Kirchenhisto-
riker mit Blick auf das 19. Jahrhundert als Gegenbewegung zur allgemeinen
Säkularisierung gerne sprechen, seinen Namen vor allem der Vielzahl von
neugegründeten Frauenkongregationen.[37] Für Frauen des katholischen Bürgertums eröffnete der Eintritt in eine solche Kongregation eine Reihe von
Möglichkeiten, die vielen Frauen außerhalb religiöser Frauengenossenschaf-

---

36 Auf diesen Zugangsweg zur außerfamilialen Welt haben zuerst englische Historikerinnen aufmerksam gemacht. S. u. a. *Davidoff* u. *Hall*, Family Fortunes, u. *M. Vicinus*, Inde-
pendent Women: Work and Community for Single Women, 1850–1920, Chicago 1985.
Für die deutsche Seite s. *I. Schröder*, Soziale Frauenarbeit als bürgerliches Projekt. Differenz,
Gleichheit und weiblicher Bürgersinn in der Frauenbewegung um 1900, u. *R. Habermas*, Weibliche Religiosität – oder: Von der Fragilität bürgerlicher Identitäten, beide in:
K. Tenfelde u. *H.-U. Wehler* (Hg.), Wege zur Geschichte des Bürgertums, Göttingen 1994,
S. 209–230 u. S. 125–148.
37 *R. Meiwes*, »Arbeiterinnen des Herrn«. Katholische Frauenkongregationen im 19. Jahr-
hundert, Frankfurt 2000.

ten im 19. Jahrhundert verschlossen blieben. Dazu gehörte die intensive Beschäftigung mit der eigenen Person im Vorfeld der Entscheidung sowie während des gestuften Aufnahmeverfahrens, ein Leben in einer selbstverwalteten Gemeinschaft mit Gleichgesinnten ohne materielle Nöte, ein geregelter Alltag mit festgesetzten Arbeits- und Ruhezeiten und nicht zuletzt auch Karriere- und Aufstiegsmöglichkeiten. Die Kongregationen boten ebenso wie die evangelischen Diakonissenanstalten qualifizierte Tätigkeiten an, die Frauen in der bürgerlichen Welt sonst noch kaum ausfüllen durften. Hier konnten sie als Lehrerinnen, Bauleiterinnen, Verwalterinnen, Künstlerinnen, Wissenschaftlerinnen tätig sein, ohne daß sie als Frauen in »Männerberufen« diskriminiert waren.[38]

Außerhalb der Klostermauern fielen die ersten Bürgerinnenschritte in die Berufstätigkeit weitaus zögerlicher aus. Als eine erste »berufliche« Alternative zur Ehe für Töchter aus »gutem«, in der Regel jedoch wenig begütertem Hause eröffnete sich im Laufe des 19. Jahrhunderts die Tätigkeit als Hauslehrerin in adeligen und großbürgerlichen Häusern. »Wir hatten sehr vergnügliche Tage in Düsseldorf verlebt und kehrten hochbeglückt und mit erhöhtem Selbstbewußtsein nach Elberfeld zurück«, erinnerte sich eine Bürgertochter im Jahr 1853 ihrer »unweiblichen« Gefühle, nachdem sie kurz zuvor vor der königlichen Prüfungskommission in Düsseldorf ihr Lehrerinnenexamen bestanden hatte.[39] Ohne lange Zeit dabei auf eine formalisierte und generalisierte Qualifikation zurückgreifen zu können, repräsentierte der Beruf der Gouvernante spätestens Ende des 19. Jahrhunderts »einen neuen weiblichen Sozialtyp [...] der modernen Frau, die ihr Selbstwertgefühl auch auf berufliche Leistung« gründete.[40] Entgegen dem vor allem von der zeitgenössischen Belletristik genährten Image einer unerfüllten und bemitleidenswerten Mauerblümchenexistenz wird in den Selbstzeugnissen von Gouvernanten und ihren Elevinnen häufig ein harmonisch-fruchtbares Lehrerinnen-Schülerinnen-Verhältnis gezeichnet, das gerade das unilineare Curriculum zeitgenössischer Mädchenbildung je nach individuellen Fähigkeiten und Neigungen der Schülerinnen zu bereichern imstande war und sogar bürgertöchterliche Aufbruchsversuche zu stützen vermochte. Für viele Bürgertöchter mußte ihre weltläufige und gebildete Gouvernante die Verkörperung eines attraktiven Gegenentwurfs zur üblichen Frauenrolle repräsentieren.[41]

---

38 Ebd., S. 341. *Habermas*, Religiosität, S. 136 ff.
39 Zum Beruf der Gouvernante s. *I. Hardach-Pinke*, Weibliche Bildung und weiblicher Beruf. Gouvernanten im 18. und frühen 19. Jahrhundert, in: GG, Jg. 18, 1992, S. 507–525, u. dies., Die Gouvernante. Geschichte eines Frauenberufs, Frankfurt 1993. Zit. ebd., S. 165.
40 Ebd, S. 264.
41 Dieses Phänomen findet man vor allem durch Erfahrungen im englischen Bürgertum bestätigt, wo der Unterricht der Bürgertöchter durch – nicht selten deutsche – Gouvernanten noch weit verbreiteter war als im deutschen Bürgertum, s. *Budde*, Auf dem Weg, S. 350 ff.

Dennoch: Das Gegen-den-Strom-Schwimmen dieser Pionierinnen erforderte Kraftanstrengungen und war von Enttäuschungen begleitet. Die
bürgerliche Gesellschaft des 19. Jahrhunderts war noch weit entfernt davon, alternative Lebensentwürfe mit der gleichen Emphase zu begrüßen
wie die hochgejubelte Mutterrolle. Noch Ende des 19. Jahrhunderts, als der
Bedarf beruflicher Alternativen für Bürgertöchter nicht mehr zu leugnen
war, verweigerte die bürgerliche Gesellschaft diesen Bürgerinnen, deren
Klassenidentität auf ihrem Beruf fußte, die volle Anerkennung, wie sie
männliche Vertreter des Lehrerberufs für sich beanspruchen durften. Weniger die »*Lehrerinnen*rolle« als die »*Erzieherinnen*rolle« fand beim Blick auf
die weiblichen Pädagoginnen Würdigung, wenn etwa eine Mutter über die
Lehrerinnen ihrer ältesten Tochter in ihrem Tagebuch vermerkte: »[Den]
Fräulein Wittelshöfer aber sei ewiger Dank für ihre Treue und Hingabe,
mit denen sie Erna gepflegt haben, denn nirgend anders hätte das erreicht
werden können, das hier aus ihr geworden, den nirgends wäre ihre Individualität zu gleicher Würdigung, ihre Fehler so zur Besserung gekommen, als durch den Sinn und die Theilnahme ihrer ausgezeichneten Lehrerinnen!«[42]
Der Weg zur akzeptierten akademischen Profession war noch weit. Bis
1893 gab es für Mädchen keine zum Abitur führenden Schulen, und ein
koedukativer Unterricht in den bestehenden höheren Knaben-Schulen war
undenkbar.[43] Überdies wuchsen gegen Jahrhundertende die Widerstände.
Als die »Frauenfrage« nicht länger nur als soziales, sondern auch als politisches und kulturelles Problem wahrgenommen wurde, nahmen antifemi-
nistische Äußerungen an Umfang und Stärke zu.[44] Wiederum wurden vermeintlich naturwissenschaftliche Erkenntnisse bemüht, um Frauen die
mentale und physische Eignung zum Studium abzusprechen und sie zurück
auf ihre »eigentliche Berufung« zu verweisen.[45]
Doch diese Stimmen erschienen zu diesem Zeitpunkt eher als verzwei-
felte Reaktionen einer längst in Gang gesetzten Gegenentwicklung. Mit Beginn des 20. Jahrhunderts erschienen auch Bürgerinnen auf der Bildfläche,
die eine akademische Laufbahn einschlugen und ebenso wie ihre Brüder aus

---

42 Tagebuch v. *H. Eyck*, Eintrag vom 9. 4. 1892, Privatarchiv Eyck, Calgary, Canady. Ich
danke Prof. Frank Eyck, mir die Aufzeichnungen seiner Großmutter zur Verfügung gestellt
zu haben.
43 *E. Glaser*, Der Einbruch der Frauenzimmer in das gelobte Land der Wissenschaft.
Die Anfänge des Frauenstudiums am Beispiel der Universität Tübingen, in: *A. Schlüter*
(Hg.), Pionierinnen-Feministinnen-Karrierefrauen? Zur Geschichte des Frauenstudiums in
Deutschland, Pfaffenweiler 1992, S. 63–85.
44 S. hierzu U. *Planert*, Antifeminismus im Kaiserreich. Diskurs, soziale Formation und
politische Mentalität, Göttingen 1998, S. 259.
45 *E. Glaser*, »Sind Frauen studierfähig?« Vorurteile gegen das Frauenstudium, in: *E. Kleinau* u. *C. Opitz* (Hg.), Geschichte der Mädchen- und Frauenbildung, Bd. 2, Frankfurt 1996,
S. 299–309.

ihrem Bildungswissen im wahrsten Sinne des Wortes Kapital schlagen wollten.[46] Nicht zuletzt auf Druck der bürgerlichen Frauenbewegung, der es ungeachtet ihrer quantitativ eher geringen Mitgliederzahl zunehmend gelang, Teile der Öffentlichkeit für sich zu mobilisieren, ging es nun auch darum, das Berufsspektrum für Frauen zu erweitern. Schritte auf diesem Wege waren die Zulassung zum Universitätsstudium und die Öffnung adäquater Ausbildungs- und anschließender Berufslaufbahnen für weibliche Bürgerinnen.

Der Weg ins professionelle Bildungsbürgerinnenleben begann zumeist – und noch häufiger als bei den männlichen Kollegen – in einem *bürgerlichen* Elternhaus. Hier entwickelte sich ungeachtet des zuwiderlaufenden Familienideals, das der Frau andere Ambitionen als hausfrauliche und mütterliche dezidiert absprach, dennoch am ehesten eine grundsätzliche Bereitschaft, auch den Töchtern eine universitäre Ausbildung zu ermöglichen. Die Hochschätzung von Wissen und Bildung im bürgerlichen Wertekanon im Verein mit der spätestens seit der Jahrhundertwende einsetzenden Geburtenbeschränkung erhöhte die Chancen für Bürgertöchter, nicht mehr mit mehreren Brüdern um elterliche Bildungsinvestitionen konkurrieren zu müssen und dabei den Kürzeren zu ziehen.

Ungeachtet der nur langsam steigenden Studentinnenzahlen schien den um 1900 geborenen Bürgertöchtern der Zugang zur Alma Mater, seit der Jahrhundertwende geebnet durch ein expandierendes Mädchenschulwesen, weitaus selbstverständlicher als der vorausgegangenen Generation, und daß obwohl weibliche Studenten mit mehr materiellen Schwierigkeiten und unverrückbaren Vorurteilen von Seiten der Kommilitonen und Professoren zu kämpfen hatten.[47] An welcher Fakultät sich eine Studentin immatrikulierte, hing zum einen von traditionellen Orientierungen ab, die gleichsam bis in die Gegenwart den hohen Prozentsatz weiblicher Studierender mit dem Berufziel Studienrätin und Ärztin erklärt. Zum zweiten reagierten auch Frauen durchaus auf Schwankungen der Arbeitsmarktlage und daraus resultierende Zukunftsperspektiven eines Studienfaches.[48]

Daß Studentinnen bei der Wahl ihrer Prüfungs- und Promotionsthemen, unabhängig von ihrem Studienfach, häufig frauenspezifische Fragestellungen in den Mittelpunkt rückten, lag sicherlich nicht allein an der »Aufgeschlossenheit« einiger Professoren, sondern auch an der Neigung, Frauen eher in wissenschaftlichen »Randgebieten«, wo die Konkurrenz weniger be-

---

46 S. hierzu auch *J. Jacobi* (Hg.), Frauen zwischen Familie und Schule. Professionalisierungsstrategien bürgerlicher Frauen im internationalen Vergleich, Köln 1994.
47 Am Beispiel Tübingens zeigt dies *E. Glaser*, Hindernisse, Umwege, Sackgassen: Die Anfänge des Frauenstudiums in Tübingen (1904–1934), Weinheim 1992.
48 C. *Huerkamp*, Bildungsbürgerinnen. Frauen im Studium und in akademischen Berufen 1900–1945, Göttingen 1996.

drohlich schien, zu tolerieren.[49] Vor dem Ersten Weltkrieg waren die Berufsperspektiven für die erste Generation von Akademikerinnen in einzelnen Bereichen durchaus günstig. Daß sich aber ungeachtet dessen die
akademische Berufstätigkeit von Frauen nicht auf breiter Front durchsetzen
konnte, lag sowohl an den ökonomischen Krisenzeiten der Weimarer Republik als auch und vor allem an der Angst der Akademiker vor weiblicher
Konkurrenz um die knappen Arbeitsplätze in den prestigeträchtigen Berufen.[50]

Welche Rolle spielten diese neuen, qua Hochschulpatent ausgewiesenen
»Bildungsbürgerinnen« in der bürgerlichen Gesellschaft? Die Feminisierung des Begriffs war in der Denktradition des 19. Jahrhunderts keineswegs
selbstverständlich, widersprach sie doch der Geschlechterordnung, nach der
der Bildungsbürger, der durch den Besitz von Bildungspatenten seinen Lebensunterhalt verdient, ein Mann zu sein hatte und die Frau nur als Ehefrau
und Tochter eines Bildungsbürgers »Bildungsbürgerin« war. Erneut stellt
sich hier die Frage, ob die Frauen, die aufgrund eigener Leistung, nämlich
als Studienrätinnen, Ärztinnen, Anwältinnen, Richterinnen, Volkswirtinnen
oder Hochschullehrerinnen diese Etikettierung beanspruchten, eher zur Sta-
bilisierung des Bürgertums beitrugen oder ob sie den ohnehin prekären Zusammenhalt dieser sozialen Formation lockerten oder gar sprengten.

Ausgehend von der Tatsache, daß die große Mehrzahl von Akademikerinnen entweder ledig blieb oder im Fall der Heirat die Berufstätigkeit zugunsten einer traditionellen Rolle als Hausfrau, Gattin und Mutter aufgab, läßt
sich *einerseits* feststellen, daß diese beiden Hauptgruppen von Akademikerinnen beide ihren je spezifischen Beitrag zur Existenz und Wirkmächtigkeit
des Bildungsbürgertums leisteten. Die unverheirateten Akademikerinnen
waren es, die bildungsbürgerliche Traditionen, etwa die Hingabe an den Beruf, ein spezifisch bürgerliches Leistungsethos, kulturelles Engagement, bildungsbürgerliche Reisen zu Orten von kulturgeschichtlichem Interesse
pflegten. Im Falle der Verheiratung einer Akademikerin – die sie in der Regel an die Seite eines Akademikers führte – konnte ihre »Mitwisserschaft«
zu mehr Verständnis und gegenseitigem Austausch führen und sie für ihre
bürgerliche Mission als Mittlerin des bildungsbürgerlichen Wissenskanons
an ihre Kinder perfektionieren.[51]

Ganz anders sah es jedoch *andererseits* aus, wenn Bildungsbürgerinnen
Beruf und Familie miteinander zu vereinbaren trachteten Mit welchen Anstrengungen dieses Ansinnen verbunden war, zeigt allein schon die kleine

49 Zur »Aktualität« dieses Phänomens s. auch *G.-F. Budde*, Bescheidene Pionierinnen.
Studentinnen und Dozentinnen der »ersten Stunde« der Freien Universität Berlin, in:
C. Färber u. *H. Hülsbergen* (Hg.), Selbstbewußt und frei. 50 Jahre Frauen an der Freien Uni-
versität Berlin, Königswinter 1998, S. 57–83.

50 S. *E. Glaser*, Die erste Studentinnengeneration – ohne Berufsperspektiven?, in: *Kleinau*
u. *Opitz* (Hg.), Geschichte der Mädchen- und Frauenbildung, S. 310–324.

51 *Huerkamp*, Bildungsbürgerinnen, S. 302 f.

Minderheit von Frauen, die sich in der ersten Hälfte des 20. Jahrhunderts dieser Anforderung stellte. Schließlich bedeutete sie auch gleichzeitig eine Herausforderung des herrschenden Familienideals, stellte es doch gängige Rollenklischees in Frage und die scheinbar so klare Arbeitsteilung auf den Kopf.[52] Überdies läßt sich unschwer vorstellen, daß die Frauen, die letztlich vor der Doppelbelastung resignierten und berufliche Ziele aufsteckten, den engen Wirkungskreis von Haus und Familie nun besonders spürten. Damit mag auch ein Protestpotential in die Bürgerfamilien hineingebracht worden sein, von dem dann vielleicht selbstbewußte Töchter profitieren konnten.

Berufstätige Bildungsbürgerinnen, die nicht mehr ihre familiengebundene »Integrationsfunktion als Bewahrerin bildungsbürgerlicher Kultur«[53] akzeptierten, sondern im Gegenteil zur Heterogenität dieser ohnehin aufgrund von Spezialisierungstendenzen immer zersplitterten Formation beitrugen, galten nicht als willkommene, wenn auch verspätete Ergänzung, sondern als Störfaktoren der bürgerlichen Gesellschaft.[54] Frauen sollten sich primär auf den gegenwärtigen Moment konzentrieren, ohne Pläne und Hoffnungen für die lebensweltliche Zukunft jenseits von Ehe und Familie zu entwickeln, um männlichen Familienmitgliedern und Freunden die »Präsenz der Gegenwart« zu erhalten.[55] Offensichtlich widersprachen sie der für die bürgerliche Gesellschaft konstitutiven Geschlechterordnung und Familienideologie, wie sie im 19. Jahrhundert von Bürgern und Bürgerinnen erdacht und gelebt wurde. Eine bürgerliche Gesellschaft, die die allgemeine Chancengleichheit nicht mit eingebauten Ausschlußmechanismen für die Hälfte der Gesellschaft koppelt, die es aushält, daß Bürgerinnen nicht nur ihre Männer, um abschließend das Bild Fontanes wieder aufzugreifen, »schwimmfähig« halten, sondern auch in Männerdomänen »mitschwimmen« wollen, müßte, so scheint es, eine ganz andere sein als die, die uns im 19. und frühen 20. Jahrhundert entgegentritt.

---

52 Ebd., S. 303.
53 Ebd.
54 Ebd., S. 304.
55 *M. Kessel*, Zeit-Gefühle. Zur Geschichte der Langeweile, Habil.-Schrift Berlin 1998; erscheint demnächst u.d.T. Langeweile. Zum Umgang mit Zeit und Gefühlen in Deutschland vom 18. bis zum 20. Jahrhundert, vorauss. Göttingen 2000.

MONIKA WIENFORT

Recht und Bürgertum

Die bürgerliche Gesellschaft der Neuzeit ist wie die mittelalterliche Stadtgesellschaft ohne das Recht weder vorstellbar noch praktisch erfahrbar. Der historisch kontingente Zusammenhang von Freiheit und Eigentum, von staatlicher Ordnung und gesellschaftlicher Repräsentation, der für die »Bürgerlichkeit« einer Gesellschaft grundlegend ist, läßt sich ohne Rückgriff auf die Begriffe und Kategorien des Rechts nicht verstehen. Für die »Bürger« und die »Bürgerinnen« als Individuen, die die politische Gesellschaft konstituierten, waren sich verändernde rechtliche Kriterien zumindest als Zulassungsbedingungen wirksam. Bis heute gilt: Nur wer als »(Staats)Bürger« definiert ist, kann als ein solcher – politisch – handeln.

In dreifacher Hinsicht soll im folgenden versucht werden, sich dem Verhältnis von Bürgertum und bürgerlicher Gesellschaft zum Recht anzunähern. Für das »Bürgertum« als soziale Formation lassen sich, erstens, rechtliche Unterscheidungsmerkmale kenntlich machen, die die soziale, politische und mentale Abgrenzung zu anderen gesellschaftlichen Gruppen, etwa zum Adel oder zur Arbeiterschaft, erst ermöglichen. In der alteuropäischen Tradition konkretisiert sich diese Differenz zwischen den Besitzern meist städtischer Bürgerrechte und den von der politischen Beteiligung ausgeschlossenen Bevölkerungsgruppen. Erst seit dem 18. Jahrhundert entwickelte sich neben dem Stadtbürgertum ein Begriff des Staatsbürgertums, der dann seit dem 19. Jahrhundert immer wichtiger wurde und bis heute in der Debatte um das Staatsangehörigkeitsrecht seine Brisanz nicht verloren hat. Hier ist vor allem eine säkulare Entwicklung des Zusammenfallens von Bürgerrecht und politischem Wahlrecht zu betonen, demgegenüber ökonomische Ansprüche (Armenfürsorge) vom Bürgerrecht abgekoppelt wurden.

Ein zweiter Weg der Annäherung an das Verhältnis von Recht und Gesellschaft liegt in der Beschäftigung mit den Juristen, vor allem mit den Richtern und mit den Anwälten, die die Ausübung des Rechts zu ihrem Beruf machten, der entweder zum Statuserhalt oder zu sozialem Aufstieg, jedenfalls aber zu einer »bürgerlichen« Existenz berechtigte. Dabei ist für unsere Fragestellung vor allem das Verhältnis der Juristen zum Staat bedeutsam. So läßt sich für die deutschen Rechtsanwälte zumindest seit den 1870er Jahren kaum auf Anhieb entscheiden, ob sie zum – staatsnahen – Bildungsbürgertum oder zum Wirtschaftsbürgertum zu zählen sind. Schließlich hat, drittens, das Recht in der Ausbildung moderner Staatlichkeit eine zentrale Rolle gespielt. Der Kampf um die Justizhoheit, der sich in der ersten Hälfte des 19. Jahrhunderts gegen die Patrimonialgerichtsbarkeit richtete, läßt sich auch als ein klassisches Feld des Auseinandertretens von Staat und Gesellschaft interpretieren, ein Prozeß, der für die deutschen Staaten im 19. Jahrhundert vielfach beschrieben worden ist. Und auch hier kann man die Ambivalenz einer Bürgerlichkeit verfolgen, in der einerseits Juristen und Protagonisten des Liberalismus gegen ein »feudales« Relikt kämpfen, anderseits aber der Einsatz des Staates darauf hinausläuft, zahlreichen adligen und bürgerlichen Gerichtsherren ihre als Privatrechte interpretierten Gerichtsrechte zu entziehen.[1]

Die drei hier präsentierten Untersuchungsfelder haben dabei eines gemeinsam: Gegenüber einer Thematisierung der »privatrechtsakzessorischen Gesellschaft«, die bürgerliche Freiheitsrechte und die individuellen Prinzipien von Freiheit und Rechtsgleichheit betont, stehen hier eher Entwicklungen im Vordergrund, die zum öffentlichen Recht gehören. Aus verfassungsgeschichtlicher Perspektive hat Dieter Grimm vor allem die Grundrechte, die Eigentumsfreiheit, die Vertragsfreiheit und die Testierfreiheit als charakteristische Merkmale des modernen Rechts benannt. Tatsächlich handelt es sich um rechtliche Standards, die für eine freiheitliche und demokratische Gesellschaft unabdingbar sind. Aber die Entwicklung des öffentlichen Rechts seit dem späten 18. Jahrhundert läßt die Frage gerechtfertigt erscheinen, ob sich das »bürgerliche« Recht allein als »privatrechtsakzessorisch« angemessen charakterisieren läßt. Mit anderen Worten: Hier soll der Versuch gemacht werden, die Sphäre des öffentlichen Rechts in eine Beziehungsgeschichte von Bürgertum und Recht zu integrieren. Dabei wird man den Terminus »bürgerliches Recht« hier nicht als Synonym für das Privatrecht, sondern im Sinne Regina Ogoreks als »das die gesamte Rechtssphäre abdeckende Recht für Bürger« verstehen müssen. Betrachtet man die politischen Partizipationsrechte, das komplexe Verhältnis der rechtlichen Berufsgruppen zum Staat und die Auseinandersetzung um die Patrimonialgerichtsbarkeit seit dem Beginn des 19. Jahrhunderts bis in das erste Drittel des 20. Jahrhunderts in Deutschland genauer, läßt sich weniger von einer Entlastung des Rechts sprechen, das sich von dem umfassenden Gemeinwohlanspruch des Rechts in der Frühen Neuzeit emanzipierte. Stattdessen kann man eher die Leistungen der »spezifischen Rationalität« des modernen Rechts auch im öffentlichrechtlichen Bereich betonen.[2]

---

1 Eine Geschichte des Bürgerrechts seit dem späten Mittelalter, in der verfassungs- und sozialgeschichtliche Perspektiven konsequent zusammengeführt würden, fehlt weiterhin. Vgl. als Einführung zum Bürgertum in europäischer Perspektive *J. Kocka*, Bürgertum und bürgerliche Gesellschaft im 19. Jahrhundert. Europäische Entwicklungen und deutsche Eigenarten, in: *ders.* (Hg.), Bürgertum im 19. Jahrhundert, Bd. 1, München 1988, S. 11–76; *D. Grimm*, Recht und Staat der bürgerlichen Gesellschaft, Frankfurt 1987, S. 27–29.

2 Vgl. *D. Grimm*, Bürgerlichkeit im Recht, in: *J. Kocka* (Hg.), Bürger und Bürgerlichkeit im 19. Jahrhundert, Göttingen 1987, S. 149–88, hier S. 161; *R. Ogorek*, Individueller Rechtsschutz gegenüber der Staatsgewalt. Zur Entwicklung der Verwaltungsgerichtsbarkeit im 19. Jahrhundert, in: *Kocka* (Hg.), Bürgertum, Bd. 1, S. 372–405, hier S. 375.

Dabei ist es zunächst bedeutsam, hervorzuheben, daß Bürger, Bürgertum und bürgerliche Gesellschaft keineswegs Synonyme darstellen. Vor allem gilt es, die Prinzipien der »bürgerlichen Gesellschaft«, wie sie sich in Deutschland seit dem Ende des 18. Jahrhunderts ausgeprägt haben, sorgfältig von einem »Bürgertum« als sozial distinkte Gruppe zu unterscheiden. Dabei kann für unsere Fragestellung zunächst außer Betracht bleiben, ob sich das moderne Bürgertum eher durch einen Prozeß ständischer Vergesellschaftung konstituierte, wie im Anschluß an Max Weber oft argumentiert worden ist, oder ob sich »das« Bürgertum eher in einem Habitus der »Bürgerlichkeit« verorten läßt, der die wirtschaftlichen und sozialen Unterschiede zwischen Kaufleuten und Unternehmern, zwischen Juristen, Professoren und Beamten kulturell überwölbte. In der politischen Sphäre deutscher Städte lassen sich jedenfalls im 19. Jahrhundert genügend Anhaltspunkte für eine bürgerliche Vergesellschaftung männlicher, »selbständiger« und mit einem mindestens mittleren Einkommen ausgestatteter Individuen finden.[3]

Die Definition des Bürgers, des Bürgertums und der bürgerlichen Gesellschaft sind in je unterschiedlicher und charakteristischer Weise durch das Recht beeinflußt. Eine solche Verhältnisbestimmung hat bisher nicht im Zentrum der Bürgertumsforschung gestanden. Trägt man aber die verstreuten Einzelergebnisse zusammen, ergeben sich Anhaltspunkte für eine Standortbestimmung, die das Verhältnis von Rechts- und Sozialgeschichte in der Bürgertumsforschung deutlich machen können. Man muß kaum noch betonen, daß sich dieses Verhältnis nur als ein gegenseitiges angemessen beschreiben läßt, weder wirken die sozialen Zusammenhänge einseitig auf das Recht, noch wird man umgekehrt davon sprechen können, daß das Recht die soziale Welt erst konstituiert. Besonders sichtbar wird die Komplexität dieses Verhältnisses an der Beziehung zwischen Frauen und Recht. Deshalb wird im folgenden versucht, der Bedeutung dieses Themas für die bürgerliche Gesellschaft in den drei vorgestellten Themenfeldern nachzuspüren.[4]

---

3 Vgl. *S. Brakensiek*, Fürstendiener – Staatsbeamte – Bürger. Amtsführung und Lebenswelt der Ortsbeamten in niederhessischen Kleinstädten (1750–1830), Göttingen 1999; *M. Hettling*, Politische Bürgerlichkeit. Der Bürger zwischen Individualität und Vergesellschaftung in Deutschland und der Schweiz von 1860 bis 1918, Göttingen 1999; *H.-W. Schmuhl*, Die Herren der Stadt. Bürgerliche Eliten und städtische Selbstverwaltung in Nürnberg und Braunschweig vom 18. Jahrhundert bis 1918, Gießen 1998.
4 Vgl. *M. Sobania*, Rechtliche Konstituierungsfaktoren des Bürgertums, in: *L. Gall* (Hg.), Stadt und Bürgertum im Übergang von der traditionalen zur modernen Gesellschaft, München 1993, S. 131–50. In dem von Lothar Gall geleiteten Frankfurter Forschungsprojekt zur Geschichte des Bürgertums ist die Bürgerrechtsthematik aufgrund des Forschungsdesigns (Städte als Untersuchungsobjekte) breiter behandelt worden.

1. Entwicklungslinien des Bürgerrechts
vom späten Mittelalter bis zum Beginn des 20. Jahrhunderts

Die semantische Analyse des Bürgerbegriffs ergibt, daß bis ins 18. Jahrhundert »Bürger« zunächst einmal nur derjenige sein konnte, der Herrschaft nach innen, in seinem Haushalt, ausübte. Die Führung eines selbständigen Hausstandes war die unverzichtbare Voraussetzung für die Erlangung des Bürgerrechts, von der nicht dispensiert werden konnte. Ehefrauen, Kinder und Gesinde waren so *per definitionem* von der Bürgerschaft ausgeschlossen. In der ständischen Gesellschaft gab es für einen expliziten Ausschluß von Frauen als Angehörige des weiblichen Geschlechts vom Bürgerrecht keinen Bedarf, wenn man die Einbindung des Bürgerrechts in das Recht des »Ganzen Hauses« in Betracht zieht. Eher im Gegenteil: Die Bürgerswitwe konnte das Bürgerrecht häufig zu erleichterten Bedingungen erwerben. Die Stellung als Haushaltsvorstand hatte im rechtlichen Sinne eine viel höhere Bedeutung als die Geschlechtszugehörigkeit. Bis weit ins 19. Jahrhundert blieb der deutsche Bürgerbegriff darüber hinaus an ein »Stadtbürgertum« konnotiert und umfaßte Bürgerrechte als Privilegien mit von Ort zu Ort unterschiedlichem Rechtsgehalt. Der Übergang vom Stadt- zum Staatsbürgerbegriff, der die privatrechtliche Gleichheit statt der Privilegien betonte, führte insofern zu einem qualitativen Wandel des rechtlichen Gehalts im Begriff des Bürgers. Während zunächst alle Männer, dann alle Menschen Bürger wurden, verringerte sich sukzessive die Bedeutung des Bürgerbegriffs als Rechtsterminus.[5]

»Ich wünschte ein Bürger zu sein«, diese für die Moderne charakteristische Formulierung Theodor Mommsens hatte für die Menschen, die im späten Mittelalter und in der Frühen Neuzeit die Städte Europas bewohnten, zwar nur bedingt Geltung. Obwohl der Besitz des Bürgerrechts rechtlich und politisch das wichtigste Unterscheidungsmerkmal gegenüber den bloßen Einwohnern (Beisassen) ausmachte, war es nicht für jeden Kandidaten zu jeder Zeit erstrebenswert. Das Bürgerrecht »definiert in veränderlicher Weise die Zugehörigkeit einer Person zu einem politischen Verband«.[6] Der Ursprung des städtischen Bürgerrechts war genossenschaftlich: Bürger war derjenige, »der den Gesamtschwur der versammelten Bürgergemeinde anläßlich der Ratsumsetzung mitleistete«. Mit dem Bürgerrecht war beinahe überall das aktive und – abgestuft – das passive Wahlrecht verbun-

---

5 Vgl. *R. Koselleck, U. Spree, W. Steinmetz*, Drei bürgerliche Welten? Zur vergleichenden Semantik der bürgerlichen Gesellschaft in Deutschland, England und Frankreich, in: *H.-J. Puhle* (Hg.), Bürger in der Gesellschaft der Neuzeit, Göttingen 1991, S. 14–58, bes. S. 16–26.

6 *U. Meier*, Konsens und Kontrolle. Der Zusammenhang von Bürgerrecht und politischer Partizipation im spätmittelalterlichen Florenz, in: *K. Schreiner/ders.* (Hg.), Stadtregiment und Bürgerfreiheit, Göttingen 1994, S. 147–87, hier S. 147.

den, darüber hinaus gab es aber auch Bürger*pflichten*, die kaum attraktiv erscheinen konnten: Der Erwerb des Rechts war in Köln an eine bedeutende Geldzahlung gebunden, in Augsburg wurden den Besitzern des Bürgerrechts neben der auch den modernen Bürger charakterisierenden Steuerpflicht Wachdienst oder Wachgeld, Kriegs- und Feuerwehrdienst, Friedens- und Rügepflichten und der Gerichtszwang auferlegt; in Florenz mußten die Vollbürger seit Beginn des 15. Jahrhunderts Staatsanleihen erwerben und sich so an den Schulden des Stadtstaates beteiligen. In jedem Fall war es notwendig, Mitglied der Bürgermiliz zu werden.[7]

Trotzdem überwogen insgesamt die Vorteile des Bürgerrechtsbesitzes: Nur die Inhaber des Bürgerrechts hatten schließlich überhaupt die Möglichkeit, am politischen Regiment der spätmittelalterlichen und frühneuzeitlichen Stadt teilzuhaben. Die rechtliche Zugehörigkeit zum Verband der Stadtbürger sicherte auch den sozialen Status, der sich durch die Chance der Teilhabe an der Wahl des politischen Regiments wiederum trefflich dokumentieren ließ. Dabei definierte das Bürgerrecht einen Mindeststatus der Teilhabe: Bürgerstatus und Amtsfähigkeit fielen nicht in jedem Fall zusammen. In Köln und in Florenz existierten gleichsam unterschiedliche Stufen des Bürgerrechts; erst die Wählbarkeit zu den Ämtern ermöglichte die vollständige Integration in das politische System der Stadt. Bürgerrechte konnten Gewerbeprivilegien oder rechtliche Vergünstigungen umfassen. In Florenz erlangten Bürger oft eine Minderung von Strafen oder sogar einen Dispens. Das abgestufte Bürgerrecht sicherte also ein Mindestmaß an Gleichheit, ohne die Hierarchien sozialer Ungleichheit infragezustellen, die in unterschiedlichem politischen Einfluß resultierten.

Die Voraussetzungen des »Bürgerwerdens« waren von Stadt zu Stadt unterschiedlich: Geburt, d.h. Zugehörigkeit zu einer berechtigten Familie und/oder Einkauf machten den Erwerb möglich, vielfach wurde eine mehrjährige Ansässigkeit in der Stadt als steuerzahlender Haushaltsvorstand verlangt. In Florenz richteten die zukünftigen Bürger eine Petition an die Signoria. Im weiteren Verfahren wurden sämtliche Verfassungsinstanzen mit einem solchen Antrag befaßt. Anträge auf Aufnahme in die Bürgerschaft gaben somit den Anlaß, die Partizipation der Bürger am Regiment augenfällig zu betonen. Der Ausschluß von Frauen scheint in diesem Zusammenhang übrigens eher selbstverständlich gewesen als explizit geregelt worden zu sein, ebenso deutlich blieben Minderjährige, Gesellen, Knechte und Mägde von einer solchen Antragstellung ausgeschlossen.

---

7 *E. Isenmann*, Die deutsche Stadt im Spätmittelalter, Stuttgart 1988, S. 93; vgl. auch für das folgende *G. Schwerhoff*, Apud populum potestas? Ratsherrschaft und korporative Partizipation im spätmittelalterlichen und frühneuzeitlichen Köln, in: *Schreiner/Meier* (Hg.), Stadtregiment, S. 188–243; *J. Rogge*, Ir freye wale zu haben. Möglichkeiten, Probleme und Grenzen der politischen Partizipation in Augsburg zur Zeit der Zunftverfassung (1368–1548), in: ebd., S. 244–77, bes. S. 248.

Der Zugang zum vormodernen städtischen Bürgerrecht – so läßt sich bei allen Unterschieden, die die Bedeutung städtischer Autonomie hervorheben, zusammenfassen – erfolgte über und durch das Haus. Damit war einerseits die Hausgewalt des Mannes und Vaters über die Familie, aber auch über das Gesinde gemeint, andererseits aber auch der Besitz eines Hauses als wichtigstes Kennzeichen wirtschaftlicher Selbständigkeit. In vielen Städten, aber nicht überall, mußten die »Hausväter« darüber hinaus Mitglied einer Korporation sein. In Köln, Augsburg und Florenz erwarb die Mehrheit der Bürger ihre Berechtigung durch die Zugehörigkeit zu einer Zunft, in die man in der Regel als Sohn eines zünftigen Handwerksmeisters hineingeboren wurde. Grundlage für die Zugehörigkeit zur politischen Gemeinde, und von mehr kann man bei der meist sehr exklusiv geregelten Teilhabe an der politischen Macht kaum sprechen, blieb ein berufsständisch-genossenschaftliches System, in dem sich die städtischen Führungsschichten, die letztlich die politischen Entscheidungen trafen, mittels eher indirekter, verfahrenstechnisch komplizierter Wahlprozeduren im Stadtregiment behaupteten.

In den meisten Städten stellten die Vollbürger keineswegs die Mehrheit der Einwohner; selbst in großen Städten wie Köln oder Florenz war die Wahlbürgerschaft auf einige tausend Männer begrenzt. Damit blieb das Wahlrecht ein Privileg, das rechtliche Zugangskriterien zur politischen Stadt festlegte und entsprechende Garantien gab, ohne die tatsächliche Machtverteilung festzulegen. Das Bürgerrecht fungierte vielmehr als Legitimationsinstanz für den sozial exklusiven Rat, der in vielen europäischen Städten die Politik bestimmte. Die Möglichkeit zur Teilnahme an einer Wahl bildete eine zentrale Erfahrung von Politik. Es ist aufgrund der Quellenlage nicht einfach, über diese Erfahrungsdimension von Wahlen näheres zu erfahren. Wie der Verfassungswandel in den alteuropäischen Städten zeigt, konnten Wahlen zwar keine vollkommene Stabilität der politischen Verhältnisse garantieren, aber wahrscheinlich manche »Revolution« vermeiden.[8]

Die Akzeptanz dieses Systems bei breiten Bevölkerungsschichten blieb gewährleistet, da es sich nie ganz abgeschlossen präsentierte. Auch wenn die Wahrscheinlichkeit, das Bürgerrecht zu erreichen, für den einzelnen neu zugezogenen Einwohner ohne wirtschaftliche Ressourcen gering sein mochte: Es gab keine undurchlässige ständische Grenze. Zumindest für die Nachkommenschaft konnte man auf den rechtlichen und sozialen Aufstieg hoffen. Dieser Hoffnung korrespondierte die hohe Bedeutung, die das Prinzip der Gleichheit in der städtischen Politik hatte. So läßt sich für Köln zeigen, daß sich die städtischen Führungsschichten bemühten, »die städtische Freiheit als gemeinsames Interesse von Geschlechtern und Gemeinde zu erweisen«.[9]

An der sozialen Exklusivität der Führungsgruppen als Strukturprinzip städtischer Politik änderte sich im 19. Jahrhundert noch wenig. Seit dem Be-

---

8 Vgl. *Isenmann*, Stadt, S. 93–95; *Sobania*, Konstitutierungsfaktoren, hier S. 131–34.
9 *Schwerhoff*, Ratsherrschaft, S. 198.

ginn des 19. Jahrhunderts war – unter französischem Einfluß – das Prinzip
der Einwohnergemeinde bekannt, damit gerieten die »Nichtbürger«, die im
Ancien Régime in rechtlicher Hinsicht kaum in Erscheinung getreten waren, verstärkt in den Blick. Durchgesetzt hat sich die Einwohnergemeinde in
der kommunalrechtlichen Praxis allerdings kaum. In Braunschweig und
Nürnberg blieben aktives und passives Kommunalwahlrecht bis 1918 an das
Bürgerrecht gebunden. Nur die Bedingungen für den Besitz des Bürger-
rechts unterschieden sich. Andererseits verloren die Korporationen ihre tra-
ditionelle Bedeutung als formale und rechtliche »Katalysatoren« politischer
Ordnung, die das Bürgerrecht an ein neu in den Verband aufzunehmendes
Individuum vermittelten. Im Königreich Sachsen unterschied die Revidierte
Städteordnung von 1873 zwischen Gemeindemitgliedern und Bürgern. Als
Gemeindemitglied galt jeder »selbständige« Einwohner, der jährlich mindestens drei Mark staatliche Steuern entrichtete, sowie sämtliche Grundeigentümer und Gewerbetreibenden. Für die Berechtigung zur Stadtverordneten-
wahl war darüber hinaus der Erwerb des Bürgerrechts notwendig. Frauen,
säumige Steuerzahler und Empfänger von Armenhilfe blieben allerdings
vom Erwerb des Bürgerrechts ausgeschlossen.[10]
   Vor allem in Bayern und in Sachsen akzeptierte aber der bürgerliche
Liberalismus solche »liberalen« Zugangsvoraussetzungen zum Bürgerrecht
nicht, da sie einen Machtverlust der liberalen Parteien mit sich brachten. In
Leipzig, wo die Gemeindeordnung vielen Arbeitern, die in den eingemein-
deten Vororten wohnten, den Erwerb des Bürgerrechts ermöglichte und
damit die Wahlberechtigung verschaffte, ließ sich bis in die 1890er Jahre ein
steter Stimmenzuwachs der SPD bei den Stadtverordnetenwahlen feststellen. Der Zensus schloß nur wenige männliche Erwachsene vom Erwerb
des Bürgertums aus; hohe Gebühren, die den Zugang faktisch unmöglich
gemacht hätten, fehlten. Um den Machtzuwachs der Sozialdemokratie zu
stoppen, der gleichzeitig die Minorisierung der alten bürgerlichen Führungsgruppen bedeutet hätte, bemühte sich der Rat der Stadt Leipzig zunächst, die Bedingungen für die Erteilung des Bürgertums anhand des Selb-
ständigkeitskriteriums zu verschärfen. Unter »Selbständigkeit« verstand der
Leipziger Rat vor allem eine wirtschaftliche Unabhängigkeit, die die ehrenamtliche Übernahme städtischer Ämter ermöglichen sollte. Selbständigkeit als Prinzip wurde damit abgekoppelt von einer Position als Haushalts-

---

10 Vgl. *Schmuhl*, Herren, S. 15; *M. Schäfer*, Die Burg und die Bürger. Stadtbürgerliche
Herrschaft und kommunale Selbstverwaltung in Leipzig 1889–1929, in: *W. Bramke/U. Heß*
(Hg.), Wirtschaft und Gesellschaft in Sachsen im 20. Jahrhundert, Leipzig 1998, S. 269–92;
hier S. 270f.; *ders.*, Bürgertum, Arbeiterschaft und städtische Selbstverwaltung zwischen
Jahrhundertwende und 1920er Jahren im deutsch-britischen Vergleich, in: Mitteilungsblatt
des Instituts zur Erforschung der europäischen Arbeiterbewegung 20, 1998, S. 178–232.
Vgl. generell zum Verhältnis von Frauen und Recht *U. Gerhard*, Die Rechtsstellung der Frau
in der bürgerlichen Gesellschaft des 19. Jahrhunderts. Frankreich und Deutschland im Vergleich, in: *Kocka* (Hg.), Bürgertum, Bd. 1, S. 439–68.

vorstand, denn dieses Kriterium erfüllten schließlich auch viele Arbeiter. Stattdessen wurde auch hier im Grunde der Zensus maßgeblich: Es sollte ein Einkommen verlangt werden, daß unabhängig von kontinierlicher Arbeit floß und zeitlich weitreichende Gestaltungsspielräume offen ließ. Städtische Politik als Honoratiorenherrschaft – diese Modell hatte auch am Ende des 19. Jahrhunderts für die führenden wirtschafts- und bildungsbürgerlichen Schichten in vielen deutschen Städten nichts von seiner Attraktivität verloren.

Allerdings scheiterte das Vorhaben des Leipziger Rates am Widerstand der staatlichen Genehmigungsbehörden. Diese vertraten nämlich die Ansicht, unter »Selbständigkeit« sei bloß der Besitz der allgemeinen Geschäftsfähigkeit zu verstehen. Sämtliche Einkommensteuerzahler müßten *per definitionem* als »selbständig« gelten. Die Gleichsetzung von Selbständigkeit und Geschäftsfähigkeit konstruierte eine neue Form von Rechtsgleichheit, die nicht mehr implizit auf sozialen und wirtschaftlichen Unterschieden beruhte. Ausgeschlossen waren nun nur noch Personen, denen eine vollständige Geschäftsfähigkeit fehlte: Minderjährige, Entmündigte und Ehefrauen. Eine Beschränkung des Wahlrechts auf das »alte« Stadtbürgertum, auf Kaufleute und Handwerker, ließ sich jedenfalls staatlicherseits nicht mehr legitimieren.

Der Leipziger Rat sah sich gezwungen, nach einem anderen Weg zu suchen, um die Dominanz des städtischen liberal-konservativen Milieus zu erhalten. In der sächsischen Städteordnung war die Möglichkeit vorgesehen, per Ortsstatut die gleiche Wahl durch ein Klassenwahlrecht zu ersetzen. 1894 führten Rat und Stadtverordnetenversammlung nach dem Vorbild Preußens das Dreiklassenwahlrecht ein. Nun wählten fünf Prozent der höchstbesteuerten Bürger ein Drittel der Stadtverordneten. Das Kriterium der Steuerkraft, das bisher nur eines unter mehreren gewesen war, wurde zur Grundlage für eine unterschiedliche Gewichtung der Stimmen. Die politisch erwünschten Folgen – ein Erstarken der »bürgerlichen« Kräfte und eine Schwächung der Sozialdemokratie – traten durch eine Abwendung vom Prinzip formaler Gleichheit der Stimmen ein, das in der vormodernen Stadt bei aller Oligarchiebildung eine bedeutende Rolle gespielt hatte.

Die Auswirkungen des Dreiklassenwahlrechts auf die Stadtverordnetenwahlen in Breslau waren deutlich: Bis zum Ende des 19. Jahrhunderts gehörten 80 % der Angehörigen dieser Versammlung dem gehobenen Bürgertum an. Die soziale Exklusivität der städtischen Politik blieb somit lange gewährleistet. Für die Legitimation städtischer Politik in der Gesamtbevölkerung konnte sich dieses System mit seinen Folgen, die sich im übrigen auch in Dresden und Chemnitz in derselben Weise zeigten, aber nur als nachteilig erweisen.[11]

11 Vgl. *Hettling*, Bürgerlichkeit, S. 89; zur sozialen Exklusivität des Kölner Stadtrates 1827 (unter der Munizipalverfassung) vgl. *G. Mettele*, Bürgertum in Köln 1775–1870, München 1998, S. 126. Zu Sachsen vgl. *K.H. Pohl*, Kommunen, kommunale Wahlen und kommunale Wahlrechtspolitik, in: *S. Lässig* u.a. (Hg.), Modernisierung und Region im wilhelminischen Deutschland, Bielefeld 1998, S. 89–126.

Die Gemeindeordnungen in den deutschen Staaten wichen im 19. Jahrhundert erheblich voneinander ab. So war der Erwerb des Bürgerrechts in den bayerischen Gemeinden an den Besitz des Heimatrechts geknüpft, das man zunächst nur in seiner Ursprungsgemeinde besaß. Steuerzahlung und mehrjährige Ansässigkeit als Kriterien machten es mobilen Arbeitern schwer, sich die Wahlberechtigung zu verschaffen. In Preußen führten die Steinsche Städteordnung und die Einführung der Gewerbefreiheit bereits zu Beginn des 19. Jahrhunderts zu einer Minderung der Bedeutung des Bürgerrechts. Anstatt umfassende Privilegien für Bürgerrechtsbesitzer festzuschreiben, setzte die Revidierte Städteordnung von 1831 fest, daß unter Bürgerrecht nun allein das Wahlrecht zur politischen Gemeinde zu verstehen sei. Wirtschaftliche Rechte, die traditionell mit dem Bürgerrecht verbunden gewesen waren, wie die Nutzung des städtischen Vermögens, wurden separiert. Der Einkauf in das Bürgervermögen mußte ggf. auf anderem Wege erfolgen. Reduzierung der Bedeutung und Erschwerung des Erwerbs gingen aber häufig Hand in Hand: Der hohe Zensus und die oft erheblichen Gebühren für den Erwerb des Bürgerrechtes bewirkten vielerorts eine Verhinderung der Ausweitung der Zahl der Wahlberechtigten.[12]

Trotzdem wurde der Zugang zum Gemeindebürgerrecht im 19. Jahrhundert insgesamt erleichtert. Hausbesitz war nicht mehr generell und selbstverständlich eine Voraussetzung des Erwerbs. Nicht zuletzt eine naturrechtliche Debatte um die Universalität von Menschenrechten machte es notwendig, sich über die politischen Rechte von Frauen und von »unselbständigen« Lohnarbeitern oder gar Beziehern von Armenhilfe explizit Gedanken zu machen. Erst als das Gemeindebürgerrecht nur noch das Wahlrecht umfaßte und nicht mehr das Heimatrecht, wurde Frauen, die das Gemeindebürgerrecht besaßen, die Ausübung des Wahlrechts ausdrücklich nur noch mittels eines männlichen Vertreters gestattet. Außerdem schwächte sich dort, wo sie bestanden hatte, die korporative Tradition ab: Das Bürgerrecht wurde nicht mehr über Zünfte oder Innungen vermittelt; an die Stelle der Zünfte als »clearing-Organisationen« für die Verteilung der politischen Macht traten private Vereine, in Leipzig z.B. die organisierten Hausbesitzer oder die »Gesellschaft Harmonie«, in denen über die Aufstellung der Kandidaten für die Stadtverordnetenwahlen entschieden wurde. Die entscheidenden rechtlichen Voraussetzungen für den Zugang zu politischer Partizipation in der Gemeinde wurden zwar auf unterschiedlichen Ebenen geregelt. Während das Dreiklassenwahlrecht in Preußen in den Kommunalordnungen von 1853 und 1856 festgelegt war – die übrigens bis zum Ende der Monarchie in Kraft blieben – und für die Kommunen nicht zur Disposition stand, konnten die sächsischen Städte die eigenen Ordnun-

---

12 Vgl. *Pohl*, Kommunen, S. 96; *Schmuhl*, Herren, S. 215.

gen ändern – allerdings nur mit Zustimmung der übergeordneten staatlichen Behörden.[13]

In der Revolution von 1918/19 endete in Deutschland der rechtliche Status des Wahlrechts als Privileg. 1918 beschloß die Leipziger Stadtverordnetenversammlung ein allgemeines und gleiches Stimmrecht für Männer; durch die Einführung des Frauenwahlrechts auf der nationalen Ebene waren die Kommunen aber zu einer erneuten Reform gezwungen. Anstatt Männlichkeit, Steuerleistung und Ansässigkeit galt ein Mindestwahlalter als einzig verbliebenes rechtliches Kriterium. Die »bürgerlichen Rechte« wurden dem Individuum, diesem aber nicht mehr individuell zuerkannt. Bei Erreichen des Wahlalters standen sie dem Einzelnen automatisch zu, es sei denn, ein Gerichtsbeschluß führte zur Aberkennung der »bürgerlichen Rechte«.

Die Entwicklung des Bürgerrechts in Deutschland vollzog sich also – idealtypisch – in drei Schritten. Erstens: Im Ancien Régime umfaßte der Bürgerbegriff rechtlich gesehen ein Privileg, das über besondere Aufnahmeprozeduren an diejenigen verliehen wurde, die bestimmte Voraussetzungen erfüllten. Sozial bestand die »Bürgerschaft« aus männlichen Haushaltsvorständen, die als Kaufleute oder Handwerker ein Einkommen erzielten, das meist über demjenigen der abhängig beschäftigen Unterschichten angesiedelt war. Aus der Teilhabe am Bürgerrecht ergab sich nur bedingt eine Beteiligung an der politischen Macht. In der Mehrzahl der Städte blieb die Politik im engeren Sinne die Domäne einiger weniger Familien, die ein effizientes Netzwerk aufgebaut hatten, gewoben aus Verwandtschaft und Freundschaft, gestützt von gemeinsamen Interessen. Zweitens: Bis zur Revolution 1918 erschien das Bürgerrecht im Prinzip als ein individuell zu erwerbendes Privileg. Da das Staatsbürgerrecht vielfach an ein vorgeschaltetes Gemeindebürgerrecht gebunden blieb, schwächte sich die soziale Exklusivität zwar ab, die Privilegienstruktur aber blieb erhalten. Allerdings erfolgte der Zugang zum Bürgerrecht nun vermehrt individuell, d.h. über die Zahlung der Aufnahmegebühren bzw. das Erreichen des Zensus, und nicht mehr über die Mitgliedschaft in den Korporationen. Diese Entwicklung trug dazu bei, die soziale Exklusivität abzuschwächen und eine sukzessive Demokratisierung zu bewirken bzw. die »Bedingung der Möglichkeit« für demokratische Verhältnisse zu schaffen.

Das allgemeine und gleiche Wahlrecht für Männer und Frauen deutscher Staatsangehörigkeit, das sich nach 1918 auf sämtlichen Ebenen staatlicher Ordnung in Deutschland durchsetzte, bedeutete die vollständige Demokratisierung des Bürgerrechts. Der Begriff des Staatsbürgers, der vor allem die Gleichheit der Rechte und Pflichten der erwachsenen Einwohner betonte, wurde wichtiger als partikulare Stadt- und gemeindliche Bürgerrechte. Die

---

13 Der explizite Ausschluß von Frauen galt nicht generell; in Edinburgh konnten Frauen, die als Haushaltsvorstände Steuern zahlten, wählen; *per definitionem* waren damit verheiratete Frauen ausgeschlossen.

Legitimation erfolgte gleichsam aus der entgegengesetzten Richtung. Wer
Staatsbürger war, verfügte nun automatisch über kommunale Rechte: Die
Einwohnergemeinde verwirklichte sich über den Staat. An der Zuteilung
des Staatsbürgerrechts an Individuen änderte sich nichts, aber die individuelle Zuerkennung des Rechts verschwand.

2. Die Juristen: Eine bürgerliche Berufsgruppe
als Sachwalter des Rechts

Eine Diskussion des Verhältnisses zwischen der bürgerlichen Gesellschaft
und ihrem Recht kommt nicht ohne die Einbeziehung der Personen aus, die
Recht setzten und Recht sprachen: die Juristen. In den letzten Jahren hat
sich die Rechtsgeschichte besonders intensiv mit der Geschichte der Juristen
als Professionalisierungsgeschichte und mit ihrer Rolle beim Aufbau vormoderner und moderner Staatlichkeit befaßt. Die Rechtswirklichkeit wird dabei bisher allerdings noch nicht umfassend einbezogen. Die Schwerpunkte
der Forschung liegen einerseits in der Frühen Neuzeit, andererseits im
20. Jahrhundert, wo die Rolle der Richter in der Rechtsprechung des Nationalsozialismus weiterhin auf breites Interesse stößt. Die Geschichte der
Juristen greift in viele Sektoren aus. Sie ist Teil der Bildungsgeschichte, in
der es um die primäre und sekundäre Sozialisation der Richter, besonders
um ihre Ausbildung an den Universitäten geht. Die Bürgertumsgeschichte
interessiert sich für die Zugehörigkeit von Rechtsprofessoren, Richtern,
Advokaten und Verwaltungsbeamten zum Bildungsbürgertum. In rechtsge-
schichtlicher Perspektive geht es um die Beziehung zwischen Gesetz und
Verordnung auf der einen, der Rechtspraxis auf der anderen Seite, aber auch
um die Frage, welchen Anteil die Richterschaft an der Rechtsfortbildung in
der modernen Welt hatte.[14]
  Auf breites Interesse in der Forschung stößt dabei die Frage nach der
politischen Orientierung der Juristen, die einerseits als Richter nicht bloß
»staatsnah« amtierten, sondern den Staat selber repräsentierten, andererseits
aber moderne Prinzipien von Rechtsstaatlichkeit und Unabhängigkeit des
Richterstandes gegen die Regierungen zu verteidigen suchten. In Kurhessen
orientierte sich die Mehrheit der Richter in der Provinz in den 1820er Jahren an einer oppositionellen »country«–Fraktion, die der konservativ-gou-

---

14 Vgl. zum folgenden *C. v. Hodenberg*, Die Partei der Unparteiischen. Der Liberalismus
der preußischen Richterschaft 1815–1848/49, Göttingen 1996; *M. Wienfort*, Preußische
Patrimonialrichter im Vormärz. Bildungsbürgertum auf dem Lande zwischen staatlichem
Einfluß und gutsherrlichen Interessen, in: *K. Tenfelde/H.-U. Wehler* (Hg.), Wege zur Geschichte des Bürgertums, Göttingen 1994, S. 57–77; *H. Siegrist*, Advokat, Bürger und Staat.
Sozialgeschichte der Rechtsanwälte in Deutschland, Italien und der Schweiz (18. bis 20. Jh.,
2 Halbbde.), Frankfurt 1996.

vernementalen Regierung kritisch gegenüberstand. In den konstitutionellen
Versammlungen im Vormärz, aber auch in der Paulskirche spielten Juristen
eine große Rolle, und Bismarck waren die »liberalen« Kreisrichter im Preußen der zweiten Hälfte des 19. Jahrhunderts bekanntlich ein Dorn im Auge.
Bei den staatsferner amtierenden Anwälten war insgesamt eine größere Neigung zu oppositionellem politischen Verhalten festzustellen.[15]
    Aber auch für den Zeitraum bis 1848 lassen sich in Preußen Verbindungen
zwischen der Richterschaft und dem politischen Liberalismus ausmachen.
Rechtsstaatliche Forderungen nach Geschworenengerichten, öffentlichem
und mündlichem Gerichtsverfahren, Staatsanwälten, Rechtsgleichheit und
richterlicher Unabhängigkeit waren nicht nur in der bürgerlichen Öffent-
lichkeit, sondern auch bei vielen Justizjuristen populär. Auf der anderen
Seite fand die politische Progressivität vieler Richter in ihrer Bürgerlichkeit
Grenzen. Zwar bildete der Verfassungsstaat mit einer Garantie richterlicher
Unabhängigkeit für viele Richter die Zielvorstellung, aber der Blick auf die
Gesellschaft blieb häufig konservativ geprägt. Die Angst vor einer sozialen
Revolution durch die besitzlosen Unterschichten schweißte das Bürgertum
im 19. Jahrhundert vielleicht enger zusammen als wirtschaftlich-soziale Gemeinsamkeiten. Viele Richter standen jedenfalls grundlegenden liberalen
und sozialen Reformen eher ablehnend gegenüber.
    Während die rechtliche Ungleichheit, vor allem in Gestalt geburtsständi-
scher Privilegien, nicht mehr akzeptiert wurde, stiessen die soziale Ungleichheit und das Recht, das diese garantierte, weitgehend auf Zustimmung.
In der engen Bindung an den Staat, aus der die Richterschaft ihr Selbstverständnis und ihr hohes Selbstwertgefühl bezog, bestand ein charakteristisches Merkmal, das die Geschichte der Berufsgruppe bis ins 20. Jahrhundert
bestimmte. Gebunden an das Gesetz, empfanden sich die Richter als unabhängig im Sinne des rechtsstaatlichen Forderungskatalogs. Über die Ungerechtigkeit mancher Gesetze, die Unterschichten und Frauen systematisch
benachteiligten, ließ sich mit der Mehrzahl der Richter nicht diskutieren.[16]
    Auch im Zusammenhang mit der Durchsetzung der Justizhoheit ist die
Richterschaft von zentraler Bedeutung. Die allmählich zunehmende Kontrolle der Patrimonialgerichtsbarkeit durch die staatlichen Obergerichte
bzw. das Justizministerium in Preußen erfolgte vor allem über die Justitiare.
Der Zugriff des Staates wurde in der ersten Hälfte des 19. Jahrhunderts erleichtert, da immer weniger Bürgermeister, Landschaftssyndici und Justiz-
kommissare (Anwälte) die privaten Gerichte verwalteten. An ihre Stelle traten einerseits königliche Richter, die sich den Patrimonialgerichten bloß im
Nebenamt zuwandten, um ihr geringes Salär aufzubessern, andererseits professionelle Justitiare, die sich ausschließlich diesem Geschäft widmeten. Im

---

15 Vgl. *Brakensiek*, Fürstendiener, S. 386; *F. Theisen*, Zwischen Machtspruch und Unabhängigkeit. Kurhessische Rechtsprechung von 1821–1848, Köln 1997.
16 Vgl. *v. Hodenberg*, Partei, S. 324–36.

Vormärz verwalteten ca. 550 königliche Richter und 450 hauptamtliche Justitiare die über 6000 Patrimonialgerichtsbezirke in Preußen. Diese Zweitei-
lung der Patrimonialrichter wies zunächst auf eine verschiedene Einstellung
zum Staat hin: Die königlichen Richter waren zwar ökonomisch von ihrer
Nebentätigkeit abhängig, um ihren Status als »Bildungsbürger« zu halten;
ihr Selbstverständnis aber leitete das eigene Selbstbewußtsein vom staatlichen Richteramt ab. Bei Kompetenzkonflikten zwischen Gutsherren und
Richtern, die im Vormärz nicht selten vorkamen, konnten solche Richter
meist auf die Rückendeckung des vorgesetzten Oberlandesgerichts rechnen.
   Anders gestaltete sich die Situation für die professionellen Justitiare. Gegenüber dem Staatsdienst war diese Funktion weniger angesehen, in ökonomischer Hinsicht handelte es sich darüber hinaus um eine freiberufliche Tätigkeit, denn die Justitiare mußten sich um ihre privatrechtliche Anstellung
bei den Gerichtsherren selber kümmern. Viele Justitiare waren geringer
qualifiziert als die königlichen Richter, sie hatten meist nur zwei Examina
abgelegt. Die Einkommen variierten stark, vor allem in Pommern und
Schlesien gab es Justitiare, die ein bildungsbürgerliches Existenzminimum
kaum erreichten. Auf der anderen Seite verringerte die Tatsache, daß die Justitiare für viele Gerichtsherren gleichzeitig tätig wurden, die Abhängigkeit
vom je einzelnen Gerichtsherrn. Aus verschiedenen Gründen läßt sich also
ein Richterbild, das in ihnen bloße Werkzeuge der Gutsherren zum syste-
matischen Rechtsbruch sieht, kaum aufrechterhalten.[17]
   Aber nicht bloß die Richter bestimmten das Bild der juristischen Berufe in
der Öffentlichkeit. Die Anwälte stießen als Interessenvertreter der Parteien
bereits in der Frühen Neuzeit traditionell auf Ablehnung. Schon Friedrich der
Große hatte dem weit verbreiteten Urteil Ausdruck verliehen, allein die Anwälte seien an der langen Dauer und den hohen Kosten von Verfahren schuld,
ganz abgesehen davon, daß diese Gruppe die Bevölkerung überhaupt erst er-
munterte, vermeintliches oder tatsächliches Recht mittels Prozessen einzu-
fordern. Vor allem aufgrund der unsicheren ökonomischen Lage der Anwälte,
die sie zu zahlreichen Nebentätigkeiten zwang, wurden sie für sämtliche
Mißstände des Rechtssystems verantwortlich gemacht. In Preußen wandelte
sich die Rechtsanwaltschaft bis zum Beginn des 19. Jahrhunderts »zum staatlich geordneten und kontrollierten Amt«. Dabei wurden die Rechtsanwälte
keine unmittelbaren Staatsbeamten. Sie bezogen kein Gehalt, rückten nicht
nach der Anciennität vor und besaßen auch keinen Pensionsanspruch. Der
Staat regulierte aber die Zahl der jeweils zugelassenen Rechtsanwälte pro Ge-
richtsbezirk und sicherte damit indirekt ein bestimmtes Einkommen.[18]
   In Bayern achtete der Staat seit Beginn des 19. Jahrhunderts besonders auf
die Zahl der Advokaten. Die verhältnismäßig wenigen Zulassungen zur »königlichen Advokatur« sollten eine standesgemäße Lebensführung der Advo-

---

17 Vgl. *Wienfort*, Patrimonialrichter.
18 *Siegrist*, Advokat, 1. Halbbd., S. 39–49, das Zitat S. 40.

katen sichern und damit gleichzeitig die erwünschte Staatsnähe garantieren.
In Bayern und in Preußen übernahm der Staat die Kontrolle über das Aus-
bildungswesen. Die juristischen Berufe blieben im 19. Jahrhundert eng an
der staatlichen Ordnung und ihren Werten orientiert. Die »Professionalisierung von oben« führte zur Integration der Vertretung der Prozeßparteien in
das staatliche Rechtswesen. Die »Spannung zwischen einer beamtenähnlichen Berufsdefinition und einer freiberuflichen Praxis« demonstrierte auf
besonders anschauliche Weise das Verhältnis zwischen der bürgerlichen Gesellschaft und ihrem Rechtssystem bis in das zweite Drittel des 19. Jahrhunderts.[19]

Erst seit dem Erlaß der Rechtsanwaltsordnung von 1878, die in den Kontext der »inneren Reichsgründung« durch Rechtsvereinheitlichung gehört,
lockerte sich die Bindung der Anwälte an den Staat. Hier kann man von einer Zäsur in der Entwicklung eines freien Berufes sprechen; gleichzeitig ent-
fernten sich damit die juristischen Professionen der Richter und der Anwälte
deutlicher voneinander. Viele Rechtsanwälte teilten aus unterschiedlichen
Gründen eine antigouvernementale Position, die den freien Zugang zum
Markt und Deregulation, weniger die Bindung an den Staat betonte. In Breslau spielten Anwälte – besonders die Juden unter ihnen, die nicht in den
Staatsdienst einrücken konnten – zur Zeit des Kaiserreichs eine wichtige
Rolle im städtischen Linksliberalismus. Wilhelm Freund und Adolf Heil-
berg lagen mit ihren Einkommen aus erfolgreicher Rechtsanwaltspraxis
an der Spitze der Breslauer Einkommensskala. Als Stadtverordnete, in der
Anwaltskammer und in zahlreichen Vereinen wirkten sie ehrenamtlich. Die
juristische Berufsgruppe der Anwälte orientierte sich neu. Statt der Staatsnähe, die die Juristen der unterschiedlichen Berufe bisher verbunden hatte,
strebten die Rechtsanwälte nun dezidiert nach Staatsferne. Der Justizpoliti-
ker des Zentrums, Ludwig Windhorst, sah den Anwalt als »unabhängigen
Vertreter der bürgerlichen Freiheiten«.[20]

Zwischen 1880 und 1930 stieg die Zahl der Rechtsanwälte im Deutschen
Reich von 4000 auf fast 20000. Obwohl die Geschäfte expandierten und
sich die Erwerbschancen der Anwälte zumindest nicht verschlechterten, dis-
kutierte die Berufsgruppe die Entwicklung als Überfüllungskrise. Die juristischen Freiberufler waren mehr und mehr an Zulassungsbeschränkungen
interessiert, die die individuellen Marktchancen garantieren sollten. Gegen
das Ideal von Liberalität und Staatsferne wandte sich die Rechtsprofession
zurück zum Staat. In der Öffentlichkeit geriet aus dem Blick, daß sich Einkommen und Status der Rechtsanwälte je nach Arbeitsgebiet unterschieden.
Außerdem war für die Erwerbschancen wichtig, bei welcher Gerichtsinstanz
die Anwälte zugelassen waren. In der Regel konnten diejenigen Rechtsver-
treter, die bei höheren Gerichten praktizierten, deutlich mehr verdienen.

---

19 Ebd., S. 67; vgl. auch S. 260f.
20 Vgl. *Hettling*, Bürgerlichkeit, S. 102f.; *Siegrist*, Advokat, 2. Halbbd., S. 409.

Diese Unterschiede wurden bis in die Weimarer Republik von einem Selbstverständnis überwölbt, das die »Diener am Recht« mit dem »Dienst am
Staat« in engen Zusammenhang brachte.[21]

Erst zu Beginn des 20. Jahrhunderts konnten sich Frauen als Juristinnen
am Rechtssystem beteiligen. Bis 1931 stieg der Anteil der Frauen an den
Jurastudierenden auf 6%. Die Zulassung von Frauen zum Richteramt erfolgte 1922, also erst nach der Einführung des Frauenwahlrechts. Damit ging
die politische Gleichberechtigung von Frauen der beruflichen Gleichstellung in diesem mit hoheitlichen Aufgaben ausgestatteten Betätigungsfeld
voran. Dieser Erfolg ließ sich unmittelbar auf die Vertretung von Frauen im
Reichstag zurückführen. 32 weibliche Abgeordnete, die sämtlichen Fraktionen des Reichstags angehörten, unterschrieben den Antrag, der zu der
neuen gesetzlichen Regelung führte. Männliche Juristen standen der Reform übrigens eher ablehnend gegenüber. Der Widerstand konzentrierte
sich bei den Richtern, während die Rechtsanwälte der Zulassung von Frauen
positiver gegenüberstanden.[22]

Zunächst blieb diese Gleichberechtigung allerdings nur Episode: Die Nationalsozialisten erließen ein Verbot für Frauen, Richterinnen oder Rechtsanwältinnen zu werden. Davon waren vor allem diejenigen Frauen betroffen, die sich noch in der Ausbildung befanden und nun nicht mehr in den
Staatsdienst übernommen wurden. Besonders für die jüdischen Juristinnen
hatte das Jahr 1933 das Ende ihrer Berufstätigkeit zur Folge. Erst nach 1945
gelang einigen wenigen Frauen der Aufstieg in höhere Richterränge. 1951
gelangte mit Erna Scheffler die erste Frau in den Rang einer Verfassungs-
richterin.[23]

Männliche und weibliche Juristenkarrieren unterschieden sich in einem
wichtigen Punkt. Während sich die männlichen Juristen intensiv ihrer Rolle
als Mitglieder des Bildungsbürgertums widmeten und sich als Familienväter
präsentierten, die für den Statuserhalt der Familie zu sorgen hatten – das
sollte in der Regel durch ein Universitätsstudium der Söhne gewährleistet
werden – blieben viele weibliche Juristen ledig und kinderlos. Ihre Berufstätigkeit und Karriere forderte im Privatleben in der Regel einen hohen
Preis.[24]

In den letzten Jahren ist es in vielfältigen Zusammenhängen gelungen,
mehr über die juristischen Berufsgruppen im Hinblick auf Kontinuität und
Wandel von der Frühen Neuzeit zum 20. Jahrhundert zu erfahren. Demgegenüber steht die Erforschung der Adressaten des Rechts – als Bürger, Kauf-

---

21 Vgl. ebd., 2. Halbbd., S. 590, 653.
22 Vgl. *C. Huerkamp*, Bildungsbürgerinnen. Frauen im Studium und in akademischen
Berufen 1900–1945, Göttingen 1996, S. 274–77.
23 Vgl. ebd., S. 287–95; zu den Rechtsanwältinnen vgl. *Siegrist*, Advokat, 2. Halbbd.
S. 683–85.
24 Vgl. *Huerkamp*, Bildungsbürgerinnen, S. 295–298; *v. Hodenberg*, Partei; *Wienfort*, Patrimonialrichter.

leute und Handwerker, als Bauern und ländliche oder städtische Unterschichten und als Männer und Frauen – erst an ihrem Beginn. Für das späte
18. und das frühe 19. Jahrhundert läßt sich der Alltag örtlicher Gerichts-
sitzungen, in denen vor allem Hypothekenangelegenheiten und Verträge,
zivile Streitigkeiten der Einwohner untereinander, Holz- und Felddieb-
stähle, Beleidigungen und Tätlichkeiten verhandelt wurden, erst im Umriß
erkennen. Die erforderlichen Kompetenzen des Richters umfaßten jedenfalls nahezu sämtliche Rechtsbereiche; eine Spezialisierung war höchstens
im wissenschaftlichen Interesse möglich, brachte aber im Arbeitsalltag wenig Nutzen. In diesem Sinne könnte man die Tätigkeit eines hessischen Amtmannes um 1800 oder eines preußischen Unterrichters bis zur Revolution
1848/49 durchaus als abwechslungsreich und interessant charakterisieren,
allerdings handelte es sich bei vielen richterlichen Handlungen um Routine-
angelegenheiten, die als juristisch wenig anspruchsvoll angesehen wurden.
Das Ansehen eines Unterrichters innerhalb der Juristenzunft war dementsprechend gering.[25]
   Vor allem muß man wesentlich mehr über die Rechtswirklichkeit jenseits
von spektakulären (Kriminal-)prozessen in Erfahrung bringen, als das bisher
der Fall ist. Maßgeblich für die Akzeptanz des Rechtssystems ist nicht zuletzt die Akzeptanz seiner Repräsentanten, der Juristen. Erst das konkrete
Prozeßgeschehen, das Verhalten von Richtern und Anwälten, Beschuldigten
und Zeugen, verstanden als Interaktion, als Kommunikation im Medium des
Rechts, verspricht weiteren Aufschluß über das Verhältnis von Recht und
bürgerlicher Gesellschaft unter den Bedingungen des sozialen und politische Wandels.

3. Das Ende der Patrimonialgerichtsbarkeit

Während die Französische Revolution in Frankreich die staatliche Justizhoheit vollständig durchsetzte und mit sämtlichen feudalen Privilegien auch
die privaten Gerichte abschaffte, dauerte es in den deutschen Staaten bis
1848/49, bis die Patrimonialgerichte durch staatliche Gerichte ersetzt wurden. Dabei existierten Patrimonialgerichte in der ersten Hälfte des 19. Jahrhunderts keineswegs nur in den gutsherrschaftlichen Gebieten Ostelbiens,
sondern in nahezu allen rechtsrheinisch gelegenen Gebieten. In Baden und
Württemberg gelang ihre Zurückdrängung bereits im Gefolge der rheinbündischen Reformen, in Sachsen, Bayern, Hannover und Preußen, um nur
die wichtigsten Staaten zu nennen, blieben sie aber für viele ländliche Einwohner die erste Instanz der Rechtsprechung. Der Besitz von Gerichtsrech-

---

25 Vgl. *Brakensiek*, Fürstendiener, S. 130–33, zu den Kompetenzen der Friedensrichter in
Hessen in der westfälischen Zeit vgl. ebd., S. 141, zur Trennung von Justiz und Verwaltung
nach 1821 vgl. ebd., S. 151.

ten war westlich der Elbe im wesentlichen ein Adelsprivileg; entsprechend
behandelte die staatliche Reformpolitik die Patrimonialgerichtsbarkeit vor-
rangig als ein Problem staatlicher Souveränität, die durch die adligen Eigen-
rechte infragegestellt wurde. Anders gestaltete sich die Situation in Preußen
und Sachsen: Hier wurde die Gerichtsbarkeit als dingliches Recht an den
Boden geknüpft und konnte grundsätzlich auch von nichtadligen Besitzern
ausgeübt werden.[26]

Die Verbreitung privater Gerichte unterschied sich in den deutschen Staaten sehr. Für Preußen und Bayern kann man davon ausgehen, daß ca. 25 %
der Einwohner vor solchen Gerichten Recht suchen mußten. Nahezu überall beschränkten sich die Kompetenzen der Privatgerichte auf die Zivilgerichtsbarkeit, mithin auf das »bürgerliche Recht« im klassischen Sinn sowie
auf polizeigerichtliche Angelegenheiten, vor allem Ordnungswidrigkeiten.
Die Gerichte beschäftigten sich mit Angelegenheiten der freiwilligen Gerichtsbarkeit, mit der Beurkundung von Verträgen, Testamenten etc., mit
Vormundschaften, aber auch mit streitigen Zivilangelegenheiten. Im Vormärz machten vor preußischen Patrimonialgerichten Schuldsachen den
größten Anteil der streitigen Zivilprozesse aus, darüber hinaus entschieden
die Gerichte aber auch in Injurienangelegenheiten, Alimentationsprozessen
und Nachbarschaftsstreitigkeiten.

Das Souveränitätsproblem, das die Auseinandersetzung um die Patrimonialgerichtsbarkeit in der ersten Hälfte des 19. Jahrhunderts kennzeichnete,
hatte zwei Seiten: Zunächst, und z.B. in den Rheinbundstaaten bei weitem
im Vordergrund des staatlich-bürokratischen Interesses stehend, ging es um
die Einbindung des Adels in den Staat. Partikulare Rechte sollten zugunsten
eines einheitlichen Staatsaufbaus zurückgedrängt werden; das staatliche Justizmonopol galt als unverzichtbarer Baustein. Gerade die soziale Homogenität der adligen Gerichtsbesitzer, die sich durch die Mediatisierung und
durch die zur Staatsintegration erlassenen Verfassungen ohnehin in der Defensive befanden, ermöglichte in Baden, Württemberg und Bayern eine erfolgreiche Souveränitätspolitik, die von adligen und bürgerlichen Reform-
beamten gemeinsam getragen wurde.

In Preußen, wo sich die Zahl der nichtadligen Gerichtsbesitzer seit dem
Erlaß des Oktoberedikts 1807 bedeutend vermehrte, bestanden von vornherein andere Voraussetzungen. Zwar blieb der Adel im Gerichtsbesitz sozial vorherrschend, aber rechtlich handelte es sich nicht um ein Privileg, das
allein dem Adel zustand. Außerdem machte sich hier die zweite Seite des
Souveränitätsproblems verstärkt geltend: Es ging eben nicht bloß um eine
Entmachtung des Adels, sondern um die Einbindung der ländlichen Einwohnerschaft in das Staatsbürgertum, das sämtliche preußischen Staatsange-

26 Vgl. *M. Wienfort*, Ländliche Rechtsverfassung und bürgerliche Gesellschaft. Patrimonialgerichtsbarkeit in den deutschen Staaten 1800 bis 1855, in: Der Staat, Jg. 33, 1994,
S. 207–239.

hörigen gleichermaßen umfassen sollte. Und auch in diesem Zusammenhang spielte die Verstaatlichung des Justizsystems eine wichtige Rolle, denn
hier war die Möglichkeit gegeben, die (ehemaligen) Gutsuntertanen mit
und im Recht aus einer ausschließlich durch die Rittergutsbesitzer dominierten politisch-sozialen Sphäre herauszuführen.

Allerdings muß hervorgehoben werden, daß die Fronten zwischen Staat
und (Adels-) gesellschaft in Preußen keineswegs so einheitlich verliefen, wie
man auf den ersten Blick annehmen könnte. Im Vormärz stellten sich die Ju-
stizminister, die Justizbürokratie und die höheren Richter nahezu geschlossen hinter ein rechtspolitisches Programm, das die staatliche Kontrolle über
die privaten Gerichte bedeutend intensivieren und eine Verringerung der
Zahl der Gerichtsbezirke erreichen wollte. Mittels eines Verwaltungsrechts,
das die Gerichtsorganisation eindeutig der Oberhoheit des Staates zuord-
nete, wurden hier auch bedeutsame Erfolge erzielt. Der Weg der Kontrolle
jedes einzelnen Gerichts durch die vorgesetzten Oberlandesgerichte schien
zwar mühsam und zeitraubend, das Resultat aber war eindeutig: Im Vormärz konnte sich kein preußischer Gutsherr hinsichtlich seiner Gerichts-
herrschaft mehr als autonom begreifen. Zu umfangreich wurden die bürokratischen Vorschriften für die Patrimonialgerichte; das Justizministerium
und die Oberlandesgerichte dekretierten immer neue formale Bedingungen
und Anforderungen.

Im Innenministerium aber herrschten ganz andere Vorstellungen. Eine
auf den Erhalt adliger Macht in den Gutsbezirken angelegte Politik im Sinne
einer ständischen Restauration führte sogar zu Neuverleihungen von Gerichtsrechten. Schließlich spielte der preußische König eine Schlüsselrolle:
Während Friedrich Wilhelm III. in der Reformzeit und bis in die 1820er
Jahre einer kraftvollen Reformpolitik in bezug auf die Patrimonialgerichtsbarkeit nicht abgeneigt war, mußte die Justizbürokratie nach 1830 den Status
Quo akzeptieren. Friedrich Wilhelm IV. schließlich besaß im Kontext seiner
ständisch-romantischen Staatsanschauung keinerlei Sympathie für eine Aufhebung der Privilegien der Rittergutsbesitzer. Insofern konnte erst die Revolution von 1848/49, die den Widerstand des Königs gegen Reformen
brach, die Durchsetzung der Staatssouveränität im Justizbereich bringen.[27]

Am Beispiel der Patrimonialgerichtsbarkeit läßt sich zeigen, welche wichtige Rolle das Recht und das Rechtssystem für das Verhältnis von Staat und
bürgerlicher Gesellschaft spielten. Dabei soll die Ambivalenz dieses Verhältnisses nicht aus dem Blick geraten. Im Vormärz gehörte auch der politische
Liberalismus zu den Verfechtern staatlicher Justizhoheit und votierte für die
Abschaffung der Patrimonialgerichtsbarkeit. Allerdings stand diese Forderung für die meisten Liberalen nicht im Zentrum ihres rechtspolitischen

27 Vgl. im einzelnen *M. Wienfort*, Ländliche Gesellschaft und bürgerliches Recht. Patrimonialgerichtsbarkeit in Preußen 1770 bis zur Revolution 1848/49, Habil.-Schrift Bielefeld
1998 (erscheint Göttingen 2001).

Denkens: Für die rheinischen Liberalen in Preußen blieb der Einsatz für
die Beibehaltung des rheinischen Rechts wichtiger. In Südwestdeutschland
orientierte man sich an den Geschworenengerichten oder suchte nach Möglichkeiten der Rechtsvereinheitlichung in nationaler Perspektive. Solche
Forderungen richteten sich auf einen Staat, dessen Justizmonopol gleichsam
vorausgesetzt wurde. Hier galt es, diesem Staat wiederum Partizipationsrechte abzuringen. Es war daher kein Wunder, daß die Patrimonialgerichte
bloß als Relikt aus feudaler Zeit angesehen wurden. Die privatrechtliche
Natur der Gerichtsrechte als Eigentumsrechte spielte in dieser Debatte
keine Rolle.[28]

Dagegen behandelte die zeitgenössische Rechtswissenschaft die Gerichtsrechte eher in der Perspektive bürgerlicher Eigentumsrechte, wenn auch die
staatliche Oberhoheit im Justizbereich überwiegend anerkannt wurde.
Diese Debatte wurde ganz wesentlich von historischen Argumenten beeinflußt, in denen vor allem der Ursprung der Patrimonialgerichtsbarkeit kontrovers diskutiert wurde. Die Legitimität der Privatgerichtsbarkeit ließ sich
stützen, wenn die Rechte als ›wohlerworben‹, als im Mittelalter durch den
rechtmäßigen Herrscher verliehen klassifiziert werden konnten. Das Ge-
richtsrecht als Privileg wurde umgedeutet in ein dingliches Recht. Solche
Eigentumsrechte aber konnten in dieser Sichtweise nur gegen Entschädigung durch den Staat aufgehoben werden.[29]

In der Revolution 1848/49 wurde darauf keine Rücksicht mehr genommen: Obwohl die Klassifizierung der Patrimonialgerichtsbarkeit als Privatrecht in der zeitgenössischen Rechtswissenschaft akzeptiert war, erfolgte die
Aufhebung der Gerichte entschädigungslos. Damit wurde in erster Linie
ganz pragmatisch der Tatsache Rechnung getragen, daß sich viele Privatgerichte für die Gerichtsherren ökonomisch kaum lohnten bzw. sogar bedeutende Kosten verursachten. In der Phase der »Restauration« in Preußen in
den 1850er Jahren war bezeichenderweise von einer Rückgabe der Patrimonialgerichte an die ehemaligen Besitzer kaum die Rede: Die Bürokratie
wollte die Justizhoheit nicht nochmals gefährdet sehen; viele Gerichtsbesitzer teilten zwar nicht die Rechtsposition des Staates, verhielten sich aber
eher ihren ökonomischen Interessen entsprechend. Das Ziel staatsbürgerlicher Gleichheit als »Gleichheit in der Freiheit«, die allerdings keine soziale
Gleichheit und keine Gleichheit zwischen den Geschlechtern implizierte,
war mit der Abschaffung der Patrimonialgerichtsbarkeit in Preußen jedenfalls deutlich nähergerückt.

---

28 Vgl. *D. Blasius*, Der Kampf um die Geschworenengerichte im Vormärz, in:
H.-U. Wehler (Hg.), Sozialgeschichte Heute. Festschrift Hans Rosenberg, Göttingen 1974,
S. 148–61; *K.-G. Faber*, Recht und Verfassung. Die politische Funktion des rheinischen
Rechts im 19. Jahrhundert, Köln 1970.

29 Vgl. *S. Werthmann*, Vom Ende der Patrimonialgerichtsbarkeit, Frankfurt 1995, S. 78f.;
H. Mohnhaupt, Art. Privileg, neuzeitlich, in: Handwörterbuch der Rechtsgeschichte III,
S. 2009.

4. Öffentliches Recht und Privatrecht

Die Beschäftigung mit der Entwicklung des städtischen Bürgerrechts zum
Staatsbürgerrecht, den Richtern und Anwälten als Trägergruppen des Rechts
und der Auseinandersetzung um die staatliche Justizhoheit als eines der
wichtigen verfassungsrechtlichen Probleme des 19. Jahrhunderts hat die
»Kehrseite« der privatrechtsakzessorischen Gesellschaft in den Blickpunkt
gerückt. Die Kodifikation des Privatrechts im Bürgerlichen Gesetzbuch, das
am 1. Januar 1900 in Kraft trat, wird zu recht als ein Meilenstein der deutschen Rechtsgeschichte angesehen. Die Debatte über die Prinzipien von
Freiheit und Eigentum, Vertrag, Testierfreiheit und die Regelungen des
Schuld- und Sachenrechts, die als rechtliche Selbststeuerungsmechanismen
der Gesellschaft begriffen wurden, beherrschten aber nicht die gesamte
Rechtssphäre.

Die vormodernen städtischen Bürgerrechte, in denen gewerberechtliche
Bestimmungen, private Eigentumsrechte – besonders in bezug auf Haus-
und Grundbesitz – und politische Partizipationsrechte in einen engen Zusammenhang gestellt wurden, reduzierten sich im Staatsbürgerbegriff auf
Rechte an politischer Teilhabe, auf das Wahlrecht im engeren Sinn. Trotz
der Ausdehnung der Partizipationsrechte, die sich in der Mehrzahl der deutschen Staaten im 19. Jahrhundert deutlich erkennen läßt, bleibt die wichtigste Zäsur die Revolution von 1918/19, als – rechtsgeschichtlich – die Epoche
der Vergabe von Partizipationsrechten als Privilegien endete und – sozialgeschichtlich – sämtliche erwachsenen Staatsangehörigen einschließlich der
Männer der Unterschichten und der Frauen die Gleichberechtigung als
Staatsbürger erlangten.

Für die rechtlichen Berufsgruppen blieb das Verhältnis zum Staat stets
prekär. Ausbildung, Zulassung zum Beruf und Berufstätigkeit wurden in den
deutschen Staaten nicht berufsständisch autonom geregelt; die Vertreter der
staatlichen Macht kontrollierten die Karrierechancen der Juristen beinahe in
jeder Phase der Ausbildung und Berufsausübung. Das galt für die hessischen
Amtmänner, die sich stets mit den Erwartungen der Regierung konfrontiert
sahen. Die Handlungsspielräume blieben begrenzt, wenn sich der »Liberalismus« der preußischen Richter im Vormärz mit den bildungsbürgerlichen
Werten der Berufsgruppe in Einklang bringen lassen oder wenn sich die
Rechtsanwaltschaft zwar als »freier« Beruf in der Marktgesellschaft behaupten mußte, ein striktes Zulassungsrecht dem Staat aber erlaubte, die Zahl der
Berufsausübenden zu begrenzen und Frauen generell auszuschließen.

Der Kampf um die Justizhoheit, der in der ersten Hälfte des 19. Jahrhunderts am Beispiel der Patrimonialgerichtsbarkeit ausgefochten wurde, sah
ebenfalls den Staat als Sieger. Obwohl die Rechtswissenschaft bis zur Revolution von 1848/49 mehrheitlich Gerichtsrechte als private Eigentumsrechte anerkannte, wurden die Gerichtsbesitzer, unter denen sich nicht bloß
adlige und wohlhabende »bürgerliche« Rittergutsbesitzer, sondern auch

Bauern und Frauen befanden, entschädigungslos enteignet. Das öffentliche
Recht, das das Justizmonopol für sich reklamierte, setzte sich durch. Auch
wenn die Patrimonialgerichtsbarkeit Raum für Willkür und Unrechtmäßig-
keit geboten hatte, läßt sie sich nicht darauf reduzieren. Sie erlaubte der
»Gesellschaft« bzw. einigen Mitgliedern Teilhabe am Rechtssystem und so
die Verfolgung »privater« Interessen. Im übrigen zeigt die Geschichte des
Kaiserreichs und der Weimarer Republik, in denen die Vorwürfe von »Klas-
senjustiz« endemisch waren, daß das staatliche Justizmonopol die Probleme
der Parteilichkeit des Rechtssystems keineswegs gelöst hatte bzw. strukturell
nicht lösen konnte.

Verwaltungsrechtliche und andere öffentlichrechtliche Bestimmungen
waren bereits im 19. Jahrhundert, vor dem Beginn des klassischen »Staatsin-
terventionismus«, der die Entstehung des Wohlfahrtsstaates mit sich brachte,
für das Verhältnis von Staat und Gesellschaft in Deutschland charakteri-
stisch. In diesem Sinn kann gegen eine Betonung des Bruchs zwischen vormoderner Ständegesellschaft und moderner Privatrechtsgesellschaft auch
ein deutliches Moment der Kontinuität entdeckt werden. Zwar veränderte
und erweiterte sich die Staatstätigkeit grundlegend. Neben der Sozialgesetz-
gebung im engeren Sinne wirkt der Staat in die zivilrechtliche Sphäre ein.
Das Arbeitsrecht und das Mietrecht bieten dafür eindeutige Beispiele. Trotzdem sollte die Bedeutung des öffentlichen Rechts, des Verwaltungsrechts
vor allem, im 19. Jahrhundert über einer liberalen Betonung der Privatrechtsgesellschaft nicht vernachlässigt werden.

FRANK-MICHAEL KUHLEMANN

Bürgertum und Religion

Forschungen zur Sozialgeschichte der Religion im 19. und 20. Jahrhundert haben seit geraumer Zeit Konjunktur. Das verstärkte Interesse an der Religion spiegelt sich nicht nur in einer Reihe programmatischer Aufsätze von herausragenden Vertretern der Sozial- und Kirchengeschichte wider, die seit dem Ende der siebziger Jahre – in großen Abständen – erschienen sind.[1] Inzwischen liegen auch einige gewichtige monographische Studien, eine Vielzahl von Aufsätzen und mehrere einschlägige Sammelbände vor, die die Fruchtbarkeit eines sozial- und gesellschaftsgeschichtlichen Ansatzes auf dem Feld der historischen Religionsforschung belegen. Die Wiederentdeckung der Religion als einer bedeutsamen gesellschaftlichen Prägekraft und eines maßgeblichen Faktors der menschlichen Lebensführung steht darüber hinaus im Kontext einer allgemeinen kulturgeschichtlichen Renaissance, die die klassischen Begriffe und Theorieangebote der Sozial- und Gesellschaftsgeschichte vielfältig modifiziert, wenn nicht gar negiert. Dabei zeichnet sich die gegenwärtige Situation einerseits zwar nach wie vor durch den Rückgriff auf bekannte, für die Sozial- und Gesellschaftsgeschichte bedeutsame Paradigmata (wie die Modernisierungs- oder Säkularisierungstheorie), andererseits aber auch durch deutliche Perspektivveränderungen aus, wie die Begriffe »Teilsäkularisierung«, »Rekonfessionalisierung« oder »Vitalisierung der Religiosität« verdeutlichen.[2]

---

1 Vgl. *W. Schieder*, Religionsgeschichte als Sozialgeschichte, in: GG, Jg. 3, 1977, S. 291–298; *R. van Dülmen*, Religionsgeschichte in der Historischen Sozialforschung, in: GG, Jg. 6, 1980, S. 36–59; *R. v. Thadden*, Kirchengeschichte als Gesellschaftsgeschichte, in: GG, Jg. 9, 1983, S. 598–614; *J. Sperber*, Kirchengeschichte als Sozialgeschichte – Sozialgeschichte als Kirchengeschichte, in: Kirchliche Zeitgeschichte, Jg. 5, 1992, S. 11–17; *M. Greschat*, Die Bedeutung der Sozialgeschichte für die Kirchengeschichte. Theoretische und praktische Erwägungen, in: HZ, Bd. 256, 1993, S. 67–103; *W.K. Blessing*, Kirchengeschichte in historischer Sicht. Bemerkungen zu einem Feld zwischen den Disziplinen, in: *A. Doering-Manteuffel u. K. Nowak* (Hg.), Kirchliche Zeitgeschichte. Urteilsbildung und Methoden, Stuttgart 1996, S. 14–59.

2 Vgl. *W. Schieder*, Sozialgeschichte der Religion im 19. Jahrhundert. Bemerkungen zur Forschungslage, in: *ders.* (Hg.), Religion und Gesellschaft im 19. Jahrhundert, Stuttgart 1993, S. 11–28, Zitate ebd. Eine gewisse Bündelung der Bemühungen um eine moderne Sozial- und Kulturgeschichte der Religion erfolgt neuerdings im Rahmen der beiden wissenschaftlichen Reihen: »Konfession und Gesellschaft« (seit 1988 bei Kohlhammer) sowie »Religiöse Kulturen der Moderne« (seit 1996 im Gütersloher Verlagshaus).

Konfessionsspezifische Schwerpunkte und Akzentsetzungen der neueren
Arbeiten liegen im Bereich der Katholizismus- und Kulturprotestantismus-
forschung sowie in der Verknüpfung von Frauen- und Religionsgeschichte.
Darüber hinaus fanden in einer sozialgeschichtlichen Perspektive Themen
wie die protestantische Erweckungsbewegung oder die Geschichte des
Sozialen Protestantismus Berücksichtigung.[3] Das hat jeweils spezifische Ursachen. Während sich der Katholizismus und auch die protestantische Erweckungsbewegung in einer säkularisierungs- und modernisierungstheore-
tischen Perspektive zunächst als besonders widerspenstige und von daher
außerordentlich interessante Phänomene im Übergang von traditionalen zu
modernen Orientierungen studieren ließen, bot sich mit dem Kulturprotestantismus das genaue Gegenteil einer an Pluralität und Modernität orientierten Deutungskultur und damit die konstitutive Verschränkung von Religiosität, Bürgertum und Liberalismus als Untersuchungsfeld an. Beide
Forschungsstränge taugten im übrigen dazu, jenen für die politische Entwicklung in Deutschland grundlegenden Prozeß der Konfessionsspaltung
als eine schwerwiegende Belastung für die politische Kultur herauszustellen
und damit an markante Thesen wie die sozialmoralische Milieu- oder auch
Lagerbildung vom Kaiserreich bis zum Nationalsozialismus anzuknüpfen.[4]
Die Verbindung der Religionsproblematik mit der Frauengeschichte (eigen-
tümlicherweise noch nicht mit der Geschlechtergeschichte) bot ebenfalls die
Möglichkeit, an aktuelle Forschungstrends anzuknüpfen.

Im Kontext der skizzierten Forschungslage stehen auch die Arbeiten des
Bielefelder Sonderforschungsbereichs, die sich mit der Bedeutung der Religion für das Bürgertum beschäftigten. Es war vor allem die Absicht, den Zusammenhang von sozialen und kulturellen Formationsprozessen, religiösen

---

3 Vgl. vor allem die Literaturberichte von *M.-D. Ohse*, Bürgertum und Religion im
19. Jahrhundert, in: SOWI, Jg. 25, 1996, S. 62–68; *J. Sperber*, Kirchengeschichte or the Social
and Cultural History of Religion? in: NPL, Jg. 43, 1998, S. 13–35; *K. Nowak*, Kirchengeschichte des 19./20. Jahrhunderts, in: GWU, Jg. 51, 2000, S. 190–207, 259–266; darüber
hinaus: *W. Loth*, Katholiken im Kaiserreich. Der politische Katholizismus in der Krise des
wilhelminischen Deutschlands, Düsseldorf 1984; *ders.* (Hg.), Deutscher Katholizismus
im Umbruch zur Moderne, Stuttgart 1991; *J. Mooser u.a.* (Hg.), Frommes Volk und Patrioten. Erweckungsbewegung und Soziale Frage im östlichen Westfalen 1800–1900, Bielefeld 1989; *J.-C. Kaiser*, Sozialer Protestantismus im 20. Jahrhundert. Beiträge zur Geschichte
der Inneren Mission 1914–1945, München 1989; *G. Hübinger*, Kulturprotestantismus und
Politik. Zum Verhältnis von Liberalismus und Protestantismus im wilhelminischen
Deutschland, Tübingen 1994; *D. Kaufmann*, Frauen zwischen Aufbruch und Reaktion. Protestantische Frauenbewegung in der ersten Hälfte des 20. Jahrhunderts, München 1988; *I.
Götz von Olenhusen u.a.*, Frauen unter dem Patriarchat der Kirchen. Katholikinnen und Protestantinnen im 19. und 20. Jahrhundert, Stuttgart 1995.
4 Vgl. *M.R. Lepsius*, Parteiensystem und Sozialstruktur. Zum Problem der Demokratisierung der deutschen Gesellschaft, in: *W. Abel u.a.* (Hg.), Wirtschaft, Geschichte, Wirtschaftsgeschichte. Fs. F. Lütge, Stuttgart 1966, auch in: *M.R. Lepsius*, Demokratie in Deutschland.
Ausgewählte Aufsätze, Göttingen 1993, S. 25–50; *K. Rohe*, Wahlen und Wählertraditionen
in Deutschland, Frankfurt 1992.

Weltbildern und sozialökonomischen Interessenlagen, politischem Handeln und religiöser Orientierung am Beispiel des Bürgertums als einer herausragenden sozialen Klasse darzulegen, die den gesellschaftlichen und kulturellen Modernisierungsprozeß seit dem ausgehenden 18. Jahrhundert maßgeblich prägte. Zentrale erkenntnisleitende Interessen und Fluchtpunkte der Argumentation galten dabei etwa der Frage nach der Einheitlichkeit oder aber der Fraktionierung des Bürgertums und der damit verbundenen Rolle der Religion; auch die Bedeutung der Religion als handlungsleitende Maxime und Element der Lebensführung, die konfessionellen Unterschiede vor allem zwischen katholischem und protestantischem (weniger zwischen christlichem und jüdischem) Bürgertum, das Verhältnis von Bürgerlichkeit, Frauen und Religion sowie grundlegende, nicht zuletzt durch die religiösen Prägungen verursachte Prozesse der Verbürgerlichung oder aber der Entbürgerlichung standen zur Debatte. Unmittelbar damit verknüpft war schließlich die Frage nach der Bedeutung kultureller und insbesondere religiöser Faktoren für die Modernisierung der deutschen Gesellschaft oder auch das Problem eines oftmals postulierten, durch traditionale Wertorientierungen maßgeblich geprägten »deutschen Sonderwegs«. Diese Aspekte sollen im folgenden resümiert werden. Dabei sind einerseits die Ergebnisse der Bielefelder »Religionsprojekte« unter den angedeuteten Sachgesichtspunkten systematisch zu diskutieren; andererseits soll der Bezug zu anderen Forschungen außerhalb des Bielefelder Sonderforschungsbereichs im Blickpunkt des Interesses stehen.

1. Fraktioniertes Bürgertum, religiös-kulturelle und soziale Differenzierung

Ein grundlegendes Strukturmuster der bürgerlichen Vergesellschaftung seit dem ausgehenden 18. Jahrhundert bestand in der Fraktionierung des Bürgertums in vielfältige soziale und kulturelle Einheiten. Diese Fraktionierung war in einer religionsgeschichtlichen Perspektive durch vier grundlegende Teilprozesse bedingt: zunächst durch die *Säkularisierung* – einen relativ schwierig zu beschreibenden sozialkulturellen Wandlungsprozeß, in dem es – über die rechtlichen und politischen Dimensionen der Ablösung kirchlicher Rechte und Zuständigkeiten hinausgehend – um die religiöse Transformation bzw. die Veränderung von Glaubensvorstellungen in der modernen Welt geht. Die zweite strukturelle Veränderung betraf den Rückgang kirchlicher Bindungen. Dieser Wandel ist in der neueren Forschung als *Entkirchlichung* bezeichnet worden. Bei seiner Untersuchung wird versucht, den Rückgang kirchlicher Bindungen empirisch exakt vor allem anhand des Abendmahlsbesuchs, mit Einschränkungen aber auch anhand des Gottesdienstbesuchs oder der Teilnahme an Kirchenwahlen nachzuweisen.[5] Mit den Prozessen abnehmender Kirchenbindung und der Transformation christlich-kirchlicher Glaubensvorstellungen korrespondierten die *religiöse Vitalisierung* oder gar *Rekonfessionalisierung* besonders seit der zweiten Hälfte des 19. Jahrhunderts mit einem gewissen Höhepunkt zwischen der Jahrhundertwende und dem Ersten Weltkrieg. Auch diese Phänomene sind – wie schon die Säkularisierung – kaum exakt quantifizierbar. Gleichwohl gibt es deutliche Indizien dafür – etwa in Form der zeitweiligen Zunahme des Kirchen- und Abendmahlsbesuchs, vor allem aber in Form der Ausweitung eines religiösen Vereinswesens.[6]

Für die Analyse eines in Anbetracht solcher grundlegenden Differenzierungsprozesse religiös fraktionierten Bürgertums bieten sich unterschiedliche Begrifflichkeiten an. Friedrich Tenbruck und M. Rainer Lepsius haben – sozial- und kulturgeschichtliche Fragestellungen miteinander verbindend und im Anschluß an Max Weber – vor allem den Begriff der »kulturellen Vergesellschaftung« in die historische Bürgertumsforschung eingeführt. Die kulturelle Vergesellschaftung des Bürgertums meint eine Form sozialer, maßgeblich durch kulturelle Werthaltungen und mentale Dispositionen gesteuerte Selbstorganisation bürgerlicher Gruppen. Im Zentrum des Begriffs steht nach Tenbruck – und der Sache nach auch bei Lepsius – das Konzept einer »säkularen Kultur«, die spätestens seit dem ausgehenden 18. Jahrhundert ihren Siegeszug angetreten und zu einer vielfältigen Differenzierung kultureller Deutungsmuster und entsprechender sozialer Organisationsformen geführt habe.

Sozialgeschichtlich ist der Ausdifferenzierungsprozeß der »säkularen Kultur« vor allem durch die Entstehung und Erweiterung eines kulturellen Publikums, die Vermehrung der »Kulturberufe« und die zunehmende Bedeutung von spezifischen kulturellen Institutionen geprägt. Mit der »kulturellen Vergesellschaftung« ist dann jener Prozeß gemeint, in dem zunächst das Bürgertum als der maßgebliche Träger der gesellschaftlichen Modernisierung, prinzipiell aber alle Mitglieder einer Gesellschaft, »auch wenn sie sich

---

5 Vgl. *L. Hölscher*, Secularization and Urbanization in the 19th Century. An interpretative model, in: *H. McLeod* (Hg.), European Religion in the Age of Great Cities 1830–1930, New York 1995; *ders.*, Datenatlas zur religiösen Geographie (Entwurf der Einleitung), Ms. Bochum 1996; *ders.*, Möglichkeiten und Grenzen der statistischen Erfassung kirchlicher Bindungen, in: *K. Elm u. H.-D. Loock* (Hg.), Seelsorge und Diakonie in Berlin. Beiträge zum Verhältnis von Kirche und Großstadt im 19. und beginnenden 20. Jahrhundert, Berlin 1990, S. 39–59; *ders.*, Säkularisierungsprozesse im deutschen Protestantismus des 19. Jahrhunderts. Ein Vergleich zwischen Bürgertum und Arbeiterschaft, in: *H.-J. Puhle* (Hg.), Bürger in der Gesellschaft der Neuzeit, Göttingen 1991, S. 238–258. Vgl. auch *H. Tyrell*, Transferbericht Religionssoziologie, in: GG, Jg. 22, 1996, S. 428–457.

6 Vgl. *Schieder*, Sozialgeschichte; *J. Mooser*, Das katholische Milieu in der bürgerlichen Gesellschaft. Zum Vereinswesen des Katholizismus im späten Deutschen Kaiserreich; sowie *J.-C. Kaiser*, Die Formierung des protestantischen Milieus. Konfessionelle Vergesellschaftung im 19. Jahrhundert, beide in: *O. Blaschke u. F.-M. Kuhlemann* (Hg.), Religion im Kaiserreich. Milieus – Mentalitäten – Krisen, Gütersloh 1996, S. 59–92, 257–289.

persönlich abseits hielten, in diese Kultur, sei es auch widerwillig oder nur indirekt, eingebunden, auf sie bezogen, an ihr orientiert und durch sie beeinflußt waren«. Das gilt auch für die religiös geprägten Gesellschaftsmitglieder; denn in den Fällen, in denen die Religion noch »eigene Antworten« gab, »fand man sich in die kulturelle Problematisierung derselben verstrickt«.[7]

Bleiben die Interpretationsansätze von Tenbruck und Lepsius noch ganz im Konzept eines säkularisierungstheoretischen Ansatzes befangen, ist mit dem Blick auf die sich besonders seit der zweiten Hälfte des 19. Jahrhunderts vollziehenden Rekonfessionalisierungs- und religiösen Vitalisierungsprozesse aber auch zu betonen, daß sich ein Teil der kulturellen Vergesellschaftung des Bürgertums als eine explizit *religiöse* Neu- und Selbstorganisation fassen läßt. Sie zeigte sich vor allem in Form der Ausdifferenzierung eines weitgefächerten religiösen Vereinswesens, das für die gesellschaftliche Formierung des Katholizismus, des Protestantismus und auch des Judentums von zentraler Bedeutung war. Vor dem Hintergrund dieser grundlegenden Entwicklung ist es für eine Geschichte des Bürgertums im 19. Jahrhundert mithin notwendig, religiöse Vergesellschaftungsformen als einen geradezu konstitutiven Teil der kulturellen Differenzierung zu berücksichtigen. »Kulturelle Vergesellschaftung« sollte daher – die Prozesse religiöser Vitalisierung und Rekonfessionalisierung berücksichtigend – durch den Begriff der »religiösen Vergesellschaftung« ergänzt werden.

Im Zuge der grundlegenden gesellschaftlichen und kulturellen Transformation entstand eine Vielzahl neuer Integrations- und auch kultureller Scheidelinien, konfessioneller Kommunikationsräume, freigeistiger und religiöser Diskursgemeinschaften. Das Bürgertum fand sich in Logen und religiösen Zirkeln, Freidenkerverbänden und unzähligen Kulturbünden zusammen. Eine vielfältige, den jeweiligen kulturellen Interessen dienende Zeitungs- und Zeitschriftenkultur gewann an Bedeutung.[8] Auch innerhalb der nach wie vor kirchlich oder im engeren Sinne christlich geprägten bürgerlichen Kultur erfolgte eine breite Auffächerung konfessioneller Vereinstypen und Verbandsbildungen, religiöser und kultureller Aktivitäten, sozia-

---

7 Vgl. *F. Tenbruck*, Die kulturellen Grundlagen der Gesellschaft. Der Fall der Moderne, Opladen 1989, S. 213–272, Zitate: S. 260 f.; *M.R. Lepsius*, Zur Soziologie des Bürgertums und der Bürgerlichkeit, in: *J. Kocka* (Hg.), Bürger und Bürgerlichkeit im 19. Jahrhundert, Göttingen 1987, S. 79–100.

8 Vgl. *F.W. Graf*, Die Politisierung des religiösen Bewußtseins: Die bürgerlichen Religionsparteien im deutschen Vormärz. Das Beispiel des Deutschkatholizismus, Stuttgart 1978; *J. Brederlow*, »Lichtfreunde« und »freie Gemeinden«: Religiöser Protest und Freiheitsbewegung im Vormärz und in der Revolution von 1848/49, München 1976; *C. Ribbat*, Religiöse Erregung. Protestantische Schwärmer im Kaiserreich, Frankfurt 1996; *F. Simon-Ritz*, Die Organisation einer Weltanschauung. Die freigeistige Bewegung im Wilhelminischen Deutschland, Gütersloh 1996; *V. Drehsen u. W. Sparn* (Hg.), Vom Weltbildwandel zur Weltanschauungsanalyse. Krisenwahrnehmung und Krisenbewältigung um 1900, Berlin 1996.

ler Einrichtungen und Institutionen. Sie reichten von den Großveranstal-
tungen der Katholikentage und des Evangelischen Bundes über Vereine wie
den Volksverein für das katholische Deutschland oder die protestantischen
Gustav-Adolf-Vereine, liberale und konservative Kirchenparteien, sozialka-
ritative und diakonische Anstalten, evangelische und katholische Arbeitervereine (unter maßgeblicher Mitwirkung bürgerlicher Mitglieder) bis hin
zu regionalen und überregionalen Kirchenzeitungen und Kirchenzeitschrif-
ten von nicht geringer Bedeutung.[9] Auch lose religiöse und kulturelle Zusammenschlüsse (wie etwa der »Eranos-Kreis« um den Neutestamentler
Adolf Deißmann in Heidelberg oder der »Naumann-Kreis« um den Pfarrer,
Publizisten und Politiker Friedrich Naumann) prägten die Vergesellschaftung des Bürgertums.[10] Ein Teil dieses Prozesses ist in der Forschung als konfessionelle oder auch kirchennahe Milieubildung beschrieben worden.[11]

9 Vgl. *J. Mooser*, Volk, Arbeiter und Bürger in der katholischen Öffentlichkeit des Kaiserreichs. Zur Sozial- und Funktionsgeschichte der deutschen Katholikentage 1871–1913, in:
Puhle (Hg.), Bürger, S. 259–273; *ders.*, Arbeiter, Bürger und Priester in den konfessionellen
Arbeitervereinen im deutschen Kaiserreich, 1880–1914, in: *J. Kocka* (Hg.), Arbeiter und
Bürger im 19. Jahrhundert. Varianten ihres Verhältnisses im europäischen Vergleich, München 1986, S. 79–105; *T. Mergel*, Zwischen Klasse und Konfession. Katholisches Bürgertum
im Rheinland 1794–1914, Göttingen 1994; *F.-M. Kuhlemann*, Bürgerlichkeit und Religion.
Zur Sozial- und Mentalitätsgeschichte der evangelischen Pfarrer in Baden 1860–1914,
Habil.-Schrift Bielefeld 1998; *U. Krey*, Konfession und Gesellschaft. Protestantische und katholische Vereine im Vergleich (1840–1855), in: *H. Bachmann u. R. v. Spankeren* (Hg.), Diakonie: Geschichte von unten. Christliche Nächstenliebe und kirchliche Sozialarbeit in
Westfalen, Bielefeld 1995, S. 69–116; *K. Pönnighaus*, Kirchliche Vereine zwischen Rationa-
lismus und Erweckung, Frankfurt 1982; *W. Fleischmann-Bisten*, Der evangelische Bund in der
Weimarer Republik und im sog. Dritten Reich, Frankfurt 1989; *A. Müller-Dreier*, Konfession
in Politik, Gesellschaft und Kultur des Kaiserreichs. Der Evangelische Bund 1886–1914,
Gütersloh 1998; *C. Lepp*, Protestantisch-liberaler Aufbruch in die Moderne. Der deutsche
Protestantenverein in der Zeit der Reichsgründung und des Kulturkampfes, Gütersloh 1996;
H. W. Smith, German Nationalism and Religious Conflict. Culture, Ideology, Politics,
1870–1914, Princeton 1995.
10 Vgl. *H. Tompert*, Lebensformen und Denkweisen der akademischen Welt Heidelbergs
im wilhelminischen Zeitalter vornehmlich im Spiegel zeitgenössischer Selbstzeugnisse, Lübeck 1969, S. 43 f.; *U. Krey*, Der Naumann-Kreis im Kaiserreich: Liberales Milieu und protestantisches Bürgertum, in: Jahrbuch zur Liberalismus-Forschung, Jg. 7, 1995, S. 57–81.
11 Vgl. *G. Brakelmann*, Das kirchennahe protestantische Milieu im Ruhrgebiet
1890–1933, in: Bericht über die 38. Versammlung deutscher Historiker in Bochum vom 26.
bis 29. September 1990, S. 175–179; *M. Klöcker*, Das katholische Milieu. Grundüberlegun-
gen – in besonderer Hinsicht auf das Deutsche Kaiserreich von 1871, in: ZRGG, Jg. 44, 1992,
S. 241–262; *F.W. Graf*, Die Spaltung des Protestantismus. Zum Verhältnis von evangelischer
Kirche, Staat und »Gesellschaft« im frühen 19. Jahrhundert, in: *Schieder* (Hg.), Religion,
S. 157–190; *Arbeitskreis für kirchliche Zeitgeschichte (AKKZG) Münster*, Katholiken zwischen
Tradition und Moderne. Das katholische Milieu als Forschungsaufgabe, in: WF, Jg. 43,
1993, S. 588–654; *O. Blaschke u. F.-M. Kuhlemann*, Religion in Geschichte und Gesellschaft.
Sozialhistorische Perspektiven für die vergleichende Erforschung religiöser Mentalitäten
und Milieus, in: *dies.* (Hg.), Religion, S. 7–55; *D. van Reeken*, Kirchen im Umbruch zur Moderne. Milieubildungsprozesse im nordwestdeutschen Protestantismus 1849–1914, Gütersloh 1999.

Nicht zuletzt innerhalb des Judentums entstand eine Vielzahl von Vereinen, in denen sich unterschiedliche bürgerlich-religiöse Einstellungen, aber auch religiös-professionelle Interessen manifestierten: im Centralverein deutscher Staatsbürger jüdischen Glaubens, im Verband der deutschen Juden oder auch im Verband der jüdischen Lehrervereine sowie im Allgemeinen Deutschen Rabbinerverein.[12]

Den unterschiedlichen Vergesellschaftungen entprach – das war die kulturelle Seite des umfassenden religiös-sozialen Transformationsprozesses – eine breite Palette unterschiedlicher Frömmigkeitstypen. Sie erstreckte sich von einer freien, subjektivistischen, weithin säkularisierten Frömmigkeit und scharfen Kirchenkritik über Formen liberaler und »positiver« Religion bis hin zu den Äußerungen eines konfessionalistischen und milieugebundenen Glaubens. Dieser Prozeß der »religiösen Entzweiung« verschärfte sich nach der epochalen Zäsur des 18. Jahrhunderts, als die offizielle Kirchenlehre und die private Glaubensüberzeugung deutlich auseinanderzutreten begannen. Dabei schritt die Individualisierung des Glaubens in den gebildeten Schichten deutlich schneller voran als in der Volksreligion. Eine besondere Bedeutung bei der Auflösung traditioneller Glaubensgewißheiten kam je länger desto mehr den naturwissenschaftlichen und historischen Bildungsinhalten zu. Sie beeinflußten nicht nur viele Gebildete, Wirtschaftsbürger und die Angehörigen der freien Berufe. Ihre Wirkung zeigte sich darüber hinaus in immer breiteren Kreisen bis hin etwa zu den technischen »Professionen«, den Volksschullehrern und schließlich auch Teilen der sozialdemokratischen Arbeiterschaft.[13]

Trotz einer weitverbreiteten Skepsis und Kritik an überlieferten theologischen Traditionen und Bekenntnissen sollten die Glaubensvorstellungen des Bürgertums insgesamt jedoch, wie bereits angedeutet, keineswegs auf einen Typus »freier Religiosität« festgelegt werden. Die religiösen und konfessionellen Trennlinien gingen vielfach mitten durch das Bürgertum hindurch. So ist für das Bildungsbürgertum herausgearbeitet worden, daß es sich mindestens in vier religiöse Fraktionen unterteilen läßt. Einer starken Tendenz zur religiösen Indifferenz und Unkirchlichkeit sowie einer philosophisch-

---

12 Vgl. *T. van Rahden*, Juden und andere Breslauer. Die Beziehungen zwischen Juden, Protestanten und Katholiken in einer deutschen Großstadt 1860–1925, Göttingen 2000; *A. Hopp*, Jüdisches Bürgertum in Frankfurt am Main im 19. Jahrhundert, Stuttgart 1997; *S.M. Poppel*, Rabbinical Status and Religious Authority in Imperial Germany: The German Rabbinical Association, in: American Jewish Studies Review, Jg. 9, 1984, S. 185–213; *U. R. Kaufmann*, Die Professionalisierung der jüdischen Lehrerbildung in Deutschland 1810–1933, in: *F.-M. Kuhlemann u. H.-W. Schmuhl* (Hg.), Beruf und Religion, Stuttgart 2001.

13 Vgl. *L. Hölscher*, Die Religion des Bürgers, in: HZ, Bd. 250, 1990, S. 595–630; *ders.*, Die religiöse Entzweiung. Entwurf zu einer Geschichte der Frömmigkeit im 19. Jahrhundert, in: JGNKG, Jg. 93, 1995, S. 9–25; *J.-C. Kaiser*, Arbeiterbewegung und organisierte Religionskritik. Proletarische Freidenkerverbände in Kaiserreich und Weimarer Republik, Stuttgart 1981; *ders.*, Sozialdemokratie und »praktische« Religionskritik. Das Beispiel der Kirchenaustrittsbewegung 1878–1914, in: AfS, Jg. 22, 1982, S. 263–298.

historischen Kritik, die allerdings auf Kirche und Christentum bezogen blieben, standen auf der anderen Seite deutliche Prozesse einer Verschmelzung von Religion und Philosophie, Wissenschaft und Glauben im Sinne einer »Kultursynthese« (Ernst Troeltsch) gegenüber. Schließlich entwickelten sich im Bildungsbürgertum auch Ansätze einer erneuerten Christlichkeit und Kirchlichkeit, wobei den Kirchen zunehmend sogar eine Schutzfunktion gegen gefährlich erscheinende soziale Veränderungen zugewiesen wurde, die man vor allem im Aufstieg der Sozialdemokratie und der Unterschichten am Horizont heraufziehen sah.[14]

Die Renaissance kirchlicher Bindungen in Teilen des Bildungsbürgertums führte mitunter auch zu sozial übergreifenden Zusammenschlüssen mit Vertretern sowohl des alten als auch des neuen Mittelstandes im Rahmen kirchennaher Milieubildung. Obwohl sich keine eindeutige schichtenspezifische Differenzierung der religiösen Orientierung nachweisen läßt, kann als Grundtendenz gelten, daß das Wirtschafts- und Bildungsbürgertum, vor allem die freien Berufe, von Entkirchlichung und Säkularisierung stärker betroffen waren und zu einer Form subjektivistischer Religiosität neigten, während das Stadtbürgertum und der alte, zum Teil auch der neue Mittelstand (viele mittlere Beamte etwa) eher zu den Trägern einer konservativ-»positiven« Frömmigkeit und traditionellen Kirchlichkeit zählten. Die regionalen Unterschiede blieben dabei beträchtlich.[15]

2. Bürgerliche Religiosität als »epochalspezifische Reflexionskultur« und soziale Manifestation von Interessen

Die Fraktionierung des Bürgertums und seine religiöse Differenzierung waren das eine. Sie stellen einen wesentlichen sozialkulturellen Strukturprozeß dar, der verdeutlicht, wie wenig sich das Bürgertum seit dem ausgehenden 18. Jahrhundert als eine einheitliche soziale und kulturelle Formation, sondern jeweils nur als ein Konglomerat sich ständig ausdifferenzierender Teilgruppen bestimmen läßt. Gleichwohl gab es – das ist das andere – gewisse Gemeinsamkeiten der bürgerlichen Frömmigkeit, die aufgrund der auseinanderstrebenden Tendenzen nicht übersehen werden sollten.

14 Vgl. *R. Vierhaus*, Religion und deutsche Bildungsschichten im 19. und 20. Jahrhundert, in: Fs. Y. Ariely, Jerusalem 1986, S. 95–106; *H.-D. Loock*, Bürgerliche Kirche. Zur Verständigung über einen historischen Begriff, in: JbBKG, Jg. 49, 1974, S. 42–57.

15 Vgl. *O. Janz*, Bürger besonderer Art. Evangelische Pfarrer in Preußen 1850–1914, Berlin 1994; *L. Hölscher u. U. Männich-Polenz*, Die Sozialstruktur der Kirchengemeinde Hannovers im 19. Jahrhundert. Eine statistische Analyse, in: JGNKG, Jg. 88, 1990, S. 159–211; *Hübinger*, Kulturprotestantismus; *Mergel*, Klasse; *Mooser*, Milieu; *ders.*, Katholische Volksreligion, Klerus und Bürgertum in der zweiten Hälfte des 19. Jahrhunderts. Thesen, in: *Schieder* (Hg.), Religion, S. 144–156.

Als erste Gemeinsamkeit ist auf die Herausbildung einer »epochalspezifischen Reflexionskultur« im Bereich des Religiösen hinzuweisen.[16] Das Spezifische dieser neuen Reflexionskultur bestand nicht, wie betont, in der Homogenität oder im Versuch der Vereinheitlichung bestimmter Glaubensvorstellungen, sondern gerade umgekehrt in der grundlegenden Orientierung an Individualisierung und Mobilisierung, Reflexivität und Bildung, Pluralität und Wissenschaftlichkeit, zumindest in der permanenten Auseinandersetzung mit den in der bürgerlichen Reflexionskultur angelegten Prinzipien. Für die Auffassungen innerhalb des liberalen Bürgertums ist das evident: Sowohl der theologische Rationalismus und der Kulturprotestantismus als auch die bürgerlich-katholischen Reformströmungen des Hermesianismus sowie des Reform- und Altkatholizismus, schließlich das Reformjudentum waren mehr oder weniger einem neuzeitlichen Bildungs- und Wissenschaftsverständnis – mit dem Ideal des sich selbst bildenden, religiös nicht mehr bevormundeten Subjekts – verpflichtet.[17]

Schwieriger wird es, die skizzierten Elemente einer epochalspezifischen Reflexionskultur als idealtypische Beschreibungen für die religiös konservativen und traditionalen bürgerlichen Gruppen in Anwendung zu bringen. Doch auch in diesen Fällen wird deutlich, daß die theologischen und religiösen Deutungen unauflöslich in die moderne Kultur verstrickt waren. Am Beispiel des konservativen Protestantismus läßt sich zeigen, wie sehr man sich zum einen bemühte, mittels moderner Kommunikationswege (Zeitungen, Zeitschriften, Vereinsblätter etc.) die eigenen religiös-kulturellen Positionen auf dem politischen und kulturellen Massenmarkt zu behaupten.[18] Damit verbunden war – zum anderen – eine weitreichende inhaltliche Auseinandersetzung mit den Prinzipien der modernen Kultur, die in nicht wenigen Fällen zu deutlichen Prozessen der Annäherung zwischen Liberalen

16 Der Begriff nach *L. Hölscher*, Bürgerliche Religiosität im protestantischen Deutschland des 19. Jahrhunderts, in: *Schieder* (Hg.), Religion, S. 191–215, der ihn hier aber nur auf das protestantische Bürgertum bezieht. Prinzipiell reicht der Begriff aber weiter und kann auch auf das katholische und jüdische Bürgertum bezogen werden.

17 Vgl. *Lepsius*, Soziologie, S. 89; *H. Rosenberg*, Theologischer Rationalismus und vormärzlicher Vulgärliberalismus, in: *ders.*, Politische Denkströmungen im deutschen Vormärz, Göttingen 1972; *C. Weber*, Aufklärung und Orthodoxie am Mittelrhein, 1820–1850, München 1973; *V. Drehsen*, Art.: Neuprotestantismus, in: TRE, Bd. 24, 1994, S. 363–383; *H.M. Müller* (Hg.), Kulturprotestantismus. Beiträge zu einer Gestalt des modernen Christentums, Gütersloh 1992; *A. Rauscher* (Hg.), Religiös-kulturelle Bewegungen im deutschen Katholizismus seit 1800, Paderborn 1986; *T.M. Loome*, Liberal Catholicism, Reform Catholicism, Modernism. A Contribution to a New Orientation in Modernist Research, Mainz 1979; *K. Nowak*, Geschichte des Christentums in Deutschland, München 1995; *S. Volkov*, Die Verbürgerlichung der Juden in Deutschland. Eigenart und Paradigma, in: *J. Kocka* (Hg.), Bürgertum im 19. Jahrhundert. Deutschland im europäischen Vergleich, Bd. 2, München 1988, S. 343–371.

18 Vgl. *Graf*, Spaltung; *U. Rieske-Braun*, Zwei-Bereiche-Lehre und christlicher Staat. Verhältnisbestimmungen von Religion und Politik im Erlanger Neuluthertum und in der Allgemeinen Ev.-luth. Kirchenzeitung, Gütersloh 1993.

und Konservativen führte. Unter Aufnahme moderner erfahrungsgeschichtlicher Kategorien argumentierten viele Kirchlich-Konservative etwa, daß sich der Wahrheitsgehalt des Glaubens, vor allem des traditionalen Bekenntnisglaubens, keineswegs nur dogmatisch, sondern aus der (Glaubens)Erfahrung der handelnden Subjekte, mit anderen Worten: aus der geschichtlich faßbaren »religiösen Empirie« herleiten lasse.[19] Solche Argumentationsmuster zeigen, wie wenig auch das konservative Bürgertum hinter die gesetzten kultur- und wissenschaftstheoretischen Standards des bürgerlichen Diskurses zurückgehen wollte oder konnte. Auch auf katholischer Seite waren die wenigen im katholischen Milieu verbleibenden Bürger, selbst wenn sie nicht zu solchen erkenntnistheoretischen Höhenflügen ansetzten, von der säkularen bürgerlichen Kultur immerhin insofern erfaßt, als sie sich nur sehr bedingt auf die Werthaltungen des ultramontanen Katholizismus einließen, indem sie etwa den Weg in die »innere Emigration« gingen oder sich zum Teil separat vergesellschafteten.[20]

Zusammengefaßt läßt sich sagen, daß sich die »epochalspezifische Reflexionskultur« des Bürgertums offensichtlich durch eine spezifische Mischung von Elementen der Tradition und der Moderne auszeichnete, die sich auf jeweils unterschiedliche Weise Ausdruck verschafften. Im Zentrum aller religiösen und theologischen Auffassungen stand die Auseinandersetzung mit der neuen Bildungsidee des sich selbst bildenden Subjekts. Und ganz unabhängig davon, wie die Antworten ausfielen, war die bürgerliche Religiosität in jedem Fall mit der neuen kulturellen Herausforderung auf vielfältige Weise verstrickt. Die Bürger wurden in ihrem religiösen Selbstverständnis tief hineingerissen in einen grundlegenden kulturellen Transformationsprozeß, in dem sich die Frage nach der »Modernitätsadäquanz« der jeweiligen Position nachdrücklich stellte.[21]

Eine zweite Gemeinsamkeit der sich nach wie vor religiös definierenden bürgerlichen Gruppen bestand in dem grundlegenden Anspruch, die eigenen religiösen und sozialen Interessen innerhalb oder auch außerhalb der Kirche selbständig zu verwalten. Dieses Bestreben gründete in der gesellschaftlichen und kulturellen Steuerungskompetenz des Bürgertums, die vor allem auf den Faktoren Besitz und Bildung basierte. Bürger mit einer dieser oder sogar beiden erworbenen »Steuerungsqualifikationen« waren »prädestiniert zur politischen Herrschaft wie auch zur sozialen und kulturellen Vorbildfunktion«. Sie setzten ihre erworbenen Qualifikationen in den un-

---

19 Vgl. *Kuhlemann*, Bürgerlichkeit, S. 434–447, 450f. Vgl. für den Pietismus, die Erwekkung und den konservativen Protestantismus auch *H. Lehmann*, Protestantische Weltsichten. Transformationen seit dem 17. Jahrhundert, Göttingen 1998.

20 Vgl. *T. Mergel*, Grenzgänger. Das katholische Bürgertum im Rheinland zwischen bürgerlichem und katholischem Milieu 1870–1914, in: *Blaschke u. Kuhlemann* (Hg.), Religion, S. 166–192.

21 Vgl. *F.W. Graf*, Konservatives Kulturluthertum. Ein theologiegeschichtlicher Prospekt, in: ZThK, Jg. 85, 1988, S. 31–76.

terschiedlichen Bereichen »zur Lösung gesellschaftlicher Regelungs- und Funktionsprobleme« ein.[22] Mit dem Selbstverwaltungs- und Steuerungsanspruch aufs engste verbunden war auch ein bürgerlicher Führungsanspruch im Hinblick auf die Unterschichten, die man vom eigenen religiösen Kulturideal her zu »erziehen« und zu beeinflussen suchte.

All diese Funktionen und Überzeugungen lassen sich im Bereich des religiösen Engagements vor allem anhand des bereits erwähnten konfessionellen Vereinswesens oder in der sich vielfältig ausdifferenzierenden religiösen Kommunikationskultur nachweisen. Hier entstand ein soziales und kulturelles Betätigungsfeld, auf dem sich die Angehörigen des Bürgertums entweder ehrenamtlich oder aber im Rahmen bestimmter »Kulturberufe« engagierten. Die religiös-kulturellen Zeitungen und Zeitschriften, Vereinsnachrichten und Mitteilungsblätter innerhalb und außerhalb der konfessionellen Milieus wurden in der Regel von Vertretern des Bildungsbürgertums (Pfarrern, Lehrern, Professoren, freigeistigen Intellektuellen etc.) herausgegeben und verfaßt. In den vielfach schichtenübergreifend organisierten Vereinen (Innere Mission, Caritas, Evangelischer Bund, Volksverein für das katholische Deutschland etc.) fungierten die Vertreter der bürgerlichen Berufsgruppen als Vorstände, Vorsitzende, Ehrenvorsitzende, Schriftführer etc. Auch auf Festveranstaltungen, Jahresversammlungen und Tagungen kleinerer Vereine und größerer Verbände, nicht zuletzt in den innerkirchlichen Partizipationsinstanzen wie den Synoden, stellte das Bürgertum sowohl die Redner als auch die Abgeordneten. In den politischen Wahlkämpfen schließlich, die nicht unwesentlich von religiösen und kulturpolitischen Problemstellungen charakterisiert waren, dominierten Bildungs- und Wirtschaftsbürger und versuchten, das eigene Kulturideal auf dem politischen Massenmarkt zu »verkaufen«.[23]

Wie sehr religiöse Orientierungen mit bestimmten sozialen und auch ökonomischen Interessenlagen verbunden waren, zeigt sich am deutlichsten vielleicht an der Entstehung bestimmter berufsständischer Vereine und Einrichtungen innerhalb der konfessionellen Milieus. Evangelische Pfarrer- und Lehrervereine, Diakonissenhäuser und Diakonenvereine sind ebenso zu nennen wie katholische Standesvereine (etwa die Elisabeth- und Vincenz-

22 Vgl. *Mergel*, Klasse, S. 7 f., Zitate ebd.
23 Vgl. *Hübinger*, Kulturprotestantismus; *Lepp*, Aufbruch; *Mergel*, Klasse; *Mooser*, Milieu; *H.W. Heitzer*, Der Volksverein für das katholische Deutschland im Kaiserreich 1890–1918, Mainz 1979; *Loth*, Katholiken; *W. Braun*, Evangelische Parteien in historischer Darstellung und sozialwissenschaftlicher Beleuchtung, Heidelberg 1939; *D. Blackbourn*, Class, Religion and Local Politics in Wilhelmine Germany. The Centre Party in Württemberg before 1914, Wiesbaden 1980. Die Bedeutung der Bürger auf den Synoden und ihr Einfluß auf die innerkirchlichen Entscheidungsprozesse hat neuerdings mehrfach dazu geführt, die Kirche im 19. Jahrhundert, ganz im Gegensatz zu ihrer herkömmlichen Stigmatisierung als Obrigkeitskirche, als »Bürger-« oder »bürgerliche Kirche« zu charakterisieren. Als erster zum Begriff *Loock*, Bürgerliche Kirche.

vereine, die Görresgesellschaft, der Katholische Juristenverein, der Verband
katholischer kaufmännischer Vereine, der Verband katholischer Industrieller, der Verein katholischer deutscher Lehrerinnen, der katholische Lehrer-
verband etc.). Auch im Judentum gab es, wie bereits erwähnt, jüdische Leh-
rer-, Religionslehrer- und auch Rabbinervereine.[24]

Eine besondere Bedeutung sowohl im Hinblick auf die Reflexion des religiösen Handelns als auch die Durchsetzung berufsständischer Interessen in
der bürgerlichen Gesellschaft kam seit dem ausgehenden 18. Jahrhundert
den Pfarrern zu. Bedingt vor allem durch die grundlegenden geistes- und
theologiegeschichtlichen Veränderungen sowie den sozialen, politischen
und kirchenpolitischen Wandel versuchten sie, die Rolle von Kirche und
Religion in der modernen Gesellschaft und damit auch die eigene soziale
Position neu zu bestimmen. Ihr Denken und Verhalten orientierten sie dabei – die Rede ist hier von den protestantischen Geistlichen – nicht zuletzt
an bürgerlichen Wert- und Ordnungsvorstellungen, was allerdings in erheblichem Maße von regionalen Traditionen, theologischen und politischen
Prägungen abhing. Während sich theologisch liberale Pfarrer dem sozialkulturellen und politischen Wandel gegenüber weitgehend aufgeschlossen, für
politische und kulturelle Reformen offen zeigten, stand die konservative
Pfarrerschaft dem historischen Wandel weitaus skeptischer gegenüber. Insgesamt sah sich jedoch die evangelische Pfarrerschaft, ob sie es wollte oder
nicht, in so erheblichem Maße in die Wertideale und Strukturprinzipien der
bürgerlichen Gesellschaft verstrickt, daß ein gewissermaßen »vorbürgerli-
ches« Denken und Handeln nicht mehr möglich war. Berufspolitisch zeigte
sich das – außer einer modern-theologischen, bürgerlichen Reflexionskultur – in der Orientierung an vergleichbaren akademischen Berufen und deren Sozialstandards, während man sich »nach unten«, etwa von den Volksschullehrern, scharf abgrenzte.[25]

Das Bedürfnis nach sozialer Distinktion des Bürgertums innerhalb einer
religiösen Deutungskultur kann darüber hinaus an der Ausgrenzung unter-
bürgerlicher Schichten aus der Kirchenpolitik studiert werden. Das läßt sich
am Beispiel Badens nachweisen – etwa anhand der gemeinsamen Interessenpolitik der konservativen und liberalen bürgerlichen »Kirchenparteien« im
Kampf gegen eine, nach der Jahrhundertwende sich formierende, auch un-
terbürgerliche Schichten repräsentierende »Kirchenpartei«. Letztere war angetreten, die Kirche aus ihrer »einseitigen Bindung an das Bürgertum« zu lö-

---

24 Vgl. *Janz*, Bürger, S. 317–335; *M. Häusler*, »Dienst an Kirche und Volk«. Die deutsche
Diakonenschaft zwischen beruflicher Emanzipation und kirchlicher Formierung
(1913–1947), Stuttgart 1995; *J. Schmidt*, Beruf: Schwester. Mutterhausdiakonie im 19. Jahrhundert, Frankfurt 1998; *Mooser*, Milieu; *Kaufmann*, Professionalisierung; *Poppel*, Rabbinical
Status.
25 Vgl. *Kuhlemann*, Bürgerlichkeit; *Janz*, Bürger; *ders.*, Protestantische Pfarrer vom 18. bis
zum frühen 20. Jahrhundert. Deutschland und England im Vergleich, in: Comparativ, Heft
2, 1998, S. 83–111.

sen; und es ist bemerkenswert, wie sich die bürgerlichen Kirchenparteien, die theologisch zum Teil tief zerstritten waren, in diesem Fall gegen den kirchenpolitischen Emanzipationsversuch der Unterschichten verbündeten.[26] Die bürgerliche Ausgrenzungsstrategie betraf jedoch nicht nur die Unterschichten, sondern auch die Frauen, die in der Regel über kein kirchliches Wahlrecht verfügten und sich bis 1918 auf die ehrenamtliche Mitarbeit in Vereinen und Verbänden beschränken mußten.[27]

Berufsständische Differenzierung und kirchenpolitische Exklusion waren aber nur die eine Seite der Medaille. Ihre andere bestand im klassenübergreifenden Zusammenschluß von Bürgertum und Arbeiterschaft, wie er in den evangelischen und katholischen Arbeitervereinen, aber auch in den Anstalten und Vereinen der Inneren Mission und der Caritas, seinen Ausdruck fand. Das Charakteristische solcher Zusammenschlüsse bestand nun aber nicht darin, den sozialen und ökonomischen Interessenkonflikt zwischen den Vertretern des Bürgertums und der Arbeiterschaft zu thematisieren. An den Beispielen der konfessionellen Arbeitervereine läßt sich gerade umgekehrt zeigen, daß ihre bürgerlichen Ehrenmitglieder (Arbeitgeber, Beamte, Gebildete, Geistliche) mehrheitlich einem »sozialethischen Ziel der Klassenharmonie« verpflichtet blieben und einen patriarchalen Führungsstil praktizierten.[28]

3. Konfessionelle Unterschiede und Gemeinsamkeiten

Es gibt weitreichende Unterschiede, aber auch Übereinstimmungen im Verhältnis von Bürgertum, Bürgerlichkeit und Religion, sobald man die beiden großen Sozial- und Religionssysteme Katholizismus und Protestantismus miteinander vergleicht. Insgesamt erscheint der Protestantismus aufgrund seines stärker an moderner Bildung und Wissenschaft orientierten Wertekanons bürgerlicher als der Katholizismus. Stellvertretend für viele hatte Adolf Harnack im Jahre 1897 das bei vielen Protestanten vorherrschende Selbst-

---

26 *E. Lorenz*, Kirchliche Reaktionen auf die Arbeiterbewegung in Mannheim 1890–1933. Ein Beitrag zur Sozialgeschichte der evangelischen Landeskirche in Baden, Sigmaringen 1987, S. 22–111; *ders.*, Protestantische Reaktionen auf die Entwicklung der sozialistischen Arbeiterbewegung. Mannheim 1890–1933, in: AfS, Jg. 16, 1976, S. 375–381, Zitat ebd.

27 Vgl. *Götz von Olenhusen u. a.*, Frauen; *Kaufmann*, Frauen; *J.-C. Kaiser*, Frauen in der Kirche. Evangelische Frauenverbände im Spannungsfeld von Kirche und Gesellschaft 1890–1945. Quellen und Materialien, Düsseldorf 1985. Daß Frauen nicht generell vom kirchlichen Wahlrecht ausgeschlossen waren, zeigt etwa der Fall der reformierten Gemeinde in Minden/Westfalen. Vgl. dazu *H.-W. Schmuhl*, 250 Jahre Petri-Kirche in Minden. Beiträge zur Sozial- und Kulturgeschichte einer evangelisch-reformierten Gemeinde vom 17. bis zum 19. Jahrhundert, in: JWKG, Jg. 88, 1994, S. 84–112.

28 *Mooser*, Arbeiter, S. 88, Zitat ebd.; *Mergel*, Klasse.

verständnis dahingehend zusammengefaßt, »daß von seinem Ursprung her
der evangelische Protestantismus und die bürgerliche Ordnung der Gesellschaft zusammengehören«.[29] Dieses Bewußtsein stellte jedoch nicht nur
eine geschichtstheoretische Konstruktion professoraler oder pastoraler Eliten dar, sondern ihm entsprach der soziale Erfahrungsgehalt einer vielfach
gegebenen sozialökonomischen Überlegenheit der protestantischen Bevölkerung. Protestanten stellten einen überproportionalen Anteil an der Unternehmerschaft, den bildungsbürgerlichen und den freien Berufen; sie waren
auf den höheren Schulen und den Universitäten häufiger vertreten, hatten
weniger Kinder, verfügten über höhere Einkommen und zahlten mehr Steuern. In einschlägigen empirischen Studien um die Jahrhundertwende wurde
diesem Sachverhalt bereits nachgegangen, und er ist in der Forschung bis
heute immer wieder – etwa unter den Stichworten »katholisches Bildungsdefizit«, »katholische Inferiorität« oder »Imparität« der Konfessionen – diskutiert worden.[30]
     Wie die neuere Forschung, nicht zuletzt im Rahmen des Bielefelder
Sonderforschungsbereichs, betont, hatte der Säkularisierungs- und Entkirch-
lichungsprozeß im gebildeten protestantischen Bürgertum weiterreichende
Folgen als im Katholizismus hinterlassen. Große Teile des evangelischen
Bildungs- wie im übrigen auch des Wirtschaftsbürgertums, die einer freien
Religiosität anhingen, wurden von den sich ausbildenden kirchennahen
Milieustrukturen des Protestantismus nicht mehr erfaßt; auf dieser Seite gab
es auch eine größere Anfälligkeit für die Formen einer »vagierenden Religiosität«. Damit korrespondierte zum Teil – jedenfalls scheint das für die
religiös und theologisch eher konservativ geprägten Regionen, wie etwa
Westfalen, zu gelten – ein Prozeß der Verkleinbürgerlichung innerhalb des
»protestantischen Milieus«. Dabei sollte jedoch nicht vergessen werden, daß
ein nicht unbedeutender Anteil des gehobenen Bürgertums auch in der Kirche bzw. im kirchennahen protestantischen Milieu verblieb und hier versuchte, auf der Basis seiner vor allem durch Bildung erworbenen gesellschaftlichen Steuerungskompetenz ein Modell liberaler oder aber auch
konservativer Bürgerlichkeit zu etablieren. Am Beispiel herausragender
Vereine des Kulturprotestantismus auf Reichsebene sowie anhand der Verhältnisse im kirchlich und politisch liberalen Baden läßt sich nachweisen,

---

29 Zit. n. *Hübinger*, Kulturprotestantismus, S. 33.
30 Vgl. etwa die im Seminar von Max Weber entstandene Studie von *M. Offenbacher*,
Konfession und soziale Schichtung. Eine Studie über die wirtschaftliche Lage der Katholiken und Protestanten in Baden, Leipzig 1900; *M. Klöcker*, Das katholische Bildungsdefizit in
Deutschland, in: GWU, Jg. 32, 1981, S. 79–99; *W. Rösener*, Das katholische Bildungsdefizit
im Deutschen Kaiserreich – Ein Erbe der Säkularisation von 1803, in: Historisches Jahrbuch, Jg. 112, 1992, S. 104–127; *M. Baumeister*, Parität und katholische Inferiorität. Untersuchungen zur Stellung des Katholizismus im Deutschen Kaiserreich, Paderborn 1987;
J.C. Hunt, »Die Parität in Preußen«. Hintergrund, Verlauf und Ergebnis eines Aktionspro-
gramms der Zentrumspartei, in: Historisches Jahrbuch, Jg. 102, 1982, S. 418–434.

daß der Prozeß kirchennaher Milieubildung und das Engagement innerhalb der Kirche keineswegs auf das konservative Bürgertum beschränkt blieben, sondern gerade liberale Bildungsbürger im kirchennahen Protestantismus ein breites Betätigungsfeld fanden. Den regionalen und lokalen, landeskirchlichen und theologischen Unterschieden kommt auch in dieser Hinsicht eine große Bedeutung zu.[31]

Waren die Protestanten vom Bildungsideal, von ihrer sozialen Lage und einer insgesamt freieren Religiosität her – trotz aller auch hier festzustellenden Reserven – in viel stärkerem Maße auf die Kulturwerte der bürgerlichen Gesellschaft fixiert, spielten im Katholizismus die Wert- und Normvorstellungen einer prinzipiell »christlich« gedachten Gesellschaft auf korporativ-demokratischer Grundlage eine weitaus größere Rolle. Statt der Fixierung auf ein liberales Bürgerideal dominierte die Normvorstellung vom »katholischen Mann«. Das entsprach einer weithin anderen sozialen Struktur des Katholizismus, als dessen tragende Sozialfiguren der in der Regel aus kleinbürgerlichen oder bäuerlichen Schichten stammende Klerus und das »Volk« galten. Folgerichtig gab es im Katholizismus immer wieder die Anklage gegen ein dem »Volk« entfremdetes Bürgertum.[32]

Die Abkehr von den bürgerlichen Kulturidealen im ultramontanen Katholizismus bedeutete für diejenigen Bürger, die im katholischen Milieu verblieben, oftmals den Weg in die »innere Emigration«. Daneben gab es aber auch den entschieden katholischen Bürger, der den katholischen Wertekanon teilte. Die Mehrzahl der katholischen Bürger indessen sah für sich keine andere Möglichkeit, als den Weg aus dem katholischen Milieu heraus zu finden. Diese Bürger standen unter dem doppelten Anspruch, einerseits Bürger, andererseits katholisch, in der Regel nicht aber in einem ultramontanen Sinne, sein zu wollen. Sie partizipierten – für das Rheinland wurde das präzise untersucht – an sozialem Aufstieg, moderner Bildung, aufgeklärter Frömmigkeit und politischer Herrschaft (in den Kommunen). Diese Bürger waren auch in den neuen industriellen Branchen wie Maschinenbau, Chemie und Kunststoffindustrie anzutreffen. Für sie stellte es ferner keinen Widerspruch dar, katholisch und gleichzeitig politisch liberal zu sein. Dieses ka-

---

31 Vgl. *Hölscher*, Religion; *ders.*, Religiosität; *ders.*, Entzweiung; *Janz*, Bürger; *von Reeken*, Kirchen; *Kuhlemann*, Bürgerlichkeit; *Nipperdey*, Religion, S. 124 (zum Begriff der »vagierenden Religiosität«).
32 Vgl. Bürgertum, Katholizismus und Arbeiter 1870–1914. Katholische Mentalitäten und bürgerliche Gesellschaft in Deutschland (im Vergleich zum Anglikanismus in England), in: Sonderforschungsbereich 177: Sozialgeschichte des neuzeitlichen Bürgertums: Deutschland im internationalen Vergleich. Arbeits- und Ergebnisbericht für die erste Forschungsphase 1986–1988, Bielefeld, S. 247–258, Zitate ebd.; dass., in: ebd. (1989–1991), S. 471–501; *J. Mooser*, Katholik und Bürger? Rolle und Bedeutung des Bürgertums auf den deutschen Katholikentagen 1871–1913, Habil.-Schrift Bielefeld 1986; Mooser spricht an anderer Stelle von dem tendenziell »plebejischen Profil« des katholischen Vereinswesens (*Mooser*, Milieu, S. 18).

tholische Bürgertum, das aus dem alten Stadtbürgertum hervorgegangen
war, bestand im Rheinland im gesamten 19. Jahrhundert. Es empfing maßgebliche religiöse Impulse zunächst durch den Hermesianismus, später
durch den Alt- und dann den Reformkatholizismus. Eine gewisse Zäsur
kam – nicht zuletzt im Hinblick auf die Trennung von bürgerlichem und ul-
tramontanem katholischem Milieu – dem »bürgerlichen Aufbruch« seit den
1890er Jahren zu. Ziel dieses »bürgerlichen Aufbruchs« war es vor allem,
den »Ghettokatholizismus« für die Norm- und Wertorientierungen der bürgerlichen Gesellschaft zu öffnen. Er stellte, selbst wenn er in seiner Wirkung
beschränkt blieb, einen Prozeß »nachholender Verbürgerlichung« dar, in
dem moderne Werthaltungen wie die Orientierung an Subjektivität und
Wissenschaft, Persönlichkeits- und Selbstbildung zu Zentralbegriffen des religiösen Selbstverständnisses avancierten. Theologisch wurde diese Form des
»Modernismus« zu Beginn des 20. Jahrhunderts von dem Würzburger
Theologen Hermann Schell in einem einflußreichen Buch unter dem Titel
»Der Katholicismus als Prinzip des Fortschritts« auf den Punkt gebracht.[33]
    Ein von der Bürgertumsforschung – und auch im Bielefelder Sonderfor-
schungsbereich – vernachlässigter Forschungsgegenstand ist das jüdische
Bürgertum. Sozialstrukturell in der Regel vor den Protestanten zu plazieren,
bestand ein Kennzeichen des jüdisch-bürgerlichen Selbstverständnisses in
einer weitgehenden kulturellen Assimilation. Gehörte das jüdische Bürgertum innerhalb der bürgerlichen Formationen zwar zu einer Minderheit und
gab es – vor allem durch Konnubium und Konvivium – durchaus die »gemeinsamen Züge einer jüdischen Lebenswelt«, verstanden sich die Juden in
der Regel aber als Teil der »Mehrheitskultur« und »Mehrheitsgesellschaft«.
Das gilt insbesondere für die Vertreter des Reformjudentums, deren Religiosität sich durch die Liberalisierung zentraler Glaubensauffassungen auszeichnete. Liberale Juden in Deutschland fühlten sich ganz und gar als Bürger, modernitätszugewandt, bildungs- und wissenschaftsorientiert und
vielfach in die Geselligkeitskultur des Bürgertums integriert.[34]
    Gleichwohl gab es im Judentum im 19. Jahrhundert, wie gerade angedeu-
tet, auch deutliche Prozesse einer »Restrukturierung der jüdischen Gesellschaft«. Das zeigte sich vor allem in der Herausbildung einer jüdischen Vereinskultur. Hier fanden sich unterschiedliche jüdische Gruppierungen
zusammen. Und die bürgerlich-jüdische Identität beruhte, vor allem wenn
die jüdische Religion nicht mehr die allein ausschlaggebende und in man-

---

33 Vgl. *Mergel*, Klasse; *ders.*, Grenzgänger; Bürgertum, Katholizismus und Arbeiter, in:
Sonderforschungsbereich 177 (Arbeits- und Ergebnisbericht 1986–1988), S. 256, 251, Zitate
ebd.; dass., in: ebd. (1989–1991), S. 471–501; *O. Blaschke*, Der Altkatholizismus 1870 bis
1945. Nationalismus, Antisemitismus und Nationalsozialismus, in: HZ, Bd. 261, 1995,
S. 51–99.
34 Vgl. *Hopp*, Bürgertum; *dies.*, Von der Einheit der »heiligen Gemeinde« zur Vielfalt der
ethnisch-religiösen Minderheit. Die jüdische Gemeinde in Frankfurt am Main, in: *Blaschke
u. Kuhlemann* (Hg.), Religion, S. 435–453, Zitate ebd.; *Volkov*, Verbürgerlichung.

chen Fällen sogar eine nicht einmal mehr notwendige Komponente der jüdischen Lebenswelt darstellte, auf einem gemeinsamen ethnischen Bewußtsein. Die Juden und insbesondere das jüdische Bürgertum schufen aber – anders als die ultramontanen Katholiken – »kein jüdisches Sozialmilieu«. Sie »schufen und bewahrten statt dessen ... ihre Eigenart als ethnische Gruppe und nahmen zugleich politisch, kulturell und sozial am gesamtgesellschaftlichen Leben teil«. Wichtig für die jüdische Vereinskultur war auch, daß sie zum Teil offen blieb für Christen. An der Vergesellschaftung von Juden in allgemeinbürgerlichen und jüdischen Vereinen läßt sich jedenfalls – wie schon bei den Protestanten und den Katholiken – der Siegeszug eines die Religionsgemeinschaften tief prägenden Bürgerlichkeitsideals nachweisen. Dieses »Nebeneinander von Geschlossenheit und Offenheit« ist in der Forschung als »situative Ethnizität« beschrieben worden.[35]

Betrachtet man das Verhältnis konfessionell geschiedener Bürger zueinander, ist einerseits festzustellen, daß es zum Teil – unter Rückgriff auf unterschiedliche Kulturideale – massive Abgrenzungsbemühungen voneinander gab. Andererseits fanden verwandte konfessionelle Strömungen durchaus zu einer Kooperation in bestimmten politischen und kulturellen Fragen zusammen. Im liberalprotestantischen Spektrum etwa unterstützte man die Alt- und Reformkatholiken, die als »heimliche Protestanten« galten. Umgekehrt sammelten sich konservative Katholiken und Protestanten zur Durchsetzung bestimmter politischer Ziele, so etwa der Verteidigung der »christlichen Schule« oder gegen die Kirchenpolitik der Sozialdemokratie. Auch das Verhältnis von christlichem und jüdischem Bürgertum blieb bis zum Ende des Kaiserreichs auffällig ambivalent. Gab es auf der einen Seite massive antisemitische Vorbehalte und Agitationen, entsprachen dem auf der anderen Seite durchaus vielfältige Kooperationen, nicht nur auf der Basis eines »christlich gefärbten«, sondern auch »abstrakten Universalismus«, der von der prinzipiellen Gleichberechtigung der Konfessionen und der Rechtsgleichheit des jeweils andersgläubigen Individuums ausging.[36]

---

35 Vgl. *Hopp*, Einheit, erstes Zitat ebd., S. 446; *T. van Rahden*, Weder Milieu noch Konfession. Die situative Ethnizität der deutschen Juden im Kaiserreich in vergleichender Perspektive, in: *Blaschke u. Kuhlemann* (Hg.), Religion, S. 409–434, die weiteren Zitate ebd.; *S. Volkov*, Jüdische Assimilation und jüdische Eigenart im Deutschen Kaiserreich, in: GG, Jg. 9, 1983, S. 331–348.

36 Vgl. *A. Rauscher*, Probleme des Konfessionalismus in Deutschland seit 1800, Paderborn 1984; *C. Köhle-Hezinger*, Evangelisch-Katholisch. Untersuchungen zu konfessionellem Vorurteil und Konflikt im 19. und 20. Jahrhundert. Vornehmlich am Beispiel Württembergs, Tübingen 1976; *A. Wahl*, Confession et comportement dans les campagnes d'Alsace et de Bade (1871–1939). Catholiques, protestants et juifs: démographie, dynamisme économique et social, vie de relations et attitude politique, 2 Bde., Metz 1980; *van Rahden*, Juden; zur problematischen Haltung gegenüber Juden im Kulturprotestantismus *Hübinger*, Kulturprotestantismus; *M. Brenner*, »Gott schütze uns vor unseren Freunden«. Zur Ambivalenz des Philosemitismus im Kaiserreich, in: Jahrbuch für Antisemitismusforschung, Jg. 2, 1993, S. 174–199.

4. Bürgerlichkeit, Frauen und Religion

Ein von der Bürgertumsforschung ebenfalls vernachlässigtes Themenfeld,
das im Bielefelder Sonderforschungsbereich aber eingehend bearbeitet
wurde, betrifft die Stellung von Frauen innerhalb des Bürgertums. Aufgrund
der für die bürgerliche Gesellschaft typischen, geschlechtsspezifischen Trennung von Privatheit und Öffentlichkeit waren der bürgerliche Führungsanspruch und die gesellschaftliche Steuerungskompetenz Männern vorbehalten. Im Bereich des Religiösen galt das, wie bereits angedeutet, vor allem
für die Kirchenpolitik, von der die Frauen bis zum Ende des Kaiserreichs
weithin ausgeschlossen blieben. Gleichwohl bot die Religion im bürgerlichen 19. Jahrhundert auch Frauen die Möglichkeit, bürgerliche Identitäten
auszubilden. Das konnte – im Rahmen eines grundlegenden Prozesses der
Intimisierung, Emotionalisierung und Familiarisierung der Religion – einerseits durchaus im Bereich des Privaten erfolgen; andererseits bildete sich –
jenseits von Familie und Privatheit – eine Form weiblich-bürgerlicher
Selbstorganisation heraus, die bewußt den Bereich der Öffentlichkeit suchte
und die für die Geschichte der bürgerlichen Gesellschaft von nicht gering zu
schätzender Bedeutung war.[37]
Was die private Seite der bürgerlichen Identität angeht, ist der weibliche
Beitrag zur Ausbildung eines »kulturellen Habitus von Bürgerlichkeit« bzw.
das »dynamische Wechselspiel« zwischen den Geschlechtern bei der Entstehung bürgerlicher Identitäten aufgrund der in der Forschung zu beobach-
tenden Konzentration auf das bürgerliche Selbstverständnis der Männer
vielfach übersehen worden. In dem Maße aber, in dem die öffentliche Bedeutung religiöser Handlungen sukzessive zurückging und mehr oder weniger privatisiert wurde – etwa in Form des privaten Weihnachtsfestes oder
der häuslichen Abendmahlsfeier –, wuchs der bürgerlichen Frau eine her-
ausragende Bedeutung als Bewahrerin der christlichen Kultur, allgemeiner
formuliert: als Kulturträgerin oder »Zivilisationshüterin« zu. Diente diese
Aufgabe einerseits der Sakralisierung des häuslichen Raumes und der Schaffung einer »Atmosphäre ›reinster Sittlichkeit‹« bzw. eines »moral ground«,
bot sie dem Ehemann emotionalen Rückhalt, ›Frieden‹ und die nötige Ruhe
für die im ›bürgerlichen Leben‹ der Außenwelt zu bestehenden ›Kämpfe‹
und Interessenkonflikte.[38]
Diese Form weiblicher Moralität und Religiosität war insofern »autonom«, als sie der Frau eine weitgehend vom Ehemann unabhängige Identität
ermöglichte. Darüber hinaus leisteten die bürgerlichen Frauen einen ge-
wichtigen Beitrag zur sittlich-moralischen und religiösen Fundierung der

37 Vgl. R. Habermas, Weibliche Religiosität – oder: Von der Fragilität bürgerlicher Identitäten, in: K. Tenfelde u. H.-U. Wehler (Hg.), Wege zur Geschichte des Bürgertums, Göttingen 1994, S. 125–148.
38 Ebd., S. 125–131, Zitate ebd.

bürgerlichen Familie. Andererseits befanden sie sich in einem permanenten Konflikt von ideologischer Rollenfestlegung und emanzipatorischer Selbstbestimmung, die als charakteristische Funktionen von Religion beide prinzipiell möglich waren.[39]

Jenseits der Familie eroberten sich Frauen im 19. Jahrhundert durch ihr religiöses Engagement aber auch neue öffentliche Aktionsräume. Im Medium der Religion eröffnete sich ihnen eine Reihe von Betätigungsfeldern, während ihnen der Zugang zu vielen anderen gesellschaftlichen Sektoren versperrt blieb. Bereits im Vormärz läßt sich der Emanzipationsprozeß einer feminisierten, nicht mehr kirchlich gebundenen Religion im Rahmen des Deutschkatholizismus und der freien religiösen Gemeinden nachweisen. Frauen fanden in diesen religiösen Oppositionsbewegungen ein öffentliches Forum zur Artikulation und begrenzten Durchsetzung der eigenen Interessen.[40]

Die religiöse Emanzipation der Frauen vollzog sich unter anderem Vorzeichen aber auch im Zuge der Entstehung karitativer Vereine und Anstalten oder im Rahmen von Frauenvereinen innerhalb der konfessionellen Milieus. Kinderbewahranstalten, Industrieschulen, Strickschulen für Mädchen, Eilisabethvereine, Krankenpflegevereine, unzählige Vereine der Inneren Mission, Jungfrauengemeinschaften, Fürsorge- und Lehrerinnenvereine sind hier etwa zu nennen.

Seit der Jahrhundertwende kam es darüber hinaus zur Zentrierung bestehender sowie zur Ausdifferenzierung neuer Vereine mit neuen Aufgabenfeldern. Hierbei spielten die großen konfessionellen Organisationen und Dachverbände eine wichtige Rolle: der Deutsch-Evangelische Frauenbund (gegr. 1899, 1914: 15 000 Mitglieder), der Katholische Deutsche Frauenbund (gegr. 1903, 1914: 60 000 Mitglieder) sowie der Jüdische Frauenbund (gegr. 1904, 1914: 34 000 Mitglieder).[41]

Wie in einer Studie des Bielefelder Sonderforschungsbereichs pointiert herausgearbeitet worden ist, läßt sich die Entwicklung dieser großen konfessionellen Frauenorganisationen im Kontext der Rekonfessionalisierung, aber auch im Rahmen eines auf »soziale Arbeit und Wohlfahrt« zielenden »bürgerlichen Projekts« der Frauenbewegung verorten. Entscheidend war

---

39 Ebd., S. 130.
40 Vgl. *S. Paletschek*, Frauen und Dissens. Frauen im Deutschkatholizismus und in den freien Gemeinden 1841–1852, Göttingen 1990.
41 Vgl. *Götz von Olenhusen u. a.*, Frauen; *Kaiser*, Frauen; *Kaufmann*, Frauen; *A. Kall*, Katholische Frauenbewegung in Deutschland. Eine Untersuchung zur Gründung katholischer Frauenvereine im 19. Jahrhundert, Paderborn 1983; *G. Breuer*, Zwischen Emanzipation und Anpassung: Der Katholische Frauenbund im Kaiserreich, in: Rottenburger Jahrbuch für Kirchengeschichte, Jg. 10, 1991, S. 111–120; *B. Sack*, Zwischen religiöser Bindung und moderner Gesellschaft. Katholische Frauenbewegung und politische Kultur in der Weimarer Republik (1918/19–1933), Münster 1998; *M.A. Kaplan*, Die jüdische Frauenbewegung in Deutschland. Organisation und Ziele des Jüdischen Frauenbundes 1904–1938, Hamburg 1981.

hierbei, daß es im Zuge der sozialen Arbeit nicht nur zu religiösen Abgrenzungsprozessen voneinander, sondern auch zu Formen »pragmatischer Kooperation« untereinander kam. Das »bürgerliche Projekt« der konfessionellen, sozialreformerischen Frauenbewegung war dadurch charakterisiert, daß sich die Frauen etwa an der kommunalen Armenpflege beteiligten und – in unterschiedlicher Gewichtung – an der »Zielutopie einer ›bürgerlichen Gesellschaft‹« festhielten. Vor allem kam der Idee und Praxis »sozialer Bildung« eine überragende Bedeutung zu. Sie entsprachen nicht nur dem »Leitbild der ›Bürgerin‹«, sondern sie einten weitgehend die Frauenbewegung – wenn auch nur als der kleinste gemeinsame Nenner in Anbetracht vielfältiger religiöser Differenzen.[42]

Die religiöse Fundierung sozialer Arbeit und Wohlfahrt kennzeichnete jedoch nicht nur die konfessionell gebundene, sondern auch die überkonfessionelle (bzw. konfessionsunabhängige) Frauenbewegung. Das ist in der Forschung lange Zeit übersehen worden. Im Bund Deutscher Frauenvereine kam solchen Orientierungen keine unwesentliche Rolle zu. Und es zeigte sich etwa die religiöse Aufgeschlossenheit der hier engagierten Frauen in der Form von Doppelmitgliedschaften sowie in der Kooperation mit konfessionellen Organisationen.[43]

Daß überkonfessionell organisierte, von der Motivation ihrer Mitglieder her aber vielfach religiös geprägte Vereine bereits viel früher den bürgerlichen Emanzipationsprozeß der Frauen prägten, verdeutlicht etwa die Geschichte des Badischen Frauenvereins. Er stellt darüber hinaus ein herausragendes Beispiel für die Ausdifferenzierung selbstbestimmter, öffentlicher Frauenarbeit und die Übernahme gesellschaftlicher Verantwortung dar. Gegründet schon im Jahre 1859, war das Charakteristische an der Leitungsstruktur, daß sowohl die Organisation des Gesamtvereins als auch die Leitung der einzelnen Zweigvereine fest in den Händen der Frauen, vielfach Pfarrersfrauen, lagen. Die beteiligten Männer, vielfach Pfarrer, engagierten sich »nur« in den Beiräten.

Dieser überkonfessionelle Verein hatte sich die Ausbildung und Förderung von Krankenpflegerinnen, Arbeitslehrerinnen, Kranken- und Kinderwärterinnen zur Aufgabe gemacht. Hinzu kam die Organisation von Unterrichtskursen in Buchführung, kaufmännischem Rechnen und Handelslehre. Daraus ging eine vereinseigene Handelsschule für Frauen hervor. Auch andere Fortbildungs- und Fachschulen wurden gegründet. Darüber hinaus bezog der Verein die Stellenvermittlung für Frauen in sein Arbeitsgebiet ein.

---

42 Vgl. *I. Schröder*, Soziale Arbeit und Wohlfahrt als bürgerliches Projekt. Die sozialreformerische Frauenbewegung 1890–1914, Diss. FU Berlin 1999, bes. S. 180–297, Zitate ebd.; *dies.*, Soziale Frauenarbeit als bürgerliches Projekt. Differenz, Gleichheit und »weiblicher Bürgersinn« in der Frauenbewegung um 1900, in: *Tenfelde u. Wehler* (Hg.), Wege, S. 209–230.
43 Vgl. *dies.*, Arbeit.

Schließlich gelang es dem Verein, die Arbeit der Frauen auf kommunaler Ebene in offizielle Funktionen einzubinden. Das geschah auf dem Feld der öffentlichen Wohlfahrtspflege und in der Schulaufsicht. Der Frauenverein in Baden hatte damit frühzeitig erreicht, was seit dem Beginn der siebziger Jahre ein »vorrangiges, wenn auch in weiter Ferne liegendes Ziel« der bürgerlichen Frauenbewegung war.[44]

Bürgerliche Identitäten von Frauen ließen sich schließlich im Rahmen typischer Frauenberufe realisieren. Zentrale Bedeutung kam hierbei im Protestantismus dem Diakonissenberuf zu. In den Diakonissenanstalten wurden Frauen zu Krankenschwestern, Lehrerinnen und Kindergärtnerinnen ausgebildet. Das Eigentümliche dieser Entwicklung war, daß der Protestantismus damit ein Berufsmodell zunächst nur für unverheiratete Frauen bereitstellte. Viele dieser unverheirateten Frauen stammten, jedenfalls gilt das für die Anfangsjahre, aus bürgerlichen Elternhäusern: aus Akademiker-, Pfarrer- und mittleren Beamtenfamilien. Der Beruf der Diakonissin scheint für viele besonders deshalb attraktiv gewesen zu sein, weil er – jenseits einer Existenz als unbeschäftigte »höhere Tochter« – die Möglichkeit einer von der Familie unabhängigen Berufstätigkeit, verknüpft mit der Würde eines »kirchlichen Amtes«, bot. Aufgrund seines Dienstcharakters genoß der Beruf darüber hinaus eine hohe Wertschätzung im konfessionell geprägten Bürgertum.

Diakonissen stammten aber nicht nur aus dem mittleren und gehobenen Bürgertum, sondern auch aus Handwerkerfamilien und den ländlichen Unterschichten. Und langfristig scheint der Diakonissenberuf besonders für Töchter aus dem Bildungsbürgertum nicht sonderlich attraktiv gewesen zu sein. Letzteres mag vielleicht mit den Gehorsams- und Herrschaftsstrukturen in den Diakonissenhäusern oder auch mit der geringen Entlohnung der Diakonissen (in Form eines Taschengeldes bei sonst freier Verpflegung und Altersversorgung) zusammengehangen haben. Die Diakonissenlaufbahn bot jedoch, anders als die Fabrikarbeit, Töchtern von Handwerkern, Kaufleuten und mittleren Beamten immerhin die »Möglichkeit, ihren sozialen Status aufrecht zu erhalten«.[45]

Nach der Jahrhundertwende entstand im Protestantismus ein weiteres Berufsfeld für Frauen: das der »Berufsarbeiterin der Inneren Mission«, der späteren »evangelischen Wohlfahrtspflegerin« oder Sozialarbeiterin. Der Name »Berufsarbeiterin« knüpfte an die Bezeichnung der in der Inneren Mission tätigen Pfarrer als »theologischer Berufsarbeiter« an. Dahinter verbarg sich eine Reihe von Frauenberufen: Krankenpflegerinnen, Kindergärtnerinnen,

---

44 Vgl. *H.-U. Bussemer*, Frauenemanzipation und Bildungsbürgertum. Sozialgeschichte der Frauenbewegung in der Reichsgründungszeit, Weinheim 1985, S. 164–167, Zitate ebd.; Geschichte des Badischen Frauenvereins (1881), 2. umgearb. u. stark vermehrte Auflage Karlsruhe 1906.
45 Vgl. *Habermas*, Religiosität, S. 136ff.; *Schmidt*, Beruf: Schwester; *U. Baumann*, Protestantismus und Frauenemanzipation in Deutschland 1850–1920, Frankfurt 1992, S. 31ff.

Hortnerinnen und Jugendleiterinnen vor allem, für die es lange Zeit aber
keinen einheitlichen Ausbildungsgang gab. Einen wichtigen Schritt auf dem
Wege zur ›Verberuflichung‹ dieser Berufsgruppe stellten indessen die evangelisch-sozialen Frauenschulen dar, bis die Berufe schließlich im Wohlfahrtsstaat der Weimarer Republik staatliche Anerkennung fanden. Auch die
»Berufsarbeiterinnen der Inneren Mission« stammten, wie zum Teil die
Diakonissen, aus dem bürgerlichen Milieu. Ihre Väter waren Kaufleute, höhere Beamte, Pfarrer, Offiziere etc. Die Frauen ergriffen diesen Beruf zum
einen, weil er »modern« war; zum anderen eröffnete er den bürgerlichen
Frauen eine ihrem Status entsprechende Berufstätigkeit im sozialen Bereich.[46]

Im Katholizismus waren seit dem zweiten Drittel des 19. Jahrhunderts
sog. Frauenkongregationen gegründet worden. Die Frauenkongregationen
stellten religiöse Genossenschaften dar, die sich von den klassischen katholischen Frauenorden signifikant unterschieden. Frei von strengen klösterli-
chen Klausurvorschriften, erlaubten sie es unverheirateten Frauen, in der
Kranken- und Armenpflege sowie im Schulwesen aktiv zu werden. Unterstanden die Kongregationen als ganze in der Regel zwar den zuständigen
Diözesanbischöfen, stand an ihrer Spitze zumeist ein Generalmutterhaus
mit einer Generaloberin. Anhand der Frauenkongregationen läßt sich auch
zeigen, in wie starkem Maße eine durch Besitz privilegierte bürgerliche
Stellung es einigen wenigen Frauen (zumeist Ehefrauen aus dem Wirtschaftsbürgertum) ermöglichte, als Gründerinnen auf die Entwicklung der
Frauenkongregationen Einfluß zu nehmen.[47]

Die Tätigkeit im Bildungs- und Erziehungsbereich zog insbesondere
Frauen bürgerlicher Herkunft an. In der Krankenpflege dagegen rekrutierten sich die Frauen häufiger aus handwerklichen und bäuerlichen Schichten.
Sozialstrukturell und funktionell fächerten sich die Kongregationen zum
Teil in »Chor-« und »Laienschwestern« auf. Während die Chorschwestern,
die ausschließlich dem Bürgertum entstammten, als »Finanzverwalterin-
nen« und »Bauleiterinnen«, »Apothekerinnen« und »Religionsvermittlerin-
nen« tätig waren, fungierten die Laienschwestern als »Arbeitsschwestern«,
betraut mit den »niederen« Arbeiten. Das Beispiel der »Schwestern vom armen Kinde Jesu« in Aachen verdeutlicht auch, daß die leitenden Schwestern

---

46 An den evangelisch-sozialen Frauenschulen wurden zum Teil auch Gemeindehelfe-
rinnen ausgebildet. Vgl. *P. Brinkmeier*, Von der ›Berufsarbeiterin der Inneren Mission‹ zur
evangelischen Wohlfahrtspflegerin 1900–1921. Ein Beitrag zur Geschichte der Sozialarbeit;
S. Lange, Professionalisierung, Geschlecht und Politik: Die evangelische Gemeindehelferin
als Retterin ›christlicher Kultur‹, beide in: *Kuhlemann u. Schmuhl* (Hg.), Beruf.
47 *R. Meiwes*, Religiosität und Arbeit als Lebensform für katholische Frauen. Kongregationen im 19. Jahrhundert, in: *Götz v. Olenhusen u.a.*, Frauen, S. 69–88; *dies.*, Die andere
Frauenbewegung. Neue katholische Frauenkongregationen im 19. Jahrhundert, Diss. Bielefeld 1998; Bürgerliche Frauen, Geschlechterbeziehungen und Religion, in: Sonderforschungsbereich 177 (Arbeits- und Ergebnisbericht 1992–1994), S. 455–490.

allesamt bürgerlich waren, womit die sozialen Strukturen der Kongregationen den »männlichen« Vereinsorganisationen innerhalb der konfessionellen Milieus in auffälliger Weise ähnelten.

Wie sehr sich die Kongregationen den Wertorientierungen und Rahmenbedingungen der bürgerlichen Gesellschaft anpaßten, dabei aber gleichzeitig einem kirchlich-religiösen Anspruch verpflichtet blieben, zeigt sich zum Beispiel an der internen Organisation, die der hierarchischen Kirchenverfassung nachempfunden war, aber auch die Elemente bürgerlichen Leistungsdenkens enthielt. Dabei spielte der effiziente Umgang mit finanziellen und personellen Ressourcen eine gewichtige Rolle. So wurde bei der Aufnahme neuer Mitglieder auf Vermögen und berufliche Qualifikationen besonders geachtet.[48]

Die Frauen in den Kongregationen wie auch in den Diakonissenhäusern entwickelten einen eigenständigen Lebensentwurf, der in einer religiösen Entscheidung gründete und eine weitreichende Partizipation am kirchlichen und gesellschaftlichen Leben ermöglichte. Doch blieb die Gratwanderung zwischen einer weitgehend unabhängigen und selbstbestimmten, nicht an einen Mann gebundenen Lebensform und einer Theorie und Identität weiblicher Selbstaufopferung weithin bestimmend.[49]

Zur Bedeutung von Frauen für die geschilderten Transformationsprozesse der Religion sei hier abschließend noch betont, daß bürgerliche Frauen den Prozeß der Säkularisierung wohl eher gehemmt als forciert haben. Am Ende des 19. Jahrhunderts kam ihnen etwa eine wichtige Funktion bei der Revitalisierung von Religion und Kirchlichkeit, insbesondere des Abendmahlsbesuchs bürgerlicher Familien zu. Es läßt sich anhand des referierten Engagements von Frauen im Rahmen der freireligiösen Gemeinden aber auch ein wechselseitiger Bezug zwischen Entkirchlichung und Säkularisierung einerseits sowie religiöser und Frauenemanzipation andererseits aufzeigen, so daß die Wirkungen bürgerlich-weiblicher Religiosität, ebenso wie bei den Männern, ambivalent blieben und die Fraktionierung des Bürgertums unterstützten.[50]

48 Vgl. *Meiwes*, Frauenbewegung; Bürgerliche Frauen, in: Sonderforschungsbereich 177 (Arbeits- und Ergebnisbericht 1992–1994), S. 455–490, Zitate ebd.

49 *Meiwes*, Frauenbewegung; *dies.*, Religiosität; *Habermas*, Religiosität, S. 138.

50 Vgl. *Hölscher u. Männich-Polenz*, Sozialstruktur; *H. McLeod*, Weibliche Frömmigkeit – männlicher Unglaube? Religion und Kirche im bürgerlichen 19. Jahrhundert, in: *U. Frevert* (Hg.), Bürgerinnen und Bürger. Geschlechterverhältnisse im 19. Jahrhundert, Göttingen 1988, S. 134–174; *Paletschek*, Frauen.

5. Prozesse der Verbürgerlichung und Entbürgerlichung, die Rolle der Religion und der »deutsche Sonderweg«

Das 19. Jahrhundert ist sowohl durch Prozesse der Verbürgerlichung als auch der Entbürgerlichung geprägt gewesen, auf die die Religion in unterschiedlicher Weise eingewirkt hat. Beides ist im Bielefelder Sonderforschungsbereich und in anderen Studien immer wieder herausgestellt worden. Ein Problem bei der Analyse stellen dabei aber die unterschiedlichen, vom jeweiligen Forscher präferierten Indikatoren für Bürgerlichkeit dar. So lassen sich zum Beispiel die katholischen Geistlichen hinsichtlich ihrer Herkunft, ihrer Bildung und des von ihnen vielfach vertretenen ultramontanen Wertekanons als unbürgerlich qualifizieren. Zu anderen Ergebnissen gelangt man aber, sobald man die für viele Geistliche selbstverständliche Überzeugung und Praxis »staatsbürgerlichen« Engagements (etwa durch die Teilnahme an der Politik) berücksichtigt. Es gehörte, wie es in einer einschlägigen politischen Programmschrift des politischen Katholizismus formuliert worden ist, »zu den staatsbürgerlichen Pflichten, Interesse und Teilnahme für Wohl und Wehe der staatlichen Gesellschaft zu haben und zu betätigen. Für den gläubigen Christen ist die einfache staatsbürgerliche Pflicht zugleich Christenpflicht, deren Erfüllung man auch Gott gegenüber schuldet. Zweifellos gibt es aber kein wirksameres Mittel, solches Interesse zu betätigen und damit eine Bürger- und Christenpflicht zu erfüllen, als die richtige Beteiligung an den politischen Wahlen. In jedem Falle geben sie dem Manne Gelegenheit, ein politisches Glaubensbekenntnis abzulegen«. Auch läßt sich die gesellschaftliche Steuerungskompetenz der Geistlichen als »Milieumanager« innerhalb des katholischen Milieus nicht bestreiten, so daß man auf dieser Ebene, abgesehen vom ultramontanen Wertekanon, von einem Verbürgerlichungsprozeß sprechen könnte.[51]

Ein anderes Beispiel bietet die generelle Frage nach der Beurteilung der konfessionellen Milieus, die einerseits als Hemmnis für die Durchsetzung bürgerlicher Klasseninteressen und bürgerlicher Politikfähigkeit interpretiert worden sind; andererseits trugen die Milieus nicht unwesentlich zur kulturellen und politischen Differenzierung der bürgerlichen Gesellschaft bei. Sie ermöglichten Formen bürgerlicher Selbstverwaltung, die Herstel-

---

51 Vgl. *Mooser*, Arbeiter; *ders.*, Milieu; Bürgertum, Katholizismus und Arbeiter, in: Sonderforschungsbereich 177 (Arbeits- und Ergebnisbericht 1989–1991); *J. Schadt* (Hg.), Mit Gott für Wahrheit, Freiheit und Recht. Quellen zur Organisation und Politik der Zentrumspartei und des politischen Katholizismus in Baden 1888–1914, Stuttgart 1983, S. 39, Zitat ebd.; *I. Götz v. Olenhusen*, Klerus und abweichendes Verhalten. Zur Sozialgeschichte katholischer Priester im 19. Jahrhundert: Die Erzdiözese Freiburg, Göttingen 1994; *dies.*, Klerus und Ultramontanismus in der Erzdiözese Freiburg. Entbürgerlichung und Klerikalisierung des Katholizismus nach der Revolution von 1848/49, in: *Schieder* (Hg.), Religion, S. 113–143; *O. Blaschke*, Die Kolonialisierung der Laienwelt. Priester als Milieumanager und die Kanäle klerikaler Kuratel, in: *ders. u. Kuhlemann* (Hg.), Religion, S. 93–135.

lung von Öffentlichkeit, Diskursivität und die Organisation sozialer und religiöser Interessen jenseits der rein kirchlichen Organisationsstrukturen und Handlungsfelder. Die daraus gezogene Konsequenz war innerhalb des Bielefelder Sonderforschungsbereichs, das katholische Milieu als »Teil und Widerspruch zur bürgerlichen Gesellschaft« zu interpretieren.[52] Für das kirchennahe protestantische Milieu wurde dagegen die These vertreten, daß es sich hierbei um ein »teilautonomes Segment« innerhalb einer sich vielfach ausdifferenzierenden bürgerlichen Gesellschaft handelte.[53]

Insgesamt neigten die Bielefelder Projekte dazu, auf der Basis der untersuchten Forschungsgegenstände die These der Verbürgerlichung stärker als die der Entbürgerlichung zu akzentuieren. Das gilt sowohl für die durch die Säkularisierung und die Subjektivierung der Religion geschaffene bürgerliche Reflexionskultur (Hölscher) als auch für die Schaffung einer religiös vermittelten, spezifischen Öffentlichkeit und Berufstätigkeit für Frauen (Habermas, Meiwes, Schröder). Das gilt nicht minder für die zunehmende Teilhabe des katholischen Bürgertums im Rheinland an liberaler Politik, moderner Bildung, individualisierter Frömmigkeit und bürgerlichem Einkommen (Mergel) sowie für badische Pfarrer als einer bildungsbürgerlichen, mehrheitlich liberal optierenden Elite mit gesellschaftlichen Steuerungsfunktionen und der Einbindung in bürgerliche Vergesellschaftungen im kirchennahen protestantischen Milieu (Kuhlemann). Das gilt schließlich für Prozesse der Rekonfessionalisierung, etwa der Verbürgerlichung der Abendmahlsgemeinden im letzten Drittel des 19. Jahrhunderts (Hölscher u. Männich-Polenz) oder für die Zusammensetzung religiöser Vereine, Zirkel und Organisationen im gesamten 19. Jahrhundert (Krey).

Als eine Konstante des religiös-sozialen Selbstverständnisses und bürgerlichen Sozialverhaltens können die bereits mehrfach erwähnten religiösen Selbstverwaltungs- und gesellschaftlichen Steuerungsinteressen des Bürgertums gelten (Mergel). In einer system- und säkularisierungstheoretischen Perspektive, aber auch unter Berücksichtigung der religiösen Vitalisierungsprozesse kann darüber hinaus argumentiert werden, daß durch die neugeschaffenen Milieus und religiösen Kommunikationsgemeinschaften sowie durch die Etablierung individueller religiöser Lebensentwürfe ein umfassender Pluralisierungsprozeß der Kultur mit der Schaffung neuer Öffentlichkeiten und Vergesellschaftungsräume (neben Staat und Kirche) unterstützt wurde, der für die bürgerliche Gesellschaft typisch ist.

---

52 *Mooser*, Milieu; vgl. auch *Nipperdey*, Religion.
53 Vgl. *F.-M. Kuhlemann*, Glaube, Beruf, Politik. Die evangelischen Pfarrer und ihre Mentalität in Baden 1860–1914, in: *L. Schorn-Schütte u. W. Sparn* (Hg.), Evangelische Pfarrer. Zur sozialen und politischen Rolle einer bürgerlichen Gruppe in der deutschen Gesellschaft des 18. bis 20. Jahrhunderts, Stuttgart 1997, S. 98–127 (zugleich in: JGNKG, Jg. 93, 1995, S. 83–115).

Die These von der durch die Religion und die Milieus entstandenen
Schwächung der bürgerlichen Gesellschaft kann mithin nur insofern nach-
vollzogen werden, als es keine einheitliche politische und kulturelle Stimme
des Bürgertums gegeben hat. Statt dessen lassen sich weitreichende Prozesse
bürgerlicher Selbstverwaltung und der Organisation eigener Interessen in
den unterschiedlichen gesellschaftlichen Segmenten, nicht zuletzt in den
konfessionellen Milieus, nachweisen. Auch ist die staatsbürgerliche Politikfähigkeit der die Konfessionen repräsentierenden politischen Parteien (immerhin mit der Fähigkeit zum politischen Kompromiß zwischen evangelischen
Konservativen und Liberalen, aber auch protestantischen Konservativen und
Katholiken, in Baden sogar zwischen evangelischen Liberalen und der angeblich »gottlosen« Sozialdemokratie) hervorzuheben. Ein »Defizit an Bürgerlichkeit«, von dem der Sonderforschungsbereich anfangs ausgegangen war,
läßt sich damit im Bereich des Religiösen allenfalls ansatzweise, kaum jedoch
als eine grundlegende Struktur nachweisen.

Für die Frage nach der Bedeutung kultureller und insbesondere religiöser
Faktoren für die Modernisierung der deutschen Gesellschaft oder auch das
Problem des oftmals postulierten, durch traditionale Werorientierungen
maßgeblich geprägten »deutschen Sonderwegs« folgt aus all dem schließlich, daß durch die religiöse Prägung des Bürgertums der Modernisierungsprozeß in Deutschland kaum gebremst worden ist. Traditionale religiöse
Einstellungen korrespondierten auf vielfältige Weise mit modernen religiösen Orientierungen. Auch wurde das politische Handeln des Bürgertums
durch seine religiöse Verankerung keineswegs ernsthaft behindert. Anhand
vieler Beispiele läßt sich gerade umgekehrt zeigen, daß die Religion, im ganzen Spektrum von Traditionsbewahrung und Modernität, vielfältige Hand-
lungsorientierungen bot.

Hierbei ist es zum Teil durchaus zu einer weltanschaulichen Aufladung
politisch-sozialer Konflikte zwischen dem protestantischen und katholischen Bürgertum einerseits sowie dem Bürgertum und der Sozialdemokratie andererseits gekommen – mit Belastungen für die politische Kultur.[54]
Eine Theorie vom »deutschen Sonderweg« läßt sich daraus jedoch kaum ableiten, weil der weltanschaulichen Aufladung politischer und sozialer Konflikte auch vielfältige Erfahrungen von Kooperation und Konfliktfähigkeit
sowohl zwischen den Konfessionsparteien als auch den sie repräsentierenden politischen Parteien gegenüberstanden. Das gilt zumindest bis zum
Ende des Kaiserreichs.

54 Vgl. *Hölscher,* Entzweiung, S. 24f.

Manfred Hettling

Bürgerliche Kultur – Bürgerlichkeit als kulturelles System

1. Lebensordnungen und kulturelles System

Bürgertum läßt sich weder durch seine Klassenlage (typische Chance auf Märkten) noch durch seine ständische Vergesellschaftung (soziale Schätzung) allein hinreichend fassen. Zwar sind diese Weberschen Kategorien unverzichtbar für die Bestimmung und Analyse der sozialen Figurationen und des gesellschaftlichen Interaktionssystems, in dem »Bürgertum« sich konstituiert, doch mit ihnen ausschließlich kann das in sich heterogene Gebilde Bürgertum nicht beschrieben und untersucht werden.[1] Bürgertum als ein Ensemble von Sozialformationen ist ebenso durch ein System von Werten, Praktiken und Verhaltensmustern bestimmt. *Wie* »Bürgertum« indes durch eine derartige kulturhistorische Analyse als kohärentes Gebilde begrifflich erfaßt werden kann, ist nach wie vor strittig. Hier wird versucht, durch eine Verbindung von kulturanthropologischen und weberianischen Theoriemodellen ein Konzept zu formulieren, mit dem Bürgertum als soziokulturelle Einheit gefaßt und idealtypisch beschrieben werden kann.

Der Kulturbegriff der historischen Anthropologie beschreibt Menschen als »in selbstgesponnene Bedeutungsgewebe verstrickt«.[2] Kultur erscheint daher als ein Set von Werten, Einstellungen und Vorstellungen, mit denen Welt kognitiv und affektiv erfahren wird. Die Geertzsche Formulierung, auf die hier Bezug genommen wird, hebt drei Aspekte hervor. *Erstens* wird Kultur als ein Prozeß der Bedeutungszuschreibung verstehbar. Damit löst sich eine zu simple Unterscheidung von faktischen Gegebenheiten und Interpretationen – oder, Marxisch gesagt: von Basis und kulturellem Überbau – auf. Jedes Produkt menschlichen Handelns ist untrennbar mit Bedeutung verwoben, in jede Gegebenheit ist Bedeutung hineingewirkt. Darüberhinaus sind, *zweitens,* diese Bedeutungen Ergebnisse menschlichen Handelns. Sie sind nicht vorgegeben oder unveränderbar, sondern sind im Wechselspiel zwischen Individuen entstanden. Jedoch sind *drittens* die Menschen selber in diese ihre eigenen Produkte, ihre eigenen Konstruktionen »verstrickt«, d.h. diese treten ihnen als vermeintlich objektive

---

1 *M. Weber,* Wirtschaft und Gesellschaft, Tübingen 1980[5], vor allem S. 177–80.
2 *C. Geertz,* Dichte Beschreibung, Frankfurt 1983, S. 9.

Erscheinungen, als vermeintlich unveränderliche Gegebenheiten gegenüber.[3]

Legt man diesen historisch-anthropologischen Kulturbegriff zugrunde,
kann man »bürgerliche Kultur« dergestalt definieren, daß »Kultur« nicht im
traditionellen Sinne als »Hochkultur« erfaßt wird, sondern als kulturelles
System. *Bürgerliche* Kultur wird dann als eine spezifische Form, eine besondere inhaltliche Ausgestaltung analysierbar, die sich von anderen kulturellen
Ausprägungen unterscheiden läßt. Bürgerliche Kultur bezeichnet damit einerseits das gesellschaftlich manifeste Produkt, das System von Werten und
Praktiken, das dem einzelnen als soziale Gegebenheit gegenübertritt. Andererseits umfaßt bürgerliche Kultur jedoch auch den Prozeß der individuellen
Aneignung, der Internalisierung von Werten, des individuellen Lernens von
sozialen Praktiken. Kunst als ästhetische Dimension und als Ausdrucksform
von Werten und Normen – die Hochkultur im klassischen Sinne – erscheinen dann als besondere Sphären der Lebenswelt, in denen Bürger seit
dem 18. Jahrhundert »Bürgerlichkeit« als kulturelles System erlernt haben.
Die Kunst schuf zugleich einen sozialen Raum, in dem Fragen von Bürgerlichkeit dargestellt und formuliert werden konnten. Die Inszenierung
des Umgangs mit Kunst – die Überhöhung von ästhetischer Praxis in eine
säkularisierte Religiosität[4] – erscheinen in dieser Perspektive nur noch als
herausgehobene, von den Bürgern des 19. Jahrhunderts mit besonderer
Wertschätzung und besonderer Statusakzeptanz verbundene gesellschaftliche Handlungsmuster und Wirklichkeitsbereiche. Versteht man Kultur-
analyse in dieser anthropologischen Perspektive als auf das »Deuten gesellschaftlicher Ausdrucksformen« gerichtetes Bemühen,[5] wird der mögliche
empirische Gegenstand einer *Kultur*geschichte des Bürgertums einerseits
sehr viel weiter gefaßt, andrerseits in seinem Zusammenhang und in seinem
gesellschaftlichen Kontext präziser erkennbar. Denn damit stellt sich dem
Historiker immer die Herausforderung, die Analyse von »Bedeutung« nicht
zu isolieren, sondern mit den »Realitäten und Notwendigkeiten« von Politik, Ökonomie und sozialer Schichtung in Verbindung zu setzen.[6] Jedoch,
und das ist einer der großen Vorzüge einer kulturanthropologischen Per-

---

3 Simmel hat das in der kulturwissenschaftlichen Theoriediskussion der Jahrhundertwende als Gegensatz zwischen subjektiver und objektiver Kultur beschrieben – indem letztere zwar von Menschen erzeugt sei, jedoch immer mehr Gegenstände und Gegebenheiten
erzeuge, die den Menschen als vermeintlich objektiv, als der menschlichen Beeinflussung
unzugänglich erscheinen; *G. Simmel*, Der Konflikt der modernen Kultur (1918), in: *ders.*, Das
individuelle Gesetz (1913), Frankfurt 1987, S. 148–73, *ders.*, Das individuelle Gesetz, in: ebd.
S. 174–230; vgl. dazu *K. Lichtblau*, Kulturkrise und Soziologie um die Jahrhundertwende,
Frankfurt 1996.
4 *T. Nipperdey*, Deutsche Geschichte 1866–1918, I, München 1990, S. 521; *R. Koselleck*, Einleitung: Zur semantischen und anthropologischen Struktur der Bildung, in: *ders.* (Hg.), Bildungsbürgertum im 19. Jh., II, Bildungsgüter und Bildungswissen, Stuttgart 1990, S. 11–46.
5 *Geertz*, Dichte Beschreibung, S. 9.
6 Ebd., S. 43.

spektive, wird das Augenmerk hier »auf die Form, auf das Wie und die Regelhaftigkeit von Denken und Handeln, die den kulturspezifischen Zugang ausmacht«, gelenkt. Es geht nicht vordergründig »um kausale Motivanalyse, sondern um den Komplex struktureller Zusammenhänge«.[7] Daher wird die Gefahr einer Isolierung vermeintlich hochkultureller Vorgänge von den Bedingungen der alltäglichen Lebenwelt vermutlich sehr gering sein.

Eine derartige Perspektive bietet auch den Vorteil, einer zu rigiden und schließlich nicht mehr vermittelbaren Trennung von Sozial- und Kulturgeschichte zu entgehen. Sonst verfinge man sich in der Dichotomie, die soziale Heterogenität bürgerlicher Sozialformationen durch eine angenommene Gemeinsamkeit von Kultur und Lebensführung wieder zusammenhalten zu wollen.[8] Bürgerlicher Kultur kann man nicht dadurch gerecht werden, daß man typische Lebensformen des Alltags bürgerlicher Gruppen oder typische kulturelle Manifestationen beschreibt.[9] Zumal sich in den Kreisen der »Bürgerlichen« des 19. Jahrhunderts, in ihren ideellen Orientierungen und kulturellen Praktiken, mindestens ein ebenso großes Maß an Heterogenität finden läßt wie in ihren sozialen Merkmalen und ökonomischen Grundlagen. Denn, um nur ein Beispiel zu nennen, es galten sowohl »Sauberkeit« als klassischer bürgerlicher Wert als auch die »Unordentlichkeit« des Künstlers (oder des Bohemiens) als Protest gegen die (spieß-)bürgerliche Normierung.[10] Beide Verhaltensmuster waren jeweils einem spezifischen bürgerlichen Idealmodell verpflichtet. Seit der Romantik waren immer auch Bürger die schärfsten Kritiker der eigenen Ausgestaltung von Bürgerlichkeit. Hierin lagen gerade die Vielfältigkeit der Lebensmuster und die Dynamik der bürgerlichen Gesellschaft begründet. Deshalb ist jeder Versuch zum Scheitern verurteilt, welcher die Einheit von Teilgruppen des Bürgertums in einer gemeinsamen »kulturelle(n) Alltagspraxis« finden will, welche den »sozialen Zusammenhalt insgesamt« gefestigt habe.[11]

---

7 *C. Lipp*, Kulturgeschichte und Gesellschaftsgeschichte – Mißverhältnis oder glückliche Verbindung?, in: *P. Nolte u.a.* (Hg.), Perspektiven der Gesellschaftsgeschichte, München 2000, S. 25–35.

8 Dazu neigt *J. Kocka*, Bürgertum und bürgerliche Gesellschaft im 19. Jh. Europäische Entwicklungen und deutsche Eigenarten, in: *ders.* (Hg.), Bürgertum im 19. Jh., München 1988, Bd. 1, S. 11–76, hier S. 27.

9 *F. H. Tenbruck*, Bürgerliche Kultur, in: *F. Neidhardt u.a.* (Hg.), Kultur und Gesellschaft, Opladen 1986, S. 263–85, hier S. 264.

10 *M. Frey*, Der reinliche Bürger. Entstehung und Verbreitung bürgerlicher Tugenden in Deutschland, 1760–1860, Göttingen 1997; *P. Sarasin*, Subjekte, Körper, Diskurse. Überlegungen zu einer diskursanalytischen Kulturgeschichte, in: *W. Hardtwig* u. *H.-U. Wehler* (Hg.), Kulturgeschichte heute, Göttingen 1996, S. 131–64.

11 *D. Hein* u. *A. Schulz*, Einleitung, in: dies. (Hg.), Bürgerkultur im 19. Jh., München 1996, S. 9-16, hier S. 13; ebenso greift der Versuch zu kurz, Bürgertum als »Realkollektiv« fassen zu wollen: *L. Gall (Hg.)*, Stadt und Bürgertum im Übergang von der traditionalen zur modernen Gesellschaft, München 1993, S. 2 f.

Betrachtet man bürgerliche Kultur in dieser kulturanthropologischen Perspektive als *idealtypisches* Regelsystem von Werten und Handlungsmustern,
das als spezifische »Züchtung einer Qualität« (Max Weber) wirkte und
menschliches Leben prägte, ergibt sich daraus: Zuerst muß bürgerliche Kultur als Idealtypus konstruiert und müssen die grundlegenden Strukturmerkmale bestimmt werden.[12] In seiner Reinheit, in der Verbindung seiner verschiedenen Merkmale ist dieser Typus in der Wirklichkeit nicht empirisch
vorfindbar. Jedoch läßt sich die Vielfalt bürgerlicher Kulturmuster und bürgerlicher Lebensformen gerade durch die Abweichungen von diesem idealtypischen Entwurf auf einen gemeinsamen Begriff bringen. Mit diesem Ge-
dankengebilde – mit diesem »Leitfaden«, wie es bei Kant heißt – kann die
empirische Heterogenität verglichen werden, kann untersucht werden, welche Verkettung von Umständen zu den jeweils empirisch ermittelbaren Unterschieden und Abweichungen vom konstruierten Idealtypus geführt hat.
Ein derartiges Vorgehen bietet nicht zuletzt den Vorteil, sowohl ein analytisches Modell zu liefern als auch dem bürgerlichen Selbstverständnis seit
dem 18. Jahrhundert gerecht zu werden. Denn Bürgerlichkeit als Kultur formulierte seither auch einen utopischen Entwurf. Diese Utopie gab die Richtung vor, in der sich der einzelne immer auch erst zum Bürger entwickelte,
bestimmte die Perspektive, in welcher sich die Gesellschaft als bürgerliche
Gesellschaft verändern sollte.[13]

Auf diese Art läßt sich bürgerliche Kultur als »Bürgerlichkeitsethik«
(so bezeichnet in Anlehnung an Webers Begriff der »Brüderlichkeitsethik«
aus der Religionssoziologie)[14] beschreiben, als ein idealtypisches System von
Werten und Praktiken, welches zwischen den unterschiedlichen Lebensordnungen der Welt vermittelte. Denn nachdem die Religion ihre umfassende
Welterklärungsrolle und Funktion für die Strukturierung des Lebens verloren hatte, standen konkurrierende Wertsphären und Lebensordnungen
spannungsreich nebeneinander. Kulturelle Symbolsysteme dienten in dieser
Konstellation als »Weichensteller«, ihre Institutionalisierung in Lebensordnungen (Religion, Verwandtschaft, Ökonomie, Politik, Recht, Kunst, Liebe/
Erotik, Wissenschaft, Natur) präformierte die Richtung, in welcher die Motive menschliches Verhalten lenken. Für die Analyse der bürgerlichen Lebensführung ergibt sich daraus, daß sowohl das kulturelle Symbolsystem als

---

12 Vgl. *M. Weber*, Die »Objektivität« sozialwissenschaftlicher und sozialpolitischer Erkenntnis, in: *ders.*, Wissenschaftslehre, Tübingen 1988[7], S. 146–214, vor allem S. 190–94.
13 *H.-U. Wehler*, Geschichte und Zielutopie der deutschen »bürgerlichen Gesellschaft«,
in: *ders.* (Hg.), Aus der Geschichte lernen?, München 1988, S. 241–55; *R. Koselleck*, Drei bürgerliche Welten? Zur vergleichenden Semantik der bürgerlichen Gesellschaft in Deutschland, England u. Frankreich, in: *H.-J. Puhle* (Hg.), Bürger in der Gesellschaft der Neuzeit,
Göttingen 1991, S. 14–58.
14 Ausführlicher hierzu: *M. Hettling* u. *S.-L. Hoffmann*, Der bürgerliche Wertehimmel.
Zum Problem individueller Lebensführung im 19. Jh., in: GG, Jg. 23, 1997, S. 333–59.

auch die spezifischen Lebensordnungen analysiert und ihre verhaltenslenkende Wirkung untersucht werden müssen.[15]

Gerade wenn Kultur – ein Ensemble von Sinnkonstruktionen – und Gesellschaft – die Strukturen der Handlungslogik – zueinander und auf menschliches Handeln in Beziehung gesetzt werden, wird deutlich, daß sie auf vielfältige Weise ineinander verwoben und nur analytisch trennbar sind. Kultur erscheint dann als »Geflecht von Bedeutungen, in denen Menschen ihre Erfahrungen interpretieren«, und als Katalog von Deutungskategorien, Regelsystemen und Wertsetzungen, nach denen sie ihr Handeln ausrichten. Die soziale Struktur hingegen ist »die Form, in der sich das Handeln manifestiert, das tatsächlich existierende Netz der sozialen Beziehungen«.[16] Diese Unterscheidung macht es auch möglich, den historischen Wandel des Regelsystems bürgerlicher Kultur zu erklären. Denn wenn sich die spezifische Logik der gesellschaftlichen Integration ändert – etwa im Gefolge der Industrialisierung oder der Urbanisierung –, können die Bedeutungsgeflechte, in denen und mit denen Menschen ihre Erfahrungen interpretieren und ihr Handeln lenken, disfunktional werden. Man kann damit sowohl die Zeit um 1800 als auch die Kulturkritik der Jahrhundertwende um 1900 als derartige Umbruchszeiten verstehen.[17] Um 1800 ist Bürgerlichkeit als ein kulturelles System entstanden, das einer spezifischen Form von sozialer Struktur und sozialer Interaktion adäquat war und gesellschaftliche Erfahrungen auf eine sinnvolle und spannungsmildernde Art interpretierbar machte. Die Kulturkritik seit den 1890er Jahren, von Bürgern artikuliert und sehr oft auch weiterhin bürgerlichen Vorstellungen verpflichtet, brachte das Problem zum Ausdruck, das sich aus der wachsenden Diskrepanz und Spannung zwischen den Mechanismen der sozialen Interaktion und den Deutungssystemen ergab. Max Weber hat das zeitgenössisch als die »Eigengesetzlichkeiten« der Lebensordnungen – u.a. Ökonomie, Politik, Religion, Verwandtschaft, Kunst – bezeichnet.[18]

Im Folgenden sollen nach einer kurzen Skizzierung von Bürgerlichkeit als Idealtypus drei analytische Ebenen unterschieden werden, auf denen Bürgerlichkeit als kulturelles Regelsystem, als »Bürgerlichkeitsethik«, in den

---

15 »Lebensordnung« hier im Weberschen Sinne verstanden; vgl. *M. Weber*, Zwischenbetrachtung, in: *ders.*, Religionssoziologie, Bd. 1, Tübingen 1988[9], S. 536–73; dazu vor allem *W. Schluchter*, Die Entstehung des modernen Rationalismus, Frankfurt 1998, S. 88–96; *T. Schwinn*, Wertsphären, Lebensordnungen und Lebensführungen, in: *A. Bienfait* u. *G. Wagner* (Hg.), Verantwortliches Handeln in gesellschaftlichen Ordnungen, Frankfurt 1998, S. 270–419

16 *C. Geertz*, Ritual und sozialer Wandel: ein javanisches Beispiel, in: *ders.*, Dichte Beschreibung, S. 96–132, hier S. 98 f.

17 Ohne das in Verbindung mit den parallelen Jahrhundertwenden und vermeintlichen *fin de siècle*-Stimmungen bringen zu müssen.

18 *Weber*, Religionssoziologie, I, S. 536–73, prägnant etwa S. 554; vgl. dazu *W. Schluchter*, Die Entstehung des modernen Rationalismus. Eine Analyse von Max Webers Entwicklungsgeschichte des Okzidents, Frankfurt 1998, S. 88–96.

unterschiedlichen Lebensordnungen wirkungsmächtig wurde und damit trotz aller empirischen Verschiedenheiten ein Gemeinsamkeit stiftendes Regelsystem konstituierte.

– *Organisationsformen.* Das Strukturprinzip der bürgerlichen Gesellschaft – *Selbstorganisation* der Gesellschaft in privaten und öffentlichen Assoziationen, Selbstverwaltung statt staatlich-bürokratischer Anleitung – gestaltete nicht nur die politischen Institutionen und Handlungsräume. Es durchdrang auch die Sphäre der Kunst, die damit aus ihren traditionellen sozialen Räumen (dem Hof, der Kirche) heraustrat. Während der Autonomieanspruch der Kunst immanent blieb, wurde die Selbstorganisation zum Gestaltungsprinzip des bürgerlichen Kunstbetriebs. Zu denken ist hier etwa an das Theater und Museum, an die bürgerlichen Kunstvereine, an die privat-dilettantische Ausübung von »Kunst«, an die Etablierung eines für bürgerliche Käufer gedachten Kunstmarktes.

– *Bildungsanspruch.* Grundlegend für Bürgerlichkeit als Kultur war die Verbindung von »Erlösungshoffnung und Erziehungsanspruch« (Koselleck).[19] Bürgerliche Kultur zielt damit immer auch auf die Schaffung eines »neuen Menschen« – der Bürger verkörperte stets die utopische Hoffnung auf die individuelle Veränderbarkeit. Der in partikulare Zwänge eingebundene Einzelne entwickelte sich erst durch die Aneignung und praktische Ausübung bürgerlicher Kultur zum universal verstandenen »Bürger«. In allen Lebensordnungen, an denen der einzelne Bürger teilhatte, wurde durch die gesellschaftliche Selbstorganisation der einzelnen auch seine Bildung befördert.

– *Darstellung von Sinnfragen.* Kunst und Kultur schufen eine Bühne, auf der Sinnfragen und Wertkonflikte artikuliert werden konnten – nicht im reduzierten Verständnis einer simplen Sinnstiftung, sondern dergestalt, daß fundamentale Probleme »dargestellt« werden und daß über sie verhandelt werden konnte. Die Ästhetik – Literatur, Malerei, Plastik, Musik vor allem – erhob den Anspruch auf gesellschaftliche Autonomie und gewann damit einen Freiraum, von welchem aus innerweltlich unlösbare Konflikte und Spannungen zwar nicht aufgehoben, aber ausgedrückt werden konnten. Die »Kunstreligion« des Bürgertums war nicht nur in Emphatisierung und Auratisierung von Kunst begründet, sondern auch darin, daß Kunst das privilegierte Medium war, um fundamentale Sinnfragen zu artikulieren.

2. Der Idealtypus »Bürgertum«

Aus welchen Bestandteilen läßt sich »Bürgertum« als Idealtypus konstruieren? Bürgertum bezeichnet die idealtypische Verbindung mehrerer und jeweils heterogener Eigenschaftspaare. Mit erstens Besitz und Bildung, zwei-

---

19 *Koselleck*, Bildung, S. 18.

tens Eigeninteresse und Gemeinwohlorientierung sowie drittens (zweck-freier) Kreativität und (zweckgebundener) Rationalität und Nützlichkeit lassen sich sowohl die grundsätzlichen Charakteristika eines Bürgers als Einzelperson als auch von Bürgerlichkeit als kulturellem System beschreiben. Der Begriff Bürgertum ist in in seinem Verheißungspotential für den einzelnen wie in seiner Zumutung an individuelle Erfordernisse gleichermaßen der *idealtypischen* Einheit dieser unterschiedlichen und zum Teil gegensätzlichen Strukturmerkmale verpflichtet. Aus der Kombination dieser Eigenschaften formte sich das Ideal des Bürgers, dem alle Teilgruppen – trotz ihrer unterschiedlichen Abweichungen in der Gestaltung – verpflichtet waren. Bürger zu sein bedeutete seit dem 18. Jh. immer auch, erst Bürger zu werden – und das hieß: diesem Ideal nachzustreben. Bürgerlichkeit als kulturelles System vermittelte dem einzelnen eine Zielutopie, an der er sein Leben orientieren konnte. Das galt für Mann und Frau gleichermaßen, wenn auch die jeweils erstrebten Ziele und die Wege dorthin differierten.

Die vielfältigen Differenzierungen der Bürgersemantik in Bildungsbürger, Wirtschaftsbürger, Kleinbürger etc. beschreiben jeweils bestehende Sozialformationen, die zugleich unterschiedliche Abweichungen von diesem Idealtypus darstellen. Die erstrebte Kombination dieser Eigenschaften prägte im 19. Jh. für lange Zeit das bürgerliche Selbstverständnis und leitete bürgerliches Handeln, bürgerliche Lebensführung an. Gerade die Orientierung am Ideal ermöglichte noch eine Gemeinsamkeit, trotz der empirischen Verschiedenheiten.

Wenn die sozialhistorische Forschung Wirtschafts- und Bildungsbürger entschieden analytisch getrennt und als unterschiedliche Teilgruppen des Bürgertums untersucht hat, ist dabei eines oft in den Hintergrund getreten. Sowohl bürgerlichem Selbstverständnis nach als auch gemäß den Verhaltenszumutungen, die die bürgerliche Gesellschaft an ihre Mitglieder stellte, mußte etwa auch der Kaufmann, der Besitzbürger par excellence, über Bildung verfügen, um soziale Anerkennung von seinen Mitbürgern zu erfahren. Und umgekehrt wurde auch der Bildungsbürger erst durch ein bestimmtes Maß an Besitz, an Einkommen oder Vermögen, zum akzeptierten Bürger. Ebenso formten Eigeninteresse und Gemeinwohl zwei gegensätzliche, aber für das bürgerliches Handeln gleichermaßen verbindliche Zielmaximen. So sehr einerseits das Recht auf Eigentum und damit auch dessen Mehrung als bürgerlicher Grundwert anzusehen ist, so gilt andrerseits doch auch, daß trotz des individuellen Gewinnstrebens die Berücksichtigung des Gemeinwohls nicht außer Acht gelassen werden durfte. Hieraus ergaben sich ungeschriebene Regeln des gesellschaftlich erlaubten Handelns, die während des 19. Jahrhunderts in bestimmten Krisensituationen intensiv diskutiert und gefordert wurden. Schließlich führte die Dynamik der kapitalistischen Entwicklung seit dem letzten Jahrhundertdrittel dazu, daß heftig über die Bedrohung der gewohnten bürgerlichen Ordnung durch das ungehinderte Gewinnstreben und den »modernen Kapitalismus« (Werner Som-

bart) diskutiert wurde.[20] Das analoge Spannungsverhältnis findet sich
ebenso in der Politik. Die Verbindung von Sonderinteressen und ihre Einbindung in das Gemeinwohl, ihre Zähmung durch das kollektive Interesse
der Stadt oder der Nation waren im 19. Jahrhundert der zentrale Leitwert
bürgerlicher Politik.

Zweckfreie Kreativität und zweckgebundene Nützlichkeit – die Versöhnung von weltlicher Notwendigkeit und ästhetischer bzw. emotionaler Freiheit war eine der attraktivsten Versöhnungshoffnungen der bürgerlichen
Kultur. Was in der Ästhetik des späten 18. Jahrhunderts als eine Verbindung
des »Wahren, Guten und Schönen« idealisiert wurde, war für die bürgerliche
Lebensführung ein zwar widersprüchliches, aber attraktives Leitaxiom. Die
innerweltliche Versöhnung von Gegensätzen schien hier gelungen zu sein.
Um so heftiger aber wirkte deshalb ein Krisenbewußtsein auf das bürgerliche Selbstverständnis ein, als am Ende des 19. Jahrhunderts die Unversöhn-
lichkeit der Wertsphären wahrgenommen und zum Thema wurde. Nietz-
sches Kulturkritik und Max Webers »Kampf der Götter« lieferten pointierte
Metaphern und Diagnosen hierfür. Daß die Spannung zwischen den Eigengesetzlichkeiten zweckrationalen Handelns in der Welt und andererseits den
Mächten des Lebens wie Ästhetik und Erotik nur auszuhalten – und eben
nicht zu versöhnen sei –, damit hat Max Weber die fundamentale Verunsi-
cherung bürgerlicher Selbstwahrnehmung präzise beschrieben.[21] Dem Ideal
bürgerlichen Lebens jedoch hatte es entsprochen, daß das »stahlharte Gehäuse« der Welt mit ihrem »schönen Schein« in harmonischen Einklang
zu bringen sei. Das war zwar eine Illusion gewesen, jedoch über ein Jahrhundert hinweg eine äußerst gestaltungsmächtige. Die Bildungsromane, das
literarische Selbstzeugnis schlechthin, beschreiben diese Phantasie der Integration von unterschiedlichen Eigenschaften. Sie illustrieren das Illusionäre
dieser Utopie einerseits durch Flucht in die Idylle oder durch ironische Bre-
chung, oder sie zeigen andrerseits das Scheitern derartiger Versuche.[22]

20 *C. v. Hodenberg,* Der Fluch des Geldsacks. Der Aufstieg des Industriellen als Herausforderung bürgerlicher Werte, in: *M. Hettling* u. *S.-L. Hoffmann* (Hg.), Der bürgerliche Wertehimmel, Göttingen 2000; die gesamte Debatte über den »Kapitalismus« um 1900, die von
Weber, Sombart, Troeltsch und anderen geführt wurde, war eine Reflexion darüber, daß die
Vermittlung der konkurrierenden Prinzipien von Gemeinwohl und individuellem Gewinnstreben als nicht mehr herstellbar erschien.
21 Vgl. *Weber,* Zwischenbetrachtung.
22 *G. Stanitzek,* Bildung und Roman als Momente bürgerlicher Kultur. Zur Frühgeschichte des deutschen »Bildungsromans«, in: Deutsche Vierteljahresschrift für Literaturwissenschaft und Geistesgeschichte, Jg. 62, 1988, S. 416–50; *ders.,* Das Bildungsroman-Paradigma – am Beispiel von Karl Traugott Thiemes »Erdmann, eine Bildungsgeschichte«, in:
Jahrbuch der deutschen Schillergesellschaft, Jg. 34, 1990, S. 171–94; *W. Voßkamp,* Der Bildungsroman als literarisch-soziale Institution. Begriffs- und funktionsgeschichtliche Überlegungen zum deutschen Bildungsroman am Ende des 18. und zu Beginn des 19. Jh., in:
C. Wagenknecht (Hg.), Zur Terminologie der Literaturwissenschaft, Stuttgart 1988, S. 337–53;

Als individuelle Verheißung versprach das Bürgerideal Selbständigkeit und persönliche Selbstvervollkommnung, als politische Zielutopie die Entwicklung der bürgerlichen Gesellschaft unter liberalen Vorzeichen. Privates Eigentum, rechtsstaatliche Ordnung, politische Freiheit, nationalstaatliche Einheit und Unabhängigkeit kennzeichneten die Grundpfeiler dieses Weltbildes.[23] Im 19. Jahrhundert läßt sich Bürgertum als Ensemble von Sozialformationen mit relativ klar von anderen Gruppen abgrenzbaren Wertorientierungen und Verhaltensmustern bestimmen. Auch wenn die Verbindung dieser Merkmale schon im 19. Jahrhundert immer nur partiell gegeben war, prägte das Ideal der Verbindung und Aussöhnung doch unzweifelhaft die Verhaltensmuster individueller bürgerlicher Biographien und sozialer Milieus. Bürgerlichen Akteuren erschien es erstrebenswert, diesem Leitbild nachzufolgen, »Lehrjahre« und »Wanderjahre« abzuleisten, um dieser Zielutopie zu folgen. Auch wenn sie nicht erreicht werden konnte, ergab sich hieraus doch, aller Heterogenität der jeweiligen empirischen Erscheinungsformen zum Trotz, eine Gemeinsamkeit. Diese bestand im kulturellen System, innerhalb dessen verschiedene Wege zur Einlösung der immanenten Glücks- und Erfolgsverheißungen beschritten werden konnten.

Seit dem letzten Drittel des 19. Jahrhunderts läßt sich ein Prozeß der Ausdifferenzierung und Fragmentierung der sozialen und kulturellen Definitionsmerkmale feststellen. Dadurch erschien es den zeitgenössischen Bürgern (Männern und Frauen) immer fragwürdiger, diese Bestimmungsmerkmale in ihren individuellen Biographien verbinden zu können. Seit der Kulturkritik der Jahrhundertwende wurde deshalb die Krise ein Leitthema bürgerlicher Selbstwahrnehmung. Der Idealtypus von Bürgerlichkeit blieb hierbei unverändert, doch erschien es den Zeitgenossen zunehmend als fragwürdig, ob die hieraus sich ergebenden Modelle der Lebensführung noch praktizierbar waren. Diese Spannung führte zur Krise der bürgerlichen Lebensführung – und ließ jenes ganzheitliche Bürgerideal allmählich obsolet werden, welches seit dem 18. Jahrhundert so wirkungsmächtig gewesen war.

3. Selbsttätigkeit und Selbstorganisation

Das grundlegende Strukturprinzip der bürgerlichen Gesellschaft war das polare Muster der individuellen Selbsttätigkeit und der kollektiven Selbstorganisation.[24] Zu denken ist hier zuerst einmal an die kommunale Selbstverwal-

---

M. *Hettling*, Politische Bürgerlichkeit. Der Bürger zwischen Individualität und Vergesellschaftung in Deutschland und der Schweiz von 1860 bis 1918, Göttingen 1999, S. 291–317.

23 *Wehler*, Zielutopie.

24 Das ist ein alter Topos der Theoretiker der bürgerlichen Gesellschaft seit Kant. Am bekanntesten ist die analytische Beschreibung von *A. de Tocqueville*, Über die Demokratie in Amerika (1835), München 1976; der polare Zusammenhang von Individualität und Asso-

tung, den Prozeß der eigenverantwortlichen Regulierung der städtischen
Lokalpolitik. Die historische Forschung zum 19. Jahrhundert hat sich seit einigen Jahren mit besonderem Interesse auf die Städte und auf die Kommunalpolitik konzentriert. Sowohl durch die Bürgertumsforschung als auch
durch Untersuchungen zur Entstehung moderner politischer Partizipations-
formen angeregt, wird Lokalpolitik auf eine neue Art und Weise zum Gegenstand historischer Arbeiten.[25]

Im 19. Jahrhundert vollzog sich in Deutschland ein grundlegender Transformationsprozeß. Einerseits wurden individuelle Handlungsmöglichkeiten
durch die Entgrenzung des einzelnen aus den ständisch-korporativen Bindungen der alteuropäischen Welt freigesetzt. Andrerseits, und das wurde
vom liberalen Fortschrittsoptimismus der Zeit oft verdrängt oder kritisiert,
entstanden neue soziale und politische Handlungseinheiten. Denn mit dem
Individuum allein waren kein Staat und keine Politik zu machen. Das trifft
gleichermaßen für das politische Handeln in den Kommunen zu. Der
Prozeß der sich ausdifferenzierenden kommunalen Selbstverwaltung im
19. Jahrhundert läßt sich auch beschreiben als fragiles Gleichgewicht zwischen den neuen Organen der lokalen Selbstverwaltung, dem politischen
Agieren des potentiell freien bürgerlichen Individuums und den sich zugleich konstituierenden neuen sozialen Interessenlagen. Gerade die Lokalpolitik kann als Bühne eines permanenten Lernprozesses angesehen werden, auf welcher sich für eine geraume Zeit parallel zu den sozialen
Veränderungen der Gesellschaft eine Adaptation und Erfindung neuer politischer Handlungsformen vollzog. Im Vergleich hierzu erwiesen sich die
staatlichen Institutionen lange Zeit als weitaus weniger reformfähig.

Dieser Prozeß der Selbstorganisation läßt sich nicht nur hinsichtlich politischer Institutionen verfolgen – er durchdrang mehr oder weniger intensiv
alle gesellschaftlich institutionalisierten Lebensordnungen. Das bürgerliche
Eintreten für das Prinzip der Selbstorganisation führte zu langwierigen
Kämpfen mit der traditionell hierarchisch verfaßten Institution der Kirche,
es führte zu einer Veränderung der Rechtsordnung. Die Berufung darauf
konnte auch politisch folgenreich gegen bürgerliche Akteure gewendet werden, etwa wenn innerhalb der Ökonomie durch die Berufung auf das freie

---

ziation ist ansatzweise auch enthalten bei *T. Nipperdey*, Verein als soziale Struktur in
Deutschland im späten 18. Jh. und frühen 19. Jh., in: *ders.*, Gesellschaft, Kultur, Theorie,
Göttingen 1976, S. 174–205; wobei die Vereinsforschung der letzten zwei Jahrzehnte sich
jedoch zumeist auf den Aspekt der Assoziationsbildung allein beschränkt hat; zu ihr
W. Hardtwig, Genossenschaft, Sekte, Verein in Deutschland, I, München 1997.
25 *H.-W. Schmuhl*, Die Herren der Stadt. Bürgerliche Eliten und städtische Selbstverwaltung in Nürnberg und Braunschweig vom 18. Jh. bis 1918, Gießen 1998; *Hettling*, Politische
Bürgerlichkeit; die Studien des von Lothar Gall geleiteten Frankfurter Bürgertumsprojek-
tes. Diese Arbeiten haben Fragen in sozialgeschichtliche Forschungen umgesetzt, die früher
eher ideengeschichtlich und in Bezug auf gesetzliche Rahmenbedingungen untersucht
wurden: *H. Heffter*, Die deutsche Selbstverwaltung im 19. Jh., Stuttgart 1969².

Recht auf Assoziation Gewerkschaften gebildet und Tarifverhandlungen gegen Widerstände durchgesetzt wurden.

Auch im weiten Feld kulturpolitischer Einrichtungen und kultureller Handlungsforen wurde die Selbstorganisation für die Praxis von Kunst in der bürgerlichen Gesellschaft zu einer wichtigen Grundlage. Der Autonomieanspruch der Ästhetik ist seit dem 18. Jahrhundert vielfach beschworen und beschrieben worden. Er verkörpert einen zentralen Wert der Lebensordnung »Kunst«. Die Ästhetik war ihrem Verständnis nach seit dem 18. Jh. emphatisch besetzt und formulierte stets eine Gegenwelt zur Alltäglichkeit. Darin lag etwas Verlockendes und etwas Verstörendes. Im 19. Jahrhundert entstanden verschiedene bürgerliche Formen, sich mit Kunst zu beschäftigen, ohne dem immanenten Anspruch der Gegenwelt, des Durchbrechens der Alltäglichkeit zu sehr nachgeben zu müssen.[26] Zwei Beispiele hierfür sind das »Dilettantentum« und das »Mäzenatentum«.[27] Beide ermöglichten es, sich mit Kunst zu beschäftigen, Kunst – als autonome Dimension – gleichsam ins bürgerliche Leben einzubeziehen, ohne aber den Eigengesetzlichkeiten der Ästhetik verpflichtet zu sein und die Regelhaftigkeit der alltäglichen bürgerlichen Welt zu gefährden.[28]

»Dilettant« und »Mäzen« verkörperten beide einen ungefährlichen Zugriff auf die Sphäre der Kunst, ungefährdet vor deren Autonomieforderung, die – idealiter – keine Erfordernisse und Beschränkungen des Alltagslebens anerkannte. Diese bürgerlichen Betätigungsfelder und Handlungsformen wurden im 19. Jahrhundert wesentlich von den bürgerlichen Kunstvereinen getragen und dominiert. Sie waren »die eigentlichen Träger der Kunst«, denn sie organisierten Ausstellungen, sie betrieben Erwerbungen für Museen und schufen Möglichkeiten für den privaten Käufer. Sie brachten die Künstler und die Bürger als Käufer zusammen – die (ehrenamtlichen) Kunstvereine ersetzten damit einen noch kaum existierenden gewinnorientierten Kunstmarkt.[29] Ehrenamtliche Selbstorganisation statt gewinnorientierter Kunsthandel verband hier Künstler und Bürger.

Kunst als soziale Praxis bürgerlicher Akteure war demnach ebenso durch die Prinzipien der Selbstorganisation bestimmt wie die Politik. Für die städ-

---

26 *K. Eibl*, Die Entstehung der Poesie, Frankfurt 1995.

27 *S. Fliegner*, Der Dichter und die Dilettanten. Eduard Mörike und die bürgerliche Geselligkeitskultur des 19. Jh., Stuttgart 1991; *A. Schulz*, Der Künstler im Bürger. Dilettanten im 19. Jh., in: *Hein/Schulz* (Hg.), Bürgerkultur, S. 34–52; *J. Kocka* u. *M. Frey* (Hg.), Bürgerkultur und Mäzenatentum im 19. Jh., Berlin 1998.

28 Nur vor diesem Hintergrund war es dann auch möglich, »Bürger« und »Künstler« als Gegensatz zu beschreiben. Thomas Mann hat das ausgiebig und immer wieder getan – klassisch hat er dieses Problem im »Tonio Kröger« formuliert.

29 Franz Kugler (Zitat), hier zit. nach *J. Grossmann*, Künstler, Hof und Bürgertum. Leben und Arbeit von Malern in Preußen 1786–1850, Berlin 1994, S. 91; *D. Hein*, Bürgerliches Künstlertum. Zum Verhältnis von Künstlern und Bürgern auf dem Weg in die Moderne, in: *Hein/Schulz* (Hg.), Bürgerkultur, S. 102–17.

tischen Theater und Museen des 19. Jahrhundert läßt sich das paradigmatisch zeigen. Ohne die bürgerlichen Vereine, die diese Institutionen finanzierten, sie organisierten und oft auch versuchten, Publikum zu mobilisieren, wäre der Kunstbetrieb der bürgerlichen Gesellschaft nicht denkbar gewesen. Der damit verbundene Zweck konnte durchaus unterschiedlich sein. Das Theater diente ebenso als Bildungsanstalt wie als Vergnügungsbühne. Denn der Theaterbesuch konnte der sozialen Distinktion von »Volk« und ›gebildeten‹ Schichten dienen – das Theater konnte aber auch, als Volkstheater, nichtbürgerliche soziale Kreise anziehen und dadurch finanziell tragfähig werden. Nicht zu unterschätzen sind überdies jene bisher meist übersehenen Praktiken, welche bürgerliche Akteure selber zu Protagonisten kultureller Repräsentation machten: die Theatervereine oder die Gestaltung lebender Bilder. In der bürgerlichen Selbstorganisation vollzog sich hier Kunst als Alltagspraxis von Bürgern. In diesen Spielarten der Kunstdarstellung waren Selbsttätigkeit und Selbstorganisation vermutlich von größere Bedeutung als ein Autonomieanspruch der Kunst.[30]

Idealiter gelang hierbei die Verbindung von Autonomie des Ästhetischen und sozialer Gebundenheit der bürgerlicher Rezipienten. Für Wien ist das beschrieben worden, es ist aber auch eindringlich dargestellt worden, wie im *fin de siècle* der soziale Kosmos des liberalen Bürgertums zerbrochen ist. Die Erosion der herkömmlichen »Bürgerkultur« des 19. Jahrhunderts, welche ein bestimmtes Kunstverständnis und die Sozialformation Bürgertum eng miteinander verbunden hatte, ist jedoch nicht nur auf den »Formwandel« des Bürgertums (Tenfelde) seit der Jahrhundertwende zurückzuführen. Die kunstimmanenten Veränderungen, die Radikalisierung des Autonomieanspruchs und die kreative Entwicklung neuer Ausdrucksformen und -mittel ließen seit den 1890er Jahren die Spannung zwischen den neuartigen ästhetischen Darstellungsweisen und dem Kunstverständnis des breiten bürgerlichen Publikums krass hervortreten.

In zweifacher Hinsicht kam damit im 20. Jahrhundert die gewohnte Selbstorganisation des bürgerlichen Umgangs mit Kunst an ihr Ende. Einerseits ging die Kunstverwaltung langfristig an staatliche Institutionen über. Theater, Museen, Konzerte werden heute überwiegend von einer staatlichen Kulturbürokratie (mit-)verwaltet und (mit-)finanziert, der einzelne Bürger ist weitgehend reduziert auf den Status des Kunden. Andrerseits aber hat die Kunst durch die Distanz zu ihrem traditionellen bürgerlichen Publikum neue Dimensionen von ästhetischer Autonomie zurückgewonnen –

---

30 *S. Koslowski*, Stadttheater contra Schaubuden. Zur Basler Theatergeschichte des 19. Jh., Zürich 1998; *M. Jeismann*, »Bürgerliche Kultur« und Kultur des Bürgertums – Theater und Museum im 19. Jh., in: *F.-J. Jacobi* (Hg.), Geschichte der Stadt Münster, Bd. 2, Münster 1993, S. 489–508; *F. Möller*, Zwischen Kunst und Kommerz. Bürgertheater im 19. Jh., in: *Hein/Schulz* (Hg.), Bürgerkultur, S. 19–33; *B. Jooss*, »Lebende Bilder«. Körperliche Nachahmungen von Kunstwerken in der Goethezeit, Berlin 1999.

um den Preis, vom bürgerlichen *juste milieu* als unverständlich denunziert zu werden. Kunst ist deshalb in vielen Fällen um so mehr auf staatliche Förderinstitutionen angewiesen. Wodurch der einzelne nur noch indirekt als Staatsbürger, und damit als Steuerzahler, als Förderer von Kunst agiert.

4. Bildung als permanenter Prozeß der Selbstvervollkommnung

Bildung war einer der grundlegenden Werte bürgerlicher Kultur – sie etablierte die Dynamik der permanenten Veränderung im einzelnen Individuum selber. Bildung war damit einerseits Voraussetzung für bürgerliche Kultur und andrerseits auch Ausdruck dieses offenen Prozesses. Die utopische Hoffnung auf die Veränderbarkeit des Menschen beschrieb diese potentiell uneinholbare Möglichkeit des Menschen. Die Beschäftigung mit Kunst, die Ausübung von »Kultur«, sei es als passiver Besucher und Rezipient, sei es als laienhafter Dilettant und Feierabendakteur, sei es als mehr oder weniger ernsthafter Protagonist diente dem Zweck, den einzelnen auf diesem nicht abschließbaren Weg der Menschenbildung voranzubringen. Sei es als Besucher im Theater, sei es als Leser in der selbstversunkenen individuellen Lektüre oder im Gespräch mit anderen in der Lesegesellschaft, sei es als Zuhörer im Konzert oder bei der Hausmusik – durch die Beschäftigung mit Kultur wurde der einzelne in diesem Bereich der Zweckfreiheit zur Entwicklung seiner menschlichen Anlagen befähigt.

In der Bildung der individuellen Anlagen (im jeweils Menschlichen) treffen und verständigen sich alle »Gebildeten« innerhalb der durch die bürgerliche Kultur vorgegebenen Schranken. Nicht mehr die ständische Differenz und der soziale Unterschied sind ausschlaggebend, sondern die Gemeinsamkeit als Kulturwesen. Denn, so der selbsterhobene Anspruch, wer die Anforderungen erfüllt, der gehört dazu. Auch wenn dadurch zugleich ein neues Kriterium für soziale Exklusion formuliert wurde, ist die radikal neuartige Möglichkeit für soziale Inklusion doch unverkennbar. Denn hierdurch wurde eine Grundlage geschaffen, auf der eine Gemeinsamkeit mit anderen möglich wurde – in der Subjektivität (soll heißen: daß jeder einen unverlierbaren Anspruch auf eine nur ihm eigene Qualität hat). Diese war jedem Bürger gemein, und doch für jeden anders.[31]

Für die Ausbildung und Artikulationsfähigkeit der Subjektivität war die veränderte Emotionalisierung von Sozialbeziehungen eine wichtige Voraussetzung, der sich wandelnde Bedeutungsgehalt der Familie war hierfür grundlegend. Durch die Intimisierung der Familie wurde ein Potential an psychischer Dynamik freigesetzt, das stimuliert und zugleich gebändigt wer-

---

31 *J. Habermas*, Strukturwandel der Öffentlichkeit (1962), Frankfurt 1990, hier S. 114.

den mußte. Doch die Emotionalisierung blieb nicht auf die Familie begrenzt – die bürgerliche Kultur war permanent durch die Inszenierung und öffentliche Darstellung von Gefühlen und Leidenschaften aufgeladen. Dieses emotionale Fundament bürgerlicher Kultur wird völlig übersehen, wenn man einen – Spitzwegschen – Bürger im schwarzen Rock und mit einem steifen Kragen als Durchschnittsexemplar ansehen würde. Man kann vielmehr das gesamte Spektrum an kulturellen Ausdrucksformen der bürgerlichen Kreise des 19. Jahrhunderts als Ausdrucksformen für »soziale Leidenschaften« verstehen. Als Kunstformen machten sie Alltagserfahrungen verständlich, indem sie diese durch Handlungen, Symbolisierungen und Gegenstände darstellten. Die Funktion von Kultur hierbei ist es weder, soziale Leidenschaften zu zähmen, noch sie zu entfachen, sondern sie darzustellen.[32] Daß der Prozeß der Emotionalisierung auch Bedrohliches zeitigt, daß Emotionen in sozialen Beziehungen immer auch gebändigt werden müssen, wird von der historischen Forschung kaum reflektiert. Im 18. Jahrhundert war die Empfindsamkeit auch ein derartiger Zähmungsversuch, welcher die Emotionalisierung in eine harmlosere Sentimentalisierung verwandelte. Eines der literarischen Bilder des Jahrhunderts hierfür ist der Reiz des Abgrunds, den sich der Betrachter hinter dem Schutz des Geländers ungefährdet gönnt.[33] In vielen Arbeiten wird die Sentimentalisierung und ihre primär sprachliche Realität als sehr viel umfassenderer Prozeß der Emotionalisierung gedeutet.[34] Sentimentalisierung beinhaltet die vor allem sprachlichen Muster, bezeichnet sprachlich-literarische Darstellungsformen von menschlichem Verhalten, während Emotionalisierung psycho-physische Gestimmtheiten bezeichnet, die nur partiell und nur begrenzt in sprachlichen Formen beschrieben werden können.[35] Reduziert man indes die Emotionalisierung auf eine Sentimentalisierung, bleiben die Eigengesetzlichkeiten, Widersprüche und aggressiven Potentiale von Emotionen ausgespart.

Ob Theater oder Oper, ob die Nachbildung lebender Bilder oder das Singen im Verein, ob Bildungsreise oder Literaturklub – die Funktion dieser Ausdrucksformen ging indes weder in der dadurch auch möglichen sozialen

---

32 *Geertz*, Dichte Beschreibung, S. 246. Was Geertz für den Hahnenkampf auf Bali beschrieben hat, ließe sich analog für die Oper oder das Theater als dominante Ausdrucksformen »bürgerlicher Kultur« nachvollziehen.

33 *Eibl*, Poesie, S. 192.

34 Angelegt ist diese Interpretation bereits bei *Habermas*, Strukturwandel, S. 107–16; dieser Interpretation folgen jetzt auch *A.-C. Trepp*, Sanfte Männlichkeit und selbständige Weiblichkeit. Frauen und Männer im Hamburger Bürgertum zwischen 1770 und 1840, Göttingen 1996; und *R. Habermas*, Frauen und Männer des Bürgertums. Eine Familiengeschichte (1750–1850), Göttingen 2000. Eine Ausnahme stellt – bei aller berechtigten methodischen Kritik – Peter Gay dar, der einen eigenen Band über Aggression und Haß in seinem Panomara der bürgerlichen Welt des 19. Jh. verfaßt hat; *P. Gay*, Kult der Gewalt. Aggression im bürgerlichen Zeitalter, München 1996.

35 Vgl. *L. Ciompi*, Die emotionalen Grundlagen des Denkens. Entwurf einer fraktalen Affektlogik, Göttingen 1997, vor allem S. 62–70.

Distinktion noch in dem dadurch erworbenen sozialen Kapital auf. Vielmehr konnten in diesen Handlungen Bildungsgüter erworben und demonstrativ praktiziert werden. In den Akteuren wurde ein Zustand emotionaler Reizung möglich, welcher für die Veränderung des einzelnen Menschen, für die Schaffung des »neuen Menschen« – des Bürgers – konstitutiv war. Bereits im 18. Jahrhundert ist das von Lessing in seiner Dramaturgie mit dem Begriff des »Mitleidens« explizit formuliert und theoretisch reflektiert worden. Wenn man das Theater als »Labor der Seele« bezeichnet hat, kann man diesen Begriff für das gesamte Spektrum an bürgerlichen Kulturformen verwenden.[36]

Der Familie kam, wie gesagt, eine zentrale Rolle zu als sozialer Raum für die Herausbildung der neuartigen Qualitäten, die den einzelnen zum Bürger befähigten. Bürgerliche Kultur vollzog sich in einer Trias von Handlungsebenen: Erstens den eigentlichen Kulturinstitutionen wie dem Theater oder der Oper, diese gewannen allmählich immer mehr an Bedeutung. Zweitens sind die geselligen Assoziationen zu nennen, die Vereine und Gesellschaften. Paradigmatisch sind immer die Freimaurerlogen als bürgerliche Gesellschaftsform par excellence untersucht worden. An ihnen läßt sich zeigen, daß der in ihnen etablierte »Binnenraum der Moral« (Koselleck) auch und vor allem ein Schutzraum war, in welchem in und durch die Geselligkeit untereinander die Bildung und Formung des einzelnen Mannes zum Bürger (und – in anderen Binnenräumen – der Frau zur Bürgerin) stattfand, in dem er als Individuum seine menschlichen Anlagen ausbilden sollte. Diese Funktion (für den Mann) behielten die Logen ihrem Selbstverständnis nach das ganze 19. Jahrhundert über bei.[37] Drittens schließlich ist die Familie zu nennen, auch sie entwickelte sich als sozialer Raum der Intimisierung seit dem 18. Jahrhundert. Im Erziehungsraum Familie wurden die Grundlagen für die Vermittlung bürgerlicher Kultur geschaffen.[38]

Die Geschlechtergeschichte konstatiert inzwischen, daß im frühen 19. Jahrhundert die männlichen und weiblichen Geschlechterrollen weit weniger entgegengesetzt waren, als es noch vor zwei Jahrzehnten von ihr postuliert wurde. Vielmehr vollzog sich die »Polarisierung der Geschlechtscharaktere« erst im Verlauf des Jahrhunderts. In der bürgerlichen Aufbruchzeit seit dem späten 18. Jahrhundert waren hingegen Handlungsmuster und Wertorientierungen von bürgerlichen Männern und Frauen

---

36 *R. Ruppert*, Labor der Seele und der Emotionen. Funktionen des Theaters im 18. und frühen 19. Jh., Berlin 1995; statt vieler Einzelstudien zu Oper, Theater, Malerei, Literatur sei verwiesen auf *Eibl*, Poesie, der die Verschränkung von Autonomieanspruch der Kunst und gesellschaftlicher Funktion in der bürgerlichen Gesellschaft brillant entwickelt.

37 *R. Koselleck*, Kritik und Krise, Frankfurt 1979, jetzt ausführlich *S.-L. Hoffmann*, Die Politik der Geselligkeit. Freimaurerlogen in der deutschen Bürgergesellschaft 1840 bis 1918, Göttingen 2000.

38 *G.-F. Budde*, Auf dem Weg ins Bürgerleben. Kindheit und Erziehung in deutschen und englischen Bürgerfamilien, Göttingen 1994.

weniger unterschieden als oft unterstellt.[39] Weder waren Erwerbs- und Privatsphäre rigide getrennt, noch Frauen von Formen öffentlichen Handelns strikt ausgeschlossen. Indirekt bestätigen damit diese Arbeiten, wie umfassend das bürgerliche Ideal der individuellen Vervollkommnung (der »bürgerlichen Verbesserung«, wie es im späten 18. Jahrhundert genannt wurde) für Männer und Frauen gleichermaßen – aber nicht gleichartig – handlungsleitend war. Die Verheißung, sich zum Bürger auszubilden, lockte sowohl Männer als auch Frauen.

Die Auseinandersetzung mit Kultur war ein zentrales Element jener sozialen Praktiken, durch welche sich Bürgerlichkeit als kulturelles System perpetuierte. Nimmt man die Lektüre als Beispiel hierfür, lernten Männer und Frauen Bürgerlichkeit gleichermaßen beim Lesen. Der Bildungsroman wurde zur primären literarischen Form, in welcher Lebens- und Bildungswege von Individuen dargestellt wurden.[40] Und das Lesen eines Romans, das Theater, die Musik als kulturelle Praktiken des Bürgers wurden zu paradigmatischen Formen, durch welche der einzelne zum Bürger werden konnte. Goethe hat genau das ironisiert, wenn Wilhelm Meister in den »Lehrjahren« sich zuerst völlig dem Theater hingibt und erst später zum Bürger reift – durch das Lernen sozialen Miteinanders und durch die ökonomische Tätigkeit in der Turmgesellschaft.[41] Was nichts anderes bedeutet, übersetzt man es in eine andere Sprache: erst in Verbindung mit konkreten Handlungsmöglichkeiten in den einzelnen Lebensordnungen konnte sich der einzelne wirklich zum Bürger ausbilden. Unverzichtbar dafür war jedoch auch die Vermittlung bestimmter Werte und Normen in der Auseinandersetzung mit der bürgerlichen Kultur.

5. Selbstreflexion als Sinnersatz

Die bürgerliche Gesellschaft ist eine selbstreflexive Kulturform.[42] Kunst und kulturelle Ausdrucksformen stellten Möglichkeiten dar, Sinnfragen und Wertkonflikte zu formulieren. Doch Kultur konnte nicht die Verbindlichkeit der früher durch die Religion gegebenen Antworten einholen – Kultur

---

39 Innovativ (wenn auch in der Rezeption mehr kanonisiert als in empirische Forschungen umgesetzt) *K. Hausen*, Die Polarisierung der »Geschlechtscharaktere« – eine Spiegelung der Dissoziation von Erwerbs- und Familienleben, in: *W. Conze* (Hg.), Sozialgeschichte der Familie in der Neuzeit Europas, Stuttgart 1976, S. 363–93; gegen diese These der »Polarisierung« für das frühe 19. Jh. (empirisch überzeugend) *Trepp*, Sanfte Männlichkeit; ähnlich auch *Habermas*, Frauen und Männer.

40 *Stanitzek*, Bildung und Roman; *ders.*, Arztbildungsromane. Über »bildungsbürgerlichen« Umgang mit Literatur zu Beginn des 19. Jh.s, in: IASL, Jg. 16, 1991, S. 32–56, *H.-G. Pott*, Literarische Bildung. Zur Geschichte der Individualität, München 1995.

41 *Hettling*, Politische Bürgerlichkeit, S. 293–98.

42 *Tenbruck*, Bürgerliche Kultur; analog argumentiert auch *Eibl*, Poesie.

konnte und kann nicht als Sinnstiftung fungieren, denn sie kann keine absoluten Antworten geben. Vielmehr lag die Bedeutung von »Kultur« – als immer auch ästhetisch geprägtes Selbstverständigungsmedium – darin, derartige Probleme überhaupt erst verhandelbar zu machen. In dieser Hinsicht war »Kultur« seit dem 18. Jahrhundert eine Nachfolgerin der Religion und trat in Konkurrenz zur Philosophie, war jedoch weitaus populärer in ihren Erscheinungsformen. Mit jener teilte »Kultur« in der bürgerlichen Gesellschaft das Privileg, »Fragen zu stellen, die sich empirisch nicht beantworten lassen«.[43] Die »Kunstreligion« des Bürgertums des 19. Jahrhundert bestand nicht nur in einer Überhöhung des Ästhetischen, in einer Emphatisierung der Kultur, sondern sie lag gerade auch darin, daß Kunst und Kultur das zentrale Medium waren, um Sinnfragen in der Alltagswelt formulierbar und vermittelbar zu machen. Zugleich ermöglichte es Kunst, ein emotionales Erregungspotential zu pflegen, das auf Entgrenztes, auf außeralltägliche Dimensionen der Welt und des Lebens verwies, ohne jedoch selber außer Kontrolle zu geraten. Der Schein des Ästhetischen ermöglichte es, das Irritierende und Abgründige ins Blickfeld zu rücken, ohne sich seiner Bedrohlichkeit ungefiltert aussetzen zu müssen. Die Metapher hierfür wäre Perseus, der die Medusa nur im Spiegel seines Schildes anschauen kann, um nicht ihrem tödlichen Blick zu erliegen. Analog kann man die Rolle von Kunst in der bürgerlichen Gesellschaft verstehen: sie bildet fundamentale Probleme einer säkularen Welt ab, läßt sie ins Blickfeld des bürgerlichen Betrachters treten, der jedoch der »Sinnlosigkeit der rein innerweltlichen Selbstvervollkommnung zum Kulturmenschen« nicht entrinnen kann.[44] Kunst kann, wie gesagt, dieses Dilemma nicht lösen, aber die kulturellen Ausdrucksmöglichkeiten der bürgerlichen Gesellschaft ermöglichen es, die unlösbaren und deshalb verstörenden Probleme des Lebens kommunizierbar zu machen.[45] In der säkularisierten Welt gibt es innerweltliche Möglichkeiten weder für eine ungebrochene Ganzheit noch für eine umfassende Totalität. Und es gibt in der säkularisierten Gesellschaft auch keine Hoffnung auf die jenseitige Erfüllung dieser Sehnsüchte mehr. Deshalb ist die Kunst privilegiert, da sie jene Themen artikulierbar macht, welche den einzelnen mit diesen Fragen konfrontieren. Die Poesie des 18. Jahrhundert fand hier ihre Themenbereiche – als Grenzbereiche, in denen der Unbedingtheitswille der einzelnen an der Kontingenz der Wirklichkeit scheitert: Liebe, Tod, Gesellschaft.[46] Die Kunst konnte die Sinnfragen nur immer wieder neu formulieren.

Das sind die Voraussetzungen dafür, daß das Theater als moralische Anstalt fungieren, daß die Lektüre eines Romans der Selbsterziehung und der

---

43 *K. Löwith*, Weltgeschichte und Heilsgeschehen (1953), Stuttgart 1979, S. 13.
44 *Weber*, Religionssoziologie, I, S. 569.
45 *Eibl*, Poesie, S. 195.
46 Ebd., S. 126; ähnlich auch *Tenbruck*, Bürgerliche Kultur.

Beförderung der »bürgerlichen Verbesserung« dienen, aber auch daß der
Totenkult zu einem Medium der politischen Selbstverständigung werden
konnte.[47] Was sich deshalb als Prozeß »kultureller Vergesellschaftung« beschreiben läßt, ist keineswegs eine potentielle Gemeinsamkeit sozial heterogener Teilformationen durch ein gemeinsam geteiltes Set an Werten, Normen, Verhaltensweisen. Dergestalt war die Einheit der bürgerlichen Welt
nicht zu bewerkstelligen, war die »Ordnung der bürgerlichen Welt« eben
nicht herzustellen.[48] Unumkehrbar war jedoch jener Prozeß, durch den zunehmend alle Mitglieder der Gesellschaft – auch wenn sie sich persönlich
abseits hielten – in die bürgerliche Gesellschaft eingebunden waren, sei es
auch widerwillig, sei es unbewußt, und sich damit an dieser Kultur orientieren mußten und durch sie beeinflußt wurden. »Denn gerade auch die persönlichen, wirtschaftlichen, sozialen und politischen Lebensfragen erwiesen
sich … stets als individuell wie sozial nur noch durch den Bezug auf ihre im
Raum der Kultur geführte Erörterung, Deutung und Begründung beant-
wortbar.«[49] Den Sinnfragen und ihren ungenügenden Antworten konnte
man nicht mehr ausweichen. Die Vielfalt der Frageversuche jedoch war potentiell unbegrenzt. Hieraus speist sich bis heute die Dynamik und Anpassungsfähigkeit bürgerlicher Kultur.

6. Krise des kulturellen Systems – Fortdauer der Werte

Trotz der Flexibilität und immer wieder gelungenen Anpassung an neue
Herausforderungen und neue Problemstellungen war »bürgerliche Kultur«
keineswegs ein krisenresistentes gesellschaftliches Modell. Der Vorzug dieses kulturellen Systems lag indes darin, jeweils innovativ auf Herausforderungen und Krisen reagieren zu können. Diese Anpassungsfähigkeit lag
darin begründet, daß keine festen Antworten, sondern Mechanismen der
kommunikativen Verständigung und der gesellschaftlichen Reflexion geboten wurden.
    Insbesondere in der ersten Hälfte des 20. Jahrhunderts wurde das Span-
nungsfeld von universalem Anspruch und partikularer Gestaltung – und damit »bürgerliche Kultur« selbst – immer auch politisch in Frage gestellt.
Wenn sich auch die Hoffnungen auf prinzipielle gesellschaftliche Alternativen jeweils als »Illusion« erweisen sollten, der brutalen Gewalt und Kraft der
Opposition gegen das vermeintlich überholte Modell bürgerlicher Kultur

---

47 *Stanitzek*, Bildung und Roman; *ders.*, Bildungsroman-Paradigma; *R. Koselleck* u. *M. Jeismann* (Hg.), Der politische Totenkult. Kriegerdenkmäler in der Moderne, München 1994;
M. Hettling, Totenkult statt Revolution. 1848 und seine Opfer, Frankfurt 1998.
    48 *U. Döcker*, Die Ordnung der bürgerlichen Welt. Verhaltensideale und soziale Prakti-
ken im 19. Jh., Frankfurt 1994.
    49 *Tenbruck*, Bürgerliche Kultur, S. 272.

tat das keinen Abbruch.[50] Manches las sich dann wie ein melancholischer Abgesang auf die Grundprinzipien der bürgerlichen Werteordnung. Als Paul Valéry 1934 den Tugend-Preis verliehen bekam – gewiß ein sehr »bürgerlicher« Ehrungsanlaß –, konstatierte er: »Jede Politik und jede Moral baut am Ende auf der Idee auf, die der Mensch von sich selbst und von seiner Bestimmung hat.« Die Menschheit des Abendlandes habe seit Jahrhunderten »unablässig die Bildung der Persönlichkeit angestrebt«, wodurch unter Mühen der staatsbürgerliche, politische, rechtliche und metaphysische Wert des Menschen als einem Individuum überhaupt erst geschaffen worden sei. Darin auch wurzele die Kraft der Menschenrechte, begründet in den zwei Prinzipien der Freiheit und der Gleichheit. Allzuschnell habe man aber vergessen, daß es sich nicht um überzeitliche Werte, sondern jeweils um die Ergebnisse einer »unablässigen Anstrengung« handle.[51] Ganz in der aufklärerischen Tradition von Tocqueville oder Kant diagnostizierte Valéry, daß dafür sowohl die Kraft, frei zu sein, als auch der Wille, gleich sein zu wollen, notwendig wären. In seiner Gegenwart des 20. Jahrhunderts jedoch stünde diese Vorstellung vom Wert des Individuums in einem offenen Konflikt mit Begriffen des Kollektivs. Der Mensch werde bald nur noch, so Valéry skeptisch, Geltung besitzen »im sozialen System«.[52] Dann würden ihm alle eigenen Werte verweigert werden, denn diese wären nur noch an die Gemeinschaft gebunden.

Langfristig hat sich die düstere Prognose nicht erfüllt, die Erfolge der totalitären Systeme im 20. Jahrhundert blieben vorübergehende Erscheinungen. Die Dialektik von Individuum und Kollektiv bleibt nach wie vor in ihrer Offenheit aktuell. Zwar besteht die Kontinuität, daß jede moderne Gesellschaft auf der Selbstorganisation und Innenleitung der Individuen durch Wertesysteme aufbaut. Aber diese Ordnungen sind selber jeweils besonderen historischen Situationen und Bedingungskonstellationen zuzuordnen. »Werte entstehen in Erfahrungen der Selbstbildung und Selbsttranszendenz«.[53] Doch diese Erfahrungen sind selber historischen Veränderungen unterworfen. Der »bürgerliche Wertehimmel« des 19. Jahrhunderts formulierte den Erfahrungsraum für individuelle Lebensformen einer bestimmten Sozialformation, welcher in der Mitte des 18. Jahrhunderts entstand und seit dem späten 19. Jahrhundert rapide erodierte.[54] Er umfaßt damit die klassische bürgerliche Epoche, die zur Zeit der Aufklärung begann und spätestens im Ersten Weltkrieg ihr Ende fand. Wenn auch die einzelnen Werte als

---

50 *F. Furet*, Das Ende der Illusion. Der Kommunismus im 20. Jh, Berlin 1996.

51 *P. Valéry*, Bericht über die Tugend-Preise (1934), in: *ders.*, Zur Philosophie der Wissenschaft, Frankfurt 1989, S. 217–43, hier S. 230.

52 Ebd., S. 231.

53 *H. Joas*, Die Entstehung der Werte, Frankfurt 1997, S. 10.

54 *Hettling/Hoffmann*, Der bürgerliche Wertehimmel; zum Formwandel in der ersten Hälfte des 20. Jh. vgl. *K. Tenfelde*, Stadt u. Bürgertum im 20. Jh., in: *ders.* u. *H.-U. Wehler* (Hg.), Wege zur Geschichte des Bürgertums, Göttingen 1994, S. 317–53.

Möglichkeiten für handlungsleitende Normen weiterhin gesellschaftsfähig
blieben, kam es doch seither nicht mehr zur Ausbildung eines vermeintlich
kohärenten Ordnungsmusters, eines geschlossen scheinenden »Himmels«.
Alle derartigen Versuche erschienen seither auch den Bürgern selber nur allzuschnell als Illusion bzw. als Ideologie – und zerbrachen an den Eigengesetzlichkeiten der unterschiedlichen Lebensordnungen.

Die Vielfalt subjektiver Erfahrungsmöglichkeiten war nicht mehr zu umfassenden und gemeinsamen Handlungsmustern synthetisierbar. Eine zunehmende Heterogenität und die dadurch sich einstellende immer begrenztere Möglichkeit, gesellschaftliche Teilgruppen durch gemeinsame positive
Wertbezüge zu integrieren, kann man in Simmels Soziologie finden. In einem »Exkurs über die Negativität kollektiver Verhaltensweisen« argumentiert Simmel, daß je größer ein soziales Gebilde ist, desto schwerer sei es,
die Mitglieder durch gemeinsam geteilte Einstellungen zusammenzuhalten.
»Mit wachsendem Umfang des Kreises werden die Gemeinsamkeiten, die
jeden mit jedem zu der sozialen Einheit verbinden, immer weniger reich-
haltig.«[55] Deshalb könne, auch wenn es paradox klinge, ein größerer Kreis
nur mit einer geringeren Mindestzahl von Normen zusammengehalten
werden als ein kleiner Kreis. Denn mit der Größe der sozialen Einheit
wachse die Notwendigkeit für abstraktere Normen und Regulierungen. Je
größer der Kreis sei, desto stärker müsse die positive Ausgestaltung dem einzelnen überlassen werden, denn es sei umso schwieriger, mehrere Individuen gemeinsam darauf zu verpflichten. An die Stelle der Dirigierung, der
Festlegung einer bestimmten Richtung, trete die Begrenzung der Freiheit,
ohne jedoch eine inhaltliche Festlegung dauerhaft vornehmen zu können. Je
allgemeiner eine Norm für einen größeren Kreis sei, desto weniger sei ihre
Befolgung für das Individuum charakterisierend und bedeutsam.

Mit diesem Simmelschen Argument läßt sich die von Bürgern des späten
19. Jahrhunderts als Bedrohung wahrgenommene Massenkultur auch als
Auflösung der Grenzen und als rasch anwachsende Zahl von neuen Mitgliedern im Horizont des bürgerlichen Wertehimmels verstehen. Dadurch
stieg die Heterogenität innerhalb der »bürgerlichen Kultur«, der Set an Werten und Verhaltensmustern, denen sich der einzelne gegenüber verhalten
mußte, wurde immer größer. Die daraus erwachsenden Deutungskämpfe
und Abgrenzungsversuche wurden nur zu oft unter dem Vorzeichen ver-
meintlicher »Nichtbürgerlichkeit« ausgetragen. Doch derartige Selbstdeu-
tungen führen nur zu leicht in die Irre, entwickelte der Historiker seine Kriterien für Bürgerlichkeit *nur* aus bürgerlichen Selbstbeschreibungen.

Rückblickend erscheint die »bürgerliche Kultur« des 19. Jahrhunderts, der
bürgerliche Wertehimmel, als kulturelles System, das für einen bestimmten
›Kreis‹ von unterschiedlichen Schichten – die Sozialformation des »Bürger-

---

55 *G. Simmel,* Soziologie. Untersuchungen über die Formen der Vergesellschaftung
(1908), Frankfurt 1992, S. 533–38, hier S. 534.

tums« – vom 18. Jahrhundert bis zum späten 19. Jahrhundert gemeinsame
Muster von »Erfahrungen der Selbstbildung« sowohl strukturierte als auch
beschreibbar machte. Am Ende des 19. Jahrhunderts ging dieser Orientierung stiftende gemeinsame Bezug indes verloren. Bereits die in den 1880er
Jahren Geborenen beschrieben sich als »Nachzügler des bürgerlichen Zeitalters« – das gilt sowohl für Katholiken wie Heinrich Brüning,[56] für Juden
wie Richard Lichtheim,[57] als auch für Protestanten wie Siegfried A. Kaehler,
der gegenüber seinem akademischen »Vater«, Friedrich Meinecke, klagte:
»Sie haben noch das Glück genossen, fünfzig Jahre ihres Lebens in diesen gesicherten Formen haben verlaufen zu sehen und weiter zwanzig Jahre in der
Hoffnung leben zu können, daß der Großteil dieser bürgerlichen Erbschaft
in spätere Zeit hineingebracht werden könnte. Unsereiner, der seit dreißig
Jahren zwischen den Zeiten zu balancieren genötigt ist, hat solchen Glauben
verlieren müssen.«[58]

»Bürgerliche Kultur« stieß damit jedoch nicht an ihr historisches Ende,
sondern erfuhr einen tiefgreifenden »Formwandel« (Tenfelde). Doch auch
angesichts einer radikal gewachsenen Vielfalt an Lebenslagen und Lebens-
stilen bleiben für die Orientierung des einzelnen in der Gesellschaft am Ausgang des 20. Jahrhunderts die alten Prinzipien tragfähig und konstitutiv.
Nach wie vor bedarf das einzelne Individuum (Mann oder Frau) der sozialen Selbstorganisation, der Ausbildung der individuellen Anlagen, der
Bezugnahme auf innerweltlich unlösbare Sinnfragen, um sich in und zwischen heterogenen Lebensordnungen, in denen es sich bewegt, zu orientieren. Dergestalt ist die »bürgerliche Kultur« nach wie vor wirkungsmächtig –
und attraktiv.

---

56 »Wir waren eine Zwischengeneration, voller Verachtung gegenüber dem herrschenden Materialismus, der vom klassischen Liberalismus übrig blieb«, in: *H. Brüning*, Memoiren
1918–1934, Stuttgart 1970, S. 17.
57 Er urteilte über die Familien seiner Eltern: »Rationalismus, aufklärerische Gesinnung
und Abkehr von der Religion waren beiden Familien gemeinsam«; zit. nach *J. Hackeschmidt*,
Von Kurt Blumenfeld zu Norbert Elias. Die Erfindung einer jüdischen Nation, Hamburg
1997, S. 20.
58 Kaehler an Meinecke, 4. 4. 1942, in: *F. Meinecke*, Ausgewählter Briefwechsel, hg. von
L. Dehio und P. Classen, Stuttgart 1963, 397 f.

IV.

Bibliographie
der
Bielefelder Bürgertumsforschung

Inhalt

Vorbemerkung

Der Bielefelder Sonderforschungsbereich »Sozialgeschichte des neuzeitlichen Bürgertums: Deutschland im internationalen Vergleich« hat während seiner 12jährigen Laufzeit etwa 70 Mitarbeiter für 45 Projekte (vielfach untergliedert in Teilprojekte) beschäftigt. Aus diesem Kreis ist eine Fülle von Monographien und Aufsätzen hervorgegangen. Gleichzeitig haben die Projektleiter einschlägig publiziert. Schließlich hat der langjährige Forschungsschwerpunkt auch zu entsprechenden Forschungen von Fakultätsangehörigen geführt, die nicht Mitglieder des SFB gewesen sind. Die vorgelegte Bibliographie dokumentiert damit die »Bielefelder Bürgertumsforschung«; sie stellt in dieser Form eine Fortschreibung der Ausgabe aus dem Jahre 1994 dar und weist rund 500 Publikationen nach, die sich – alphabetisch geordnet – folgendermaßen auf Autorinnen und Autoren verteilen:
- 21 Projektleiter (davon 15 aus der Fakultät für Geschichtswissenschaft und Philosophie);
- 55 wissenschaftliche Mitarbeiter des SFB (davon 6 zu unterschiedlichen Zeiten auch auf Stellen der Fakultät beschäftigt);
- 15 Professoren, Assistenten und Doktoranden der Fakultät, die dem SFB nicht angehört haben.

Nicht aufgenommen worden in diese Bibliographie sind Magister- und Staatsarbeiten; verzichtet wurde außerdem auf Doppelpublikationen in einer zweiten Sprache. Noch unveröffentlichte Dissertationen und Habilitationsschriften sind dagegen nachgewiesen.

Veröffentlichungen in der SFB-Reihe

Bürgertum

Beiträge zur europäischen Gesellschaftsgeschichte
Verlag Vandenhoeck & Ruprecht, Göttingen

Bde. 1–3 hrsg. von Wolfgang Mager, Klaus Schreiner, Hans-Jürgen Puhle und Hans-Ulrich Wehler

Bde. 4–10 hrsg. von Wolfgang Mager, Klaus Schreiner, Klaus Tenfelde und Hans-Ulrich Wehler; Redaktion: Paul Nolte

Bde. 11– hrsg. von Neithard Bulst, Peter Lundgreen, Wolfgang Mager und Hans-Ulrich Wehler; Redaktion: Paul Nolte

Bd. 1: **Puhle,** Hans-Jürgen (Hg.), Bürger in der Gesellschaft der Neuzeit. Wirtschaft – Politik – Kultur. Elf Beiträge, Göttingen 1991.

Bd. 2: **Berghoff,** Hartmut, Englische Unternehmer 1870–1914. Eine Kollektivbiographie führender Wirtschaftsbürger in Birmingham, Bristol und Manchester, Göttingen 1991.

Bd. 3: **Boch,** Rudolf, Grenzenloses Wachstum? Das rheinische Wirtschaftsbürgertum und seine Industrialisierungsdebatte 1814–1857, Göttingen 1991.

Bd. 4: **Wienfort,** Monika, Monarchie in der bürgerlichen Gesellschaft. Deutschland und England von 1640 bis 1848, Göttingen 1993.

Bd. 5: **Jaeger,** Friedrich, Bürgerliche Modernisierungskrise und historische Sinnbildung. Kulturgeschichte bei Droysen, Burckhardt und Max Weber, Göttingen 1994.

Bd. 6: **Budde,** Gunilla-Frederike, Auf dem Weg ins Bürgerleben. Kindheit und Erziehung in deutschen und englischen Bürgerfamilien 1840–1914, Göttingen 1994.

Bd. 7: **Schreiner,** Klaus u. Ulrich **Meier** (Hg.), Stadtregiment und Bürgerfreiheit. Handlungsspielräume in deutschen und italienischen Städten des Späten Mittelalters und der Frühen Neuzeit, Göttingen 1994.

Bd. 8: **Tenfelde,** Klaus u. Hans-Ulrich **Wehler** (Hg.), Wege zur Geschichte des Bürgertums. Vierzehn Beiträge, Göttingen 1994.

Bd. 9: **Mergel,** Thomas, Zwischen Klasse und Konfession. Katholisches Bürgertum im Rheinland 1794–1914, Göttingen 1994.

Bd. 10: **Huerkamp,** Claudia, Bildungsbürgerinnen. Frauen im Studium und in akademischen Berufen 1900–1945, Göttingen 1996.

Bd. 11: **Franz,** Heike, Zwischen Markt und Profession. Betriebswirte in Deutschland im Spannungsfeld von Bildungs- und Wirtschaftsbürgertum (1900–1945), Göttingen 1998.

Bd. 12: **Brakensiek,** Stefan, Fürstendiener – Staatsbeamte – Bürger. Amtsführung und Lebenswelt der Ortsbeamten in niederhessischen Kleinstädten (1750–1830), Göttingen 1999.

Bd. 13: **Hettling,** Manfred, Politische Bürgerlichkeit. Der Bürger zwischen Individualität und Vergesellschaftung in Deutschland und der Schweiz von 1860 bis 1918, Göttingen 1999.

Bd. 14:   **Habermas,** Rebekka, Frauen und Männer des Bürgertums. Eine Familienge-
          schichte (1750–1850), Göttingen 2000.
Bd. 15:   **Rügge,** Nicolas, Im Dienst von Stadt und Staat. Der Rat der Stadt Herford und
          die preußische Zentralverwaltung im 18. Jahrhundert, Göttingen 2000.
Bd. 16:   **Flügel,** Axel, Bürgerliche Rittergüter. Sozialer Wandel und politische Reform in
          Kursachsen 1680 bis 1844, Göttingen 2000.
Bd. 17:   **Ziegler,** Dieter (Hg.), Großbürger und Unternehmer. Die deutsche Wirtschafts-
          elite im 20. Jahrhundert, Göttingen 2000.
Bd. 18:   **Lundgreen,** Peter (Hg.), Sozial- und Kulturgeschichte des Bürgertums. Eine Bi-
          lanz des Bielefelder Sonderforschungsbereichs (1986–1997), Göttingen 2000.

Bibliographie der Bielefelder Bürgertumsforschung

Abelshauser, Werner, Neuer Most in alten Schläuchen? Vorindustrielle Traditionen deutscher Wirtschaftsordnung im Vergleich mit England, in: D. Petzina u. J. Reulecke (Hg.), Bevölkerung, Wirtschaft, Gesellschaft seit der Industrialisierung. Festschrift für Wolfgang Köllmann, Dortmund 1990, S. 117–32.

–, »Zur Vorbeugung der Armuth ...« Der Kreis Herford im Spiegel seiner Sparkasse 1846–1996, Stuttgart 1996.

Albertin, Lothar, Partizipation in den Städten: Wandlungen der lokalen Demokratie, in: Westfälische Forschungen 41 (1991), S. 65–88.

–, Das theoriearme Jahrzehnt der Liberalen, in: A. Schildt u. A. Sywottek (Hg.), Modernisierung im Wiederaufbau. Die westdeutsche Gesellschaft der 50er Jahre, Bonn 1993, S. 659–76.

Aumüller, Christiane u. St. Brakensiek, Hessische Räte und pikardische Magistrate im 18. Jahrhundert. Zwei sozialgeschichtliche Studien im Vergleich, in: Francia 22/2 (1995), S. 1–15.

Berghoff, Hartmut, Public Schools and the Decline of the British Economy 1870–1914, in: Past & Present 129 (1990), S. 148–67.

–, Englische Unternehmer 1870–1914. Eine Kollektivbiographie führender Wirtschaftsbürger in Birmingham, Bristol und Manchester, Göttingen 1991.

– u. R. Möller, Wirtschaftsbürger in Bremen und Bristol. Ein Beitrag zur komparativen Unternehmerforschung, in: H.-J. Puhle (Hg.), Bürger in der Gesellschaft der Neuzeit. Wirtschaft – Politik – Kultur, Göttingen 1991, S. 156–77.

–, British Businessmen as Wealth-Holders, 1870–1914: A Closer Look, in: Business History 33 (1991), S. 44–62.

–, A Reply to W. D. Rubinstein's Response, in: Business History 34 (1992), S. 82–85.

– u. R. Möller, Unternehmer in Deutschland und England 1870–1914. Aspekte eines kollektivbiographischen Vergleichs, in: Historische Zeitschrift 256 (1993), S. 353–86.

– u. R. Möller, Tired Pioneers and Dynamic Newcomers? A comparative essay on German and British entrepreneurial history, in: Economic History Review 47 (1994), S. 262–87.

–, Aristokratisierung des Bürgertums? Zur Sozialgeschichte der Nobilitierung von Unternehmern in Preußen und Großbritannien 1870–1918, in: Vierteljahrschrift für Sozial- und Wirtschaftsgeschichte 81 (1994), S. 178–204.

–, Adel und Bürgertum in England 1770–1850. Ergebnisse der neueren Elitenforschung, in: E. Fehrenbach (Hg.), Adel und Bürgertum in Deutschland 1770–1848, München 1994, S. 95–127.

–, Regional Variations in Provincial Business Biography. The case of Birmingham, Bristol, and Manchester, 1870–1914, in: Business History 37 (1995), S. 64–85.

–, A Gentrified Bourgeoisie? On the social history of ennobled businessmen in Prussia and Britain, 1870–1918, in: German Yearbook on Business History 1995, S. 9–36.

–, Vermögenseliten in Deutschland und England vor 1914. Überlegungen zu einer vergleichenden Sozialgeschichte des Reichtums, in: ders. u. D. Ziegler (Hg.), Pionier und Nachzügler? Komparative Studien zur Geschichte Großbritanniens und Deutschlands im Zeitalter der Industrialisierung. Festschrift für Sidney Pollard, Bochum 1995, S. 281–308.

–, Patriotismus und Geschäftssinn im Krieg. Eine Fallstudie aus der Musikinstrumentenindustrie, in: G. Hirschfeld u.a. (Hg.), Kriegserfahrungen. Studien zur Sozial- und Mentalitätsgeschichte des Ersten Weltkriegs, Essen 1997, S. 262–82.

–, Unternehmenskultur und Herrschaftstechnik. Industrieller Paternalismus: Hohner von 1857 bis 1918, in: Geschichte und Gesellschaft 23 (1997), S. 167–204.

–, Zwischen Kleinstadt und Weltmarkt. Hohner und die Harmonika 1857 bis 1961. Unternehmensgeschichte als Gesellschaftsgeschichte, Paderborn 1997.

Blanke, Horst Walter, Historiker als Beruf. Die Herausbildung des Karrieremusters »Geschichtswissenschaftler« an den deutschen Universitäten von der Aufklärung bis zum klassischen Historismus, in: K.-E. Jeismann (Hg.), Bildung, Staat, Gesellschaft im 19. Jahrhundert. Mobilisierung und Disziplinierung, Stuttgart 1989, S. 343–360.

– u. D. Fleischer, Artikulation bürgerlichen Emanzipationsstrebens und der Verwissenschaftlichungsprozeß der Historie. Grundzüge der deutschen Aufklärungshistorie und die Aufklärungshistorik, in: dies. (Hg.), Theoretiker der deutschen Aufklärungshistorie, Bd. 1: Die theoretische Begründung der Geschichte als Fachwissenschaft, Stuttgart-Bad Cannstatt 1990, S. 19–132; auch in: dies., Aufklärung und Historik. Aufsätze zur Entwicklung der Geschichtswissenschaft, Kirchengeschichte und Geschichtstheorie in der deutschen Aufklärung, Waltrop 1991, S. 33–112.

Blaschke, Olaf u. F.-M. Kuhlemann (Hg.), Religion im Kaiserreich. Milieus – Mentalitäten – Krisen, Gütersloh 1996.

–, Katholizismus und Antisemitismus im Deutschen Kaiserreich, Göttingen 1997.

Boch, Rudolf, Tarifverträge und »Ehrenräte«. Unternehmer und Arbeiter im Regierungsbezirk Düsseldorf 1848/49, in: B. Dietz (Hg.), Industrialisierung. Historisches Erbe und Öffentlichkeit, Wuppertal 1990, S. 178–226.

–, Grenzenloses Wachstum? Das rheinische Wirtschaftsbürgertum und seine Industrialisierungsdebatte von 1814 bis 1857, Göttingen 1991.

–, Von der »begrenzten« zur forcierten Industrialisierung. Zum Wandel ökonomischer Zielvorstellungen im rheinischen Wirtschaftsbürgertum 1815–1845, in: H.-J. Puhle (Hg.), Bürger in der Gesellschaft der Neuzeit. Wirtschaft – Politik – Kultur, Göttingen 1991, S. 133–55.

–, Das bergisch-märkische Wirtschaftsbürgertum 1814–1840, in: W. Köllmann u.a. (Hg.), Bürgerlichkeit zwischen gewerblicher und industrieller Wirtschaft, Dortmund 1994, S. 25–41.

–, Das »Kind der Industrie«. David Hansemann (1790–1864), in: S. Freitag (Hg.), Die Achtundvierziger. Lebensbilder aus der deutschen Revolution 1848/49, München 1997, S. 152–163, S. 295–297.

Bock, Gisela, Geschichte, Frauengeschichte, Geschlechtergeschichte, in: Geschichte und Gesellschaft 14 (1988), S. 364–91.

–, Challenging Dichotomies: Perspectives on Women's History, in: K. Offen u.a. (Hg.), Writing Women's History: International Perspectives, London 1991, S. 1-23.

– u. P. Thane (Hg.), Maternity and Gender Policies. Women and the Rise of the European Welfare States, 1880s-1950s, London 1991.

–, Antinatalism, maternity and paternity in National Socialist Germany, in: ebd., S. 255–55.

–, »Remember the Ladies«. Frauen und die Amerikanische Revolution, in: M. Hettling u.a. (Hg.), Was ist Gesellschaftsgeschichte? Positionen, Themen, Analysen, München 1991, S. 177–87.

– u. S. James (Hg.), Beyond Equality and Difference: Citizenship, Feminist Politics and Female Subjectivity, London 1992.

–, Gender dimensions in National Socialist racism, in: ebd., S. 89–109.

– (Hg.), Lebenswege von Frauen im Ancien Régime. Geschichte und Gesellschaft 18 (1992), Heft 4.

–, Frauenräume und Frauenehre: Frühneuzeitliche Armenfürsorge in Italien, in: K. Hausen und H. Wunder (Hg.), Frauengeschichte – Geschlechtergeschichte, Frankfurt 1992, S. 25–49.

–, Weibliche Armut, Mutterschaft und Rechte von Müttern in der Entstehung des Wohlfahrtsstaats, 1890–1950, in: G. Duby u. M. Perrot (Hg.), Frauen in der Geschichte, Bd. 5: 20. Jahrhundert, hg. von F. Thébaud, Frankfurt 1995, S. 427–62.

–, Nationalsozialistische Geschlechterpolitik und die Geschichte der Frauen, in: ebd., S. 173–204.

–, »Ganz normale Frauen«. Täter, Opfer, Mitläufer, Zuschauer der nationalsozialistischen Rassenpolitik, in: K. Heinsohn u.a. (Hg.), Karrieren, Anpassung, Verfolgung. Handlungsräume von Frauen in der nationalsozialistischen Diktatur, Frankfurt 1997, S. 117–44.

Bolenz, Eckhard, Vom Baubeamten zum freiberuflichen Vermessungsingenieur. Zur Geschichte des Vermessungswesens im 19. Jahrhundert, in: Forum. Zeitschrift für öffentlich bestellte Vermessungsingenieure 2 (1988), S. 309–20.

–, Vom Baubeamten zum freiberuflichen Architekten. Technische Berufe im Bauwesen (Preußen/Deutschland 1799–1931), Frankfurt 1991.

–, Baubeamte in Preußen, 1799–1930: Aufstieg und Niedergang einer technischen Elite, in: Technikgeschichte 60 (1993), S. 87–106.

–, Bauwesen und Militär. Das Ingenieurcorps in Preußen seit dem 18. Jahrhundert, in: Jahrbuch der Gesellschaft für Festungsforschung 12 (1994), S. 35–44.

Bossmann, Jürgen, Primat des Handels oder der Industrialisierung? Hamburger und Stettiner Wirtschaftsbürger in der Herausforderung durch süddeutsche Fabrikanten 1814–1849, Diss. Bielefeld 1994.

Brakensiek, Stefan, Lokalbehörden und örtliche Amtsträger im Spätabsolutismus. Die Landgrafschaft Hessen-Kassel 1750–1806, in: ders.u.a. (Hg.), Kultur und Staat in der Provinz. Perspektiven und Erträge der Regionalgeschichte, Bielefeld 1992, S. 129–64.

–, Adlige und bürgerliche Amtsträger in Staat und Gesellschaft. Das Beispiel Hessen-Kassel 1750–1866, in: K. Tenfelde u. H.-U. Wehler (Hg.), Wege zur Geschichte des Bürgertums, Göttingen 1994, S. 15–35.

– u. Ch. Aumüller, Hessische Räte und pikardische Magistrate im 18. Jahrhundert. Zwei sozialgeschichtliche Studien im Vergleich, in: Francia 22/2 (1995), S. 1-15.

–, Fürstendiener – Staatsbeamte – Bürger. Amtsführung und Lebenswelt der Ortsbeamten in niederhessischen Kleinstädten (1750–1830), Göttingen 1999.

Budde, Gunilla-Friederike, Bürgerliche und proletarische Mädchenerziehung im 19. Jahrhundert – Chancen der Partizipation, in: Geschichtsdidaktik 12 (1987), S. 371–86.

–, »Meine Erläbnisse«. Die Lebenserinnerungen der Sophia Lemitz, in: dies. (Hg.), In Träumen war ich immer wach. Das Leben des Dienstmädchens Sophia von ihr selbst erzählt, Bonn 1990 (2. Auflage), S. 7-40.

–, Auf dem Weg ins Bürgerleben. Kindheit und Erziehung in deutschen und englischen Bürgerfamilien, Göttingen 1994.

– u. J. Jacobi, Aus bürgerlichen Kinderstuben. Die Erziehung von Mädchen und Jungen in deutschen und englischen Bürgerfamilien des 19. Jahrhunderts, in: Forschung an der Universität Bielefeld 9 (1994), S. 38–44.

–, Vergleichbare Erfahrungen. Deutsche und englische Bürgerfamilien als Formungs- und Vermittlungsinstanzen »bürgerlicher Kultur« in komparativer Betrachtung, in: A. Triebel (Hg.), Gesellschaften vergleichen, Berlin 1994, S. 156–70.

–, Frischluft, Nannies und Matrosenkleider. Englische Einflüsse auf deutsche Erziehung in Bürgerfamilien des 19. Jahrhunderts, in: Westfälische Forschungen 44 (1994), S. 311–28.

–, »Stützen« der Bürgergesellschaft. Varianten der Rolle von Dienstmädchen in deutschen und englischen Bürgerfamilien des 19. Jahrhunderts, in: H. Berghoff u. D. Ziegler (Hg.), Pionier und Nachzügler? Vergleichende Studien zur Geschichte Großbritanniens und Deutschlands im Zeitalter der Industrialisierung. Festschrift für Sidney Pollard, Bochum 1995, S. 259–80.

–, An der Wiege des Bürgertums. Erziehungsgeschehen und -erleben in deutschen und englischen Bürgerfamilien im 19. und frühen 20. Jahrhundert, in: Jahrbuch für Historische Bildungsforschung 2 (1995), S. 113–34.

–, L'autoformation et la sauvegarde des valeurs bourgeoises d'après les autobiographies allemandes et anglaises du XLXe et du début du XXe siècle, in: Histoire de L'Education 70 (1996), S. 143–68.

–, Investigacion sobre la Burguesia en Alemania: Tendencias, Resultados y Perspectivas, in: Historia Contemporanea 13/14 (1996), S. 43–62.

–, Des Haushalts »schönster Schmuck«. Die Hausfrau als Konsumexpertin des deutschen und englischen Bürgertums im 19. und frühen 20. Jahrhundert, in: H. Siegrist u.a. (Hg.), Europäische Konsumgeschichte, Frankfurt 1997, S. 411–40.

–, Das Bürgertum, in: Brockhaus-Redaktion (Hg.), Weltgeschichte, Bd. 4: Wege in die Moderne (1650–1850), Leipzig/Mannheim 1998, S. 376–383.

–, Bescheidene Pionierinnen. Studentinnen und Dozentinnen der »ersten Stunde« der Freien Universität Berlin, in: C. Färber u. H. Hülsbergen (Hg.), Selbstbewußt und frei. Frauen an der Freien Universität Berlin 1948–1998, Königswinter 1998, S. 57–83.

–, Das Dienstmädchen, in: U. Frevert u. H.-G. Haupt (Hg.), Der Mensch des 19. Jahrhunderts, Frankfurt 1999, S. 148–175.

Bulst, Neithard, Zum Problem städtischer und territorialer Luxusgesetzgebung in Deutschland (13. bis Mitte 16. Jahrhundert), in: A. Gouron u. A. Rigaudière (Hg.), Renaissance du pouvoir legislatif et genèse de l'Etat, Montpellier 1988, S. 29–57.

– u. J.-Ph. Genet (Hg.), La ville, la bourgeoisie et la genèse de l'Etat moderne (XIIe–XVIIIe siècles), Paris 1988.

–, Einleitung. Stadt und Bürgertum und die Anfänge des modernen Staats, in: ebd., S. 7-17.

–, Feste und Feiern unter Auflagen. Mittelalterliche Tauf-, Hochzeits-, und Begräbnisordnungen in Deutschland und Frankreich, in: D. Altenburg u.a. (Hg.), Feste und Feiern im Mittelalter, Sigmaringen 1991, S. 39–51.

–, La législation somptuaire d'Amédée VIII, in: B. Andenmatten u. A. Paravicini-Bagliani (Hg.), Amédée VIII – Felix V. Premier duc de Savoie et pape (1383–1451), Lausanne 1992, S. 191–200.

–, Normative Texte als Quelle zur Kommunikationsstruktur zwischen städtischen und territorialen Obrigkeiten im Späten Mittelalter und in der Frühen Neuzeit, in: H. Hundsbichler (Hg.), Kommunikation und Alltag in Spätmittelalter und Früher Neuzeit, Wien 1992, S. 127–44.

– u. R. Jütte (Hg.), Zwischen Schein und Sein. Kleidung und Identität in der ständischen Gesellschaft. Saeculum 44 (1993), Sonderheft.

–, Kleidung als sozialer Konfliktstoff. Probleme kleidergesetzlicher Normierung im sozialen Gefüge, in: Saeculum 44 (1993), S. 32–46.

–, Les ordonnances somptuaires en Allemagne: Expression de l'ordre social urbain (XIVe–XVIe siècle), in: Académie des Inscriptions et Belles Lettres. Comptes-rendus des séances de l'année 1993, juillet-octobre, Paris 1993, S. 771–84.

Ernst, Anna-Sabine u. Ch. Kleßmann, Bürgerliche Traditionselemente in Sozialstruktur und Lebensweise der Intelligenz in der DDR, in: Wissenschaftliche Zeitschrift der Humboldt-Universität zu Berlin 39 (1990), S. 605–09.

–, Mode im Sozialismus. Zur Etablierung eines »sozialistischen Stils« in der frühen DDR, in: K. Mänicke-Gyöngyösi u. R. Rytlewski (Hg.), Lebensstile und Kulturmuster in sozialistischen Gesellschaften, Köln 1990, S. 73–95.

–, Vom »Du« zum »Sie«. Die Rezeption der bürgerlichen Anstandsregeln in der DDR der 50er Jahre, in: Mitteilungen aus der Kulturwissenschaftlichen Forschung 33 (1993), S. 190–209.

–, Erbe und Hypothek. (Alltags-) Kulturelle Leitbilder in der SBZ/DDR 1945–1961, in: Stiftung Mitteldeutscher Kulturrat (Hg.), Kultur und Kulturträger in der DDR, Bonn 1993, S. 9-72.

–, Von der bürgerlichen zur sozialistischen Profession? Ärzte in der SBZ/DDR 1945–1961, in: R. Bessel u. R. Jessen (Hg.), Die Grenzen der Diktatur. Staat und Gesellschaft in der DDR, Göttingen 1996, S. 25–48.

–, Doppelstaatsbürger von Partei und Fach? Das soziale und politische Profil der DDR-Medizinprofessoren in den 50er Jahren, in: Hochschule Ost, Heft 2 (1997), S. 25–38.

–, »Die beste Prophylaxe ist der Sozialismus«. Ärzte und medizinische Hochschullehrer in der SBZ/DDR 1945–1961, Münster 1997.

Etges, Andreas, Wirtschaftsnationalismus: Deutschland und die USA im Vergleich 1815–1914, Diss. Bielefeld 1998.

Flügel, Axel, Johann Adolf Havergo (1735–1811), in: J. Kocka und R. Vogelsang (Hg.), Bielefelder Unternehmer des 18. bis 20. Jahrhunderts, Münster 1991, S. 7-24.

–, Rudolph Delius (1802–1859), in: ebd., S. 62–85.

–, Wirtschaftsbürger oder Bourgeois? Kaufleute, Verleger und Unternehmer in der Gesellschaft des Ancien Régime, in: H.-J. Puhle (Hg.), Bürger in der Gesellschaft der Neuzeit. Wirtschaft – Politik – Kultur, Göttingen 1991, S. 107–32.

–, Von der Interessentenschaft zur Aktiengesellschaft. Zur Entwicklung der Organisationsformen im Bielefelder Feinleinengewerbe 1774–1842, in: Jahresbericht des Historischen Vereins für die Grafschaft Ravensberg 79 (1991), S. 141–55.

–, Kaufleute und Manufakturen in Bielefeld. Sozialer Wandel und wirtschaftliche Entwicklung im proto-industriellen Leinengewerbe von 1680 bis 1850, Bielefeld 1993.

–, Kaufmännische Orientierung und Mechanisierung. Das Feinleinengewerbe in Ravensberg 1680–1890, in: K. Ditt u. S. Pollard (Hg.), Von der Heimarbeit in die Fabrik. Industrialisierung und Arbeiterschaft in Leinen- und Baumwollregionen Westeuropas während des 18. und 19. Jahrhunderts, Paderborn 1992, S. 108–27.

–, Sozialer Wandel und politische Reform in Sachsen 1763–1843. Rittergüter und Gutsbesitzer im Übergang von der Landeshoheit zum Konstitutionalismus, in: K. Tenfelde u. H.-U. Wehler (Hg.), Wege zur Geschichte des Bürgertums, Göttingen 1994, S. 36–56.

–, »Gott mit uns« – Festkultur im 17. Jahrhundert am Beispiel der Lob- und Dankfeste und Fastnachtsbräuche in Leipzig, in: K. Keller (Hg.), Feste und Feiern. Zum Wandel städtischer Festkultur in Leipzig, Leipzig 1994, S. 49–68.

–, Rittergutsbesitz und Ämterbesetzung des Adels im Königreich Sachsen im 19. Jahrhundert, in: K. Adamy u. K. Hübener (Hg.), Adel und Staatsverwaltung in Brandenburg im 19. und 20. Jahrhundert. Ein historischer Vergleich, Berlin 1996, S. 325–44.

–, Gutsbesitz und Rittergutsbesitzer. Das Beispiel Ammelshain im 18. und 19. Jahrhundert, in: Sächsische Heimatblätter 2 (1996), S. 84–91.

–, Bürgerliche Kritik und adelige Landtagsrepräsentation. Die Ritterkurie des sächsischen Landtages im Jahr 1793, in: Geschichte und Gesellschaft 23 (1997), S. 384–404.

–, Bürgerliche Rittergüter. Sozialer Wandel und politische Reform in Kursachsen 1680 bis 1844, Göttingen 2000.

Franke, Peter, Freimaurer in Prenzlau. Zur Geschichte der Loge »Zur Wahrheit« 1796–1935, in: Mitteilungen des Uckermärkischen Geschichtsvereins zu Prenzlau 4 (1995), S. 32–71.

–, Prenzlauer Wirtschaftsbürger im 19. Jahrhundert, in: Mitteilungen des Uckermärkischen Geschichtsvereins zu Prenzlau 5 (1996), S. 103–42.

–, Die Templiner Bürgerschaft und ihre gewählte Obrigkeit: Erscheinungsformen von Selbsthilfe im 19. Jahrhundert, in: Mitteilungen des Uckermärkischen Geschichtsvereins zu Prenzlau 7 (1998), S. 130–158.

–, Vom sozialistischen Schriftsetzer zum liberalen Zeitungsverleger: Die ungewöhnliche Karriere des Berthold Feistel in der uckermärkischen Provinz, in: Jahrbuch für Kommunikationsgeschichte 1 (1999), S. 113–134.

–, Kleinstädtische Provinz im 19. Jahrhundert. Zur »Verbürgerlichung ostelbischer Kleinstädte in der Provinz Brandenburg 1809–1914« (Projektbericht), in: Informationen zur modernen Stadtgeschichte (IMS) 2 (1999), S. 24–31.

–, Gemeinde-Revolutionen in der Uckermark: Ereignisse 1848/49 in den Kreisen Prenzlau und Templin, in: Mitteilungen des Uckermärkischen Geschichtsvereins zu Prenzlau 8 (1999), S. 104–200.

Franz, Heike, Betriebswirte in Deutschland: »Bürger« oder »Professionals«? Selbstbild und Fremdbild einer »neuen« akademischen Berufsgruppe 1900–1930, in: K. Tenfelde u. H.-U. Wehler (Hg.), Wege zur Geschichte des Bürgertums, Göttingen 1994, S. 249–72.

–, Zwischen Markt und Profession. Betriebswirte in Deutschland im Spannungsfeld von Bildungs- und Wirtschaftsbürgertum (1900–1945), Göttingen 1998.

Frevert, Ute (Hg.), Bürgerinnen und Bürger im 19. Jahrhundert. Geschlechterverhältnisse im 19. Jahrhundert. Zwölf Beiträge, Göttingen 1988.

–, Bürgerliche Meisterdenker und das Geschlechterverhältnis. Konzepte, Erfahrungen, Visionen an der Wende vom 18. zum 19. Jahrhundert, in: ebd., S. 17–48.

–, Bürgerlichkeit und Ehre. Zur Geschichte des Duells in England und Deutschland, in: J. Kocka (Hg.) (unter Mitarbeit von U. Frevert), Bürgertum im 19. Jahrhundert. Deutschland im europäischen Vergleich, Bd. 3, München 1988, S. 101–40.

–, Die Ehre der Bürger im Spiegel ihrer Duelle, in: Historische Zeitschrift 249 (1989), S. 545–82.

–, »Tatenarm und gedankenvoll«. Bürgertum in Deutschland 1780–1820, in: H. Berding u. H.-P. Ullmann (Hg.), Deutschland und Frankreich im Zeitalter der Französischen Revolution, Frankfurt 1989, S. 263–92.

–, Ehrenmänner. Das Duell in der bürgerlichen Gesellschaft, München 1991.

Frey, Manuel, Der reinliche Bürger. Entstehung und Verbreitung bürgerlicher Tugenden in Deutschland, 1760–1860, Göttingen 1997.

von Friedeburg, Robert, Dörfliche Gesellschaft und die Integration sozialen Protests durch Liberale und Konservative im 19. Jahrhundert. Desiderate und Perspektiven der Forschung im deutsch-englischen Vergleich, in: Geschichte und Gesellschaft 17 (1991), S. 311–43.

– u. W. Mager, Learned Men and Merchants: The Growth of the Bürgertum, in: S. Ogilvie u. B. Scribner (Hg.), Germany. A New Social and Economic History, Bd. 2, 1630–1800, London 1996, S. 164–95.

Georges, Dirk, Zwischen Reaktion und Liberalismus. Die Organisation handwerkspolitischer Interessen zwischen 1849 und 1869, in: H.-J. Puhle (Hg.), Bürger in der Gesellschaft der Neuzeit. Wirtschaft – Politik – Kultur, Göttingen 1991, S. 223–37.

–, Die Interessenpolitik des Handwerks im deutschen Kaiserreich im internationalen Vergleich, in: M. Hettling u.a. (Hg.), Was ist Gesellschaftsgeschichte? Positionen, Themen, Analysen, München 1991, S. 37–54.

–, 1810/11–1993: Handwerk und Interessenpolitik. Von der Zunft zur modernen Verbandsorganisation, Frankfurt 1993.

Glaser, Edith u.U. Herrmann, Konkurrenz und Dankbarkeit. Die ersten drei Jahrzehnte des Frauenstudiums im Spiegel von Lebenserinnerungen am Beispiel der Universität Tübingen, in: Zeitschrift für Pädagogik 34 (1988), S. 205–26.

–, Hindernisse, Umwege, Sackgassen: Die Anfänge des Frauenstudiums in Tübingen (1904–1934), Weinheim 1992.

–, Der Einbruch der Frauenzimmer in das gelobte Land der Wissenschaft. Die Anfänge des Frauenstudiums am Beispiel der Universität Tübingen, in: A. Schlüter (Hg.), Pionierinnen, Feministinnen, Karrierefrauen – 90 Jahre Frauenstudium, Pfaffenweiler 1992, S. 63–85.

–, Private Initiativen, städtische Zurückhaltung. Das höhere Mädchenschulwesen in Leipzig im 19. und 20. Jahrhundert, in: G. Kaemmerer u. A. Pilz (Hg.), Leipziger Frauengeschichte(n). Ein historischer Stadtrundgang, Leipzig 1995, S. 62–69.

–, »Sind Frauen studierfähig?« Vorurteile gegen das Frauenstudium, in: E. Kleinau u. C. Opitz (Hg.), Geschichte der Mädchen- und Frauenbildung, Bd. 2, Frankfurt 1996, S. 299–309.

–, Die erste Studentinnengeneration – ohne Berufsperspektive? in: ebd., S. 310–24.

–, Einleitung: »Frauenstudium«, in: E. Kleinau u. Ch. Mayer (Hg.), Erziehung und Bildung des weiblichen Geschlechts. Eine kommentierte Quellensammlung zur Bildungs- und Berufsgeschichte von Frauen und Mädchen. Einführung in die pädagogische Frauenforschung, Bd. 1, Weinheim 1996, S. 198–201, 207 ff., 222.

–, Emancipation or Marginalisation. New research on women students in the German-speaking World, in: Oxford Review of Education – Special issue: »Writing of University History«, Oxford 1997, S. 169–84.

–, Zum Prozeß der Verberuflichung der Lehr- und Unterrichtstätigkeit von Frauen in Sachsen (1856–1918), in: H. Bohmke u. F. Heintzel (Hg.), Einblicke – Frauenforschung in Sachsen-Anhalt, Bd. 2, Magdeburg 1997, S. 79–86.

Gorißen, Stefan, Vom Kaufmann zum Unternehmer. Betriebsformen und Unternehmensstrategien der Firma Johan Caspar Harkort 1720–1820, in: W. Köllmann u. a. (Hg.), Bürgerlichkeit zwischen gewerblicher und industrieller Wirtschaft, Dortmund 1994,
S. 67–85.

–, Vom Handelshaus zum Unternehmen. Sozialgeschichte der Firma Johan Caspar Harkort
im Zeitalter der Protoindustrie (1720–1820), Diss. Bielefeld 1997.

Graf, Klaus, Schlachtengedenken im Spätmittelalter. Riten und Medien der Präsentation
kollektiver Identität, in: D. Altenburg u. a. (Hg.), Feste und Feiern im Mittelalter, Sigmaringen 1991, S. 63–69.

–, Feindbild und Vorbild. Bemerkungen zur städtischen Wahrnehmung des Adels, in: Zeitschrift für die Geschichte des Oberrheins 141 (1993), S. 121–54.

–, St. Laurentius, Stadtpatron von Duderstadt, in: Die Diözese Hildesheim in Vergangenheit und Gegenwart 65 (1997), S. 103–27.

–, Die Crailsheimer Stadtfeier, in: Mitteilungsblätter des Crailsheimer Historischen Vereins
12 (1997), S. 33–42.

Grimm, Dieter, Soziale Voraussetzungen und verfassungsgeschichtliche Voraussetzungen
der Meinungsfreiheit, in: J. Schwartländer u. D. Willoweit (Hg.), Meinungsfreiheit, Kehl
1986, S. 145–171.

–, Recht und Staat der bürgerlichen Gesellschaft, Frankfurt 1987.

–, Die Entwicklung der Grundrechtstheorie in der deutschen Staatsrechtslehre des 19. Jahrhunderts, in: G. Birtsch (Hg.), Grund- und Freiheitsrechte von der ständischen zur spät-
bürgerlichen Gesellschaft, Göttingen 1987, S. 234–266.

–, Bürgerlichkeit im Recht, in: J. Kocka (Hg.), Bürger und Bürgerlichkeit im 19. Jahrhundert, Göttingen 1987, S. 149–88.

–, Entstehungs- und Wirkungsbedingungen des modernen Institutionalismus, in: D. Simon
(Hg.), Akten des 26. Deutschen Rechtshistorikertages, Frankfurt 1987, S. 45–76.

–, Die Grundrechte im Entstehungszusammenhang der bürgerlichen Gesellschaft, in:
J. Kocka (Hg.) (unter Mitarbeit von U. Frevert), Bürgertum im 19. Jahrhundert. Deutschland im europäischen Vergleich, Bd. 1, München 1988, S. 340–71.

–, Deutsche Verfassungsgeschichte, Bd. I: Vom Beginn des modernen Verfassungsstaats bis
zum Ende des Deutschen Bundes, Frankfurt 1988.

–, Verfassung (II.), in: Geschichtliche Grundbegriffe, Bd. 6, Stuttgart 1990, S. 863–899.

–, Verfassungserfüllung – Verfassungsbewahrung – Verfassungsauflösung: Positionen der
Staatsrechtslehre in der Staatskrise der Weimarer Republik, in: H. A. Winkler (Hg.), Die
deutsche Staatskrise 1930–1933: Handlungsspielräume und Alternativen, München 1992,
S. 183–99.

–, Politik und Recht, in: E. Klein (Hg.), Grundrechte, soziale Ordnung und Verfassungsge-
richtsbarkeit. Festschrift für Ernst Benda, Heidelberg 1995, S. 91–103.

– u. H. Mohnhaupt, Verfassung. Zur Geschichte des Begriffs von der Antike bis zur Gegenwart, Berlin 1995.

Habermas, Rebekka, Frauen und Männer im Kampf um Leib, Ökonomie und Recht. Zur
Beziehung der Geschlechter im Frankfurt der frühen Neuzeit, in: R. van Dülmen (Hg.),
Die Dynamik der Tradition, Frankfurt 1992, S. 109–36.

–, Weibliche Religiosität – oder: Von der Fragilität bürgerlicher Identitäten, in: K. Tenfelde u. H.-U. Wehler (Hg.), Wege zur Geschichte des Bürgertums, Göttingen 1994,
S. 125–48.

–, Die Ehre des Fleisches – Entführungen und Verführungen im 18. Jahrhundert. Der Fall
Marie Salome von Reineck, in: R. van Dülmen (Hg.), Körper-Geschichten, Frankfurt
1996, S. 122–49.

–, Spielerische Liebe oder: Von der Ohnmacht der Fiktionen. Heinrich Eibert Merkel und
Regina Dannreuther (1783–1785), in: E. Labouvie (Hg.), Ungleiche Paare. Zur Kulturgeschichte menschlicher Beziehungen, München 1997, S. 152–74.

–, Frauen und Männer des Bürgertums. Eine Familiengeschichte (1750–1850), Göttingen
2000.

Häfner, Lutz, Stadtdumawahlen und soziale Eliten in Kazan, 1870–1913. Zur rechtlichen Lage und politischen Praxis der lokalen Selbstverwaltung, in: Jahrbücher für Geschichte Osteuropas 44 (1996), S. 217–52.

– (Ljuc Chefner), »Chram prazdnosti«: Associacii i kluby gorodskich élit v Rossii. (Na materialach Kazani 1860–1914 gg., in: A. N. Zorin i A. P. Kaplunovskij (Hg.), Očerki gorodskogo byta dorevoljucionnogo Povolž'ja, Ul'janovsk 2000, S. 1-68. (»Tempel des Müßigganges«: Assoziationen und Klubs der städtischen Eliten in Rußland: Kazan 1860–1914, in: A. N. Zorin u. A. P. Kaplunovskij (Hg.), Studien des städtischen Alltags des vorrevolutionären Wolgagebietes).

–, Städtische Eliten und ihre Selbstinszenierung: Die Dreihundertjahrfeier Saratovs 1891, in: Jahrbücher für Geschichte Osteuropas 48 (2000), S. 1-24.

–, »Leben sie im Graben, fressen sie die Raben«: städtische Peripherie, politische Partizipation und Städteassanierung in Saratov 1860 bis 1914, in: Jahrbücher für Geschichte Osteuropas 48 (2000), Heft 2.

Harnisch, Hartmut, Zwischen Junkertum und Bürgertum. Der Bauer im ostelbischen Dorf im Widerstreit der Einflüsse von traditionalem Führungsanspruch des Adels und moderner kapitalistischer Gesellschaft, in: W. Jacobeit u. a. (Hg.), Idylle oder Aufbruch? Das Dorf im bürgerlichen 19. Jahrhundert, Berlin 1990, S. 25–36.

Hausmann, Guido, Akademische Berufsgruppen in Odessa, in: Ch. McClelland u. a. (Hg.), Professionen im modernen Osteuropa. Professions in Modern Eastern Europe, Gießen 1995, S. 427–63.

–, Universität und städtische Gesellschaft in Odessa, 1865–1917. Soziale und nationale Selbstorganisation an der Peripherie des Zarenreiches, Stuttgart 1998.

–, Deutsche Kaufleute und Unternehmer im Wirtschaftsleben Odessas am Ende des 19. und zu Beginn des 20. Jahrhunderts, in: D. Dahlmann u. C. Scheide (Hg.), »… das einzige Land in Europa, das eine große Zukunft vor sich hat.« Deutsche Unternehmen und Unternehmer im Russischen Reich im 19. und frühen 20. Jahrhundert, Essen 1998, S. 523–540.

–, Die wohlhabenden Odessaer Kaufleute und Unternehmer. Zur Herausbildung bürgerlicher Identitäten im ausgehenden Zarenreich, in: Jahrbücher für Geschichte Osteuropas 48 (2000), S. 41–65.

Heckert, Uwe, Die Ratskapelle als Zentrum bürgerlicher Herrschaft und Frömmigkeit. Struktur, Ikonographie und Funktion, in: Blätter für deutsche Landesgeschichte 129 (1993), S. 139–64.

–, »Im Zweifel für die Freiheit.« Ein Mustergutachten Conrad Peutingers zu Bürgerrecht und Bürgeraufnahme im spätmittelalterlichen Augsburg, in: K. Schreiner u.U. Meier (Hg.), Stadtregiment und Bürgerfreiheit. Handlungsspielräume in deutschen und italienischen Städten des Späten Mittelalters und der Frühen Neuzeit, Göttingen 1994, S. 120–144.

–, Die Ratskapelle als religiöses, politisches und Verwaltungszentrum der Ratsherrschaft in deutschen Städten des späten Mittelalters, Diss. Bielefeld 1994.

Hettling, Manfred, Alfred Rethel: Die Harkortsche Fabrik auf Burg Wetter (1834), in: Kultur und Technik 1989, H. 1, S. 32 f.

–, Reform ohne Revolution. Bürgertum, Bürokratie und kommunale Selbstverwaltung in Württemberg von 1800 bis 1850, Göttingen 1990.

– (Hg.), Revolution in Deutschland? Göttingen 1991.

–, 1848 – Illusion einer Revolution, in: ebd., S. 27–45.

–, Bürgertum und Revolution 1848 – ein Widerspruch, in: H.-J. Puhle (Hg.), Bürger in der Gesellschaft der Neuzeit. Wirtschaft – Politik – Kultur, Göttingen 1991, S. 210–22.

–, Bürgertum und Liberalismus im Deutschen Kaiserreich, in: liberal 33, Heft 1 (1991), S. 62–69.

–, Die Nationalisierung von Kunst. Der »Fall Hodler« 1914, in: ders.u.a. (Hg.), Was ist Gesellschaftsgeschichte? Positionen, Themen, Analysen, München 1991, S. 215–24.

–, Stadtgeschichtliche Forschungen an der Universität Bielefeld. Der Sonderforschungsbereich »Sozialgeschichte des neuzeitlichen Bürgertums im internationalen Vergleich«, in: Informationen zur modernen Stadtgeschichte, Heft 1 (1991), S. 8-14.

– u. M. Jeismann, Der Weltkrieg als Epos. Philipp Witkops »Kriegsbriefe gefallener Studenten«, in: G. Krumeich u. a. (Hg.), »Keiner fühlt sich hier mehr als Mensch ...« Erlebnis und Wirkung des Ersten Weltkriegs, Essen 1993, S. 175–98.

– u. P. Nolte (Hg.), Bürgerliche Feste. Symbolische Formen des politischen Handelns im 19. Jahrhundert, Göttingen 1993.

– u. P. Nolte, Bürgerliche Feste als symbolische Politik im 19. Jahrhundert, in: ebd., S. 7-36.

–, Das Begräbnis der Märzgefallenen 1848, in: ebd., S. 95–123.

–, Bürger oder Soldaten? Kriegerdenkmäler 1848 bis 1854, in: R. Koselleck u. M. Jeismann (Hg.), Der politische Totenkult. Kriegerdenkmäler in der Moderne, München 1994, S. 147–93.

–, Von der Hochburg zur Wagenburg. Liberalismus in Breslau von den 1860er Jahren bis 1918, in: L. Gall u. D. Langewiesche (Hg.), Liberalismus und Region im 19. Jahrhundert, München 1994, S. 253–76.

– u. P. Nolte (Hg.), Nation und Gesellschaft in Deutschland. Historische Essays, München 1996.

–, Das Denkmal als Fetisch. Rütli und Tell, in: Schweizerische Zeitschrift für Geschichte 47 (1997), S. 46–55.

–, Erlebnisraum und Ritual. Die Geschichte des 18. März 1848 im Jahrhundert bis 1948, in: Historische Anthropologie 5 (1997), S. 417–34.

– u. St.-L. Hoffmann, Der bürgerliche Wertehimmel. Zum Problem individueller Lebensführung im 19. Jahrhundert, in: Geschichte und Gesellschaft 23 (1997), S. 333–59.

–, Politische Bürgerlichkeit. Der Bürger zwischen Individualität und Vergesellschaftung in Deutschland und der Schweiz von 1860 bis 1918, Göttingen 1999.

von Hodenberg, Christina, Die Partei der Unparteiischen. Der Liberalismus der preußischen Richterschaft, 1815–1848/49, Göttingen 1996.

–, Kollektive Sozialisation oder Professionalisierung? Zwei Zugänge zur Geschichte bildungsbürgerlicher Berufsgruppen am Beispiel der preußischen Richterschaft im Vormärz, in: Jahrbuch für Historische Bildungsforschung 3 (1996), S. 185–207.

Hölscher, Lucian, Weltgericht oder Revolution. Protestantische und sozialistische Zukunftsvorstellungen im deutschen Kaiserreich, Stuttgart 1989.

–, Secular culture and religious community in the city: Hannover in the 19th century, in: Hispania sacra. Revista de Historia Ecclesiastica 42 (1990), S. 405–11.

–, Die Religion des Bürgers. Bürgerliche Frömmigkeit und protestantische Kirche im 19. Jahrhundert, in: Historische Zeitschrift 250 (1990), S. 595–630.

–, Säkularisierungsprozesse im deutschen Protestantismus des 19. Jahrhunderts. Ein Vergleich zwischen Bürgertum und Arbeiterschaft, in: H.-J. Puhle (Hg.), Bürger in der Gesellschaft der Neuzeit. Wirtschaft – Politik – Kultur, Göttingen 1991, S. 237–58.

–, Bürgerliche Religiosität im protestantischen Deutschland des 19. Jahrhunderts, in: W. Schieder (Hg.), Religion und Gesellschaft im 19. Jahrhundert, Stuttgart 1993, S. 191–215.

–, Die religiöse Entzweiung. Entwurf zu einer Geschichte der Frömmigkeit im 19. Jahrhundert, in: Christentum und Kirche vor der Moderne. Industrialisierung, Historismus und die deutsche evangelische Kirche (Jahrbuch der Gesellschaft für niedersächsische Kirchengeschichte, Bd. 93, und Studien zur deutschen Landeskirche, Bd. 2), Hannover 1995, S. 9-25.

–, Secularization and Urbanization in the Nineteenth Century. An Interpretative Model, in: H. McLeod (Hg.), European Religion in the Age of the Great Cities 1830–1930, London/New York 1995, S. 263–88.

–, »Weibliche Frömmigkeit«: Der Einfluß von Religion und Kirche auf die Religiosität von Frauen im 19. Jahrhundert, in: M. Kraul u. C. Lüth (Hg.), Erziehung der Menschen-Geschlechter. Studien zur Religion, Sozialisation und Bildung in Europa seit der Aufklärung, Weinheim 1996, S. 45–62.

Hoffmann, Stefan-Ludwig, Sakraler Monumentalismus um 1900. Das Leipziger Völkerschlachtdenkmal, in: R. Koselleck u. M. Jeismann (Hg.), Der politische Totenkult. Kriegerdenkmäler in der Moderne, München 1994, S. 105–31.

–, Mythos und Geschichte. Leipziger Gedenkfeiern der Völkerschlacht im 19. und frühen 20. Jahrhundert, in: E. François u. a. (Hg.), Nation und Emotion. Deutschland und Frankreich im Vergleich, 19.–20. Jahrhundert, Göttingen 1995, S. 111–32.

–, Die Politik der Mythen, in: Berliner Debatte/Initial 1995, H. 6, S. 138–43.

– u. M. Hettling, Der bürgerliche Wertehimmel. Zum Problem individueller Lebensführung im 19. Jahrhundert, in: Geschichte und Gesellschaft 23 (1997), S. 333–59.

–, Die Politik der Geselligkeit. Freimaurerlogen in der deutschen Bürgergesellschaft, 1840–1914, Diss. Bielefeld 1999.

Holtwick, Bernd, Im Kampf um das Handwerk. Handwerker und ihre Organisationen in Ostwestfalen-Lippe 1929–1953, Diss. Bielefeld 1999.

Huerkamp, Claudia, Der Aufstieg der Ärzte im 19. Jahrhundert. Vom gelehrten Stand zum professionellen Experten: Das Beispiel Preußens, Göttingen 1985.

–, Die preußisch-deutsche Ärzteschaft als Teil des Bildungsbürgertums: Wandel in Lage und Selbstverständnis vom ausgehenden 18. Jahrhundert bis zum Kaiserreich, in: W. Conze u. J. Kocka (Hg.), Bildungsbürgertum im 19. Jahrhundert, Teil I: Bildungssystem und Professionalisierung in internationalen Vergleichen, Stuttgart 1985, S. 358–87.

–, Universitäten und Bildungsbürgertum. Zur Lage studierender Frauen 1900–1930, in: H. Siegrist (Hg.), Bürgerliche Berufe. Zur Sozialgeschichte der freien und akademischen Berufe im internationalen Vergleich, Göttingen 1988, S. 200–22.

–, The Making of the Modern Medical Profession. Prussian Doctors in the Nineteenth Century, in: G. Cocks u. K. H. Jarausch (Hg.), German Professions 1800–1950, New York/Oxford 1990, S. 66–84.

–, Frauen im Arztberuf im 19. und 20. Jahrhundert: Deutschland und die USA im Vergleich, in: M. Hettling u. a. (Hg.), Was ist Gesellschaftschaftsgeschichte? Positionen, Themen, Analysen, München 1991, S. 135–45.

–, Zwischen Überfüllungskrise und politischer Reglementierung. Studienrätinnen in Preußen in der Zwischenkriegszeit, in: J. Jacobi (Hg.), Frauen zwischen Familie und Schule. Professionalisierungsstrategien bürgerlicher Frauen im internationalen Vergleich, Köln 1994, S. 89–103.

–, Jüdische Akademikerinnen in Deutschland 1900–1938, in: Geschichte und Gesellschaft 19 (1993), S. 309–29.

–, »Zwischen Etablierung und Anfechtung« – neuere Untersuchungen zur Geschichte des Frauenstudiums in Deutschland, in: Feministische Studien 11/2 (1993), S. 23–45.

–, Weibliche Konkurrenz auf den akademischen Arbeitsmärkten. Zu einigen Ursachen und Hintergründen der bürgerlich-akademischen Krise in den 1920er Jahren, in: K. Tenfelde u. H.-U. Wehler (Hg.), Wege zur Geschichte des Bürgertums, Göttingen 1994, S. 273–88.

–, Bildungsbürgerinnen. Frauen im Studium und in akademischen Berufen 1900–1945, Göttingen 1996.

–, Frauen in akademischen Berufen. Studienrätinnen und Ärztinnen in Deutschland, 1910–1945, in: Jahrbuch für Historische Bildungsforschung 3 (1996), S. 209–40.

–, Geschlechtsspezifischer Numerus Clausus – Verordnung und Realität, in: E. Kleinau u. C. Opitz (Hg.), Geschichte der Mädchen- und Frauenbildung, Bd. 2, Frankfurt 1996, S. 325–341, 599–601, 644 f.

Jacobi, Juliane, Erfahrungsformen des Jugendlebens. Weibliche und männliche bürgerliche Jugend zwischen 1870 und 1960, in: Zeitschrift für Sozialisationsforschung und Erziehungssoziologie 2 (1988), S. 98–114.

–, »Mütterlichkeit« und »natürliche« Begabung zur Erziehung. Lehrerinnen in der bürgerlichen Gesellschaft, in: Interdisziplinäre Forschungsgruppe Frauenforschung (Hg.), La Mamma! Beiträge zur sozialen Institution Mutterschaft, Köln 1989, S. 49–60.

–, Der Polizeidirektor als feministischer Jakobiner. Theodor Gottlieb von Hippel und seine Schrift »Über die bürgerliche Verbesserung der Weiber«, in: V. Schmidt-Linsenhoff

(Hg.), Sklavin oder Bürgerin. Französische Revolution und Neue Weiblichkeit 1761–1830, Katalog zur Ausstellung im Historischen Museum Frankfurt, Frankfurt 1989, S. 358–72.

–, »Geistige Mütterlichkeit«: Bildungstheorie oder strategischer Kampfbegriff gegen Männerdominanz im Mädchenschulwesen? in: M. Horstkemper (Hg.), Mädchen und Jungen, Männer und Frauen in der Schule (Die Deutsche Schule, Beiheft 1), Weinheim 1990, S. 208–24.

–, Wer war Sophie? Zur Geschlechterdifferenz in Rousseaus »Emile«, in: Pädagogische Rundschau 44 (1990), S. 303–19.

–, Zwischen Erwerbsfleiß und Bildungsreligion. Mädchenbildung in Deutschland, in: G. Duby u. M. Perrot (Hg.), Geschichte der Frauen, Bd. IV: 19. Jahrhundert, hg. von G. Fraisse u. M. Perrot, Frankfurt 1994, S. 267–81.

– (Hg.), Frauen zwischen Familie und Schule. Professionalisierungsstrategien bürgerlicher Frauen im internationalen Vergleich, Köln 1994.

–, Das junge Mädchen. Kontinuität und Wandel eines Weiblichkeits-Konzepts im 19. und 20. Jahrhundert: vom »Jüngling« zum »new girl«, in: Jahrbuch für Historische Bildungsforschung 2 (1995), S. 215–35.

–, Religiosität und Mädchenbildung, in: M. Kraul u. Ch. Lüth (Hg.), Erziehung der Menschengeschlechter. Studien zur Religion, Sozialisation und Bildung in Europa seit der Aufklärung, Weinheim 1996, S. 115–25.

–, Die Reformpädagogik: Lehrerinnen in ihrer Praxis, Geschlechtsdimensionen in ihrer Theorie, in: D. Fischer u.a. (Hg.), Schulentwicklung geht von Frauen aus, Weinheim 1996, S. 29–44.

–, Modernisierung durch Feminisierung? Zur Geschichte des Lehrerinnenberufs, in: Zeitschrift für Pädagogik 43 (1997), S. 929–46.

Jaeger, Friedrich, Der Kulturbegriff im Werk Max Webers und seine Bedeutung für eine moderne Kulturgeschichte, in: Geschichte und Gesellschaft 18 (1992), S. 371–93.

– u. J. Rüsen (Hg.), Geschichte des Historismus. Eine Einführung, München 1992.

–, Bürgerliche Modernisierungskrise und historische Sinnbildung. Kulturgeschichte bei Droysen, Burckhardt und Max Weber, Göttingen 1994.

–, »Bürgerlichkeit«. Deutsche und amerikanische Philosophien einer Lebensform im frühen 20. Jahrhundert, in: K. Tenfelde u. H.-U. Wehler (Hg.), Wege zur Geschichte des Bürgertums, Göttingen 1994, S. 171–208.

–, Theorie als soziale Praxis: Die Intellektuellen und die kulturelle Vergesellschaftung, in: W. Bialas u. G. G. Iggers (Hg.), Intellektuelle in der Weimarer Republik, Frankfurt 1996, S. 31–47.

–, New History: Historismuskritik und Sozialgeschichte in den USA zu Beginn des 20. Jahrhunderts, in: O. G. Oexle u. J. Rüsen (Hg.), Historismus in den Kulturwissenschaften. Geschichtskonzepte, historische Einschätzungen, Grundlagenprobleme, Köln 1996, S. 341–67.

–, Gesellschaft und Gemeinschaft. Die Gesellschaftstheorie des Kommunitarismus und die politische Ideengeschichte der »Civil Society« in den USA, in: Th. Mergel u. Th. Welskopp (Hg.), Geschichte zwischen Kultur und Gesellschaft. Beiträge zur Theoriedebatte, München 1997, S. 299–321.

–, Die Intellektuellen und die Civil Society. Zur amerikanischen Politik- und Gesellschaftstheorie der ersten Hälfte des 20. Jahrhunderts, Habil. Bielefeld 1999.

Jeismann, Michael, Das Vaterland der Feinde. Studien zum nationalen Feindbegriff und Selbstverständnis in Deutschland und Frankreich 1792–1918, Stuttgart 1992.

– u. M. Hettling, Der Weltkrieg als Epos. Philipp Witkops »Kriegsbriefe gefallener Studenten«, in: G. Krumeich u.a. (Hg.), »Keiner fühlt sich hier mehr als Mensch ...« Erlebnis und Wirkung des Ersten Weltkriegs, Essen 1993, S. 175–98.

–, »Bürgerliche Kultur« und Kultur des Bürgertums – Theater und Museen im 19. Jahrhundert, in: F.-J. Jakobi (Hg.), Geschichte der Stadt Münster, Bd. 2, Münster 1993, S. 489–508.

– u. R. Koselleck (Hg.), Der politische Totenkult. Kriegerdenkmäler in der Moderne, München 1994.

– u. R. Westheider, Wofür stirbt der Bürger? Nationaler Totenkult und Staatsbürgertum in Deutschland und Frankreich seit der Französischen Revolution, in: ebd., S. 23–50.

Kaudelka-Hanisch, Karin, Preußische Kommerzienräte in der Provinz Westfalen und im Regierungsbezirk Düsseldorf (1810–1918), Dortmund 1993.

Keiderling, Thomas, Die Berichte Hermann Ziegenbalgs an Heinrich Brockhaus von seinen Geschäftsreisen nach West- und Südeuropa aus den Jahren 1863 und 1865, in: Leipziger Jahrbuch zur Buchgeschichte 5 (1995), S. 317–71.

–, Der deutsch-englische Kommissionsbuchhandel über Leipzig von 1870 bis 1875, in: Leipziger Jahrbuch zur Buchgeschichte 6 (1996), S. 211–82.

Kleßmann, Christoph u. A.-S. Ernst, Bürgerliche Traditionselemente in Sozialstruktur und Lebensweise der Intelligenz der DDR, in: Wissenschaftliche Zeitschrift der Humboldt-Universität zu Berlin 39 (1990), S. 605–09.

–, »Das Haus wurde gebaut aus den Steinen, die vorhanden waren« – Zur kulturgeschichtlichen Kontinuitätsdiskussion nach 1945, in: Tel Aviver Jahrbuch für deutsche Geschichte 19 (1990), S. 159–77.

–, Die Beharrungskraft traditioneller Milieus in der DDR, in: M. Hettling u.a. (Hg.), Was ist Gesellschaftsgeschichte? Positionen, Themen, Analysen, München 1991, S. 146–54.

–, Zur Sozialgeschichte des protestantischen Milieus in der DDR, in: Geschichte und Gesellschaft 19 (1993), S. 29–53.

– (Hg.), Kinder der Opposition. Berichte aus Pfarrhäusern in der DDR, Gütersloh 1993.

–, Kontinuitäten und Veränderungen im protestantischen Milieu, in: A. Schildt u. A. Sywottek (Hg.), Modernisierung im Wiederaufbau. Die westdeutsche Gesellschaft der 50er Jahre, Bonn 1993, S. 403–17.

–, Relikte des Bildungsbürgertums in der DDR, in: H. Kaelble u.a. (Hg.), Sozialgeschichte der DDR, Stuttgart 1994, S. 254–70.

–, Opposition und Resistenz in zwei Diktaturen in Deutschland, in: Historische Zeitschrift 262 (1996), S. 453–79.

Kocka, Jürgen u. W. Conze (Hg.), Bildungsbürgertum im 19. Jahrhundert, Teil I: Bildungssystem und Professionalisierung in internationalen Vergleichen, Stuttgart 1985.

– u. W. Conze, Einleitung, in: ebd., S. 9-26.

–, Arbeiter und Bürger im 19. Jahrhundert. Varianten ihres Verhältnisses im europäischen Vergleich, München 1986.

–, La bourgeoisie dans l'histoire moderne et contemporaine d'Allemagne: recherches et débats récents, in: Le Mouvement social 136 (1986), S. 5-28.

– (Hg.), Bürger und Bürgerlichkeit im 19. Jahrhundert, Göttingen 1987.

–, Einleitung, in: ebd., S. 7-20.

–, Bürgertum und Bürgerlichkeit als Problem der deutschen Geschichte vom späten 18. zum frühen 20. Jahrhundert, in: ebd., S. 21–63.

– (Hg.) (unter Mitarbeit von U. Frevert), Bürgertum im 19. Jahrhundert. Deutschland im europäischen Vergleich, 3 Bde., München 1988; teils neubearbeitete Teilausgabe unter dem Titel: Bürgertum im 19. Jahrhundert, 3 Bde., Göttingen 1995.

–, Bürgertum und bürgerliche Gesellschaft im 19. Jahrhundert. Europäische Entwicklungen und deutsche Eigenarten, in: ebd., Bd. 1, S. 11–78; in der Ausgabe von 1995 neu bearbeitet unter dem Titel: Das europäische Muster und der deutsche Fall, S. 9-84 (mit Auswahlbibliographie).

– (Hg.), Bildungsbürgertum im 19. Jahrhundert, Teil IV: Politischer Einfluß und gesellschaftliche Formation, Stuttgart 1989.

–, Bildungsbürgertum – Gesellschaftliche Formation oder Historikerkonstrukt?, in: ebd., S. 9-20.

–, »Bürgertum« and professions in the nineteenth century: two alternative approaches, in: M. Burrage u. R. Torstendahl (Hg.), Professions in Theory and History, London 1990, S. 62–74.

–, Obrigkeitsstaat und Bürgerlichkeit. Zur Geschichte des deutschen Bürgertums im 19. Jahrhundert, in: W. Hardtwig u. H.-H. Brandt (Hg.), Deutschlands Weg in die Moderne, München 1993, S. 107–21.

–, »… und wünsche mir ein Bürger zu sein«. Von der bürgerlichen Gesellschaft zur Bürgergesellschaft, in: H. Hilke Günther-Arndt u.a. (Hg.), Geschichtsbuch Oberstufe, Bd. 1, Von der Antike bis zum Ende des 19. Jahrhunderts, Berlin 1995, S. 258–61.

–, The Middle Classes in Europe, in: The Journal of Modern History 67 (1995), S. 783–806.

Koselleck, Reinhart, Die Grenzen der Emanzipation – Eine begriffsgeschichtliche Skizze, in: K. Michalski (Hg.), Europa und die Folgen, Stuttgart 1987, S. 51–70.

– (Hg.), Bildungsbürgertum im 19. Jahrhundert, Teil II: Bildungsgüter und Bildungswissen, Stuttgart 1990.

–, Einleitung – Zur anthropologischen und semantischen Struktur der Bildung, in: ebd., S. 11–46.

–, Drei bürgerliche Welten? Theoriegeschichtliche Vorbemerkungen zur vergleichenden Semantik in Deutschland, England und Frankreich, in: K. Michalski (Hg.), Europa und die Civil Society, Stuttgart 1991, S. 119–29.

– u.a., Drei bürgerliche Welten? Zur vergleichenden Semantik der bürgerlichen Gesellschaft in Deutschland, England und Frankreich, in: H.-J. Puhle (Hg.), Bürger in der Gesellschaft der Neuzeit. Wirtschaft – Politik – Kultur, Göttingen 1991, S. 14–58.

–, Goethes unzeitgemäße Geschichte, in: Goethe-Jahrbuch 110 (1993), S. 27–39.

– u. K. Schreiner (Hg.), Bürgerschaft. Rezeption und Innovation der Begrifflichkeit vom Hohen Mittelalter bis ins 19. Jahrhundert, Stuttgart 1994.

– u. K. Schreiner, Von der alteuropäischen zur neuzeitlichen Bürgerschaft. Ihr politischsozialer Wandel im Medium von Begriffs-, Wirkungs- und Rezeptionsgeschichten, in: ebd., S. 11–39.

– u. M. Jeismann (Hg.), Der politische Totenkult. Kriegerdenkmäler in der Moderne, München 1994.

–, Einleitung, in: ebd., S. 9-20.

–, Geist und Bildung – zwei Begriffe kultureller Innovation zur Zeit Mozarts, in: M. Csáky u. W. Pass (Hg.), Europa im Zeitalter Mozarts, Wien 1995, S. 30–32.

Kosfeld, Anne-Gabriele, Bürgertum und Bürgerkult. Die Bürgerliche Gesellschaft im Spiegel ihrer Feiern, in: G.U. Großmann u.a. (Hg.), Renaissance der Renaissance. Ein bürgerlicher Kunststil im 19. Jahrhundert, München 1992, S. 3-20.

–, Politische Zukunft und historischer Meinungsstreit. Die Stadt des Mittelalters als Leitbild des Frankfurter Bürgertums in der Verfassungsdiskussion der Restaurationszeit, in: R. Koselleck u. K. Schreiner (Hg.), Bürgerschaft. Rezeption und Innovation der Begrifflichkeit vom Hochmittelalter bis ins 19. Jahrhundert, Stuttgart 1994, S. 375–454.

Krey, Ursula, Realität einer Illusion: Gesellschaftliche Spannungen und das Vereinswesen in Westfalen zwischen 1840 und 1854, in: Westfälische Forschungen 39 (1989), S. 18–56.

–, Kommunikation in der Region – Kulturelles Milieu um 1850, in: K. Teppe u. M. Epkenhans (Hg.), Westfalen und Preußen. Integration und Regionalismus, Paderborn 1991, S. 298–320.

–, Vereine in Westfalen 1840–1855. Strukturwandel, soziale Spannungen, kulturelle Entfaltung, Paderborn 1993.

–, Konfession und Gesellschaft: Protestantische und katholische Vereine im Vergleich (1840–1855), in: H. Bachmann u. R. v. Spankeren (Hg.), Diakonie: Geschichte von unten. Christliche Nächstenliebe und kirchliche Sozialarbeit in Westfalen, Bielefeld 1995, S. 69–116.

–, Der Naumann-Kreis im Kaiserreich: Liberales Milieu und protestantisches Bürgertum, in: Jahrbuch zur Liberalismus-Forschung 7 (1995), S. 57–81.

–, Von der Religion zur Politik? Der Naumann-Kreis zwischen Protestantismus und Liberalismus, in: O. Blaschke u. F.-M. Kuhlemann (Hg.), Religion im Kaiserreich. Milieus – Mentalitäten – Krisen, Gütersloh 1996, S. 350–81.

Krogel, Wolfgang, Freiheit und Bürgerlichkeit. Das Verfassungsleben der italienischen Stadtrepubliken im historisch-politischen Denken Deutschlands und Italiens (1807–1848), in: R. Koselleck u. K. Schreiner (Hg.), Bürgerschaft. Rezeption und Innovation der Begrifflichkeit vom Hochmittelalter bis ins 19. Jahrhundert, Stuttgart 1994, S. 455–502.

–, Die Stadt als bürgerliche Heimat. Eine Untersuchung zum Geschichtsbild der mittelalterlichen Stadt in der 700-Jahrfeier der Reichsfreiheit Lübecks, in: Zeitschrift des Vereins für Lübeckische Geschichte und Altertumskunde 74 (1994), S. 225–78.

–, Dante und die italienische Nation – Untersuchung der 600-Jahr-Feiern zu Ehren Dantes in Florenz 1865 bis 1921, in: Archiv für Kulturgeschichte 77 (1995), S. 429–58.

Kuhlemann, Frank-Michael, Protestantismus und Politik. Deutsche Traditionen seit dem 16. Jahrhundert in vergleichender Perspektive, in: M. Hettling u.a. (Hg.), Was ist Gesellschaftsgeschichte? München 1991, S. 301–311.

–, Politik und Konfession. Zur Geschichte der evangelisch-reformierten Petrigemeinde in Minden vom 17. Jahrhundert bis 1945, in: Jahrbuch für Westfälische Kirchengeschichte 88 (1994), S. 113–138.

–, Religion, Bildung und bürgerliche Kommunikation. Zur Vergesellschaftung evangelischer Pfarrer und des protestantischen Bürgertums in Baden 1860–1918, in: K. Tenfelde u. H.-U. Wehler (Hg.), Wege zur Geschichte des Bürgertums, Göttingen 1994, S. 149–70.

–, Die Höheren Bürgerschulen. Vergleichende Aspekte des »mittleren« Schulwesens im Rheinland 1790–1850, in: Rheinische Vierteljahrsblätter 59 (1995), S. 123–51.

–, Glaube, Beruf, Politik. Evangelische Pfarrer und ihre Mentalität in Baden 1860–1914, in: Jahrbuch der Gesellschaft für niedersächsische Kirchengeschichte 93 (1995), S. 83–115; zugleich in: L. Schorn-Schütte u. W. Sparn (Hg.) Protestantische Pfarrer. Zur sozialen und politischen Rolle einer bürgerlichen Gruppe in der deutschen Gesellschaft des späten 18. bis 20. Jahrhunderts, Stuttgart 1997, S. 99–128.

–, Mentalitätsgeschichte. Theoretische und methodische Überlegungen am Beispiel der Religion im 19. und 20. Jahrhundert, in: W. Hardtwig u. H.-U. Wehler (Hg.), Kulturgeschichte heute, Göttingen 1996, S. 184–213.

– u. O. Blaschke (Hg.), Religion im Kaiserreich. Milieus – Mentalitäten – Krisen, Gütersloh 1996.

–, Protestantisches Milieu in Baden. Konfessionelle Vergesellschaftung und Mentalität im Umbruch zur Moderne, in: ebd., S. 316–49.

–, Das protestantische Milieu auf dem Prüfstand. Anmerkungen zu: Gangolf Hübinger, Kulturprotestantismus und Politik. Zum Verhältnis von Liberalismus und Protestantismus im wilhelminischen Deutschland, Tübingen 1994, in: Zeitschrift für Neuere Theologiegeschichte 3 (1996), S. 303–12.

–, Gesellschaft, Frömmigkeit und Theologie. Milieubildung und Mentalität im Protestantismus Ostwestfalens um die Jahrhundertwende, in: Westfälische Forschungen 47 (1997), S. 293–322.

–, Das Kaiserreich als Erziehungsstaat? Möglichkeiten und Grenzen der politischen Erziehung in Deutschland 1871 bis 1918, in: GWU 49 (1998), S. 728–745; zugleich erweitert in: D. Benner u.a. (Hg.), Erziehungsstaaten. Historisch-vergleichende Analysen ihrer Denktraditionen und nationalen Gestalten, Weinheim 1998, S. 95–129.

–, Bürgerlichkeit und Religion. Zur Sozial- und Mentalitätsgeschichte der evangelischen Pfarrer in Baden 1860–1914, Habil. Bielefeld 1999.

–, Friedrich Naumann und der Kirchliche Liberalismus, in: R. vom Bruch (Hg.), Friedrich Naumann und seine Zeit, Berlin 2000, S. 91–113.

Löther, Andrea, Familie und Unternehmer. Dargestellt am Beispiel der Wuppertaler Textilunternehmer während der Frühindustrialisierung bis 1870, in: Zeitschrift für Unternehmensgeschichte 36 (1991), S. 217–44.

–, Bürger-, Stadt- und Verfassungsbegriff in frühneuzeitlichen Kommentaren der Aristotelischen »Politik«, in: R. Koselleck u. K. Schreiner (Hg.), Bürgerschaft. Rezeption und Innovation der Begrifflichkeit vom Hohen Mittelalter bis ins 19. Jahrhundert, Göttingen 1994, S. 90–128.

–, Unpolitische Bürger. Frauen und Partizipation in der vormodernen praktischen Philosophie, in: ebd., S. 239–73.

–, Die Inszenierung der stadtbürgerlichen Ordnung. Herrschereinritte in Nürnberg im 15. und 16. Jahrhundert als öffentliches Ritual, in: K. Tenfelde u. H.-U. Wehler (Hg.), Wege zur Geschichte des Bürgertums, Göttingen 1994, S. 105–23.

– u.a. (Hg.), Mundus in imagine. Bildersprache und Lebenswelten im Mittelalter. Festgabe für Klaus Schreiner, München 1996.

–, Rituale im Bild. Prozessionsdarstellungen bei Albrecht Dürer, Gentile Bellini und in der Konzilschronik Ulrich Richentals, in: ebd., S. 99–123.

–, Städtische Prozessionen zwischen repräsentativer Öffentlichkeit, Teilhabe und Publikum, in: G. Melville u. P. v. Moos (Hg.), Das Öffentliche und das Private in der Vormoderne, Köln, Weimar, Wien 1998, S. 435–459.

–, Prozessionen in spätmittelalterlichen Städten. Politische Partizipation, obrigkeitliche Inszenierung, städtische Einheit, Köln 1999.

Lübbe-Wolff, Gertrude, Über das Fehlen von Grundrechten in Hegels Rechtsphilosophie. Zugleich ein Beitrag zum Verständnis der historischen Grundlagen des Hegelschen Staatsbegriffs, in: O. Pöggeler u. H. Ch. Lucas (Hg.), Hegels Rechtsphilosophie im Zusammenhang der europäischen Verfassungsgeschichte, Stuttgart 1986, S. 421–46.

–, Das wohlerworbene Recht als Grenze der Gesetzgebung im neunzehnten Jahrhundert, in: Zeitschrift der Savigny-Stiftung für Rechtsgeschichte (Germanistische Abteilung) 103 (1986), S. 103–39.

–, Safeguards of Civil and Constitutional Rights: The Debate on the Role of the »Reichsgericht«, in: H. Wellenreuther (Hg.), The American Constitution and German-American Constitutional Thought, New York 1990, S. 353–72.

Lüttenberg, Thomas, L'habit à deux envers. Cupidité d'un lieutenant général et dignité de l'office royal au début du XVIIᵉ siècle, in: Cahiers du Centre des Recherches Historiques (EHESS) 23 (1999), S. 73–88.

–, L'Aura tissé. Les fonctions des tentures à la cour d'Aragon et à Barcelone (XIVᵉ–XVᵉ siècles), in: F. Piponnier (Hg.), Les tentures dans le monde occidental et araboislamique au Moyen Âge, Rom (Mélanges de l'École française de Rome) 1999, S. 373–392.

–, Les sens extérieurs de l'Etat. Königliche Amtsträger aus Justiz und Finanz in der Provinzhauptstadt Bourges (1550–1650), Diss. Bielefeld 2000.

Lundgreen, Peter, Zur Konstituierung des »Bildungsbürgertums«: Berufs- und Bildungsauslese der Akademiker in Preußen, in: W. Conze u. J. Kocka (Hg.), Bildungsbürgertum im 19. Jahrhundert, Teil I: Bildungssystem und Professionalisierung in internationalen Vergleichen, Stuttgart 1985, S. 79–108.

–, Wissen und Bürgertum. Skizze eines historischen Vergleichs zwischen Preußen/Deutschland, Frankreich, England und den USA, 18.–20. Jahrhundert. in: H. Siegrist (Hg.), Bürgerliche Berufe. Zur Sozialgeschichte der freien und akademischen Berufe im internationalen Vergleich, Göttingen 1988, S. 106–24.

–, Engineering Education in Europe and the USA, 1750–1930: The Rise to Dominance of School Culture and the Engineering Professions, in: Annals of Science 47/1 (1990), S. 33–75.

–, Ferdinand Kaselowsky (1816–1877), in: J. Kocka u. R. Vogelsang (Hg.), Bielefelder Unternehmer des 18. bis 20. Jahrhunderts, Münster 1991, S. 163–87.

–, Bildung als Norm in historischer Perspektive, in: M. Hettling u.a. (Hg.), Was ist Gesellschaftsgeschichte? Positionen, Themen, Analysen, München 1991, S. 115–23.

– u. J.C. Albisetti, Höhere Knabenschulen, in: Ch. Berg (Hg.), Handbuch der deutschen Bildungsgeschichte, Bd. IV: 1870–1918, München 1991, S. 228–78.

–, Schulsystem, Bildungschancen und städtische Gesellschaft, in: ebd., S. 304–13.

–, Akademiker und »Professionen« in Deutschland, in: Historische Zeitschrift 254 (1992), S. 657–70.

–, Das Bild des Ingenieurs im 19. Jahrhundert, in: M. Salewski u. I. Stölken-Fitschen (Hg.), Moderne Zeiten. Technik und Zeitgeist im 19. und 20. Jahrhundert, Stuttgart 1994, S. 17–24.

–, u. A. Grelon (Hg.), Ingenieure in Deutschland, 1770–1990, Frankfurt 1994.

–, Die Ausbildung von Ingenieuren an Fachschulen und Hochschulen in Deutschland, 1770–1990, in: ebd., S. 13–78.

Mager, Wolfgang, Res publica und Bürger. Überlegungen zur Begründung frühneuzeitlicher Verfassungsordnungen, in: G. Dilcher (Hg.), Res publica. Bürgerschaft in Stadt und Staat, Berlin 1988, S. 67–84.

–, Von der Noblesse zur Notabilité. Die Konstituierung der französischen Notabeln im Ancien Régime und die Krise der absoluten Monarchie, in: H.-U. Wehler (Hg.), Europäischer Adel 1750–1950, Göttingen 1990, S. 260–85.

–, République, in: Archives de philosophie du droit 35 (1990), S. 257–73.

–, Res publica chez les juristes, théologiens et philosophes à la fin du Moyen Âge: sur l'élaboration d'une notion-clé à une théorie politique moderne, in: École Française de Rome (Hg.), Théologie et droit dans la science politique de l'État moderne, Rom 1991, S. 229–39.

–, Republik, in: Historisches Wörterbuch der Philosophie, Bd. 8, 1992, S. 858–78.

–, Spätmittelalterliche Wandlungen des politischen Denkens im Spiegel des res publica-Begriffs, in: J. Miethke u. K. Schreiner (Hg.), Sozialer Wandel im Mittelalter. Wahrnehmungsformen, Erklärungsmuster, Regelungsmechanismen, Sigmaringen 1994, S. 401–10.

–, Historische Bürgertumsforschung, in: P. Lundgreen (Hg.), Reformuniversität Bielefeld 1969–1994, Bielefeld 1994, S. 325–27.

–, Das Aufkommen des französischen Notabeln-Bürgertums im 18. Jahrhundert und die Krise der absoluten Monarchie, in: H. Reinalter u. K. Gerlach (Hg.), Staat und Bürgertum im 18. und frühen 19. Jahrhundert. Studien zu Frankreich, Deutschland und Österreich. Ingrid Mittenzwei zum 65. Geburtstag, Frankfurt 1996, S. 11–61.

–, u. R. v. Friedeburg, Learned Men and Merchants: The Growth of the Bürgertum, in: S. Ogilvie u. B. Scribner (Hg.), Germany. A New Social and Economic History, Bd. 2, 1630–1800, London 1996, S. 164–95.

Meier, Ulrich, Mensch und Bürger. Die Stadt im Denken spätmittelalterlicher Theologen, Philosophen und Juristen, München 1994.

–, u. K. Schreiner (Hg.), Stadtregiment und Bürgerfreiheit. Handlungsspielräume in deutschen und italienischen Städten des Späten Mittelalters und der Frühen Neuzeit, Göttingen 1994.

–, u. K. Schreiner, »Regimen civitatis«. Zum Spannungsverhältnis von Freiheit und Ordnung in alteuropäischen Stadtgesellschaften, in: ebd., S. 11–34.

–, Der falsche und der richtige Name der Freiheit. Zur Neuinterpretation eines Grundwertes der Florentiner Stadtgesellschaft (13. – 16. Jahrhundert), in: ebd., S. 37–83.

–, Konsens und Kontrolle. Der Zusammenhang von Bürgerrecht und politischer Partizipation im spätmittelalterlichen Florenz, in: ebd., S. 147–87.

–, »Burgerlich vereynung«. Herrschende, beherrschte und »mittlere« Bürger in Politiktheorie, chronikalischer Überlieferung und städtischen Quellen des Spätmittelalters, in: R. Koselleck u. K. Schreiner (Hg.), Bürgerschaft. Rezeption und Innovation der Begrifflichkeit vom Hohen Mittelalter bis ins 19. Jahrhundert, Stuttgart 1994, S. 43–89.

–, »Molte rivoluzioni, molte novità«. Gesellschaftlicher Wandel im Spiegel der politischen Philosophie und im Urteil von städtischen Chronisten des Spätmittelalters, in: J. Miethke u. K. Schreiner (Hg.), Sozialer Wandel im Mittelalter. Wahrnehmungsformen, Erklärungsmuster, Regelungsmechanismen, Sigmaringen 1994, S. 119–76.

–, »Pax et tranquillitas«. Friedensidee, Friedenswahrung und Staatsbildung im spätmittelalterlichen Florenz, in: J. Fried (Hg.), Träger und Instrumentarien des Friedens im hohen und späten Mittelalter, Sigmaringen 1996, S. 489–523.

–, Vom Mythos der Republik. Formen und Funktionen spätmittelalterlicher Rathausikonographie in Deutschland und Italien, in: A. Löther u.a. (Hg.), Mundus in imagine. Bildersprache und Lebenswelten im Mittelalter. Festgabe für Klaus Schreiner, München 1996, S. 345–87.

–, »Ad incrementum rectae gubernitatis«. Zur Rolle der Kanzler und Stadtschreiber in der politischen Kultur von Florenz und Augsburg im Spätmittelalter und der Frühen Neuzeit, in: R.C. Schwinges (Hg.), Gelehrte im Reich. Zur Sozial- und Wirkungsgeschichte akademischer Eliten des 14. bis 16. Jahrhunderts (Zeitschrift für historische Forschung, Beiheft 18), Berlin 1996, S. 477–503.

Meiwes, Relinde, Religiosität und Arbeit als Lebensform für katholische Frauen. Kongregationen im 19. Jahrhundert, in: I. Götz von Olenhusen (Hg.), Frauen unter dem Patriarchat der Kirchen. Katholikinnen und Protestantinnen im 19. und 20. Jahrhundert, Stuttgart 1995, S. 69–88.

–, »Arbeiterinnen des Herrn«. Katholische Frauenkongregationen im 19. Jahrhundert, Frankfurt 2000.

Mergel, Thomas, Zwischen Klasse und Konfession. Katholisches Bürgertum im Rheinland 1794–1914, Göttingen 1994.

–, Die subtile Macht der Liebe. Geschlecht, Erziehung und Frömmigkeit in katholischen rheinischen Bürgerfamilien 1830–1910, in: I. Götz von Olenhusen u.a. (Hg.), Frauen unter dem Patriarchat der Kirchen. Katholikinnen und Protestantinnen im 19. und 20. Jahrhundert, Stuttgart 1995, S. 22–47.

–, Grenzgänger. Das katholische Bürgertum im Rheinland zwischen bürgerlichem und katholischem Milieu 1870–1914, in: O. Blaschke u. F.-M. Kuhlemann (Hg.), Religion im Kaiserreich. Milieus – Mentalitäten – Krisen, Gütersloh 1996, S. 166–92.

–, Für eine bürgerliche Kirche. Antiultramontanismus, Liberalismus und Bürgertum 1820–1850. Rheinland und Südwestdeutschland im Vergleich, in: Zeitschrift für die Geschichte des Oberrheins 144 (1996), S. 397–427.

–, Ultramontanism, Liberalism, Moderation. Political Mentalities and Political Behaviour of the German Catholic Bürgertum, 1848–1914, in: Central European History 29 (1996), S. 151–74.

Merl, Stephan, Ausrottung der Bourgeoisie und der Kulaken in Sowjetrußland? Anmerkungen zu einem fragwürdigen Vergleich mit Hitlers Judenvernichtung, in: Geschichte und Gesellschaft 13 (1987), S. 368–91.

– u.a. (Hg.), Professionen im modernen Osteuropa. Professions in Modern Eastern Europe, Gießen 1995.

–, »Jeder nach seinen Fähigkeiten, jedem nach seinen Bedürfnissen«? Über Anspruch und Realität von Lebensstandard und Wirtschaftssystem in Rußland und der Sowjetunion, in: W. Fischer (Hg.), Lebensstandard und Wirtschaftssysteme, Frankfurt 1995, S. 259–306.

Möller, Roland u. S. Pollard, Dr. August Oetker (1862–1918), in: J. Kocka u. R. Vogelsang (Hg.), Bielefelder Unternehmer des 18. bis 20. Jahrhunderts, Münster 1991, S. 356–77.

– u. H. Berghoff, Wirtschaftsbürger in Bremen und Bristol 1870–1914. Ein Beitrag zur komparativen Unternehmerforschung, in: H.-J. Puhle (Hg.), Bürger in der Gesellschaft der Neuzeit. Wirtschaft – Politik – Kultur, Göttingen 1991, S. 156–77.

– u. H. Berghoff, Unternehmer in Deutschland und England 1870–1914. Aspekte eines kollektivbiographischen Vergleichs, in: Historische Zeitschrift 256 (1993), S. 354–86.

– u. H. Berghoff, Tired Pioneers and Dynamic Newcomers? A Comparative Essay on English and German Entrepreneurial History 1870–1914, in: Economic History Review 47 (1994), S. 262–87.

Mooser, Josef, Arbeiter, Bürger und Priester in den konfessionellen Arbeitervereinen im Deutschen Kaiserreich 1880–1914, in: J. Kocka (Hg.), Arbeiter und Bürger im 19. Jahrhundert, München 1986, S. 79–105.

–, Katholik und Bürger? Rolle und Bedeutung des Bürgertums auf den deutschen Katholikentagen 1871–1913, Habil. Bielefeld 1987.

– u.a. (Hg.), Idylle oder Aufbruch? Das Dorf im bürgerlichen 19. Jahrhundert. Ein europäischer Vergleich, Berlin 1990.

– u. H. Homburg, Michael Bozi (1775–1862), Carl Bozi (1809–1889) und Gustav Bozi (1819–1887), in: J. Kocka u. R. Vogelsang (Hg.), Bielefelder Unternehmer des 18. bis 20. Jahrhunderts, Münster 1991, S. 25–61.

–, Volk, Arbeiter und Bürger in der katholischen Öffentlichkeit des Kaiserreichs. Zur Sozial- und Funktionsgeschichte der deutschen Katholikentage 1871–1913, in: H.-J. Puhle (Hg.), Bürger in der Gesellschaft der Neuzeit. Wirtschaft – Politik – Kultur, Göttingen 1991, S. 259–73.

–, »Christlicher Beruf« und »bürgerliche Gesellschaft«. Zur Auseinandersetzung über Berufsethik und wirtschaftliche »Inferiorität« im Katholizismus um 1900, in: W. Loth (Hg.), Deutscher Katholizismus im Umbruch zur Moderne, Stuttgart 1991, S. 124–42.

–, Katholische Volksreligion und bürgerliche Gesellschaft in der zweiten Hälfte des 19. Jahrhunderts, in: W. Schieder (Hg.), Religion und Gesellschaft im 19. Jahrhundert, Stuttgart 1993, S. 144–56.

–, Das katholische Milieu in der bürgerlichen Gesellschaft. Zum Vereinswesen des Katholizismus im späten deutschen Kaiserreich, in: O. Blaschke u. F.-M. Kuhlemann (Hg.), Religion im Kaiserreich. Milieus – Mentalitäten – Krisen, Gütersloh 1996, S. 59–92.

–, Milieus und Bildungseliten im Wilhelminischen Deutschland. Über politische Lernprozesse und deren Grenzen – eine Skizze, in: M. Graetz u. A. Mattioli (Hg.), Krisenwahrnehmungen im Fin de siècle. Jüdische und katholische Bildungseliten in Deutschland und der Schweiz, Zürich 1997, S. 41–53.

Nolte, Paul, Gemeindeliberalismus. Zur lokalen Entstehung und sozialen Verankerung der liberalen Partei in Baden 1831–1855, in: Historische Zeitschrift 252 (1991), S. 57–93.

–, Marktgesellschaft und Republik. Deutschland seit dem 17. Jahrhundert im internationalen Vergleich, in: M. Hettling u.a. (Hg.), Was ist Gesellschaftsgeschichte? Positionen, Themen, Analysen, München 1991, S. 289–300.

–, Bürgerideal, Gemeinde und Republik. »Klassischer Republikanismus« im frühen deutschen Liberalismus, in: Historische Zeitschrift 254 (1992), S. 609–56.

–, Der südwestdeutsche Frühliberalismus in der Kontinuität der frühen Neuzeit, in: Geschichte in Wissenschaft und Unterricht 43 (1992), S. 743–56.

– u. M. Hettling (Hg.), Bürgerliche Feste. Symbolische Formen politischen Handelns im 19. Jahrhundert, Göttingen 1993.

– u. M. Hettling, Bürgerliche Feste als symbolische Politik im 19. Jahrhundert, in: ebd., S. 7-36.

–, Die badischen Verfassungsfeste im Vormärz. Liberalismus, Verfassungskultur und soziale Ordnung in den Gemeinden, in: ebd., S. 63–94.

–, Gemeindebürgertum und Liberalismus in Baden 1800 bis 1850. Tradition – Radikalismus – Republik, Göttingen 1994.

–, Repräsentation und Grundbesitz. Die kreisständische Verfassung Preußens im 19. Jahrhundert, in: K. Tenfelde u. H.-U. Wehler (Hg.), Wege zur Geschichte des Bürgertums, Göttingen 1994, S. 78–101.

– u. M. Hettling (Hg.), Nation und Gesellschaft in Deutschland. Historische Essays, München 1996.

–, Der Verlust der Utopie und die wiedergefundene Mitte. Vorstellungen sozialer Ordnung in der westdeutschen Gesellschaft (1945–1965), in: Mitteilungsblatt des Instituts zur Erforschung der europäischen Arbeiterbewegung 20 (1998), S. 298–332.

–, Die Ordnung der deutschen Gesellschaft. Selbstentwurf und Selbstbeschreibung im 20. Jahrhundert, München 2000.

Pandel, Hans-Jürgen, Sinne und Gefühle historisch gesehen, in: Geschichte lernen 3 (1990), Heft 15, S. 11–17.

–, Emotionalität – ein neues Thema der Sozialgeschichte? in: B. Mütter u.U. Uffelmann (Hg.), Emotionen und historisches Lernen, Braunschweig 1992, S. 41–61.

Pohl, Karl Heinrich, Die Nationalliberalen – eine unbekannte Partei? in: Jahrbuch zur Liberalismus-Forschung 3 (1991), S. 82–112.

–, Sachsen, Stresemann und die Nationalliberale Partei. Anmerkungen zur politischen Entwicklung, zum Aufstieg des industriellen Bürgertums und zur frühen Tätigkeit Stresemanns im Königreich Sachsen, in: Jahrbuch zur Liberalismus-Forschung 4 (1992), S. 197–216.

–, »Einig«, »kraftvoll«, »machtbewußt«. Überlegungen zu einer Geschichte des deutschen Liberalismus aus regionaler Perspektive, in: Historische Mitteilungen 7 (1994), S. 61–80.

– u. B. Holtwick, Bürgertumsforschung in Bielefeld. Ein Tagungsbericht, in: Jahrbuch zur Liberalismus-Forschung 6 (1994), S. 204–13.

–, Ein zweiter politischer Emanzipationssprozeß des liberalen Unternehmertums? Zur Sozialstruktur und Politik der Liberalen in Sachsen zu Beginn des 20. Jahrhunderts, in: K. Tenfelde u. H.-U. Wehler (Hg.), Wege zur Geschichte des Bürgertums, Göttingen 1994, S. 231–48.

–, Die Nationalliberalen in Sachsen vor 1914. Eine Partei der konservativen Honoratioren auf dem Wege zur Partei der Industrie, in: L. Gall u. D. Langewiesche (Hg.), Deutscher Liberalismus im 19. Jahrhundert im regionalen Vergleich, München 1994, S. 195–215.

–, Wirtschaft und Wirtschaftsbürgertum im Königreich Sachsen im frühen 20. Jahrhundert, in: W. Bramke u. U. Heß (Hg.), Sachsen und Mitteldeutschland. Politische, wirtschaftliche und soziale Wandlungen im 20. Jahrhundert, Weimar 1995, S. 319–36.

– u.a. (Hg.), Modernisierung und Region im wilhelminischen Deutschland. Wahlen, Wahlrecht und Politische Kultur, Bielefeld 1995.

–, Kommunen, kommunale Wahlen und kommunale Wahlpolitik. Zur Bedeutung der Wahlrechtsfrage für die Kommunen und den deutschen Liberalismus, in: ebd., S. 89–126.

– u. S. Lässig (Hg.), Sachsen im Kaiserreich. Politik, Wirtschaft und Gesellschaft im Umbruch, Köln/Weimar 1997.

–, Politischer Liberalismus und Wirtschaftsbürgertum: Zum Aufschwung der sächsischen Liberalen vor 1914, in: ebd., S. 101–31.

–, Liberalismus und Bürgertum 1880–1918, in: L. Gall (Hg.), Bürgertum und bürgerlich-liberale Bewegung in Mitteleuropa seit dem 18. Jahrhundert, München 1997, S. 231–91.

Pollard, Sidney, Reflections on entrepreneurship and culture in European societies, in: Transactions of the Royal Historical Society, 5th Series, 40 (1990), S. 153–73.

– u. R. Möller, Dr. August Oetker (1862–1918), in: J. Kocka u. R. Vogelsang (Hg.), Bielefelder Unternehmer des 18. bis 20. Jahrhunderts, Münster 1991, S. 356–77.

–, Cultural influence on economic action, in: J. Melling and J. Barry (Hg.), Culture in History, Exeter 1992, S. 137–51.

Puhle, Hans-Jürgen, Repräsentation und Organisation. Bürgerliche Parteien und Interessenverbände im Wilhelminischen Deutschland, in: H.W. von der Dunk u. H. Lademacher (Hg.), Auf dem Weg zum modernen Parteienstaat, Melsungen 1986, S. 209–26.

– (Hg.), Bürger in der Gesellschaft der Neuzeit. Wirtschaft – Politik – Kultur, Göttingen 1991.

– (Hg.), Nationalismen und Regionalismen in Westeuropa. Geschichte und Gesellschaft 20 (1994), Heft 3.

–, Geschichte der Parteien und des Parlamentarismus: Einleitung, in: J. Kocka u.a. (Hg.), Von der Arbeiterbewegung zum modernen Sozialstaat. Festschrift für Gerhard A. Ritter, München 1994, S. 223–35.

–, Ethnika krate, ethnikismos kai demokratia sten Europe 19os-20os aionas, in: Hellenike Epitheorese Politikes Epistemes (Greek Political Science Review) 3 (1994), S. 7-35.

–, Probleme der spanischen Modernisierung im 19. und 20. Jahrhundert, in: Jahrbuch für Geschichte von Staat, Wirtschaft und Gesellschaft Lateinamerikas 31 (1994), S. 305–28.

–, Regionale Identitäten, Nationalstaat und Nationalismus in Spanien, in: G. Bossong u.a. (Hg.), Westeuropäische Regionen und ihre Identität, Mannheim 1994, S. 191–205.

–, Nation States, Nations and Nationalisms in Western and Southern Europe, in: J.G. Beramendi u.a. (Hg.), Nationalism in Europe. Past and Present, Bd. 2, Santiago de Compostela 1994, S. 13–38.

–, Staaten, Nationen und Regionen in Europa, Wien 1995.

–, Vom Bürgerrecht zum Gruppenrecht? Multikulturelle Politik in den USA, in: K.J. Bade (Hg.), Die multikulturelle Herausforderung. Menschen über Grenzen – Grenzen über Menschen, München 1996, S. 147–66.

–, Was kommt nach den ›Volksparteien‹? Gegenwärtige Krisenwahrnehmungen im historischen Kontext, in: M. Hettling u. P. Nolte (Hg.), Nation und Gesellschaft in Deutschland. Historische Essays, München 1996, S. 319–34.

van Rahden, Till, Juden und andere Breslauer. Die Beziehungen zwischen Juden, Protestanten und Katholiken in einer deutschen Großstadt von 1860 bis 1925, Göttingen 2000.

Rogge, Jörg, »Ir freye wale zu haben«. Möglichkeiten, Probleme und Grenzen der politischen Partizipation in Augsburg zur Zeit der Zunftverfassung (1368–1548), in: K. Schreiner u. U. Meier (Hg.), Stadtregiment und Bürgerfreiheit. Handlungsspielräume in deutschen und italienischen Städten des Späten Mittelalters und der Frühen Neuzeit, Göttingen 1994, S. 244–77.

–, Vom Schweigen des Chronisten. Überlegungen zu Darstellung und Interpretation von Ratspolitik sowie Verfassungswandel in den Chroniken von Hektor Mülich, Ulrich Schwarz und Burkhard Zink, in: J. Janota u. W. Williams (Hg.), Literarisches Leben in Augsburg während des 15. Jahrhunderts, Tübingen 1995, S. 216–39.

–, Für den gemeinen Nutzen. Politisches Handeln und Politikvorstellungen von Rat und Bürgerschaft in Augsburg im Spätmittelalter, Tübingen 1996.

Rügge, Nicolas, Die preußischen Ratsreformen in Herford 1721. Zum Verhältnis von Stadtbürgertum und vormoderner Bürokratie, in: Historisches Jahrbuch für den Kreis Herford 1997, Bielefeld 1996, S. 37–65.

–, Im Dienst von Stadt und Staat. Der Rat der Stadt Herford und die preußische Zentralverwaltung im 18. Jahrhundert, Göttingen 2000.

Rüsen, Jörn u. G. Schmidt (Hg.), Gelehrtenpolitik und politische Kultur in Deutschland 1830–1930, Bochum 1986.

–, Bürgerliche Identität zwischen Geschichtsbewußtsein und Utopie: Friedrich Schiller, in: German Studies Review 9 (1986), S. 11–27.

–, Probleme einer vergleichenden Universalgeschichte der Menschenrechte, in: M. Hettling u. a. (Hg.), Was ist Gesellschaftsgeschichte? Positionen, Themen, Analysen, München 1991, S. 58–69.

– u. F. Jaeger, Geschichte des Historismus. Eine Einführung, München 1992.

–, Konfigurationen des Historismus. Studien zur deutschen Wissenschaftskultur, Frankfurt 1993.

–, Human Rights from the Perspective of a Universal History, in: W. Schmale (Hg.), Human Rights and Cultural Diversity. Europe – Arabic-Islamic World – Africa – China, Frankfurt 1993, S. 28–46.

– u. a. (Hg.), Geschichtsdiskurs 2: Anfänge modernen historischen Denkens, Frankfurt 1994.

–, Historische Methode und religiöser Sinn – Vorüberlegungen zu einer Dialektik der Rationalisierung des historischen Denkens in der Moderne, in: ebd., S. 344–79.

–, Identität und Konflikt im Prozeß der Modernisierung. Überlegungen zur kulturhistorischen Dimension von Fremdenfeindlichkeit heute, in: G. Hübinger u. a. (Hg.), Universalgeschichte und Nationalgeschichten, Freiburg 1994, S. 333–43.

–, Kulturspezifik und Universalität zivilisatorischer Standards. Überlegungen zur Entgrenzung Europas, in: J. Callies (Hg.), Historische Orientierung nach der Epochenwende, oder: Die Herausforderungen der Geschichtswissenschaft durch die Geschichte, Rehburg-Loccum 1995, S. 147–63.

– u. a. (Hg.), Geschichtsdiskurs 3: Die Epoche der Historisierung, Frankfurt 1997.

– u. a. (Hg.), Geschichtsdiskurs 4: Krisenbewußtsein, Katastrophenerfahrungen und Innovationen, Frankfurt 1997.

Rüthing, Heinrich, Höxter um 1500. Analyse einer Stadtgesellschaft, Paderborn 1986.

Schäfer, Michael, Die Burg und die Bürger. Stadtbürgerliche Herrschaft und kommunale Selbstverwaltung in Leipzig 1889–1929, in: W. Bramke u. U. Heß (Hg.), Wirtschaft und Gesellschaft in Sachsen im 20. Jahrhundert, Leipzig 1998, S. 269–292.

–, Bürgertum, Arbeiterschaft und städtische Selbstverwaltung zwischen Jahrhundertwende und 1920er Jahren im deutsch-britischen Vergleich. Befunde einer vergleichenden Lokalstudie, in: Mitteilungsblatt des Instituts zur Erforschung der europäischen Arbeiterbewegung (IGA) 20 (1998), S. 177–232.

–, Bürgertum in der Krise. Städtische Mittelklassen in Edinburgh und Leipzig zwischen der Jahrhundertwende und den 1920er Jahren. Eine vergleichende Lokalstudie, Habil. Bielefeld 2000.

Schmuhl, Hans-Walter, Honoratiorenverwaltung und städtische Bürokratie in Nürnberg und Braunschweig 1790–1914, in: Bericht über die 38. Versammlung deutscher Historiker in Bochum 1990, Stuttgart 1991, S. 157–59.

–, Bürgerliche Eliten in städtischen Repräsentativorganen. Nürnberg und Braunschweig im 19. Jahrhundert, in: H.-J. Puhle (Hg.), Bürger in der Gesellschaft der Neuzeit. Wirtschaft – Politik – Kultur, Göttingen 1991, S. 178–98.

–, Die Tausendjahrfeier der Stadt Braunschweig im Jahre 1861, in: M. Hettling u. P. Nolte (Hg.), Bürgerliche Feste, Göttingen 1993, S. 124–56.

–, Tesi sulla borghesia cittadina in Germania nel XIX secolo, in: M. Merrigi u. P. Schiera (Hg.), Dalla città alla nazione. Borghesie ottocentesche in Italia e in Germania, Bologna 1993, S. 23–46.

–, Die Herren der Stadt. Bürgerliche Eliten und städtische Selbstverwaltung in Nürnberg und Braunschweig vom 18. Jahrhundert bis 1918, Gießen 1998.

Schreiner, Klaus, Die mittelalterliche Stadt in Max Webers Analyse und die Deutung des okzidentalen Rationalismus. Typus, Legitimität, Kulturbedeutung, in: J. Kocka (Hg.), Max Weber, der Historiker, Göttingen 1986, S. 119–50.

–, »Iura et libertates«. Wahrnehmungsformen und Ausprägungen »bürgerlicher Freiheiten« in Städten des Hohen und Späten Mittelalters, in: H.-J. Puhle (Hg.), Bürger in der Gesellschaft der Neuzeit. Wirtschaft – Politik – Kultur, Göttingen 1991, S. 59–106.

–, Legitimität, Autonomie, Rationalisierung. Drei Kategorien Max Webers zur Analyse mittelalterlicher Stadtgesellschaften – wissenschaftsgeschichtlicher Ballast oder unabgegoltene Herausforderung? in: Ch. Meier (Hg.), Die okzidentale Stadt nach Max Weber. Zum Problem der Zugehörigkeit in Antike und Mittelalter, München 1994, S. 161–211.

– u. U. Meier (Hg.), Stadtregiment und Bürgerfreiheit. Handlungsspielräume in deutschen und italienischen Städten des Späten Mittelalters und der Frühen Neuzeit, Göttingen 1994.

– u. U. Meier, »Regimen civitatis«. Zum Spannungsverhältnis von Freiheit und Ordnung in alteuropäischen Stadtgesellschaften, in: ebd., S. 11–34.

– u. R. Koselleck (Hg.), Bürgerschaft. Rezeption und Innovation der Begrifflichkeit vom Hohen Mittelalter bis ins 19. Jahrhundert, Stuttgart 1994.

– u. R. Koselleck, Von der alteuropäischen zur neuzeitlichen Bürgerschaft. Ihr politisch-sozialer Wandel im Medium von Begriffs-, Wirkungs- und Rezeptionsgeschichten, in: ebd., S. 11–39.

– u. N. Schnitzler, Schändliche Strafen für ehrbare Bürger. Ehrenstrafen in Stadtgesellschaften des späten Mittelalters und der frühen Neuzeit, in: Forschung an der Universität Bielefeld 11 (1995), S. 3–9.

–, Teilhabe, Konsens und Autonomie. Leitbegriffe kommunaler Ordnung in der politischen Theorie des späten Mittelalters und der frühen Neuzeit, in: P. Blickle (Hg.), Theorien kommunaler Ordnung in Europa, München 1996, S. 35–61.

–, Maria Patrona, La Sainte Vierge comme figure symbolique des villes, territoires et nations à la fin du Moyen Âge et au début des temps modernes, in: R. Babel, J.-M. Moeglin (Hg.), Identité régionale et conscience nationale en France et en Allemagne du moyen âge à l'époque moderne, Sigmaringen 1997, S. 133–153.

–, Frommsein in Stadtgesellschaften des späten Mittelalters, in: U.M. Schneede (Hg.), Goldgrund und Himmelslicht. Die Kunst des Mittelalters in Hamburg, Hamburg 1999, S. 34–45.

Schröder, Iris, Associations féminines et travail social. Charité et bienfaisance des femmes bourgeoises à Francfort, Leipzig et Düsseldorf, in: Y. Knibiehler u.a. (Hg.), Marseillaises. Les femmes et la ville, Paris 1993, S. 293–99.

–, Soziale Frauenarbeit als bürgerliches Projekt. Differenz, Gleichheit und »weiblicher Bürgersinn« in der Frauenbewegung um 1900, in: K. Tenfelde u. H.-U. Wehler (Hg.), Wege zur Geschichte des Bürgertums, Göttingen 1994, S. 209–30.

–, Wohlfahrt, Frauenfrage und Geschlechterpolitik. Konzeptionen der Frauenbewegung zur kommunalen Sozialpolitik im Deutschen Kaiserreich 1871–1914, in: Geschichte und Gesellschaft 21 (1995), S. 368–90.

–, Soziale Arbeit und Wohlfahrt als bürgerliches Projekt. Die sozialreformerische Frauenbewegung 1890–1914, Diss. Berlin (FU) 1999.

Schumann, Dirk, Bayerns Unternehmer in Gesellschaft und Staat, 1834–1914. Fallstudien zu Herkunft und Familie, politischer Partizipation und staatlichen Auszeichnungen, Göttingen 1992.

–, Wirtschaftsbürgertum in Deutschland: segmentiert und staatsnah. Bemerkungen zu den Erträgen, Problemen und Perspektiven der neueren deutschen Unternehmergeschichte, in: Österreichische Zeitschrift für Geschichtswissenschaften 3 (1992), S. 375–84.

–, Wirtschaftsbürger und Wirtschaftsbürgertum in Regensburg im 19. Jahrhundert, in: K. Möckl (Hg.), Wirtschaftsbürgertum in den deutschen Staaten im 19. und beginnenden 20. Jahrhundert, München 1996, S. 317–41.

Schuster, Peter, Die Nation und ihre Toten. Denkmale des 20. Jahrhunderts, in: Kultursekretariat Nordrhein-Westfalen (Hg.), Deutsche Nationaldenkmale 1790–1990, Gütersloh 1993, S. 115–28.

–, Dschungel aus Stein? Theorie und Realität der Stadt im Mittelalter, in: KEA. Zeitschrift für Kulturwissenschaften 8 (1995), S. 191–208.

– u. A. Bendlage, Hüter der Ordnung. Bürger, Rat und Polizei in Nürnberg im 15. und 16. Jahrhundert, in: Mitteilungen des Vereins für die Geschichte Nürnbergs 82 (1995), S. 37–55.

Schwerhoff, Gerd, Bürgerlicher Konflikt in Köln 1608–1610. Zur Vorgeschichte des »Summarischen Extraktes«, in: Jahrbuch des Kölnischen Geschichtsvereins 60 (1989), S. 21–75.

–, »... die groisse oeverswenckliche costlicheyt zo messigen«. Bürgerliche Einheit und ständische Differenzierungen in Kölner Aufwandsordnungen, in: Rheinische Vierteljahrsblätter 54 (1990), S. 95–122.

–, Köln im Kreuzverhör. Kriminalität, Herrschaft und Gesellschaft in einer frühneuzeitlichen Stadt, Bonn 1991.

–, Die goldene Freiheit der Bürger: Zu den Bedeutungsebenen eines Grundwertes in der stadtkölnischen Geschichte (13.–17. Jahrhundert), in: K. Schreiner u. U. Meier (Hg.), Stadtregiment und Bürgerfreiheit. Handlungsspielräume in deutschen und italienischen Städten des Späten Mittelalters und der Frühen Neuzeit, Göttingen 1994, S. 84–119.

–, »Apud populum potestas«? Ratsherrschaft und korporative Partizipation im spätmittelalterlichen und frühneuzeitlichen Köln, in: ebd., S. 188–243.

–, Das rituelle Leben der mittelalterlichen Stadt. Richard C. Trexlers Florenzstudien als Herausforderungen für die deutsche Geschichtsschreibung, in: Geschichte in Köln 35 (1994), S. 33–60.

–, Köln rüstet sich zur Gottestracht: Eine Morgensprache vom 23. März 1478 (Quellenedition mit Einleitung und Kommentar), in: J. Deeters u. J. Helmrath (Hg.), Quellen zur Geschichte der Stadt Köln, Bd. II: Spätmittelalter und Frühe Neuzeit (1396–1794), Köln 1996, S. 129–35.

Siegrist, Hannes, Gebremste Professionalisierung – Das Beispiel der Schweizer Rechtsanwaltschaft im Vergleich zu Frankreich und Deutschland im 19. und frühen 20. Jahrhundert, in: W. Conze u. J. Kocka (Hg.), Bildungsbürgertum im 19. Jahrhundert, Teil I: Bildungssystem und Professionalisierung in internationalen Vergleichen, Stuttgart 1985, S. 301–31.

–, Die Rechtsanwälte und das Bürgertum. Deutschland, die Schweiz und Italien im 19. Jahrhundert, in: J. Kocka (Hg.) (unter Mitarbeit von U. Frevert), Bürgertum im 19. Jahrhundert. Deutschland im europäischen Vergleich, Bd. 2, München 1988, S. 92–123.

– (Hg.), Bürgerliche Berufe. Zur Sozialgeschichte der freien und akademischen Berufe im internationalen Vergleich, Göttingen 1988.

–, Bürgerliche Berufe. Die Professionen und das Bürgertum, in: ebd., S. 11–48.

–, Public Office or Free Profession? German Attorneys in the Nineteenth and Early Twentieth Centuries, in: G. Cocks u. K. H. Jarausch (Hg.), German Professions, 1800–1950, New York/Oxford 1990, S. 46–65.

–, Die Advokaten auf dem Land, in: W. Jacobeit u. a. (Hg.), Idylle oder Aufbruch? Das Dorf im bürgerlichen 19. Jahrhundert. Ein europäischer Vergleich, Berlin 1990, S. 169–80.

–, Die Genfer Advokaten im 19. und frühen 20. Jahrhundert, in: S. Brändli u. a. (Hg.), Schweiz im Wandel. Studien zur neueren Gesellschaftsgeschichte. Festschrift für Rudolf Braun, Basel 1990, S. 229–57.

–, Professionalization as a process: patterns, progression and discontinuity, in: M. Burrage u. R. Torstendahl (Hg.), Professions in Theory and History. Rethinking the study of the professions, London 1990, S. 177–202.

– u. a., An actor-based framework for the study of the professions, in: ebd., S. 203–25.

–, States and Legal Professions. France, Germany, Italy and Switzerland 18th to Early 20th Century, in: A. Febbrajo u. a. (Hg.), Storia del diritto e teoria politica, Mailand 1991, S. 861–86.

–, Gli avvocati nella società italiana del XIX secolo. Provenienza e matrimoni, titolo e prestigio, in: Meridiana. Rivista di storia e scienze sociali 14 (1992), S. 145–181.

–, Der Wandel als Krise und Chance. Die westdeutschen Akademiker 1945–1965, in: K. Tenfelde u. H.-U. Wehler (Hg.), Wege zur Geschichte des Bürgertums, Göttingen 1994, S. 289–314.

–, Die gebildeten Mittelklassen in Westdeutschland 1945–1965, in: W. Fischer-Rosenthal u. P. Alheit (Hg.), Biographien in Deutschland. Soziologische Rekonstruktionen gelebter Gesellschaftsgeschichte, Opladen 1994, S. 118–36.

–, Ende der Bürgerlichkeit? Die Kategorien »Bürgertum« und »Bürgerlichkeit« in der westdeutschen Gesellschaft und Geschichtswissenschaft der Nachkriegsperiode, in: Geschichte und Gesellschaft 20 (1994), S. 549–83.

–, Advokat, Bürger und Staat. Sozialgeschichte der Rechtsanwälte in Deutschland, Italien und der Schweiz (18.-20. Jh.), 2 Hbde., Frankfurt 1996.

Signori, Gabriela, Hagiographie, Architektur und Pilgerwesen im Spannungsfeld städtischen Legitimations- und Integrationsstrebens. Gottfried von Ensmingens Straßburger Wunderbuch der »heiligen Maria« (1290), in: Zeitschrift für historische Forschung 17 (1990), S. 257–279.

–, Maria als Bürgerheilige. Das St. Galler »Münster« im Ringen zwischen Abt und Stadt: Münsterbau, Bauverwaltung, Münsterstiftungen und Wallfahrt im ausgehenden 15. Jahrhundert, in: Unsere Kunstdenkmäler 43 (1992), S. 33–50.

–, Stadtheilige im Wandel. Ein Beitrag zur geschlechtsspezifischen Besetzung und Ausgestaltung symbolischer Räume am Ausgang des Mittelalters, in: Francia 20 (1993), S. 39–67.

–, Männlich – weiblich? Spätmittelalterliche Stadtheilige im wechselhaften Spiel von Aneignung und Umdeutung, in: Stadt entziffern/Déchiffrer la ville. Traverse 2 (1994), S. 80–108.

Spree, Ulrike, Bürgerin oder Bürgersfrau? Überblick über die Feminisierung des Bürgerbegriffs, in: Interdisziplinäre Forschungsgruppe Frauenforschung Bielefeld, Info Nr. 12, 1989/90, S. 5-19.

– u. a., Drei bürgerliche Welten? Zur vergleichenden Semantik der bürgerlichen Gesellschaft in Deutschland, England und Frankreich, in: H.-J. Puhle (Hg.), Bürger in der Gesellschaft der Neuzeit. Wirtschaft – Politik – Kultur, Göttingen 1991, S. 14–58.

–, Die verhinderte »Bürgerin«? Ein begriffsgeschichtlicher Vergleich zwischen Deutschland, Frankreich und Großbritannien, in: R. Koselleck u. K. Schreiner (Hg.), Bürgerschaft. Rezeption und Innovation der Begrifflichkeit vom Hohen Mittelalter bis ins 19. Jahrhundert, Stuttgart 1994, S. 274–306.

–, Die Rückbesinnung auf die mittelalterliche Stadt. Die Bedeutung der Stadt als Mittel der Identitätsstiftung »mittlerer Schichten« in der deutschen, britischen und französischen Lexikographie des 18. und 19. Jahrhunderts, in: ebd., S. 309–74.

–, Der »Bürger« in der Sprache der Revolution, in: I. Mieck u.a. (Hg.), Paris und Berlin in der Revolution 1848, Sigmaringen 1995, S. 89–106.

Stanitzek, Georg, Bildung und Roman als Momente bürgerlicher Kultur. Zur Frühgeschichte des deutschen »Bildungsromans«, in: Deutsche Vierteljahresschrift für Literaturwissenschaft und Geistesgeschichte 62 (1988), S. 416–50.

–, Das Bildungsroman-Paradigma – am Beispiel von Karl Traugott Thiemes »Erdmann, eine Bildungsgeschichte«, in: Jahrbuch der deutschen Schillergesellschaft 34 (1990), S. 171–94.

–, Arztbildungsromane. Über bildungsbürgerlichen Umgang mit Literatur zu Beginn des 19. Jahrhunderts, in: Internationales Archiv für Sozialgeschichte der deutschen Literatur 16 (1991), S. 32–56.

–, Bildungs- und Entwicklungsroman, in: W. Killy (Hg.), Lexikon der deutschsprachigen Literatur, Bd. 13: Begriffe, Realien, Methoden, hg. von V. Meid, Gütersloh 1992, S. 117–22.

Steffen-Korflür, Brigitte, Studentinnen im Dritten Reich. Die Bedingungen des Frauenstudiums unter der Herrschaft des Nationalsozialismus, Diss. Bielefeld 1991.

Steinmetz, Willibald, Die schwierige Selbstbehauptung des deutschen Bürgertums: begriffsgeschichtliche Bemerkungen in sozialhistorischer Absicht, in: R. Wimmer (Hg.), Das 19. Jahrhundert. Sprachgeschichtliche Wurzeln des heutigen Deutsch, Berlin 1991, S. 12–40.

– u.a., Drei bürgerliche Welten? Zur vergleichenden Semantik der bürgerlichen Gesellschaft in Deutschland, England und Frankreich, in: H.-J. Puhle (Hg.), Bürger in der Gesellschaft der Neuzeit. Wirtschaft – Politik – Kultur, Göttingen 1991, S. 14–58.

–, Gemeineuropäische Tradition und nationale Besonderheiten im Begriff der »Mittelklasse«. Ein Vergleich zwischen Deutschland, Frankreich und England, in: R. Koselleck u. K. Schreiner (Hg.), Bürgerschaft. Rezeption und Innovation der Begrifflichkeit vom Hohen Mittelalter bis ins 19. Jahrhundert, Stuttgart 1994, S. 161–236.

–, »Property«, »interests«, »classes« und politische Rechte. Die britische Debatte im späten 18. und im 19. Jahrhundert, in: G. Lottes (Hg.), Der Eigentumsbegriff im englischen politischen Denken, Bochum 1995, S. 197–228.

Stockhecke, Kerstin, Marie Schmalenbach: Ein biographisches Portrait einer Pfarrfrau aus der Erweckungsbewegung, in: J. Mooser u.a. (Hg.), Frommes Volk und Patrioten, Bielefeld 1989, S. 94–111.

Tenfelde, Klaus, Vereinswesen und bürgerliche Gesellschaft im 19. Jahrhundert am Beispiel des Sparwesens, in: Zeitschrift für bayerische Sparkassengeschichte 1 (1987), S. 119–47.

–, Unternehmer in Deutschland und Österreich während des 19. Jahrhunderts: Forschungsprobleme, in: H. Rumpler (Hg.), Innere Staatsbildung und gesellschaftliche Modernisierung in Österreich und Deutschland 1867/71–1914. Historikergespräch Österreich-Bundesrepublik Deutschland 1989, Wien/München 1991, S. 125–38.

–, Kommentar, in: L. Gall (Hg.), Stadt und Bürgertum im Übergang von der traditionellen zur modernen Gesellschaft, München 1993, S. 323–29.

– u. H.-U. Wehler (Hg.), Wege zur Geschichte des Bürgertums, Göttingen 1994.

–, Stadt und Bürgertum im 20. Jahrhundert, in: ebd., S. 317–53.

–, Krupp – der Aufstieg eines deutschen Weltkonzerns, in: ders. (Hg.), Bilder von Krupp. Fotografie und Geschichte im Industriezeitalter, München 1994, S. 13–39.

–, Die »Gesellschaft Ressource« von 1795. Bielefelder Kaufleute und Vereinswesen im Übergang zur Industriegesellschaft, in: Jahresbericht des Historischen Vereins für die Grafschaft Ravensberg 83 (1996), S. 49–63.

–, Historische Milieus. Erblichkeit und Konkurrenz, in: M. Hettling u. P. Nolte (Hg.), Nation und Gesellschaft in Deutschland, München 1996, S. 247–68.

–, Menschenrechte in Deutschland bis zum Zusammenbruch der Monarchien, in. F.-J. Hutten u. C. Fessmer (Hg.), Die Menschenrechte in Deutschland. Geschichte und Gegenwart, München 1997, S. 48–72.

–, Die Arbeiterbewegung in der bürgerlichen Gesellschaft, in: Mitteilungsblatt des Instituts zur Erforschung der europäischen Arbeiterbewegung 18 (1997), S. 181–98.

–, Klassenspezifische Konsummuster im Deutschen Kaiserreich, in: H. Siegrist u.a. (Hg.), Europäische Konsumgeschichte, Frankfurt 1997, S. 245–66.

– u.a., Patronats et syndicats à la fin du XIXe siècle en Allemagne, en France et en Grand Bretagne, in: J.-L. Robert u.a. (Hg.), L'invention des syndicalismes. Le syndicalisme en Europe à la fin du XIXe siècle, Paris 1997, S. 225–68.

Titel, Volker,»Das Wort erwuchs zur Tat«. Aus der Frühgeschichte des Börsenvereins der deutschen Buchhändler, Beucha 1995.

–, Das Adreßbuch für den deutschen Buchhandel als Quelle der Buchhandelshistoriographie, in: Leipziger Jahrbuch zur Buchgeschichte 5 (1995), S. 375–93.

–, Deutsche Buchhändlerinnen im 19. Jahrhundert, in: Leipziger Jahrbuch zur Buchgeschichte 6 (1996), S. 155–69.

Voßkamp, Wilhelm, Der Bildungsroman als literarisch-soziale Institution. Begriffs- und funktionsgeschichtliche Überlegungen zum deutschen Bildungsroman am Ende des 18. und zu Beginn des 19. Jahrhunderts, in: Ch. Wagenknecht (Hg.), Zur Terminologie der Literaturwissenschaft, Stuttgart 1988, S. 337–352.

–, Der Bildungsroman in Deutschland und die Frühgeschichte seiner Rezeption in England, in: J. Kocka (Hg.) (unter Mitarbeit von U. Frevert), Bürgertum im 19. Jahrhundert. Deutschland im europäischen Vergleich, Bd. 3, München 1988, S. 257–86.

– Utopian Thinking and the Concept of »Bildung«, in: K. L. Berghahn u. R. Grimm (Hg.), Utopian Vision. Technological Innovation and Poetic Imagination, Heidelberg 1990, S. 63–74.

–, »Bildungsbücher«. Zur Entstehung und Funktion des deutschen Bildungsromans, in: R. Schöwerling u. H. Steinecke (Hg.), Die Fürstliche Bibliothek Corvey, München 1991, S. 134–46.

–, Perfectibilität und Bildung. Zu den Besonderheiten des deutschen Bildungskonzeptes im Kontext der europäischen Utopie- und Fortschrittsdiskussion, in: S. Jüttner u. J. Schlobach (Hg.), Europäische Aufklärung(en), Hamburg 1992, S. 117–26.

–, Johann Wolfgang von Goethe: Wilhelm Meisters Theatralische Sendung – Wilhelm Meisters Lehrjahre – Unterhaltungen deutscher Ausgewanderten. Aus den Quellen ediert und neu kommentiert, in: ders.u.a. (Hg.), Johann Wolfgang von Goethe, Sämtliche Werke, Briefe, Tagebücher und Gespräche, Bd. 9, Frankfurt 1992, S. 1123–1611 (Kommentar).

Wehler, Hans-Ulrich, Bürger, Arbeiter und das Problem der Klassenbildung 1800–70. Deutschland im internationalen Vergleich, in: J. Kocka (Hg.), Bürger und Arbeiter im 19. Jahrhundert, München 1986, S. 1-27, und in: ders. (Hg.), Aus der Geschichte lernen? Essays, München 1988, S. 161–90.

–, Wie »bürgerlich« war das Deutsche Kaiserreich? in: J. Kocka (Hg.), Bürger und Bürgerlichkeit im 19. Jahrhundert, Göttingen 1987, S. 243–80, und in: ders. (Hg.), Aus der Geschichte lernen? Essays, München 1988, S. 191–217.

–, Deutsche Gesellschaftsgeschichte, Bd. I: Vom Feudalismus des Alten Reiches bis zur Defensiven Modernisierung der Reformära, 1700–1815, München 1987.

–, Deutsche Gesellschaftsgeschichte, Bd. II: Von der Reformära bis zur industriellen und politischen »Deutschen Doppelrevolution«, 1815–1845/49, München 1987.

–, Geschichte und Zielutopie der deutschen »bürgerlichen Gesellschaft«, in: ders. (Hg.), Aus der Geschichte lernen? Essays, München 1988, S. 241–55.

–, Deutsches Bildungsbürgertum in vergleichender Perspektive – Elemente eines »Sonderwegs«? in: J. Kocka (Hg.), Bildungsbürgertum im 19. Jahrhundert, Teil IV: Politischer Einfluß und gesellschaftliche Formation, Stuttgart 1989, S. 215–37.

–, Die Geburtsstunde des deutschen Kleinbürgertums, in: H.-J. Puhle (Hg.), Bürger in der Gesellschaft der Neuzeit. Wirtschaft – Politik – Kultur, Göttingen 1991, S. 199–209.

–, Bibliographie zur neueren deutschen Sozialgeschichte, München 1993.

– u. K. Tenfelde (Hg.), Wege zur Geschichte des Bürgertums, Göttingen 1994.

–, Deutsche Gesellschaftsgeschichte, Bd. III: Von den »Deutschen Doppelrevolution« bis zum Beginn des Ersten Weltkrieges 1849–1914, München 1995.

Weingart, Peter, Biology as Social Theory, in: D. Ross (Hg.), Modernist Impulses in the Human Sciences, Baltimore 1994, S. 255–71.

–, Struggle for Existence – Selection and Retention of a Metaphor, in: S. Maasen u. a. (Hg.), Biology as Society – Society as Biology: Metaphors, in: Sociology of the Sciences 19, Yearbook, Dordrecht 1995, S. 127–51.

Westheider, Rolf u. M. Jeismann, Bürger und Soldaten. Deutsche und französische Kriegerdenkmäler zum Ersten Weltkrieg, in: Gewalt – Krieg – Erinnerung (Geschichtswerkstatt, H. 16), Hamburg 1988, S. 6-15.

–, Krieg, Einheit und Denkmal. Beispiele politischer Symbolik in Minden-Ravensberg, in: J. Meynert u. a. (Hg.), Unter Pickelhaube und Zylinder. Das östliche Westfalen im Zeitalter des Wilhelminismus 1888–1914, Bielefeld 1991, S. 487–502.

–, Ein Souvenir im Großformat. Das Kriegerdenkmal von Borgholzhausen, in: Gütersloher Beiträge zur Heimat- und Länderkunde, Heft 34/35 (1992), S. 707–12.

–, »Für König und Vaterland«. Kriegerdenkmäler in Ostwestfalen, Münster 1993.

–, Zur Erinnerung an die Erinnerung. Ein Denkmal in Borgholzhausen aus dem Jahre 1909, in: Der Minden-Ravensberger 66 (1994), S. 48–50.

–, Altstoff der Geschichte oder notwendige Erinnerungsobjekte? Denkmäler von gestern in der politischen Landschaft von heute, in: Kultursekretariat Nordrhein-Westfalen (Hg.), Deutsche Nationaldenkmale 1790–1990, Gütersloh 1993, S. 128–35.

– u. M. Jeismann, Wofür stirbt der Bürger? Nationaler Totenkult und Staatsbürgertum in Deutschland und Frankreich seit der Französischen Revolution, in: R. Koselleck u. M. Jeismann (Hg.), Der politische Totenkult. Kriegerdenkmäler in der Moderne, München 1994, S. 23–50.

– u. H. Lakämper-Lührs, Treue Ravensberger und gute Preußen. Die Feiern aus Anlaß der 300jährigen Zugehörigkeit der Grafschaft Ravensberg zu Brandenburg-Preußen im Amt Borgholzhausen im Jahre 1909, in: Stadt Borgholzhausen (Hg.), Borgholzhausen historisch 1719–1919, Borgholzhausen 1994, S. 155–65.

–, Versmold. Eine Stadt auf dem Weg ins 20. Jahrhundert, Bielefeld 1994.

Wienfort, Monika, Bürgerliche Kultur im monarchischen Staat. Kaisergeburtstagsfeste in Minden-Ravensberg 1889–1913, in: J. Meynert (Hg.), Unter Pickelhaube und Zylinder. Das östliche Westfalen im Zeitalter der Wilhelminismus 1888 bis 1914, Bielefeld 1991, S. 421–39.

–, Monarchie in der bürgerlichen Gesellschaft. Deutschland und England von 1640 bis 1848, Göttingen 1993.

–, Kaisergeburtstagsfeiern am 27. Januar 1907. Bürgerliche Feste in den Städten des Deutschen Kaiserreichs, in: M. Hettling u. P. Nolte (Hg.), Bürgerliche Feste. Symbolische Formen politischen Handelns im 19. Jahrhundert, Göttingen 1993, S. 157–91.

–, Ländliche Rechtsverfassung und bürgerliche Gesellschaft. Patrimonialgerichtsbarkeit in den deutschen Staaten 1800 bis 1855, in: Der Staat 33 (1994), S. 207–39.

–, Preußische Patrimonialrichter im Vormärz. Bildungsbürgertum auf dem Lande zwischen staatlichem Einfluß und gutsherrlichen Interessen, in: K. Tenfelde u. H.-U. Wehler (Hg.), Wege zur Geschichte des Bürgertums, Göttingen 1994, S. 57–77.

–, Preußisches Bildungsbürgertum auf dem Lande 1820–1850, in: Forschungen zur Brandenburgischen und Preußischen Geschichte N.F. 5 (1995), S. 75–98.

–, Ostpreußischer »Gutsbesitzerliberalismus« und märkischer »Adelskonservatismus«: Politische Perspektiven des preußischen Adels in der Lokalverwaltung im Vormärz, in: K. Adamy u. K. Hübener (Hg.), Adel und Staatsverwaltung in Brandenburg im 19. u. 20. Jahrhundert, Berlin 1996, S. 305–23.

–, Ländliche Gesellschaft und bürgerliches Recht. Patrimonialgerichtsbarkeit in Preußen 1770–1848/49, Habil. Bielefeld 1999.

Wixforth, Harald u. D. Ziegler, The Niche in the Universal Banking System. The Role and Significance of Private Bankers in German Industry 1900–1933, in: Financial History Review 1 (1994), S. 99–119.

–, Utopien im Kasernenhof. Die Rezeption der Theorie Charles Fouriers in der russischen Intelligencija in den 1840ern, in: Fabers Hefte. Zeitschrift für eine europäische Kultur, Heft IV/1, November 1994, S. 107–19.

– u. D. Ziegler, Deutsche Privatbanken und Privatbankiers im 20. Jahrhundert, in: Geschichte und Gesellschaft 23 (1997), S. 205–35.

Ziegler, Dieter u. H. Wixforth, The Niche in the Universal Banking System. The Role and Significance of Private Bankers in German Industry 1900–1933, in: Financial History Review 1 (1994), S. 99–119.

– u. I. Köhler, Heirats- und Verkehrskreise als Instrumente wirtschaftsbürgerlichen Aufstiegs: die Familie Andreae, in: Genealogie 46 (1997), S. 385–402.

– u. H. Wixforth, Deutsche Privatbanken und Privatbankiers im 20. Jahrhundert, in: Geschichte und Gesellschaft 23 (1997), S. 205–35.

– (Hg.), Die wirtschaftsbürgerliche Elite in Deutschland im 20. Jahrhundert, Göttingen 2000.

Zwahr, Hartmut, Anpassung durch Imitation und Innovation als ständiges unternehmerisches Wagnis: Carl und Gustav Harkort in Leipzig in Briefen an Johann Caspar Harkort, in: W. Köllmann u.a. (Hg.), Bürgerlichkeit zwischen gewerblicher und industrieller Wirtschaft, Dortmund 1994, S. 43–65.

–, Zur Entstehung eines nationalen Gedächtnisses. Die Leipziger Jahrhundertfeiern zum Gedenken an die Erfindung des Buchdrucks mit beweglichen Lettern, in: K. Keller (Hg.), Feste und Feiern. Zum Wandel städtischer Festkultur in Leipzig, Leipzig 1994, S. 117–35.

Bielefelder Dissertationen zur Bürgertumsforschung

(SFB-Projekte sind kursiv gekennzeichnet)

Berghoff, Hartmut, Englische Unternehmer 1870–1914. Eine Kollektivbiographie führender Wirtschaftsbürger in Birmingham, Bristol und Manchester, 1989.

Bolenz, Eckard, Baubeamte, Bauhandwerksmeister, freiberufliche Architekten – Technische Berufe im Bauwesen (Preußen/Deutschland, 1799–1931), 1988.

Bossmann, Jürgen, Primat des Handels oder der Industrialisierung? Hamburger und Stettiner Wirtschaftsbürger in der Herausforderung durch süddeutsche Fabrikanten 1814–1849, 1994.

Etges, Andreas, Wirtschaftsnationalismus: Deutschland und die USA im Vergleich 1815–1914, 1998.

Flügel, Axel, Die Interessenbetriebe (Holländische Bleichen und Seifensiederei) der Bielefelder Kaufmannschaft, 1991.

Franz, Heike, »Lateinische Kaufleute«. Betriebswirte im Spannungsfeld von Bildungs- und Wirtschaftsbürgertum (1900 bis 1945), 1997.

Frey, Manuel, Der reinliche Bürger. Ein Paradigma der Moderne in Deutschland 1760–1860, 1996.

Georges, Dirk, Die Interessenpolitik des Handwerks vom 19. bis zum 20. Jahrhundert, 1990.

Gorißen, Stefan, Vom Handelshaus zum Unternehmen. Sozialgeschichte der Firma Johan Caspar Harkort im Zeitalter der Protoindustrie (1720–1820), 1997.

Heckert, Uwe, Die Ratskapelle als religiöses, politisches und Verwaltungszentrum der Ratsherrschaft in deutschen Städten des späten Mittelalters, 1994.

Hettling, Manfred, Reform ohne Revolution. Bürgertum, Bürokratie und kommunale Selbstverwaltung in Württemberg von 1800 bis 1850, 1989.

von Hodenberg, Christina, Die Partei der Unparteiischen. Der Liberalismus der preußischen Richterschaft 1815–1848/49, 1995.

Hoffmann, Stefan-Ludwig, Die Politik der Geselligkeit. Freimaurerlogen in der deutschen Bürgergesellschaft, 1840–1914, 1999.

Holtwick, Bernd, Im Kampf um das Handwerk. Handwerker und ihre Organisationen in Ostwestfalen-Lippe 1929–1953, 1999.

Jaeger, Friedrich, Bürgerliche Modernisierungskrise und historische Sinnbildung. Kulturgeschichte bei Droysen, Burckhardt und Weber, 1992.

Jeismann, Michael, Das Vaterland der Feinde. Studien zum nationalen Feindbegriff und Selbstverständnis in Deutschland und Frankreich 1792–1918, 1991.

Kaudelka-Hanisch, Karin, Preußische Kommerzienräte in der Provinz Westfalen und im Regierungsbezirk Düsseldorf (1810–1918), 1990.

Krey, Ursula, Soziale Spannungen, Organisationswandel und kulturelle Entfaltung. Vereinswesen zwischen Bürgertum und Unterschichten in Westfalen (1840–1855), 1990.

Löther, Andrea, Prozessionen in Nürnberg und Erfurt vom 14. bis zum 16. Jahrhundert. Partizipation, obrigkeitliche Inszenierung und städtische Eintracht, 1997.

Lüttenberg, Thomas, Les sens extérieurs de l'État. Königliche Amtsträger aus Justiz und Finanz in der Provinzhauptstadt Bourges (1550–1650), 2000.

Meier, Ulrich, Mensch und Bürger. Die Stadt im Denken spätmittelalterlicher Theologen, Philosophen und Juristen, 1991.

Meiwes, Relinde, Die andere Frauenbewegung: Neue katholische Frauenkongregationen im 19. Jahrhundert, 1998.

Mergel, Thomas, Zwischen Klasse und Konfession. Katholisches Bürgertum im Rheinland im 19. Jahrhundert, 1992.

Nolte, Paul, Gemeindebürgertum und Liberalismus in Baden von 1800 bis 1850. Tradition – Radikalismus – Republik, 1993.

van Rahden, Till, Juden und andere Breslauer. Die Beziehungen zwischen Juden, Protestanten und Katholiken in einer deutschen Großstadt von 1860 bis 1925, 1999.

Rogge, Jörg, Dass arm und reich bei ainander mögen bleiben in rechter ainigkeit. Politisches Handeln und Politikverständnis von Rat und Bürgerschaft in Augsburg (1460 bis 1525), 1993.

Rügge, Nicolas, Der Magistrat von Herford 1718 bis 1808. Eine landständische Obrigkeit zwischen Bürgertum und Bürokratie, 1998.

Schwerhoff, Gerd, Das Schwert des Damokles. Kriminalität, Herrschaft und Gesellschaft in der Reichsstadt Köln am Beginn der frühen Neuzeit, 1989.

Spree, Ulrike, Das Streben nach Wissen. Eine vergleichende Gattungsgeschichte der populären Enzyklopädie in Deutschland und Großbritannien im 19. Jahrhundert, 1995.

Steffen-Korflür, Brigitte, Studentinnen im »Dritten Reich«. Bedingungen des Frauenstudiums unter der Herrschaft des Nationalsozialismus, 1991.

Wienfort, Monika, Monarchie in der bürgerlichen Gesellschaft. Ein argumentationsgeschichtlicher Vergleich zwischen Großbritannien und Deutschland 1640–1848, 1990.

Bielefelder Habilitationsschriften
zur Bürgertumsforschung

(SFB-Projekte sind kursiv gekennzeichnet)

Boch, Rudolf, Die Entgrenzung der Industrie. Zur Industrialisierungsdebatte im rheinischen Wirtschaftsbürgertum 1814–1857, 1991.

Brakensiek, Stefan, Auf dem Weg zum Staatsdiener. Richter und Verwaltungsbeamte in niederhessischen Kleinstädten 1750–1830, 1997.

Flügel, Axel, Bürgerliche Rittergüter. Sozialer Wandel und politische Reform in Kursachsen 1680 bis 1844, 1998.

Frevert, Ute, Das Duell in der bürgerlichen Gesellschaft. Ansichten deutscher Ehrenmänner vom 18. bis 20. Jahrhundert, 1990.

Habermas, Rebekka, Frauen und Männer des Bürgertums. Eine Familiengeschichte (1750–1850), 1997.

Hettling, Manfred, Politische Bürgerlichkeit. Der Bürger zwischen Individualität und Vergesellschaftung in Deutschland und der Schweiz von 1860 bis 1918, 1997.

Hölscher, Lucian, Weltgericht oder Revolution. Protestantische und sozialistische Zukunftsvorstellungen im Kaiserreich, 1988.

Huerkamp, Claudia, Bildungsbürgerinnen. Frauen an den Universitäten und in akademischen Berufen, 1900–1945, 1995.

Jaeger, Friedrich, Die Intellektuellen und die Civil Society. Zur amerikanischen Politik- und Gesellschaftstheorie der ersten Hälfte des 20. Jahrhunderts, 1999.

Kuhlemann, Frank-Michael, Bürgerlichkeit und Religion. Zur Sozial- und Mentalitätsgeschichte der evangelischen Pfarrer in Baden 1860–1914, 1999.

Mooser, Josef, Katholik und Bürger? Rolle und Bedeutung des Bürgertums auf den deutschen Katholikentagen 1871–1913, 1987.

Nolte, Paul, Die Ordnung der deutschen Gesellschaft. Geschichte und Selbstbeschreibung im 20. Jahrhundert, 1999.

Schäfer, Michael, Bürgertum in der Krise. Städtische Mittelklassen in Edinburgh und Leipzig zwischen der Jahrhundertwende und den 1920er Jahren. Eine vergleichende Lokalstudie, 2000.

Schmuhl, Hans-Walter, Bürgertum und städtische Selbstverwaltung im 19. Jahrhundert. Nürnberg und Braunschweig im Vergleich, 1996.

Wienfort, Monika, Ländliche Gesellschaft und bürgerliches Recht. Patrimonialgerichtsbarkeit in Preußen 1770–1848/49, 1999.